신경향

지방자치행정론

정재화 · 허 훈 공저

세진사

머리말

지방자치는 주민들이 좀 더 나은 삶을 영위하기 위해 채택된 제도적 장치이며 생활양식이다. 지방자치는 민주주의 이념을 실현하기 위한 수단으로서의 소중한 가치를 가지며, 민주주의를 지탱하고 있는 기둥이기도 하다. 지방자치를 풀뿌리 민주주의의 원천이며, 민주주의의 학교라고 지칭하는 이유가 여기에 있다. 지방자치제도의 내용과 자치발전의 정도가 한 나라의 정치발전 또는 민주적 역량을 가늠하는 잣대가 되기도 한다. 뿐만 아니라 국가경쟁력을 좌우하는 중요한 변수이며, 국가발전을 위한 수단으로서의 무게 또한 결코 가벼이 할 수 없다고 생각된다.

군사정권의 질곡으로부터 벗어나 지방자치가 부활된 지 반세기가 지났다. 그 동안 두 차례의 지방의원선거와 여섯 번의 동시선거가 치뤄졌고, 숱한 변화와 시행착오를 겪으면서 경과한 시간만큼 성숙해지기도 했다. 그러나 부활 이후 성년을 맞이한 연륜이나 국민소득 3만불시대에 걸맞는 제도로서 자리매김하기 위해서는 아직도 극복해야 할 문제 또한 적지 않다. 무한경쟁시대에 국가 경쟁력을 제고하고 G20 중심국가로서의 위상에 합당한 국격을 갖추기 위해 필요한 것 중의 하나가 「지방자치의 활성화」가 아닌가 한다. 지방자치의 발전을 위해서 가장 기초가 되는 것이 자치시대에 필요한 인재를 양성하는 일이라고 생각한다. 아무리 제도적으로 완벽한 틀을 갖추고 있어도 그것을 움직이는 사람과 주민의 자치능력 및 참여의식이 희박하다면 아무 소용이 없을 것이다. 그런 면에서 지방자치 현장에서 중요한 역할을 하는 훌륭한 공직자와 주민참여 및 여론을 주도하는 민주시민을 육성하는 일이야 말로 국가발전과 직결된다고 하겠다.

민주주의 이념의 실현과 국가발전을 이룩하기 위해 지방자치의 발전이 필수적이고, 지방자치의 발전을 위해서는 자치역군의 양성이 급선무라는 생각으로, 그러한 목표를 달성하기 위해 작은 벽돌을 쌓는 심정으로 이 책을 집필하게 되었다. 이 책은 2000년 이후 집필한 지방자치와 관련된 2권의 저서와 20여년간 강의해 온 자료를 기초로 하여 엮었으며, 다음과 같은 점에 유의하였다.

첫째, 난해한 이론의 소개보다는 이해하기 쉽게 핵심적인 내용을 간략하게 정리하였다.

둘째, 최신 자료와 통계 정보를 인용하려고 노력하였다.

셋째, 외국의 지방자치제도를 동일한 시각에서 비교가 용이하도록 정리하였으며, 현행 지방자치법과의 연계를 위해 법 전문을 부록으로 수록하였다.

이 책은 모두 5편 17장으로 구성되어 있다. 제1편에서는 지방자치의 기초이론과 지방자치의 역사적 고찰 및 법 · 제도적 내용을 담고 있다. 제2편에서는 지방자치행정의 중심기관인 지방자치단체의 모든 내용을 망라하고 있다. 즉, 지방자치의 일반이론과 지방자치단체의 조직 · 권한 사무 · 재정 · 구역 등을 주제별로 간결하게 정리하였다. 제3편에서는 지방자치단체의 대외적 관계를 국가와의 관계, 다른 지방자치단체와의 관계, 주민과의 관계에 대하여 살펴보았다. 제4편은 지방자치의 운영과 관련된 자치경영, 지방선거, 미래의 지방자치에 관한 내용을 다루고 있다. 제5편은 주요국가의 지방자치제도를 계층구조와 종류, 자치단체의 사무, 자치단체의 기관구성과 내부조직, 중앙정부 와의 관계 등으로 정리하여 비교의 편의성을 높이고자 하였다.

필자가 의도했던 목적과는 달리 능력부족으로 인한 이론상의 오류와 내용면에서의 미흡함이 적지 않아 부끄러운 마음 금할 길 없다. 부족한 부분에 대해서는 독자 여러분이 질정해 주신다면 학문적 성숙의 계기로 삼고자 한다.

이 책은 몇 년 전에 출판된 책을 수정 · 보완하여 출간하였다. 그럼에도 여전히 부족한 부분은 공저자와 함께 힘을 합쳐서 더욱 충실한 내용이 되도록 보완해나갈 계획이다. 어려운 여건하에서도 흔쾌히 출판을 허락해 주신 세진사 사장님께 감사드린다.

저자 일동

차례

제1편 지방자치의 기초이론

제2편
지방자치단체

제4편

지방자치의 운영

제5편 주요국가의 지방자치제도

제1편

지방자치의 기초이론

제 1 장

지방자치의 본질

1.1 지방자치의 의의

1 지방자치의 개념

1) 지방자치의 의미

지방자치는 각 나라마다 지방자치의 성립 · 발전과 관련된 역사적 · 정치적 환경에 따라서 의미하는 바가 상이한 다의적 개념이다. 사전적인 의미를 보면, 지방자치(Local Autonomy)란 '한 나라의 영토를 몇 개의 자치행정 구역으로 나누어 놓고 그 지역에 관한 행정은 원칙적으로 중앙 정부의 관여 없이 법인격이 부여된 지방자치단체에 맡겨서 스스로의 능력으로 처리하는 것'(행정학용어표준화연구회, 1999:691)이라고 정의할 수 있다.

2) 지방행정의 의미

지방행정은 일반적으로 관치행정(국가의 지방행정)에 대립되는 의미로 정의되고 있지만 한마디로 지방행정이란 지방자치단체에 의한 행정이라고 할 수 있다. 이러한 지방행정은 종합행정, 자치행정, 지역행정이라는 세 가지의 특질을 지닌다(안용식 외, 2006:22-23).

첫째, 지방행정이 종합행정인 이유는 행정의 대상이 되는 지역과 거기서 생활하는 인간은 일치된 존재이므로 이를 행정의 분야별 · 기능별로 분할할 수 없으며, 중앙행정과는 달리 좁은 지역을 대상으로 하기 때문이다.

둘째, 지방행정이 자치행정이라고 할 때에는 이와 대립되는 관치행정과 함께 동시에 검토해야 한다. 관치행정과 자치행정은 주체, 권한, 통제라는 측면에서 근본적으로 상이한 차이점을 지니고 있다. 즉, 관치행정은 그 주체가 국가 또는 중앙정부로서 중앙의 의사에 의해 운영되며 법인격을 부여받지 못한 타율적 행정인데 반해, 자치행정은 지역주민 또는 지역주민의 대표자에 의해 구성되는 자치단체가 법인격을 갖고 자율적 행정을 도모하는 것이라 할 수 있다(〈표 1-1〉 참조).

셋째, 지방행정이 지역행정이라고 할 때에도 국가행정과 대비하여 그 특질을 파악해야 하는데, 국가행정이 전국을 단위로 통일적 · 일원적으로 실시되는 행정인데 반해, 지방행정은 국가 내의 특정 지역 또는 일정한 지방을 단위로 개별적 · 다원적으로 실시되는 행정이다.

이러한 지방행정은 관치적 지방행정(후진국형)과 자치적 지방행정으로 나누어 볼 수 있고, 자치적 지방행정은 다시 반자치적 지방행정(대륙형)과 완전자치적 지방행정(영미형)으로 구분된다(〈표 1-2〉 참조).

<표 1-1> 관치행정과 자치행정의 차이점

	관치행정(官治行政)	자치행정(自治行政)
주체	국가의 기관 또는 공무원에 의한 관료적 · 타율적 행정	지역주민, 주민의 대표자와 지방공무원에 의한 자주적 · 자율적 행정
성격	지방행정기관은 국가 또는 중앙정부에 예속되며 독자적 과세권이나 소송의 당사자능력 또는 기관의 자기조직권이 없음	지방자치단체(자치행정체)는 국가로부터 행 · 재정상의 독립성을 인정받은 법인격이 있는 조직체
통제	국가의 의사에 의한 행정운영	지역주민의 의사에 의한 행정 운영

<표 1-2> 관치적 지방행정과 자치적 지방행적의 구분

관치적 지방행정	반자치적 지방행정	완전자치적 지방행정
· 중앙집권적 지방행정 또는 비민주적 지방행정	· 자치권을 갖는 지방자치단체를 통해 지방행정이 운영되나 자치의 범위가 협소하고 사무의 많은 부분이 국가사무임.	· 지방자치단체의 자치권이 광범위하고 행정사무의 대부분이 지방자치단체의 책임하에 있음.

관치적 지방행정	반자치적 지방행정	완전자치적 지방행정
· 지방의 행정을 중앙정부 또는 국가가 자기의 지방 하급기관을 통해 직접 수행하고 지방주민의 참여나 통제를 인정하지 않음.	· 지방자치단체 내에 중앙정부의 관료도 배치됨. · 지방자치단체에 대한 중앙정부의 통제 감독이 비교적 엄격함. · 지방행정조직이 피라미드형의 획일적, 정형적, 고정적으로 구성되어 있음.	· 지방자치단체 안에 중앙정부의 관료 또는 국가공무원이 없음. · 지방행정에 지역주민의 폭넓은 참여가 인정됨. · 지방제도가 다양성, 탄력성, 개별성을 띰.

2 지방자치의 구성요소

지방자치의 개념을 '일정한 지역의 주민들이 지방자치단체를 구성하여, 국가의 일정한 감독아래, 그 지역 안의 공동문제를 자기부담에 의하여 스스로(또는 대표자를 통하여) 처리하는 것'으로 정의할 때 다음과 같이 지방자치의 구성요소를 추출해 낼 수 있다.

1) 지방자치단체(지방자치구역)

지방자치는 지역주민들에 의하여 실현되는데, 주민들은 개개인으로서가 아니라 집합적으로 지방자치단체라는 독립적인 공법인(öffentlich Rechtliche Körperschaft)을 설립하여 공동적으로 지방자치를 실현하는 것이다. 전술한 지방자치 개념의 정의에서 "일정한 지역의 주민들이 지방자치단체를 구성하여…"라고 한 부분이 그러한 뜻을 내포하고 있다. 이러한 지방자치단체의 문제는 현실적으로는 자치구역의 문제가 된다.

2) 공동문제(자치사무)

지방자치에는 그 지역의 주민들이 공동적으로 처리해야 할 일정한 공동문제가 있어야 한다. 즉, 일정한 현안문제를 국가에서 처리하지 않고 지방자치단체가 처리할 수 있도록 되어 있어야 하는 것이다. 전술한 지방자치 개념의 정의에서 "…그 지역 안의 공동문제를…" 하는 부분이 그것을 의미하고 있다. 이는 현실적으로 자치사무를 의미한다.

3) 자기부담(자주재정)

지방자치에 있어서는 지역의 공동문제를 주민들 자신의 부담으로 처리하는 것이 필수요건이 된다. 전술한 지방자치 개념의 정의에서 “…자기부담에 의하여…”하는 부분이 이에 해당한다. 이러한 주민들의 자기부담의 문제는 현실적으로는 지방자치단체의 자주재정의 문제가 된다. 자주적인 재정의 뒷받침이 없는 자치는 이미 자치라고 할 수 없는 것이다.

4) 자기처리(주민참여)

지방자치에 있어서는 주민들이 자기들의 문제를 스스로 처리하는 것이 필수요건이다. 전술한 정의에서 “…스스로(또는 그 대표자를 통하여)처리…”하는 부분이 이에 해당한다. 이는 현실적으로 지방자치가 주민들의 의사에 따라 처리되는 것, 따라서 지방자치에의 주민의 참여의 문제를 의미하고 있다.

주민들이 지방자치운영에 참여하는 방법에는 크게 두 가지가 있다. 그 하나는 직접참여의 방법이고, 다른 하나는 간접참여의 방법이다. 앞의 정의에서 “…스스로…” 하는 부분이 전자를 의미하고, “…그 대표자를 통하여…” 하는 부분이 후자를 의미하고 있다.

5) 국가감독(중앙통제)

지방자치에 있어서는 주민들로써 구성되는 지방자치단체가 국가(중앙정부)로부터 독립하여 지역의 공동문제를 독자적으로 처리하는 것이다. 그러나 뒤에서 고찰하는 바와 같이 지방자치단체는 국법에 의하여 설립된 것이고, 그 자치권은 국가주권 아래의 권리이기 때문에, 지방자치단체는 국가(중앙정부)로부터의 감독을 본질적으로 수용하고 있는 것이다. 전술한 지방자치의 정의에서 “…국가의 일정한 감독아래…”라고 한 부분이 그것을 의미하고 있다.

그러나 지방자치단체는 독립적인 법인으로서 그 자치권을 헌법에 의하여 보장받고 있는 것이므로, 국가의 무제한적인 간섭이 허용되는 것은 아니다. 전술한 지방자치의 정의에서 국가의 ‘일정한’ 감독을 받는다고 한 부분이 그것을 의미하고 있다. 말하자면 지방자치단체의 독립성과 국가의 감독권이 조화를 이루어야 하는 것이다. 이러한 사실은 현실적으로 지방자치권과 중앙통제의 문제가 된다.

1.2 지방자치의 유형

1 지방자치의 계보

지방자치의 개념은 단체자치와 주민자치의 두 가지 요소로 구성된다. 단체자치란 국가 내부에서 일정 지역을 기초로 하는 지역적 단체가 국가로부터 독립된 법인격을 인정받고 지역의 행정을 그 기관의 손에 의하여 스스로의 책임과 권한으로 처리하는 것을 말한다. 한편 주민자치란 지역의 행정을 지역주민의 의사와 책임에 의하여 행하는 것을 말한다. 지방자치의 실현을 자치와 분권의 충실에서 찾는 경우가 있는데, 이 경우의 자치는 주민자치에, 분권은 단체자치에 상당하는 것이라고 할 수 있다. 역사적으로 단체자치는 주로 대륙계의 독일 · 프랑스에서, 주민자치는 영 · 미계에서 발달하였다(안용식 외, 2006:39).

1) 주민자치

영국의 경우 민주주의가 일찍부터 발달하였던 결과로 인하여, 지역사회의 자율 · 자치적 전통도 일찍부터 확립되었다. 그리하여 영국에서는 지역사회의 공동사무들이 당해 지역주민들 스스로 또는 그들의 대표자를 통하여 자율적인 의사와 책임하에서 관리 · 처리하는 법률 · 행동체계가 일찍부터 강조되게 되었는데, 이와 같은 점을 강조하고 있는 것이 주민 자치이다(J. Redlich & F. W. Hirst : 1903, 정세욱, 1990:78).

이 경우에는 국가(중앙정부)와 지방자치단체라는 계층적 관계구조보다는 지방자치단체 자체의 내부상의 다양한 관계구조들이 중심적 내용으로 부각되고 있다. 따라서 이 경우에는 주민들이 지방자치단체의 각종 의사결정과정에 있어서 정치행정적 주체로서 어떻게 참여할 것이며, 이에 따른 책임을 어느 수준까지 질 것인가 하는 것이 핵심적인 과제로 등장하게 된다. 결국, 주민자치에서는 지방자치단체의 각종 의사결정이 지역주민들의 자율적인 참여와 의사에 기초하여 이루어지고 이에 대한 책임도 스스로 진다는 측면에 상대적인 주안점이 주어져 있다고 볼 수 있다.

주민자치는 지방자치단체와 지역주민간의 민주적 관계에 초점을 두고 있기 때문에 이것은 민주주의의 원리를 더욱 잘 표현하는 모습으로도 볼 수 있다. 이와 같은 이유로 인하여 다른 한편에서는 주민자치를 '정치적 의미의 자치(Selbstverwaltung im politischen Sinne)'

라고 지칭하기도 한다.

2) 단체자치

독일 등을 비롯한 대륙법계 국가에 있어서는 영국과는 달리 일찍부터 지역사회의 행정사무(지방행정사무)들이 중앙집권적 지방행정체제 속에서 처리되어 왔다. 이와 같은 역사적 전통 속에서 독일은 1808년의 프로이센시제(市制)와 1850년의 프로이센지방단체법(Gemeindeordnung) 등을 통하여 단체자치에 대한 기본적 골격을 갖추게 되었다(정재욱, 2001:21-22).

이와 같은 과정을 통하여 나타나게 된 단체자치제도의 중요한 특징은 국가로부터의 지방자치단체의 상대적 자율성을 강조하는 측면이 강화되었다. 그리하여, 단체자치에서는 국가로부터 상대적으로 독립된 법인격을 가진 지방자치단체를 법률적으로 수용함과 동시에, 이와 같은 지방자치단체가 국가의 간섭을 법률적으로 배제한 바탕 위에서 지방사무를 자신의 의사결정과 책임 하에서 자율적으로 처리하여 가는 것을 강조하게 되었다.

따라서 단체자치에서는 관심의 주된 대상이 주로 국가와 지방자치단체간의 관계이며, 이를 바탕으로 지방자치단체가 상대적인 자율성을 확보하여 가는 것이다. 이런 이유로 인하여 단체자치제도를 다른 한편에서는 '법률적 의미의 자치(Selbstver waltung im rechtlichen Sinne)'라고도 한다. 이것은 국가에 대한 지방자치단체의 법률상의 상대적 독립성을 강조하는 것으로 볼 수 있다.

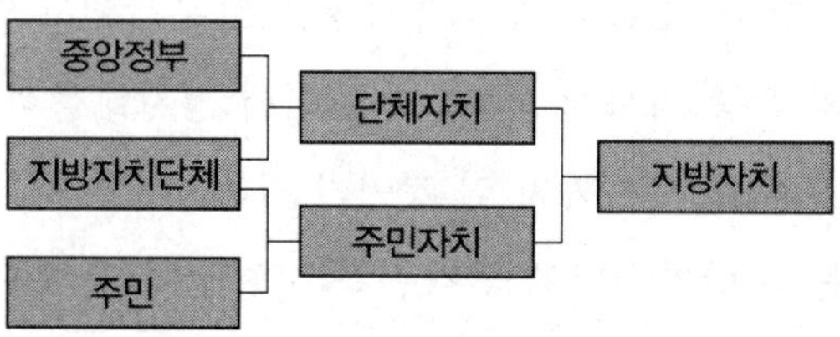

<그림 1-1> 주민자치와 단체자치의 관계

2 주민자치와 단체자치의 특징과 융합

1) 주민자치와 단체자치의 특징

주민자치와 단체자치의 차이는, 자치의 중점이 어디에 있느냐에 따른 것이라 할 수 있다. 주민자치는 자치단체와 주민과의 관계, 즉 지방행정에의 주민참여에 중점을 두고 발전된 자치제도인데 비하여, 단체자치는 지방자치단체와 중앙정부와의 관계, 즉 중앙정부로부터의 자치단체의 독립에 중점을 두고 발전된 자치제도이다(〈그림 1-1〉 참조).

(1) 이념적 특징

주민자치와 단체자치의 차이점은 우선적으로 자치권을 어떻게 이해하고, 자치의 의미와 권능을 어떤 법적 관계에 따라 이해하는가에 따라 구별된다.

첫째, 자치권의 본질적 측면에서 주민자치는 자치권을 국가 이전의 권리, 즉 천부적 권리로 인정하는 고유권설을 주장하는데 비해, 단체자치에서는 자치권을 국가에 의해서 인정되는 실정법상의 권리로 파악하는 전래설 또는 수탁설의 입장을 취하고 있다. 따라서 주민자치에서 보는 자치권의 범위는 단체자치에서 이해하는 자치권의 범위보다 광범위하다.

둘째, 주민자치는 지역주민들이 중앙 및 지방의 모든 행정사무를 주민 자신이 처리하고 지방정치에 참여한다는 정치적 의미의 자치행정인데 비해, 단체자치는 국가로부터 독립된 법인격을 가진 자치단체의 행정이라는 이른바 법률적 의미의 자치행정이다.

셋째, 주민자치는 정치적 의미에서 주민의 참여, 즉 지방정부와 주민과의 관계에 초점을 두는데 비해, 단체자치는 중앙과 지방자치단체의 관계에 중점을 두고 있다.

결국 이념적 측면에서 주민자치는 고유권설에 입각하여 주민들이 자기사무를 스스로 또는 그 대표를 선출하여 처리하게 하는 행위의 자기결정성 · 자기책임성을 강조하면서 주민참여를 통한 민주주의 이념을 실현하고자 하는데 비해, 단체자치는 전래설 또는 수탁설에 입각하여 중앙정부로부터 법적으로 독립된 지방자치단체가 국가의 간섭을 배제하고 그 자신의 의사와 목적을 가지고 행정을 수행한다는 지방분권의 이념을 중시한다.

(2) 제도적 특징

주민자치와 단체자치의 제도적 특징은 자치단체의 조직과 성격, 사무, 권한, 중앙통제, 중앙정부와의 관계 등에서 상이한 특징을 보이고 있다(정재화, 2006:31).

첫째, 지방정부의 조직 형태적 측면에서 주민자치는 의결기관이 동시에 집행기관을 겸하는 기관 통합형을 주로 채택하고 있는 반면에, 단체자치는 의결기관과 집행기관이 분리되어 있는 기관 대립형을 채택하는 경향이 높다. 이러한 조직 형태에서 주민자치는 의결기관과 집행기관이 통합되어 있으나 주민이 선출한 대표에게 권한을 집중시키는 의결기관 우월주의를 바탕으로 하는 반면에, 단체자치는 기본적으로 집행기관이 의결기관보다 우월한 지위를 갖는 성향이 있다.

둘째, 지방정부의 사무에 대해서 주민자치는 국가적 사무나 지방적 사무가 모두 주민 자신에 의하여 자치적으로 처리되는 것으로 보기 때문에 양자를 구별하지 아니하는데 비해, 단체자치는 국가적 사무와 자치적 사무를 엄격히 구별하여 지방적 사무에 대해서는 국가의 간섭을 배제하려는 경향이 있다. 그러나 단체자치에서는 자치사무를 처리할 때에는 자치단체의 성격을 갖지만, 국가의 위임사무를 처리할 때에는 국가의 하급 행정기관의 지위에 놓이는 이중적 성격을 지닌다고 볼 수 있다.

셋째, 권한 배분 방식에서 주민자치는 그때 그때 필요할 때마다 법률을 제정하여 각 지방정부의 행정사무의 종류를 지정하여 개별적으로 지방정부에 권한을 부여하는 개별적 지정주의를 채택하고 있는데 반해, 단체자치는 법률의 규정에 의해 중앙정부에 유보되어 있는 사항과 법률로 금지되어 있는 사항을 제외하고 지역주민의 일반적 이익을 조장하기 위하여 지방정부에 포괄적 · 일반적으로 권한을 부여하는 포괄적 위임주의를 채택하고 있다.

넷째, 중앙통제 방식에서 볼 때 주민자치는 주로 입법통제와 사법통제에 중점을 두는데 비해, 단체자치는 주로 행정통제에 중점을 둔다.

다섯째, 중앙정부와 지방정부와의 관계에서 볼 때 주민자치는 중앙정부와 지방정부가 서로 기능적 협력 관계를 유지하는데 비하여, 단체자치는 중앙정부가 국가 권력으로 자치단체를 지휘 · 감독 · 통제하는 권력적 감독 관계를 형성한다.

주민자치와 단체자치의 특징을 비교하면 〈표 1-3〉과 같다.

2) 주민자치와 단체자치의 융합

주민자치와 단체자치 차원은 역사적 · 공간적 배경을 달리하고 있으나 오늘날의 지방자치에서 주민자치와 단체자치는 결코 따로 존재하지 않는다. 오히려 지방자치는 단체자치 차원에 의하여 그 형식을 갖추고 주민자치 차원에 의하여 그 실질을 갖추는 제도화를 이룸으로써 더욱 완성도를 높일 필요가 있다.

<표 1-3> 주민자치와 단체자치의 비교

요인	주민자치	단체자치
발달한 국가	영 · 미 · 캐나다	독 · 불 · 일본 · 한국
자치권의 근거 학설	지방권설 · 고유권설	국권설 · 수탁설
자치권의 인정 주체	주민	국가(중앙정부)
추구하는 이념	민주주의	지방분권
자치의 의미	정치적 의미	법률적 의미
주민 참여의 정도	높음	낮음
중앙통제의 정도	약함	강함
중앙통제의 수단	입법적 · 사법적 통제	행정적 통제
중앙 지방정부 관계	기능적 협력관계	권력적 감독관계
자치권 배분방식	개별적 수권방식	포괄적 수권방식
재원 확보 방식	자주재원 〉 의존재원	자주재원 〈 의존재원
자치사무의 구분	구분 안함	구분함
지방자치기관의 지위	순수한 자치기관	자치기관 · 국가기관
지방세 제도	독립세 중심	부가세 제도도 채택
중시하는 관계	주민 · 자치단체 관계	자치단체 · 국가의 관계

실제로 주민자치와 단체자치는 제2차 세계대전을 거치면서 프랑스나 독일, 일본 등의 지방자치제도에 결합되었다. 즉, 제2차 세계대전 후 영국과 미국 등 전승국이 독일과 일본을 관리하게 됨으로써 단체자치의 전통을 주로 지니고 있던 독일과 일본의 지방자치제도에 영 · 미의 주민자치 요소들이 옮겨져서 제도화되었고, 지방자치의 차원을 통합 · 확장시켰다(김영기, 1999:19).

1.3 지방자치의 가치

1 긍정적 가치 · 지방자치의 필요성

1) 정치적 가치

(1) 민주주의의 훈련장

민주주의는 정치체제로서 나름대로의 약점을 지니고 있지만 그럼에도 불구하고 지금까지 나타난 정치체제 중에서는 가장 바람직한 것으로 평가되고 있다. 민주주의에 대하여도 여러 가지의 정의가 내려지고 있지만 가장 함축적 정의는 링컨의 게티즈버그 연설에서 발견된다. 그는 '국민의, 국민에 의한, 국민을 위한(of the people, by the people, for the people)' 정치가 바로 민주정치라고 규정하고 있다.

이런 민주정치의 개념에는 정치조직과 사회공동체의 문제해결을 위한 의사결정과정에 국민이 참여해야 하고, 정치가 국민의 뜻에 따라 이루어져야 하며, 동시에 궁극적으로 국민의 권익을 증진하는데 정치의 목적이 있다는 구체적 의미가 담겨 있다.

그런데 이와 같은 민주정치의 학습이 가장 잘 이루어질 수 있는 공간은 일정한 지역, 즉 지방이다. 지역주민들은 스스로 지방정부에서 공무를 담당하는 지역대표자가 될 수 있으며, 선거를 통하여 지방의원이나 집행기관의 대표를 선출하기도 한다. 그리고 지역문제를 해결하기 위한 의사결정과정에 진정 · 건의 · 위원회 참석 또는 정책에 대한 주민투표 등의 다양한 형태로 참여하기도 한다. 이런 과정을 통하여 지역주민들은 선거가 정치나 행정에 있어서 어떤 의미를 가지며 효과적인 참여방법이 어떤 것인가도 지방자치를 통하여 습득할 수 있으며, 의견의 대립과 상충을 타협과 양보로 해결하는 민주주의 정신을 습득하게 된다(김영종, 2000:10).

지방자치는 민주주의의 이념을 실현하는 데 있어서 불가결의 조건이 된다. 즉, 지방자치는 일정한 지역 안의 공동문제를 그 지역주민들의 참여와 협의를 통하여 자주적으로 결정 · 집행하는 것이므로 민주주의의 기본원리인 자기결정성과 자기책임성을 주민과 가장 가까운 정부단위에서 그리고 주민들의 일상생활에서 실천하게 된다(최창호 · 정세욱, 1983:589).

(2) 전제정치의 방파제

절대권력은 절대 부패하고, 권력의 집중은 독재를 낳는다. 이는 역사적으로 분명하게 증명된 정치적 공리이다. 특히 고대에서 근대에 이르기까지 오랜 역사를 통하여 내려온 중앙집권적 국가에서의 정치적 권력을 동서양을 막론하고 언제나 독재자의 횡포를 낳고 국민의 자유와 권리를 수없이 유린하여 왔다.

현대민주사회에 있어서도 중앙정부의 권력집중이 독재정치를 유발할 가능성은 여전히 존재한다. 중앙정부를 중심으로 나타나고 있는 행정기능의 확대 · 강화와 관료조직의 비대화는 국민 권익을 침해하고 행정의 비효율성과 낭비를 잉태하는 주요원인의 하나가 되고 있는 것이다.

지방자치는 권력의 지역적 분산, 그리고 중앙정부와 지방의 적절한 분권을 통하여 이와 같은 독재정치하의 중앙집권적 권위주의체제에서 나타나기 쉬운 정치행정적 폐해를 방지하는 역할을 한다. 지방자치가 제대로 정착된 사회에서는 혹시 중앙정부의 전횡이 시도된다 하더라도 지방정부가 자치권을 내세워 이를 합법적으로 차단할 수 있는 길이 있다.

(3) 정국혼란의 방지

지방자치를 통하여 지방정부가 독자적 조직과 기능을 가지고 있으면 중앙정부의 권력개편에 따른 정치적 혼란의 지방확대를 방지할 수 있다. 정당정치의 구조 아래서는 집권정당이 바뀌면, 정책담당자, 정치이념과 정책프로그램 등 여러 가지 차원에서의 변경이 발생된다. 정도의 차이가 있으나 이런 정권의 개편에 따른 갖가지의 변화들은 정국의 혼란으로 이어지는 경우가 많은데, 중앙집권적 정치체제 아래서는 이런 혼란이 쉽게 지방정부로까지 흘러 내려가게 된다.

그러나 지방자치제 아래서는 중앙정부와 지방정부의 인적 교류가 차단되어 있거나 제한적으로만 이루어지고, 업무추진도 지시와 보고 일변도가 아니라 각자의 권한존중과 상호협조를 원칙으로 하고 있다. 따라서 지방자치는 중앙정부의 정치적 혼란으로부터 지방의 정치·행정적 안정을 보호하는 안전판 역할을 하게 되는 것이다.

2) 행정적 가치

(1) 지역실정에 맞는 행정

같은 국가 내에서도 지역에 따라 지리적·사회경제적 환경이 다른 것이 보통이다. 도시와 농촌이 행정환경이 다른 것은 말할 것도 없고, 도시라고 하더라도 그 사회경제적 특성은 다종다양하다. 상업도시·공업도시·광업도시·관광도시·군사도시·항구도시·교육도·문화역사도시 등 실로 그 성격이 여러 가지이다.

이렇게 지역 또는 도시의 성격이 다르면 행정환경과 행정수요가 당연히 달라진다. 그럼에도 획일적 기준과 지침에 의하여 지역문제를 진단하고 처방을 찾으려고 한다면 그것은 대단히 비현실적이고 비합리적인 것이 될 수 밖에 없다.

지방자치는 지방정부와 지역주민이 중심이 되어 지역문제를 진단하고, 지역개발계획을 수립하기 때문에 현지실정에 적합한 결과를 도출하기 쉽다(議村英一, 1976:10-11). 자기문제를 자기가 진단할 경우 행정의 적실성이 증대하고 그 만큼 낭비적 요소를 줄일 수 있다는 것이다.

(2) 행정기능의 분담과 효율성 증대

업무의 적절한 분담, 즉 분업은 업무의 효율성을 증대시킨다. 정부행정에 있어서도 역시 예외는 아니다. 지방자치를 통하여 중앙정부와 지방정부가 합리적으로 분업을 하게 되면 양자는 모두 행정의 효율성을 증대시킬 수 있다. 중앙정부는 정책적 결정사항과 전국적으로 다같이 적용할 수 있는 업무에 전념하고 지방정부는 정책의 집행과 지역문제를 중점적으로 처리함으로써 행정의 합리성 · 전문성이 확보될 수 있다(정재화, 2006:36).

그렇지 않고 과거 중앙집권적 권위주의체제에서 그러하였듯이 중앙정부가 대부분의 사무를 관장한다면 중앙정부는 과중한 업무부담 때문에 여러 부문에서 업무처리가 소홀해질 우려가 있는 반면에, 지방정부는 할 일이 적어서 인력과 시간을 낭비하는 결과를 가져올 수 있다.

그리고 지방자치제 아래서는 지방정부가 여러 가지 행정기능을 종합 · 조정할 수 있다. 다시 말해서 중앙부처의 일선기관이 지역별로 설치되어 운영되는 것보다 행정조직간의 경쟁 · 갈등 · 중복현상을 효율적으로 조정하고 행정서비스의 공급을 더욱 체계적으로 운영할 수 있다.

(3) 정책의 지역적 실험

공공정책은 정책의 결정과 집행을 통하여 의도된 정책목표가 달성되기도 하지만 정책시행의 전제가 잘못되었거나 정책가치에 대한 판단이 잘못되었을 경우 생각지도 않았던 역기능이 발생하거나, 정책수단의 선택이 잘못되어 당초 목표를 제대로 달성하지 못하고 실패로 끝나는 경우도 많다. 미래의 행동지침인 정책은 오류의 가능성이 언제나 존재한다는 것이다.

지방자치는 일정한 지역 내에서 특정정책을 적용하고, 그것의 확대시행 가능성을 모색해 볼 수 있는 기회를 제공한다. 다시 말해서 만약 어떤 정책이 일정한 지방자치단체에서 실시된 결과 만족스런 결과를 가져왔다고 한다면 이를 비슷한 여건을 지닌 다른 지방자치단체에 확대 적용토록 하고, 반대로 그렇지 못한 결과가 생겼다면 그것의 적용을 중단하거나 정책의 수정을 하도록 한다는 것이다.

이와 같은 정책의 지역적 실험이 반드시 지방자치제 아래서만 이루어질 수 있는 것은 아니며 중앙정부의 일선기관을 통하여서도 가능하다. 그러나 지방자치제 아래서의 지방정부는 이런 정책적 실험을 좀더 용이하게, 그리고 좀더 자율적으로 시행할 수 있을 것이다.

3) 경제적 가치

(1) 지역개발의 촉진

지방자치제를 실시할 경우 중앙정부의 획일적 개발전략에 의존하는 것보다 지역개발이 촉진될 가능성이 많다. 우선 지역의 특화산업을 개발하거나 지역실정에 맞는 중소기업을 육성하는 것이 용이하다. 사업 우선순위를 선정하는데 있어서 지방정부의 재량과 자원운용의 탄력성이 증대하는 것도 지역개발의 촉진요인으로 작용할 수 있다.

그러나 무엇보다 중요한 것은 정책결정자와 집행담당자들의 책임의식이라고 할 수 있을 것이다. 선거를 통하여 당선된 집행기관의 장이나 지방의원들은 임기 중 지역개발과 지역사회복지의 향상에 관한 실적을 올리지 않으면 차기선거에서 주민들의 지지를 받을 수 없다. 그리고 선거직 정책결정자들은 일정한 기간 동안 신분이 보장되어 있기 때문에 중장기적 지역발전정책을 수립하고 집행하는데 임명직 공직자들보다 유리한 위치에 있기도 하다(정재화, 2006:37).

(2) 자원의 최적배분

정부가 공공재와 공공서비스를 배분할 때, 중앙정부는 획일적 기준이나 추상적 방침에 의존하는 경향이 있다. 이 경우 특정지역에는 효용가치가 매우 높은 공공재나 공공서비스가 다른 지역에서는 전혀 가치가 없거나, 효용가치가 적은 경우도 있다. 예컨대 도시에서는 매우 효용가치가 높은 공원이나 녹지공간이 농촌에서는 그 가치가 현저히 낮아진다. 중앙집권적체제 아래서는 주민이 부담하는 재정부담에 비하여 사회복지의 총효용도 낮아진다는 지적도 있다(최광, 1990:80-81).

지방자치를 실시하면 지역주민의 욕구에 맞는 재화와 서비스를 지방정부가 탄력적으로 공급할 수 있다. 영국과 일본에서는 지방정부가 정기적으로 주민의 욕구를 조사하여 이를 토대로 공공재와 행정서비스공급계획을 세운다(ILO, 1976:30). 이런 노력들은 다소의 경비와 인력이 소요되지만 자원배분의 합리성을 증대시키는데 상당한 기여를 한다.

4) 사회적 가치

1) 사회적 유대의 강화

지역의 공동문제를 주민들이 협력을 통하여 처리하는 과정에서, 특히 소외계층에 대한 생활지원 문제를 지방정부와 주민들의 노력에 의하여 해결하는 과정에서 주민상호간의 이해가 촉진되고 동질감이 형성된다. 그리고 지방특유의 지리적 · 사회경제적 환경을 배경으로 주민들이 같이 생활하는 동안에 나름대로의 독특한 지역문화가 형성되는데 지방정부는 이런 지역의 고유문화를 계승 · 발전시키는데 앞장서는 역할을 한다.

(2) 지역간 경쟁과 균형발전

지방자치제 아래서는 지역간 경쟁이 뚜렷해진다. 지역경제의 성장률과 주민소득의 크기가 비교되고 생활의 질에 관한 비교도 자주 등장한다. 이런 사회적 분위기 아래서 지방자치단체간 또는 지방정부 상호간에 지역발전을 위한 경쟁이 보편화되고, 지역문제를 효과적으로 해결하기 위한 주민들의 적극적 행정참여와 창의력의 개발이 촉진된다.

이런 지방자치단체의 자발적 노력과 더불어 낙후지역에서는 중앙정부에 강력하게 개발지원을 촉구하게 됨으로써 뒤떨어진 낙후성을 벗어나게 된다. 이는 결국 전국의 균형발전을 도모하는데 기여하게 된다.

2 부정적 가치 · 지방자치의 폐해

모든 사회제도에서도 그러하듯이 지방자치에 있어서도 밝은 면이 있는 반면에 어두운 측면도 있다. 즉, 지방자치가 정치 · 행정 · 사회 · 경제의 발전에 걸림돌 내지 문제점으로 작용할 수도 있는바, 이를 살펴보면 다음과 같다.

1) 정치적 가치에 대한 비판

(1) 민주주의와의 관계에 대한 비판

지방자치가 민주주의의 필수요소는 아니라는 랭로드 교수의 비판은 지방자치의 민주적 가치에 대해 회의하고 있는 대표적인 견해이다. 랭로드는 지방자치를 민주주의의 필수적 요소로 볼 수 없다고 보았다(Langrod, 1953:25-34). 지방자치가 민주주의의 필수적 요소라면 지방자치 없는 민주주의는 존재할 수 없어야 할 것이다. 그런데 민주주의란 지방자치가 존재하는 곳에만 있는 것은 아니기 때문에, 지방자치가 민주주의의 필수적 요소라고 주장할 수 없다는 것이다.

이러한 시각에서는 지방자치가 민주주의 발전의 역기능으로 작용할 가능성도 존재한다.

실례로 한국의 지방자치 경험을 보면 이승만 정권에서 자신의 정권 연장을 위해 지방자치 제도를 도입해서 적극 활용했던 경험을 가지고 있다. 즉, 1952년 4월 전쟁 중에 전격적으로 실시된 지방자치 제도는 당시 한민당이 장악하고 있던 국회에서 이승만 대통령의 직선제안을 거부하자 국회를 무력화하기 위한 대안으로 실시되었다. 지방자치는 전제 권력의 도구로도 사용될 수 있음을 보여주는 것이다(강용기, 2008:69).

(2) 지역이해 중심주의의 대두와 지역갈등의 심화

주민참여가 활성화되면서 지역이해 중심주의(지역이기주의)의 경향이 나타나고 있다.[1] 자기 지역에는 쓰레기 처리장, 납골당, 핵폐기물 처리장 등 불편한 시설을 설치하지 못하게 함으로써 국가적으로 매우 어려움을 겪고 있다. 대부분의 사람들이 쓰레기를 배출하고 있고, 또 쓰레기장이 있어야 한다고 생각하지만, 어느 누구도 자기 주변지역에 쓰레기장을 설치하는 것을 반대하는 경향이 있다. 이러한 과정에서 지역주민간 갈등이 심화되고, 전체적으로 사회통합을 해치게 된다. 지방자치 시대에는 이러한 갈등을 해결하는데 많은 어려움을 겪게 된다.

(3) 위기대응능력의 저하

지방자치는 다수의 상반된 이해당사자들간의 토론과 타협을 통하여 갈등을 조정 · 해결함으로써 이루어지는 것인데, 그 결과 필연적으로 오랜 시간을 소요하여 시간적으로 촉박한 위기상황에 유효하게 대처할 수 없게 한다. 국가적인 위기상황에서 전국적인 인적 · 물적 · 정보적 자원의 신속한 동원력을 발휘하는 데에는 오히려 중앙집권체제가 유익하다 하겠다.

2) 행정적 가치에 대한 비판

(1) 국가적 사무의 비능률적 처리

지방자치가 실시되면 지방사무 처리는 능률적일 수 있으나, 국가사무처리는 능률성이 결여된다. 즉, 국가사무의 경우 일사불란한 처리가 요구되는데, 지방자치단체에 위탁하여 처리하는 경우 업무가 지연되거나 지방의 이해관계에 따라 왜곡 처리될 수도 있다.

---

1) 지역이해 중심주의는 혐오시설의 설치를 기피하는 님비(NIMBY: Not In My Back Yard) 현상과 이익이 되는 시설을 유치하려는 핌피(Please In My Front Yard) 현상으로 나타난다. 이를 지역 이기주의라고 표현하기도 하지만, 자기 지역에 불리한 시설이 유치되는 것을 반대하는 것은 가장 일상적인 사회적 행위로, 선악의 이분법에 의해 이기주의자들이라고 매도할 수 없다. 따라서 여기서는 지역이해 중심주의라고 표현하기도 한다.

또한 국가 전체적으로 실시되어야 하는 경제기획이나 지역계획의 수립에도 지방의 다양한 입장과 요구 때문에 많은 어려움을 겪게 된다. 따라서 국가 차원에서의 종합적 정책관리나 국가적 재난이나 국방의 위기시 전 국민을 신속하게 동원 관리하는 데도 어려움이 따를 수 있다(정재화, 2006:40).

(2) 중복투자와 국가관리 비용의 증대

자치단체간의 중복 투자나 불필요한 투자가 증대되어 국가 전체적으로는 비능률적이다. 그 예로, 가까운 지역에 체육시설이 있다 하더라도 그것은 남의 재산이 되기 때문에 우리 지방의 체육관을 가져야 직성이 풀리는 것이 지방자치시대의 한계이다. 이러한 문제는 행정협의회나 공동협의체를 만들어 이웃자치단체간 시설의 공동사용 등과 같은 협약을 맺어 비용을 절감할 수도 있다.

(3) 외부효과와 사업기피

지방자치에 있어서는 이른바 외부효과로 인하여 지방자치단체가 투자를 기피하고 문제를 방치하며 책임을 전가하려는 경향을 나타낼 수 있다. 예컨대 부랑인들에게 따뜻한 구호를 열심히 하는 자치단체에 전국의 수많은 부랑인이 몰려든다든가, 환경정책을 철저하게 추진한 지방에 많은 인구가 몰려든다든가, 많은 돈을 투입하여 주민교육을 시켜 놓았더니 이들이 외부로 대량 이전해 버린다든가 하는 경우에, 많은 투자를 한 자치단체가 손해를 보게 되어 자치단체가 그러한 사업을 기피하는 것 등이 그것이다.

3) 사회·경제적 가치에 대한 비판

(1) 폐쇄적 지방주의의 가능성

지방자치는 주민들의 향토의식과 애향심을 토대로 전개되는 것인데, 이것이 잘못되면 지방색을 지나치게 부각시켜 방어적 지역감정을 고취함으로써, 이것이 배타주의로 발전되는 경우에는 국민단합에 큰 저해를 가져올 우려가 있는 것이다. 지방적 특수성만 강조하다가 지방간 인적 · 물적 교류가 제한되고, 지방민들은 우물 안의 개구리가 될 수도 있다. 따라서 지방주의만을 무리하게 강조하다 보면 시대착오적인 폐쇄주의로 발전될 가능성도 있다.

(2) 지방정부의 경제발전 기능에 대한 비판

지방화가 지역이 성장에 기여할 수 있을 것인가에 대한 비판적 시각도 존재한다. 지방재정력의 한계 때문에 대부분 지방정부에서는 독자적인 사회간접자본(SOC)의 투자가 어렵고 중앙정부에 의존하게 된다. 따라서 지방정부의 경제 개발기능은 매우 제한적이며, 중앙정부가 더 효과적이라고 보기도 하는 것이다.

1.4 중앙집권과 지방분권

1 중앙집권과 지방분권의 의의

1) 중앙집권과 지방분권의 개념

집권이란 정책결정의 권한이 중앙 또는 상급기관에서 상대적으로 많이 행사되는 것이며, 분권은 정책결정의 권한이 지방 또는 하급기관에서 상대적으로 많이 행사되는 것(안태백, 1979:283)이다. 단순한 집권 · 분권은 중앙정부 · 지방정부 간의 관계인지, 한 조직 안의 집권과 분권인지 구별되지 않는다.

바이른은 국가에서 정책결정권이 중심부나 수도뿐만 아니라 일선이나 지방에서도 행사될 때, 이것이 지방분권(Decentralization)이며, 중앙정부 공무원들이 지방의 일선 관청에 배치되는 것은 분산(Deconcentration)이라고 한다(Byrne, 1985:17). 그러므로 중앙집권(Centrali Zation)과 지방분권은 중앙정부 · 지방정부 간의 권력분산으로서 행정기관 안에서 상하층간에 권력분산을 가리키는 권력집중(Concentration), 권력분산(Deconcentration)보다 포괄적인 개념임을 알 수 있다.

스미스도 지방분권은 중앙정부의 어떤 부서가 지방도시에 그 일부를 옮기는 것처럼 수부(首部)로부터 지부로 확산시키는 것과 구별되며, 또 상관이 부하에게 그 책임의 일부를 넘기는 위임(Delegation)과도 구별한다. 지방분권은 국가의 영토를 작은 구역들로 나누어서 정치적 · 행정적 기관들을 창설하는 것을 가리킨다(Smith, 1985:1)는 것이다.

중앙집권이란, 한 나라의 정책결정권이 중앙정부에 의하여 상대적으로 많이 행사되는 경향이며, 지방분권은 그 반대로 한 나라의 정책결정권이 지방자치정부에도 충분히 부여되어 행사되는 경향으로 정의할 수 있다. 그러나 유의할 것은 중앙집권과 지방분권은 절대적 개념이 아니라 상대적 개념이며, 이분법적 개념이 아니라 연속선상의 개념이다.

2) 지방분권의 목적

(1) 자치행정의 민주성 · 효율성 추구

오늘날 행정기능이 확대됨에 따라 지방분권의 요청이 더욱 증대되고 있는 이외에도 지방분권사상은 지방자치와 민주주의를 뒷받침하는 정치사상이란 점에서 그 필요성을 찾을 수 있다. 지방제도란 중앙정부가 설치하고 변경 · 폐지할 수 있는 것이므로 자치단체의 구성 · 기능에 관한 사항은 국가가 결정하는 것이 원칙이다. 다만 중앙정부가 그 통치권의 일부를 자치단체에게 귀속시키는 지방분권화의 근본적인 목적은 행정을 보다 주민의 가까운 곳에서 실시하도록 함으로써 행정이 더욱 민주적 · 효율적이 되도록 하려는데 있다. A.F. Leemans는 지방분권화를 위한 목표로서 국민형성, 민주주의, 정치철학으로서의 자유의 보장, 행정능률, 경제적 · 사회적 개발 등을 들면서 이러한 제목표간의 비중과 우선순위는 시대와 국가에 따라 각각 달라진다고 지적한 바 있다.[2] 그에 의하면 유럽제국에서는 일반적으로 민주주의와 효율성을 적극적으로 추구하고 있으며, 아시아와 아프리카제국에서는 개발에 관한 지방정부의 역할과 행정능률에 큰 비중을 두고 있다고 한다.

(2) 분권과 참여

지방자치를 보다 효율적으로 실시하기 위해서 지방분권체제를 마련하고 주민의 적극적인 참여를 위한 기회를 늘려야 한다.[3] 따라서 지방분권화와 이를 근거로 하는 지방자치제의 채택은 민주주의 정치구조의 일환을 형성한다는 형식적 의의에 그치는 것이 아니라, 주민의 복리증진을 위한 경제적 · 사회적 발전을 이룩할 수 있다는 실질적 의의도 가지고 있다(정세욱, 2000:194).

지방분권화와 지방자치체의 채택은 주민들에게 이익을 준다는 실질적 의의를 가지고 있으므로 지방분권의 가치는 자치단체가 수행하는 행정기능이 주민의 생활수요를 정확히 측정하여 실효성 있게 대처할 수 있는가에 달려 있다고 생각된다. 주민의 행정수요를 정확하게 측정하기 위하여는 주민참여를 활성화하여야 하고, 궁극적으로는 지방분권의 강화가 요청된다.

---

2) A. F. Leemans, *Changing Patterns of Local Government* (The Hague: I.U.L.A., 1970), 이성덕(역), 『지방정부개혁론』 (법문사, 1978), pp. 15~28 참조. 그는 ① 나폴레옹 시대의 프랑스, ② 19세기 후반의 네덜란드, ③ 현재의 서유럽제국(독일 · 네덜란드 · 스웨덴), ④ 1990년의 미국, ⑤ 독립 직후의 일부 신생국, ⑥ 국가적 통일성이 잘 확립된 신생국 등 6개 유형으로 나누고 각 유형에 대하여 지방분권화를 위한 목표간의 비중을 설명하고 있다.

3) *Report on the Evolution of Local Structures in Council of European Member Countries*, Document 2110(The Consultative Assembly of the Council of Europe, 1966).

2 중앙집권과 지방분권의 장 · 단점

중앙집권과 지방분권은 공히 장 · 단점을 가지고 있으며, 이론상 중앙집권의 장점은 역으로 지방분권의 단점이 되고 지방분권의 장점은 역으로 중앙집권의 단점이 된다. 그러나 실제로는 그 장 · 단점이 모든 도시나 농촌사회 또는 모든 국가에 공통적인 것이 아니라 특정한 국가의 역사적 요인, 정치적 이념, 경제 · 사회적 요건 등의 차이에 따라 달리 나타나기도 한다. 즉, 중앙집권체제를 채택하고 있는 나라 중에는 그 장점은 두드러지게 나타나고 단점을 별로 드러나지 않는 나라가 있는가 하면, 반대로 그 장점은 별로 나타나지 않고 단점이 많이 나타나는 나라도 있다. 또한 법령상으로는 지방분권체제를 규정하고 있으나 실제로는 중앙집권화하여 집권과 분권의 단점만이 두드러지게 나타나는 나라가 있는가 하면, 여기에서는 중앙집권과 지방분권의 각 장점만을 살펴봄으로써 각각의 장점과 단점을 살펴보는 번거로움을 피하기로 한다.

1) 중앙집권의 장점

중앙집권의 장점으로는 대체로 다음과 같은 것을 들 수 있다.

첫째, 중앙집권에서는 전국을 하나의 대상지역으로 한몫에 정책이 계획되고 집행되기 때문에 전국적인 정책의 통일성이 확보된다. 정책에 있어서 통일성 확보는 중요한 이념이 된다. 그러나 이러한 통일성은 장점인 동시에 또한 단점이 될 수도 있다. 즉, 획일화의 폐해가 그것이다.

둘째, 중앙집권에서는 일단 정하여진 방침을 어떠한 난관에 봉착하더라도 계속 강력하게 추진해 나갈 수 있게 된다. 그러나 이러한 정책의 강력성은 동시에 단점이 되기도 한다. 즉, 민의를 무시한 정책이 되기 쉬운 것이 바로 그것이다.

셋째, 중앙집권에 있어서는 규모의 법칙, 훈련된 관료제 등을 통하여 행정의 능률성을 확보할 수 있다. 이 경우의 능률은 최소의 노력과 시간과 비용으로 최대의 성과와 소득과 만족을 산출하는 기계적 능률(Mechanical Efficiency)을 말한다.

넷째, 중앙집권에 있어서는 중앙정부의 각 부처가 전문적인 행정을 발전시켜 나가기 때문에 행정의 기능별 전문화를 심화시킬 수 있다. 그러나 행정의 전문화는 할거주의의 병폐를 가져오기도 한다.

다섯째, 중앙집권에 있어서는 어느 한 지방자치단체의 구역을 넘어 여러 구역에 걸친 대규모적인 사업의 추진이 쉬워진다. 오늘날과 같이 주민생활권역 확대, 지역개발사업, 각종 경제 · 사회개혁 등으로 광역적인 행정수요가 대두되고 있는 시대에는 광역적인 대규모사업의 추진이 매우 절실한 상황에 있다.

2) 지방분권의 장점

지방분권의 장점으로는 다음과 같은 것을 들 수 있다.

첫째, 지방의 문제를 해당 지방자치단체에서 처리하기 때문에 지방의 특수사정을 충분히 고려하고, 그에 적응된 행정을 시행해 나갈 수가 있는 것이다. 그러나 지역실정 적응은 동시에 통일성의 제약을 본질적으로 내포하고 있는 것이다.

둘째, 지방분권에서는 지방문제의 처리를 주민 또는 그 대표자와 의논하여 그의 의견을 받아들여서 행하기 때문에, 행정의 민주화를 구현할 수 있게 된다. 지방분권이야말로 전제방지의 표본에 될 수 있는 것이다.

셋째, 지방분권에서는 사회적 능률(Social Efficiency)을 기할 수 있다는 것이다. 기계적 능률이 투입(Input) · 산출(Output) 사이의 냉정한 타산을 전제로 한 절대적인 능률이라 한다면, 사회적인 능률은 인간의 존엄성과 만족, 목적과 수단의 관계, 사회적 발전에의 기여, 장기적 안목에서의 효과성 등을 중시하는 종합적이고도 상대적인 능률이라 할 수 있다.

지방분권화함으로써 주민들의 지방행정에의 관심과 참여, 정치적 훈련, 만족과 사기앙양등 광범한 사회적 발전과 정치적 민주화를 기할 수 있다.

넷째, 자치단체의 계발계획이나 사업계획을 수립, 집행함에 있어 주민들을 참여시킴으로써 주민의 새로운 아이디어와 소망(Ideas and Wishes)을 수렴 · 반영하여 그들의 욕구를 충족시키는 동시에 지방정부의 시책 내지 지방개발에 주민들이 솔선하여 협조하게 할 수 있다.

다섯째, 지방공무원을 유능한 관리자로 양성할 수 있다. 중앙집권체제하에서는 지방자치단체에 중요한 결정권이 없으므로 지방공무원들에게는 의사결정을 담당할 기회가 부여되지 않는다. 즉, 중앙집권은 중앙정부가 강력한 지휘 · 감독권을 가지는 조직형태이므로 지방정부는 중앙으로부터 엄격한 지휘 · 감독을 받아 행정사무를 단순히 기계적 · 반복적으로 처리할 수 밖에 없게 되어 그들의 자주성 · 창의성은 무시되고 사고력은 둔화 내지 저하되고 만다. 따라서 지방공무원이 유능한 관리자가 되기를 기대하기 곤란하다. 그러나 지방분권체제하에서는 지방정부가 자치입법권 및 자치행정권을 가지므로 지방공무원들이 정책결정과 집행에 직접 관여하여 풍부한 경험을 쌓게 되므로 넓은 시야와 고도의 판단력, 식견을 가진 능력 있는 관리자를 양성시킬 수 있다.

여섯째, 행정을 신속히 처리할 수 있다. 중앙집권 하에서는 경미한 행정사항일지라도 중앙정부의 최고관리층의 승인을 받아야 하므로 번잡한 결재(Red-Tape)에 따르는 행정의 지체를 초래하게 된다. 그러나 지방분권 하에서는 지방정부가 현지에서 모든 행정사항을 자주적으로 결정 · 집행하므로 중앙정부의 복잡한 결재나 승인을 요하지 않으며 행정의 신속한 처리가 가능해진다.

일곱째, 지방주민의 참여를 가능케 함으로써 주민들의 정치적 욕구를 충족시키고 사기를 앙양시킬 수 있다.

3 중앙집권과 지방분권의 조화

인간의 생활과 사회 · 경제의 구조가 복잡해져서 정치 · 행정기능이 고도로 확대되고 복잡해진 시대에 있어서는 국가가 전 국토 안의 모든 정치 · 행정기능을 일괄해서 단독으로 관장 · 처리해 나간다는 것은 불가능해지고 있다. 그리하여 정치 · 행정상의 지방분권화가 필요해진다.

그러나 각 지역의 복잡 · 다기한 정치 · 행정을 국민사회의 전체적 입장에서 종합하고 조정하여 국가의 통일성과 안정성을 확보해 나가는 것도 중요하다 아니할 수 없다. 그리하여 오늘날에는 중앙집권화의 필요성도 커져 가고 있는 것이다.

따라서 현대국가에 있어서는 지방분권화와 중앙집권화의 요청이 동시에 커지고 있고, 이에 따라 중앙집권과 지방분권의 이상적인 조화와 균형의 모색이 요청되고 있다.

한 국가의 지방행정체계는 정치 · 경제 · 문화적 전통과 상황에 따라 집권화나 분권화의 장점을 활용하여 설정 운영되고 있다. 그러나 완전히 어느 한 체계만으로 운영될 수는 없다.

중앙집권의 체계에서도 어느 정도 자치적 요소를 도입하여 지방행정의 민주화를 도모하고 있으며, 반면에 지방분권체계에서도 중앙정부의 통제를 강화함으로써 지방정부의 효율화를 도모해 나가고 있는 것이다. 따라서 양자의 절충 작용점은 지방행정의 민주화와 효율화의 균형점이라 할 수 있다.

구체적으로는 권한과 사무의 배분에 있어 전체적 통일성을 요하는 사무나 대규모 사업은 국가에서, 지역적 특성을 존중해야 할 사무소나 소규모사업은 지방에서 분담 처리해야 하며 이에 따른 재원배분이 이루어져야 할 것이다. 이는 바로 중앙집권과 지방분권의 조화로운 운영을 위한 지방자치제도의 기본적 구조라 할 수 있다.

과도한 중앙집권은 행정의 획일화를 가져오고 주민의사의 반영에 미흡한 면, 과도한 지방분권은 행정의 비효율화와 혼란을 가져올 우려가 크기 때문에 서로의 단점을 줄이면서 장점을 최대한 살릴 수 있는 국가와 지방간의 분권체계가 필요할 것이다.

지방자치제도의 건전한 발전은 중앙집권과 지방분권의 이러한 조화와 균형 속에서만 가능할 것이다.

여기에서 중앙집권과 지방분권의 이상적인 균형점 내지 조화점이 어떠한 것이겠느냐 하는 것이 문제된다. 이론적으로 말하면 행정의 능률화와 민주화 양자의 성과의 합이 최대치를 이루는 점(〈그림 1-2〉에서 P'점)이 그러한 점이 될 것이다(안태백, 1979:292).

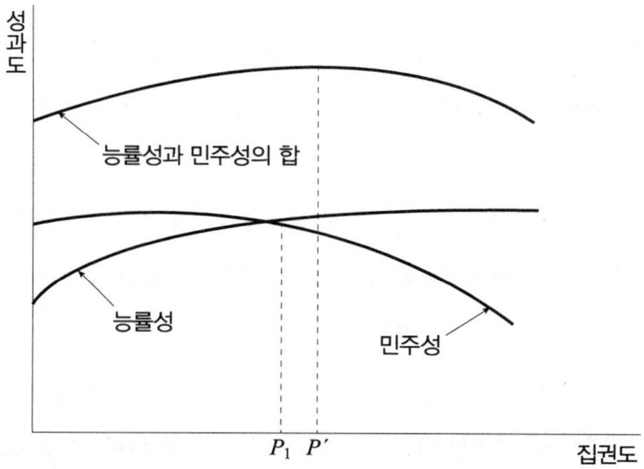

<그림 1-2> 집권·분권의 조화

제2장

지방자치의 경향과 변천

2.1 지방자치의 발달과 현대적 경향

1 지방자치의 발달

각 나라는 그 역사적 전통이나 정치문화적 여건에 따라서 각기 다른 지방제도를 발전시켜 왔기 때문에 지방제도의 발전과정을 간단히 말할 수가 없다. 여기에서는 근대 지방자치제도의 모국들이라 할 수 있는 영·미 및 유럽대륙의 선진국가들의 경우를 중심으로 그 나라의 지방자치제도의 성립과 그 후의 발전과정을 개략적으로 고찰해 나가기로 한다.

1) 근세이전의 지방자치

서양 중세의 국가체제는 봉건국가체제(Feudal System)로서 '통일성없는 국가체제'임을 그 특징으로 하였는바, 이러한 체제에 있어서는 지방단체가 하나의 '소국가적', 그리고 '주권적' 지위를 향유하고 있었다.

이 시대에는 오늘날의 지방자치의 원류라고 할 수 있는 도시자치제가 실시되고 있었다. 유럽에서는 11세기부터 벌써 도시헌장(Stadtverfassung) 및 시장개설권(Marktrecht) 등의 도시권(Stadtrecht)을 갖는 도시가 발달하였다(成田頼明, 1974:3-5). 이들 도시는 성벽을 쌓아 외적을 막고, 시장을 열고, 수공업자 및 상인의 거주구를 설치하여 시민의 자유를 보장하였으며, 광범위한 자치권을 누렸다.[1] 이러한 도시들은 '국가 속의 국가'로서 발달하였으며, 13세기 중엽부터는 도시동맹(Stadtsbund)을 결성하여 헌법과 더불어 입법 · 사법 · 행정의 3권을 가지게 되었다. 한자동맹(Hansabund)이 그 중 대표적인 것이었다.[2] 중세의 도시자치가 근대의 지방자치와 다른 점은, 그 도시가 근대적 통일국가성립 이전의 다원적 · 복합적 권력구조 속에서 '국가 속의 국가'로서의 성격을 가졌던 점, 따라서 그 자체가 지방법을 제정하고 재판을 행하며 행정을 고유한 권능으로 행사하였고 그에 대한 상급의 감독권력이 없었던 점, 도시안의 시민의 자유는 보장되었으나 시민참여적 주민자치는 시행되지 아니하였던 점 등을 들 수 있다(成田頼明, 1974:6-7).

2) 근대국가의 지방자치

중세의 정치적 분열상태를 극복하면서 성립한 근세의 절대군주국가는, 군주를 정점으로 하는 통일국가적 통치체제를 확립함으로써 중세적인 지방단체의 봉건적인 특권을 완전히 배제하고, 지방단체를 국가의 중앙집권적 계층구조 속으로 흡수함으로써 지방단체의 자주성 · 독립성을 전혀 허용하지 아니하였다. 지방자치는 이와 같은 근세의 절대군주제도를 부정하는 데서 성립한 것이다. 즉, 국가와 사회의 2원적 대립(der Gegensatz vom Staat und Gesellschaft) 사상에 입각하여 절대군주제를 타도하고 성립한 근대 자유민주제 아래에서, 국가(권력)에 대립하는 사회(자유)의 보호를 위해서 의회주의를 채택함과 아울러 통치권력을 분립하면서 지방의 자주성을 인정하는 지방자치제가 채택되었던 것이다(成田頼明, 1974:10).

이와 같이 근대 자유민주제 아래에서 지방자치제가 채택된 것은 국가의 권력을 지방단체에 내면화함으로써 정치적 통일을 이루어 보려는 데 그 뜻이 있었던 것으로서, 지방자치는 국가 전체적인 민주주의의 성립 · 발전과의 관련 속에서 존립하는 것이며 지방자치가 존립하는 그 자체가 민주주의의 하나의 징표로서 인정되는 것이다.

이 시기에 영국에서는 지방행정에 대한 주민의 참정에 중점을 두는 이른바 주민자치(Bürgerliche Selbstverwaltung)가 발달하였는데 비하여,[3] 독 · 불 등 유럽대륙 제국에서

1) 중세 서양도시의 자치권에는 시장개설권, 지방법 제정권, 화폐주조권과 치안유지, 상거래단속, 구빈 등의 권능이 포함되어 있었다.

2) 한자동맹은 독일의 Hamburg.Brrrremen. Köln을 중심으로 하여, 한 때에는 프랑스, 네덜란드, 덴마크, 벨기에, 러시아 등지의 77개 도시를 포괄하는 경제적 동맹체로 발전하였다.

3) 지방자치의 고전국가로 알려진 영국에서는 11세기 이전의 앵글로 색슨(Anglo-Saxon)적인 지방분권과, 11세기 이후의 노르만(Norman)적 중앙집권의 타협물로서 지방자치가 발전하였다고 할 수 있다. 그 사무는 처음에는 재판사무를 중심으로 하다가 점차 빈

는 국가의 간섭으로부터의 지방단체의 독립성에 중점을 두는 이른바 단체자치(Köperliche Selbstverwaltung)가 발달하였다.[4)]

지방단체의 자치권의 성질에 관하여 전술한 바와 같이, 처음에는 국가권력에 대한 항거사상에 입각한 고유권설이 지배적이었으나, 국가통치구조의 일환으로서의 지방지치의 정착에 따라 차츰 국권설(전래설)이 보편화되어 갔다. 그러나 1830년에 벨기에 헌법과 1919년에 바이마르 공화국 헌법이 지방자치권을 제도적으로 보장함에 따라, 지방자치권은 헌법의 본질적 내용(Wesengehalt)이요 핵심적 부분(Kernbereich)이기 때문에 이를 어떠한 법률로써도 침해할 수 없다는 제도적 보장설이 등장하여 많은 지지를 받게 되었다(成田賴明, 1974:18-19).

3) 현대국가의 지방자치

현대국가에서는 지방자치를 국가구성의 기본원리로 하고, 그것을 보호하기 위하여 헌법에 이를 규정하는 경향이 늘어났다. 특히 제2차 세계대전 이후에는 지방자치제를 헌법에 규정하는 경향이 더욱 늘어났으며, 독일이나 이탈리아 및 일본과 같은 경우에는 세계대전 중의 강력한 중앙집권체제에 대한 반성 내지 반동으로서 헌법에 지방자치에 대한 특별한 보장규정을 두고 있다.

그러나 지방자치를 헌법에 규정하지 않고 있는 나라도 있다. 영국, 미국, 스위스, 스웨덴, 남아연방 등이 그 예에 속한다. 그 중에는 민주주의를 지향하지 않는 나라의 경우도 있으나, 일반적으로는 지방자치가 이미 역사적 · 사회적으로 확립되어 있어서 구태여 헌법으로 보장할 필요가 없는 나라의 경우, 불문법의 나라의 경우, 연방국가이기 때문에 지방자치의 보장이 주의 소관사항인 경우 등이 그 대종을 이루고 있다.[5)] 그리고 헌법에 지방자치규정을 두는

민구제 사무가 늘어났다. 13~14세기의 보안관(Sheriff) · 치안판사(Justice of Peace)제, 17~18세기의 교구(Parish) · 구빈위원회(Board of Guardian)제가 그것을 말한다.

그 후 1888년과 1894년의 지방자치법(Local Ggvernment Act)이 제정됨에 이르러, 영국의 근대적 지방자치제도가 완성단계에 들어섰다. 이들 지방자치법에 의하여 도시 · 농촌을 포함한 전국에 걸쳐 주민의 선거에 의한 지방의회(청)(Councils)가 설치되고, 종래의 도 · 시 · 구 · 교구 · 자치회, 구빈회를 제외한 모든 지방기관이 점진적으로 폐지되었다.

이리하여 영국에 있어서는 연혁적으로 지방자치가 국가 재판사무와 종교적 구빈사무를 중심으로 발달한 것이기 때문에 국가사무와 지방사무와 명확한 구별이 없었다.

4) 프랑스, 독일 등 유럽대륙 국가의 단체자치는 강력한 절대군주적 국가체제와 새로운 입헌주의 국가체제의 타협의 산물로서 성립된 것이었다.

프랑스에서는 많은 정치적 변동을 겪었음에도 불구하고 그 정치제도의 바탕에 흐르고 있는 특색은 나폴레옹 1세가 남긴 고도의 중앙집권적 관료제가 유지되어 왔다는 점이다. 독일에서는 중세의 도시전성시대를 거쳐, 17~18세기에 있어서 중앙집권적 전제국가시대를 겪은 다음, 19세기 초 이래 근대적 지방자치제도가 확립된 것이다. 1808년의 이른바 슈타인 (St dteordnung)가 그것인 바, 그 후 1831년의 개정, 1850년의 프로이센 지방단체법(Gemeindeordnung) 등을 통하여 독일적 단체자치의 기본 특색이 형성되었다.

5) 지방자치를 헌법에 규정하지 않고 있는 나라의 경우에도 그것을 헌법으로 보장하고 있는 나라의 경우와 같이, 때로는 그것을 헌법으

경우에도 그 형식과 내용이 다양하다.

지방단체의 지위 · 구성 · 권한 등에 관하여 상세한 규정을 두는 경우도 있고(예: 이탈리아, 대만 등), 일반적 · 개괄적인 규정만을 두는 경우도 있다(예: 프랑스, 독일, 벨기에, 일본 등).[6]

그러나 그 헌법의 규정과 현실적 운용이 반드시 정확히 일치하지 아니하는 경우도 없지 아니하다. 더구나 중앙 행정부나 입법부로부터의 간섭도 문제이지만, 강력한 전국적 조직망을 가진 각종 정치 · 사회단체(예: 정당, 언론기관 등)로부터의 부당한 영향력이 더 큰 문제가 되고 있다고 할 수 있다(成田賴明, 1974:32). 20세기 말에는 국제적으로 지방자치의 확실한 보장을 위하여 '지방자치헌장' 또는 '지방자치선언'을 제정 · 채택하는 현상이 나타났다. 유럽연합(E.U.)의 '지방자치헌장', 국제지방자치단체연합(I.U.L.A.)의 '세계지방자치선언' 등이 그것이다.[7]

2 지방자치의 위기론과 개편론

1) 지방자치의 위기론

현대 민주국가에서의 지방자치는 역사적 상황이었던 근대국가의 절대권력이 민주화되고 산업화와 도시화의 추진에 따라 전국적인 관심과 역할이 중대됨에 따라 그 존립기반과 가치를 위협받게 되었으며 새로운 의미를 찾지 않을 수 없게 되었다.

지방지치의 위기(Crisis in Local Government)로까지 보여진 이러한 상황은 다음과 같은 요인에 의해 조성되어 왔다.

첫째, 민주국가에서는 중앙의 권력에 대한 방어적 장치로서의 지방자치는 논리적으로 합당치 않게 되었다.

둘째, 산업사회의 진전은 공동체사회의 변혁과 더불어 자치의식을 희석시켰다.

셋째, 도시화의 진전으로 복잡한 도시문제에 대처할 전문관료가 필요해짐에 따라 명예직으로 봉사하는 자치의 정신은 위축될 수 밖에 없었다.

로 보장하는 나라의 경우보다도 더, 지방자치를 제도적으로 보장하고 있다고 보아야 할 경우가 많다고 하겠다.

6) 법제처, 역대헌법 및 외국헌법비교(서울:1980), pp. 714~723.

7) 日本地方自治基本法硏究會, 地方自治基本法構想(東京 : 유인물, 1998) : 日本 地方自治推進會, 地方自治憲章(案)(東京 : 유인물, 1997) 참조.

넷째, 산업사회에 대처하기 위한 국가권능의 강화는 재원의 중앙집중을 가져옴으로써 지방재정은 더욱 취약하게 되었고 보조금에 대한 의존이 심화되었다. 특히 양차 세계대전의 전개과정에서 이러한 현상이 현저하게 되었다.

다섯째, 경제사회 전반의 발전은 균형 있는 국민생활의 발전을 요구하게 되었으며 늘어나는 복지수요 등으로 신 중앙집권화의 경향이 강화되어온 것이다. 이러한 신 중앙집권화 경향은 지금도 지방분권체제에 대한 위협이 되고 있다.

2) 지방자치의 개편론

현대국가에서의 지방자치가 정치 · 경제 · 사회적인 상황의 변화에 따라 위기에 봉착하게 되었고, 새로운 환경에 적응하기 위해 개편되지 않으면 안 된다는 논의가 활발하게 개진되었다. 특히 미국에서 논의된 개편론의 내용은 다음과 같다.

첫째, 소규모 자치단체의 단위로부터 대규모 상급자치단체나 중앙정부기관으로 이행하는 경향을 나타내고 있다, 미국에서는 지난 200년 동안 지방자치단체로부터 주정부로, 지방 및 주정부로부터 연방정부로 권력, 책임 및 사업계획의 이양이 이루어져 왔다. 미국제도에 있어 개편론은 점증하는 내셔널리즘(Nationalism) 및 상호의존성과 미국 국민들이 제문제를 해결함에 있어 정부의 증대된 역할을 기대하는데 따르는 불가피한 결과였다. 중앙정부기관으로의 권한이양 추세는 대부분 정책적인 고려에서 비롯된 것이라고 할 수 있다.

둘째, 재정적 연방주의(Fiscal Federalism)에 따라 주 및 지방정부가 연방정부에 의존하는 경향이 현저해지고 있다. 재정적 연방주의는 현대의 정부간 관계의 주요한 특징의 하나이다. 정부의 계층을 통한 기금의 하향적 이전은 1930년대 이래 미국에서 보편화되었다. 그러나 재정적 연방주의가 보조금의 수와 지급해야 할 실제 금액에 있어 폭발적으로 늘어난 것은 불과 지난 30여 년 전부터의 일이다. 가장 일반적인 재원이양의 유형은 보조금(Grants in Aid)의 형태로 연방정부에서 주 및 지방정부로 지원하는 것이다.

셋째, 복지국가(Welfare State)의 이념을 실현하기 위한 사회복지기능이 지방정부에서 중앙정부로 이관되는 경향을 나타내고 있다. 지방자치의 모국인 영국에 있어서도 국민적 최저수준(National Minimum Standard)을 확보하기 위한 사회복지정책의 효율적 실시를 위하여 지방자치단체로부터 중앙정부로, 기초자치단체로부터 광역자치단체로의 사무이관이 이루어졌던 것이다.

3 지방자치의 현대적 경향

1) 신중앙집권화

(1) 신중앙집권화의 대두

지방자치의 실현이 보다 민주적이며 지역실정에 맞는 행정을 가능하게 하나 지방분권에 대한 국가적 관여와 통제는 증대되어 가고 있으며, 그 양태는 지방사무의 국가사무로의 흡수, 지방에 국가직속기관의 증설, 국가위임사무의 증대와 중앙통제의 강화 등으로 나타나고 있다. 이는 국민생활의 균형 있는 향상을 위한 국가적 책임의 수행을 지방자율에만 맡겨 둘 수 없다는데 있다.

경제사회의 급격한 변화와 정보기술의 혁신은 도시와 농촌지역에서의 산업과 생활의 변화를 가져왔으며, 이를 기초로 하는 지방자치관에도 변화를 가져왔다. 또한 복지수요의 증대에 따라 자치단체의 역할도 증대되고 있으나 주민의 건강하고도 문화적인 생활을 위한 국가적 최저수준(National Minimum)의 확보가 중요시된 것이다. 따라서 전국적으로 균질 · 균등한 서비스 수준이 요구되며 중앙정부의 규제나 조성적(助成的) 역할이 커질 수밖에 없었다. 도시로의 인구집중과 이에 따른 도시문제의 해결을 위한 재정대책을 위해서도 중앙정부의 관여가 증대되어 왔으며, 농촌지역의 재원 빈약단체에 대한 재정지원도 자유적 행정운영에 제약조건이 되어 왔다.

이상에서와 같이 현대국가에서는 광역행정의 필요, 복지행정수준의 유지, 재정능력의 보완조정을 위해 중앙정부의 지도관여가 증대되어 왔다. 바로 이러한 경향이 신중앙집권화이며 고전적 의미의 자치관에서 볼 때 지방자치의 위기로도 볼 수 있게 되었다.

(2) 신중앙집권화의 촉진요인

현대국가에서 중앙집권화를 촉진하는 요인을 들면 다음과 같다.

① 과학기술과 교통통신의 발달

과학기술의 발전은 사무처리 능력의 확충을 가져오게 되고, 교통통신의 발달은 행정구역의 확대를 가능하게 함에 따라 전국적인 사무의 일괄처리도 가능하게 하고 있다.

② 광역행정의 필요성 증대

소규모 단위의 기존 행정구역을 넘어서 처리해야 할 업무가 증대되고, 이에 따라 중앙의 조정기능과 대규모 사업 등 직접처리수요가 늘어나게 된 것이다.

③ 국민욕구 수준의 향상

경제성장에 따른 다양한 주민욕구의 증대, 행정의 질적 수요와 재정의 양적 팽창 등은 조정기능과 대규모 사업 등 직접처리수요가 늘어나게 된 것이다.

④ 국제경쟁력의 강화

정치경제면에서의 국가간 경쟁의 심화는 통합된 역량(力量) 발휘와 보다 효율적인 정치경제단위를 필요로 하게 된 것이다.

(3) 신중앙집권화의 한계

오늘날 다수 국가에서 신중앙집권화의 경향이 나타나고 있지만, 이러한 중앙집권은 지방자치를 도외시하는 절대군주국가에서의 중앙집권과는 그 성질이 근본적으로 다름은 전술한 바와 같다. 따라서 중앙집권화는 불가피 하더라도 여기에 민주주의 요구를 조화시켜야 한다는 의미에서 신중앙집권에는 다음과 같은 내재적 한계가 있음을 유의해야 한다.

① 신중앙집권이 지방자치를 영(Zero)으로 해서는 안 된다.

② 지방에 대한 중앙의 통제가 강압적이어서는 안 된다.

③ 지방행정이 전국적으로 획일적이어서는 안 된다.

④ 자치단체의 구역을 기계적 · 인위적으로 무제한 확대해시는 안 된다.

⑤ 중앙정부의 무능한 관료를 지방정부에 전보해서는 안 된다.

2) 신지방분권화

(1) 신지방분권화의 대두

현대국가에 있어서 국가보조금의 증가, 지역간의 불균형에 대한 국가의 의식적인 조정 등에서 나타나고 있는 것처럼 중앙집권화는 그 정도의 차이는 있어도 각 국가에 공통하는 것으로서 하나의 피할 수 없는 흐름이다.

그런데 이러한 흐름과 동시에 복지국가에서는 주로 지방정부의 사무와 그 조직이 팽창하고 있다. 또한 정부체계에 있어서 점하는 지방정부의 비중 상승과 아울러 중앙정부와 지방정부의 융합과 착종(錯綜)에 의한 상호의존관계의 성립도 피할 수 없는 또 하나의 큰 흐름이다.

따라서 현대사회에 있어서 지방자치의 신경향은 종래와 같이 집권 · 분권개념을 단순히 적용하는 것만으로는 설명할 수 없게 되었다. 즉, 현대국가에 있어서의 지방자치는 과거와 같이 중앙정부를 불신하고 그것에 대항하는 항거적 의미의 지방자치개념에서 탈피하여 중앙정부와 지방정부는 국민복지와 국가발전이라는 공동목표를 위하여 공동으로 이바지한다고 하는 병립적 협력관계 내지는 협조적 의미에서 지방자치의 개념을 재구성해 나가야 하는 것이다.[8] 그리고 이러한 의미의 지방자치는 과거의 도피적이고 방어적 · 항거적 지방자치와는 달리 '창조적 지방자치', 내지는 협조적 지방자치라고도 할 수 있는 것이다. 또한 이러한 의미의 지방자치는 오늘날의 신중앙집권화와 상충 · 배치되는 것이 아니고, 그것과 조화되고 적응하는, 말하자면 민주화와 능률화를 조화시킨 보다 적극적인 지방자치라고도 할 수 있다(정재화, 2006:56).

그런데 오늘날 이상과 같은 새로운 지방자치를 내용으로 하는 지방분권을 신지방분권(New Decentralization)이라 할 수 있으며, 그러한 지방자치의 신경향을 신지방분권화라고 할 수 있다.

(2) 신지방분권화의 촉진요인

신지방분권화를 촉진하고 있는 요인을 들면 다음과 같다.

① 중앙집권의 폐해

중앙집권적 국정운영은 전국적 · 총량적 성과는 거두었지만 산업간의 불균형 성장, 지역간의 불균형 발전, 개인간의 소득격차를 발생시키고, 인구와 산업과 자본과 기회를 중앙(수도)으로 불러들여 수도는 과밀의 폐해로 진통을 겪는 반면, 지방(특히 농촌)은 과소의 폐해가 극에 달하여 지역사회 파괴의 현상을 초래하게 되었으며, 국가는 그 업무가 과중한 반면, 지방단체는 자주적 권한을 상실하고 모든 것을 국가에 의존하여 국가에 더 큰 부담을 안겨주고 있다. 이러한 폐해들을 시정하기 위하여 오늘날 지방분권화가 도모되고 있는 것이다.

② 대중문명에 대한 염증

대중사회에 있어서의 획일화에 대한 인간의 염증이 고조되고 있다. 대량생산 · 대량소비 · 대중매체 등에 의하여 개인의 개성과 지역사회의 특수성이 상실되고 있는 것이 대중문명의 특징이다. 이러한 속에서는 인간은 대중매체가 주는 암시에 따라 타율적으로 판단하고

8) 이러한 사실은 전정부직원 중에서 지방정부직원이 점하는 비중이나, 전정부의 세출 중에서 지방정부의 세출이 접하는 비중을 보면 명백해진다(西尾 勝『行政學の基礎概念』, 東京:東京大學出版會, 1990: 429.).

대량생산이 제공하는 바에 따라 피동적으로 선택하게 되며, 따라서 인간의 소외화 · 무력화가 초래된다. 이제 이러한 대중문명에 염증을 느끼는 인간은 자신의 고유가치성과 개성 그리고 자주성을 추구하는 심리로 충만해 있어, 이러한 심리상태가 지역사회의 고유성 · 자주성을 중시하는 지방분산화 추구의 정신적 기초가 되고 있다고 하겠다.

③ 국제화 · 세계화의 대두

산업의 발달 및 국제질서의 재편에 따라 각국의 문호를 개방하고 세계시장에 참여하여 경쟁을 벌이지 않으면 안 되게 되었다. 이러한 시대에는 과거와 같이 국가가 외교 · 안보 장벽을 두껍게 쌓고 관세의 보호막을 통하여 자국의 국민과 기업 및 지역사회를 보호하고 있을 수 없기 때문에, 각 국민과 기업과 지역사회는 직접 세계시장의 경쟁대열에서 스스로 경쟁하지 않을 수 없게 된 것이다. 국민과 기업과 지역사회는 국가의 지침이나 지도를 기다리기 이전에 스스로 국제경쟁력 있는 지식이나 상품이나 문화를 스스로 개발하여 직접 세계시장에 참여하지 않으면 안 되게 되었는 바, 이러한 사실들이 오늘날 지방분권화를 촉진하게 되었다.

④ 도시화의 발전

도시화가 계속 진전함에 따라 인간의 정주 패턴이 바뀌고 있다. 도시의 발달은 크게 Metropolis 단계 → Megaloplis 단계 → Ecoumenopolis 단계로 나누이는 바, 현재에는 우리는 인구 · 산업 · 자본이 하나의 점에 해당하는 도시에 집중되는 Metroplis단계에 있지만, 이제 도시발전이 더욱 진행되면 이러한 인구 · 자본이 고속도로나 고속전철의 역세권을 따라 분산하면서 도시와 도시가 연접하는 허리띠형 도시를 형성하는 Megalopolis의 시대가 올 것으로 전망되고 있는 바, 오늘날 이미 인간의 정주 패턴이 변하여 대도시의 도심에서 교외지역으로 소산하는 현상을 보이고 있거니와, 앞으로는 더욱더 분산의 경향을 분명히 나타낼 것으로 전망된다고 하겠다.

⑤ 정보화의 진전

컴퓨터의 발달로 인간의 직장 근무양식이 바뀌고 있다. 직장근무가 과거에는 모두 하나의 사무실에 출근하여 서로 대면하면서 수동작업을 하는 형식으로 이루어졌으나, 이제는 모든 직원이 각자 컴퓨터 터미널 하나씩을 가지고 전자입력작업으로 모든 것을 대신하게 되었다. 이러한 전자입력방식의 근무형식은 곧 재택근무를 보편화시킬 것인 바, 재택근무 현상은 곧 인간의 지방분산을 가능하게 할 것이다. 기왕에 재택근무를 할 바에는 인간은 공기 좋은 전원지역에 정주하여 건강에 쾌적한 삶을 누리면서 직장근무를 하려는 경향을 뚜렷하게 보이게 될 것인 바, 이러한 정보화의 진전은 지역사회의 복원을 가능하게 하여 지방분산화를 촉진한다고 하겠다.

3) 신중앙집권화와 신지방분권화의 조화

오늘날과 같이 중앙집권화와 지방분권화가 교차하고 있는 시대에 지방자치는 이에 어떻게 대응해 나가야 할 것인가? 이것이 21세기 지방자치에 있어서 최대의 문제가 아닐 수 없다.

과거의 지방자치는 국가의 권력을 절대군주나 관료의 지배적 권력으로 보고 그것에 대한 항거적이고 방어적인 의미를 가지고 있었으나, 오늘날의 국가는 지방자치단체와 함께 민주주의 방식에 의하여 구성된 민주적인 권력체요, 국가와 지방자치단체는 다 같이 국가의 통치구조의 일환으로서 국민복지와 국가발전에 이바지하는 동반자적인 관계에 있는 것이다.

따라서 오늘날에는 국가와 지방자치단체는 국민복지 및 국가발전이라는 공동목표를 추구하기 위하여 적극 접촉하여, 적절히 기능을 분담하고, 그것을 위하여 긴밀히 협력하지 않으면 안 되는 것이다.[9] 이러한 의미의 지방자치를 '참여적' 지방자치, 또는 '적극적' 지방자치라고 할 수 있는 바, 이러한 의미의 지방자치는 과거의 도피적이고 방어적이며 항거적인 지방자치와는 확실히 다른 새로운 의미의 지방자치가 될 것이다.[10]

이러한 의미의 지방자치는 신중앙집권화와 신지방분권하는 서로 모순 · 대립되는 개념이 아니라, 그 중앙집권화에 조화 · 적응해 나가는 의미의 지방분권화이며, 따라서 신중앙집권화와 신지방분권화는 상호 보완관계에 있음을 알아야 한다. 그것은 전술한 바와 같이 오늘날의 신중앙집권화는 지방분권을 전적으로 부인하는 절대적인 의미의 중앙집권이 아니라, 지방자치의 가치와 역사적 공헌을 인정하고, 그러한 토대 위에서 중앙정부의 지도의 요청이

9) 집권화와 분권화는 일정한 기본가치를 추구하기 위한 수단인 바, 분권화가 19세기에는 '자유' '평등'에 그 기본가치를 두었는데 비하여, 20세기에는 '복지'에 그 기본가치를 두고 있었다고 할 수 있다. 오늘날에는 이 복지의 증진을 위하여 중앙정부는 Civilminimum의 설정 및 그 지도를 담당하여야 하며, 지방자치단체는 그것의 구체적인 지역 설정에의 적용 및 그 직접적인 실천을 담당하여야 하기 때문에, 중앙정부와 지방자치단체는 각각 그 독자성을 전제로 하여 상호 긴밀히 협력하는 관계에 있게 된다(片岡寛光, "集權化と分權化", 政經學雜誌 제244호, 東京: 早稻田大學, 1976:398~403. 片岡寛光, "公共性の理念を求めて", 政經學雜誌 第238號, 1975, p. 4).

10) 이러한 새로운 지방자치의 개념을 오늘날 독일에서는 기능적 자치행정(Funktionales Selbstverwa ltung)이라고 명명하는 경향이 있다. 그 내용은 전권한 자주책임의 원칙에 입각한 종래의 지방자치의 개념은 국가와 사회의 2원적 구분에서 유래한 것으로서 국가와 지방이 동일화한 오늘날의 국가통치구조 속에서는 이미 그 성립의 기반을 상실하였으며, 오늘날에는 국가의 사무와 지방의 사무가 명확히 구분되지 아니하고 국가와 지방이 기능적으로 일체화되어 복합행정(Verbundsverwaltung)을 수행하고 있으므로, 이제는 지방자치를 이와 같은 기능적 관점에서 새로이 정의하지 않으면 안 된다고 하는 것이다.

라는 시대적 수요에 적응해 나가는 상대적 중앙집권이고, 다른 한편의 신지방분권도 중앙집권을 전적으로 배척하는 절대적인 지방분권이 아니라 중앙정부의 지도의 필요성을 인정하고, 그러한 토대 위에서 지방정부의 국가발전에의 적극적 동참의 요청이라는 시대적 수요에 적응해 나가는 상대적 지방분권이기 때문이다.

따라서 신지방분권화도 신중앙집권화와 마찬가지로 능률화와 민주화를 조화하고자 하는 경향을 의미하는 데서는 같은 것이다.[11]

2.2 한국 지방자치의 변천과정

1 한국 지방자치의 역사적 배경

우리나라는 전통적으로 중앙집권적인 통치체제가 일찍부터 확립되었다. 그렇다고 지방자치적 요소를 가진 제도나 움직임이 전혀 없었던 것은 아니다. 근대적 의미의 지방자치와 유사한 형태의 제도적 내용을 중심으로, 고려시대부터 정부수립 이전까지의 역사적 배경을 살펴보고자 한다.

1) 고려시대

고려 건국초기에는 신라의 지방제도를 답습하면서 지방토호들을 회유하기 위하여 반자치적 지방통치를 행하다가, 제6대 성종 때부터 당나라 제도를 도입하여 지방제도를 정비하면서 중앙집권적 관료제도를 확립하였다.

(1) 지방제도

초기에 12목(牧)제도, 10도(道)제도를 채택하는 등 몇 차례의 변경을 거쳐 제8대 현종(1009~1031) 때에 이르러 전국을 경기와 5도 · 2계[12]로 나누는, 이른바 5도(道)양계(兩界)

11) 얼핏보기에는 지방분권화 경향과 중앙집권화 경향은 상반되는 것 같이 보인다. 그러나 이 두 가지의 움직임은 실은 일치점을 향한 교차적인 지향인 것이다. 즉, 중앙집권의 전통이 깊은 국가에서는 그러한 토대 위에 지방분권주의를 지향해가고 있는 반면에, 이미 민주적인 지방자치의 기반이 다져진 국가에서는 그러한 토대 위에 중앙정부의 지도성이라는 사회적 요구에 대응해 가고 있는 것이다.

12) 5도는 일반행정구역으로서 양광도(현재의 충청도와 경기도 일부), 경상도, 전라도, 교주도(강원도 일부, 서해도(황해도)로 구분되었

제도로 정착하였다.

도에 안찰사(按察使)가, 계에 병마사(兵馬使)가 파견되었는데, 처음에는 순회제 또는 수시 파견제였다가, 차츰 상주하는 전입제로 되었다고 한다.

5도 · 2계 밑에 경(京), 도호부(都護府), 목(牧), 부(府), 그리고 군(郡), 현(縣), 진(鎭)이 있었다.[13] 군 · 현에는 영군현(領郡縣)과 속군현(屬郡縣)의 구별이 있었는데, 영군현은 지방장관이 파견된 군 · 현이고, 속군현은 영군현에 예속되거나 경 · 도부호 · 목에 직속되어 운영되는 것이었다. 진은 군사적 요지로서 양계 밑에 설치되어 있었다.

중요한 지방행정사무로는 민생구휼사업과 교육사업을 들 수 있다.

(2) 자치적 제도

지방행정제도 가운데 자치적 제도로서 사심관과 향직단체 제도가 있었다(김보현 · 김용래, 1982:133-136).

① 사심관 제도

사심관 제도는 건국공신에게 그 출신지방의 통치를 맡겨 어느 정도의 독립성을 가지고 다스리게 한 제도로서, 지방분권적 요소를 가지고 있었다.

그러나 그들의 다스림에 주민의 참여가 전혀 허용되지 않았을 뿐 아니라 주민복지의 증진보다 착취 · 수탈에 급급하였으므로, 그것을 자치행정이라고 할 수는 없다. 사심관 제도는 그 후 국가의 중앙집권적 통치력이 강화됨에 따라 중기(14세기)에 폐지되고, 국가의 외관으로 완전히 대치되었다.

② 향직단체

향직단체는 지방토호의 협조 없이는 노력동원이나 조세징수 등이 어려웠던 고려 초기에 그들에게 중앙관직의 위계와 같은 명칭과 직위를 주고, 목 · 군 · 현 단위에서 소규모의 조직을 갖고 지방행정을 담당하게 한 일종의 행정조직으로서 지방세력가를 중심으로 한 일종의 자치기관이었다고 할 수 있다.

한편 기인제도(其人制度)가 있었는데 이는 향직단체가 지방행정의 권능을 부여 받는 대신

고, 2계는 군사적 목적을 위한 특수지역으로서 국경지대에 설치된 동계(함경도 강원도 일부)와 북계(평안도 일부)가 그것이었다.

13) 京은 처음에는 개경(개성). 서경(평양), 동경(경주)이었다가, 위에 동경 대신에 남경(서울)이 들어가게 되었고, 도호부는 안남(전주), 안서(해주), 안동의 세 곳을 말하는 것이며, 8목은 경주, 충주, 청주, 상주, 진주, 나주, 광주 등 여덟 곳이었다.

에 국왕에 대한 충성의 보증으로 지방토호의 자녀를 중앙에 인질로 보냈던 제도이다.

이와 같은 향직단체도 11세기부터 중앙집권의 강화에 따라 중앙정부의 지방기구로 편입되었다.[14)]

2) 조선시대

왕씨교체혁명에 의하여 성립된 조선국은 그 초기에는 통치조직과 지방제도를 거의 고려시대의 것을 습용하였다. 조선의 통치규범은 제3대 태종(1401~1419) 때에 왕권이 확립되면서부터 짜이기 시작하여, 제9대 성종(1470~1495) 때에 이르러 경국대전이 완성됨으로써 확립되게 되었다.

조선의 통치구조는 유교사상에 입각한 가산국가적 중앙집권 체제라고 할 수 있다. 중앙집권 체제를 확립하기 위하여 가산적 관료체제를 확립하고, 지방에는 왕의 대리인으로서의 지방관(외관)을 파견하여 그 관할구역 안에서 행정 · 사법 · 군사 상의 권력을 장악하도록 함과 아울러, 그 지방관에 대한 엄격한 집권적 통제를 가한 것이 조선시대 지방제도의 특징이다.

조선시대의 왕권수호와 중앙집권 체제를 공고하게 하기 위하여 여러 가지 조치를 취하였는데 주요 내용은 첫째, 관리의 채용은 유교정신에 입각한 충효사상과 학문탐독에 기초를 두었고, 둘째, 단임기제(短任期制)를 택하여 지방관의 권력의 비대화와 자기세력 부식을 방지하였고, 셋째, 본적지 회피의 상피제(相避制)를 택하여 지방적 분권화를 억제하였으며, 넷째, 왕의 개인적 밀사인 암행어사를 통하여 지방관을 부단히 감시하였고, 다섯째, 인질을 유경(留京)시키는 기인제도(其人制度)를 적용하였으며, 여섯째, 독신자인 환관(宦官-內侍)을 두어 그들이 신변 가장 가까이에서 왕을 지키게 하였고, 일곱째, 관료들을 상호감시 · 상호견제시켜 그들로부터 다양한 종류의 정보를 수집함과 동시에 모반음모를 탐지하였다.

---

14) 우리나라에 있어서 중앙집권체제가 일찍이 성립하여 발달하게 한 요인은 무엇인가? 이에 관하여는 일반적으로 다음과 같은 요인이 있었기 때문이라고 인식되고 있다.

① 지정학적 요인 : 우리나라는 강대국들 사이에 위치하여, 생존을 위한 그 강대국들과의 군사적 대결에 영일이 없었고, 그 대결에서의 희생을 연속 당하였다.

② 기후적 요인 : 몬순기후성 집중호우로 인한 홍수의 예방 등 대대적인 수리사업(대대적인 노력동원)의 계속적인 실시로 왕권의 신장이 초래되었다.

③ 사상적 요인 : 事君以忠, 事親以孝 등 수직적 유교윤리를 강조하는 사상체계 및 생활구조의 영향으로 지방은 마땅히 중앙에 복종하는 통치체제를 굳혔다.

④ 왕조적 요인 : 강대국들의 틈에서 나라 변방의 동향에 따라 왕실의 안전이 좌우되었으므로, 이에 민감히 대처하면서 왕실을 보호하려는 노력이 경주되었다(내무부, 지방행정장기발전계획: 1976~1900 박영사, 1975, pp. 45~48).

(1) 지방제도

지방행정구역은 중앙직할지로 경도(京都)인 한성부, 별도(別都)인 개성부, 수원부, 강화부, 광주부와 도(道), 부(府), 목(牧), 대도호부(大都護府), 도호부(都護府), 군(郡), 현(縣)의 2등급으로 되어 있다. 상위행정구획은 도로서 경기, 충청, 경상, 전라, 황해, 강원, 함경, 평안 등 8도로 분할되었다. 도(道) 밑에는 부, 목, 대도호부, 도호부, 군, 현이 있었는데 이들 하위행정구역은 동일한 단위인데 이들간에는 그 지역의 중요도와 넓이 및 인구의 수에 따라서 상하의 품위가 있었고, 이에 의해서 지방관의 품계에도 등급의 차이가 있었다.

도에는 관찰사(觀察使)가 있고, 관찰사는 감사(監事), 도백(道伯), 방백(方伯)이라고도 호칭되었다. 관찰사는 종2품(從2品)의 높은 관직으로 국왕에 의해서 임명되는 가장 높은 지위의 외관이며, 그는 도내의 행정권은 물론 사법권과 군사권까지도 장악하였고 또 관내의 목 · 군 · 현 등을 순회 · 감시하며 민정을 두루 살피는 기능을 수행하였다. 이조 중기 이후에는 경찰권과 징세권까지도 감찰사의 업무영역에 포함되어 막강한 권한을 쥐고 있었으나, 그 권한의 행사에 있어서는 중앙의 주관(主管)관청의 명령과 지시에 따라야만 하였으며, 특히 중대한 문제에 대해서는 의정부에까지 회부되어 국왕의 윤허를 받아야만 하였다.

(2) 자치제도

① 향청제도

향청제도는 고려시대 사심관제도가 폐지되고 난 후에 지방문벌(地方門閥)들이 스스로 「유향품관(留鄕品官)」 혹은 「한량관(閑良官)」이라 칭하고 풍교(風教)의 자치를 표방하는 유향소를 만들었다. 이 유향소가 조선시대에까지 계승되어 초기에는 관직에서 물러난 퇴임자(退任者)와 지방의 세도가가 합쳐서 수령에 대한 자문역할도 하는 한편, 중앙에 「재경소(在京所)」라 부르는 출장소를 두어 부정한 관리의 행패(行悖)를 고발하기도 하고 또 지방주민의 소망을 중앙에 전달하기도 하였다.

1489년에 이르러 유향소는 그 이름이 향청(鄕廳)으로 개칭되어 수령의 자문기관 역할을 하는 동시에 행정감찰의 기관으로서 수령을 도왔으나, 그 설립의 1차적 목적은 어디까지나 지방문벌과 세력가들의 지위와 권위를 외관의 전횡으로부터 보호하자는데 있었다. 향청의 조직을 대표하는 자를 좌수(左首)라고 하는데 이 좌수는 향청 구성원들에 의해서 선출되었으며 그는 민간과 관청의 중간에서 덕(德)으로서 상호융화를 도모하는 역할을 수행하기도 하고, 면(面)의 면장(面長)을 수령에게 추천하는 일도 하였으며, 또 민정(民政)의 실상을 수시로 수령에게 알리는 역할도 하였다. 또 지방에 주요한 문제가 발생하였을 때에는 향회(鄕會)라는 모임을 가져 여러 분야의 사람들과 논의하였다.

이 향청은 조선 후기까지 존속하였는데, 그 조직과 운영이 민선제(民選制)이며 또 많은 문제가 회의에 부쳐져 해결되었다는 점에서 지방자치기관의 일종으로 보는 것이다.

② 향약제도

조선 중기 이후 지방의 양반, 토호, 유림 등의 상류계급에 의하여 전개된 향약운동은 민간인에 의하여 자발적으로 수행된 교화운동으로서, 자치운동의 일면을 지니고 있었다. 이것이 처음에는 향교(鄕校)를 중심으로 전개되다가, 점차 향청(鄕廳)을 중심으로 활동하게 되었다.

향약의 4대 강목은 ㉠ 지방민들의 선행을 장려하며 생업을 충실하게 하고(德業相勸), ㉡ 상호간의 허물을 비판·경고하여 잘못을 개선하게 하며(過失相規), ㉢ 유교윤리를 보급하고 사회생활을 바르게 하고(禮俗相交), ㉣ 질병과 재난을 당했을 때 서로 보호하고 돕는다(患難相恤)는 것이었다(이는 송(宋)의 려씨(呂氏)4대강령을 본 딴 것이다).

그러나 향약은 지방주민들이 당면하고 있는 민생문제 해결에 적극적이 아니었고, 또 이 운동이 지방에서 일어난 순수한 주민주도의 자치운동이라고는 하지만, 실은 서원(書院)의 유생(儒生)과 일부의 양반계급에 의해서 제창되고 주도된 운동이며, 따라서 순수한 지방주민이 참여하여 그들의 창의로 이끌어간 운동이 아니었으므로 근대적 의미의 지방자치와는 거리가 있는 것이라고 할 수 있다. 그러므로 향약은 당초의 의도와는 달리 그 제도자체가 내포하고 있는 모순인 허례형식(虛禮形式)과 또한 그 일종의 형벌권(刑罰權)과 재판권 같은 강제권을 국가가 위임해 두었던 까닭에 탐관오리와 더불어 또 하나의 다른 악정(惡政)기관으로 등장하고 가렴주구(苛斂誅求)의 조직으로 화하였던 것이다(김보현 · 김용래, 1982:153).

③ 면(面 – 또는 坊, 社)과 동(洞) · 리(里)

조선시대의 면과 동 · 리는 국가의 말단행정기관이기 보다는 주민이 피치자(被治者)로서의 의무를 다하기 위해서 스스로 구성한 자치행정단위라고 할 수 있다. 그 예로 면장과 동장 · 이장의 선출에는 주민의 의사가 많이 반영되었고 또 행정경비도 주민이 갹출(醵出)하여 부담하였으며, 지역사회사업 수행도 주로 주민의 부담과 노동력 제공에 의해서 추진되었다. 그리고 동 · 리는 자체의 산지(山地)와 경지(耕地)를 소유하고 있었다. 이것은 애초에 국가가 지방주민의 생계문제를 돕기 위해서 하사된 토지들로 산지는 땔감을 위해서 그리고 전답은 부족한 식량을 공급해 주기 위한 것이었다. 주민들은 이 공동의 재산관리를 주민회의에서 논의하고 결정하면서 자치적 경험을 쌓아 나갔다. 면장의 임명은 주로 주민들이 추천하는 자를 수령이 임명하는 형식을 취하였으므로 주민의 대표자적 성격이 농후하였다. 면장의 직무는 수령의 지시를 면민에게 전달하고, 사망 · 출생 · 명부작성 · 재난관리 · 조세의 할당 · 노력동원을 주선하는 것 등이었다(정재화, 2006:64-65).

3) 일제강점기

일제는 1910년 합병과 더불어 조선총독부의 지방관제로 구역을 개편, 도(道)에 부(府) · 군(郡) 군에 면을 두도록 하였다. 1913년에는 도와 부 · 군 · 면 · 동의 명칭과 구역을 대폭 정비한 데 이어 부제(제령 제7호)를 실시함으로써 최초의 공법인인 지방단체가 설치되기에 이르렀다. 1917년에는 면제(面制)와 지정면제(읍)가 실시되고, 1930년에는 도 · 읍이 공법인이 되었으며, 도부읍(道府邑)에 도회 · 부회 · 읍회가 설치됨으로써 제한적인 자치기능이 부여되기도 하였다. 즉, 도 · 부 · 읍에 지방주민의 대표로 의결 또는 자문기관을 설치하여 자치적인 형식을 갖추었다. 그러나 도 · 부 · 읍회의 의장은 지사, 부윤, 읍장이 겸하게 하고, 의원의 구성은 간선제 내지 납세기준에 의한(부회의 경우 5원) 제한선거 또는 임명제로 구성한 것이었다. 지방재정은 지방비 자체조달 원칙에 따라 지방세를 징수, 운영하기에 이르렀다.

4) 미군정 시대

미군정은 1945년부터 1948년까지 약 3년간 계속되었는데, 이 기간 동안은 미군은 우리나라에 미국식 자유민주주의 정치와 행정제도를 소개하였다. 그러나 군정기간이 짧았고 또 군인이 통치하는 임시정부체제이었으므로 본격적인 행정개혁이 단행되지는 않았다. 이 시기에 단행된 부분적인 개혁은 아래와 같다.

① 경기도 관할 하에 있던 서울시를 분리하여 미국의 수도 Washington D.C와 같이 특별시로 승격시켰다.

② 제주도를 전라남도의 관할에서 분리하여 도(道)로 승격시키고 북제주군과 남제주군을 신설하였다.

③ 제주읍, 춘천읍, 이리읍을 부(府)로 승격시키고 청주군을 청원군으로, 춘천군을 춘성군으로 개칭하였다.

④ 도회 · 부회 · 읍회 · 면협의회를 해산하였다.

⑤ 교육구와 교육위원회를 설치하였다.

2 현대적 지방자치의 발전

1) 지방자치의 헌법적 보장

(1) 헌법의 지방자치에 관한 규정

헌법은 국가의 통치권 전반의 조직과 작용을 규율하는 기본법이므로, 지방자치의 조직과 작용에 관하여도 그 기본적 법원(法源)이 된다.

현행헌법은 모두 10개 장으로 구성되어 있는데, 그 중에서 한 개 장을 지방자치에 할애하고 있다. 그것이 제8장이다. 제8장은 모두 2개 조항으로 되어 있는데, 그것은 제117조와 제118조이다. 제117조는 지방자치단체의 기능에 관한 규정이며, 제118조는 지방의회와 장 등 지방자치단체의 구성에 대한 규정이라 하겠다.

헌법 제8장의 내용은 다음과 같다.[15)]

제117조 : ① 지방자치단체는 주민의 복리에 관한 사무를 처리하고, 재산을 관리하며, 법령의 범위 안에서 자치에 관한 규정을 제정할 수 있다.

② 지방자치단체의 종류는 법률로 정한다.

제118조 : ① 지방자치단체에 의회를 둔다.

② 지방의회의 조직, 의원선거와 지방자치단체의 장의 선임방법, 기타 지방자치단체의 조직과 운영에 관한 사항은 법률로 정한다.

1987년 개정의 현행 헌법은 과거 1962년, 1972년, 1980년의 개정 헌법에서와 같은 그 부

---

15) 헌법본문의 지방자치에 관한 규정의 변천을 살펴보면 다음과 같다.

· 1948년의 개정헌법

제96조 ① 지방자치단체는 법령의 범위 안에서 지방자치에 관한 행정사무와 국가가 위임한 행정사무를 처리하며, 재산을 관리한다.

② 지방자치단체는 법령의 범위 안에서 자치에 관한 규정을 제정할 수 있다.

제97조 ① 지방자치단체의 조직과 운영에 관한 사항은 법률로써 정한다.

② 지방자치단체에는 각각의 의회를 둔다.

④ 지방의회의 조직, 권한과 의원의 선거는 법률로써 정한다.

· 1960년의 개정헌법

제97조 ① 종래의 ①과 같음.

② 지방자치단체의 장의 선임방법은 법률로써 정하되, 적어도 시 읍 면의 장은 그 주민이 직접 이를 선거한다.

③, ④ 종래의 ②를 ③으로, 종래의 ③을 ④로 함.

*1962년, 1972년, 1980년의 개정헌법은 현행헌법의 규정과 꼭 같은 내용을 규정함.

칙에서의 지방의회의 구성에 관한 유예의 규정을 두지 않고 있다.[16)]

(2) 지방자치에 관한 헌법적 보장의 내용

헌법은 지방자치권을 직접 보장함과 아울러 일정한 사항을 법률로 정하도록 유보하고 있다.

첫째로, 지방자치단체의 '주민의 복리에 관한 사무'[17)]의 처리권을 보장한다.[18)]

현행 헌법은 1962년 개정전의 헌법과는 달리, 지방자치단체의 사무의 처리를 '법령의 범위 안에서' 행해야 한다는 제약을 두고 있지 않다. 이는 자치사무 처리의 자주성을 더욱 보장함을 뜻한다.

둘째로, 지방자치단체의 '재산' 관리권을 보장한다. 이는 지방자치단체의 자주적인 재정력의 토대 위에서만 지방자치의 실질이 보장될 수 있기 때문에, 그 자주재정권을 보장하고 있는 것이다.

헌법은 여기에서도 1962년 개정전의 헌법과는 달리, '법령의 범위 안에서'라는 제약 없이 지방자치단체의 자주재정권을 보장하고 있다. 이 또한 지방자치단체의 자주재정권을 더욱 보장하고 있음을 뜻한다.

셋째로, '지방자치단체의 자치에 관한 규정'의 제정권을 보장한다. 지방자치단체는 일종의 통치단체이기 때문에 그러한 통치의 기준 내지 근거가 되는 입법권을 자주적으로 행사할 수 있도록 보장하고 있는 것이다. 다만, 자치입법에는, 자치사무 처리나 자주재정의 경우와는 달리, '법령의 범위 안에서' 행해져야 한다는 제약이 따르고 있다.

넷째로, 지방자치단체에 '의회'의 설치를 보장한다. 지방자치에 있어서 주민참정의 왕도는 주민대표기관인 지방의회의 설치에 있기 때문에, 헌법이 이를 보장하고 있는 것이다.

헌법은 지방의회의 설치를 '법령의 범위 안에서'라는 제약을 두지 아니하고, 후술하는 바

---

16) 헌법부칙의 지방자치에 관한 규정의 변천을 살펴보면 다음과 같다.
- 1962년의 개정헌법
  부칙 제7조 ③ 이 헌법에 의한 최초의 지방의회의 구성시기에 관하여는 법률로 정한다.
- 1972년의 개정헌법
  부칙 제10조 : 이 헌법에 의한 지방의회는 조국통일이 이루어질 때까지 구성하지 아니한다.
- 1980년의 개정헌법
  부칙 제10조 : 이 헌법에 의한 지방의회는 지방자치단체의 재정자립도를 감안하여 순차적으로 구성하되, 그 구성시기는 법률로 정한다.

17) 주민의 복리에 관한 사무가 무엇을 뜻하느냐에 관하여 해석의 여지는 있으나, 대체로 자치사무를 의미한다고 볼 수 있다(김도창, 『일반행정법론(하)』, 서울 : 청운사, 1981, p. 116).

18) 현행 헌법은 1962년 개정 전의 헌법과는 달리, 이른바 고유사무와 위임사무를 구분하지 아니하고, 영·미식 주민자치의 원리에 따라 주민의 복리에 관한 사무는 모두 지방자치단체의 자치적 대상으로 하고 있다.

와 같이 지방의회의 조직, 권한 및 의원선거는 법률로써 정하도록 하고 있다.

현행 헌법은 과거의 헌법들이 그 부칙에서 지방의회의 구성에 관하여 '조국통일시까지' 또는 '지방자치단체의 재정자립도를 감안하여' 등과 같은 제약조건을 규정하고 있었던 것과는 달리 조건 없이 지방의회를 구성하도록 하고 있다.

다섯째로, 헌법은 ㉠ 지방자치단체의 종류, ㉡ 지방의회의 조직 · 권한 및 의원선거, ㉢ 지방자치단체의 장의 선임방법, ㉣ 기타 지방자치단체의 조직과 운영에 관한 사항을 법률로써 정하게 함으로써 지방자치단체의 구성에 관하여 법률유보를 행하였다.

헌법이 이와 같은 중요한 사항을 법률로 유보한 뜻은, 이와 같은 중요한 사항들은 반드시 국민의 대표기관인 국회를 통과한 법률로써만 정할 수 있으며, 법률 이외의 행정명령이나 행정규칙으로써 이를 정할 수 없도록 이를 보장한 것이다.

2) 지방자치법 제정

우리 나라에 현대적 지방제도가 도입된 것은 대한민국 정부가 수립되고 1948년 7월 17일 제헌헌법에 지방자치 조항이 규정되면서 시작되었다. 건국 당시의 지방행정조직은 조선총독부 지방관제에 의했던 것이므로, 이를 시정하기 위해 1948년 11월 17일 법률 제8호로 '지방행정에 관한 임시조치법'이 공포되었다. 이는 6개월간의 시한부 입법이었다.

1949년 3월 9일 '지방자치법'이 제49차 본회의를 통과하였으나 '법 공포 후 10일'이라는 시행 규정이 당시 현실에 맞지 않는다 하여 대통령이 국회의 재의(再議)를 요구하였고, 재의 기간 안에 국회가 폐회되어 자동적으로 안건이 소멸되었다. 이후 제3회 국회에서 6월 14일 법안이 제출되었고, 국회의 심의를 거쳐 1949년 7월 4일 법률 제32호로 지방자치법이 제정 · 공포되었다.

지방자치단체의 종류는 서울특별시와 도 그리고 시 · 읍 · 면의 이층제를 택하였다. 의결기관과 집행기관을 분리시켜 집행기관으로서 서울특별시에 서울특별시장을, 도에 도지사를 두고 각각 대통령이 임명하도록 규정하였다. 또한 시 · 읍 · 면에서는 시 · 읍 · 면장을 두고 각각 지방의회에서 무기명 투표로 선거하도록 하였다. 의결기관으로서 지방의회는 주민의 보통 · 직접 · 평등 · 비밀 선거로 선출하도록 하였다. 의원의 임기는 4년으로 하는 명예직으로 구성하고 의원의 수는 인구를 기준으로 정했다. 이러한 지방자치제도는 서울시장, 도지사의 임명제 이외에는 선진국의 자치제도와 비교하여 손색이 없는 것이었으나 그 당시의 시대 상황으로 봐서는 적용하기 어려운 것이기도 하였다(정재화, 2006:69).

3) 제1차 지방선거와 지방자치법 개정

우리나라 최초의 지방선거는 지방자치법이 제정된 지 약 3년이 지난 1952년 4월과 5월에 실시되었다. 당시는 전쟁 중이었을 뿐만 아니라 모든 면에서 지방자치에 대한 주민참여여건이 극히 어려운 실정이었다. 그럼에도 불구하고 정부가 지방자치제도를 실시하기로 결정한 데에는 헌법에 보장된 지방자치를 빨리 실시하여야 한다는 당위성도 있었지만, 무엇보다도 제2대 대통령선거를 대비하기 위한 이승만 대통령의 정치적 필요성 때문이었다. 즉, 이승만 정부는 대통령직선제 개헌안이 국회에서 부결된 것을 계기로 피난수도 부산에서 갑자기 지방자치를 실시하기로 결정하였다(최봉기, 2009:396).

제1차 지방선거는 전쟁이 소강상태에 들어간 1952년 서울특별시, 경기도, 강원도를 제외한 전국에서 지방선거가 실시되었다. 동년 4월 25일에는 시 · 읍 · 면 의회의원 선거가 실시되었고, 5월 10일에는 도의회 의원선거가 실시되었다.[19] 그리하여 지방자치법이 실시된 지 2년 9개월 만에 역사상 처음으로 실질적인 지방자치제도가 실시되었다.

한국정치사상 최초의 근대적 지방의회가 성립되고, 시 · 읍 · 면의회에서 자치단체장(시장, 읍장, 면장)을 선출(간선)함으로써 명실상부한 지방정부가 구성되었다. 그러나 당시에는 제반 사회적 여건의 미숙과 함께 국민적 정치역량과 민주시민적 정치의식이 낮아 자치제도를 실시하기에는 역부족이었다. 첫째, 지방의원선거과정에서 혈연과 지연을 중심으로 선거전이 치열하여 주민들 간에 화목이 깨어지고 반목과 적대감이 심화된 예가 많았다. 둘째, 기초의회에서 기초자치단체장을 선출하게 함으로써 많은 문제점이 발생했다. 즉, 단체장 선거가 혈연과 지연 중심으로 변하고, 의회 내에 파벌이 생기고 폭력사태가 발생하는 등 의회구성 이후 반년이 넘도록 단체장을 선출하지 못한 예도 있었다. 셋째, 지방의회와 자치단체장에게 상호 견제와 균형을 위해 부여한 단체장불신임권과 의회해산권을 함부로 행사하는 사례가 많았다. 그러나 지방의회의 자유로운 단체장불신임권 행사와는 달리 단체장의 의회해산권은 상급자치단체장의 허가를 받도록 제약함으로써 자치단체장이 지방의회에 예속되는 결과를 초래하였다. 이러한 문제점을 극복하기 위하여 지방자치법이 개정되지 않으면 안 되게 되었다.

제1차 지방선거의 결과 제기된 문제점을 해결하기 위한 지방자치법 개정은 1956년 2월 3일 법률 제385호로 공포되었다. 개정된 주요내용은 다음과 같다.

---

19) 당시는 전쟁 중이었으므로 도의 경우 경기도, 강원도, 서울특별시가 선거를 실시하지 못했으며, 시 · 읍 · 면의 경우, 한강 이북지역의 미수복지구와 지리산 지역의 전북 8개면이 선거를 연기하였다.

① 시 · 읍 · 면장을 직선제로 하였다.

② 자치단체장에 대한 불신임제도를 폐지하였다.

③ 회의 일수를 시 · 도는 90일, 시 · 읍 · 면은 50일로 하였다.

④ 의회의 의결에 대한 자치단체장의 거부권을 부여하였다.

⑤ 지방의회의 의결권을 확대하였다.

⑥ 지방의원과 시 · 읍 · 면장의 임기를 3년으로 단축하였다.

4) 제2차 지방선거와 지방자치법 개정

제 2차 지방선거는 제 1차 지방선거에 참여하지 못했던 서울특별시, 경기도, 강원도 등을 포함한 전국의 모든 지방자치단체가 선거에 참여하게 되었고, 지방의회에서 선출하던 기초자치단체장(시 · 읍 · 면장)을 주민이 직접 선출하게 되었다는 점에서 큰 의의를 지니는 선거였다. 1956년 8월 8일에는 우리나라 최초의 자치단체장 선거인 시장, 읍장, 면장 선거와 시 · 읍 · 면 의회의원 선거를 실시했고, 8월 13일에는 특별시와 도의회의원 선거를 실시하였다.

주민직선으로 선출된 기초자치단체장은 제1차 선거결과 발생했던 의회와의 마찰과 갈등 없이 임기 중 일관성이 있게 지역발전을 위한 정책을 펴 나갈 수 있게 되었다. 그러나 직선제의 문제점 또한 적지 않았다.

첫째, 단체장들은 유권자들의 접대에 많은 시간을 소모하게 되어 업무처리에 소홀하고, 근무가 부실했으며, 재선을 위한 인기유지에 급급하여 부당한 행정처리가 늘어났다. 둘째, 충분한 사전연구와 검토 없이 남발하였던 공약이행을 위하여 파행적인 재정운영을 강행함으로써 그나마 부족한 지방재정을 더욱 악화시켰다. 셋째, 단체장의 정실인사가 난무하여 시 · 읍 · 면 공무원들의 사기를 떨어뜨리는가 하면 많은 반발을 야기시키기도 하였다. 넷째, 선거과정에서 지출한 과다한 비용과 그로 인한 부채상환을 위하여 단체장들은 행정과정에서 다양한 부정부패를 자행하였다.

장기집권의 교두보를 확보한 이승만은 중앙집권적인 체제를 강화하기 위하여 자치단체장을 모두 임명제로 전환하는 개정을 단행하여 독재체제를 굳건히 하였다. 우리나라의 지방자치를 관치적인 것으로 변질시킨 최악의 개정이라고 할 수 있는 지방자치법 개정안은 1956년 12월 26일 법률 제501호로 공포되었다. 주요내용을 보면 다음과 같다.

① 시 · 읍 · 면장은 임명제로 하고, 의회에 불신임권을 부여하였다.

② 이 · 동장도 임명제로 하였다.

③ 지방의회가 회의일수를 초과할 때 감독기관에 폐회명령권을 부여하였다.

④ 지방의원의 임기를 4년으로 하였다.

5) 제3차 지방선거와 지방자치법 개정

1960년 이승만정부의 3 · 15 부정선거로 인해 4 · 19 혁명이 발발하였고, 그 결과 4월 26일 이승만대통령이 하야하고 하와이로 망명함으로써 자유당 독재체제는 종말을 고하였다. 동년 6월 15일 제2공화국헌법이 공포되었고, 7월 29일 총선결과 민주당이 집권하였다. 곧이어 민주당 정부가 수립되고, 지방자치법은 다시 개정되었다.[20] 제5대 국회는 제5차 개정을 통해 자치단체장을 모두 주민직선제로 개정하였다. 제3차 지방선거는 제2공화국 장면정부에서 실시된 지방선거였고, 우리나라 역사상 최초로 4대 지방선거를 모두 실시한 선거였다.

1960년 12월 12일에는 서울특별시와 도의 의회의원을 선거하였고, 12월 19일에는 시 · 읍 · 면 의회의원을 선거하였다. 12월 26일에는 시 · 읍 · 면장을 선출하였고, 3일 후인 29일에는 서울특별시장과 도지사 선거를 하였다. 완전한 지방자치제도를 가지고, 4대 지방선거(광역단체장선거, 광역의원선거, 기초단체장선거, 기초의원선거)를 통해 모든 주민대표를 주민직선으로 선출하여 지방정부구성을 완료함으로써 제2공화국 지방자치는 한국지방자치의 역사에 민주화의 초석을 다지게 될 것으로 기대되었다. 그러나 비록 짧은 기간이나마 지방자치를 운영하는 과정에서 역시 문제점들이 나타났다. 첫째, 자치단체장이 소속한 정당과 지방의원의 과반수 이상을 차지하는 정당이 달랐을 경우, 단체장과 지방의회 간에 불화와 반목이 심하였다. 지방의회에서 단체장을 물러나게 하려는 다양한 계략을 쓰기도 하였다. 둘째, 주민직선의 광역단체장(도지사)이 야당이었을 경우, 중앙정부가 임명한 도의 국장들이 단체장에 반발하여 마찰과 반목하는 불상사도 일어났다. 셋째, 중앙정부와 지방정부 특히 중앙정부와 도간의 협력미숙, 협력체계 결여 등으로 마찰과 갈등이 야기되었다.

비록 문제점은 적지 않았지만, 소중한 지방자치의 새로운 장을 열어 경험을 축적할 수 있는 좋은 기회였으나 5 · 16 군사 쿠데타에 의해서 종언을 고할 수 밖에 없었다.

---

20) 장면정부에서의 지방자치법 개정은 국민의 여론을 최대한 수용한 것으로 실질적으로는 최초의 민주적 개정이라 할 수 있다. 지방자치법 개정의 주요내용은 ① 모든 자치단체장은 직선에 의하고 임기는 4년으로 하며, ② 동 · 리의장도 주민이 직선하고 임기는 2년으로 하고, ③ 선거연령은 20세로 하며, ④ 지방의회의 회의일수 연장 등이다.

6) 지방자치제의 중단

1961년 5월 16일 발생한 군사쿠데타의 영향으로 지방의회가 해산됨으로써 지방자치는 중단되고 말았다. 1961년 9월 '지방자치에 관한 임시조치법'이 공포되었다. 이때 읍 · 면 중심의 자치제가 폐지되고 군(郡)자치제가 규정되는 한편, 의회의 의결사항에 대해서 임명된 단체장이 대신 시행할 수 있게 되었다. 이로써 지방의회의 해산, 자치단체장의 임명제 등으로 사실상 지방자치는 소멸하고 말았다.

1962년 12월 26일 개정헌법에 지방자치에 관한 조항을 두고 있지만 헌법 부칙에 단서 조항을 삽입, 실질적으로 지방자치를 할 의사가 없음을 나타내었다. 이후 1972년 10월에 새로 제정된 유신헌법에서도 헌법 부칙에 "지방의회는 조국 통일이 이루어질 때까지 구성하지 아니한다"고 규정해 놓아 역시 현실적으로 지방자치를 할 수 없도록 제도화해 버렸다.

1981년 제5공화국 출범과 함께 발표된 「제5공화국 헌법」은 지방자치에 관해서는 지방의회의 구성을 지방재정의 자립도를 감안하여 순차적으로 실시하되 그 구성시기는 법률로 정하도록 하였다(헌법부칙 제10조). 제5공화국은 지방자치의 희망을 갖게 하였지만 실제의 지방자치 실시에 대해서는 소극적이었다.

7) 지방자치제의 부활과 제4차 지방선거

1988년 초 제6공화국이 등장하면서 지방자치법이 전면적으로 개정되고 지방자치에 관한 임시조치법이 폐지됨으로써 현행 지방자치제도의 기틀이 마련되었다. 1990년 12월 '지방의회의원의 겸직금지범위의 축소와 지방의원의 선거를 1991년 6월 30일 이내, 자치단체장 선거는 1992년 6월 20일 이내에 실시'하도록 규정하는 관련 법률안이 여야 합의를 거쳐 국회를 통과하였다. 따라서 기초지방의회의원의 선거는 1991년 3월에, 그리고 광역지방의회의원의 선거는 1991년 6월에 각각 실시됨으로써 1961년 5 · 16군사쿠데타에 의해 지방자치가 중단된 지 30여년 만에 지방자치제도는 부활되었다. 지방의회의원 선거의 실시로 지방자치제도가 부활하기는 하였으나, 지방자치제도는 여전히 '절반의 지방자치'에 불과하였다. 지방자치단체장의 선거시기에 대해 1992년 연두기자회견에서 당시 노태우 대통령은 한 해에 4대 선거가 집중되어 있어서 경제 · 사회적 혼란과 부작용이 예상된다는 이유를 들어 지방자치단체장 선거의 시기를 조정하자고 제의하였다. 이러한 '단체장 선거연기'의 일방적 선언은 '절반의 지방자치'를 보여주는 극명한 사례였다고 할 수 있겠다. 이에 대해, 같은 해 6월

민주당은 헌법재판소에 헌법소원을 제출하였으나 이 문제는 해결되지 못하고 김영삼 정부로 넘겨졌다.

제4차 지방선거에 의해 구성된 지방의회는 30년 만에 부활된 지방자치였기 때문에 국민들의 관심과 기대가 매우 컸다. 그러나 제4대 지방의회에 대한 평가도 긍정과 부정으로 엇갈리게 나타났다. 우선 긍정적 평가로는 ① 지방의원들은 지방정부의 밀실행정을 파헤치고, 예산낭비, 행정권한남용 등을 통제함으로써 지방행정의 독주와 전횡을 막는데 기여하였다. ② 집행기관이 제출한 예산안의 문제점을 정확하게 지적하여 주민의 대표기관으로서의 역할을 잘 감당하였다. ③ 민원을 철저히 파악하고 그 해결을 위해 활발한 의정활동을 전개하였다. ④ 주민의 대표기관인 지방의회가 구성되어 활동한다는 그 자체만으로도 집행기관을 통제하고 공무원들의 행태를 바뀌게 하였다는 평가도 받았다.

한편 부정적 측면으로는 ① 일부의 지방의원들은 공직자로서의 자질이 부족하고 기본적 소양과 공직윤리가 부족하여 의정활동에 문제가 많았다. ② 지방의원들이 자기출신 선거구의 공약사업을 추진하기 위해 예산책정에 지나치게 집착한 나머지 나눠먹기식 예산심의를 하였다. ③ 지방의원연수를 빙자한 외국관광 나들이를 하여 국민적 비난을 사기도 하였다. ④ 특정 정당이 지방의회의 인사를 좌우함으로써 중앙정당이 지방자치를 망친다는 비판을 받기도 하였다(최봉기, 2009:400-1).

8) 제1차 동시지방선거와 지방자치법 개정

김영삼정부는 출범 이후 여 · 야 의원 동수로 정치관계법심의특별위원회를 구성하여 지방자치법을 비롯한 정치관계법 개정작업에 착수하였다. 1994년 3월, 1995년 6월 27일 예정된 동시 지방선거를 대비한 지방자치법 개정에 합의하였고, 같은 해 12월에 개정이 완료되었다. 주요 개정 내용을 보면 다음과 같다.

① 직할시를 광역시로 지방자치단체의 명칭을 변경하였다.

② 지방자치단체의 폐치 · 분합의 경우 단체장의 선임방법을 규정하였다.

③ 도시지역과 농촌지역을 묶어 도 · 농 복합형태의 시(市)를 출범시켰다.

④ 광역자치단체의 구역 획정에 있어서도 기존의 기초자치단체인 자치구 이외에도 농촌지역인 군(郡)이 포함되도록 하였다.

⑤ 제1차 동시 지방선거에 당선된 사람의 임기를 3년으로 하였다.

4대선거법(대통령선거법, 국회의원선거법, 지방자치단체장선거법, 지방의회의원선거법)

을 「공직선거 및 선거부정방지법」이라는 하나의 법으로 통합하였고, 기초 · 광역자치단체장, 기초 · 광역의회 의원선거를 처음으로 동시에 실시하도록 하였다.

지방의회의원과 자치단체장을 모두 주민이 직접 뽑게된 의미 있는 선거인 제1차 동시지방선거도 선거결과 나타난 문제점 또한 적지 않았다.

첫째, 공직선거 및 선거부정방지법 제정의 취지가 "돈은 못 쓰게 묶고, 말은 푼다"는 것이었으나 실제로는 돈도 많이 쓰고, 말도 풀었던 선거였다. 그리하여 상대후보에 대한 비난과 모함, 흑색선전이 자행되어 선거분위기가 혼탁하였다.

둘째, 선거운동과정에서는 지방자치의 본질과는 동떨어진 중앙정치의 3김 갈등이 재연되었다. 지방선거가 3김(김영삼, 김대중, 김종필)정치의 대리전 양상을 변해갔으며, 그리하여 그 선거가 분명 지방선거였으나 지방의 문제, 지방적 관심사는 거의 찾아볼 수 없었던 선거였다. 중앙정치의 논리에 좌우된 선거였으며 김대중씨의 정치적 복귀를 도운 계기가 되었다.

셋째, 선거 결과 특정지역에 대한 특정정당의 쏠림현상이 극심하여 지방자치의 왜곡현상이 나타났으며, 지방정부내의 견제와 균형의 원리를 약화시키는 결과를 초래하였다.

9) 제2차 동시지방선거와 지방자치법 개정

1998년 2월 수평적 정권교체를 이룩한 김대중정부는 전 해에 있었던 외환위기사태로 인한 IMF 관리체제 속에서 같은 해 6월 4일 제2차 동시지방선거를 치르게 되었다. 6 · 4 지방선거를 위해 오랜 법안검토와 논의 끝에 공직선거법이 개정되었는데 그 내용은 ① 시 · 도의회의원 정수를 그 관할구역 안의 자치구 · 시 · 군(또는 국회의원 지역선거구)마다 3인에서 2인으로 줄였고 기초의회의원정수를 읍 · 면 · 동마다 1인으로 하되, 인구 5천 미만인 읍 · 면 · 동을 인근 읍 · 면 · 동의 선거구에 통합시킴으로써 지방의회의원 정수를 대폭 줄였으며, ② 선거방법에 관하여는 현수막과 명함형 소형인쇄물을 폐지했고, ③ 무소속후보의 기탁금을 낮춘 것이었다.

제2차 동시지방선거 결과 금권시비는 줄었지만 흑색선전과 지역주의는 더욱 심해진 선거였다. 경제적 위축과 정치혐오에 선거운동까지 혼탁하여 선거사상 최저의 투표율을 기록했다. 유권자의 무관심과 흑색선전, 지역대립의 심화는 동 지방선거가 남긴 무거운 숙제가 아닐 수 없었다. 특히 동 지방선거의 최종투표율 52.6%는 역대 선거사상 최저의 투표율이었다. 이것은 과반수에 가까운 유권자들의 냉담한 '선거외면'을 여실히 보여주는 수치였다(최봉기, 2009:402-3).

첫째 지방선거가 중앙정당선거의 대리전이 되었고, 지방의 단체장과 광역의원들은 중앙정당과 지역구 국회의원들이 하수인에 불과하게 되어 지방자치제도는 형식화되고 사실상 그 의미를 찾을 수가 없었다. 둘째 선거결과 국토의 동쪽과 서쪽을 여당과 야당이 분할 점령함으로써 동서분할의 구도는 더욱 심화되었다.[21] 그리하여 서쪽의 여권지역에서는 중앙정부의 정책지원과 자원투자를 통해 지역발전을 가속화시켜 갔으나 동쪽의 야권지역에서는 중앙정부로부터의 정책부재, 마찰증대 등으로 지역발전은 점차 악화되어 갔다. 셋째 이 시기에 지역주민들은 ① 갈수록 중앙정치에 휘말리는 지방선거와 ② 지역구출신 국회의원들과 지방정치지망생들 간의 구태의연한 음모와 부정부패, ③ 언론의 지방자치에 대한 무지와 중앙정부비호 등으로 지방자치에 대한 실망이 그 어느 때보다도 컸다.

제2차 동시지방선거에서 나타난 문제점을 보완하는 차원에서 지방자치법이 개정되었는데 그 주요내용을 보면 다음과 같다.

① 주민의 조례제정청구권 및 감사청구권을 인정하였다.

② 지방의회의 정례회(정기회)를 2회제로 하였다.

③ 지방자치단체간 분쟁조정위원회를 의결기관으로 하였다.

④ 감독기관이 그 직권으로 자치단체간 분쟁을 조정할 수 있도록 하였다.

⑤ 중앙과 지방간의 분쟁의 협의조정기구를 국무총리 소속 하에 둘 수 있도록 하였다.

⑥ 지방자치단체장 등의 협의체를 법제화하였다.

10) 제3차 동시지방선거와 지방자치법 개정

제3차 동시지방선거는 2002년 6월 13일에 실시되었다. 한 · 일 월드컵 기간 중에 실시된 선거는 유권자의 무관심 속에서 치러져 투표율이 48.8%로 나타나 지방선거사상 최저를 기록하였다. 선거결과 야당인 한나라당이 16명의 광역자치단체장 중에서 11명을 당선시키는 등 지방정치 무대를 독점하다시피 하였다. 세번째 치러진 동시지방선거의 특징을 정리하면 다음과 같다. 첫째, 중앙정치의 정쟁에 잠식된 지방선거, 둘째, 자치단체장 중심의 선거과정과 지방의원 선거의 홀대, 셋째, 사상 최저의 투표율, 넷째 우리나라 선거사상 최초로 정당명부식 비례대표제도와 여성후보할당제의 도입, 다섯째 무투표당선자, 선거부정사범 등의 증대와 선거운동에 대한 과잉규제, 여섯째 지방선거사상 최초로 시민사회단체(NGO)의 지방

21) 서쪽은 수도권, 충청권, 호남권, 제주 등의 국민회의와 자민련의 공동여당이 차지하였고, 동쪽은 강원도와 경상도를 야당인 한나라당이 차지하게 되었다.

선거 참여가 인정되었던 선거였다.

제3차 동시지방선거가 끝나고 2003년 2월 노무현정부가 등장하면서 지방자치법 개정과 분권화시대의 개막을 예고하는 특별법의 제정이 이어지게 되었다. 2003년 7월에는 지방의회 의원에 대한 명예직 규정이 삭제됨에 따라 지방의원에게 지급되는 의정활동비, 의정자료수집 및 연구비 등의 개선에 대한 논의가 활발하게 이루어졌다. 뿐만 아니라 지방분권을 정권의 핵심적 과제로 선정하여 정부혁신 차원에서 적극 추진하였다. 2003년 12월에 지방분권특별법을 제정하여(2008년에 지방분권촉진에 관한 특별법으로 법명변경) 지방자치와 관련되는 법령을 제정하거나 개정하는 경우에 이 법에서 정한 지방분권의 이념에 부합하게 하도록 하고, 지방분권의 추진과제로서 특별지방행정기관의 정비, 지방재정의 확충, 감사제도의 개선, 국가와 지방자치단체간 협력체제의 정립 등을 규정하였다.

11) 제4차 동시지방선거와 지방자치법 개정

제4차 동시지방선거를 대비하여 분권화 시대에 걸맞는 제도적 정비가 대대적으로 추진되었다. 제주특별자치도제(2006년 7월부터 실시)와 주민소환제가 도입되었고, 2006년 1월부터 지방의원의 유급제가 시행되었다. 2006년 4월에 개정된 지방자치법의 주요내용을 보면 다음과 같다.

① 의원의 윤리강령 및 실천규범을 제정하였다.

② 총선거 후 처음으로 실시되는 임시회의 소집을 “지방자치단체의 장”에서 “지방의회사무처장 · 사무국장 · 사무과장”으로 변경하였다.

③ 연간회의 총일수와 회기는 조례로 정하도록 하였다.

④ 윤리특별위원회를 설치할 수 있는 규정을 신설했다.

⑤ 위원회를 지원하기 위해 전문위원에 관한 규정을 신설했다.

⑥ 지방자치단체장은 사무직원 중 별정직 · 기능직 · 계약직 공무원에 대한 인사권을 지방의회의 사무처장, 사무국장, 사무과장에게 위임하도록 했다.

2005년 개정된 공직선거법에 따라 기초의회의원선거에까지 정당공천제도와 비례대표제도를 도입하여 국회의원들에게 공천을 받기 위한 각종 편법과 부정부패가 그치질 않았다. 특히 동 선거부터 예비후보자제도를 도입하여 사실상 선거기간이 연장되었다.

제4차 동시지방선거의 결과를 보면, 제3차 동시지방선거와 마찬가지로 야당인 한나라당이 16개 지역에서 12명의 광역단체장을 당선시켰고, 230명 중에서 155명의 기초단체장을 당선시켜 전국 지방정부의 대부분을 야당이 지배하게 되었다. 광역과 기초의 지방의원 역시 한나라당 출신이 압도적으로 당선되었다. 전체 3,867명의 의원당선자 중 여성이 총 529명 당선되어 전체당선자의 13.7%를 차지하였다. 여성 기초자치단체장도 3명이 당선되었다.

2006년 5월 31일 제4차 동시지방선거에서는 우리나라 선거사상 유례가 드문 기록과 현상들을 낳았다. 참패한 여당은 물론 대승한 야당조차 충격으로 받아들일 정도로 선거결과의 폭과 깊이가 다른 선거를 능가했다. 여야 정당 득표의 차이가 600만 표를 넘었고 수도권에서 한나라당 광역의원이 100% 당선되었으며 한나라당이 모든 연령층에서 압도적 지지를 얻었다. 서울에서는 '여 강북 · 야 강남'의 구도가 깨졌는가 하면 수도권의 야당 쏠림현상이 영남보다 심한 것으로 나타났다(조선일보, 2006.6.2).

12) 제5차 동시지방선거와 지방자치법 개정

이명박 정부하에서는 지방자치법 개정과 관련하여 뚜렷한 변화는 없다. 선거 전에는 2009년 4월 1일 지방자치단체의 명칭 변경과 매립지나 지적공부 미등록지 등의 지적 등록 과정(제4조), 지방의회의 표결선포(제64조의 2), 자문기관의 설치근거(제116조의 2) 등 세부적인 내용의 개정이 이루어졌다. 선거 후에는 2010년 6월 8일 지방자치단체의 자치사무에 대한 감사를 강화하는 내용의 개정 · 신설(제171조)과 지방자치단체에 대한 감사 절차를 명확하게 하는 내용의 개정(제171조의 2)을 하였다.

제5차 동시지방선거는 2010년 6월 2일에 실시되었다. 동 선거는 교육감, 교육의원, 지역구 광역의원, 지역구 기초의원, 광역단체장, 기초단체장, 비례대표 광역의원, 비례대표 기초의원을 동시에 뽑는 '1인 8표제'의 선거로 치러졌다. 또한 교육감 후보와 기초자치단체장 후보도 광역자치단체장 후보처럼 후원회를 둘 수 있게 하였으며 법정선거비용의 50%까지 후원금으로 충당할 수 있도록 하였다.

제5차 동시지방선거의 결과를 보면, 16개 광역단체장선거는 한나라당 6명, 민주당 7명, 선진당 1명, 야권 성향의 무소속 2명이 당선되었고, 기초단체장 선거에서는 민주당이 288곳 가운데 92곳으로 1위를 차지했으며, 한나라당이 82곳으로 전체 36%에 머무는 등 한나라당의 참패, 민주당의 압승으로 나타났다. 한편 한나라당이 광역의회에서 차지하는 비중은 전체 37.8%에 불과하고 기초의회에서 차지하는 비중은 43.2%로 나타났다. 교육감 선거 결과는 6개 지역에서 진보 성향의 교육감이 당선되었고 5개 지역은 진보적인 단체장이나 광역의회 사이에 보수 성향의 교육감이 당선되어 교육정책을 둘러싼 갈등이 표출될 수 있는 결과를 낳았다(김용복, 2010:102-105).

6 · 2 동시지방선거에서 나타난 투표율을 보면 1995년 실시되었던 제1차 동시지방선거의 68.4%에 이어 54.5%의 투표율을 보여 역대 두번째로 높은 투표율을 기록하였다. 그 동안 지방선거에서 보인 투표율이 40%대로 떨어지면서 풀뿌리 민주주의의 정착에 우려하는 목소리가 높았으나 제5차 동시지방선거에서는 기대 이상의 투표율을 보임으로써 지방자치의 미래를 보다 밝게 하였다.

13) 제6차 동시지방선거와 지방자치법 개정

박근혜정부에서 지방자치법을 개정한 것은 큰틀에서 중요한 내용은 없고, 부분적으로 보완한 정도에 머물고 있다. 헌법 118조 1항에 명시된 '지방자치단체에 의회를 둔다'는 내용을 '주민의 대의기관인' 의회를 둔다는 표현으로 바꾸어 의회가 주민의 대의기관임을 강조하고 있다. 의회가 자치단체장에게 요구할 수 있는 자료의 종류를 다양화 했으며(지방자치법 제40조), 임시회 소집과 의장직무대행의 폭과 순서를 좀 더 명확하게 개정하였다(지방자치법 제45조, 제54조). 중앙행정기관과 지방자치단체 간 협의조정과 관련하여 공정성을 기하기 위해 행정협의조정위원회 구성에 관한 사항을 신설하였다. 2012년 대통령선거에서 주요 후보자들의 공약사항으로 이슈가 되었던 기초 자치단체장과 기초 지방의원선거에서 정당공천을 배제하겠다는 약속이 수포로 돌아가면서, 제6차 동시지방선거는 종전의 양상에서 크게 벗어나지 않게 되었다.

제6차 동시지방선거는 2014년 6월 4일 실시되었다. 민선 6기를 이끌 지방자치단체장과 지방의원, 교육감 등을 선출하는 제6차 동시지방선거는 지난 제5차 동시지방선거와는 달리 제주특별자치도를 제외하고 교육의원을 별도로 뽑지 않아 '1인 7표제'의 선거로 치러졌다.

6 · 4 지방선거의 투표율은 56.8%로 1995년 실시된 제1차 동시지방선거(68.4%) 다음으로 가장 높은 수치를 보였다. 1차 동시지방선거는 첫 민선단체장을 뽑는 투표라 국민적 관심이 집중됐다면, 이번에는 사전투표제의 확대와 세월호 참사에 대한 국민의 심판이 투표참여로 나타난 것으로 보인다(서울신문, 2014. 7. 21). 하지만 이번 선거에서도 여당의 '지역 개발에 대한 정부 지원론'과 야당의 '대통령 중간평가' 구도가 맞서 역대 지방선거와 마찬가지로 중앙정당이 선거 이슈를 주도했다. 지방 중심의 정책보다는 중앙정당이 제기한 이슈가 선거결과를 지배한 선거라고 할 수 있다.

이번 지방선거에서 여당인 새누리당은 광역단체장 47.1%, 기초단체장 51.8%, 광역의

원 53.2%, 기초의원 47.9%를 차지했다. 새정치민주연합은 광역단체장 52.9%, 기초단체장 35.4%, 광역의원 43.8%, 기초의원 39.3%다. 기초단체장과 기초의회는 무소속 당선자의 비율이 각각 12.8%와 12.9%로 높은 편이었다.

14) 지방자치관련법의 제정과 개정

지방자치제도와 가장 밀접히 관련된 법은 공직선거 및 선거부정방지법과 분권법인 중앙행정권한의 지방이양촉진 등에 관한 법률, 노무현 정부 들어서 새로이 제정된 분권특별법과 주민투표법, 주민소환에 관한 법률, 지방교부세와 양여세 등을 규정하고 있는 재정관계법 등이라고 할 수 있다.

(1) 공직선거 및 선거부정방지법

이 법은 헌법과 지방자치법에 의거한 선거가 국민의 자유로운 의사와 민주적인 절차에 의하여 공정히 행해지도록 하기 위하여 1994년 3월 16일에 제정되고 수차에 걸쳐 개정되었다. 그 특징적인 내용을 2005년 6월 30일과 2010년 1월 25일 개정된 법률을 중심으로 주요 내용을 살펴보면 다음과 같다.

① 시 · 도별 지역구 시 · 도의원의 총 정수는 그 관할구역 안의 구 · 시 · 군 수의 2배수로 하되, 인구 · 행정구역 · 지세 · 교통, 그 밖의 조건을 고려하여 100분의 11의 범위에서 조정할 수 있다. 다만 구 · 시 · 군의 지역구 시 · 도의원 정수는 최소 1명으로 한다. 시 · 도의원의 최소 정수는 19명으로 한다(공직선거법 제22조).

② 선거권 연령을 19세로 하향 조정하고, 출입국관리법령에 따라 영주체류자격 취득일 후 3년이 경과한 19세 이상의 외국인에게 체류지역의 지방선거의 선거권을 부여한다.

③ 자치구 구 · 시 · 군의원선거구의 공정한 획정을 위하여 시 · 도에 자치구 · 시 · 군의원선거구획정위원회를 두도록 하고, 학계 · 법조계 · 언론계 · 시민단체와 시 · 도의회 및 시 · 도선거관리위원회에서 추천하는 자중에서 시 · 도지사가 위촉하는 11인 이내의 위원으로 구성하도록 한다.

④ 후보자의 선거운동을 위하여 책자형 소형인쇄물, 방송시설 주관 후보자 연설의 방송, 단체의 후보자 등 초청대담 · 토론회를 할 수 있도록 한다(동법 제72조, 제81조).

⑤ 시 · 도의원 선거에서 지역구 후보자와 비례대표 후보자에게 각각 1표씩을 투표하는 1인 2표제를 도입한다(동법 제146조).

⑥ 지방자치단체의 장은 선거구역이 당해 지방자치단체의 관할구역과 같거나 겹치는 지

역구 국회의원선거에 입후보하고자 하는 때에는 당해 선거의 선거일 전 120일까지 그 직을 그만 두어야 한다(동법 제53조 ⑤항).

⑦ 시 · 도별 자치구 시 · 군의회 의원의 총 정수는 당해 시 · 도의 자치구 시 · 군의원 선거구획정위원회가 자치구 · 시 · 군의 인구와 지역대표성을 고려하여 중앙선거관리위원회규칙이 정하는 기준에 따라 정하며, 최소정수는 7인으로 한다(동법 제23조).

⑧ 자치구 · 시 · 군의원선거에도 비례대표제도를 도입하고, 비례대표구 · 시 · 군의원 정수는 자치구 · 시 · 군의원정수의 100분의 10으로 하도록 하였으며, 비례대표자치구 · 시 · 군의원선거에서도 비례대표시 · 도의원선거와 같이 100분의 50 이상을 여성으로 추천하되, 후보자명부의 순위에 따라 홀수 순위마다 여성 1인이 포함되도록 하며, 위반시 등록무효사유로는 보지 아니하도록 하였다.

(2) 중앙행정권한의 지방이양촉진등에 관한 법률

그동안 우리 나라에서 이루어진 지방이양은 첫째, 법적 근거 및 이행강제력을 지니고 있지 않은 지방이양합동심의회에 의해 추진되어 왔으며, 둘째, 특정 기능을 일괄적으로 이양하기보다는 단순한 집행업무위주의 단위사무를 중심으로 이양이 이루어져 왔으며, 셋째, 지방이양이 확정된 사무조차도 해당 중앙부처에서 법령개정을 지연하거나 내용을 축소하여 이양함으로써 실질적인 이양효과를 가지지 못하였으며, 넷째, 지방이양이 중앙부처 편의위주로 이루어졌으며, 마지막으로 해당 지방자치단체에 이양에 따른 행정적 · 인적 · 재정적 지원이 이루어지지 않았다는 문제점을 지니고 있었다. 이러한 문제점을 개선하고, 지방분권을 제도적으로 뒷받침하여 실질적인 지방자치가 이루어지도록 하기 위해서 지난 1999년 1월 29일에 「중앙행정권한의지방이양촉진등에관한법률」(이하에서는 '지방이양촉진법'이라 한다)이 제정 · 공포되었으며, 동법 시행령과 함께 1999년 7월 30일부터 시행되었다. 그리고 2000년 8월 1일에는 사무이양에 따른 행 · 재정지원을 위한 「지방이양행정 · 재정지원단운영규정」이 제정되었다(조창현, 2005:33).

(3) 지방분권특별법

이 법은 그 동안 중앙집권적 운영 체제로 인한 불균형과 갈등을 해소하고 명실상부한 선진국가로의 발전을 위해 분권형 운영체제로 국가운영체제를 개편하기 위한 것으로 정부는 물론, 지방자치단체와 시민단체에 이르기까지 다양한 부문의 의견을 수렴하여 2003년 12월 29일 국회에서 의결되었다.

지방분권특별법 제정과정의 가장 큰 특징은 다양한 부문의 의견수렴이라고 할 수 있다. 그러나 이는 지방분권의 영역이 매우 광범위하기 때문에 당연한 과정이라고 할 수 있을 것이다. 노무현정부는 정부차원에서 지방분권 특별법안의 제정방향을 검토할 때부터 대통령직인수위원회와 정부혁신지방분권위원회가 지방분권과제를 발굴하기 위해 전국단위 및 지역단위의 토론회와 워크샵을 개최하였으며, 지방자치단체의 의견수렴을 거쳤다.

이를 통해 전반적인 제정방향이 결정된 이후에는 관계부처 협의와 지방자치단체의 의견수렴, 정당 정책설명회, 공청회와 사이버토론회, 시 · 도지사회의 등을 거쳐 2003년 10월 15일에는 국무회의를 통과하여 정부법안이 확정되었고 10월 21일 국회에 제출되었다. 국회제출 이후 12월 9일에는 행정자치위원회의 대안으로 의결되었으며, 12월 23일 법제사법위원회의 심의를 거쳐 12월 29일 본회의에서 의결되기에 이르렀다.

지방분권특별법은 총 3장 21조, 그리고 부칙으로 구성되어 있으며, 집중적이고 획기적인 지방분권의 필요성을 감안하여 5년 한시법으로 제정되었다.

(4) 주민투표법

그간 우리의 지방자치법은 "지방자치단체의 장은 지방자치단체의 폐치 · 분합 또는 주민에게 과도한 부담을 주거나 중대한 영향을 미치는 지방자치단체의 주요 결정사항 등에 대하여 주민투표에 붙일 수 있다"(제13조의 2①)고 규정함으로써 주민투표제를 도입하고는 있었으나, "주민투표의 대상 · 발의자 · 발의요건 · 기타 투표절차 등에 관하여는 따로 법률로 정한다"(제13조 2)고 하여 주민투표법의 제정은 유보하여 왔다. 그 결과 주민참여제도의 핵심이라고 할 수 있는 주민투표제도의 실질적 도입에 대한 의심과 비판으로부터 자유롭지 못했던 것이 사실이었다. 그러나 이러한 의심과 비판은 지난 2003년 12월 29일 앞서 설명한 지방분권특별법과 더불어 주민투표법안이 국회에서 의결 · 통과됨으로써 일단락되게 되었다.

(5) 주민소환에 관한 법률

2006년 5월 2일 국회를 통과한 법으로 선출직 지방공직자인 지방자치단체장과 지방의원의 비리 · 부패 등을 막기 위하여 제정되었다. 2006년 5월 16일 열린 국무회의에서 공포안이 의결되었고 2007년 7월 1일부터 시행되었다.

핵심 내용은 지방단체장이나 지방의원이 임기 중 위법 · 부당행위와 직무유기, 직권남용 등을 저지를 경우 정해진 절차에 따라 주민들이 이들을 소환하고 주민투표를 거쳐 해임할 수 있다는 것이다.

이 법은 선출직 지방공직자별로 주민소환투표를 위한 청구 서명인 수를 다르게 정하였다. 전국 16개 광역자치단체의 시장과 도지사의 경우 해당 지역 전체 유권자의 10% 이상이 찬성하면 주민소환투표를 청구할 수 있고 기초단체장과 지방의원은 각각 15% 이상과 20% 이상이다. 모든 소환 대상자는 유권자 3분의 1 이상이 투표에 참여하여 찬성표가 반을 넘으면 즉시 해임된다. 단, 비례대표시 · 도의원과 비례대표자치구 · 시 · 군의원은 주민소환 대상에 포함되지 않는다.

특정지역을 중심으로 주민소환투표 청구가 남용되는 사례를 막기 위하여 관할구역 안의 시 · 군 · 자치구 수가 3개 이상인 시 · 도지사의 경우 3분의 1 이상의 시 · 군 · 자치구에서 정해진 수 이상의 서명을 받도록 하였다. 시장 · 군수 · 자치구청장과 지역구 지방의원도 시 · 도지사와 같은 기준이 적용된다.

선출직 지방공직자가 임기를 시작한 날부터 1년 이내이거나 임기가 끝난 날부터 1년 미만일 때, 소환대상 선출직 지방공직자에 대한 주민소환투표를 한 날부터 1년 이내일 경우는 주민소환투표를 청구할 수 없다.

(6) 기타 관련법률

위에서 살펴본 공직선거및선거부정방지법과 중앙행정권한의지방이양촉진등에관한법률이 외에도 지방자치에 관계되는 법률로서는 다음과 같은 것들이 있다.

① 지방세목과 세율을 규정하고 교부세의 종류와 재원 등을 다루는 법률들(예: 지방세법 및 지방교부세법 등).

② 지방재정의 일반적 원칙을 다루는 법률들(예: 지방재정법 등).

③ 지방자치구역 및 명칭에 관한 변경 · 폐치 · 분합 및 경계변경에 관한 법률.

④ 지방인사를 다루는 법률들(예: 지방공무원법 등).

⑤ 교육위원회와 교육감 등 지방교육자치를 다루는 법률(예: 지방교육자치에 관한 법률 등).

⑥ 지방자치단체의 조직을 다루는 법률.

제2편

지방자치단체

제3장

지방자치단체의 일반이론

3.1 지방자치단체의 의의와 구성요소

1 지방자치단체의 의의

1) 지방자치단체의 개념

지방자치단체란 '국가 내의 일정한 지역을 관할구역으로 하여 그 주민들에 의해 선출된 기관이 국가로부터 상대적으로 독립된 지위에서 주민의 복리에 관한 사무를 자주적으로 처리하는 법인격이 있는 공공단체'를 말한다. 따라서 지방자치단체로 성립하기 위해서는 ① 장소적 요건으로서의 구역, ② 인적 요건으로서의 주민, ③ 법제적 요건으로서의 자치권을 구비하여야 한다(정재화, 2006:81).

2) 지방자치단체의 특성

(1) 법인

지방자치단체는 국가와는 별개의 법인격을 가지고 있는 독자적인 권리 · 의무의 주체이다. 지방자치단체는 법인으로서 소송당사자능력, 계약체결능력, 의사결정능력 등을 소유하고 자체적으로 재산을 취득 · 관리하며 그 자신의 고유한 명칭을 가지고 있다. 따라서 지방자치단체는 국가가 지방에서의 행정집행의 편의상 설치한 각종 하급행정기관이나 국가의 행정구역과 구별된다.

(2) 공법인

지방자치단체는 그 존립의의를 주민의 복리증진에 두고 지방의 공공사무를 처리하기 위하여 설립된 공공단체라는 점에서 사법인인 사단법인이나 재단법인과 구별된다. 지방자치단체는 공법인으로서 ① 목적을 스스로 변경하거나 임의 해산할 자유가 인정되지 않는다. ② 일정한 국가적 공권과 각종의 특권을 부여 받고 있다. ③ 행정목적의 수행의무를 지고 국가감독의 대상이 된다. ④ 행정활동에 대해 주민, 지방의회, 이익단체 등의 통제 · 감독 및 비판을 받는다.

(3) 지역단체

지방자치단체는 일정한 지역 안의 공공문제를 그 주민이 자치적으로 처리하기 위하여 설립된 지역단체이다. 지방자치단체가 일정한 구성원의 결합을 기초로 하는 공공조합 및 인적 · 물적 종합시설에 법인격을 부여한 영조물법인과도 구별되는 점은 지역을 기초로 하는 지역단체이기 때문이다.

(4) 통치단체

지방자치단체는 일정한 지역 내의 모든 사람과 사물에 대하여 통치권 내지 지배권을 행사하는 단체라는 점에서 국가를 제외한 기타 모든 단체들과 구별된다.

(5) 헌법상의 기관

다른 공공단체는 일반 법률에 의해서 그 권능이 부여되지만 지방자치단체는 헌법 제117조와 제118조에 의하여 그 권능을 보장 받는 헌법상의 기관이다.

3) 지방행정기관과의 차이

지방에는 지방자치단체 외에 그와는 성격이 다른 지방행정기관이 설치되어 있다.

지방행정기관(Local Agency, Local Office)이란 국가(또는 지방자치단체)의 공공사무를 지역적으로 분담 · 처리하기 위하여 현지에 설치된 국가(또는 지방자치단체)의 하급기관으로서의 행정기관을 말한다. 세무서(장), 검찰청(장), 경찰서(장), 국가사무수임기관으로서의 시장 · 지사 · 군수, 그리고 읍장 · 면장 · 동장 등이 그 예이다.

이러한 지방행정기관은 그 지위, 성격 등의 면에서 지방자치단체와는 다르다. 즉, 지방행정기관은 국가(또는 지방자치단체)가 그 사무처리상의 편의를 위하여 일정한 지역에 설치해 놓은 국가(또는 지방자치단체) 예하의 기관으로서, 그 지위상의 독립성을 가지고 있지 아니하며, 공법인인 통치단체가 아니라 그 단체의 공공사무를 지역적으로 분담 · 처리하기 위하여 현지에 설치된 순수한 지방일선 행정기관에 불과하다(최창호, 2009:150).

지방행정기관은 이처럼 법적으로 독립성을 부여받지 않은 순수한 행정기관이기 때문에, 국가(또는 지방자치단체) 행정체계의 피라미드적 구조 속에 완전히 편입되어 다른 행정기관들과 계층제적인 상 · 하의 관계를 형성한다.

2 지방자치단체의 구성요소

1) 주민

주민이란 지방자치단체의 존립요건이 되는 기본적 구성요소이다. 지방자치단체의 주민은 "당해 자치단체의 구역 안에 주소를 가진 자"를 말하며, 당해 자치단체의 주권자로서 스스로 또는 대표자를 선출하여 자치단체의 기관, 즉 지방정부를 구성하고 운영하는 지방자치의 주체이다. 주민은 당해 자치단체의 구역 안에 주소를 가지는 것만으로 법률상 당연히 주민의 자격을 가지며, 본인의 주거의사나 기타 행정상 요식행위(공증 혹은 등록증)를 필요로 하지 않는다. 이처럼 지방자치단체의 주민은 당해 자치단체의 인적 구성요소로서 지방자치권의 주체이며 자치단체의 기관을 선임하는 최고기관으로서의 지위를 갖는다. 뿐만 아니라 주민은 지방자치단체에 대해 주민으로서의 권리를 향유하고 의무를 이행해야 할 권리의 주체와 의무의 대상으로서의 지위를 갖는다(최봉기, 2009:114).

2) 지방자치구역

지방자치구역이란 지방자치단체의 지역적 구성요소로서 자치단체의 자치권이 미치는 지역적 범위를 말한다. 따라서 지방자치단체의 구역은 단순한 행정구역과는 달리 자치단체의 구성의 기초가 되는 지역이며, 적극적으로는 그 지역 내에 주소를 가진 자를 당연히 단체의 구성원으로 하고, 그 지역과 일정한 장소적 관계를 가진 국민을 그 단체의 권능(權能)에 복종시키는 동시에 그 자치단체의 권능을 지역적으로 한정시킨다. 우리나라에서는 지방자치단체의 구역과 명칭(名稱)을 변경하거나 분합하고자 할 때에는 법률로서 사전에 관계 지방의회나 주민의 의사를 청취하여 처리하도록 하고 있다(최봉기, 2009:114-115).

전통적인 지방자치구역은 자연마을이나 일정한 지역의 공동체사회를 중심으로 설정된 것이 대부분이며, 행정구역은 국가가 행정수행에 편의를 고려하여 산맥이나 하천 호수 등 자연적 조건에 따라 획정한 것이다. 자치구역은 지방자치단체의 자치권이 미치는 지역적 범위로서 주민의 자치의식 내지 공동체의식을 중요시 하고, 행정구역은 국가의 목표달성을 위하여 행정의 합리성과 능률성에 중점을 둔다.

우리나라 자치구역은 지방자치제도를 실시하지 않았던 시기에는 자치구역이 아닌 행정구역에 지나지 않았다. 그러나 현재의 지방자치법은 과거의 행정구역을 그대로 자치구역으로 삼고 있다. 따라서 그 명칭도 더 이상 행정구역이 아니고 자치구역인 것이다. 그리고 현재까지는 특별히 자치구역과 다른 행정구역을 법제화 하지도 않은 상태이다.

3) 자치권

자치권이란 지방자치권을 의미하며 지방자치권이란 지방자치단체가 그 존립목적을 실현하기 위하여 가지는 일정한 범위의 권리능력을 말한다. 즉, 지방자치권은 "헌법과 법률이 인정한 범위내의 독자적 권리이며, 법인격을 가진 지역통치단체로서 스스로의 창의와 책임하에 그 구역과 주민을 지배하고, 그 관할 사무를 처리할 수 있는 법적인 권리능력"을 말한다. 자치권의 핵심적 요소는 '국법이 인정한 범위'라는 한계성과 '독자적 권리'라는 자주성이라고 볼 수 있다. 즉, 자치권이란 국가의 헌법적 제도에 의하여 창설되고 부여된 권능이며, 일반적인 국가의 지방행정기관과는 달리 헌법에 제도적으로 보장된 독자적 또는 자율적 통치권능이다. 이런 의미에서 자치권은 지방자치단체의 주요 구성요소인 일정한 구역, 주민, 기관과 함께 지방자치단체의 주요 구성요소에 해당된다. 자치권은 자치입법권, 자치행정권, 자치조직권 그리고 자치재정권으로 구분된다(최봉기, 2009:115).

3.2 지방자치단체의 종류

1 보통(일반) 지방자치단체

일반지방자치단체는 계층을 기준으로 상급자치단체와 하급자치단체로 나누어진다. 우리나라도 '지방자치단체의 종류는 법률로 정한다'는 헌법 제 117조 ②항의 규정에 근거하여 지방자치법(제2조①항)에서 지방자치단체를 ① 광역자치단체로서 특별시와 광역시 및 도(특별자치도 포함) ② 기초자치단체로서 시 · 군 및 자치구의 2종으로 구분하고 있다.

1) 광역자치단체

광역자치단체는 국가와 기초자치단체의 중간에 위치하고 광역적 사무, 통일적인 처리를 요하는 사무, 기초자치단체간의 연락 · 조정에 관한 사무 및 기초자치단체가 독자적으로 처리하는 것이 부적당하다고 인정되는 보완적 사무를 처리한다.

(1) 특별시

특별시란 수도행정의 특수성을 고려하여 그 지위 · 조직 및 운영상의 특례를 인정받고 있는 서울시를 지칭한다. 서울시의 법적인 위상은 관계법령의 개정과 그 적용 여부에 따라 변화하여 왔다. 즉, 서울시는 미군정시대인 1946년 경기도 관할하의 경성부에서 정부직할의 특별시로 승격되면서 도(道)와 동등한 권한을 유지하여 오다가, 1962년 '서울특별시행정에 관한 특별조치법'에 의하여 국무총리의 관할 하에 놓임으로써 타 광역자치단체와는 구별되는 특별한 위상을 가지게 되었다. 그러나 1991년 서울시의회의 구성과 함께 특별조치법이 폐지되고, '서울특별시의 지위 · 조직 및 운영에 있어서는 수도로서의 특수성을 고려하여 특례를 둘 수 있다'는 규정(지방자치법 제174조 ①항)에 의거하여 '서울특별시행정특례에 관한 법률'이 제정됨에 따라 서울시는 행정자치부 직할 하에 놓이게 되었으며, 수도 서울로서의 특수한 법적 지위도 상당히 위축되었다.

(2) 광역시

우리나라에는 현재 부산 · 대구 · 인천 · 광주 · 대전 · 울산의 여섯 개 광역시가 있다. 부산광역시는 1963년 1월 1일부터 시행된 '부산시 정부직할에 관한 법률'(1962.11.21. 법률 제1173호)에 의하여 종전의 경상남도 관할구역에서 이탈하여 정부직할시로 승격되었으며, 대구광역시와 인천광역시는 1981년 7월 1일 시행된 '대구직할시 및 인천직할시 설치에 관한 법률'(1981.4.13. 법률 제3424호)에 의해서, 광주광역시는 1986년 11월 1일 시행된 '광주직할시 및 송정시 설치에 관한 법률'(1986.5.8. 법률 제3828호)에 의하여 그리고 대전시도 1989년 1월 1일부로 기존의 소속도의 관할구역에서 이탈하여 직할시로 되었다. 명칭은 지방자치가 재개된 이후, 1994년 12월에 개정된 지방자치법에 의해 자치시대에 걸맞게 직할시를 광역시로 바꾸었다. 그리고 1997년 7월 15일로 시행된 '울산광역시설치등에 관한 법률'(1996.12.31. 법률 제5243호)에 의하여 울산시가 경상남도에서 분리하여 광역시가 되었다.

이들 광역시들은 원래 다른 일반의 시나 군과 마찬가지로 도의 관할구역 안에 있는 기초적 자치단체였으나, 인구의 집중에 따라 도시규모가 커짐으로써 대도시행정의 특이성과 그 효율적 수행이라는 견지에서 다른 기초적 자치단체와 법적 지위를 달리하지 않을 수 없게 되어 종전의 도의 관할구역에서 이탈하여 정부직할의 자치단체로 설립되었던 것이다.

(3) 도(道 : 일반도와 제주특별자치도)

도(Province)는 중앙정부와 기초자치단체(시 · 군 · 자치구) 사이에 위치한 중간적 자치단위로서 가장 전통적인 광역자치단체이다. 도는 우리나라 지방자치단체 중에서 가장 광범한 구역을 가진 자치단체이다. 우리나라의 도는 고려 현종시대에 전국을 경기와 5도 양계로 구분한 것으로부터 비롯되었다. 지금의 도는 조선 태종시대의 8도제에서 출발하였으며, 갑오경장을 거쳐 1896년에는 전국을 13도로 분할하였다.

해방 후 미군정시대에는 제주도가 전남으로부터 분리 · 승격되어 14도가 되었지만 남북분단으로 정부수립 당시 남한의 도는 9개였다. 이처럼 우리나라의 도는 역사적으로 볼 때 지방자치단체의 기본요건인 주민의 생활권을 중심으로 형성된 것이 아니고, 국가의 행정적 편의에 따라 설치된 것이었다. 즉, 도는 원래 국가의 단순한 행정구역이었으나 일제하의 지방자치제도였던 1933년 도제(道制)의 실시로 공법인의 지위를 인정받았으며, 1949년 우리나라 최초의 지방자치법에 의해 완전한 자치단체가 되었다. 현재는 전국에서 제주특별자치도를 포함하여 모두 9개가 있다.

제주특별자치도는 2006년 2월에 제정된 "제주특별자치도설치 및 국제자유도시조성을 위한 특별법"에 의해 동년 7월 1일부터 일반도에서 분리하여 새롭게 출발하였다. 일반도로서의 제주도는 1개의 광역자치단체와 4개의 기초자치단체(제주시, 서귀포시, 북제주군, 남제주군)로 구성되어 있었으나 특별자치도로 변경됨에 따라 기초자치단체 4곳을 제주시(제주시와 북제주군)와 서귀포시(서귀포시와 남제주군)의 2개 행정시로 개편하였다. 이러한 제주특별자치도의 설치는 그 개편과정에서 많은 논란이 있었으나 주민투표에 의해 최종 결정되었다. 제주특별자치도는 일반도에 비해 제도나 정책면에서 다양한 특징과 특례를 인정하고 있다(최봉기, 2009:118).

(4) 세종특별자치시

세종특별자치시는 「세종시설치등에 관한 특별법」에 의하여 2012년 7월 1일 공식 출범한 기초자치단체가 없는 광역자치단체로서 1읍, 9면, 14동으로 이루어져 있다.

종전의 충청남도 연기군 일원과 공주시 일부, 충청북도 청원군 일부를 합쳐 구역이 편성되었다. 세종특별자치시는 수도권의 과도한 집중에 따른 부작용을 시정하고, 국가균형발전 및 국가경쟁력 강화에 이바지하는 것을 목적으로 건설된 행정중심복합도시이다.

2) 기초자치단체

(1) 시

시는 그 대부분이 도시의 형태를 갖추고 인구 5만 이상인 지역을 말한다. 오늘날과 같은 시제(市制)는 일제시대에 법인격을 부여받아 자치적 기능을 수행하였던 1914년의 부제(府制)에서 그 연원을 찾을 수 있으며, 이러한 부(府)가 정부수립 후 지방자치법에 의하여 시(市)로 개칭되었다.

① 인구 50만 이상의 시 : 인구 50만 이상의 대도시에는 자치구가 아닌 행정구를 설치하고 도(道)가 처리하는 사무의 일부를 직접 처리하게 하고 있다.

② 통합시 : 1995년부터 새로운 도 · 농복합형태의 시가 탄생하였으며 '도 · 농복합형태의 시설치에 따른 행정특례 등에 관한 법률'에 의하여 행정상 각종 특례를 인정받고 있다. 도 · 농복합형태의 시(市)란 ㉠ 시와 군을 통합한 지역, ㉡ 인구 5만 이상의 도시형태를 갖춘 지역이 있는 군(郡), ㉢ 인구 15만 이상의 군으로서, 당해 군 내에 인구 2만 이상의 도시형태를 갖춘 2개 이상의 읍 지역 인구가 5만 이상인 군(郡) 등을 시(市)로 한 것을 말한다.

(2) 군

군은 도(道) 관할구역 내의 농촌지역에 설치된 기초자치단체이다. 군은 1949년 지방자치법에 제정될 때만해도 도(道)의 관할하에 있는 지방행정구역으로만 인정되었으나, 1961년 '지방자치법에 관한 임시 조치법'에 의하여 읍 · 면자치제가 폐지되면서 최초로 법인격을 부여받아 기초자치단체로서의 지위를 가지게 되었다.

(3) 자치구

자치구는 대도시 구의 특수성과 특별시 · 광역시의 자치구조가 단층제임을 고려하여 1988년 제7차 개정 지방자치법에 의해 법인격을 부여받은 기초자치단체이다. 이러한 자치구는 대도시행정의 효율적 수행을 위해 인위적으로 획정해 놓은 지역이기 때문에 시 · 군과는 다른 별도의 제도적인 장치가 마련되어 있다. 즉, ① 자치권의 범위를 법령이 정하는 바에 의하여 시 · 군과 다르게 할 수 있으며, ② 특별시장 및 광역시장으로 하여금 시세수입(市稅收入) 중의 일정액을 확보하여 조례가 정하는 바에 따라 당해 관할구역 안에 있는 자치구 상호간의 재원을 조정하도록 하고 있다.

2 특별지방자치단체

1) 특별지방자치단체의 개념

특별지방자치단체란 자치행정상의 정책적 견지에서 특정한 목적을 수행하거나 특수한 행정사무를 처리하기 위하여 또는 행정사무의 공동처리를 위하여 설치되는 지방자치단체를 말한다. 따라서 그 구역이나 권능 및 조직 등이 특수하다. 이러한 특별지방자치단체에 대해서는 법률에 규정한 특수한 사항을 제외하고는 일반적으로 일반지방자치단체에 적용되는 규정을 준용하도록 되어 있다.

2) 특별지방자치단체의 필요성과 한계

(1) 필요성

① 특정한 공공사무에 대해 주민의 편의를 도모하면서 가장 효율적으로 수행하는 관할구역을 필요로 하는데 있다.

② 행정서비스의 제공에 있어서 규모의 경제를 실현하기 위해서이다.
③ 헌법이나 법률에 의해 가해진 재정적 · 법적 제약 및 채무한계로부터 벗어나기 위해서이다.
④ 지방정치의 장으로부터 분리되어 정치적 중립성을 유지하기 위해서 필요하다.
⑤ 기타 지방자치단체에 있어서 구역 및 인구규모의 영세성, 인적 · 물적 자원의 부족, 행정의 기술적 · 전문적인 필요성 때문이다.

(2) 한계

① 지방자치단체의 난립을 가져와 지방제도의 복잡과 혼란을 초래할 수 있다.
② 행정기능간의 종합 · 조정을 곤란하게 하고 할거주의를 조장한다.
③ 책임소재가 불명확하고 지방행정에 대한 주민의 관심 및 통제력을 약화시킨다.
④ 특수기능 중심의 정책으로 지방행정이 특수전문가나 이해당사자의 이해관계에 따라 좌우될 우려가 있다.

3) 특별지방자치단체의 유형

(1) 행정사무단체와 기업경영단체

특별지방자치단체는 행정사무의 처리를 위하여 설립되는 것이 보통이지만, 공기업의 경영을 위하여 설립되는 경우도 있다. 미국의 상수도, 공원 및 레크리에이션구, 묘지구 등 대부분의 특별구와 일본의 재산구, 지방개발사업단 등이 그 예에 해당한다고 할 수 있다. 우리나라에서도 이러한 기업경영적인 특별지방자치단체의 설립이 허용되고 있다(지방공기업법 제44조, 제45조).

(2) 특수사업단체와 광역사무단체

특수사무단체는 특수전문분야의 사무를 처리하고자 지역주민을 구성원으로 하여 처음부터 독자적인 행정주체로서 설립된 것이다. 이에 반하여 광역사무단체는 광역적 협력사무를 수행하기 위하여 기존 일반지방자치단체의 본래 기능의 일부 또는 전부를 승계하여 설립된 것으로 기존 일반지방자치단체를 구성원으로 한다. 특수사무단체로는 미국의 특별구(학교구, 상수도구)와 일본의 재산구, 스위스의 각종 특별지방자치단체 등이 있고, 광역사무단체에는 프랑스의 Commune조합, 특별구 및 도시공동체, 독일의 목적조합, Gemeinde연합 및 광역연합, 일본의 지방개발사업단, 우리나라의 지방자치단체조합 등이 포함된다(鄭再和, 2005:112-117).

4) 우리나라 특별자치단체

우리나라는 특별지방자치단체로 지방자치단체조합을 설립할 수 있도록 하고 있다. 우리나라의 특별지방자치단체로서 지방자치단체조합은 1949년 최초의 지방자치법에 설치된 제도로서 당시에는 시 · 읍 · 면조합으로 출발하였다. 그 후 1961년 군사정부의 「지방자치에 관한 임시조치법」에 의해 시 · 군조합으로 개편되었다가 「지방자치에 관한 임시조치법」의 제4차 개정으로 지방자치단체조합으로 그 범위가 확대되었다.

우리나라의 지방자치단체조합은 1970년 경기도 내의 시 · 군간 전용행정통신망 조합이 설립된 경험이 있고, 1991년 서울특별시, 인천광역시, 경기도가 공동 설립한 수도권매립지운영관리조합은 2000년도에 폐지되어 지방공사로 전환되었다. 현재는 아래 표에서 볼 수 있는 것처럼 자치정보화조합, 부산 · 김해경량전철조합 등이 설치 · 운영되고 있다. 근래 수도권광역교통조합의 설립이 추진되고 있어 지방자치단체조합의 설치가 증가될 조짐을 보이고 있다(최봉기, 2009:121-2). 2008년 황해경제자유구역청, 대구 · 경북경제자유구역청, 전국 최초로 지리산권 인근 7개 기초 지방자치단체들이 공동 참여한 지리산권관광개발조합, 2010년 지역상생발전기금조합 등이 설립되어 운영 중에 있다.

<표 3-1> 지방자치단체조합의 설치운영현황

조합명칭	구성원	목적	승인일자
자치정보화조합	15시도 (서울제외)	지방자치단체 정보화지원	2003.01.21
부산 · 거제간 연결도로건설조합	부산시 경남도	부산 · 거제간 연결도로민간투자사업총괄	2003.06.04
부산 · 진해 경제자유구역청	부산시 경남도	부산 · 진해 경제자유구역내 각종 인허가 사무처리, 외자유치 등	2004.01.20
광양만권 경제자유구역청	전남도 경남도	광양만권 경제자유구역내 각종 인허가 사무처리 및 외자유치	2004.01.20
부산 · 김해 경량전철조합	부산시 김해시	부산 · 김해간 경량전철 건설운영총괄	2004.02.16

조합명칭	구성원	목적	승인일자
수도권 교통조합	서울특별시 인천광역시 경기도	수도권 광역교통시설의 설치와 운영총괄	2005.02.04
황해경제 자유구역청	경기도 평택시	환황해권 첨단산업의 국제협력거점 조성	2008.05.06
대구 · 경북경제 자유구역청	대구시 경북(포항, 영천, 경산시)	대구 · 경북 일원 8개 지구를 지정하여 투자 · 유치 활성화	2008.06.10
지리산권 관광개발조합	남원시 장수군 곡성군 구례군 하동군 산청군 함양군	지리산권 관광개발을 위한 사업 발굴	2008.11.05
지역상생 발전기금조합	전국 광역 자치단체	수도권 · 비수도권 간의 재정격차완화 수도권 지방소비세 35%로 기금 조성	2010.01.01

* 자료 : 최봉기(2009:122), 정일섭(2012:108)을 참조하여 재구성

3.3 보통지방자치단체의 계층구조

1 계층구조의 의의

지방자치단체는 일정한 구역과 주민을 그 구성요소로 하며, 그 목적이나 사무처리의 범위가 제한되어 있지 않은 일반적 단체임을 그 특질로 하는 까닭에 이론상 그것은 일정한 구역에 1개만 설치되어 있으면 된다. 이를 단층제(Single-tier System)라고 한다. 그러나 실제적으로는 일반지방자치단체가 그 구역의 일부를 구성요소로 하는 다른 일반지방자치단체를 가지고 있어서 자치단체가 중첩되는 경우가 많다. 이를 다층제(Multi-tier System)라고 한다.

다층제에 있어서는 주민들과 직접 접촉하는 가장 소구역을 기초로 하는 자치단체를 기초적 자치단체 또는 제1차적 자치단체라고 하며, 중앙정부와 기초자치단체의 중간에 위치하는 넓은 구역의 자치단체를 중간자치단체, 광역자치단체, 제2차적 자치단체, 보완적 자치단체라고 한다. 다만 다층제의 경우 구체적으로는 국가에 따라 많은 차이가 있다. 왜냐하면 지방자치단체의 계층구조란 그 나라의 면적, 자연적 조건, 정치적 이데올로기, 인구, 교통 · 통신의 발달정도 및 역사적 특수성에 따라 각각 다르기 때문이다. 그러나 대체로 단층제와 2층제를 채택하는 나라가 가장 많으며, 3층제 이상을 채택하는 나라도 있다.

2 단층제와 중층제의 장단점

계층수가 적은 경우와 많은 경우는 지방행정의 수행에 적지 않은 영향을 미치게 된다. 단층제의 장점은 중층제 또는 다층제의 단점이 되고 중층제 또는 다층제의 장점은 단층제의 단점이 되기 때문에 각 경우의 장점만을 살펴보기로 한다.

1) 단층제의 장점

(1) 중복행정의 폐단방지와 행정의 신속성 확보

단층제는 중층제에 비하여 이중행정과 이중감독의 폐단을 방지하고 신속한 행정(특히 기관위임사무의 처리)을 도모할 수 있다. 중층제를 채택하는 나라에서 기초자치단체와 광역자치단체간의 사무배분이 명확하게 이루어지지 않을 경우에는 동일한 행정기능을 2개의 자치단체가 관장하는 이른바 2중행정의 폐해를 낳게 되며, 특히 위임사무를 처리하는 경우에는 경유기관 또는 감독기관이 하나 더 늘어나 행정이 지연되게 된다.

(2) 행정낭비제거와 능률증진

단층제의 경우 중층제에 비하여 여러 면에서 능률성을 확보할 수 있다. 즉, 이중행정을 수행함에 따라 불가피한 낭비를 제거함으로써 상대적인 능률을 증진시킨다. 행정계층이 많을수록 사무처리가 지연될 뿐만 아니라 행정비용이 그만큼 증가하는 것은 당연한 이치이다.

(3) 행정책임의 확보

단층제는 중층제에 비하여 업무에 대한 행정책임을 명확하게 한다. 단층제 하에서는 중앙정부와 지방정부간에 행정기능이 적절히 배분되며 쉽게 조정될 수 있기 때문에 중층제에 있어서와 같은 행정책임의 불명확이나 책임전가, 행정의 사각지대의 발생과 같은 문제가 나타나지 않는다.

(4) 지역특수성과 개별성 존중

단층제는 중층제에 비하여 각 기초자치단체의 자치권이나 지역의 특수성과 개별성을 더욱 존중할 수 있다. 중층제를 채택하는 경우 광역자치단체는 그 구역 내의 모든 행정기능을 획일적으로 수행하기 쉬우며, 따라서 도시행정이나 농촌행정 중의 하나가 경시되는 폐단을 낳을 우려가 있다.

(5) 중앙정부와 주민간 의사전달의 정확성 · 신속성 확보

단층제는 지방정부가 중앙정부의 위임사무를 처리하는 경우 그 사무에 관한 주민의 의사와 여론을 중앙정부에 신속히 전달할 수 있고, 중앙정부의 정책이나 계획을 주민에게 신속 · 정확하게 주지시킬 수 있다. 중층제에 있어서는 경유기관이 추가되므로 중앙정부와 주민간의 의사소통이 지체되고 왜곡되며 누수현상이 생길 가능성이 많다.

2) 중층제의 장점

(1) 행정기능의 분업적 수행가능

중층제는 기초자치단체와 광역자치단체 간에 행정기능을 분업적으로 수행할 수 있다. 즉, 행정기능이 양적으로 팽창되고 질적으로 복잡화 · 고도화한 오늘날에 있어 일정한 구역 내의 모든 사무를 1개의 자치단체가 종합적으로 처리하기에는 매우 곤란하며 또한 비능률적이다. 그러므로 주민들의 일상생활과 직결되는 기능, 주민에 대한 원조(Assistance) 및 직접 서비스(Direct Service) 기능은 주민 가까이에 있는 소구역의 자치단체가 담당하지만, 대규모 사업인 광역적 행정사무는 보다 넓은 구역의 광역자치단체가 담당하는, 이른바 수직적 분업체계의 확립이 요청된다. 중층제가 특히 바람직한 이유는 바로 여기에 있다.

(2) 기초단체의 부족한 기능을 광역단체가 보완가능

중층제는 기초자치단체가 그 본연의 기능을 제대로 수행하지 못할 경우 광역자치단체가 이를 보완할 수 있다는 장점을 가진다. 즉, 기초자치단체의 능력으로 적절히 처리할 수 없거나 처리하기 곤란한 사무, 또는 처리가 비경제적이거나 행정의 질을 저하시킬 우려가 있는 사무에 대하여는 광역자치단체가 그 능력과 기능을 보충하여 이를 처리할 수 있다. 광역자치단체를 보완적 자치단체라고도 하는 이유는 바로 여기에 있다.

(3) 중앙정부의 감독기능 유지 · 확보

중층제는 지방정부에 대한 중앙정부의 감독기능을 유지할 수 있게 한다. 중앙정부는 모든 기초자치단체를 직접 감독할 수 없으므로 일정한 지역단위의 감독기관을 필요로 한다. 오늘날 영 · 미에서는 중앙집권화의 경향이 더욱 현저해짐에 따라 이러한 지역 단위 감독기관의 필요성은 더욱 커지고 있다. 대부분의 국가에서는 광역자치단체에게 이 감독권을 부여하여 국가기관의 지위에서 기초자치단체를 감독하도록 하고 있다.

(4) 중앙정부의 지방통치사 보전과 민주발전의 지표

광역자치단체는 본래 인간의 생활과 밀접한 관련을 가지는 소구역의 지역사회를 토대로 형성된 것은 아니었다. 다만 당시에는 교통 · 통신이 발달하지 않았던 관계로 중앙정부가 전국을 직접 통치할 수 없었기 때문에 이를 적절히 구분하여 중앙의 관리로 하여금 통치권을 행사하게 했던 것이다. 그 후 민주주의가 발달함에 따라 국가의 이 통치구역이 광역자치단체로 바뀌었다. 즉, 국가통치제도로서의 민주주의 발전은 지역이 통치제도로서 지방자치제도라는 민주주의 제도를 실시하게 하였다. 이에 따라 그동안 주민의 근린생활구역에 불과하였던 동 · 리나 촌락 등은 자기지역을 주민들의 자율의사로 통치할 수 있게 되었고, 그리하여 이들 지역을 기초자치단체로 발전시키게 된 것이다. 이렇게 볼 때 광역자치단체의 보전은 중앙정부의 지방통치사를, 기초자치단체의 발전은 민주주의 발전사를 의미한다고 볼 수 있다(최봉기, 2009:126).

3 계층구조의 경향

1) 계층구조에 관한 논의

하나의 구역 안에는 단층의 지방자치단체를 설립하는 것이 이상적이라고들 한다. 즉, 공공사무는 대개 이를 상 · 하 자치계층의 소관사항으로 명백히 분리할 수 없고, 따라서 모든 사무를 단일의 지방단위에 전속시킴으로써 이상적인 사무처리를 기할 수 있다는 것이다.

그러나 이 주장은 좁은 구역 안에 많은 인구가 밀집되어 있고 주민의 경제적 · 사회적 생활관계가 불가분의 관계에 있으며 각종 서비스를 종합적으로 제공할 재정적 · 행정적 능력을 가지고 있는 도시지역에서는 타당할지 모르나, 농촌지역에서는 기초자치단체의 인구규모와 행 · 재정능력이 부족하여 광역자치단체의 보완적 역할이 필요하므로 그 실현이 불가능하다는 주장이 있다.

더 나아가서 근래에 와서는 인간의 생활권역이 도시와 주변농촌지역에 걸쳐 있어서 도 · 농통합식 구역조정을 필요로 하므로 농촌지역 뿐만 아니라 도시지역에 대하여도 중층제를 적용하여야 한다는 의견이 대두되고 있다(山下茂 外, 1992:247).

2) 계층구조의 채택동향

각국의 지방자치 계층제는 국토면적, 인구수, 개발정도, 경제 · 사회구조, 역사 · 전통 등 여러 요인에 따라 그 나라의 실정에 적합하도록 설정되어야 한다.

오늘날 각 나라에서 지방행정의 계층수를 늘이는 나라가 있는가 하면 반대로 줄이는 나라도 있으나,[1] 지난 1970년대의 각국 지방제도 개혁에서는 대체로 2계층제가 채택된 바 있다.[2] 다만 대도시에 있어서는 단층제를 채택하기도 하고 중층제를 채택하기도 하며 또는 양자를 혼용하기도 하는 등 다양하다(제5편 주요국가의 지방자치제도 참조).

4 기초자치단체와 광역자치단체의 지위

1) 기초자치단체의 지위

기초자치단체는 주민의 일상생활과 가장 관련이 깊은 자치단체이다. 지방자치란 원래 지방주민이 오랫동안 일상적으로 접촉하면서 생활과 활동을 함께 해나가는 가운데 공통적인 경험을 가지게 되고, 이러한 경험을 공유해 나가는 동안에 그들 사이에 공동의식을 키워, 그들 사이의 공동적인 문제를 협력 처리해 나가는 데서 성립되었다. 지방자치를 '풀뿌리 민주주의(Grass Roots Democracy)'라고 하는 것도 그 때문이다. 이렇게 볼 때 주민을 대표하고

1) 프랑스의 1982년 지방제도개혁에 있어서는 기존의 2계층 외에 région이라고 하는 광역자치 단체를 새로 설립하여 3계층제로 바뀌었고, 영국에서는 1990년대 후반에 많은 지역에서 단층제화하는 개혁이 행해졌다.

2) 최창호, "최근 외국의 지방행정제도 개혁동향에 관한 연구", 학술지 제24집(서울:건국대학교 학술원, 1880), pp. 303~332: A. F. Leemans, *op. cit.*, p. 77: Dept. of Economic and Social Affairs of U.N., Decentralization for National and Social Development(New York: United National 1962), p. 21.

그 주민에게 책임을 지며 주민을 위하여 최대한의 서비스를 제공하기 위하여 설립되는 지방자치단체는 소규모인 것이 이상적인데, 이와 같은 요청에 가장 적합한 자치단체가 기초자치단체이다.

기초자치단체는 지방주민의 일상적 생활과 직결되어 있는 공동사회적 단체로서, 그 규모는 공동사회의 지역적 범위를 의미하며, 지방자치에 있어서는 가장 본래적인 단체가 된다.

2) 광역자치단체의 지위

지방자치의 본래의 취지에 따른다면 지방자치에 있어서는 기초자치단체 하나로써 충분하고, 그 이외에 다른 규모의 자치단체는 필요하지 않다.

그러나 앞에서 중층제와 단층제의 장단점을 살펴본 바와 같이 국가가 전국을 수개의 구역으로 구분하여 구역별로 통치권을 행사하였던 역사적 유산, 그리고 현대에 있어서의 일상생활 관련 사무와 치산 · 치수 등 광역적 사무의 분업적 처리의 요청, 국가의 직접적인 통제로부터의 기초자치단체의 보호 및 연락 · 조정의 필요 등에 의하여, 기초자치단체 외에 광역자치단체를 설립하여 지방자치계층을 2계층으로 하는 것이 세계의 일반적인 현상이다(최창호, 2009:155).

지방자치의 2층구조에 있어서 광역자치단체의 필요성에 관하여는 각국에서 논란이 많다.[3] 우리나라에 있어서, 2층구조를 반대하는 입장에서는 도(道)를 일반지방자치단체라고 규정한 것은 법상의 가상 내지 의제에 불과하다고 하고,[4] 반대로 2층구조를 찬성하는 입장에서는 도의 자치방어적 기능을 강조하고 있다.[5]

---

3) 영국에서 역사적인 2층 구조를 개혁하고 책임있고 능률적인 행정을 기하기 위하여 단층제로 하자는 주장이 있었다.
또한 일본에서도 부 · 현제폐지안을 중심으로 한 논쟁에서 2층구조의 단점으로 행정상의 2중행정, 2중감독, 행정계통과 책임의 혼란, 재정낭비 등이 지적된 바 있다.
또한 미국의 W. Anderson 교수의 '1구역 1자치제의 원칙'도 그것이 직접적으로는 직능별 자치의 부인을 의미하는 것이긴 하나, 이것 역시 2층구조에 대한 반대로서 이해될 수도 있을 것이다.

4) 자치단체의 시 · 군이 있는데도 또 다른 자치단체인 도가 중복 존재한다는 것은 이론적으로는 모순일 뿐만 아니라, 실제적으로도 도민 사이에 공동의식이 결여되고 있으며, 도는 역사적으로도 국가의 지방기관으로서 관치적으로 운영되어 왔고, 현재에도 여전히 국가의사의 전달 또는 국가사무의 지방적 처리기관으로서 서비스행정보다도 감독행정에 치우치고 있으므로, 이론적으로나 실제적으로나 또한 연혁적으로나 기능적으로나 자치단체로서 인정받을 만한 적극적 요소를 결여하고 있다고 주장하고 있다(대한지방행정협회, 지방행정구역조사보고서, 서울, 1967, p. 194).

5) 만약 기초자치단체로서의 시 · 군과 국가 사이에 도가 없으면 시 · 군의 능력으로써 처리할 수 없는 사무를 곧 국가가 처리하게 되어 중앙집권화에의 문호를 개방하는 결과가 되며, 국가의 시 · 군에 대한 직접적인 지시 · 감독으로부터 시 · 군을 보호할 여과장치가 없어지게 된다고 주장하고 있다(위의 책, pp. 193~194).

제4장

지방자치단체의 조직

4.1 지방자치단체의 기관구성

1 지방자치단체 기관구성의 의의

오늘날 세계 각국은 지방자치단체에 의사결정 기능과 집행기능을 담당하는 기관을 두고 그 나라의 정치적 전통과 행정여건에 따라 다양한 기관구성형태를 발전・변모시켜 나가고 있다. 이는 급속한 사회변화에 당면하여 대응성・효과성・능률성의 적절한 결합을 찾으려는 계속적인 시도라고 할 수 있다. 자치단체의 기관구성형태는 의결기관과 집행기관의 조직구성형태에 따라 크게 기관통합형, 기관대립형, 절충형 및 주민총회형으로 분류된다.

2 지방자치단체의 유형

1) 기관통합형

기관통합형(Parliamentary System)이란 국가통치구조에 있어서 의원내각제와 유사한 것으로서, 지방자치단체의 구성에 있어서 의결기관과 집행기관을 단일기관에 귀속시키는 정부형태를 말한다. 이 형에 있어서는 의회의장이 자치단체의 장의 지위를 갖게 되지만 그 지방자치단체의 형식상의 장에 불과하고 실질적인 행정권은 지방의회의 각 분과위원회가 관장하고 있다. 영국의 지방자치단체와 미국의 지방정부형태 중 위원회형(Commission Plan)이 그것이다. 위원회형은 소규모자치단체에 적합하다.

(1) 기관통합형의 장점

① 지방행정의 권한과 책임이 지방의회에 집중되어 있으므로 민주정치와 책임행정을 구현하기 용이하다.

② 의결기관 · 집행기관이 단일기관으로 되어있어 갈등이나 알력이 발생할 여지가 없으므로 지방행정의 안정성과 능률성을 기대할 수 있다.

③ 다수의원의 의사에 따라 정책을 결정하고 집행하므로 신중하고 공정한 자치행정을 수행할 수 있다.

④ 소규모 조직의 기초자치단체에서 채택하기 용이하다.

⑤ 미국의 위원회형의 경우 소수의 위원으로 운영되므로 경제적인 예산절감은 물론 신속하고 탄력적인 행정집행을 도모할 수 있다.

(2) 기관통합형의 단점

① 단일기관에서 의결기능과 집행기능을 동시에 행사하여 견제와 균형을 기할 수 없으므로 권력남용의 우려가 있다.

② 주민에 의해 선출된 의원이 행정을 맡게 되므로 행정의 전문화를 저해할 가능성이 크다.

③ 여러 의원들이 행정을 분담하여 처리하기 때문에 행정의 종합성 · 통일성을 유지하기 어렵다.

④ 위원회형의 경우 대도시의 다양한 이익집단과 각 계층의 이해를 대표하기에는 부적합하다.

⑤ 지방행정에 정치적 요인이 개입될 여지가 상당하다(정세욱, 2000:483).

2) 기관대립형

(1) 개념

기관대립형(Presidential System)이란 국가통치구조에 있어서 대통령제와 유사한 것으로 지방자치단체의 구성에 있어서 의회(Council)와 집행기관(Executive)을 분리시키고 권한을 분담시켜 서로 견제와 균형을 이루도록 하는 정부형태를 말한다. 이러한 지방정부형태도 집행기관의 구성방법을 기준으로 하여 선거형과 임명형으로 나눌 수 있고 선거형은 다시 직선형와 간선형으로 나눌 수 있다. 이러한 기관대립형은 견제와 균형을 통한 권력 남용의 방지, 집행의 전담기관을 통한 행정의 전문화, 단일의 지도자 · 책임자를 통한 행정책임의 명백화를 기할 수 있는 장점을 가지는 반면에, 기관 사이의 대립 · 알력의 심화, 주민 대표기관에의 책임 귀속의 약화, 단일 지도자 책임자의 편견적 의사결정 가능성 등의 단점을 안고 있는 것이다(박수영 외, 2001:486).

(2) 집행기관 직선형

집행기관의 장을 주민이 직접 선출하는 유형을 말하며, 미국의 시장-의회형과 독일 · 일본의 집행기관장-의회형이 있고 시장-의회형에는 강시장-의회형과 약시장-의회형으로 나누어진다.

① 강시장-의회형

강시장형은 시장이 의회에 대하여 상호견제와 균형으로 거의 대등한 지위에 있으면서 행정집행을 주도한다. 이 형에 있어서 시장은 정치적 지도자인 동시에 실질적인 행정집행책임자이며, 시장에게 폭넓은 공무원의 임명 및 전보권을 부여하고 입법안을 제출할 수 있고 거부권도 부여하여 시장의 권한을 강화하는 지방정부의 한 유형을 의미한다. 강시장은 정치적 기능과 행정적 기능을 동시에 담당해야 하는 바, 정치적 리더십과 행정적 능력을 겸비한 인물을 시장으로 선출하기가 어려우므로 시장의 과중한 업무의 부담을 경감시켜 주기 위하여 강시장-총괄관리관형 또는 시장-행정관형의 새로운 유형이 등장했다.

② 약시장-의회형

약시장형은 의회가 정책결정은 물론 행정집행에 있어서도 많은 권한을 행사하여 시장은 행정적 권한(Administration Powers)이 거의 없으며 시공무원도 임면할 수 없고 시민의 지지기반도 약하여 시장의 행정집행권도 매우 약하다.

③ 집행기관 직선형의 장단점

㉠ 장점

- 주민의 의결기관과 집행기관을 직접 선출하므로 지방행정에 대한 주민통제(Popular Control)를 할 수 있다.
- 결기관과 집행기관의 분리로 견제와 균형의 원리를 실현하고 권력의 전횡과 부패를 방지하므로 비판 · 감시의 충실을 기할 수 있다.

- 시장이 주민의 신임을 배경으로 주민대표로서의 정치적 리더십을 발휘하고 임기 동안 안정된 신분으로 강력한 행정시책을 추진할 수 있다.

㉡ 단점

- 지방의회의 다수당과 정당기반이 다른 시장이 선출될 때에는 의회와 시장간에 긴장과 마찰이 야기되어 지방행정의 혼란과 마비를 초래할 우려가 있다.
- 시장을 직선제로 선출하는 경우 반드시 행정능력이 탁월한 인재가 시장으로 선출되는 것은 아니므로 훌륭한 행정을 기대하기 곤란하다(정세욱, 2000:488).

(3) 집행기관 간선형

① 의의

지방의회가 집행기관의 장 또는 책임자를 선출하는 형태를 말하며 대표적인 곳으로 프랑스 · 독일이 있다.

② 집행기관 간선형의 장 · 단점

㉠ 장점

- 지방의회가 집행기관의 장(시 · 읍 · 면장)을 선출하고 집행기관의 장이 의회의 장을 겸하므로 의결기관과 집행기관간에 긴밀한 협력체제를 유지할 수 있다.
- 여당이 과반수 이상을 차지할 때에는 집행기관의 장은 의회의 지지를 배경으로 강력한 행정을 펴나갈 수 있다.
- 지방의회는 주민에게 책임을 지고 집행기관의 장은 지방의회에 책임을 지므로 책임정치와 책임있는 행정(Responsible Administration)의 구현이란 논리적 요구에 가장 부합된다.

㉡ 단점

- 합리적 · 능률적이어야 할 지방행정이 지방의회의 정치세력에 지나치게 의존하여 합리성 · 능률성을 저해할 우려가 있다.
- 단체장이 정치적 또는 당파적으로 선출되기 쉬우므로 행정능력을 구비한 적임자가 꼭 장이 된다는 보장이 없으며 집행기관에 대한 주민통제와 민의의 반영이 소홀해지며 약화되기 쉽다.
- 의회내의 정당세력이 불안정할 때에는 행정사무를 소홀히 할 우려가 있다.
- 단체장의 지위가 행정상의 업적보다도 정치적 역학관계에 따라 좌우될 수가 있다.

3) 절충형

(1) 절충형의 의의

기능절충형은 지방자치정부 조직에서 기관통합형적 요소와 기관대립형적 요소를 상호 조화시키고 있는 유형을 말한다. 의결기관과 집행기관을 따로 두고 있는 점에서 기관대립형적인 요소를 가지고 있으나, 그들이 대립되지 않고 있는 점에서는 기관통합형적인 요소도 가지고 있다. 기관삼원형과 집행위원형이 있다.

(2) 절충형의 특징

① 지방의회, 자치단체장 외에 집행기능을 담당하는 기관(이사회, 참사회 또는 집행위원회)을 따로 두고 있어 일명 3원형이라고도 한다.

② 자치단체장은 집행책임자인 경우도 있고, 의례적 · 형식적 존재인 경우도 있다. 의회 또는 시민에 의해 선출되는 자치단체장이 이사회의 의장이 된다.

③ 집행기관과 의결기관을 분립시키되 상호 대립시키지 않고, 집행기관을 합의제로 한 점에서 미국의 시장형과 다르다.

④ 이사회 · 참사회(집행위원회)가 지방의회를 기반으로 하면서도 별개의 독립된 집행기관의 지위를 갖는다는 점에서 영국의 의회형이나 미국의 위원회형과 구별된다.

⑤ 이사회 · 참사회(집행위원회)의 구성원도 의회의 구성원이 된다.

(3) 절충형의 장 · 단점

① 장점

㉠ 의회와 집행기관(이사회, 참사회 또는 집행위원회)간에 대립과 마찰을 피하면서 긴밀한 협조체제를 구축할 수 있다.

㉡ 민의의 충실한 반영과 공정하고 신중한 집행을 가능하게 한다.

㉢ 기관통합형과 기관대립형의 절충적 형태이므로 양자의 장점을 살릴 수 있다.

② 단점

㉠ 합의제이므로 행정책임의 소재가 불분명하다.

㉡ 지방자치단체의 의사결정과 집행이 신속히 처리되지 못하고 지체되기 쉽다.

㉢ 비전문가에 의한 소인행정의 폐해를 초래할 우려가 있다.

㉣ 기관의 3원제로 인하여 자칫 잘못 운영하면 행정의 혼란을 가져와 기관대립형과 기관통합형의 장점을 상실할 염려가 있다.

4) 주민총회형

주민총회형(Popular Assembly System)은 직접주민제의 원리를 현실적으로 적용한 조직유형이다. 즉, 해당 자치단체의 유권자 전원으로 구성되는 주민총회(Popular Assembly or Folk Moot)가 해당 자치단체의 최고 기관으로서 자치단체의 기본정책, 예산, 인사문제 등을 직접 결정하며 집행하는 것이다. 일본의 정촌(町村)총회, 미국의 Town Meeting 등이 그 예가 될 수 있다. 특히 스위스는 직접 민주제의 전형적인 나라로서, 농촌지역 기초자치단체의 9할에 주민총회가 구성되어 있다. 그러나 오늘날에는 인구가 계속 증가되고 자치단체의 구역도 확대되며, 공공사무도 매우 복잡해지고 있기 때문에, 유권자 전원의 직접 참여와 그들에 의한 공공사무의 직접 처리를 내용으로 하는 직접민주제는 사실상 실현 불가능해지고 있다. 그렇기 때문에 주민총회제를 채용하던 미국의 타운(Town)에서는 주민의 대표자 회의를 구성하여 이를 주민총회로 대체시키고 있다. 이러한 주민대표자 회의를 제한적 주민 총회(Limited Town Meeting) 또는 대표적 주민 총회(Representative Town Meeting)라고 한다(박수영 외, 2001:487).

4.2 집행기관의 구성

1 집행기관의 의의

1) 집행기관의 개념

지방자치단체의 집행기관이란 '자치단체의 목적과 기능을 구체적 · 적극적으로 실현하며, 당해 자치단체의 의사를 대외적으로 표시하는 기관'을 말한다. 현행 지방자치법은 집행기관으로서 지방자치단체의 장을 두고, 별도로 시 · 도에 교육 · 체육 · 과학 기타 학예와 같은 특별사무를 관장하는 교육감을 두어 하나의 지방자치단체 안에 두 계통의 집행기관을 병립시키고 있다. 그러나 일반적으로 집행기관이라 함은 의결기관인 지방의회와 대비적으로 인정된 기관을 의미한다.

2) 집행기관의 구성 및 선임방법

집행기관은 기관구성형태와 그 선임방법에 따라 지위, 권한 및 역할에 있어서 각기 큰 차이를 나타낸다(정세욱, 2000:484).

(1) 독임제

독임제 집행기관의 선임방법에는 선거제와 임명제가 있다. 선거제에는 ① 주민직선제(미국의 시장 · 의회형, 일본의 자치단체), ② 지방의회가 선출하는 간선제(프랑스의 Commune), ③ 지방의회의 장이 집행기관인 제도(프랑스의 데빠르뜨망 및 레종)가 있으며, 임명제로는 ① 지방의회에 의한 임명제(미국의 의회 · 지배인형, 독일의 Gemeinde관리관형)와 ② 국가에 의한 임명제(1982년 이전의 프랑스의 도지사)가 있다.

(2) 합의제

합의제 집행기관은 집행권의 자의적 행사로부터 민주적인 자치행정을 보장하기 위하여 구성된다. 이러한 합의제의 선임방법으로는 ① 주민직선제(위원회형, 감독위원회형)와 ② 지방의회에 의하여 임명 또는 지명되는 방법(집행위원회형)이 있다.

(3) 우리나라의 선임방법

우리나라의 집행기관은 독임제로 구성되어 있다. 집행기관인 지방자치단체의 장의 선임방법은 정치여건의 변화에 따라 간선제, 직선제, 임명제 등의 방법을 번갈아 채택하여 왔으나 현행지방자치법에서는 모든 자치단체장을 주민직선에 의해 선출하도록 규정하고 있다.

2 지방자치단체장

1) 자치단체장의 신분

지방자치법은 '특별시에 특별시장, 광역시에 광역시장, 도에 도지사를 두고, 시에 시장, 군에 군수, 자치구에 구청장을 둔다'고 규정하고 있다(지방자치법 제93조). 이러한 자치단체장은 주민의 보통 · 평등 · 직접 · 비밀선거에 의하여 선출되는 정무직 지방공무원이다.

(1) 피선거권

자치단체장의 피선거권은 선거일 현재 계속하여 60일 이상 당해 자치단체의 관할구역 안에 주민등록이 된 주민으로서 선거권이 있는 25세 이상인 자이다. 모든 자치단체장의 선거에는 정당추천제가 허용되고 있으며, 무투표당선은 인정되지 않고 있다.

(2) 겸임 및 영리행위 금지

자치단체장이 겸임할 수 없는 직종은 다음과 같다(동법 제96조 ①항).

① 대통령, 국회의원, 헌법재판소재판관, 각급 선거관리위원회위원, 지방의회의원, 교육위원회의 교육위원

② 국가공무원과 지방공무원

③ 다른 법령의 규정에 의하여 공무원의 신분을 가지는 직

④ 정부투자기관(한국방송공사와 한국은행 포함)의 임 · 직원

⑤ 농업협동조합 · 수산업협동조합 · 축산업협동조합 · 임업협동조합 · 의료보험조합 · 엽연초생산협동조합 · 인삼협동조합(이들 조합의 중앙회와 연합회 포함)의 임 · 직원

⑥ 교원

⑦ 지방공사와 지방공단의 임 · 직원

⑧ 기타 다른 법률이 겸임할 수 없도록 정하는 직 등이다. 또한 자치단체장은 재임 중 당해 자치단체와 영리를 목적으로 하는 거래를 하거나 당해 자치단체와 관계있는 영리사업에 종사할 수 없다.

(3) 임기

자치단체장의 임기는 4년이고 계속 재임은 3기에 한한다. 자치단체의 폐치 · 분합에 따라 새로 기초자치단체장을 선거해야 하는 경우에는 그 자치단체장이 선거될 때까지 시 · 도지사는 행정자치부장관이, 시장 · 군수 · 구청장은 시 · 도지사가 각각 직무를 대행할 자를 지정하여야 한다. 다만 둘 이상의 동격의 자치단체를 통 · 폐합하여 새로운 자치단체를 설치한 때에는 그 직무를 대행할 자를 종전의 장 중에서 지정한다(지방자치법 제95조, 제97조).

(4) 신분소멸

자치단체장은 ① 사임, ② 당연퇴직, ③ 임기만료, ④ 선거무효, ⑤ 당선무효, ⑥ 사망 등에

의하여 그 신분이 소멸된다. 자치단체장이 그 직을 사임하고자 할 때에는 당해 지방의회의 의장에게 미리 사임일을 기재한 서면으로 통지하여야 하며, 사임통지서에 기재된 사임일에 사임된다. 다만, 사임일까지 의회의장에게 사임의 통지가 되지 않은 경우에는 의회의장에게 사임의 통지가 된 날에 사임된다(동법 제98조). 자치단체장은 ① 겸임할 수 없는 직에 취임한 때, ② 피선거권이 없게 된 때(자치단체의 구역변경이나 폐치 · 분합 외의 사유로 당해 자치단체의 구역 밖으로 주민등록을 이전한 때 포함), ③ 자치단체의 폐치 · 분합에 의하여 장의 직을 상실한 때에는 그 소관사무의 일체를 후임자에게 인계하여야 한다(동법 제106조).

(5) 신분보호

1999년 8월 31일 개정 지방자치법은 민선자치단체장의 신분보호를 위한 다음과 같은 조항을 신설하였다.

① 체포 또는 구금된 지방자치단체의 장이 있을 경우에는 수사기관의 장은 지체없이 영장의 사본을 첨부하여 당해 자치단체에 이를 통지하여야 하며, 통지 받은 자치단체는 즉시 행정자치부장관에게 보고하여야 한다(동법 제100조 ①항).

② 지방자치단체의 장이 확정판결을 받은 때에는 각급 법원장은 지체없이 이를 당해 자치단체에 통지하여야 하며, 통지 받은 자치 단체는 즉시 행정자치부장관에게 보고하여야 한다(동법 제100조 ②항).

③ 시 · 군 및 자치구가 행정자치부장관에게 보고하는 경우에는 시 · 도지사를 거쳐야 한다.

2) 자치단체장의 지위

(1) 지방자치단체의 대표기관

자치단체장은 당해 지방자치단체를 대표하고 그 사무를 통할하는 지위에 있다(지방자치법 제101조). 즉, 자치단체장만이 외부에 대하여 당해 지방자치단체의 의사를 표시할 수 있다.

(2) 주민의 대표기관

자치단체장은 주민의 보통 · 평등 · 직접 · 비밀선거에 의하여 선출하므로 주민의 대표로서의 지위를 갖는다.

(3) 지방자치단체의 집행기관

자치단체장은 당해 지방자치단체의 사무를 관리하고 집행한다(동법 제103조). 여기서 지방자치단체의 사무라 함은 자치사무와 단체위임사무를 의미한다.

(4) 국가의 하부기관

자치단체장은 법령에 의하여 국가로부터 사무를 위임 받은 범위 내에서 국가하부기관의 지위에 있게 된다.

3) 자치단체장의 권한

(1) 통할 · 대표권

자치단체장은 대내적으로 행정기능 전반을 종합 · 조정하고, 대외적으로 자치단체의 의사를 표시할 수 있는 권한을 가진다. 다만, 교육 · 체육 기타 학예사무에 관하여는 통할권이 제한된다.

(2) 사무의 관리 · 집행권

지방자치단체장은 당해 지방자치단체의 사무와 법령에 의해 그 지방자치단체장에게 위임된 행정사무를 관리하고 집행한다(지방자치법 제103조). 그 외에 지방자치단체장은 법령에 다른 규정이 없는 당해 지방자치단체에서 시행되는 모든 국가 사무를 위임받아 관리하고 집행한다(지방자치법 제102조).

(3) 지휘 · 감독권

지방자치단체장은 소속행정기관을 지휘 감독하고, 관할 지방자치단체를 지도 · 감독한다. 광역자치단체장은 기초자치단체의 사무에 대해 조언 · 권고 · 지도할 수 있고, 이를 위해 필요한 때에는 자료의 제출을 요구할 수 있다(지방자치법 제166조 ①).

또한 광역자치단체장은 기초자치단체장의 명령 또는 처분이 법령에 위반되거나 현저히 부당하여 공익을 해한다고 인정될 때(자치사무는 법령에 위반하는 것에 한정)에는 기간을 정해 서면으로 시정을 명하고 그 기간 내에 이행하지 않을 때에는 취소 및 정지할 수 있다(지방자치법 제169조 ①).

광역자치단체장은 기초자치단체의 자치사무에 관해 보고를 받거나, 서류 · 장부 또는 회계를 감사(법령 위반 사항에 한정)할 수 있고(지방자치법 제171조), 기초자치단체장이 위임받아 처리하는 광역자치단체 사무에 대한 지도 · 감독권을 갖는다(지방자치법 제167조 ②).

(4) 규칙제정권

지방자치단체장은 법령 또는 조례가 위임한 범위 안에서 그 권한에 속하는 사무에 관해 규칙을 제정할 수 있다(지방자치법 제23조). 규칙제정권의 범위는 자치사무나 단체위임사무 외에 단체장에게 위임된 기관위임사무도 그 범위에 포함된다.

(5) 임면권

자치단체장은 소속직원을 지휘 · 감독하고 법령이 정하는 바에 의하여 그 임면 · 교육훈련 · 복무 · 징계 등에 관한 사항을 처리한다(동법 제105조).

(6) 사무위임권

① 권한의 수직적 위임 · 위탁 : 자치단체장은 조례 또는 규칙이 정하는 바에 의하여 그 권한에 속하는 사무의 일부를 보조기관, 소속행정기관 또는 하부행정기관에 위임하거나 관할구역 안에 있는 자치단체나 공공단체 또는 그 기관에 위임 · 위탁할 수 있다.

② 권한의 수평적 위탁 : 자치단체장은 그 권한에 속하는 사무의 일부를 다른 자치단체 또는 그 장에게 위탁할 수 있다.

③ 권한의 민간위탁 : 자치단체장은 조례 또는 규칙이 정하는 바에 의하여 그 권한에 속하는 사무 중 주민의 권리 · 의무와 직접 관련이 없는 사무를 법인 · 단체 또는 그 기관이나 개인에게 위탁할 수 있다. 다만 위탁사무가 주민의 권리 · 의무와 직접 관계되는 때에는 법령의 근거가 있어야 한다.

④ 권한의 재위임 : 자치단체장은 위임 또는 위탁받은 사무의 일부를 다시 위임 · 위탁할 수 있으며, 이 경우에는 미리 당해 사무를 위임 · 위탁한 기관의 장의 승인을 얻어야 한다.

(7) 지방의회에 관한 권한

자치단체장은 지방의회와의 관계에 있어서 견제와 균형을 유지하기 위하여 다음과 같은 권한을 가진다.

① 임시회의 소집요구권

② 의회출석 및 진술권

③ 재의요구 및 제소권

④ 의안의 발의권

⑤ 부의안건의 공고권

⑥ 지방의회 사무직원의 임명권

⑦ 조례공포권

⑧ 선결처분권 등이 있다.

(8) 재정에 관한 권한

기타 재정에 관한 권한으로 예산편성권과 집행권 및 지방채 발행권 등이 있다.

3 보조기관

1) 보조기관의 의의

지방자치단체에는 그 자치단체장의 직무를 내부적으로 보조하여 지방자치단체의 목적을 구체적 · 적극적으로 실현하기 위한 조직이 마련되어 있다. 이를 자치단체장의 보조기관이라 하며, 우리나라의 경우에는 부단체장, 행정기구 및 직원이 있다(최창호, 2009:331-2).

2) 부단체장

(1) 부단체장의 정수

부단체장의 정수는 특별시에 있어서는 3인, 광역시와 도는 2인(인구 800만 이상인 경우 3인)을 초과하지 않는 범위 안에서 대통령령으로 정하며, 시 · 군 및 자치구에 있어서는 1인으로 한다.

(2) 부단체장의 신분

특별시와 광역시의 부시장, 도의 부지사는 정무직 또는 일반직으로 국가공무원으로 보하되, 그 직급은 대통령령으로 정하며 시 · 도지사의 제청으로 행정자치부장관을 거쳐 대통령이 30일 이내에 그 임명절차를 종료하여야 한다. 다만 부단체장을 2인 이상 두는 경우에 1인은 정무직 또는 별정직 지방공무원으로 보하며, 그 자격기준은 당해 자치단체의 조례로 정한다. 시의 부시장, 군의 부군수, 자치구의 부구청장은 일반직 지방공무원으로 보하되, 그 직급은 대통령령으로 정하며 당해 시장 · 군수 · 구청장이 임명한다.

(3) 부단체장의 권한

① 부단체장은 당해 자치단체장을 보좌하여 사무를 총괄하고, 소속직원을 지휘 · 감독한다. 부단체장을 2인 또는 3인 두는 경우에 그 사무분장은 대통령령으로 정하며, 3인을 두는 시 · 도에 있어서는 1인을 하여금 특정지역의 사무를 담당하게 할 수 있다.
② 지방자치단체의 장이 궐위 또는 공소제기된 후 구금상태에 있거나 의료기관에 60일 이상 계속하여 입원한 경우와 당해 지방자치단체의 장 선거에 입후보 하는 경우(후보자 등록을 한 날부터 선거일까지)에는 부단체장이 권한을 대행한다.
③ 지방자치단체장이 출장 · 휴가 등 일시적 사유로 직무를 수행할 수 없는 경우에는 부단체장이 그 직무를 대리한다.
④ 부단체장이 2인 이상인 시 · 도에 있어서는 대통령령이 정하는 순서에 의해 권한을 대행하거나 직무를 대리하며 권한대행 또는 직무대리할 부단체장이 부득이한 사유로 직무를 수행할 수 없는 때에는 당해 자치단체의 규칙에 정하여진 직제순에 의한다.
⑤ 자치단체장의 권한대행은 법률이 규정한 부단체장이 자치단체장의 권한을 대신 행사할 뿐이며, 권한의 위임과는 달리 권한의 이전을 수반하지 않는다는 점에서 권한의 대리에 해당한다.

3) 행정기구

자치단체의 행정사무를 분장하기 위하여 필요한 행정기구를 두되, 시 · 도는 대통령령이 정한 범위 안에서 당해 지방자치단체의 조례로 정하고, 시 · 군 · 자치구는 대통령령이 정하는 기준에 따라 시 · 도지사의 승인을 얻어 당해 지방자치단체의 조례로 정한다.

4) 소속공무원

지방자치단체는 당해 자치단체의 경비로써 부담하는 지방공무원을 두되, 그 정원은 대통령령이 정한 기준에 따라 당해 지방자치단체의 조례로 정하며, 지방공무원의 정원관리에 있어서 그 규모의 적정화와 운영의 합리화를 도모하여야 한다. 또한 자치단체는 법률이 정하는 바에 따라 국가공무원을 둘 수 있는데, 5급 이상은 당해 지방자치단체장의 제청으로 소속장관을 거쳐 대통령이 임명하고, 6급 이하는 당해 지방자치단체장의 제청으로 소속장관이 임명한다.

4 소속행정기관 및 하부행정기관

1) 소속행정기관

소속행정기관은 주로 지방자치단체의 사무 가운데 전문분야의 행정사무를 담당 · 처리하는 기능적 분장기관으로서 여기에는 직속기관, 사업소, 출장소 및 합의제 행정기관이 있다.

(1) 직속기관

지방자치단체는 대통령령 또는 대통령령이 정하는 바에 의하여 당해 자치단체의 조례로 소방기관 · 교육훈련기관 · 보건진료기관 · 시험연구기관 및 중소기업지도기관 등을 직속기관으로 설치할 수 있다(지방자치법 제113조).

(2) 사업소

지방자치단체는 특정업무를 효율적으로 수행하기 위하여 필요한 때에는 대통령령이 정하는 바에 의하여 당해 지방자치단체의 조례로 사업소를 설치할 수 있다(동법 제114조). 다만 자치사무만을 수행하는 사업소는 정원범위 안에서 당해 자치단체의 조례로써 설치할 수 있다.

(3) 출장소

지방자치단체는 원격지주민의 편의와 특정지역의 개발촉진을 위하여 필요한 때에는 대통령령이 정하는 바에 의하여 당해 지방자치단체의 조례로 출장소를 설치할 수 있다(동법 제115조). 사업소가 특정업무를 수행하는 특별행정기관인데 반해, 출장소는 자치단체장의 권한을 지역적으로 분담하는 일반행정기관의 성질을 갖는다(한국지방자치학회, 1995: 307).

(4) 합의제행정기관

지방자치단체는 그 소관사무의 일부를 독립하여 수행할 필요가 있는 때에는 법령 또는 당해 지방자치단체의 조례가 정하는 바에 의하여 합의제행정기관을 설치할 수 있다(동법 제116조). 이에 따라 우리나라에서는 선거관리위원회, 인사위원회, 소청심사위원회 등이 설치되어 있다.

2) 하부행정기관

하부행정기관이라 함은 지방자치단체의 행정사무를 지역적으로 분담 · 처리함으로써 보조기관과는 달리 대외적으로 지방자치단체의 의사를 표시하고 그에 따른 법적 효과를 발생시키는 행정청을 말한다. 하부행정기관으로는 일반직 지방공무원으로 보하는 자치구가 아닌 구의 구청장, 읍장, 면장, 동장이 있으며, 당해 자치단체장이 임명한다. 이들은 당해 자치단체장의 지휘 · 감독을 받아 소관국가 사무 또는 지방자치단체의 사무를 처리하고 소속직원을 지휘 · 감독한다. 하부행정기관은 소관행정사무를 분장하기 위하여 필요한 행정기구를 둘 수 있는바, 이들의 설치에 대해서는 시 · 도지사의 승인을 얻어 자치단체의 규칙으로 정한다.

4.3 교육· 과학 및 체육에 관한 기관

1 교육자치제의 본질과 기본원리

1) 교육자치제의 본질

교육자치제는 교육행정의 지방분권을 통하여 주민의 참여의식을 높이고 각 지방실정에 맞는 교육정책을 강구함으로써 교육의 자주성, 전문성, 정치적 중립성을 확보할 수 있도록 하는 교육제도이다. 따라서 교육자치제는 일반행정으로부터의 분리 · 독립은 물론 지방자치의 개념을 내포하는 지방교육자치제를 의미한다고 할 수 있다.

2) 교육자치제의 기본원리

(1) 분리 독립의 원리

일반행정으로부터 교육을 분리 · 독립시킴으로써 교육의 본질을 추구하고 교육의 정치적 중립성을 보장한다.

(2) 지방분권의 원리

교육에 관한 책임과 권한의 이양을 통해 각 지역실정에 알맞은 교육행정을 실시할 수 있다. 즉, 중앙정부의 획일적인 통제와 감독을 지양하고 지방의 특수성을 반영하여 교육에 대한 개성화를 추구한다.

(3) 전문적 관리의 원리

교육은 업무의 독자성 · 특수성을 지니고 고도의 지성을 토대로 하는 지적 · 기술적 수월성을 필요로 한다. 따라서 교육활동을 효과적으로 관리할 수 있는 전문적 지식과 기능의 소유자가 교육행정을 담당할 것이 요청된다.

(4) 주민참여의 원리

지역주민이 교육정책의 의사결정에 적극 참여하는 민주교육이야말로 민주시민을 양성하고 나아가 민주국가의 기틀을 마련할 수 있는 것이다.

2 교육 · 과학 및 체육에 관한 사무

교육의 자주성 및 전문성과 지방교육의 특수성을 살리기 위하여 지방자치단체의 교육, 과학, 기술, 체육 기타 학예(이하 교육 · 학예)에 관한 사무를 관장하는 기관의 설치와 운영에 관해서는 지방교육자치에 관한 법률로 규정되어 있으며, 그 사무는 광역자치단체의 사무로 규정되어 있다. 즉, 지방교육자치에 관한 법률(이하 지방교육자치법) 제2조는 지방자치단체의 교육 학예에 관한 사무는 특별시 광역시 도(이하 시도)의 사무로 한다고 규정되어 있다. 따라서 교육자치는 '지방교육자치법'에 의하여 일반자치조직과는 별도로 행정체계에 의하여 수행되는데, 그 특징을 열거하면 다음과 같다.

첫째, 교육자치는 기초(시 · 군 · 구) → 광역(시 · 도)으로 중층화되어 있는 일반 지방자치제도와는 달리 시 · 도 단위로 이를 광역화하여 시행하고, 시 · 군 · 자치구를 관할 구역으로 하는 하급교육행정기관(지역 교육청)을 두고 있다.

둘째, 교육자치 제도의 구성원리도 지방자치단체의 조직구성 원리와 마찬가지로 기관대립형을 채택하고 있다. 즉, 교육 · 학예에 관한 의결기관과 집행기관이 상호 분리되어 있다는 점이다.

셋째, 교육자치에 관한 사무의 집행기관으로는 시 · 도에 시 · 도지사의 기능으로부터 이를 분리, 독립된 지위의 시 · 도 교육감을 두고 있고, 시 · 군 · 구 단위에는 교육장을 두고 있다. 따라서 교육감은 시 · 도의 교육자치 행정에 관한 집행권을 가지며, 부여된 권한의 범위 내에서는 지방자치단체장의 지위를 가지나 교육장은 시 · 도의 교육자치 행정을 시 · 군 · 구 단위로 분장 · 수행하는 하급 교육행정기관인 교육청의 장에 불과할 뿐이다.

3 교육위원회

1) 교육위원회의 조직

교육위원회는 시 · 도의회에 교육 · 학예에 관한 의안과 청원 등을 심사 · 의결하기 위하여 설치된 상임위원회이다(지방교육자치법 제4조). 제주특별자치도의 경우 교육위원회는 도의회의원과 제10조②항에 따른 교육경력 또는 교육행정경력을 가진 사람으로서 제51조의 규정(주민의 보통 평등 직접 비밀선거)에 따라 별도로 선출된 의원(이하 교육의원)으로 구성하되, 교육의원이 과반수가 되도록 구성한다(동법 제5조).

교육의원은 교육의원의 선거구단위로 각 1명씩 선출한다. 교육의원의 선거구는 인구 · 행정구역 · 지세 · 교통과 그 밖의 조건을 고려하여 획정하되, 하나의 자치구 · 시 · 군을 분할하여 다른 선거구에 속하게 할 수 없다.

2) 교육위원회의 권한

교육위원회는 당해 시 도의 교육 · 학예에 관한 다음의 사항을 심사 · 의결한다.

① 조례안, ② 예산안 및 결산, ③ 특별부과금, 사용료, 수수료 분담금 및 가입금의 부과와 징수에 관한 사항, ④ 기채안, ⑤ 기금의 설치 · 운용, ⑥ 중요 재산의 취득 · 처분, ⑥ 공공시설의 설치 · 관리 및 처분, ⑦ 법령과 조례에 규정된 것을 제외한 예산 외의 의무 부담이나 권리의 포기, ⑧ 청원의 수리와 처리, ⑨ 외국 지방자치단체와의 교류 협력에 관한 사항, ⑩ 그 밖에 법령과 시 · 도 조례에 따라 그 권한에 속하는 사항. 이러한 사항 중에서 ⑪ 내지 ⑫에 규정된 사항에 대하여 행한 교육위원회의 의결은 시 · 도의회 본회의의 의결로 본다(동법 제11조 ①항, ②항).

다만, 교육위원회 위원장은 교육위원회가 주민의 재정적 부담이나 의무부과에 관한 조례안, 지방자치단체의 일반회계와 관련되는 사항의 어느 하나에 해당하는 의안을 의결할 때에는 의결하기 전에 미리 시 · 도지사의 의견을 들어야 한다.

3) 교육위원회의 운영

교육위원회의 의사정족수 및 의결정족수에 관하여는 「지방자치법」 제63조와 제64조의 규정을 준용한다.

교육위원회에서 심사 · 의결할 의안은 교육감이 제출하거나 시 · 도의회 재적의원 5분의 1

이상 또는 의원 10인 이상의 연서로 발의하며, 의안은 문서로써 시 · 도의회의장에게 제출하여야 한다.

의안의 이송 등에 있어서는 교육위원회에서 의결된 의안 중 본회의의 의결로 보는 의안은 교육위원회 위원장이 이를 5일 이내에 교육감에게 이송하고 동시에 시 · 도의회의장에게 보고하여야 한다. 시 · 도의회의장은 본회의의 의결을 필요로 하는 사항에 관한 의안이 교육위원회의 심사를 거쳐 본회의에서 의결된 때에는 이를 의결된 날로부터 5일 이내에 교육감에게 이송하여야 한다. 이송된 의안 중 조례안은 교육감이 대통령령이 정하는 절차와 방식에 따라 20일 이내에 이를 공포하여야 한다(지방교육자치법 제12조-14조). 청원의 이송과 처리보고에 있어서는 교육위원회가 채택한 청원으로서 교육감이 처리함이 타당하다고 인정되는 청원은 의견서를 첨부하여 교육감에게 이송하며, 교육감은 청원을 처리하고 그 처리결과를 지체 없이 교육위원회에 보고하여야 한다(동법 제15조).

4 교육의원

1) 자격 및 신분

교육의원 후보자가 되려는 사람은 시 · 도의회의원의 피선거권이 있는 자로서 후보자등록신청개시일부터 과거 1년 동안 정당의 당원이 아닌 사람이어야 하며, 또한 후보자등록신청개시일을 기준으로 다음 각 호(교육경력, 교육행정경력)의 어느 하나에 해당하는 경력이 5년 이상 있거나 다음 각 호의 어느 하나에 해당하는 경력을 합한 경력이 5년 이상 있는 사람이어야 한다(지방교육자치법 제10조).

교육의원의 임기는 4년이며, 시 · 도의회의원의 지위와 권한을 갖는다. 한편, 교육의원이 다음 각 호의 어느 하나에 해당된 때에는 그 직에서 퇴직된다.

① 교육의원이 겸임할 수 없는 직에 취임한 때, ② 피선거권이 없게 된 때(지방자치단체의 구역이 변경되거나, 지방자치단체가 없어지거나 합쳐진 경우 외의 다른 사유로 교육의원이 그 지방자치단체의 구역 밖으로 주민등록을 이전함으로써 피선거권이 없게 된 때를 포함한다), ③ 정당의 당원이 된 때, ④ 징계에 따라 제명된 때(동법 제10조의 3).

주민은 교육의원을 소환할 권리를 가진다. 이때 교육의원에 대한 주민소환투표사무는 선거관리위원회가 관리하며, 교육의원의 주민소환에 관하여는 이 법에서 규정한 사항을 제외하고는 그 성질에 반하지 아니하는 범위에서 「주민소환에 관한 법률」의 지역선거구시 · 도의회의원에 관한 규정을 준용한다(동법 제10조의 2).

2) 겸직 및 거래금지

교육의원은 ① 국회의원, ② 지방의회의원, ③ 국가공무원, ④ 지방공무원, ⑤ 사립학교 교원(대학의 전임강사 이상 제외), ⑥ 사립학교를 설치 · 경영하는 법인의 임 · 직원 또는 사립학교 경영자 등의 직을 겸할 수 없다. 또한 당해 지방자치단체의 교육기관(교육행정기관, 교육연구기관, 교육연수 · 수련기관, 도서관, 교원 · 학생복지수행기관 등 포함)과 영리를 목적으로 하는 거래를 할 수 없으며, 이와 관련된 재산의 양수인 또는 관리인이 될 수 없다(동법 제9조).

5 교육감

1) 교육감의 자격 및 임기

교육감후보자가 되려는 사람은 당해 시 · 도지사의 피선거권이 있는 사람으로서 후보자등록신청개시일부터 과거 1년 동안 정당의 당원이 아닌 사람이어야 하며, 후보자등록신청개시일을 기준으로 교육경력 또는 교육행정경력이 3년 이상 있거나 양 경력을 합한 경력이 3년 이상 있는 사람이어야 한다(교육자치법 제24조).

교육감의 임기는 4년으로 하며, 3기에 한하여 계속 재임할 수 있다.

2) 교육감의 선거

교육감은 주민의 보통 · 평등 · 직접 · 비밀선거에 따라 선출하며, 시 · 도를 단위로 하여 선출한다.

정당은 교육감선거에 후보자를 추천할 수 없고, 후보자는 특정 정당을 지지 · 반대하거나 특정 정당으로부터 지지 · 추천받고 있음을 표방(당원경력의 표시를 포함)하여서는 아니 된다(지방교육자치법 제46조). 공무원 등의 입후보에 있어 「공직선거법」 제53조 ①항 각 호의 어느 하나에 해당하는 사람 중 후보자가 되려는 사람은 선거일 전 90일(보궐선거등의 경우에는 후보자등록신청 전)까지 그 직을 그만 두어야 한다. 다만, 교육감선거에서 해당 지방자치단체의 교육의원이나 교육감이 그 직을 가지고 입후보하는 경우에는 그러하지 아니하다.

3) 교육감의 신분

교육감은 국회의원 · 지방의회의원 · 교육위원 · 국가공무원과 지방공무원 및 사립학교의 교원, 사립학교경영자 또는 사립학교를 설치 · 경영하는 법인의 임 · 직원을 겸할 수 없다. 한편, 교육감이 당선 전부터 겸직이 금지된 직을 가진 경우에는 임기개시일 전일에 그 직에서 당연 퇴직된다.

또한 교육감이 다음의 어느 하나에 해당된 때에는 그 직에서 퇴직된다. 겸임할 수 없는 직에 취임한 때, 피선거권이 없게 된 때(지방자치단체의 구역이 변경되거나, 지방자치단체가 없어지거나 합쳐진 경우 외의 다른 사유로 교육감이 그 지방자치단체의 구역 밖으로 주민등록을 이전함으로써 피선거권이 없게 된 때 포함), 정당의 당원이 된 때, 교육감의 직을 상실할 때이다(지방교육자치법 제24조의 3).

주민은 교육감을 소환할 권리를 가진다. 교육감에 대한 주민소환투표사무는 선거관리위원회가 관리하며, 교육감의 주민소환에 관하여는 이 법에서 규정한 사항을 제외하고는 그 성질에 반하지 아니하는 범위에서 「주민소환에 관한 법률」의 시 · 도지사에 관한 규정을 준용한다(동법 제24조의 2).

4) 교육감의 권한

(1) 사무집행권

시 · 도의 교육 · 학예에 관한 사무의 집행기관으로 시 · 도에 교육감을 둔다. 즉, 교육감은 시 · 도의 교육 · 학예에 관한 사무의 집행기관이다. 즉, 교육감은 교육 · 학예에 관한 ① 조례안의 작성, ② 예산안의 편성, ③ 결산서의 작성, ④ 교육규칙의 제정, ⑤ 학교 기타 교육기관의 설치 · 이전 및 폐지에 관한 사항, ⑥ 교육과정의 운영에 관한 사항, ⑦ 과학 · 기술 교육의 진흥, ⑧ 사회교육 기타 교육 · 학예진흥, ⑨ 학교체육 · 보건 및 학교환경정화, ⑩ 학생통학구역, ⑪ 교육 · 학예의 시설 · 설비 및 교구, ⑫ 재산의 취득 · 처분, ⑬ 특별부과금 · 사용료 · 수수료 · 분담금 및 가입금, ⑭ 기채 · 차입금 또는 예산 외의 의무부담, ⑮ 기금의 설치 · 운용, ⑯ 소속 국가공무원 및 지방공무원의 인사관리, ⑰ 기타 당해 시 · 도의 교육 · 학예에 관한 사항과 위임된 사항 등의 사무를 관장한다.

다만 교육감이 주민의 재정적 부담이나 의무부과에 관한 조례안이나 지방자치단체의 일반회계와 관련된 사항의 의안을 교육위원회에 제출하고자 할 때에는 미리 시 · 도지사와 협의하여야 한다. 또한 법령에 다른 규정이 있는 경우를 제외하고 교육감은 시 · 도에 위임하여 시행하는 국가행정사무 중 교육 · 학예에 관한 사무를 위임받아 행한다.

(2) 교육규칙제정권

교육감은 법령 또는 조례의 범위 안에서 그 권한에 속하는 사무에 관하여 교육규칙을 제정할 수 있다. 교육규칙은 특별한 규정이 없는 한 공포한 날로부터 20일이 경과함으로써 효력을 발생한다.

(3) 대표권

교육감은 교육 · 학예에 관한 소관사무로 인한 소송이나 재산의 등기 등에 대하여 당해 시 · 도를 대표한다.

(4) 사무의 위임 위탁

① 교육감은 조례 또는 교육규칙이 정하는 바에 의하여 그 권한에 속하는 사무의 일부를 보조기관 · 소속교육기관 또는 하급교육행정기관에 위임할 수 있다.

② 교육감은 그 권한에 속하는 사무의 일부를 당해 지방자치단체장과 협의하여 구 · 출장소 또는 읍 · 면 · 동의 장에게 위임할 수 있다.

③ 교육감은 조례 또는 교육규칙이 정하는 바에 의하여 그 권한에 속하는 사무 중 주민의 권리 · 의무와 직접 관계되지 않는 사무를 법인 또는 단체에 위탁할 수 있다.

④ 교육감이 위임 · 위탁받은 사무의 일부를 재위임 · 위탁하는 경우에는 미리 당해 사무를 위임 · 위탁한 기관의 장의 승인을 얻어야 한다.

(5) 지휘 · 감독권

교육감은 소속공무원을 지휘 · 감독하고 법령과 조례 · 교육규칙이 정하는 바에 의하여 그 임용 · 교육훈련 · 복무 · 징계 등에 관한 사항을 처리한다.

(6) 재의요구권

시 · 도의회 등의 의결에 대한 재의와 제소에 있어 교육감은 교육위원회의 의결 또는 교육 · 학예에 관한 시 · 도의회의 의결이 법령에 위반되거나 공익을 현저히 저해한다고 판단될 때에는 그 의결사항을 이송받은 날부터 20일 이내에 이유를 붙여 재의를 요구할 수 있다.

교육감이 교육부장관으로부터 재의요구를 하도록 요청받은 경우에는 교육위원회 또는 시 · 도의회에 재의를 요구하여야 한다.

재의요구를 받은 교육위원회 또는 시 · 도의회는 재의에 붙이고 교육위원회 재적위원 또는 시 · 도의회 재적의원 과반수의 출석과 교육위원회 출석위원 또는 시 · 도의회 출석의원 3분의 2 이상의 찬성으로 전과 같은 의결을 하면 그 의결사항은 확정된다(지방교육자치법 제28조).

(7) 제소권

재의결된 사항이 법령에 위반된다고 판단될 때에는 교육감은 재의결된 날부터 20일 이내에 대법원에 제소할 수 있다. 교육부장관은 재의결된 사항이 법령에 위반된다고 판단됨에도 해당교육감이 소를 제기하지 않은 때에는 해당교육감에게 제소를 지시하거나 직접 제소할 수 있다. 제소의 지시는 20일의 기간이 경과한 날부터 7일 이내에 하고, 해당교육감은 제소지시를 받은 날부터 7일 이내에 제소하여야 한다. 교육부장관은 7일 이내에 직접 제소할 수 있다. 재의결된 사항을 대법원에 제소한 경우 제소를 한 교육과학기술부장관 또는 교육감은 그 의결의 집행을 정지하게 하는 집행정지결정을 신청할 수 있다(동법 제28조 ④항).

5) 교육감의 소속기관 및 하급교육행정기관

(1) 보조기관

교육감 소속하에 국가공무원으로 보하는 부교육감 1인(인구 800만명 이상이고, 학생 170만명 이상인 시 · 도는 2인)을 두되, 대통령령이 정하는 바에 따라 고위공무원단에 속하는 일반직공무원 또는 장학관으로 보한다.

부교육감은 당해 시 · 도의 교육감이 추천한 자를 교육부장관의 제청으로 국무총리를 거쳐 대통령이 임명한다. 교육감은 교육감을 보좌하여 사무를 처리한다.

교육감은 보조기관의 설치 · 운영에 있어서 합리화를 도모하고 다른 시 · 도와의 균형을 유지하여야 한다. 그 소관 사무의 범위 안에서 필요한 때에는 대통령령 또는 조례가 정하는 바에 따라 교육기관을 설치할 수 있다.

(2) 소속교육기관

교육감은 그 소관 사무의 범위 안에서 필요한 때에는 대통령령 또는 조례가 정하는 바에 따라 교육기관을 설치할 수 있다. 교육감의 보조기관과 교육기관 및 하급교육행정기관에는 당해 시·도의 교육비특별회계가 부담하는 경비로써 지방공무원을 두되, 대통령령이 정하는 바에 의하여 국가공무원을 둘 수 있다. 지방공무원의 정원은 법령이 정한 기준에 의하여 조례로 정한다.

(3) 하급행정기관

① 설치 : 시·도의 교육·학예에 관한 사무를 분장하게 하기 위하여 1개 또는 2개 이상의 시·군 및 자치구를 관할구역으로 하는 하급교육행정기관인 지역교육청을 설치한다.

② 교육장 : 지역교육청에 교육장을 두되 장학관으로 보한다. 교육장은 시·도의 교육·학예에 관한 사무 중 ㉠ 공·사립의 유치원·초등학교·중학교·공민학교·고등공민학교 및 이에 준하는 각종 학교의 운영·관리에 관한 지도·감독, ㉡ 기타 조례로 정하는 사무를 위임받아 분장한다.

6) 교육위원회와 교육감과의 관계

교육위원회와 교육감과의 관계는 지방의회와 자치단체장과의 관계와 매우 흡사하다. 즉, 상호 통제적 관점과 상호 균형적 관점에서 이해해 볼 수 있는데, 이는 조직 구성이 기관대립주의적 성향을 띠고 있기 때문이다.

우선 상호 통제적 관점에서 살펴보면, 일반적으로 교육감에 대한 교육위원회의 통제 기능으로 심의·의결권, 사무의 감사 및 조사권 등을 들 수 있는데 반해, 교육감은 조례안, 예산안, 일반 의안에 대한 재의 요구권, 재의결된 의안에 대한 제소권, 선결처분권 등을 행사하여 교육위원회를 견제한다.

다음으로 상호 균형적 관점에서 살펴보면, 우선 교육감과 교육위원회는 기관 대립주의 원칙에 따라 하나의 독립된 기관으로서의 기능을 갖고 있고, 교육위원과 교육감은 상호간 겸직이 허용되지 않으며, 의결기관과 집행기관으로서의 기능을 수행한다. 또한 교육위원회는 그의 자율권에 의하여 내부조직을 스스로 구성하고 교육감은 그의 고유 권한에 의하여 보조기관과 소속 공무원을 자기 책임하에 임면(任免)한다. 따라서 상호간의 내부적인 간섭을 지양한다.

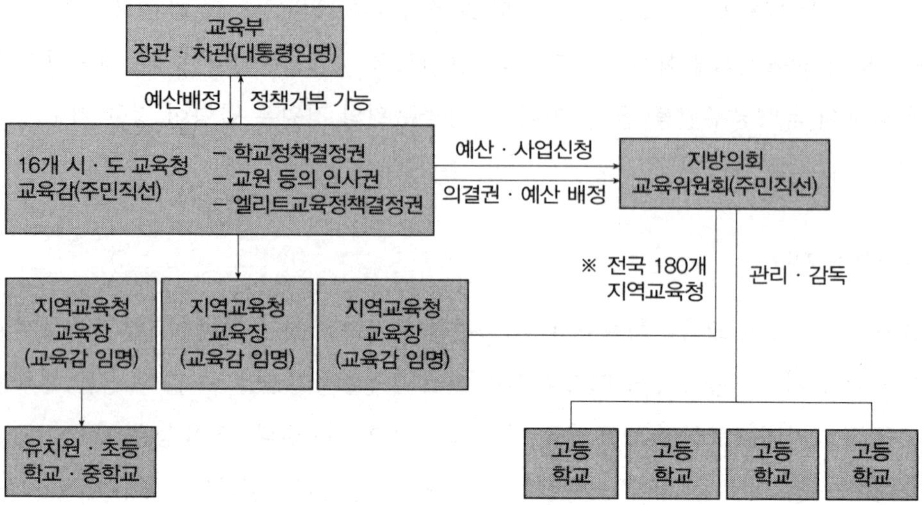

<그림 4-1> 지방교육자치구조

4.4 지방의회의 구성

1 지방의회의 의의

1) 지방의회의 개념

지방의회란 근대적 의미의 대표의 관념에 기초한 지방자치단체의 의사기관으로서 원칙적으로 주민의 공선에 의하여 선출된 의원을 그 구성원으로 하여 성립하는 합의제기관을 의미한다. 여기에서 대표란 근대정치의 산물로서, 일정한 구역이나 신분이나 이익의 대리인이 아니라 전구역 · 전주민의 일체적 이익의 대표라는 것을 말한다. 또한 여기에서의 의사기관이란 지방자치단체의 의사를 결정하고 지방자치의 운용에 결정적으로 참여하는 권한을 가진 기관을 말한다. 다수의 의원에 의한 기관의사의 결정을 보장하는 수단으로서 다수결의 원리가 채택되는데, 다수결의 원리에 의한 기관의사의 결정제도를 합의제라 한다.

지방의회는 오늘날의 간접민주제에 있어서는 필수적인 통치기관이다. 원래 지방자치에 있어서는 법적으로 평등한 주민의 총의에 의하여 자치단체의 의사가 결정되고 지방자치가 운용되는 직접민주제가 이상적이겠으나, 오늘날의 지방자치에 있어서는 구역규모와 주민수 등에 비추어 실제 · 기술상 그것이 불가능하기 때문에, 주민총의를 대신할 수 있는 주민대표 기관으로서의 의회를 구성하여 그 의회를 통하여 주민의 의사를 자치운용에 반영하는 이른바 간접민주제(대표제)가 보편화되고 있다. 다만 오늘날에도 주민청구 · 투표 등 직접민주제가 대의제의 보완책으로 시행되기도 한다(최창호, 2009:284-5).

대의제에 있어서도, 지방의회의 실제적 지위와 권한은 지방정부조직이 기관통합주의의 경우와 기관대립주의의 경우에 각각 다르다.

2) 지방의회의 지위

(1) 헌법상의 기관

지방의회는 헌법상의 기관이다. 헌법은 '지방자치단체에 의회를 두고, 지방의회의 조직 · 권한 · 의원의 선거에 관한 사항은 법률로 정한다(헌법 제118조)'고 규정하고 있다.

(2) 주민대표기관

지방의회는 자치단체의 주민이 보통 · 평등 · 비밀 · 직접선거에 의하여 선출한 의원으로 구성되며, 선임된 의원은 주민의 복리증진을 위하여 노력하여야 한다.

(3) 의사결정기관

지방의회는 지방행정사무를 독자적으로 결정하고, 법령의 범위 안에서 지방자치단체의 의사를 스스로 결정하는 의결기관이자 주요 정책기관으로서의 지위를 갖는다.

(4) 입법기관

지방의회는 법령의 범위 안에서 당해 사무에 관하여 조례를 제정할 수 있는 권능을 가진다.

(5) 비판 · 감시기관

지방의회는 자기지배의 원칙, 자기통제의 원칙에 의하여 자신의 결정사항에 대한 행정의 집행을 감시 · 비판할 수 있는 지위에 있다.

3) 지방의회의 기능

지방의회는 주민의 대표기관으로서 의결권, 행정사무감사 및 조사권, 선거권, 청원수리권, 자율권 등의 권한을 갖는다. 이러한 권한을 근거로 지방의회는 ① 의결기능, ② 정책형성기능, ③ 입법기능, ④ 견제감시기능, ⑤ 민의대변기능, ⑥ 이해조정기능, ⑦ 협력봉사기능, ⑧ 자율운영 및 발전관리기능 등을 수행한다.

2 지방의회의원

1) 지방의회의원의 권리와 의무

(1) 권리

지방의회의원은 그 직무를 수행하기 위하여 ① 행정조사의 발의(지방자치법 제41조), ② 임시회의 소집요구(지방자치법 제45조), ③ 의장단의 불신임발의(동법 제55조), ④ 위원회의 개회요구(동법 제61조), ⑤ 의사에의 참여(동법 제63조), ⑥ 의안의 발의(동법 제66조), ⑦ 위원회에서 폐기된 의안의 본회의에의 부의요구(동법 제69조), ⑧ 출석권 · 발언권 · 표결권, ⑨ 청원의 소개(동법 제73조), ⑩ 의원의 자격심사청구(동법 제79조), ⑪ 모욕한 의원에 대한 징계요구(동법 제87조) 등을 행사한다.

(2) 의무

지방의회의원은 ① 회의에 출석하고, ② 회의장에서의 질서유지(동법 제82조), 타인을 모욕하는 발언금지(동법 제75조), 발언방해금지(동법 제84조), 등 회의규율을 준수하며, ③ 겸직 및 영리목적 거래행위를 금지하고(동법 제35조 ④항), ④ 공공이익을 우선하여 양심에 따라 그 직무를 성실히 수행하며, 청렴하고, 의원으로서의 품위를 유지하며, 그 직위를 남용하여 이권에 개입하지 아니하는 의무를 진다(동법 제36조).

2) 지방의회의원의 신분취득 · 상실 · 보호

(1) 신분취득

지방의원은 주민에 의하여 선출되는 정무직 지방공무원으로서의 임기의 개시로 신분을 취득한다. 의원의 임기는 4년이며 총선거에 의한 전임의원의 임기가 만료된 다음 날로부터 개시된다. 다만 천재 · 지변 등의 사유로 전임의원의 임기가 만료된 후에 총선거를 실시한 경우나 보궐선거 및 증원선거에 의한 의원의 임기는 당선일로부터 개시된다.

(2) 신분상실

지방의원의 임기는 원칙적으로 임기개시일로부터 4년을 경과함으로써 종료된다. 다만 보궐선거와 증원선거에 의한 의원의 임기는 전임자 또는 종전의 지방의원의 잔임기간으로 한다. 지방의회의원은 ① 겸할 수 없는 직에 취임한 때, ② 피선거권이 없게 된 때(자치단체의 구역변경이나 폐치 · 분합을 제외한 다른 사유로 당해 자치단체의 구역 밖으로 주민등록을 이전한 때 포함), ③ 징계에 의해 제명된 때, ④ 의회에서 자격상실의 의결이 된 때, ⑤ 사직의 허가가 된 때, ⑥ 선거의 무효 또는 당선무효가 확정된 때, ⑦ 임기가 만료된 때, ⑧ 사망한 때, ⑨ 당해 지방자치단체가 소멸한 때에 그 신분을 상실한다.

(3) 신분보호

지방의회의원의 지위와 관련하여 우리나라는 의원에게 면책특권과 불체포특권을 인정하지 않고 있다. 다만 체포 또는 구금된 지방의원이 있을 때에는 관계수사기관의 장이 지체 없이 의장에게 영장의 사본을 첨부하여 이를 통지하고, 지방의원이 공소가 제기되어 그 판결이 확정된 때에는 각급 법원장이 지체 없이 당해 의장에게 통지하도록 하고 있다(동법 제37조). 한편 지방의원이 직무로 인하여 신체에 상해를 입거나 사망한 때와 그 상해 또는 직무로 인한 질병으로 사망한 때에는 보상금을 지급받는다(동법 제34조). 여기서 직무의 범위에는 회기중은 물론 폐회중에 개회된 위원회의 직무와 본회의 또는 위원회의 의결이나 의장의 명에 의한 폐회중의 공무여행을 포함한다.

3) 지방의회의원의 보수

(1) 명예직

① 명예직의 의의

지방의원에게 고정적인 급료를 지급하지 않고 의정활동에 필요한 최소한의 수당만을 지급하는 것이다. 지방의원을 비상근 · 명예직으로 하는 국가에서는 의원수가 많은 대의회제를 채택하고 있는 것이 통례이다. 영국, 프랑스, 독일 등이 여기에 속하며, 주민의사를 지방의정에 적극 반영하고자 하는데 의의를 두고 있다.

② 명예직의 근거

㉠ 지역사회의 발전과 주민의 공공복리증진을 위해 의원이 봉사하는 것은 주민으로서 당연한 도덕적 책무이다.

㉡ 의원의 의정활동 및 직무수행이 고정급을 지불해야 할 만큼 업무량이 많고 복잡하거나 전문성을 요하지 않는다.

㉢ 보수의 헌신적 봉사에 따른 주민의 존경 등 주민대표자로서의 지위와 입장을 고려할 가치가 있다.

㉣ 본래의 생업보장으로 생계유지를 제한 받지 않으며 지방자치단체의 재정적 부담을 경감시킬 수 있다.

(2) 유급직

① 유급직의 의의

의원의 보수는 직무수행에 필요한 비용만으로는 적당하지 않으며 생활급에 해당하는 급료와 각종 수당을 지급해야 한다는 것이다. 미국, 캐나다, 필리핀 등과 같이 의원수를 소수로 하는 소의회제 국가는 일반적으로 지방의원을 상근 · 유급직(전문직)으로 하여 의원의 자질과 전문성을 중요시한다.

② 유급직의 근거

㉠ 행정기능의 확대 · 전문화로 인하여 의원의 책임과 역할이 증대하고 있으며 직무도 생업에 전념하다가 틈틈이 수행할 만큼 단순하지가 않다. 따라서 의원들이 직책에 충실히 임하기 위해서는 생계보장이 전제되어야 한다.

㉡ 의회기능이 확대되고 복잡해짐에 따라 의정활동에도 전문적 · 기술적 경험과 지식이 요구되고 있다. 그러므로 유능한 인사의 지방의회진출을 위해서도 경제적 보장이 가능한 유급제이어야 한다.

㉢ 제2차 대전 후 통념화된 '근로는 보수를 수반한다'는 경제관념의 영향을 받아 현실적인 측면에서 의원의 보수청구권을 인정하는 경향이 나타나고 있다.

㉣ 유급제에 의한 경제적 보장은 지방의원의 의욕을 고취하고 품위를 유지할 뿐 아니라 의원들의 부정부패 및 이권개입의 예방에 기여한다.

4) 지방의회의원의 겸직 및 겸업금지

(1) 겸직금지의 의의

① 겸직금지의 개념

겸직금지란 특정공직에 있는 자가 당해 직무를 수행함에 있어서 방해가 되거나 사회통념상 적당하지 않다고 인정되는 직을 겸하지 못하도록 하는 제도이다.

② 겸직금지의 이유

대체로 대의회제를 채택하여 지방의원을 명예직으로 하는 국가에서는 겸직금지의 범위가 좁지만 의원을 유급직으로 하는 소의회제에서는 겸직금지의 범위가 넓다. 겸직금지의 범위를 넓게 하는 이유는 ㉠ 맡은 바 직무에 전념하여 직무를 충실히 수행할 수 있고, ㉡ 권력분립의 원칙 등을 충실하게 지킬 수 있으며, ㉢ 직무집행의 공정성을 보장하여 공익증진에 주력할 수 있으며, ㉣ 정치적 중립성을 확보할 수 있기 때문이다. 반면에 겸직금지의 범위를 좁게 할 경우에는 ㉠ 지방의원의 질이 향상되고, ㉡ 주민의 참여기회를 확대시키며, ㉢ 명예직제도의 취지에 부합하고, ㉣ 직능대표 등 각계의 유능한 인사의 의회진출 등을 확보할 수 있다.

(2) 겸업금지

① 겸업금지의 의의

겸업금지는 지방의원이 지위를 남용하여 재산상의 이익을 취득하거나 알선하는 것을 금지하려는 것으로 지방의원의 공정한 직무집행을 담보하기 위한 것이다.

② 겸업금지의 내용과 범위

지방의원은 당해 지방자치단체 및 공공단체와 영리를 목적으로 하는 거래를 할 수 없으며, 이와 관련된 시설 및 재산의 양수인 또는 관리인이 될 수 없다(지방자치법 제35조). 당해 자치단체와 영리를 목적으로 거래한다는 것은 그 경비를 해당 자치단체가 부담하는 것을 의미하는바, 여기에는 기관위임사무로서 법령에 의하여 당해 자치단체가 그 경비를 부담하는 모든 사업도 포함된다. 한편 지역적 범위를 보면 당해 자치단체 내에서는 공개입찰 등 정당한 방법을 포함한 일체의 영리목적 거래행위가 제한된다.

3 지방의회의 조직

1) 지방의회의 구성

(1) 의원정수

① 대의회제와 소의회제

의원정수는 자치단체별로 주민이 선출하는 대표의 수를 말하는 것으로서 지방자치의 이념에 따라 다르게 나타나고 있다. 대의회제는 지방의회의 주민대표성을 중시하여 의원정수를 많게 하는 방식이며 영국, 프랑스, 독일 등에서 그 예를 찾아볼 수 있다. 한편 소의회제는 지방의회의 전문성과 능률성을 중시하여 의원정수를 적게 두는 방식으로 미국, 캐나다, 필리핀 등에서 채택하고 있다.

② 우리나라의 의원정수

우리나라는 대의회제와 소의회제의 중간형이며, 의원정수 법정주의를 채택하고 있다. 공직선거 및 선거부정방지법에 따르면 의원정수의 산정은 지방자치단체의 유형별로 나누어 각각 그 관할구역 안의 행정구역을 기준으로 하되, 인구수를 고려하여 정하고 있다. 일단 정해진 의원정수는 그 후의 인구의 증감 또는 행정구역의 변경이 있더라도 임기만료에 의한 총선거를 실시할 때까지는 이를 증감하지 못한다. 다만 자치단체의 구역변경이나 폐치 · 분합이 있는 때에는 예외적으로 그 의원정수를 증감한다(제2장 공직선거 및 선거부정방지법과 제13장 지방선거 참조).

(2) 의원선거

지방의회의 의원을 선임하는 방식으로 가장 일반적인 것은 주민에 의한 직선제이며, 대표제에 있어서도 직능대표제, 비례대표제 등 여러 유형이 있지만 대체적으로 인구비례에 따른 지역대표제를 채택하는 것이 보편적인 경향이다. 우리나라도 지방의회의 의원을 주민의 보통 · 평등 · 비밀 · 직접선거에 의하여 선출하고 있으며, 지역대표제를 원칙으로 하며, 비례대표제를 가미하고 있다.

2) 의장단

(1) 선거

의장과 부의장은 의원 중에서 무기명투표로 선거하되, 시 · 도의회는 의장 1인과 부의장 2인을, 시 · 군 · 자치구의회는 각각 1인씩 둔다(지방자치법 제48조). 의장 · 부의장이 궐위된 때에는 보궐선거를 실시하며(동법 제53조), 의장 · 부의장이 모두 사고가 있을 때에는 임시의장을 선출하여 의장의 직무를 대행하게 한다(동법 제52조). ① 총 선거 후 최초로 집회되는 임시회에서 의장 · 부의장을 선거할 경우, ② 임시의장을 선출할 경우, ③ 보궐선거를 실시할 경우에 의장의 직무를 수행할 자가 없는 때에는 출석의원 중 연장자가 그 직무를 대행한다(동법 제54조).

(2) 임기

의장과 부의장의 임기는 2년이다(동법 제48조 ②항). 다만 보궐선거에 의하여 당선된 의장 · 부의장의 임기는 전임자의 잔임기간으로 한다(동법 제53조 ②항).

(3) 지위와 권한

의장은 의회대표자이자 회의주재자로서의 지위를 가지며, 의장이 사고가 있거나 궐위되었을 때에는 부의장이 그 직무를 대리한다.

① 의회대표권 : 대외적인 의사표시는 의장의 명의로 행하여지며, 그렇지 않을 경우에는 법적 효력이 없다.

② 위원회에의 출석발언권 : 의장은 필요에 따라 위원회에 출석하여 발언할 수 있다. 다만 가부결정에는 참가할 수 없다.

③ 폐회중의 의원사직허가권 : 의장은 폐회중에 의원의 사직을 허가할 수 있다.

④ 사무감독권 : 의장은 관계사무직원을 지휘 · 감독하고 의회운영에 수반되는 사무를 통괄 처리한다.

⑤ 회의소집권 : 총선거 후 최초로 집회되는 임시회를 제외하고 모든 회의는 의장이 소집한다.

⑥ 의사정리권 : 의장은 회의소집 후의 의사운영의 진행을 맡는다.

⑦ 회의장 질서유지권 : 의장은 의회의 권위를 유지하고 원활한 의사운영을 위해서 의원과 방청인 등의 발언, 행동을 적절히 규제함으로써 의회의 질서를 유지한다.

⑧ 표결권 : 의장은 의결에 있어서 표결에는 참가할 수 있으나 가부동수인 경우에 가부를 결정하는 권한은 없으며 부결된 것으로 본다.

(4) 의장단 불신임의 의결

의장 또는 부의장에 법령을 위반하거나 정당한 이유 없이 직무를 수행하지 않을 경우에는 재적의원 4분의 1 이상의 발의와 재적의원 과반수의 찬성으로 불신임의결을 행할 수 있다. 불신임의결이 있는 때에는 의장 또는 부의장은 그 직에서 해임된다(동법 제55조).

3) 위원회

(1) 의의

위원회제도는 지방행정이 복잡화 · 전문화 되어가고 있기 때문에 의회내부에 전문심사기관인 위원회를 두어 먼저 심사토록 함으로써 전문성과 능률성을 제고하기 위한 것이다. 이러한 지방의회의 위원회는 필수기관이 아니고, 조례에 의하여 임의로 설치되는 기관이므로 그 의결은 본회의의 의결을 법률적으로 기속하지는 않으며 단지 판단자료를 제공하는데 불과하다.

(2) 상임위원회

소관의안과 청원 등을 심사·처리하기 위하여 상임위원회를 두되, 시·군·자치구의회의 상임위원회 설치기준은 대통령령으로 정한다. 위원은 본회의에서 선임한다. 상임위원회는 본회의에서 회부된 소관의안과 청원 등을 심사하여 위원장이 그 결과를 본회의에 보고하여야 한다.

(3) 특별위원회

특정한 안건을 일시적으로 심사·처리하기 위하여 본회의의 의결 또는 조례로 특별위원회를 설치할 수 있다. 위원은 본회의에서 선임하고, 부의된 안건을 심의하는 동안 존재한다. 특별위원회는 회기중에 한하여 의회의 의결로 부의된 안건만 심사하되, 의회의 의결로 회부된 특정안건에 대해서는 폐회중에도 심사할 수 있다.

(4) 위원회의 개회

위원회는 회기 중 ① 위원장이 필요하다고 인정하거나, ② 재적의원 3분의 1 이상의 요구가 있을 때 개회한다. 다만 폐회중이라도 ① 본회의의 의결이 있는 때, ② 의장이 필요하다고 인정할 때, ③ 재적위원 3분의 1 이상의 요구가 있는 때, ④ 자치단체장의 요구가 있는 때에 한하여 개회할 수 있다.

(5) 위원회의 방청

당해 지방의회의원이 아닌 자는 위원장의 허가를 얻어 위원회를 방청할 수 있으며, 위원장은 질서를 유지하기 위하여 방청인의 소란 등 필요한 때에는 방청인의 퇴장을 명할 수 있다(동법 제60조).

4) 사무조직

(1) 사무조직의 설치

의회의 사무처리를 위해 조례가 정하는 바에 의하여 의장의 직속보좌기관으로서 시·도의회에는 사무처를, 시 · 군 및 자치구의회에는 사무국 또는 사무과를 둘 수 있다.

(2) 사무직원

① 직원의 정원과 선임

사무직원의 정수는 조례로 정하며, 지방의회의 의장의 추천에 의하여 당해 자치단체의 장이 임명한다(동법 제91조).

② 직원의 신분과 직무

사무처에는 사무처장과 직원을, 사무국 · 사무과에는 사무국장 또는 사무과장과 직원을 두고, 모두 지방공무원으로 보한다(동법 제90조). 사무처장 · 사무국장 또는 사무과장은 의장의 명을 받아 의회의 사무를 처리한다. 사무직원의 임용 · 보수 · 복무 · 신분보장 · 징계 등에 관하여는 지방자치법에 정한 것을 제외하고는 지방공무원법을 적용한다(동법 제92조).

4 지방의회의 권한

1) 의결권

(1) 의결권의 의의

의결권은 광의로는 자치단체의 의사와 의회의 의사를 결정하기 위하여 의회에 부여되어 있는 권한을 말하며, 협의로는 지방자치단체의 의사를 결정하기 위하여 의회에 부여된 권한을 의미한다.

(2) 의결사항

우리나라는 지방자치법 제39조에 '지방의회는 다음 사항을 의결한다'고 규정하여 제한적 열거주의를 채택하고 있으며, 아래에 열거된 사항은 반드시 지방의회의 의결을 받아야 한다. 또한 지방자치단체는 이외에 조례가 정하는 바에 의하여 지방의회에서 의결되어야 할 사항을 따로 정할 수 있다. ① 조례의 제정 및 개폐, ② 예산의 심의 · 확정, ③ 결산의 승인, ④ 법령에 규정된 것을 제외한 사용료 · 수수료 · 분담금 · 지방세 또는 가입금의 부과와 징수, ⑤ 기금의 설치 · 운용, ⑥ 대통령령으로 정하는 중요재산의 취득 · 처분, ⑦ 대통령령으로 정하는 공공시설의 설치 및 처분, ⑧ 법령과 조례에 규정된 것을 제외한 예산 외 의무부담이나 권리의 포기, ⑨ 청원의 수리와 처리, ⑩ 외국 지방자치단체와의 교류협력에 관한 사항, ⑪ 기타 법령에 의하여 그 권한에 속하는 사항 등이다.

(3) 의결의 효력

의결사항은 의회의 의결이 없는 한 집행기관이 이를 집행할 수 없다. 지방의회가 의결권을 행사함으로써 자치단체 또는 의회의 의사가 결정되지만, 자치단체의 의사결정은 일반적으로 자치단체장이 집행을 함으로써 비로소 대외적인 효력을 발생한다. 의결된 사항은 의원 및 의회를 구속할 뿐만 아니라 집행기관은 물론 내용에 따라서는 주민에 대해서도 구속력을 가진다. 한편 의결의 내용상 지방의회의 권한을 넘는 경우와 법령이 정한 적법절차는 거치지 않아 중대하고 명백한 하자가 있었을 경우에 그 의결은 당연히 무효가 된다.

(4) 의결권의 한계

① 상위법규 우위에 의한 한계

지방의회의 의결은 ㉠ 국가법령, ㉡ 상급자치단체의 조례나 규칙, ㉢ 해당 자치단체의 조례나 규칙에 위반해서는 안 된다.

② 법률유보에 의한 한계

지방의회가 ㉠ 주민의 권리제한과 의무부과에 관한 사항을 조례로써 정할 때, ㉡ 벌칙에 관한 사항을 조례로써 규정할 때에는 법률의 위임이 있어야 한다.

③ 외부견제에 의한 한계

지방의회의 의결은 ㉠ 자치단체장이 선결처분권 또는 재의요구권을 행사하는 경우, ㉡ 감독관청이 재의요구권을 행사하거나, ㉢ 감독관청의 승인을 요하는 경우에 제한을 받는다.

④ 사실상의 한계

지방의회는 제도상의 한계 외에도 전문성의 부족과 조례준칙 또는 표준조례 등 중앙정부의 조례제정지침의 준수에 따르는 한계를 갖는다.

2) 행정감시권

(1) 행정감시권의 의의

의회의 감시권은 집행기관과 장에 대한 독주를 방지하고 적정한 행정운영을 유도하며 의회의 의결권행사를 보완하려는 데 그 의의가 있다.

(2) 서류제출요구권

본회의 또는 위원회는 그 의결로 안건의 심의와 직접 관련된 서류의 제출을 당해 지방자치단체의 장에 대하여 요구할 수 있다(지방자치법 제40조). 이러한 요구를 받은 지방자치단체의 장은 법령이나 조례에서 특별히 규정한 경우를 제외하고는 지체 없이 이에 응하여야 한다.

(3) 행정사무처리상황의 보고 및 질문응답권

자치단체장 또는 관계 공무원은 지방의회나 그 위원회에 출석하여 행정사무의 처리상황을 보고하거나 의견을 진술하고 질문에 응답할 수 있다. 자치단체장 또는 관계공무원은 지방의회나 그 위원회의 요구가 있는 때에는 출석 · 답변하여야 하되, 특별한 사정이 있는 경우에 자치단체장은 관계공무원으로 하여금 출석 · 답변하게 할 수 있다.

(4) 행정사무감사 및 조사권

① 감사 · 조사의 실시

사무에 대한 감사는 당해 자치단체의 조례가 정하는 바에 의하여 매년 제1차 또는 제2차 정례회의 회기 내에 행하되, 시 · 도의 경우 14일, 시 · 군 및 자치구의 경우 9일의 각 범위 내에서 실시한다. 조사는 특정사안에 관하여 재적의원 3분의 1 이상의 발의가 있는 경우에 본회의 의결을 거쳐 본회의 또는 위원회가 행한다.

② 감사 · 조사의 범위와 한계

감사는 지방자치단체의 사무를 대상으로 한다. 지방자치단체 및 그 장이 위임받아 처리하는 국가사무와 시 · 도의 사무에 대해서는 국회와 시 · 도의회가 직접 감사하기로 한 사무를 제외하고는 그 감사를 각각 당해 시 · 도의회와 시 · 군 및 자치구의회가 행할 수 있다. 따라서 감사의 경우 자치사무와 모든 위임사무에 대해서 실시할 수 있다. 그러나 조사는 자치사무와 단체위임사무에 대해서만 할 수 있다. 감사 및 조사는 개인의 사생활을 침해하거나 계속중인 재판 또는 수사중인 사건의 소추에 관여하지 못한다.

③ 감사 · 조사의 방법

감사 또는 조사를 위하여 필요한 때에는 현지확인을 하거나 서류제출을 요구할 수 있으며, 자치단체장 또는 관계공무원이나 그 사무에 관계된 자를 출석하게 하여 증언하게 하거나 참고인으로서 의견의 진술을 요구할 수 있다. 감사 또는 조사는 공개하되, 본회의나 감사 또는 조사위원회의 의결로 비공개할 수 있다. 지방의회의원은 직접 이해관계가 있거나 공정을 기할 수 없는 현저한 사유가 있는 경우에는 그 사안에 한하여 감사 또는 조사에 참여할 수 없으며, 감사 또는 조사를 할 때에 그 대상기관의 기능과 활동이 현저히 저해되거나 기밀이 누설되지 않도록 주의하여야 한다. 감사 또는 조사를 위해 출석요구를 받은 증인이 정당한 이유 없이 출석하지 않거나 증언 또는 진술을 거부 한 때에는 500만원 이하의 과태료를 부과할 수 있다. 지방의회는 본회의의 의결로 감사 또는 조사결과를 처리한다.

④ 감사 · 조사의 주체 및 대상기관

감사 또는 조사의 주체는 지방의회로서 본회의에서도 할 수 있고, 소관 상임위원회별로 또는 특별위원회를 구성하여 할 수도 있다. 다만 교육 · 과학 및 체육에 관한 사무의 감사 또는 조사는 교육위원회가 실시하고 지방의회에의 보고로 갈음하되, 본회의의 의결에 있는 경우에는 특정사안에 대하여 감사 또는 조사를 행할 수 있다. 감사 또는 조사의 대상기관은 ㉠ 당해 지방자치단체, ㉡ 그 소속행정기관과 하부행정기관, ㉢ 교육 · 과학 및 체육에 관한 기관, ㉣ 지방공기업, ㉤ 위임 · 위탁사무처리단체 또는 기관, ㉥ 지방자치단체가 4분의 1 이상 출자 · 출연하는 법인(자치단체 출연 제3섹터) 등이다.

3) 선거권

지방의회는 법령이 정하는 바에 의하여 일정한 기관 또는 기관의 구성원에 대한 선거권을 갖는다. ① 의장 · 부의장 · 임시의장의 선거, ② 위원회위원의 선거, ③ 검사위원의 선거 등이 이에 속한다.

4) 청원수리권

(1) 청원의 의의

청원권은 국가기관 또는 지방자치단체의 기관에 대하여 일정한 사항에 관한 희망을 진술하는 권리이다. 청원은 권리나 이익이 침해된 경우에만 하는 것이 아니라 청원자의 이해관계가 없어도 무방하며, 그 결과에 당해 기관이 기속되지 않는다는 점에서 행정쟁송과 구별된다. 또한 청원은 반드시 문서로서 의원의 소개를 요건으로 하고 있으나 진정은 의원의 소개를 필요로 하지 않는다는 점에서 청원과 구별된다.

(2) 청원의 주체

청원권자는 내 · 외국인을 불문한다. 다른 자치단체의 주민도 할 수 있고, 미성년자와 금치산자는 물론 자연인과 법인 모두를 포함하며, 권리능력 없는 사람도 청원할 수 있다. 공무원, 군인, 수형자 등도 일정한 범위 내에서 가능하다.

(3) 청원의 수리사항

청원의 대상이 되는 사항은 지방자치단체 기타 공공단체의 모든 사무에 미친다. 다만 청원내용이 ① 재판에 간섭하는 것, ② 법령에 위배되는 것, ③ 국가원수를 모독하는 것, ④ 타인에게 모해할 목적으로 허위의 사실을 적시하는 것, ⑤ 동일내용의 청원서를 동일기관에 2개 이상 또는 2개 기관 이상에 제출한 청원은 지방의회가 수리하지 않는다.

(4) 청원의 형식과 수리

지방의회에 청원을 하고자 하는 자는 지방의회의원의 소개를 얻어 청원서를 제출하여야 하며, 청원서에는 청원자의 성명(법인인 경우에는 그 명칭과 대표자의 성명) 및 주소를 기재하고 서명 · 날인하여야 한다(지방자치법 제73조). 청원은 그 형식과 절차가 갖추어져 있으면 의회가 개회중에 있든 폐회중에 있든 반드시 수리하여야 한다. 청원을 소개한 의원은 소관위원회 또는 본회의의 요구가 있을 때에는 청원의 취지를 설명하여야 하고, 위원회가 청원을 심사하여 본회의에 부의할 필요가 없다고 결정한 때에는 그 처리결과를 의장에게 보고하고 의장은 청원인에게 이를 통지하여야 한다(동법 제75조). 지방의회가 채택한 청원으로서 그 자치단체장이 처리함이 타당하다고 인정되는 청원은 의견서를 첨부하여 자치단체장에게 이송하며, 자치단체장은 이송된 청원을 처리하고 그 처리결과를 지체없이 지방의회에 보고하여야 한다(동법 제68조).

5) 의견표명권

지방의회는 주민의 대표기관이므로 법률상 규정된 권한 이외의 사항이라 하더라도 지방자치단체의 공익에 관한 것이면 언제든지 그 의견을 표명할 수 있다고 할 것이다. 지방자치법에 규정된 의견표명권은 다음과 같다. ① 지방자치단체를 폐치 · 분합하거나 그 명칭 또는 구역을 변경할 때에는 관계자치단체의 의회의 의견을 들어야 한다(지방자치법 제4조 ②항).

② 지방의회는 자치사무와 단체위임사무에 관하여 자치단체의 장 또는 관계공무원으로부터 설명을 요구하고 의견을 제시할 수 있음은 물론 기관위임사무에 대해서도 설명을 요구하고 의견을 제출할 수 있다(동법 제42조).

6) 자율권

(1) 자율권의 의의

자율권이란 지방의회의 권위와 독자성을 존중하기 위하여 의회내부의 조직과 운영에 관하여 일정한 범위 내에서 의회 스스로 규율할 수 있는 권한을 말한다.

(2) 자주적 내부조직권

지방의회는 법령의 범위 안에서 지방의회의 내부조직에 대하여 외부로부터의 영향 및 간섭을 받지 않고 스스로 결정할 수 있다.

① 의장단의 구성 : 지방의회는 의장 · 부의장 · 임시의장을 선거하고, 정당한 사유가 있을 때에는 의장과 부의장에 대하여 불신임의결을 할 수 있다.

② 위원회의 설치 : 지방의회는 조례로 위원회를 설치할 수 있으며, 위원회의 소관사항, 위원회의 정수, 위원의 선임 등을 의회 스스로 결정한다.

③ 사무기구의 설치 : 지방의회는 조례가 정하는 바에 의하여 시 · 도의회에는 사무처를, 시 · 군 및 자치구의회에는 사무국 또는 사무과를 둘 수 있으며, 사무직원의 정수를 조례로 정한다.

(3) 의사의 자율권

① 회의규칙의 제정 : 지방의회는 법령의 범위 내에서 회의의 진행과 내부규율 등에 관하여 법령으로는 규정한 사항 이외의 필요한 사항을 회의규칙으로 정할 수 있다.

② 개 · 폐회 등의 결정 : 지방의회는 개회, 휴회 및 폐회, 회기의 결정, 회기의 연장, 의사일정 등에 있어서 자주적으로 결정한다. 다만 그 회의일수에 대해서는 일정한 제한이 있다.

③ 회의의 비공개 : 지방의회의 회의는 공개되는 것이 원칙이지만 필요한 경우에는 의회의 자율적 결정에 의하여 이를 공개하지 않을 수 있다.

(4) 의원신분사정권

① 의원사직의 허가 : 의원이 사직하려면 의회가 개회중일 경우에는 의회의 허가를 받아야 하고, 폐회중에는 의장의 허가를 받아야 한다. 의원은 자신이 제출한 사직서에 대하여 의회의 의결 또는 의장의 허가가 있기 전까지는 철회할 수 있다. 총사직 역시 가능하다.

② 의원자격심사 및 의결 : 의원의 자격심사는 법원의 판결에 의하여 확정되는 경우를 제외하고는 지방의회가 자율적으로 심사하고 의결한다. 자격심사는 재적의원 4분의 1 이상의 연서로 의장에게 청구할 수 있으며, 피심의원에 대한 자격상실의결은 재적의원 3분의 2 이상의 찬성이 있어야 한다.

③ 의원의 징계 : 지방의회의원이 지방자치법 또는 회의규칙에 위배되는 행위를 한 때에는 의회의 의결로써 이를 징계할 수 있다. 지방의회의 의장은 징계대상 의원이 있을 때에는 이를 소관위원회 또는 본회의에 회부하며, 모욕을 당한 의원이 모욕을 가한 의원에 대하여 징계를 요구할 때에는 징계사유를 기재한 요구서를 의장에게 제출하여야 한다. 징계의 종류로는 ㉠ 공개회의에서의 경고, ㉡ 공개회의에서의 사과, ㉢ 30일 이내의 출석정지, ㉣ 재적의원 3분의 2 이상의 찬성으로 하는 제명 등이 있다.

(5) 의원경찰권

① 의원경찰권의 의의 : 의원경찰권이란 의회의 질서를 유지하기 위하여 의원, 방청인은 물론 그 밖의 의회 내에 있는 모든 자에 대하여 일정한 사항을 명하거나 실력으로서 그 명령을 강제할 수 있는 권한을 말한다.

② 의원경찰권의 내용 : 의회의 의장 또는 위원장은 의원이 본회의 또는 위원회의 회의장에서 지방자치법 또는 회의규칙에 위배되는 발언 또는 행위를 하여 회의장의 질서를 문란하게 한 때에는 이를 경고 또는 제지하거나 그 발언의 취소를 명할 수 있다. 이러한 명에 응하지 아니하는 의원이 있을 때에는 의장 또는 위원장은 그 의원에 대하여 당일의 회의에서 발언을 금지시키거나 퇴장시킬 수 있다. 또한 회의장이 소란하여 질서를 유지하기 곤란한 경우에는 회의를 중지하거나 산회를 선포할 수 있다(지방자치법 제82조). 한편 방청인은 회의장에서 의안에 대하여 가부를 표명하거나 소란한 행위를 하여서는 아니 된다. 의장은 회의장 안의 질서를 방해하는 방청인의 퇴장을 명할 수 있으며, 필요한 때에는 경찰관서에 인도할 수 있다. 방청석이 소란할 때에는 의장은 모든 방청인을 밖으로 퇴장시킬 수 있다(동법 제77조).

5 지방의회의 운영

1) 지방의회의 소집

지방의회의 소집권자는 당해 지방의회의 의장이다. 다만 총선거 후 최초로 집회되는 임시회에 대해서는 당해 의회 사무기구의 장이 소집한다.

(1) 정례회

지방의회는 매년 2회 정례회를 개최하며, 정례회의 집회일 기타 운영에 관한 사항은 대통령령이 정하는 바에 의하여 당해 자치단체의 조례로 정한다(지방자치법 제44조). 제1차 정례회는 결산승인 및 기타 지방의회에의 부의안건을, 제2차 정례회는 예산안의 의결 및 기타 지방의회에의 부의안건을 처리한다.

(2) 임시회

총선거 후 의회 사무기구의 장이 지방의회의원 임기개시일부터 25일 이내에 소집하는 개원집회 및 자치단체장이나 재적의원 3분의 1 이상의 요구가 있을 때에 지방의회의장이 15일 이내에 소집하는 집회를 말한다. 임시회의 소집은 시 · 도에 있어서는 집회일 7일전에, 시 · 군 및 자치구에 있어서는 집회일 5일 전에 이를 공고하여야 하지만 긴급을 요할 때에는 그러하지 아니하다(동법 제45조). 자치단체장은 지방의회에 부의할 안건을 미리 공고하여야 한다. 다만 회의중 긴급한 안건을 부의할 때에는 예외로 한다(동법 제46조).

2) 지방의회의 회기

지방의회의 개회 · 휴회 · 폐회와 회기는 지방의회가 의결로 정하며, 연간 회의 총 일수와 정례회 및 임시회의 회기는 해당 지방자치단체의 조례로 정한다(지방자치법 제47조).

3) 지방의회의 회의

(1) 의안의 발의

지방의회에서 의결할 의안은 자치단체장이나 재적의원 5분의 1 이상 또는 의원 10인 이상의 연서 및 지방의회의 위원회가 발의하며, 그 안을 갖추어 의장에게 제출하여야 한다(동법 제66조).

(2) 회의의 운영원칙

① 의사정족수의 원칙 : 의회는 재적의원 3분의 1 이상의 출석으로 개의한다. 일단 개의하였더라도 회의중 의사정족수에 미달하면 의장은 회의의 중지 또는 산회를 선포한다(동법 제63조).

② 의결정족수의 원칙 : 의사는 특별한 규정이 있는 경우를 제외하고는 재적의원 과반수의 출석과 출석의원 과반수의 찬성으로 의결한다. 의장은 의결에 있어서 표결권을 가지며 가부동수인 때에는 부결된 것으로 본다(동법 제64조).

③ 회의공개의 원칙 : 지방의회의 회의는 공개가 원칙이다. 회의의 공개라 함은 방청의 자유, 보도의 자유 및 회의록의 공표를 의미한다. 다만 의원 3인 이상의 발의로 출석의원 3분의 2 이상의 찬성이 있거나 의장이 사회의 안녕 · 질서유지를 위하여 필요하다고 인정하는 경우에는 공개하지 아니할 수 있다(동법 제65조).

④ 회기계속의 원칙 : 의회에 제출된 의안은 회기중에 의결되지 못한 이유로 폐기되지 아니한다. 다만, 의원이 임기가 만료되는 경우에는 그러하지 아니하다(동법 제67조).

⑤ 일사부재의의 원칙 : 의회에서 부결된 의안은 같은 회기중에 다시 발의 또는 제출할 수 없다(동법 제68조). 일사부재의의 원칙은 의안심의의 경제성과 의회의사의 안정성을 그 근거로 한다.

⑥ 의사제척의 원칙 : 의회의 의장이나 의원은 본인, 배우자, 직계존비속 또는 형재자매와 직접 이해관계가 있는 안건에 대해서는 그 의사에 참여할 수 없다. 다만, 의회의 동의가 있을 때에는 의회에 출석하여 발언할 수 있다(동법 제70조). 직계존 · 비속이란 부모, 조부모, 자(子), 손(孫) 등이며, 여기에는 양부모, 양친자관계가 포함된다.

⑦ 발언자유의 원칙 : 현대사회는 이질화 · 다원화된 사회이므로 각 지방의원의 의견도 다를 것이다. 따라서 지방의원의 자유로운 발언을 보장하는 것이 의회민주주의의 특징이요 요체라고 할 수 있다. 오늘날 각국의 지방의회는 의원들에게 평등한 발언의 기회를 부여하기 위하여 발언횟수 및 발언시간을 제한하고 있다. 그러므로 지방의원은 회의중에 폭력을 행사하거나 소란한 행위를 하는 등 어떠한 방법으로도 다른 의원의 발언을 방해해서는 안 된다(동법 제84조). 그러나 다음과 같은 지방의원의 발언은 발언자유의 원칙에 저촉된다.

첫째로, 지방의원은 본회의 또는 위원회 회의장에서 법과 회의규칙에 위배되는 발언 또는 행위를 하여 회의장 질서를 문란하게 해서는 안 된다. 의원이 이러한 발언을 한 때에는 의장 또는 위원장은 이를 경고 · 제지하거나 발언의 취소를 명할 수 있다.

둘째로, 지방의원은 본회의 또는 위원회에서 타인을 모욕하거나 타인의 사생활에 대한 발언을 해서는 안 된다.

4) 회의록

의회는 회의록을 작성하고 회의의 진행내용 및 결과와 출석의원의 성명을 기재하여야 하며, 회의록에는 의장과 의회에서 선출된 2인 이상의 의원이 서명하여야 한다. 의장은 회의록의 사본을 첨부하여 회의의 결과를 그 자치단체장에게 통고하여야 하는바, 통고는 회의가 끝난 날로부터 30일 이내에 행해져야 한다. 회의록은 의원에게 배부되고, 일반에게 공개된다. 다만, 비밀을 요한다고 의장이 인정하거나 의회에서 의결한 사항은 공개하지 아니한다.

5) 위원회의 운영

위원회의 운영에는 지방의회(본회의)의 운영원칙과 방식이 준용된다. 위원회에 관하여 지방자치법에 정해진 것을 제외하고 필요한 사항은 조례로 정한다(동법 제62조).

4.5 지방의회와 집행기관과의 관계

1 지방의회와 집행기관간 관계의 본질

1) 지방의회와 집행기관간 관계의 의의

지방자치단체의 기관구성형태는 매우 다양하며, 이들 기관구성형태에 따라 지방의회와 집행기관간의 관계도 각기 달리하고 있다. 기관통합형에 있어서는 하나의 기관이 지방자치단체의 의결기관과 집행기관을 통합 · 관장하고 있으므로 양 기관간에 갈등 · 대립이 발생할 우려가 거의 없다. 그러나 양 기관을 분립시켜 상호견제토록 하는 기관대립형에 있어서는 양 기관간에 갈등 · 대립이 발생할 소지가 많으며, 그 대립이 어느 한계를 넘어 첨예화되고 장기적으로 지속될 경우에는 자치단체의 활동을 침체시키거나 상황에 따라서는 행정의 마비현상까지 가져올 우려가 크다. 따라서 기관대립형에 있어서는 양 기관간의 갈등 · 대립관계가 극한적인 상황에까지 가지 않도록 원만한 견제와 균형을 유지하면서 중앙정부의 개입 없이 갈등을 자체적으로 조정하고 해소해 갈 수 있는 제도적 장치가 필요하게 된다.

2) 지방의회와 집행기관간 관계의 영향요인

지방의회와 지방자치단체장간의 관계는 나라마다 지역에 따라 다양하게 나타나고 있는데, 그것은 각각의 정치 · 행정환경체계가 다르기 때문이다.

(1) 자치여건

그 나라의 역사적 배경, 정치 · 문화, 주민의 자치의식, 재정적 상황 등은 지방의회와 집행기관간 관계에 밀접한 관련을 맺고 있다.

(2) 정부간 관계

지방의회와 집행기관간의 관계는 중앙통제의 범위 여하에 따라 다르게 정립된다. 즉, 지방분권적인가 아니면 중앙집권적인가라는 권력의 지역적 분배형태와 밀접한 관련이 있다.

(3) 기관구성형태

각 나라의 역사적 전통성과 지방의 특수성에 따라 발전시켜 온 기관구성형태와 그에 따른 장의 선임방법은 지방의회와 집행기관간의 관계에 많은 영향을 미친다.

(4) 정당참여의 여부

지방선거에 정당의 참여를 허용할 것인가의 여부도 양자간의 관계에 큰 영향요인으로 작용한다.

2 지방의회와 집행기관의 갈등과 견제제도

1) 지방의회와 집행기관의 갈등

지방의회와 집행기관간에는 예산의 심의, 조례의 제정 기타 중요정책의 결정 등에 있어서 여러 가지 원인에 의하여 갈등 · 대립이 발생할 수 있다.

(1) 역할에 대한 상호간의 이해부족

지방의회나 집행기관간의 갈등의 발생은 각자의 활동에 대한 이해의 부족에서 연유한다.

(2) 한정된 자원의 배분

지방의회와 집행기관은 한정된 자원의 배분을 둘러싸고 많은 경쟁을 하게 되는데, 이러한 자원배분과정에서 갈등이 발생하게 된다.

(3) 정보의 불균형

일반적으로는 관료들은 정책 및 사업계획과 관련하여 상당한 정보를 보유하고 있지만 의회의원들은 상대적으로 열세에 놓여 있다. 따라서 의회는 자신들의 권익보호를 위해 더욱 촉각을 곤두세우게 되지만 집행기관은 이를 배제하려 하기 때문에 갈등은 심화된다.

(4) 자질 및 형태상의 차이

의회의원과 집행기관의 관료들은 행정수행의 과정에서 상호간에 행동의 차이를 보이게 되며, 이것이 갈등을 가져오는 원인이 되고 있다.

① 지방의회로부터 제공되는 요인 : ㉠ 의원의 전문지식 결여, ㉡ 이권개입등 도덕성 결여, ㉢ 소속정당에 대한 충성, ㉣ 지역이기주의, ㉤ 의원신분의 남용, ㉥ 집행기관에 대한 불신.

② 집행기관으로부터 제공되는 요인 : ㉠ 권위주의의식 및 보수적 태도, ㉡ 지방자치에 대한 인식부족, ㉢ 상급기관 및 중앙정부에 대한 충성, ㉣ 의원의 전문지식 및 도덕성에 대한 불신, ㉥ 무사안일주의와 자기방어적 태도, ㉥ 비밀주의와 비협조적 태도.

2) 지방의회와 집행기관의 기본적 견제제도

지방의회와 집행기관간의 기본적인 상호견제수단은 일반적 견제수단과 양기관간에 특수한 상황이 발생할 때의 특수적 견제수단으로 구분될 수 있다.

(1) 일반적 견제수단

지방의회와 집행기관은 평상시에 상호간의 견제와 균형을 유지하면서 각자의 기능을 수행하는 일반적 견제수단을 갖는다. 지방의회는 ① 출석 · 답변요구권, ② 지방행정사무의 감사 및 조사권, ③ 동의 및 승인권, ④ 의결권 등을 가지며, 집행기관은 ① 의회소집권 및 소집요구권, ② 조례안을 비롯한 각종 의안의 발의권, ③ 예산안의 편성 및 제출권 등을 행사한다.

(2) 특수적 견제수단

지방의회와 집행기관 상호간에 심각한 대립 · 갈등이 발생할 때, 이를 자치단체 내부에서 자치적으로 해결할 수 있도록 양 기관에 특수적 권한 또는 수단을 부여하고 있는 경우를 말한다. 비상시의 특수적 견제수단으로는 지방의회의 집행기관에 대한 불신임의결권과 자치단체장의 재의요구권 및 제소권, 선결처분권, 의회해산권 등이 있다.

3 우리나라의 지방의회와 집행기관의 관계

1) 우리나라의 양 기관관계의 특징

우리나라 지방자치단체의 기관구성형태는 집행기관이 지방의회에 대하여 우월한 지위를 갖는 수장우위적 기관대립형이라고 할 수 있다. 자치단체장은 고유사무와 단체위임사무 외에 원칙적으로 의회가 관여할 수 없는 기관위임사무를 관장하고 있고, 그 권한에 있어서는 개괄주의를 채택하고 있으며, 자치단체장에게 재의요구권, 제소권 및 선결처분권 등이 부여되어 있기 때문이다(지방자치법 제107~109조 참조).

2) 평상시의 일반적 관계

(1) 지방의회의 집행기관에 대한 견제수단

① 지방의회는 조례제정 및 개폐권, 예산의결권, 결산승인권을 가지는 외에도 자치단체의 재산 · 공공시설 · 의무부담 · 권리포기 등 중요 정책사항에 관한 의결권(지방자치법 제39조)을 행사한다.

② 지방의회는 당해 지방자치단체의 사무를 감사하거나 사무 중 특정사안에 관하여 지방의회의 의결로 조사할 수 있다(동법 제41조).

③ 자치단체장 또는 관계공무원은 지방의회나 그 위원회에 출석하여 행정사무의 처리상황을 보고하거나 의견을 진술하고 질문에 응답할 수 있다(동법 제42조).

④ 지방의회는 당해 지방자치단체의 사무에 관하여 청원을 수리하며, 채택한 청원 가운데서 당해 자치단체장이 처리함이 타당하다고 인정되는 것은 의견서를 첨부하여 자치단

체장에게 이송하고 그 사무처리를 촉진하기도 한다(동법 제75조, 제76조).

(2) 집행기관의 지방의회에 대한 견제수단

① 자치단체장이 지방의회에 부의할 안건은 의장이 이를 미리 공고하여야 한다(동법 제46조). 또한 자치단체장은 폐회중인 위원회의 개회를 요구할 수 있다(동법 제61조).
② 자치단체장은 당해 의회의장의 추천에 의하여 지방의회의 사무직원을 임명하고, 지방의회의원의 선거일(재선거, 보궐선거 등)을 공고하는 등 지방의회의 구성에도 관여한다.
③ 조례안을 비롯한 의안을 발의하고 예산안의 편성제출 등을 통하여 지방의회의 의사를 촉진하며, 지방의회의 의결을 거친 조례의 공포 등을 통하여 지방의회의 의결의 효력을 대외적으로 발생시킨다.

3) 비상시의 특수적 관계

(1) 자치단체장의 재의요구권

재의요구권이라 함은 지방자치단체의 장이 지방의회의 의결에 대하여 이의가 있는 경우에 이의 수리 또는 공포를 거부하고 의회에 반송하여 이를 다르게 의결해 줄 것을 요구하는 권한을 말한다.

① 일반의결에 대한 재의요구권 : 지방의회의 의결이 월권 또는 법령에 위반되거나 공익을 현저히 해한다고 인정될 때에 당해 자치단체장이 그 의결사항을 송부받은 날로부터 20일 이내에 이유를 붙여 재의를 요구할 수 있는 것을 의미한다(지방자치법 제107조).
② 경비의 의결에 대한 재의요구권 : 지방의회의 의결이 i) 예산상 집행할 수 없는 경비가 포함되어 있다고 인정되는 때와 ii) 법령에 의하여 자치단체에서 의무적으로 부담하여야 할 경비 또는 iii) 비상재해로 인한 시설의 응급복구를 위하여 필요한 경비를 삭감하는 의결을 한 때에 자치단체장이 그 의결사항을 이송받은 날부터 20일 이내에 이유를 붙여 재의를 요구할 수 있는 것을 의미한다.
㉠ 예산상 집행할 수 없는 경우라 함은 사실적 불능만을 의미하며 법률적 불능은 포함되지 않는다. 사실적 불능에는 절대적인 불능인 경우만이 아니라 상대적 불능인 경우도 포함되나 사회통념상 그 의결을 집행하는 것이 불가능한 경우를 의미한다.
㉡ 법령에 의하여 부담하는 의무비란 ⓐ 법령이나 조례에 의하여 설치된 기관 또는 시설의 유지 · 운영, ⓑ 법령 또는 조례상 지출의무의 이행을 위한 경비를 말하는데,

이러한 경비의 예로는 도로부담금, 하천부담금, 생활보호비, 예방접종비 등이 있다.

③ 조례제정에 대한 재의요구권 : 조례의 제정, 개폐의결에 이의가 있는 경우에 재의를 요구할 수 있다.

④ 감독관청의 요청에 의한 재의요구권 : 지방의회의 의결이 법령에 위반되거나 공익을 현저히 해한다고 판단될 때에 시·도에 대하여는 행정자치부장관이 시·군 및 자치구에 대하여는 시·도지사가 재의요구를 요청할 수 있고, 요청을 받은 자치단체장은 지방의회에 이유를 붙여 재의를 요구하여야 한다.

(2) 제소권

자치단체장이 지방의회에 재의를 요구하였으나 그 안이 재의결(재적위원 과반수 출석과 출석의원 3분의 2 이상의 찬성)되었을 경우 재의결된 사항이 법령에 위반된다고 판단된 때에는 재의결된 날로부터 20일 이내에 대법원에 소를 제기할 수 있다. 이 경우 필요하다고 인정되는 때에는 집행정지결정을 신청할 수 있다(동법 제107조 3항).

(3) 자치단체장의 선결처분권

선결처분권이란 지방의회가 의결을 할 수 없거나 의결을 하지 않는 경우에 지방자치단체의 존립 또는 효율적 운영을 위하여 해당자치단체장이 의회의 의결을 거치지 않고 일정한 의결사항을 독자적 판단에 의하여 처분하는 것을 말한다. 이것은 대의민주정치에 있어서 극히 예외적인 것으로서 결코 남용되어서는 안 된다(최창호, 2009:344).

① 일반적 사항에 대한 선결처분권 : 자치단체장은 지방의회가 성립되지 아니한 때와 지방의회의 의결사항 중 주민의 생명과 재산보호를 위하여 긴급하게 필요한 사항으로서 지방의회를 소집할 시간적 여유가 없을 때, 지방의회에서 의결이 지체되어 의결되지 아니한 때에는 선결처분할 수 있다.그러나 선결처분한 사항에 대해서는 지체없이 지방의회에 보고하여 승인을 얻어야 하며, 승인을 얻지 못한 선결처분은 그때부터 효력을 상실한다. 자치단체장은 승인 여부에 관한 사항을 지체없이 공고하여야 한다(지방자치법 제109조). 여기서 의회의 불성립이란 의원의 구속 등의 사유로 의결정족수에 미달하게 된 때, 의회의 해산, 의원의 총사직, 총선거 후 최초 회의소집 이전의 의회 등을 의미한다.

② 예산에 대한 선결처분권 : 자치단체장에게 준예산집행권을 규정함으로써 예산에 대

한 선결처분권을 인정하고 있다.

㉠ 예산안에 대한 의결이 지체되고 있을 때의 선결처분권이다. 즉, 새로운 회계연도가 개시될 때까지 지방의회가 예산안을 의결하지 못한 경우에 지방자치단체의 장은 지방의회에서 예산안이 의결될 때까지 ⓐ 법령이나 조례에 의하여 설치된 기관 또는 시설의 유지 · 운영, ⓑ 법령 또는 조례상 지출의무의 이행, ⓒ 이미 예산으로 승인된 사업의 계속을 위한 경비를 전년도예산에 준하여 집행할 수 있다.

㉡ 지방자치단체의 폐치 · 분합으로 인하여 그 자치단체의 예산에 공백이 발생하고 있을 때의 선결처분권이다. 즉, 지방자치단체의 폐치 · 분합으로 인하여 지방자치단체가 새로 설치된 때에는 지체없이 그 자치단체의 예산을 편성하여야 하며, 당해 자치단체장은 예산이 성립될 때까지 필요한 경상적 수입과 지출을 집행할 수 있다. 이 경우 그 수입과 지출은 새로 성립될 예산에 편입시켜야 한다.

4) 지방의회와 집행기관간의 협력

지방자치단체장은 지방의원과 대등한 관계로 지역발전을 도모하기 위한 고도의 정치적 리더십을 발휘하고 지방정치와 여론을 주도하는 것이 필요하다. 그리고 지방의원은 주민의 얼굴로서 주민의 대표성 확보를 위하여 보다 많은 주민을 접촉하고 동시에 자치단체장을 효과적으로 견제하여 건전한 지방자치 풍토조성을 도모하여야 할 것이다(정문화, 1995:73).

제5장

지방자치단체의 권한(지방자치권)

5.1 지방자치권의 본질

1 지방자치권의 개념과 특성

1) 지방자치권의 개념

지방자치권이란 지방자치단체가 자치사무를 자율적으로 처리할 수 있는 포괄적 권리와 능력을 의미한다. 한나라의 행정사무는 국가와 지방자치단체가 분담하여 처리하고 있다. 국가의 존립 및 유지에 관한 사무나 전국적 이해관계에 관한 사무는 국가가 직접 자신의 기관(중앙정부 및 지방특별행정관청)으로 처리하고, 지방주민의 복리에 관한 사무나 지역적 이해관계에 관한 사무는 지방자치단체(지방정부)가 처리하게 되는 것이다. 이렇게 국가와는 별개의 법인격이 부여되고 그 독자적 사무가 인정되는 지방자치단체가 그 사무를 처리하고 존립하기 위해 가지는 권한을 지방자치권 혹은 자치권이라 한다.

즉, 자치권이란 지방자치사무에 대해서는 그 지방자치단체가 개별적인 법률의 수권 없이도 자주적으로 규율하고 처리할 수 있는 권한이다. 법인격을 가진 통치단체로서의 지방자치단체가 그 지역과 주민을 통치하고 자치사무를 스스로의 창의와 책임 하에 처리할 수 있는 법적인 능력을 말한다(최봉기, 2009:140).

2) 지방자치권의 특성

(1) 예속성

지방자치단체의 자치권은 국가주권 아래의 권한이며 그 범위는 국법에 의하여 정하여 진다. 국가와 지방자치단체 사이에 권한의 배분도 국가에 의하여 정하여지며, 그 권한의 행사도 국가로부터 일정한 감독과 통제를 받는다.

(2) 자주성

그러나 반면에 지방자치단체의 자치권은 국가의 통치권으로부터 어느 정도의 독립성을 갖고 있다. 물론 그 독립성의 정도는 시대에 따라, 나라에 따라, 또한 상황변동에 따라 다양하지만, 지방자치단체는 일정한 범위 안에서 자주적으로 입법, 조직, 인사, 재정, 그리고 행정운용상의 권한을 행사한다.

(3) 포괄성

지방자치단체의 자치권은 원칙적으로 해당 자치단체의 관할구역 안에 있는 모든 사람과 재 · 물 및 사항에 포괄적으로 미친다. 즉, 그 관할구역 안에 있는 한 해당 자치단체의 주민뿐만 아니라 일시 체재하는 외부인, 그리고 일시 반입된 재 · 물에도 그 효력이 미치며, 또한 명문의 특별한 금지규정이 없는 한 지방주민의 복리에 관한 모든 사항이 지방자치단체의 자치권의 대상이 된다.

2 자치권에 관한 학설

1) 고유권설

고유권설은 지방자치단체를 국가의 성립 이전부터 주민의 공동이익을 실현하기 위하여 자연발생적으로 성립한 것으로 보고, 이는 국가권력에 대항하여 시민의 자유를 지키는 기능을 수행하였기 때문에, 자치권을 지방자치단체가 본래 향유하는 국가 이전의 고유한 기본적 권리로서 인정하고 있다. 즉, 비록 지방자치단체가 국가의 영토 내에 속한다고 할지라도 지방자치권은 지방자치단체에 고유한 것이라고 보는 이론이다.

이러한 학설은 지방권설이라고도 하며, 지방권사상은 1789년 프랑스의 뚜레(Thouret)가

제창한 이래 확립된 이론으로서 자연법사상에 근거하고 있다. 자연법사상에서는 마치 개인이 자연법적 권리를 가지는 것처럼 지방자치단체도 법인격체로서 고유하게 지방자치권을 가진다는 것이다. 다시 말해 지방자치권은 국가가 초월하는 권리이기 때문에 국가는 이것을 확인하고 보호하는 권한만을 갖는다는 것이다.

2) 전래권설

전래권설은 자치단체의 자치권은 국법에 근거를 두고 있으며, 국가의 승인 또는 위임에 의하여 비로소 발생하는 권력이라고 본다. 즉, 근대국가에 있어서 주권은 오로지 국가에만 있으며, 지방자치단체는 어디까지나 국가통치를 위해 법률에 의하여 창조되는 것이므로 지방자치권이란 지방의 고유한 권력이 아니라 당연히 국가의 통치권으로부터 전래되고 구체적으로 법률에 의하여 수탁된 것이라고 보는 입장이다. 이러한 관점에서 자치권은 국법에 근거를 두고 있으며, 따라서 자치단체는 국가의 창조물(Creature of State)이고 자치권은 국가로부터 수여된 권력이라고 파악한다. 또한 자치권을 국가의 통치권에서 전래되고 국가에 의하여 승인된 것으로서, 그것은 국가에서 부여된 한도 내에서만 행사할 수 있다고 본다. 다만 자치권은 국가에 의하여 수여된 전래적 권력이지만 자치단체는 독립한 법인격을 가진 단체로서 자기이익을 위하여 자기권리로써 이 지배권을 행사한다는 것이 대체로 공통된 견해이다(최봉기, 2009:142).

3) 제도적 보장설

제도적 보장설은 지방자치권을 국가의 통치권에 의하여 위임된 권력이라고 보는 점에서는 전래설과 입장을 같이 한다. 그러나 헌법에 지방자치의 규정을 둠으로써 지방자치제도가 보장된다고 하는 학설이다. 즉, 지방자치권은 헌법에 의하여 승인되고 보장된 것으로서 입법자에 의해 그 내용의 제한이 가능하기는 하나, 헌법상 제도로서 규정되어 있는 이상, 입법자가 이를 법률로써 폐지할 수는 없고 또한 제한을 하더라도 그 본질적 내용을 침해할 수는 없다고 본다. 제도적 보장설은 독일의 공법학자 칼 슈미트(Carl Schmitt)에 의하여 확립되었으며, 그 요점은 전래권설과 다를 바 없지만 역사적 · 전통적으로 형성된 일정한 공법상의 제도를 헌법에 보장함으로써 입법에 의하여 변경하지 못하도록 옹호한다는데 그 특징이 있다. 이 학설은 오늘날 통설로 되어 있다.

5.2 지방자치권의 형태

1 자치입법권

1) 자치입법권의 의의

자치입법권이란 지방자치단체가 자치법규(Autonome Satzung)를 자주적으로 정립하는 권리(또는 권한)를 말한다. 우리 헌법 제117조 ①항은 "지방자치단체는 … 법령의 범위 안에서 자치에 관한 규정을 제정할 수 있다"고 규정하여 지방자치단체의 자주입법권을 명백히 보장하고 있다. 여기서의 '자치에 관한 규정'이 지방자치단체의 자치법규이다.

지방자치단체의 자치법규로는 현행법상 조례와 규칙이 인정되고 있다. 협의의 자주법은 조례만을 의미하지만, 보통 자치법규라고 할 때에는, 조례와 규칙을 모두 포함한다.

2) 자치입법권의 한계

자치법규는 지방자치권의 작용에 의하여 당해 자치구역을 규율하는 자주법이긴 하지만 전체적인 국법체계의 일환으로서 법률우위 및 법률유보의 원칙이 적용되고 있다. 우리나라의 관계법령에 의하면 자치입법권의 범위는 매우 협소하다. 헌법은 "법령의 범위 안에서 자치에 관한 규정을 제정할 수 있다"고 함으로써 자치입법권을 헌법적으로 보장하고 있고, 이에 따라 조례와 규칙의 두 가지를 인정하고 있으므로 자치권의 범위가 상당히 넓은 것처럼 보인다. 그러나 실제는 조례의 규율대상이 되는 자치사무의 범위가 한정[1]되어 있고, 중요성이 낮은 사무에 대해서만 조례 · 규칙으로 정하도록 하고 있다.

3) 조례

(1) 조례의 의의

조례는 지방자치단체가 법령의 범위 안에서 그 권한에 속하는 사무에 관하여 지방의회의 의결로써 제정하는 규범이다(지방자치법 제22조, 제39조 ①항).

1) 지방자치법은 헌법에 의한 자치권의 제도적 보장이란 본래의 입법취지와는 달리 "주민의 의무와 권리제한에 관한 사항"은 개별적인 법률의 위임이 있어야 한다고 규정하고 있다.

조례는 그 기준 여하에 따라 다음과 같이 여러 가지로 나눈다.

첫째로, 조례의 효력을 기준으로 하여, 주민의 권리 · 의무에 관한 조례와 지방자치단체의 내부조직 · 운영에 관한 조례로 나누인다.

둘째로, 조례의 제정근거를 기준으로 하여, 위임조례(조례의 제정의 근거가 법령의 위임에 있는 것)와 직권조례로 나누인다.

셋째로, 조례의 제정의무를 기준으로 하여, 필수조례(지방자치단체가 반드시 제정하여야 하는 조례)와 임시조례로 나누인다.

넷째로, 조례의 규정사항을 기준으로 하여, 필수조례만 규정될 수 있는 사항에 관한 조례와, 규칙으로써도 규정될 수 있는 사항에 관한 조례로 나누인다.

(2) 조례의 특성

조례는 지방자치단체가 자기책임 하에 임무를 수행하기 위한 전형적인 수단으로서 일반적 · 추상적인 법규범이지만, 규율내용의 일반성이 필수적인 특징이라고 볼 수는 없으며 구체적인 사항을 규정할 수도 있다. 헌법이 지방적 의미를 갖는 법규범의 정립권한을 의결기관인 지방의회에 부여한 것은 지역사회의 규범을 정립하는 사람과 그것을 수용하는 사람들 간의 간격을 줄임으로써 지역사회의 힘을 활성화하고, 지역특성을 반영하는 탄력적인 규율의 제정을 가능케 함으로써 국회의 입법부담을 경감하려는데 그 목적이 있다.

이러한 조례는 첫째, 지방자치단체가 제정하는 자주적 법규범의 성격을 지니며, 둘째, 지방의회의 의결로 제정되고 그 효력은 당해 지방자치단체의 구역에 한정되므로 국가법에 대한 지역법의 의미를 가지고, 셋째, 헌법과 법률에 따라 지방의회에서 제정되며, 넷째, 지방정부의 정책을 입법화한 것이다. 근래 세계적 추세에 따라 우리나라에서도 조례의 정책적 역할은 매우 확대되고 있다(최봉기, 2009:146).

(3) 조례제정권의 범위

① 지방자치단체의 소관사무

지방자치법은 그 제9조에서 지방자치단체의 소관사무의 예시로서 주민복지 증진 사무 등 6개 분야 57개 종류의 사무를 규정하고 있는데, 조례는 이러한 사무에 관하여 제정될 수 있다. 따라서 지방자치단체의 조례는 지방자치법 제11조가 규정하는 국가사무(예: 외교, 국방, 사법, 국세에 관한 사무 등)를 규정할 수 없고, 기초자치단체의 조례는 동법 제10조에 의하여 광역자치단체(시 · 도)에 배정된 사무를 규정할 수 없다.

그런데 지방자치단체의 사무로서 지방자치법 제9조에 예시된 6개 분야 57개 종류의 사무가 모두 조례규정의 대상이 되느냐 하면 반드시 그렇지는 않다는 데에 유의하여야 한다. 그것은 동법 제9조 ②항의 단서가 "다만 법률에 이와 다른 규정이 있는 경우에는 그러하지 아니하다"고 규정하고 있기 때문에, 지방자치법이 정한 57개 사무 중에서도 각 개별법률에 의하여 국가 또는 상급 지방자치단체의 사무로 될 수도 있고, 반대로 그 57개 사무에 속하지 않은 사무가 개별법률에 의하여 지방사무로 될 수도 있기 때문이다.

② 자치사무 및 단체위임사무

조례는 지방자치단체 관할구역 안의 자치사무(고유사무)와 법령에 의하여 지방자치단체에 속하는 사무(단체위임사무)에 관하여 규정할 수 있다. 지방자치단체의 고유사무가 조례규정의 대상이 되는 것은 당연하고, 단체위임사무는 원래 지방자치단체의 고유한 사무는 아니지만 법령에 의해 지방자치단체에 위임되어 지방자치단체의 사무가 됨으로써 지방자치단체의 의결기관인 지방의회가 관여할 수 있으므로 지방의회가 제정하는 조례의 규정대상이 되는 것이다.

따라서 지방의회는 법령에 의하여 지방자치단체의 집행기관인 단체장에게 위임된 이른바 기관위임사무와, 단체장에게 전속되어 있는 이른바 단체장 전속사항에 관하여는 조례로 규정할 수 없다.

첫째로, 기관위임사무는 지방자치단체의 사무가 아니라 집행기관의 사무이기 때문에 의결기관의 관여사항이 아니라는 데에서 조례의 규정대상에서 제외되는 이유를 찾을 수 있다.

그러나 기관위임사무가 전적으로 조례규정의 대상에서 제외되는 것이냐 하면 반드시 그렇지는 않다고 해석된다. 즉, 기관위임사무의 처리에 소요되는 경비는 전액 위임기관이 부담하는 것이 원칙인데(지방재정법 제21조 ②항), 만약 기관위임사무의 처리에 해당 지방자치단체의 경비가 사용되는 경우가 있다면(이른바 지방비부담의 경우), 그러한 경우에는 그 지방자치단체가 경비부담한 범위 안에서는 지방주민의 대표기관인 지방의회가 관여하는 것이 논리적으로 타당하다고 생각되는 것이다.

둘째로, 지방자치단체장에게 전속되어 있는 사무, 예컨대 지방자치단체장의 취임, 지방의회의 소집 또는 소집요구, 직원의 임면 및 지휘 · 감독, 규칙제정, 예산의 편성 · 집행, 의원보궐선거일 공고 등에 대하여는 조례로 규정할 수 없다.

(4) 조례제정권의 한계

조례제정권의 범위 안에 속하는 사항에 대하여도 지방의회는 일정한 한계 안에서만 조례를 제정 · 개정할 수 있다. 조례제정이 이러한 한계를 넘을 때에는 위법의 문제가 발생하는데 이를 열거하면 다음과 같다.

첫째, 조례는 법령[2)]에 위반되지 않아야 한다.

우리 헌법 제117조에서는 "…법령의 범위 안에서 자치법규를 제정할 수 있다"고 규정하고 있고, 지방자치법 제22조에서도 "…법령의 범위 안에서 조례를 제정할 수 있다"고 규정하고 있기 때문이다.

둘째, 조례는 상급자치단체의 조례나 규칙을 위반해서는 안된다.

지방자치법 제24조에 "시 · 군 · 자치구의 조례……는 시 · 도의 조례나 규칙에 위반해서는 안 된다."고 규정하고 있기 때문이다.

그런데 이는 시 · 도가 단체위임의 형식으로 시 · 군 · 자치구에 위임한 시 · 도의 자치사무에 대해서 시 · 군 · 자치구가 조례를 제정하는 경우에 해당하는 것으로 해석해야 한다. 왜냐하면 시 · 군 · 자치구의 자치사무는 시 · 도가 그 조례나 규칙으로 규제할 수 없기 때문이다.

셋째, 주민의 권리의무 부과에 관한 사항을 조례로서 규정할 때에는 법률의 위임이 있어야 한다(지방자치법 제22조 단서). 이 조항은 국민의 권리를 제한하고 의무를 부과할 때에는 국회에서 제정한 법률에 의해서만 가능하다는 법치주의의 이념에 입각하여 주민의 권익을 보호하겠다는 의지를 표현한 것이라고 볼 수 있다.

그러나 조례는 그 지방주민의 대표자로 구성되는 지방의회에서 제정되는 것이므로 중대한 권리의 제한이나 의무를 부과하는 경우와 벌칙은 몰라도 주민의 권익을 증대시키거나 사소한 의무를 부과하는 경우에는 법령의 범위 내에서 조례로 규정할 수 있도록 지방자치단체의 자주성과 자율성을 존중하여야 할 것이다(한국지방자치학회, 1995:217).

(5) 조례의 제정절차

① 조례의 제안

조례안을 제안할 수 있는 사람은 자치단체의 장과 지방의원, 교육감 등이다. 즉, 조례안은 자치단체장이나 재적의원 1/5 이상 또는 의원 10인 이상의 연서로 발의하며, 위원회는 그 소

2) 여기서 말하는 법령은 헌법, 법률, 명령 등을 포함한다. 그러나 단순한 행정명령(행정규칙)은 제외되는 것으로 해석되어야 할 것이다. 왜냐하면 지방자치단체의 자치입법권은 헌법과 법률에 의하여 인정되는 권리이기 때문이다.

관에 속하는 사항에 관하여 조례안을 제출할 수 있다. 그리고 교육 · 학예사무에 관한 조례안은 시 · 도교육위원회의 심의 · 의결을 거쳐 교육감이 당해 시 · 도의회에 제출하도록 하고 있다.

② 조례의 심의 · 의결

의회사무처(국, 과)에 접수되고, 의장에게 보고된 조례안은 인쇄하여 지방의원들에게 배부하고 본회의에 보고한다. 이 경우 지방의회는 소관상임위원회(또는 특별위원회)에 회부 → 위원회는 심사보고서를 본회의에 제출 → 본회의는 의사일정을 작성한 뒤 조례안을 상정 → 위원장의 심사보고 또는 제안자의 취지설명과 청취 → 질의와 응답 → 자치단체장의 의견청취 → 토론과 표결의 절차를 거치게 된다.

③ 조례의 이송 및 공포

조례는 지방의회에서 의결된 날로부터 5일 이내에 자치단체장에게 이송하여야 한다. 자치단체장이 조례를 이송 받은 후 이의가 없을 경우 20일 이내에 이를 공포하여야 한다. 그러나 이의가 있을 때는 20일 이내에 이유를 붙여 지방의회로 환부하고 재의를 요구할 수 있다. 그러나 이 때 조례안의 일부에 대해서나 조례안을 수정하여 재의를 요구할 수 없다. 이러한 재의요구에 대해 지방의회는 그 안을 재의에 붙여 재적의원 과반수의 출석과 출석의원 2/3 이상의 찬성을 얻어 의결하면 그 조례안은 조례로 확정된다. 그러나 2/3 이상을 얻지 못하면 그 조례안은 폐기된다. 자치단체장은 재의결 · 확정된 조례와 이송받은 후 20일 이내에 공포나 재의요구를 하지 아니하여 확정된 조례는 이를 지체 없이 공포하여야 한다. 자치단체장이 공포하지 아니할 때에는 지방의회 의장이 이를 공포한다.

④ 효력발생

조례는 특별한 규정이 없는 한 공포한 날로부터 20일이 경과함으로써 효력을 발생한다. 그러나 조례에 그 시행기일이 특별히 정해져 있는 경우에는 그에 따라 효력을 발생한다. 자치단체장이 이송받은 조례안을 20일 이내에 공포하지 않고, 재의요구도 하지 않아 확정된 조례에 대해서는 그 효력에 대해 논란이 있을 수 있다. 물론 이러한 경우에도 원칙적으로는 공포기일 20일과 효력발생기일 20일이 경과하면 당연히 그 조례는 효력을 발생한다. 그렇지만 주민의 권리의무 또는 이해관계에 관한 조례는 공포되어야만 효력을 발생할 수 있으므로 자치단체장이 공포하지 않으면 지방의회의장이 공포로 효력을 발생한다.

4) 규칙

(1) 규칙의 의의

규칙은 지방자치단체장의 장이 법령 또는 그 제정을 위임한 조례의 범위 안에서 그 권한에 속하는 사무에 관하여 제정하는 규범이다(지방자치법 제23조). 다만 시 · 도의 교육사무에 관한 규칙은 교육감이 제정한다(지방교육자치법 제25조).

규칙은 조례와 마찬가지로 다음과 같이 여러 가지로 나눌 수 있다.

첫째로, 그 효력을 기준으로 하여, 법규적인 것(예: 조례의 위임에 따라 제정된 지방세 · 수수료 등의 징수에 관한 규칙 등)과, 단순히 행정규칙적인 것(예: 지방공무원 정원에 관한 규칙 등)으로 나누인다.

둘째로, 제정근거를 기준으로 하여, 법령 또는 조례의 위임에 의하여 제정되는 것(위임규칙)과, 직권에 의하여 제정되는 것(직권규칙)으로 나누인다.

셋째로, 제정의무를 기준으로 하여, 제정을 필수적으로 하는 것과, 제정을 임의로 하는 것으로 나누인다.

넷째로, 규정사항을 기준으로 하여, 규칙으로써만 제정될 수 있는 사항에 관한 것과, 조례로써도 제정될 수 있는 사항에 관한 것으로 나누인다.

다섯째로, 대상사무를 기준으로 하여, 단체의 사무(고유사무와 단체위임사무포함)에 관한 것과, 기관의 사무(기관위임사무)에 관한 것으로 나누인다.

(2) 규칙제정권의 범위

규칙으로써 규정할 수 있는 사항의 범위는 다음과 같다.

첫째로, 지방자치단체의 장(또는 교육감)의 권한에 속하는 모든 사무에 걸친다. 이에는 고유사무와 단체위임사무 뿐만 아니라 기관위임사무도 포함된다. 기관위임사무는 지방자치단체의 사무가 아니고 그 자치단체의 집행기관에 위임된 사무인 만큼 이를 지방의회가 제정하는 조례로 규정할 수 없고 반드시 집행기관이 제정하는 규칙으로 규정하여야 한다.

둘째로, 자치단체의 사무(고유사무와 단체위임사무)로서 법령에 의하여 조례규정대상으로 지정된 사항, 의회의 전속권한의 사항을 제외한 기타의 모든 사항을 규칙으로 제정할 수 있다.

셋째로, 조례가 규칙에 위임한 사항 또는 조례의 실시를 위하여 필요한 사항도 규칙으로 제정할 수 있다.

(3) 규칙제정권의 한계

규칙의 제정에는 다음과 같은 한계가 있다(지방자치법 제22조~24조).

첫째로, 규칙은 법령 및 그 제정을 위임한 조례에 위반하여서는 안 된다.

둘째로, 시장 · 군수 · 자치구의 장이 제정하는 규칙은 시 · 도의 조례나 시 · 도지사가 제정하는 규칙에 위반하여서는 안 된다.[3)]

셋째로, 규칙은 법령의 개별적인 위임이 없는 한 주민의 권리제한 또는 의무부과를 규정할 수 없고 벌칙을 규정할 수도 없다.

만약 규칙이 위법 또는 현저히 부당(고유사무에 있어서는 위법에 한함)하다고 인정될 때에는 감독기관(시 · 군 · 자치구에 있어서는 시 · 도지사, 시 · 도에 있어서는 주무부장관)은 그 시정을 명하고, 그것이 시정되지 아니할 때에는 이를 취소 또는 정지할 수 있다(동법 제169조).

(4) 규칙의 제정절차

규칙은 지방자치단체의 장이 제정하되, 집행부의 간부들로 구성되는 규정심의회의 심의를 거친다(지방자치법 시행령 제28조). 자치단체의 장은 규칙의 공포예정 15일 전에 이를 감독기관에 보고하여야 하며(지방자치법 제28조), 때로는 사전에 감독기관(시 · 군 · 자치구에 있어서는 시 · 도지사, 시 · 도에 있어서는 행정자치부장관)의 승인을 받아야 하는 경우도 있다.

규칙의 공포절차 · 효력발생 등은 조례의 경우와 같다(동법 제26조).

(5) 조례와 규칙의 관계

조례와 규칙은 자치입법을 할 수 있는 대상을 구분하고 있으며, 따라서 조례와 규칙 사이에는 일반적 의미에서 그 효력의 우열이 없고 대등하다고 보아야 한다. 따라서 자치입법의 대상을 원칙적으로 조례로써 규정할 사항과 규칙으로써 규정할 사항으로 구분하고 있으며, 만약 조례로 정할 사항을 규칙으로 정하거나 규칙으로 정할 사항을 조례로 정하는 경우에는 무효가 된다.[4)]

그러나 규정대상이 명확하지 않은 경우에는 어느 쪽으로 규정하여도 좋으나 서로 저촉되

3) 엄밀히 말하여 이 한계는 시장 군수 자치구청장이 시 · 군 · 자치구의 고유사무에 관하여 제정되는 규칙에는 적용되지 아니하고, 시장 · 군수 · 자치구청장이 시 · 도로부터 위임받은 사무에 대한 규칙을 제정하는 때에 한하여 적용된다고 해석하여야 할 것이다.

4) 일반적으로 주민에게 부담을 과하거나 권리를 제한하는 것, 그리고 공공시설을 설치하는 것 등에 관하여는 조례로써 정하고, 지방자치단체의 집행기관의 직제, 지방자치단체장의 전속권한의 사항과 기관위임사무에 관한 것은 규칙으로 정하는 것이 원칙이라 할 수 있다.

는 경우는 조례가 우선하며, 조례의 위임을 받아서 제정한 규칙과 해당 조례간에는 조례가 우선한다. 그리고 조례나 규칙은 모두 공간상으로는 원칙적으로 자치구역에 한정되며, 시간상으로는 폐지될 때까지 효력을 발생한다.

2 자치조직권

1) 자치조직권의 의의

자치조직권은 지방자치단체가 그 행정기구 · 정원 · 보수 · 사무분장 등을 자신의 조례 또는 규칙을 통하여 자주적으로 정하는 권리(또는 권한)를 말한다. 이 자치조직권은 지방자치단체가 자치행정을 구현하기 위하여 자신의 행정조직을 자주적으로 정하는 권리이므로 넓게는 자치행정권에 포함된다.

헌법에 기초한 지방자치법 등에서는 지방자치단체의 행정조직에 관한 대강만을 정하고 구체적이고도 개별적인 행정조직의 세부사항은 각 지방자치단체의 자주적인 결정에 맡기는 것이 획일성을 탈피하는 데 필요할 뿐만 아니라 지방자치의 뜻에도 맞기 때문에 각국은 지방자치단체에 자주적인 행정조직의 결정권을 인정하고 있다.

2) 우리나라의 자치조직권

우리나라의 지방자치법은 헌법에 따라 지방의회의 조직 · 권한 · 의장 · 위원회, 집행기관장의 선거 · 행정기관, 지방자치단체 조직의 대강을 규정하고 있다. 그 밖의 구체적인 조직사항에 관하여는 각 지방자치단체로 하여금 일정한 범위 안에서 자치입법 · 의결 등의 형식으로 스스로 조직할 수 있는 권능을 부여하였다. 이렇게 지방자치법은 헌법에서는 지방자치단체의 기본적인 사항만을 정하고 그 나머지에 관한 것은 일정한 범위 안에서 당해 자치단체에 맡김으로써, 그 자치권을 인정하고 있다. 그러나 지방자치단체의 부단체장, 행정기구, 공무원, 소속행정기관 등에 관한 사항은 대통령령으로 정하게 되어 있으므로 자치조직권의 폭은 매우 좁다. 더구나 자치구 · 시 · 군의 행정기구는 시 · 도지사의 승인을 얻어 조례로 정하도록 하고 있어 기초자치단체의 자치조직권을 더욱 제약하고 있다.

3) 외국의 자치조직권

국가가 지방자치단체에게 자치조직권을 인정하는 범위는 국가마다 그 양상이 다르다. 대체로 영·미계 국가에서는 지방자치단체에 자치조직권을 광범하게 인정하고 있는 데 비하여, 유럽 대륙계 국가에 있어서는 지방자치단체의 자치조직권을 상당히 제한하고 있다.

미국에서는 지방자치단체의 정부조직 및 행정조직의 지역의 주민들이 자주적으로 형성하는 헌장에 따라 결정되거나(자치헌장제 : Home Rule), 주정부가 마련한 여러 가지 헌장 가운데 지역의 주민들이 선택하는 헌장에 따라 결정되고 있다(선택헌장제 : Optional Charter). 또한 분류헌장·개별헌장 제도에 의하는 경우에도 지방자치단체의 자치조직이 주민의 의사에 따라 결정되도록 확보되어 있다. 뿐만 아니라 미국에서는 지방자치단체에 공무원의 정원, 보수와 선임에 있어서 대폭적인 자주결정권이 인정되어 있다.

영국에서는 의회의원의 정수, 의회 상임위원회의 종류, 사무국의 기구, 공무원의 정원·인사·급여 등에 거의 완전한 자주적 결정권이 지방자치제에 인정되고 있으며, 최근에는 지방정부의 조직형태도 과거처럼 의회중심으로 통일되지 아니하고 지방주민의 의사에 따라 결정되고 있다.

프랑스에서는 대대적인 지방분권화 개혁이 단행된 이후에도 레종(Région)의 지방장관(국가위원)을 비롯한 주요 간부, 데빠르뜨망(Département)의 지방장관(국가위원)을 비롯한 주요 간부, 수도 빠리(Paris)와 각 꼬뮨(Commune) 및 빠리(Paris)의 특정직원 및 위원의 임명에 내무부장관의 승인을 요하게 하고 있다.

독일에서는 주의 법률은 게마인데(Gemeinde) 정부조직의 대강만을 정하고 그 구체적 내용에 관하여는 각 게마인데(Gemeinde)의 기본조례(Hauptastzung)로써 정하게 되어 있으나, 게마인데(Gemeinde) 공무원의 정원, 보수, 수당, 근무 등을 주의 법률 또는 노동협약 등으로 정하는 경우가 많다.

3 자치행정권

1) 자치행정권의 의의

자치행정권은 지방자치단체가 자기 사무를 원칙적으로 국가의 간섭을 받지 않고 자주적으로 처리할 수 있는 권리를 의미한다. 자치행정권에 관하여 헌법은 제117조 ①항에서 "지방자치단체는 주민의 복리에 관한 사무를 처리하고 ……"라고 규정하여 자주적인 권능을 보장하고 있다. 지방자치법 제9조 ①항에서는 "지방자치단체는 관할구역의 자치사무와 법령에 의하여 지방자치단체에 속하는 사무를 처리한다"고 명시하고 있으며, 지방자치법 제103

조에서는 "지방자치단체장은 당해 지방자치단체의 사무와 법령에 의하여 위임된 사무를 관리하고 집행한다"고 규정하여 자치행정권의 행사를 뒷받침하고 있다.

2) 우리나라의 자치행정권

우리나라의 경우는 국가와 지방의 관계가 수직적인데다가 지방자치단체에 대한 중앙통제가 권력적이고 관료주의적 이어서 자치행정권의 범위가 선진 외국에 비해 협소하고 제한적인 특징이 있다. 자치행정권을 권력적 행정작용과 비권력적 행정작용으로 나눌 수 있는데, 권력적 행정작용은 공권력을 배경으로 강제하는 권력작용이며 비권력적 행정작용은 주민에 대한 행정서비스의 제공을 목적으로 하는 관리적 작용이다.

(1) 권력적 행정작용

지방자치단체는 주민의 안전과 사회 · 경제질서의 유지, 생활환경의 정화 등을 위하여 권력적으로써 주민에게 명령 · 강제하는 권한을 가진다.

첫째로, 주민의 안전을 위하여 각종 통제작용을 행한다. 소방 · 교통 등의 분야에서 행하는 통제가 그 예가 될 수 있다.

둘째로, 경제 · 사회의 질서를 유지하기 위하여 각종 규제작용을 행한다. 물가안정, 양곡관리, 공정거래, 노동조건, 위생 · 건강 등의 분야에서 행하는 규제가 그 예이다.

셋째로, 환경의 정화를 위하여 각종 부담을 과한다. 국토건설 · 이용, 도시 · 지역계획, 환경오염방지 등을 위하여 공용제한, 공용수용, 공용환지, 작위 · 부작위명령을 행하는 것 등이 그 예이다.

(2) 비권력적 행정작용

지방자치단체는 주민에게 보다 적극적인 서비스를 제공하기 위하여 비권력적인 행정작용도 행한다.

첫째로, 지방자치단체는 공공시설을 설치 · 관리한다. 공공시설은 해당 자치단체의 구역 안에 뿐만 아니라, 관계 지방자치단체의 동의를 얻어 그 자치단체의 구역 안에도 설치할 수 있다(지방자치법 제144조 ③항). 공공시설은 주민의 복지증진을 위하여 설치하는 것으로서, 주민에게는 평등한 공용권이 부여되어 있다(동법 제13조 ①항). 공공시설의 예로는 초등학교, 중 · 고등학교, 공원, 녹지, 하수도, 운동장, 도서관, 극장 등을 들 수 있다.

둘째로, 지방자치단체는 민간의 활동을 지원 · 보조한다. 즉, 산업 · 문화의 진흥 및 주민의 생활안정을 위하여 민간의 기업활동 및 문화활동에 대하여 자금지원 및 장려 · 조장을 행한다.

셋째로, 지방자치단체는 사회복지행정을 수행한다. 즉, 공적부조, 사회보험, 보건 · 위생, 교육, 주택 등에 걸쳐서 광범위한 사회개발을 추진하는 것이다.

3) 외국의 자치행정권

지방자치단체의 자치행정권을 인정하는 범위도 나라에 따라 큰 차이를 보이고 있다.

영 · 미에서는 지방자치단체가 처리하는 사무는 원칙적으로 이를 모두 자치사무로 하고 이에 대한 국가의 관여도 입법적 · 사법적 관여와 기술적 조언 및 재정적 지원을 중심으로 하고 있으므로 자치행정권의 범위가 넓은데 비하여, 유럽 대륙계 국가에서는 지방자치단체가 처리하는 사무 가운데 국가사무가 상당히 큰 비중을 차지하고 지방자치단체에 대한 국가의 관여도 매우 엄중하므로 자치행정권의 범위가 좁다고 하겠다.

영국의 경우 자치행정권의 범위는 자치단체의 종류에 따라 다르다. 예컨대 기초자치단체인 잉글랜드와 웨일즈의 시 · 군은 자치행정권의 범위가 비교적 협소한데 반하여, 북아일랜드의 시 · 군은 모든 지방적 사무에 대한 자치행정권을 가지고 있으므로 그 범위가 넓다. 그러나 일반적으로는 영국 지방자치단체의 자치행정권은 월권금지(越權禁止:Ultra Vires Rule)의 원칙에 의하여 설정된다. 즉, 의회가 제정한 법률의 테두리 안에서 지방자치단체는 합법적인 행정권의 행사가 이루어져야 한다는 것이다. 그럼에도 불구하고 영국은 오랜 지방민주주의의 전통을 가진 나라로서 기본적으로 지방자치단체의 소관사무 범위가 광범위하여 요람에서 무덤까지 주민생활의 모든 영역에 관한 사무를 수행한다고 해도 과언이 아니다(최봉기, 2009:153).

미국의 자치행정권의 범위는 그 지방자치단체가 소속한 주가 어느 헌장제도를 채택하느냐에 따라 다르지만, 전체적으로 볼 때 매우 넓은 편에 속한다. 그러나 미국의 경우 기본적으로는 딜런의 원칙(Dillon's Rule)이 주와 지방정부의 관계를 규정하고 있다고 보아야 할 것이다.[5]

---

5) 딜런의 원칙이란 "미국에 있어서 지방정부의 권력은 주정부로부터 나온다"는 것으로 1868년 미국 아이오와주 법원의 딜런판사에 의해 주장되었다.

4 자치재정권

1) 자치재정권의 의의

지방자치단체가 자기 사무를 수행하는데 필요한 경비를 자주적으로 조달하고 관리하는 권리를 의미한다. 자치재정권에 대해 헌법 제117조 ①항은 "지방자치단체는 …… 재산을 관리하며 ……"라고 규정했고, 지방자치법에는 "지방자치단체는 법률이 정하는 바에 의하여 지방세를 부과 · 징수할 수 있다"고 규정하여 사용료 · 수수료 · 분담금에 대해서도 징수할 수 있는 근거를 규정하고 있다(지방자치법 제135~138조).

2) 우리나라의 자치재정권

지방자치단체의 자치재정권에는 두 가지 측면이 있다. 그 하나는 지방자치단체가 재원을 취득하기 위하여 주민에게 명령하고 강제하는 권력적 작용이고, 다른 하나는 그 재산을 관리하고 수입 · 지출을 실행(회계 · 경리)하는 관리적 작용이다. 그 어느 것도 주민의 일상생활과 밀접한 관련성을 가지고 있으므로, 그 가운데 중요한 것은 의회의 의결에 의하도록 되어 있다(최창호, 2009:209-210).

(1) 재정권력 작용

지방자치단체는 재정적 수입을 얻기 위하여 권력으로써 주민에게 명령 · 강제하는 권한을 가지는 바, 그 내용은 다음과 같다.

첫째로, 지방자치단체는 주민에게 작위 · 부작위 또는 감수의 의무를 명한다. 신고 · 영업금지를 명하거나 장부검사를 행하는 등이 그 예이다.

둘째로, 지방자치단체는 지방세 · 사용료 · 수수료 및 분담금을 부과 · 징수한다.

셋째로, 지방자치단체는 재정적 수입을 확보하기 위하여 재정강제권을 발동한다. 즉, 지방세 등의 체납에 대하여 강제집행을 행하며(동법 제140조), 이를 위해서 체납처분과 담보권실행을 한다.

넷째로, 지방자치단체는 재정범에 대하여 재정벌을 과한다. 사기 기타 부정행위로써 조세 등을 포탈한 자, 공공시설 등을 부정사용한 자 등에 대한 형벌금(벌금 · 과료) 또는 과태료의 징수가 그 예이다(지방세법 제84조, 지방자치법 제139조 ②항).

(2) 재정관리 작용

지방자치단체는 재산 및 수지를 관리하는 권한을 가진다. 이러한 재정관리작용은 본질적으로는 경제적인 작용으로서 민간의 회계 · 경리작용과 다를 바 없다. 다만 그 작용이 주민의 이해와 밀접한 관련을 가지기 때문에 그 처리의 공정성을 확보하기 위하여 각 법령에 의해 특별한 규제를 받도록 하고 있다.

지방자치단체의 재정관리작용의 내용은 다음과 같다.

첫째로, 지방자치단체는 행정목적을 달성하기 위하여 또는 공익을 달성하기 위하여 필요한 경우에 재산을 보유하거나, 특정한 자금의 운용을 위한 기금을 설치할 수 있다(지방자치법 제142조).

둘째로, 지방자치단체는 공기업을 경영한다(동법 제146조). 지방공기업에서는 독점적 사업도 있고, 그렇지 않은 것도 있다. 전자의 예로는 수도, 농수산물 도매시장 등이 있다.

셋째로, 지방자치단체는 회계연도마다 예산을 편성하고 결산을 행하며, 법령이 정하는 바에 따라 수입과 지출을 행한다(동법 제125~134조).

3) 외국의 자치재정권

지방자치단체의 재정적 자주성이 완전히 실현되는 나라는 거의 없다. 영국에서는 자치단체의 소요경비를 주로 지방채 수입으로 충당하지만 그 재정위기를 해결하지 못해 국고보조금에 의존하는 정도가 높아지고 있고, 미국에서도 누적되는 재정적자로 파산하는 자치단체가 속출하여 주 및 연방정부의 보조금이 증가하고 있으며, 프랑스도 지방분권법으로 자치단체의 재정적 자주권이 강화되었지만 국가의 보조에 크게 의존하고 있고, 일본에서도 그러한 사정은 마찬가지이다.

5 자치사법권

지방자치단체가 드물게 자치사법권을 행사하는 경우가 있다. 영국에서는 치안판사(Justice of the Peace)가 19세기 중엽에 이르기까지 지방행정에서 주도적인 역할을 했다. 따라서 지방자치가 처음에는 치안판사의 활동에서 시작되었다고 볼 수 있다(장지호, 1992:59-64). 미국에서는 지방자치단체가 자치 법규 위반자에게 사법적 규제를 하는 자치법원(Municipal Court)이 설치된 경우가 있다(Adrian & Fine, 1991:368-369).

이런 자치법원은 지방자치단체 조례위반자에게 벌금 또는 구류처분을 주로 하게 되는데 교통규칙 위반이나 공공질서 위반사건이 그 대부분을 차지하고 있다(Hepburn, 1986:146).

그러나 영 · 미지역을 제외한 대부분의 나라에서는 자치사법권이 자치권에 포함되는 경우는 거의 없다.

제6장

지방자치단체의 사무

6.1 지방사무

1 지방사무의 의의와 종류

1) 지방자치단체사무의 의의

지방사무란 지방자치단체가 처리할 것이 요청되는 일정한 공공업무를 말한다. 우리나라 헌법 제117조는 "지방자치단체는 주민의 복리에 관한 사무를 처리하고…"라고 규정하여 지방자치단체의 존립목적이 주민복리에 관한 사무의 처리에 있음을 명백히 하고 있는바, 지방사무의 내용이 주민의 복리증진에 관련된 사항들임을 확인할 수 있다.

주민의 복리는 주민의 모든 일상생활과 관련된 것으로서 그 내용은 매우 광범하고 지역에 따라 그리고 개인에 따라 다르게 나타날 수도 있으나, 대체로 경제적으로 풍요하고 평등한 생활, 사회적으로 문화적이고 인간다운 생활, 환경적으로 편리하고 위생적인 생활의 영위를 그 주요 골자로 하고 있다고 할 수 있다. 이러한 주민복리의 중점도 시대에 따라 변하고 있는데, 과거에는 주민복리가 주로 경제면에 치중된 것이었으나, 경제성장이 어느 정도 이루어진 오늘날에는 이러한 주민복리의 중점을 사회면과 환경면에 두는 경향이 늘어가고 있는 것이다.

그리하여 오늘날에는 주민의 생활에 관하여 경제지표(Economic Indicator)외에, 사회지표(Social Indicator) 또는 환경지표(Environmental Indicator)를 설정하거나, 주민생활의 최저수준을 의미하는 시민적 최저수준(Civil Minimum)을 설정하여 사무를 처리하도록 하는 경향이 늘어가고 있다(최창호, 2009:214-5).

2) 지방사무의 종류

지방자치단체의 사무는 그 분류기준에 따라 여러 가지로 나누어질 수 있으나, 지방자치법 제9조 ①항의 "지방자치단체는 그 관할구역의 자치사무와 법령에 의하여 지방자치단체에 속하는 사무(단체위임사무)를 처리한다"라는 규정과 제93조의 "국가사무는 법령에 다른 규정이 없는 한 시 · 도지사와 시장 · 군수 및 자치구의 구청장에게 위임(기관위임사무)하여 행한다"라는 규정에 따라 자치사무 · 단체위임사무 · 기관위임사무로 구분하는 성질별 분류가 일반적으로 사용되고 있다.

(1) 자치사무

자치사무는 일반적으로 지방자치단체의 존립을 목적으로 하며, 지방자치단체가 주민의 복리증진을 위한 지방적 공공사무를 자기의 책임과 부담 하에 처리하는 사무로서 고유사무라 불리기도 한다.

이러한 자치사무는 법령에 특별한 규정이 없는 한 지방자치단체가 그 재량으로써 자유로이 대상을 취사선택하여 처리하는 것이 원칙이지만(이를 임의사무 또는 수의사무라 한다), 공익상의 이유로 법령에 의하여 그 시행이 지방자치단체의 의무로 규정되어 있는 경우도 적지 않다(이를 필요사무라 한다).

자치사무의 처리에 소요되는 경비는 지방자치단체의 자주재원으로 전액 충당하는 것이 원칙이고(지방재정법 제17조), 국고보조금을 받는 경우에도 그것은 장려적 보조금의 성격을 가지게 된다. 자치사무는 지방자치단체가 그 의사와 책임과 부담으로 자율적으로 처리하는 사무이므로 지방의회의 관여는 비교적 폭넓게 허용되나, 중앙정부의 감독은 소극적 감독, 즉 합법성에 관한 교정적 감독만이 허용되고, 적극적 감독, 즉 예방적 감독과 합목적성의 감독은 배제되는 것이 원칙이다.

이러한 자치사무의 구체적인 예로는 조례와 규칙의 제정사무, 지방의회의 의원과 자치단체의 집행기관의 선거사무, 지방의회의 조직과 운영사무, 공무원 인사사무, 예산사무, 상 ·

하수도 사무, 도로, 시장, 쓰레기처리, 주책, 학교, 병원, 도서관 운영 등을 들 수 있다.

(2) 단체위임사무

단체위임사무는 개별법령에 의하여 중앙정부 또는 상급자치단체로부터 위임받아 처리하는 사무로서 자치사무에 비해 일반적으로 법령상 규제 및 중앙정부의 통제범위가 넓으나, 일단 자치단체에 위임되면 자치사무와 동일하게 취급되어진다. 그리고 이러한 단체위임사무는 개개의 법령에 의하여 지방자치단체에 위임된 사무이므로, 처리하지 않으면 안 되는 필요사무가 일반적이다.

단체위임사무는 사무의 성질상 지방적 이해관계뿐만 아니라 광역적 또는 전국적 이해관계를 동시에 가지고 있는 것이므로, 사무처리에 소요되는 경비는 위임기관인 중앙정부 또는 상급자치단체와 수임기관인 지방자치단체가 분담하는 것이 원칙이며, 이 경우 중앙정부 또는 상급자치단체는 부담금 성격의 보조금을 해당 지방자치단체에 지급하여야 한다(지방재정법 제18조 ①항).

(3) 기관위임사무

기관위임사무는 중앙정부 또는 상급자치단체로부터 지방자치단체의 집행기관(장, 교육장)에게 그 처리가 위임된 사무로서, 그 성질이 일반적으로 지방적 이해관계보다는 광역적 또는 전국적 이해관계가 큰 사무이다. 우리 나라는 기관위임우선의 원칙에 따라 단체위임사무보다 기관위임사무가 지방사무에서 차지하는 비중이 높다.

기관위임사무의 처리에 소요되는 경비는 그 전액을 위임기관인 중앙정부 또는 상급자치단체가 부담하는 것이 원칙이고, 이 경우에 수임기관에 교부되는 보조금은 의무적인 교부금으로서의 성격을 가진다(지방재정법 제18조 ②항).

기관위임사무는 해당 지방자치단체에 위임된 것이 아니라 그 집행기관에게만 위임된 사무이므로 그 처리는 집행기관의 전권에 속하는 것이며, 따라서 이에 관하여 지방의회는 사무처리에 필요한 경비부담에 관한 사항 외에는 관여할 수 없다. 반면 기관위임사무는 수임기관이 그 위임기관의 하급기관으로서의 지위에서 사무를 처리하는 것이므로 위임기관은 수임기관인 지방자치단체의 집행기관에 대하여 합법성 및 합목적성의 감독 그리고 교정적 및 예방적 감독 등을 포함하는 매우 적극적인 감독을 수행할 수 있다.

이러한 기관위임사무의 구체적인 예로는 가족관계등록부 · 주민등록사무, 병사사무, 대통령 · 국회의원의 선거사무, 국민투표, 경찰사무, 소방사무, 지적 등의 사무를 들 수 있다.

2 지방자치단체 사무처리의 기본원칙

1) 주민복리의 원칙

주민의 복리증진은 지방자치단체 존립의 근본목적이므로 '지방자치단체는 그 사무를 처리함에 있어서 주민의 편의 및 복리증진을 위하여 노력하여야 한다(지방자치법 제8조 ①항)'는 원칙이다.

2) 행정효율의 원칙

지방자치단체는 조직 및 운영의 합리화에 노력하고, 그 규모의 적정화를 도모하여야 한다(동법 제8조 ②항). 조직과 운영의 합리화란 '최소의 경비로 최대의 효과'를 거두기 위해 조직의 편제와 운영이 효율적으로 이루어져야 한다는 것을 뜻하며, 규모의 적정화는 전국적 수준의 균등한 향상을 기하고 각 자치단체의 기능 · 특성에 적합할 수 있는 적정한 규모로 구역을 분립시키자는 것이다.

3) 법령적합의 원칙

지방자치단체는 법령이나 시 · 도의 조례에 위반하여 그 사무를 처리할 수 없다(동법 제8조 ③항).

4) 자치단체상호간의 협력의 원칙

지방자치단체는 다른 자치단체로부터 사무의 공동처리에 관한 요청이나 사무처리에 관한 협의 · 조정 · 승인 또는 지원의 요청이 있을 때 법령의 범위 안에서 이에 협력하여야 한다(동법 제139조). 광역적 사무의 처리에 있어서 자치단체상호간의 협력은 경쟁력 제고를 위해서뿐만 아니라 분쟁해결을 위해서도 필연적이다.

3 지방사무의 범위와 내용

1) 지방자치단체의 사무범위

현행지방자치법은 지방자치단체의 사무범위를 자치사무 · 단체위임사무 구별 없이 ① 지방자치단체의 구역, 조직 및 행정관리 등에 관한 사무, ② 주민의 복지증진에 관한 사무, ③ 농림 · 상공업 등 산업진흥에 관한 사무, ④ 지역개발 및 주민의 생활환경시설의 설치 · 관리에 관한 사무, ⑤ 교육 · 체육 · 문화 · 예술의 진흥에 관한 사무, ⑥ 지역민방위 및 소방에 관한 사무로 예시하고, 원칙적으로는 예시된 사무에 대해서는 중앙정부의 관여를 배제하고 있다. 다만 법률에 이와 다른 규정이 있는 경우에는 그러하지 아니한다고 규정하고 있다 (제9조 2항).

2) 지방사무의 내용

지방자치법(제9조 ②항)에서는 지방자치단체의 사무를 6개 분야로 구분하고 있는데, 이러한 지방사무를 성격별로 크게 3개 유형으로 나눌 수 있다.

(1) 유지적 사무

① 일반행정사무

지방자치단체의 유지와 존속에 관한 사무로서 기능적 사무에 속하지 않는 사무가 일반행정사무에 해당된다. 서무, 조직, 인사관리 등과 같은 일반관리사무와 주민등록, 병무, 선거 등과 관련된 주민관리사무를 포함하는 행정관리 및 재정관리, 홍보관리의 사무가 일반행정사무의 주된 내용이다.

② 안전 방위 사무

주민의 생명과 재산을 보호하기 위해 사회의 공공적 안녕과 질서를 유지하는 사무이다. 여기에는 소방 · 안전관리, 경찰, 재난관리, 민방위 사무 등이 해당된다.

(2) 복지적 사무

① 사회복지사무

주민의 기초적 생계를 보장하고, 인간다운 삶을 영위할 수 있도록 지원하는 사무가 사회복지사무이다. 중앙정부와 지방정부가 분담하여 처리하고 있는 사회복지사무에는 보건행정, 환경행정, 사회복지행정, 노동행정, 소비자보호행정 등이 포함된다.

② 교육 · 문화사무

주민이 품성을 갈고 닦으며, 민주시민으로서 요구되는 자질과 능력을 함양하도록 지원해 주는 사무이다. 학교교육과 사회교육, 기술교육을 포함하는 교육행정과 문화적 영역을 담당하는 문화행정이 주된 내용을 이루고 있다.

(3) 발전적 사무

① 산업 · 경제사무

지역의 산업발전과 경제적 문제를 해결하기 위해 주민들의 경제활동을 지도 · 장려 · 규제하는 사무이다. 여기에는 농업행정, 임 · 수산행정, 상 · 광공행정, 관광 · 운수행정 등이 포함된다.

② 지역개발사무

지역발전을 위하여 지방자치단체가 직접 계획 · 관리 · 경영하는 사무이다. 여기에는 주택건설허가, 준공검사, 도로 · 교량시설 및 치수 등과 관련한 건설행정과 SOC시설, 산업공단 선정, 도시재개발사업, 교통대책 등을 포함한 지역개발이 포함된다.

6.2 국가와 지방자치단체간의 기능배분

1 기능배분의 의의

1) 기능배분의 개념

현대사회에서의 정부역할증대는 어느 국가에서나 보편적인 현상이다. 따라서 이렇게 양적으로 팽창되고 질적으로 전문화해 가고 있는 정부의 역할을 중앙정부와 각급 지방정부가 어떻게 분담하여 처리할 것인가의 문제가 중요시된다.

다종다양한 정부의 행정사무는 어느 국가에서나 중앙정부와 지방정부가 적절하게 나누어 처리하게 된다. 국가에 따라 그 분담의 방법과 정도에 차이가 있기는 하지만 국민의 생활과 직결되는 정부의 행정사무는 중앙정부와 지방정부가 적절하게 분담하여 처리하는 것이 국민의 다양한 욕구에 적극적으로 부응하고 행정의 민주성과 능률성을 확보하는데 유리하기 때문이다. 그리고 이때 중요하게 대두되는 문제가 정부의 행정사무를 중앙정부와 각급 지방정부가 어떻게 적절히 분담하여 처리할 것인가의 문제인데 이것이 바로 국가가 처리하여야 할 사무는 무엇인가, 광역자치단체가 처리하여야 할 사무는 어떤 것이고, 기초자치단체가 처리하여야 할 사무는 어떤 것인가를 구별하는 문제인 기능배분의 문제이다. 이러한 기능배분의 문제가 중시되는 이유는 국민의 생활과 직결되는 정부의 행정사무를 중앙정부와 각급 지방정부에 어떻게 배분하느냐에 따라 공공서비스의 수준이 결정되기 때문이다.

이러한 맥락에서 볼 때 기능배분이란 정부에서 처리해야 할 각종 역할을 중앙정부와 각급 지방정부가 분담하고 그 사무의 처리에 관한 권한 및 책임 또한 적절하게 분담하는 것이라 할 수 있다.

2) 기능배분의 성격

중앙정부와 각급 지방정부간의 기능배분문제는 다음과 같은 성격을 갖는다.

첫째, 기능배분의 문제는 정치 · 행정문화 또는 체제와 밀접한 관련을 가진다. 즉, 중앙집권과 권위주의가 발달한 나라에서는 중앙정부 또는 상급자치단체에 기능이 집중적으로 배분되는 반면, 지방분권과 민주주의가 발달한 나라에서는 특히 기초자치단체에 많은 기능이 배분되게 된다.

둘째, 기능배분의 문제는 지방정부의 관할구역과 밀접한 관련을 가진다. 즉, 국가의 규모가 커서 지방정부의 관할구역도 크고 그 조직 또한 잘 발달된 나라에서는 지방정부의 기능이 중대하는 반면, 국가의 규모가 작아 지방정부의 관할구역이 작고 그 조직 또한 중앙정부 조직에 비해 미약한 나라에서는 중앙정부에 많은 기능이 집중되게 된다.

셋째, 기능배분의 문제는 지방자치의 계층구조와 밀접한 관련을 가진다. 즉, 지방자치의 계층이 한 개뿐이면 중앙정부와 지방정부의 기능배분은 비교적 간단한 성격을 띠게 되지만, 지방자치의 계층이 둘 이상의 다층구조를 지니게 되면 지방정부간의 또 다른 기능배분문제가 발생하게 되어 기능배분은 상당히 복잡하고 기술적인 성격을 띠게 된다.

2 기능배분의 원칙

기능배분의 원칙에 관하여는 여러 가지 원칙들에 제시되고 있고 실제로 각 나라에서 사용하고 있는 기능배분의 원칙들도 공통적인 것은 아니다. 국가와 지방자치단체의 기능배분은 나라마다의 정치 · 행정의 역사와 전통, 정치 · 행정의 이념, 지방분권화의 정도, 사회 · 경제적 환경, 과학기술과 교통 · 통신의 발달정도, 개별적 사무의 성질과 내용 등에 따라 달라지는 것이기 때문이다.

이에 여기에서는 기능 배분의 원칙으로 각국에서 사용되고 있는 기능배분의 원칙 중에서 공통되고 중요한 원칙을 정리하여 제시해보고자 한다(정재화, 2002:123-124).

1) 불경합의 원칙

불경합의 원칙이란 중앙정부와 각급 지방자치단체가 그 사무를 처리함에 있어서 서로 중복되거나 경쟁적으로 이루어지지 아니하도록 사무의 소속과 그 처리에 대한 권한 · 책임을 명확히 하여야 한다는 원칙이다. 이러한 원칙은 사무처리의 중복에서 야기되는 이중감독 · 이중규제 · 이중행정 등의 폐해와 이로부터 발생하는 낭비와 대립을 줄이기 위한 기능배분의 원칙으로 나라에 따라서는 행정책임명확화의 원칙 또는 권한중복금지의 원칙이라 하기도 한다.

2) 기초자치단체 우선의 원칙

기초자치단체 우선의 원칙이란 공공의 행정사무를 민주적으로 수행하기 위해서는 주민참여와 주민통제가 용이한 지방자치단체의 가장 최저단계인 기초자치단체에 가능한 많은 사무를 배분하고, 특히 주민의 생활에 밀착된 사무는 그 신변에 가까운 단체에 배분하여야 한다는 원칙이다.

이러한 원칙은 행정서비스가 가능한 주민과 가까운 위치에서 수행되도록 함으로써 행정서비스의 적실성과 민주성을 제고하고자 하는 기능배분의 원칙으로 나라에 따라서는 현지성의 원칙 또는 주민밀착성의 원칙이라 하기도 한다.

3) 경제성의 원칙

경제성의 원칙이란 행정의 능률적인 집행을 위해서 행정기능은 행정주체의 규모, 행 · 재정적 능력, 그리고 행정대상이 되는 인구에 비추어 가장 능률적이고 경제적으로 수행될 수 있도록 배분되어야 한다는 원칙이다. 이러한 원칙은 최소의 비용으로 최대의 효과를 확보하고자 하는 행정능률화를 위한 기능배분의 원칙으로, 나라에 따라서는 능률성의 원칙이라 하기도 한다.

4) 종합성의 원칙

종합성의 원칙이란 행정의 일관성과 주민편의를 위해서는 지방행정이 종합적으로 이루어져야 하는데 이를 위한 방법으로 지방행정기능을 중앙정부의 일선기관인 특별지방행정기관에 부여하는 것보다는 일반 지방자치단체에 우선 배분하고, 사무의 위임에 있어서도 기관위임보다는 단체위임이 우선적으로 이루어져야 한다는 원칙이다.

3 기능배분의 방식

국가와 지방자치단체간 또는 지방자치단체 상호간의 기능배분방식도 나라에 따라 다르나, 이는 대체로 개별적 수권방식, 포괄적 수권방식, 그리고 이 두 가지를 통합한 방식인 절충적 수권방식으로 유형화할 수 있다.

1) 개별적 수권방식

개별적 수권방식은 지방자치단체가 처리해야 할 행정기능과 사무를 개개의 지방자치단체별, 사무종류별로 분류하여 필요할 때마다 지방자치법 외에 개별적인 법률을 통하여 배분하는 방식이다.

이러한 방식은 중앙정부와 자치단체 또는 자치단체 상호간의 기능배분이 명확하고 그 한계가 분명하여 사무의 중복을 피할 수 있으며 중앙정부의 통제를 방지하고 지방자치단체의 특성에 맞는 자치행정을 확보할 수 있다는 장점이 있는 반면, 빈번한 법률제정으로 인해 시간의 지연과 낭비를 초래할 수 있고 수많은 개별법률의 양산은 행정상의 혼란과 낭비를 초래하기 쉬우며 지방자치단체간의 관계도 법률의 제정과 개정 시마다 변경될 수밖에 없다는 단점이 있다.

개별적 수권방식은 영국과 미국을 비롯하여 캐나다, 호주, 스웨덴 등의 국가에서 채택되고 있는데, 영국에서는 지방자치단체의 행정기능을 지방자치단체의 행 · 재정능력에 따라 개별법으로 규정하고 있고, 미국에서는 지방자치단체별로 구역, 기구, 사무, 권한 등을 규정한 시헌장을 제정하여 각 자치단체의 능력과 특성에 맞게 사무를 채택하고 있다.

2) 포괄적 수권방식

포괄적 수권방식은 법률에 의해 특별히 금지된 사항이나 중앙정부 또는 다른 지방자치단체의 전권에 속하는 사무 외에의 모든 지방적 행정기능과 사무를 지방자치단체가 수행할 수 있도록 헌법이나 법률에 포괄적으로 규정하여 배분하는 방식이다.

이러한 포괄적 수권방식은 지방자치단체의 행정수행에 신축성을 부여하는 장점이 있는 반면, 기능배분의 불명확으로 인하여 지방자치단체간의 불필요한 사무의 중복을 초래할 수 있고 자치사무와 위임사무의 한계가 모호할 수 있으며 중앙정부 또는 상급자치단체의 무제한적인 통제를 초래하기 쉽다는 단점이 있다. 또한 포괄적 수권방식에 의하면 지방자치단체에 보다 광범위한 권한이 부여될 것 같이 보이나 각 분야에서 제정되는 각종의 특별법을 통하여 국가 또는 상급 자치단체의 소관사항으로 규정되는 사무가 늘어남으로써 실제에 있어서는 개별적 수권방식을 채택하고 있는 국가에 있어서보다 지방자치의 기능이 협소한 것이 일반적이다.

포괄적 수권방식은 프랑스와 독일을 비롯한 유럽 대륙계의 많은 나라에서 채택하고 있다.

3) 절충적 수권방식

절충적 수권방식은 개별적 수권방식과 포괄적 수권방식을 절충한 것으로 각급 지방자치단체에 종합적으로 적용되는 기능배분 기준을 제시하되 구체적으로 사무종목을 예시 또는 열거하는 방식이다.

이러한 절충적 수권방식은 개별적 수권방식과 포괄적 수권방식의 단점을 보완할 수 있는 장점이 있는 반면, 그 절차가 복잡하고 행정사무의 종류와 기준을 중앙정부가 정하기 때문에 관치행정의 성격이 농후하여 동일한 자치단체에서도 관치행정과 자치행정이 동시에 이루어지기 때문에 지방행정의 이원화의 우려가 있다는 단점이 있다.

절충적 수권방식은 일본, 우리 나라, 나이지리아 등에서 채택하고 있는데 일본에서는 개개의 지방자치단체별로 사무배분을 하지는 않고, 지방자치단체를 광역적 자치단체와 기초적 자치단체로 나누어 일괄 배정하되, 동법의 별표를 통하여 법정수탁사무로서 광역자치단체가 처리할 사무(제1호)와, 기초자치단체가 처리할 사무(제2호)를 각 개별법의 근거를 제시하여 일일이 열거하는 이른바 '열거적 포괄수권방식'을 채택하고 있고, 우리나라에서는 1988년의 개정 지방자치법에서 광역자치단체가 처리할 사무와 기초자치단체가 처리할 사무를 개략적으로 예시하여 일괄배정하고, 동법 시행령에서 별표를 통하여 그 예시사무의 광역자치단체와 기초자치단체별 배분을 열거하는 이른바 '예시적 포괄수권방식'을 채택하고 있다(지방자치법 제9조, 제10조).

4 국가와 지방자치단체의 기능

1) 기능배분의 기준

(1) 국가의 기능

국가와 지방자치단체간의 기능을 배분함에 있어서는 그 성질상 당연히 국가가 담당하여야 할 사무를 제외하고는 모두 지방자치단체가 담당하는 것이 바람직하다.

따라서 국가가 담당하여야 할 사항을 정리하여 보면 다음과 같다.

① 국가의 존립과 직결된 사무 : 외교, 국방, 병무, 화폐, 대통령 및 국회의원 등의 선거, 국가의 조직 및 재정, 사법 및 행형, 국가경찰에 관한 사무 등.

② 정책상 전국적 규모로서 전국적 · 종합적으로 행하는 기획에 관한 사무 : 국토 종합개발계획, 경제개발계획, 전국주요간선도로계획에 관한 사무 등.

③ 전국적으로 기준의 통일 또는 조정을 요하는 사무 : 도량형의 기준설정, 의사 · 약사 등의 시험과 면허, 전국적인 통계조사 및 측량, 근로기준설정에 관한 사무 등.

④ 도의 구역을 넘으며 도 상호간의 협의에 의하여 처리하기 곤란한 사무 및 지방자치단체의 구역에 관계가 없는 사무 : 원양어업, 대하천, 항만, 간척, 발전소, 국유임야, 대규모 토지개량사업에 관한 사무 등.

⑤ 전국적 · 광역적으로 통일적 처리를 요하는 사무 : 식량관리, 물가정책, 농지제도 및 어업권제도의 개선, 무역 및 검역, 은행업 · 보험업 · 광업 · 전기사업 · 해상운송사업 등의 감독, 공정거래의 확보, 해난심판, 마약단속, 중요한 문화재의 보호에 관한 사무 등.

⑥ 전국적 · 광역적 규모의 현업사무 : 우편, 전신, 전화, 철도, 전매에 관한 사무.

⑦ 지방자치단체의 기술로써는 그 목적을 달성하기 어려운 고도의 전문적인 지식과 기술이 요구되는 사무 : 원자력개발사업, 기상 및 항공에 관한 사무, 대학 및 연구소의 설치 · 운영에 관한 사무, 고도의 시험연구 · 검사에 관한 사무.

⑧ 사회정책적 요구에 대응하기 위한 사무 : 실업대책, 사회보장, 생활보호기준의 설정에 관한 사무 등.

⑨ 지방자치단체의 조정사무 : 자치단체간의 연락 · 조정사무, 지방재정제도 운영에 관한 사무, 자치단체의 사무배분과 기관설치에 관한 기준설정에 관한 사무 등.

⑩ 국가발전에 관한 사무 : 국가형성 및 국민형성, 사회변동의 관리에 관한 사무 등.

(2) 지방자치단체의 기능

지방자치단체의 행정체제가 광역자치단체와 기초자치단체의 구조를 취하고 있는 경우 광역자치단체는 주로 광역행정기능, 연락 · 조정기능, 지휘 · 감독 기능 등을 수행하고, 기초자치단체는 주로 주민의 일상생활 및 복지증진에 관계되는 가장 광범위한 사무를 수행하는 것이 바람직하다 하겠으며, 지방자치단체간의 기능배분에 있어서 자치단체 상호간에 기능 중복이 없도록 하여야 할 것이다.

① 광역자치단체의 기능

특별시 · 광역시 및 도와 같은 광역자치단체는 일반적으로 다음과 같은 기능을 수행하고, 그 외의 기능은 기초자치단체가 수행하도록 하여야 할 것이다.

㉠ 광역행정기능 : 광역행정기능이란 2개 이상 시 · 군의 구역에 걸치는 광역적 사무를 계획하고 집행하는 기능을 의미한다. 이러한 기능으로는 지방도로의 건설, 하천의 관리, 운하, 간척, 임산자원 · 수산자원 기타 천연자원의 보전 · 개발, 치산 · 치수, 운수, 산업, 입지조건의 정비, 경찰 등의 기능을 들 수 있는데, 이와 같은 행정기능은 과학 · 기술의 발달, 주민의 생활권확대 등으로 말미암아 발생하게 된다.
이러한 광역행정사무는 행 · 재정적 능력이 비교적 미숙한 기초자치단체가 처리하기에는 한계가 있고, 보편적으로 이러한 사무에 대한 주민의 공동처리욕구가 미약하기 때문에 광역자치단체가 이를 맡아서 수행할 것이 요구되는 것이다.

㉡ 보완 · 대행기능 : 보완 · 대행기능이란 시 · 군의 능력으로는 적절히 처리할 수 없거나 처리하기 곤란한 경우, 또는 시 · 군이 처리하는 것이 비경제적 · 비능률적이거나 행정의 질을 저하시킬 우려가 있는 경우 광역자치단체가 수행할 것이 요구되는 행정기능을 의미한다. 이는 시 · 군의 규모와 재정적 · 기술적 능력의 한계로 인하여 발생하기도 하고, 또는 대상의 편재성으로 말미암아 발생하기도 하는데, 이러한 기능으로는 병원 · 요양소 기타보건의료시설, 연구소, 중 · 고등학교, 맹아학교, 시험장, 중소기업 기타 산업의 지도 · 진흥, 식품검사시설, 직업안정소와 같은 사회복지에 관한 기능 등을 들 수 있다.
광역자치단체의 이러한 보완 · 대행기능은 자치능력이 부족한 시 · 군을 위해서는 필요하지만 그 자체가 처리능력을 보유하고 있는 대도시에 대해서는 불필요하며 오히려 이중행정의 폐해가 발생할 우려가 있다.

㉢ 연락 · 조정기능 : 연락 · 조정기능이란 중앙정부와 시 · 군 또는 시 · 군상호간의 의사소통을 원활히 하고, 시 · 군간의 정책적 충돌과 행 · 재정능력의 불균형을 시정하는 기능을 의미한다. 특히 오늘날 모든 개발계획을 수립 · 집행함에 있어서 국가의 개발기능과 시 · 군의 개발기능간에 조정을 할 수 있도록 양자의 중간에 자치단체를 설치하는 것이 꼭 필요하다고 인식되고 있다. 즉, 중앙정부와 시 · 군이 직접적으로 활발한 의사소통을 유지한다는 것이 불가능할 뿐만 아니라 비경제적이기 때문에 광역자치단체로 하여금 중개자 역할을 담당하게 한다는 것이다. 이러한 연락 · 조정기능으로는 중앙정부의 명령과 지시의 이첩, 시 · 군으로부터의 보고의 접수 및 중앙에의 보고, 시 · 군의 조직 · 운영의 합리화에 관한 조언 · 권고 및 지도, 분쟁의 조정, 심사청구 기타 불복신청에 대한 재결 · 심결, 2개 이상의 시 · 군에 걸치는 개발계획과 정책의 조정에 관한 사무 등을 들 수 있다.

㉣ 지휘 · 감독기능 : 특별시 · 광역시 및 도와 시 · 군 · 자치구는 모두 동등한 법인격 · 자치권의 주체로서 원칙적으로 이들간에는 상 · 하관계가 존재하지 않는다.
그러나 실제에 있어서 광역자치단체는 인적 · 지역적 구성요소에 있어서 기초자치단체를 포함하고 있고 국가행정조직상 시 · 군 및 자치구보다 우위에 있기 때문에 사실상의 상 · 하 관계를 배제할 수 없다. 특히 기초자치단체의 행정기능이 기관위임사무인 경우 포괄적인 명령 · 복종관계가 성립하는데 이와 같은 위임사무가 시 · 군 · 자치구의 행정기능의 대부분을 차지하는 경우 상하관계가 상시화되어 광역자치단체는 기초자치단체에 대해서 지도 · 감독기능을 수행하게 되는 것이다.

② 기초자치단체의 기능

시 · 군 및 자치구와 같은 기초자치단체는 주민과 밀착된 지방자치단체로서 일반적으로 앞에서 살펴본 광역자치단체의 4가지 기능을 제외한 모든 기능을 포괄적으로 수행할 수 있다 하겠는데, 그 구체적인 내용은 다음과 같다.

ⓐ 지역사회개발의 촉진, ⓑ 환경위생사무, ⓒ 낙후된 생활방식의 개선, ⓓ 초등학교 · 직업훈련 등의 교육사업, ⓔ 주택 및 상 · 하수도 사업, ⓕ 생활환경의 개선 및 정비, ⓖ 공원, 녹지, 오락시설 등의 제공, ⓗ 노인 · 아동복지 및 청소년 보호 등과 같은 사회복지사업, ⓘ 도로 및 보도의 유지 · 관리, 교량, 가로조명, 주차장의 설치 · 관리, ⓙ 소방 · 방범 등의 치안 사무, ⓚ 건축, 건축물의 구조 · 설비, 부지 · 밀도의 규제, ⓛ 시장운영, ⓜ 경기장 · 공

동묘지 · 화장장 등 공공시설에 관한 사무, ⓝ 도서관 · 박물관 등의 문화사업, ⓞ 기타 공공복지(아동과 노인을 위한 서비스, 공적부조사업, 재해보상, 실업보상)에 관한 사무.

6.3 지방행정서비스

1 지방행정서비스의 의의

1) 지방행정서비스의 개념

지방 행정서비스(Local Public Services)는 '지역이라는 공간적 단위에서 생산 · 전달 · 소비되는 행정서비스로서 정부의 직접 공급 여부'에 관계없이 소비과정에서 비배제성(Non-Exclusion)과 비경쟁성(Non-Rivalry)을 갖고 있는 서비스 또는 재화로 폭넓게 이해되고 있다. 그러나 지방공공서비스를 비배제성과 비경쟁성의 원리가 엄격하게 적용되는 순수공공재로 인식하기보다는 비사유재(Non-Private Goods)라고 표현하는 것이 적당하다는 지적도 있다. 구체적으로 지방공공서비스를 정의 하면 '지역공동체의 편익을 위하여 제공되는 재화와 용역으로서 주민의 생존적 수요 및 경제 · 사회적 기회를 충족시켜 주고 불공평한 소득격차를 완화하는 소득재분배 등의 기능을 갖는 가치재'라 할 수 있다.

2) 지방행정서비스의 특징

① 지방공공서비스는 시장경제의 원리만으로는 원활하게 공급할 수 없고 공공부문이 개입해야 한다.

② 지방공공서비스는 특정한 지역을 대상으로 공급되며(지리적 요소), 서비스의 수혜자도 공간적으로 입지해 있어(공간적 요소) 어느 정도 식별 · 확인이 가능하다.

③ 지방공공서비스의 대부분은 주민과 공무원간의 대면적 상호작용을 통해 급부된다.

④ 주민이 사회의 모든 위치를 공정하게 점유하고 경쟁할 수 있도록 균등한 기회를 제공하는 서비스이다.

⑤ 지방공공서비스는 시민의 최저생활수준을 충족시키며 인간다운 생활을 영위하기 위해 보장받아야 할 서비스이다.

2 지방공공서비스의 다원화 전략

1) 공공부문의 공급

(1) 직접공급

지방행정에서 시민들에 대한 공공서비스의 공급은 전통적으로 중앙정부나 지방자치단체에 의해서 공급되는 것이 일반적이었다. 특히 공익성이 강하고 기업성은 없어 민간부문에게 전적으로 위탁하거나 공동으로 제공하기도 곤란한 업무들은 정부의 직접공급이 일반적이다. 가족관계등록부, 병사, 주민등록, 조세부과, 그리고 사회복지 등은 대개 정부의 직접공급 형태를 취하고 있으며, 제증명발급 수수료 등은 원가에 준해서 부과하고 있다. 그러나 최근의 급격한 도시화, 산업화, 정보화 추세에 따라 주민들의 행정수요가 질적인 면에서 다양화되었고, 양적인 면에서 급격하게 팽창함에 따라 이를 충족시켜 나가는 과정에서 정부의 직접 공급방식도 작은 정부의 실현과 서비스의 효율성 제고를 위해 대안의 모색이 요청되고 있다.

(2) 사용자 부담에 의한 전달

사용자 부담이란 공공서비스의 공급에 의해서 사용자 개인이 혜택을 받고 있다면 그 혜택에 상응하는 반대급부를 지불해야 한다는 원칙에 근거하여 공공기관이 제공하는 재화와 용역의 대가로 수혜자로부터 요금이나 수수료를 징수하는 것을 의미한다. 지방공공서비스에 있어서 사용자부담이 증가되는 이유는 다음과 같다.

① 공정성 : 특정시설을 이용하는 사용자에게만 비용을 부담시키는 것이 공평하다.

② 신축성 : 공공서비스가 사용자에게 가격을 부담시킨다면 사업을 '시장성'에 의존하여 종료할 수 있기 때문에 더욱 신축성 있고 대응적인 서비스를 공급할 수 있다.

③ 자유의 신장 : 주민들이 지방행정의 의사결정과정에 참여하려는 의식이 증가한다.

④ 서비스시설의 확장 : 세금의 징수와는 달리 주민의 부담을 요구하지 않기 때문에 서비스시설의 확장이 용이하다.

⑤ 통근 및 광역문제의 해결에 용이 : 도시에 거주하지 않으면서 도시시설을 이용하는 이용자에게 부담을 부과함으로써 도시공공시설에 대한 관리의 형평성을 도모할 수 있다.

⑥ 낭비의 방지 : 사용자에게 일정한 부담을 줌으로써 필요한 주민만 이용하게 되어 불필요한 재원의 낭비를 감소시킬 수 있다.

⑦ 성장에 따른 도시문제해결 : 도시의 급격한 성장으로 인한 도시관리시설의 요구증대

를 사용자부담에 의한 경비로 조달할 수 있어 도시문제를 해결할 수 있다.

(3) 책임운영기관

① 의의

책임운영기관은 사업적 성격의 기관이 공공성을 유지하면서도 시장경쟁원리에 따라 운영되는 기업형 정부조직이다. 즉, 행정서비스의 질과 효율성을 제고하기 위하여 정부가 수행하는 업무 중에서 단순집행업무를 계획수립 및 정책결정기능으로부터 분리시켜 이를 독립적으로 책임지고 수행하도록 책무를 부여받은 기관이다.

② 특성

책임운영기관은 정부조직이면서 인사 · 재정 · 조직의 운영에 큰 폭의 자율성을 가지며, 자율적인 사업경영에 따른 시장의 효율성을 기대할 수 있으며, 성과에 따른 책임과 인센티브가 적용된다.

③ 우리나라의 책임운영기관

㉠ 설치 : 행정자치부장관은 기획재정부 및 해당 중앙행정기관의 장과 협의하여 ⓐ 기관의 주된 사무가 사업적 · 집행적 성질의 행정서비스를 제공하고 성과측정기준의 개발과 성과의 측정이 가능한 사무, ⓑ 기관운영에 필요한 재정수입의 전부 또는 일부를 자체 확보할 수 있는 사무에 대하여 책임운영기관을 설치할 수 있다. 중앙행정기관의 장은 소관사무 중 책임운영기관이 수행하는 것이 효율적이라고 인정되는 경우에는 행정자치부장관에게 책임운영기관의 설치를 요청할 수 있다.

㉡ 운영 : ⓐ 책임운영기관장은 소속 중앙행정기관의 장이 3년 이내의 임기를 정하여 공개모집절차에 따라 계약직 공무원으로 채용한다. ⓑ 중앙행정기관의 장은 재정의 경제성 제고, 서비스수준의 향상, 경영합리화 등에 관한 사업목표를 부여하고, 기관장을 목표달성을 위한 사업운영계획을 수립하여 소속 중앙 행정기관장의 승인을 얻어야 한다. ⓒ 사업성과의 평가 기타 운영에 관한 중요 사항을 심의하기 위해 중앙행정기관장 소속하에 책임운영기관운영심의회를 두고 평가결과, 기관의 존속여부 및 관련제도의 개선 등을 심의 · 평가하기 위해 행정안전부장관 소속하에 책임운영기관평가위원회를 둔다. ⓓ 책임운영기관 소속공무원에 대한 일체의 임용권을 중앙행정기관장이 가지되, 기관장의 차하위계급 공무원에 대한 전보권, 기관장의

차차하위계급 이하 공무원에 대한 임용권, 기능직 및 계약직공부원에 대한 임용권은 기관장에게 위임하도록 하였다. ⓔ 책임운영기관에 예산편성 및 집행의 자율성을 부여하기 위해 책임운영기관특별회계를 두며 계정별로 중앙행정기관장이 운용한다. ⓕ 예산의 이용 · 전용 및 이월을 일정범위 내에서 허용하고 있다.

2. 지방공공서비스의 민간화

(1) 민간화의 의의

1960년대 말에 피터 드러커가 민간화(Privatization)라는 용어를 처음 사용한 이래, 양과 질적으로 향상된 공공서비스의 제공을 정부를 대신하여 민간부문에서 찾으려는 노력이 있어 왔다. 1970년대 말 영국의 민영화정책의 추진을 통해 민간화는 중요한 정책수단으로 인식되었으며 전세계적으로 민간화의 채택이 활발해지고 있다.

① 민간화의 개념

민간화에 대한 개념은 이론적으로나 실무적으로 아직까지 불명확하며 그 범위도 다양하게 논의되고 있다. 민간화란 주로 개인이나 민간기업에게 공기업의 소유권을 이전시킨다는 협의의 관점에서 탈국유화(Denationalization)의 의미로 사용되었다. 그러나 보다 넓은 의미의 민간화는 공공서비스공급기능의 공공부문에서 민간부문으로의 이관, 즉 경쟁적 요소의 도입을 의미하는 자유화(Liberalization)뿐만 아니라 경쟁력을 강화한다는 의미에서 규제완화(Deregulation)까지도 민간화의 영역에 포함시키고 있다.

② 민간화의 목적

민간화의 목적은 그 나라의 정치적 · 경제적 필요성에 따라 다르며 시간이 흐름에 따라 그 강조점이 변하기도 한다. 민간화를 최초로 추진한 영국의 경우도 주요 목적이 공공노조의 영향력의 약화, 공공부문차입의 축소, 대중자본주의의 확대 등으로 변화된 바 있다. 일반적으로 민간화의 목적으로는 작은 정부의 실현과 감축관리, 예산의 절감, 공공서비스의 효율성제고, 소비자선택기회의 확대 등을 들 수 있다.

(2) 민간화의 효과

① 효율성의 제고

민간화는 시장경쟁을 통한 비용의 절감과 업무의 능률적인 수행을 도모할 수 있다.

② 규모의 경제

민간화는 지방자치단체의 개별적 영역을 뛰어넘어 규모의 경제를 실현할 수 있다.

③ 행정의 민주성 제고

민간화는 정부가 독점적으로 수행하던 행정기능을 민간과 분담 · 협력하여 처리함으로써 민간의 행정참여를 활성화하고 행정에 대한 민주적 · 자율적 통제를 강화시킨다.

④ 업무의 전문성 제고

민간화는 행정의 전문화 · 복잡화에 대응하여 민간기업의 전문적 지식과 기술, 재정적 부담능력 및 경영관리능력을 활용할 수 있으므로 업무의 전문적 처리에 유용하다.

⑤ 행정서비스질의 향상

민간은 근본적으로는 이윤극대화를 추구하여 항상 고객의 만족도 제고에 노력하기 때문에 같은 인력과 비용으로 행정기관보다 더 나은 서비스를 제공할 수 있다. 또한 주민수요의 변화에 대응함에 있어 신축성 있는 서비스운용이 가능하다.

⑥ 민간경제의 활성화

정부의 대규모 공공사업이나 지역개발사업에 민간부문의 자본과 인력을 활용함으로써 민간부문의 고용효과를 창출하고 민간경제를 활성화시킬 수 있다.

(3) 민간화의 한계

민간화의 취약점은 다음과 같다. ① 공공의 관심사가 민간부문의 책임으로 전가되어 사적 이익화될 수 있다. ② 민간부문이 도덕적 · 기술적으로 성숙되어 있지 않은 경우 정치권 또는 관련공무원과의 결탁이나 이권에 연루될 소지가 더 크다. ③ 수익성이 좋고 다루기 쉬운 고객에게는 충실한 데 비하여 저소득층 등 그렇지 못한 고객에 대해서는 소홀히 취급하거나 서비스를 기피하는 형평성의 문제를 불러일으킨다. ④ 정부가 지식과 기술 및 관리능력을 축적할 기회를 박탈하여 정부관료의 기술관료화를 저해한다. ⑤ 민간은 이윤보장이 안 되면 서비스 공급의 공공성을 무시하고 포기할 수 있으며, 이윤을 고려하여 사실상 서비스비용을 과다하게 책정할 수도 있어 민간부문에 대한 정부의 책임성과 통제의 문제가 제기된다. ⑥ 민간부문이 개입할 수 있는 범위는 한정되어 있으며 적용이 곤란한 서비스분야가 존재한다.

제7장

지방자치단체의 재정

7.1 지방재정의 일반이론

1 지방재정의 개념

공공재정(Public Finance)이란 국가 및 지방자치단체가 공공의 욕구를 충족시키기 위하여 필요한 수단을 조달하고 관리 · 사용하는 전반적인 경제활동을 말하며, 이를 주체에 의해 구별할 경우 국가 또는 중앙재정과 지방재정으로 분류한다.

지방재정이란 지방정부 또는 지방자치단체가 그 주체가 되는 재정으로, 지방자치단체는 재정이라는 이름아래 주민들의 요구를 충족시키고, 자신의 활동을 수행하기 위하여 예산을 편성하고, 세입을 확보하여 지출하고, 그 결과를 결산 · 확인하고, 기타 지방자치단체의 재물을 관리하는 여러 가지의 활동을 하게 된다.

좀 더 구체적으로 말하면, "지방재정은 지방자치단체가 자치사무를 처리하는데 필요한 자체재원을 조달 · 관리하는 일련의 활동과정", "지방재정이란 전국의 모든 지방자치단체가 독립된 주체로서 주민의 편의 및 복리증진을 위한 복지증진, 산업진흥, 지역개발 등, 사무를 수행하기 위하여 필요한 재원을 구체적으로 집행하는 경제활동"이라고 하겠다.

<표 7-1> 국가 · 지방재정 규모(단위 : 10억 원, %)

구분	1995	2000	2005	2008
일반재정[1](A)	105,451	180,024	260,300	320,066
국가재정(B)	72,915	123,916	167,933	195,100
지방재정(C)	32,536	56,108	92,367	124,966
GDP	377,349	517,096	815,810	955,200
C/A	30.9	31.2	35.4	39.0
C/B	44.6	45.3	55.0	64.1
C/GDP	8.6	10.9	11.4	14.1
A/GDP	27.9	34.8	32.1	33.5

주 : 세출순계규모임.
자료 : 1) 기획재정부, 「예산개요」, 2) 행정자치부, 「지방재정연감」, 각 연도, 3) 행정안전부, 「지방자치단체 예산개요」, 2008.

2 지방재정의 중요성

지방자치단체의 경제활동인 지방재정의 중요성은 크게 4가지로 구분해 볼 수 있다.

첫째, 지방정부의 모든 활동이 돈과 관련된다는 점 때문이다. 지방재정을 세입과 세출 면에서 볼 때 지방정부의 모든 중요 사업과 관련된 마치 양날의 칼과 같은 것으로 지방정부의 정치와 행정의 어느 것이나 재정과 관련되지 않는 것은 상상하기 어렵다(Grant & Nixson, 1975:14).

둘째, 지방재정의 확대 현상 때문이다. 국가재정 중 지방재정에 대한 이전재정을 국가재정에 포함시켜 세출순계기준으로 살펴보면 〈표 7-1〉에서 보듯이 2008년도 GDP대비 지방재정의 비중은 14.1%에 해당하고 있다.

지방재정을 국가재정과 비교할 경우 1995년 44.6%이던 것이 2008년에는 64.1%로서 지방자치제의 실시에 따라 지방재정의 규모가 신장되었음을 알 수 있다(김동기, 2008:54-55).

셋째, 지방재정은 지방정부의 자율성의 범위를 결정하는 요인이기 때문에 중요하다. 즉, 지방재정은 자율성과 중앙정부에 대한 의존성을 동시에 갖고 있다. 지방자치단체가 중앙정부와 동반자적 협력관계를 맺고 있는 상황에서 지방자치단체는 자신의 재정활동에 대해서 독자적 판단을 내리고 그 결정을 별다른 제약을 받음이 없이 실행에 옮길 수 있다.

넷째, 연구대상으로서 지방재정의 중요성도 늘어날 수 밖에 없다는 것이다. 그것은 1991년 부분적으로 지방자치를 실시한 이후, 1995년 4대 지방선거를 통하여 지방자치가 확대 실시된 이후 현재 전국의 지방자치단체들은 각자 재정의 주체로서 특색 있는 노력을 기울이고 있기 때문에 재정운영의 성과가 다르게 나타날 것이며, 그것을 인과적으로 분석하여 설명하는 과제가 지방재정학자들에게 주어져 있기 때문이다(김영기, 1998:183).

3 지방재정의 특성

지방정부는 중앙정부와는 별도로 지방자치단체로서의 전통적인 자율과 행정적인 자주성을 갖고 성장하는 것을 원칙으로 하고 있다. 그 때문에 행정적 자립성은 재정적 자립성을 수반하게 되며 동시에 지방재정은 자체의 고유한 특성을 지니게 된다.

그리고, 국가재정이 국민경제의 안정과 번영을 이룩하려는 방향으로 전개되는 것이라면, 지방재정은 지역적 경제개발이나 지역주민의 복지증진에 주된 목표를 두고 있다(심정근, 1981:16). 따라서, 지방재정은 그 자체에 몇 가지 특징을 가지고 있다(荻田 保, 1970:11-12).

1) 지방재정의 다양성과 복잡성

지방재정은 국가의 재정처럼 단일단체의 재정이 아니라, 다수의 지방자치단체의 재정을 총칭하는 데에 그 특징이 있고, 자연조건 · 역사적 조건 · 경제적 조건 · 단체의 규모 및 행정권능을 달리하는 지방자치단체의 재정의 집합으로서 이러한 각종 조건에 대응하여 각각의 지방자치단체의 재정운용도 다양하고 다채로울 뿐만 아니라 재정활동의 규모도 극심한 차이가 있다.

지방재정은 상호 독립된 지방자치단체의 재정을 망라한 것으로 지방자치단체(16개 시 · 도, 228개 시 · 군 · 자치구)가 각각 세입과 세출의 주체가 된다. 여기에 지방재정의 다양성이 나타나게 되고 복잡성을 더하게 되는 것이다. 이러한 다양성은 자치단체의 재정운영 상태를 곤란하게 할 뿐 아니라, 각 자치단체에 나타나는 현상들을 개별화된 방법으로 분석하더라도 전체를 이해하기 어렵게 만들기도 한다(정세욱, 2000:622-624). 다양성의 구체적인 내용은 다음과 같다.

(1) 자연조건에 의한 다양성

위치 · 지형 · 지질 · 기후 · 부존자원 · 풍토 등의 자연적 조건에 따라 각 자치단체는 이에 상응하는 일정한 특징을 가지고 있다. 각 자치단체간의 이러한 자연적 조건의 차이는 바로 그 자치단체의 재정수요와 재정력의 차이로 나타나는 것이다. 지방자치단체 간에도 지리적 위치나 사회 · 경제적 여건에 따라 재정규모나 세입구조면에서 큰 차이가 있다.

(2) 역사적 조건에 따르는 다양성

지방자치단체의 기초가 되는 지역사회는 역사적으로 형성된 것으로서 풍속 · 관습 · 문화 등이 각각 상이하다. 이러한 차이점은 그 자치단체의 행 · 재정운영상의 고유한 특징으로 나타나게 된다. 특히 도시와 농촌, 신개발도시와 고도(古都) 등을 비교해 보면 지방행 · 재정이 역사적 요인에 순응하여 각각 다양하게 운영되어야 함을 알 수 있다. 지방재정은 역사적 다양성을 그 변수로 하는 까닭에 이를 충분히 고려함이 없이, 민족적 통일국가의 형성이 일찍이 이루어진 나라와 그것이 늦어진 나라와 같이, 역사적 배경이 전혀 다른 국가 간의 지방재정을 단순 비교하는 경우에는 자칫 예상하지 못했던 오류를 범하기 쉽다.

(3) 경제적 조건에 따르는 다양성

오늘날 자본주의가 발달함에 따라 모든 지역은 그 산업입지조건에 따르는 특수한 산업구조를 형성하게 되었다. 그 결과 제1차 산업을 중심으로 하는 순수한 농어촌 자치단체로부터, 제2차 산업을 중심으로 하는 중화학공업도시 자치단체, 제3차 산업인 레저(Leisure)산업 중심의 자치단체에 이르기까지 그 경제적 조건은 전혀 다르게 되었다. 이러한 차이는 자치단체의 행정수요에 질적 · 양적인 영향을 미치게 되며, 지역 간 · 자치단체간에 재정력의 격차를 낳게 한다.

(4) 지방자치단체규모에 따르는 다양성

자치단체구역에 있어 그 면적의 광역과 인구의 다소 및 그 증감추이는 그 자치단체의 기본적 성격의 결정요인으로 간주되고 있는데, 지방자치단체의 규모에 따라 재정력의 격차가 심해진다.

한편, 작은 단위의 지방자치단체일수록, 그리고 자치단체 단위의 구성원들이 동질적일수록 해당 자치단체가 주민들의 선호를 더욱 민감하게 수용할 수 있다는 티부가설(Tiebout hypothesis)에 의해, 지방정부의 재정 운용은 중앙정부에 비해 주민대표성이 더욱 민감하게 작용한다고 할 수 있다(손희준 외, 2008:46).

(5) 행정기능의 차이에 따르는 다양성

보통지방자치단체와 특별지방자치단체는 그 행 · 재정의 범위와 양태가 각각 상이하다. 따라서 지방재정을 이해하려면 이러한 차이를 전제로 해야 한다.

2) 지방재정의 비탄력성

지방자치단체 행정활동의 뒷받침이 되는 지방재정은 경제변동과 지역사회의 상태의 변화에 따른 행정수요의 변화에 대응하기 위해서는 충분히 탄력적인 것이 바람직하다. 그러나 지방재정의 현상은 지방자치제도 발달의 특이한 연혁과 그 밖의 이유로 세출면에 있어서 인건비 등의 경상적 경비가 많은 반면 세입세출 양면에 걸쳐 국가 행 · 재정의 영향을 받는 일이 많을 뿐만 아니라, 지방채의 발행, 지방세의 증감 등에 대해서 국가의 허가가 필요하다는 등 지방재정의 탄력성이 결핍되어 있다(심정근 외, 2000:8-9).

3) 지방재정의 자율성과 의존성(타율성)

지방재정은 자율성과 중앙정부에 대한 의존성을 동시에 지니고 있다. 지방재정의 이런 이중성은 물론 지방자치단체가 가지고 있는 지위의 이중성에서 비롯된 것이다. 지방자치단체는 한편은 중앙정부와 수평적 위치에서 동반자적 협력관계를 맺고 있지만 다른 한편은 국가통치조직의 일부로서 중앙정부와 수직적 위치에서 지시와 감독을 받는 관계를 지니고 있다.

지방자치단체가 중앙정부와 동반자적 협력관계를 맺고 있는 상황에서 지방자치단체는 자신의 재정활동을 자유롭게 할 수 있다. 구체적으로 지방자치단체의 세입을 어떻게 조정하며 지역개발과 주민복지향상을 위한 세출을 어디에 얼마만큼 할당하느냐 하는 문제를 결정하는데 독자적 판단을 내리고, 그 결정을 별다른 제약을 받지 아니하고 실행에 옮길 수 있다.

그러나 지방재정의 기본적 크기와 구조는 중앙정부에서 의결한 법률에 의하여 결정되며, 지방재정의 격차를 조정하기 위한 중앙정부의 재정지원과 감독도 따르게 된다. 세출에 있어서도 일정부분은 용도나 지출목적에 있어서는 중앙정부의 지침을 따르지 않으면 안 된다. 요컨대 지방재정은 지방자치단체의 본질상, 그리고 지방재정의 재정자립이 불가능한 현실적 제약 때문에 어차피 중앙정부의 재정지원과 사전적 또는 사후적 감독에 의존하지 않을 수 없다. 재정계획 수립, 지방세 부과, 예산 및 결산, 지방채 발생, 구매, 물품관리, 회계 등의 다양한 재정활동은 직접 또는 간접적으로 중앙정부의 지도 · 감독 또는 지원이 불가피한 것이다(김영종, 2000:280).

4) 지방재정의 지역성

지방자치단체의 활동범위는 관할구역 내에 한정되기 때문에 재정의 범위도 그 지역적 경계를 초월할 수 없다. 재정정책의 결정 시, 지역적 경계를 초월하여 발생하는 경제적 효과를 중시하지 않으며, 다른 지역의 주민들이 부담하게 된 비용이나 편익을 충분히 고려하지 않기 때문에 자원배분의 효율성이 국가재정에 비해 떨어질 수 있다.

그러나 지역주민이나 기업의 지역 간 이동에 특별한 제약이 없기 때문에 이들 경제주체들은 다소 제한적이기는 하지만 진입과 탈퇴를 통한 의사표현이 가능하다.

따라서 자원배분의 효율성이 국가재정보다 높아지는 측면도 있다. 다만 지역간 이동이 자유로운 상황하에서 소득재분배 및 경기활성화 정책을 지방정부가 추진하는 데는 그 효과에 한계가 있고, 지방자치단체 상호간의 조세경쟁, 재원경쟁, 기업유치경쟁으로 인한 복잡한 조정의 필요성이 제기된다(김종순, 1997:32-33).

5. 지방재정의 응익성(應益性)

지방재정은 응익성을 띤다. 지방자치단체의 주요업무는 지역개발 또는 주민복지의 향상 등 지역주민의 일상생활과 관련되는 것들이 많다. 지역개발계획, 상 · 하수도 설치 및 관리, 공원 및 녹지관리, 환경보존 및 공해방지, 주택 · 보건 · 의료시설과 서비스의 확대, 각종 증명서의 발급 등과 같은 각종의 행정서비스는 대개 직접 또는 간접으로 주민의 사회경제적 이익을 초래하는 것들이다.

이런 이익의 제공에 소요되는 비용은 이익을 향유하는 사람들에 의하여 부담토록 하는 것이 형평의 원칙에 비추어 볼 때 바람직하다. 그래서 지방행정서비스와 지방경영사업을 수행하는 과정에 있어서는 그 비용의 확보를 행정서비스나 사업으로부터 이익을 받게 되는 정도에 비례하여 부담토록 하는 응익주의 원칙을 채택하는 경우가 많다. 이는 국가재정의 확보에 있어서 조세의 부담능력에 따라 비용을 부담하게 하는 응능주의와 다른 점이라 하겠다(김영종, 2000:280).

즉, 지방재정운영에 있어서는 응익주의 원칙이 많이 적용되며, 지방세에 있어서의 공동시설세나 사용료, 수수료 등 수익자 부담적 공과금이 국가에 비하여 현저하게 많다.

6) 지방재정의 정치성

지방자치단체의 정책결정자는 지역주민과 밀접한 관계에 있고, 지방의회의원들도 유권자의 지지에 보다 민감하기 때문에 재정지출의 우선순위가 장기적 투자효과분석에 기초하여 결정되기보다는 정치적 요인에 의해 결정될 가능성이 높다. 즉, 정치적 조직력이 강한 이익집단의 무리한 요구와 정경유착의 가능성이 국가재정의 경우보다 크다 하겠다(구민상, 1998:441).

<표 7-2> 지방재정과 중앙재정의 비교

비교 기준	중앙재정	지방재정
재정의 기능	포괄적 기능	자원배분기능에 치중
서비스의 성격	순수공공재적 성격이 강함	순수공공재적 성격이 약함
재원 조달 방식	조세 의존적	다양한 세입원
보상 관계	일반적 보상 관계 위주	개별적 보상 관계 첨가
부담 구조	응능 부담 원칙 중시	응익 부담 원칙의 가미
평가 기준	공평성	효율성
대표성의 수준	일반적 대표성	지역적 대표성

자료 : 오연천, 1993:15

지방재정은 지방정치와 지역경제를 연결하는 교량이라고 할 수 있고 특히 예산과정을 통하여 지방자치단체, 지방의회, 지역주민 등 이해관계인의 다양한 의견이 정치적 수렴과정을 거쳐 반영된다.

이러한 지방재정과 중앙재정 간의 특징을 비교하면 〈표 7-2〉와 같다.

4 지방재정의 기능과 효과

1) 지방재정의 기능

R. A. Musgrave는 재정의 3대 기능으로서 자원배분, 소득재분배, 경제안정화를 제시하고 있는데, 이것은 재정의 기능이면서 동시에 재정이 추구하는 목표이기도 하다(Musgrave & Musgrave, 1984:6-16). 이러한 재정의 기능은 중앙재정과 지방재정이 분담하여 수행한다. 중앙정부와 지방정부의 관할구역의 공간적 범위가 다르기 때문에 이들의 역할 면에서 차이가 발생한다.

여기서는 재정 기능의 내용을 설명하고 이들을 수행하는 지방재정의 역할에 대해 살펴보기로 한다.

즉, 국가나 지방자치단체가 제공하는 서비스는 공경제 분야에서의 서비스로 이를 지탱해 가는 재정은 국민경제의 여러 면에 영향을 주게 된다. 지방재정은 종전에는 사무처리와 경비로만 사용되었으나, 이제는 소득의 재분배를 통한 배분적 정의의 실현, 시장실패를 시정하기 위한 자원의 최적배분, 경제의 성장 및 안정 등의 수단으로 사용되고 있다.

(1) 자원배분기능

재정의 자원배분 기능이란 재정을 통해 시장실패를 교정하고 사회적 최적생산과 소비수준이 이루어지도록 하는 것을 말한다. 특히, 공공재는 외부효과가 크고 소비의 비경합성과 비배제성이라는 특성을 갖고 있기 때문에 정부가 재정을 통해 공급하지 않으면 안 된다. 국방, 치안, 사회간접자본시설과 같은 공공재 뿐만 아니라 교육, 주택 등의 준공공재까지도 정부재정을 통해 공급하게 된다.

그런데 공공재는 외부효과가 어느 지역까지 미치느냐의 범위에 따라 중앙정부와 지방정부의 역할이 구별된다. 국방, 고속도로 건설과 같이 파급효과가 전국적인 범위에 미치는 경우에는 당연히 중앙정부가 공급 및 비용부담을 담당하여야 한다. 경찰 · 소방업무, 교육, 지방도로 건설 등은 광역자치단체에서 공급하는 것이 적절하다. 반면에 공원, 주차장 건설 등은 그 효과의 파급범위가 해당지역에 국한되므로 시 · 군과 같은 기초자치단체가 맡는 것이 바람직하다. 이렇게 파급효과의 범위가 지역적으로 한정되어 지방정부가 공급하는 공공재를 지방공공재(Local Public Goods)라고 한다. 지방공공재를 공급하는 것은 지방재정의 중요한 기능이다. 재정의 세 가지 기능을 비교할 때 특히 지방재정이 역점을 주는 기능은 지방공공재를 공급하는 면에서의 자원배분 기능이다(심정근 외, 2000:47-48).

(2) 소득재분배기능

민간의 자유로운 경제활동에 따른 소득분배상의 격차는 경제활동의 지속이나 사회정의의 관점에서 시정되어야 하며, 따라서 소득의 재분배가 필요하다. 재정은 재화와 용역이 누구에게 어떻게 분배되는가의 소득배분에 대해서 영향을 미친다. 효율적인 자원배분이 이루어졌다고 해도 공정한 소득분배가 이루어진다는 보장은 없다. 따라서 재정은 소득분포가 바람직한 방향으로 개선되도록 소득재분배기능(Income Redistribution)을 수행한다.

총량적 경제성장을 추구하는 현대사회는 특정계층에 의한 부의 편중현상이 나타나고 있다. 이는 부익부 빈익빈 현상을 초래하여 지역주민들의 균등한 복지수준의 달성을 어렵게 할 뿐만 아니라 계층 간의 위화감을 가져올 수도 있다. 따라서 정부는 재정을 통해 소득분배상태를 바람직한 방향으로 재분배하기 위한 여러 가지 조치를 취하게 된다(심정근 외, 2000:47-48).

그런데 소득분포를 바람직한 방향으로 개선하는 소득재분배 기능은 기본적으로 중앙정부가 담당하는 것이 원칙이다. 특정 지역이 분배상으로 불리한 재정적 취급을 당해서는 안 되는 것이다. 또한 주민의 이동가능성 때문에 특정 지역의 소득재분배 정책의 효과가 감소하므로 중앙정부가 소득재분배 기능을 수행해야 한다고 주장하기도 한다. 그러나 주민 이동에는 많은 비용이 소요되며, 지역주민의 실상은 지방정부가 더 잘 알고 있다는 점에서 지방정부의 소득재분배의 역할을 무시할 수 없다. 요컨대 지방재정의 소득재분배 기능은 중앙 재정의 소득재분배 기능을 보완하고 협력하는 차원에서 이루어진다고 볼 수 있다.

(3) 경제안정화기능

재정은 고용, 산출량, 물가 등의 거시경제지표에 중요한 영향을 미친다. 높은 고용과 생산수준을 유지하면서 물가를 안정시킨다는 것은 정부의 중요한 책임이며, 재정이 갖고 있는 중요한 기능이다.

즉, 재정의 경제안정화(Economic Stabilization)기능이란 거시경제의 운영에서 총수요를 조절함으로써 경기조절적 기능을 수행하는 것을 말한다. 국민경제의 총수요는 소비수요, 투자수요, 정부지출수요, 그리고 순수출수요의 합으로 구성되어 있다(심정근 외, 2000:49).

자치단체는 재정정책을 통해서 경제발전을 촉진하는 기능을 수행하는데, 경제의 안정화기능에는 두 가지 측면을 생각할 수 있다. 그 하나는 재정이 제도적으로 구조화되어 있는 경기의 자동조정기능이다. 이것은 호황기에는 세수입이 자연증가하여 새로 흡수된 양만큼 수요가 감소하기 때문에 경기과열을 억제하게 되며, 반면에 불황기엔 세수가 자연적으로 감소되므로 구매력의 저하를 방지하는 것이다.

다른 하나는 지방정부가 재량적 재정정책을 채택하고 있는 경우이다. 이 재량적 재정정책은 정부가 총수요의 부족으로 경기침체와 실업이 우려되는 경우 세수를 줄여 민간수요를 증대하거나 직접 정부지출을 늘려 부족한 총수요를 보전할 수 있게 하거나 반대로 총수요가 과대해, 인플레이션이 우려되는 경우에 세수를 늘리거나 정부지출을 줄여 총수요를 억제하는 것으로, 경제안정화기능을 한다. 이처럼 경제안정화기능은 지방재정이 외부환경인 지역경제의 경기변동에 관여하는 것이다. 그러나 자치단체의 재정지출을 통해 지역경제의 경기변동에 관여하는 데에는 국가재정과 달리 한계가 있다(이규환, 1999:415).

(4) 경제성장기능

재정은 경제성장(Economic Growth)기능을 수행하기도 한다. 특히 자원이 부족한 개발도상국인 경우에 재정의 경제성장기능을 강조한다. 우리나라의 경우에도 1960년대 이후 경제개발과정에서 재정의 경제성장기능은 매우 컸던 것으로 밝혀지고 있다(심정근 외, 2000:50).

이상에서 본 지방재정의 기능들은 자치단체의 사무범위나 재정규모에 따라 한계가 있게 된다. 그러나 각 자치단체의 재정운영은 바로 국민경제상의 위와 같은 기능과 연관되므로 다음과 같은 효과를 높이는 방향으로 운영해 나가야 할 것이다.

2) 지방재정의 효과

(1) 주인의식고취

주민은 지방자치단체의 주권자로서 단체운영의 주체적 지위를 가지고 있다. 주체로서의 실질적 지위를 확보하기 위해서는 객체로서의 의무, 즉 단체운영에서 요구되는 의무를 이행하여야 한다. 이 의무이행 가운데 가장 중요한 것은 단체운영에 필요한 자금을 지방세 · 분담금 등의 형식으로 부담하는 것이다.

(2) 참여의식의 생성

지방행정에 대한 주민참여는 주민이 지방자치단체의 주인이라는 자각의식만으로는 미흡하다. 보다 적극적인 참여의식은 주민들 자신이 땀 흘려 번 그 돈을 지방정부운영에 투입할 때 적극화되는 것이다. 세금을 내지 않는 사회주의국가 주민들이 행정에 무관심한 것은 여기에 대한 좋은 예이다.

(3) 소득균형효과

지방세나 분담금 · 기부금 등은 주민의 소득능력과 재산정도에 비례하여 부과하고 또 누진 부과되기 때문에 이것은 결국 주민간에 소득의 불균형을 시정시키는 효과를 가져온다. 한편, 지방자치단체는 주민에게 최소한의 기본수요를 충족시키기 위하여 국고보조금 형태로 국가로부터 재정 지원을 받아 주민의 기초생활을 보장하고 지방행정서비스(예 : 상 · 하수도 등)를 제공하고 있어 제한적이나마 소득을 재분배하는 기능을 담당하고 있다(김동기, 2008:37).

(4) 재산형성효과

지방재정으로 공익적인 물리시설, 즉 시민회관, 도서관, 박물관, 미술관, 청소년회관 등을 건설하여 공공자산을 형성하는 효과를 가져온다.

(5) 복지진작효과

지방정부의 세출은 주로 주민의 복지증진을 위해서 사용한다. 지방정부의 많은 예산이 병원, 양로원, 고아원, 복지원 등을 설립 · 운영하는 데 사용한다(구민상, 1998:287).

(6) 지역경제활성화의 효과

산업이 있어야 자치단체의 세입도 증가하게 되므로 지방정부는 자주재정확보를 위해서도 산업을 발전시키지 않을 수가 없으며, 지방재정도 경제현상이므로 경제적 관점에서 합리성과 계획적이고 생산적인 지방재정의 운용이 요구된다.

5 지방재정과 중앙(국가)재정의 관계

지방자치단체와 국가는 다같이 공경제주체이지만 각기 독립적인 재정을 운영하면서 그들의 목표를 달성해 가고 있다. 물론 양자는 상호협력과 의존관계를 원활히 함으로써 소기의 성과를 거둘 수 있다.

국가재정과 지방재정은 행정서비스를 제공하기 위한 재정현상이라는 측면에서는 유사한 점이 많이 있으나 지방재정은 국가재정과 여러 가지 측면에서 차이가 있다.

1) 관계

중앙재정과 지방재정의 관계를 살펴보면 다음과 같다.

첫째, 공공재정의 주요 기능은 자원배분의 조정, 소득분배의 조정, 경제의 안정화라고 지적되는데(차병권, 1987:22~30), 지방재정과 중앙재정은 공공재정으로서 위와 같은 기능을 분담하는 입장이므로 상호보완적 관계라고 할 수밖에 없다. 예를 들면, 그 이익이 국민 전체에 주어지는 공공서비스는 중앙정부가 제공하고, 주민생활 및 지역경제 활동과 직접 관련되며 한정된 지역의 주민에게만 그 혜택이 귀속되는 공공서비스는 지방정부가 제공하는 것이다(김영기, 1997:184).

둘째, 중앙정부는 지방자치단체의 재정권을 결정하는 위치에 있다. 국가는 법률에 기초하여 각급 지방자치단체들의 재정권을 비롯한 자치권을 결정하게 되므로 재정에 관해서도 중앙정부는 지방자치단체에 대해 후견자로서 관련을 갖는다.

셋째, 중앙정부는 재정력이 열악한 자치단체를 지원하게 된다. 재정면에서 상당한 자율성을 갖는 지방자치단체들이기는 하지만, 지방자치단체 상호간에 경제력의 격차가 존재하며 곧 자치단체의 재정력 격차가 존재하게 된다. 그리고 자치단체의 이러한 재정력 격차는 곧 지방 공공서비스의 양적 · 질적 격차를 나타내게 되므로 중앙정부는 전체 국민의 서비스 수준을 고르게 유지하기 위해서는 재정력이 열악한 자치단체를 지원하는 관계에 놓이게 된다.

위와 같은 내용을 통하여 알 수 있는 바와 같이, 지방재정과 중앙재정은 전체 속의 부분이면서 또 상당한 자율성을 갖는 관계라고 해야 할 것이다.

오늘날 국가재정이나 지방재정은 모두 대규모적이고 활발한 재정 활동을 수행하고 각각이 지니는 본래적인 기능에 따라 담당할 분야를 달리하면서도 상호 협조하여야 할 관계에 있게 된다(안용식 외, 2006:443).

2) 차이점

지방재정과 중앙재정은 위와 같은 관계에 있으며, 다음과 같이 몇 가지의 서로 다른 성격을 지니고 있기도 하다.

첫째, 중앙재정은 단일규모이며 방대한 크기를 가지는데 비하여, 지방재정은 지방자치단체의 수만큼 숫자가 많으며, 그 규모는 자치단체의 규모와 지역경제력에 따라 매우 다양하다.

둘째, 중앙재정에 의하여 공급되는 서비스는 외교, 국방, 사회복지, 고속도로와 같이 비배제성, 비분할성을 가진 순수공공재와 그 편익이 전국적으로 파급되는 서비스임에 비하여, 지방재정에 의하여 공급되는 서비스는 청소, 위생, 상 · 하수도, 공원관리, 지방도로 관리와 같이 그 편익의 효과가 특정지역에 한정되는 서비스가 중심이 된다.

셋째, 중앙재정의 수입은 시장경제의 교환원리 보다는 강제적 부과 · 징수를 원칙으로 하는 조세에 의존하는 반면에, 지방재정의 수입은 조세 이외에 수수료, 사용료와 같이 수익자부담의 원칙이 적용되는 세외수입과 중앙정부의 보조금 등 의존재원도 상당한 비중을 차지한다.

넷째, 중앙재정은 국가의 안전보장, 경제성장과 안정, 소득의 재분배, 그리고 자원의 효율적 이용 등 여러 가지의 거시적 기능을 담당하고 있는데 비하여, 지방재정은 지역개발, 생활환경개선, 지역복지향상 등의 지역문제해결에 중점을 둔다.

상대적이나마 중앙재정과 지방재정은 이상과 같은 차이를 가지고 있다. 한 나라에서 전체의 중앙재정 중에서 어떤 것을 국가재정으로 하고, 어떤 것을 지방재정으로 할 것인가는 궁극적으로 중앙정부와 지방정부의 기능배분을 어떻게 하고, 재정정책을 어떻게 설정하느냐 하는데 달려 있다(김영종, 2000:276).

오늘날 국내외의 급격한 환경 변화는 지방재정의 적극적인 역할 변화와 이에 대한 인식의 전환을 요구하고 있다. 국가는 지방자치단체의 자주재정권을 보장할 수 있도록 지방재정기능의 분담체계를 확립하고 권력적 관여를 축소하고 지원자 · 조정자로의 역할전환이 요구된다. 지방자치단체도 재원을 효과적으로 활용하기 위한 전략과 자주재원의 확보와 지방재정의 책임성과 건전성 확보를 위해 노력해야 한다.

7.2 지방재원의 구성요소

1 지방재원의 의의

1) 지방재원의 개념

지방재원(Local Public Revenue)이란 지방자치단체가 그 경비에 충당하기 위한 수입의 근원으로서 조달하는 재화를 말한다.[1] 지방재원에는 지방자치단체가 법령에 의한 공권력으로써 강제 징수하는 것도 있고, 사용의 대가 또는 반대급부로서 수납하는 것도 있으며, 재산을 처분해서 사경제로부터 수수하는 것도 있다. 지방수입 가운데 1회계 연도에 행해지는 것이 지방세입이다.

지방자치단체의 재원은 구체적으로 자체재원은 지방자치단체에서 거두어들이는 지방세와 기타 수입인 세외수입으로 구성되며, 이전재원은 지방교부세, 국고보조금, 시 · 도비 보조금, 조정교부금(특별시 · 광역시), 재정보전금(광역시 · 도), 균형발전 특별회계의 지원금 등이다. 전통적 이전재원의 하나였던 지방양여금은 2005년 1월 1일부터 폐지되고 각각의 사업성격에 따라 지방교부세, 국고보조금, 국가균형발전 특별회계로 재편 운영하게 되었다(강용

1) 따라서 지방자치단체의 경비에 충당하기 위하여 조달되지 않는 것(예: 일시보관금)은 지방재원에 포함되지 않고, 경비에 충당하기 위하여 조달되는 한 그것이 본래의 목적이든 아니든 관계없으며, 오늘날의 화폐경제 시대에는 화폐적 재원이 대종을 이루나 현물재원도 배제되는 것이 아니다(다만 현물재원도 예산 · 결산에는 화폐적 재원으로 계상된다).

기, 2008:395).

지방자치시대에 늘어나는 지방재정수요에 대처하고 중앙정부의 기능이 지방에 이양되는 추세를 고려할 때 지방재원의 확충을 위한 지방자치단체의 다각적인 노력이 절실히 요구된다.

2) 지방재원의 특징

지방재원은 사기업 재원 또는 국가재원과는 다른 특징을 가지고 있다.

첫째로, 사기업 재원과는 달리 그 수입이 법적으로 보장되어 있고, 경우에 따라서는 공권력에 의한 강제징수가 허용된다.

둘째로, 국가재원과는 달리 조세수입 외에 지방교부세, 국고보조금 등 다원적인 수입으로 구성되어 있고(다원성), 지방자치단체에 따라 규모나 구성에 차이가 많으며(다양성), 사용료, 수수료, 부담금 등의 수익자부담을 많이 포함하고 있다(응익성). 또한 지방재원은 국가와 상위 지방자치단체로부터 상당한 의존재원이 지원되고, 의존재원의 비중이 매우 높아 국가와 상위 지방자치단체로부터 관여를 받게 되는 계기를 제공하게 되며(의존성), 그리고 지방자치단체는 그 수가 많으므로 지방자치단체간에 현저한 차이가 발생하는(불균형성) 현상이 나타나고 있다.

지방자치단체의 일반회계와 공기업 및 기타 특별회계를 합친 모든 회계의 세입순계의 추이를 보면 〈표 7-3〉과 같다(김동기, 2008:68-70).

<표 7-3> 지방자치단체 총세입 변화 추이(단위 : %)

구 분	1995	2000	2005	2008
자체수입	60	68	64	62
지방세	34	33	34	35
세외수입	26	35	30	27
의존수입	38	32	36	38
지방교부세	16	13	19	19
국고보조금	18	13	17	19
지방양여금	4	6		

주 : 1) 지방채는 세외수입에 포함시킴.
2) 2005년까지는 결산 기준, 2008년도는 예산기준.
자료 : 1) 행정자치부, 「지방재정연감」, 각 연도,
2) 행정안전부, 「지방자치단체예산개요」, 2008.

3) 지방재원의 분류

(1) 자체재원과 의존재원

이는 수입의 결정 및 실현의 주도성 소재를 기준으로 한 분류로서 자체재원이란 지방자치단체가 스스로 확보하는 재원으로 지방세와 세외수입이 여기에 해당된다. 한편 의존재원이란 자치단체의 수입 가운데 국가나 상급자치단체의 교부 또는 보조를 통하여 확보되는 수단으로서 지방교부세, 국고 및 도비 보조금 등이 여기에 해당된다. 그러나 광역자치단체가 기초자치단체에 교부하는 도비 보조금은 자치단체의 입장에서는 의존재원이지만 국가와 지방간의 재원배분이라는 관점에서 보면 지방재원에 해당된다. 그러나 이러한 자주재원과 의존재원의 도식적 구분에는 논의의 여지가 없지 아니하다.[2)]

자치단체의 총 수입가운데 자체재원이 차지하는 비중이 클수록 바람직한 것으로 해석되는데, 그 이유는 자체재원은 수입의 안정성 및 재정운영의 독자성을 보장할 수 있는데 대하여 의존재원은 그것을 보장할 수 없기 때문이다.

(2) 일반재원과 특정재원

재원의 용도를 기준으로 할 때, 이는 비용용도의 한정성여부를 기준으로 한 분류로서, 일반재원이란 지방자치단체가 어떠한 경비로도 자유롭게 지출할 수 있는 재원으로서 목적세를 제외한 지방세, 세외수입 및 지방교부세, 조정교부금 등이 해당된다. 반면에 특정재원이란 지출하여야 할 용도가 특별히 정해져 있는, 지출할 수 있는 비용용도가 한정되어 있는 재원으로서 목적세, 국고보조금 등이 해당된다. 그러나 이러한 일반재원과 특정재원의 도식적 구분에도 논의의 여지가 많다.[3)]

---

2) 첫째로, 지방채 수입을 일괄적으로 자주재원으로 볼 수 있는가가 문제된다. 지방세수입은 앞으로 상환되어야 할 부채이기 때문에 지방수입 가운데 그것이 점하는 비중이 높을수록 자주재원의 비율이 오히려 낮아진다는 점에 유의하여야 한다. 물론 지방채 수입이 지방세 또는 세외수입 등 앞으로 지방자치단체의 경제력에 의하여 상환될 때에 자주재원으로 분류될 수도 있으나, 그것이 국고보조금 등으로 상환될 수도 있는 것이므로 반드시 자주재원으로만 분류될 수도 없는 것이다.
둘째로, 지방교부세와 조정교부금 및 지방양여금을 의존수입으로 보는 견해가 반드시 타당한가 하는 것이 문제된다. 지방교부세와 조정교부금 및 지방양여금은 재원배분의 수단으로서 편의상 국가에 의하여 징수되는 데 불과하다는 점에서 넓은 의미의 국세 또는 시·도세의 부가세와 같은 것으로서, 자주재원으로 볼 수 있는 여지가 많은 것이다, 그러나 지방교부세와 조정교부금 및 지방양여금도 지방자치단체의 필요성보다도 국가 또는 광역자치단체 전체의 입장에서 자치단체간의 재정조정을 목적으로 하고 있다는 점에서 의존재원으로 보아야 한다는 것이 다수설이다.
셋째로, 이월금을 세외수입으로 보아 이를 모두 자주재원으로 분류하는 데도 문제가 있다. 사업이월에 수반되는 이월금 가운데 국고보조금 상당액은 엄밀한 의미에서 의존재원인 것이다.

3) 첫째로, 지방세 가운데 이른바 목적세도 일반재원으로 보아야 하는가가 문제된다. 목적세는 그 비용용도가 제한되어 있기는 하지만, 그 비용용도의 범위가 넓고 자치단체에 구체적인 비목 등의 선택권이 부여되어 있다는 의미에서 일반재원으로 볼 수 있는 여지가 많다는 것이다. 그러나 목적세에는 이러한 재량성에도 불구하고 그 정해진 비용용도 이외의 경비로 사용될 수 없다는 의미에서 특정재

자치단체의 총 수입가운데 일반재원의 비중이 클수록 바람직한데 그 이유는 일반재원이 지방자치단체의 재정운영의 독자성을 높이고 재정의 탄력성을 보장할 수 있기 때문이다.

(3) 경상재원과 임시재원

이는 수입의 규칙성과 안전성을 기준으로 한 분류로서, 경상재원은 회계연도마다 계속적으로 확보될 수 있는 재원으로 지방세 · 사용료 · 수수료, 보통교부세 등을 들 수 있고, 임시재원은 회계연도에 따라 불규칙적으로 확보되는 재원으로 재산매각수입, 부담금, 분담금, 기부금, 변상금, 전입금, 이월금, 지방채 등을 들 수 있다.

지방자치단체의 총수입 가운데 경상재원의 비중이 클수록 그 재정의 건전성이 높은 것으로 판단된다. 즉, 경상재원으로서 경상적 경비에 충당하고도 남은 경우에는 그 지방재정은 건전하다고 판단할 수 있으나, 반면에 경상재원으로써 경상적 경비에도 부족하여 이에 임시재원까지 동원하여 충당하는 경우에는 그 재정은 건전하다고 볼 수 없게 되는 것이다.

2 지방재원의 구성요소

1) 자체재원

(1) 지방세

① 지방세의 개념

지방세란 지방자치단체가 그 기능을 수행하는 데 소요되는 일반적 경비에 충당하기 위하여 그 구성원인 주민 또는 그 구역 안에서 일정한 행위를 하는 자로부터 직접적인 반대 보상 없이 징수하는 재화를 말한다. 지방세는 국세와 더불어 한 나라의 조세체계를 형성한다.

지방자치단체는 그 재정지출에 충당하기 위하여 지방세 외에 사용료 · 수수료, 부담금 · 분담금, 재산수입, 기부금, 지방채, 공기업수입과 지방교부세 및 국고보조금 등 각종 수입을

원으로 보아야 한다는 것이 다수설이다.
둘째로, 세외수입 가운데 그 비용용도가 제한되어 있는 재원(예컨대 하천점용료, 공원사용료, 목적특정기부금, 목적특정재산매각대금 등)은 이를 특정재원으로 보아야 한다.
셋째로, 지방채수입은 지방세의 감수를 보전하기 위한 일반재원적인 경우도 있으나, 특정 비용용도의 충당을 위한 특정재원적인 경우도 있다.
넷째로, 지방교부세는 일반적으로 일반재원이라고 할 수 있으나, 특별교부세는 특별재원이라 하지 않을 수 없으며, 반대로 국고보조금은 일반적으로 특정재원이라고 할 수 있으나, 일반보조금은 일반재원이라 하지 않을 수 없다.

확보하고 있으나, 그 가운데서도 지방세가 자주재원의 중추로서 지방재원의 대종을 이룸은 현재에도 그러하거니와 미래에도 변함없는 사실일 것이다. 이러한 사실은 지방자치단체의 재정적 자주성의 확보라는 면에서도 그러하지만, 지역주민의 자기복지를 위한 자기부담의 이념의 실현이라는 면에서도 그러한 것이다.

② 지방세의 특성

지방세는, 첫째, 국세와 마찬가지로 법률에 근거하여 강제로 부과하고 징수한다. 둘째, 개별적으로 공급되는 자치단체의 급부와 관계없이 징수한다. 셋째, 징수된 지방세는 특정한 것이 아니라 일반적인 용도에 쓴다. 넷째, 징수될 때는 대개 금전으로 표시되어 징수된다. 다섯째, 우리나라는 동등한 수준의 지방자치단체 간(특별시 · 광역시, 도, 시 · 군 · 구)에는 동일한 지방세 체계를 형성하고 있어 지역의 특성을 인정하지 않는다. 여섯째, 지방세 체계가 재산과세 중심으로 지방세 징수 실적에 의하면 전체 지방 세수에서 재산과세가 차지하는 비중이 현저히 높다.

③ 지방세의 원칙

지방세는 모든 지방들이 가지고 있는 사정이나 내용들이 백태만상(百態萬象)이어서, 이 모든 복잡한 요소들을 분별하여 과세에 대한 원칙을 설정한다는 것은 대단히 어렵다. 따라서 지방세에는 고정불변한 원칙이 적용되기가 어렵다. 그러나 그와 같은 복잡성에도 불구하고 일정지역과 일정주민들에게 부과하는 과세라는 점에서 그리고 모든 지역의 상황과 변수 및 공통성과 개연성 등을 토대로 하여 과세의 원칙을 설정하고 있다(구민상, 1998:289-297).

지방세의 원칙에 관하여 여러 측면에서 많은 원칙들이 제시되고 있는 바(이상희, 1992:231-251; 김종순, 1997:229-235), 이를 정리하면 다음과 같다.

첫째, 재정수입의 측면에서 ⓐ 충분성의 원칙, ⓑ 보편성의 원칙[4], ⓒ 안정성의 원칙[5] 등이 있고, 둘째, 주민부담의 측면에서 ⓐ 형평의 원칙, ⓑ 응익의 원칙[6], ⓒ 평등의 원칙, ⓓ 부담분임의 원칙[7] 등이 있고, 셋째, 지방자치의 측면에서 ⓐ 자주성의 원칙[8], ⓑ 의사존중의

4) 그 수입이 각 지방자치단체에 보편적으로 존재할 것.

5) 연도 사이의 수입이 급격한 변화없이 안정적일 것.

6) 수익의 정도에 비례해서 지방세를 부담할 것.

7) 모든 주민이 널리 지방세를 부담할 것.

8) 징세행정에 자주성이 있을 것.

원칙, ⓒ 정착성의 원칙[9] 등이 있고, 넷째, 세무행정면에서 ⓐ 확보성의 원칙, ⓑ 최소비용의 원칙 등이 있다.

④ 지방세의 분류

지방세는 조세의 일반적 분류기준에 따라 여러 가지로 분류될 수 있다.[10]

㉠ 보통세와 목적세 : 이는 세수의 비용용도제한 여부를 기준으로 한 분류이다. 보통세는 그 비용용도에 제한이 없는 조세이고, 주민에게 일반적이고 보편적으로 부과되는 세금을 의미하며, 목적세는 그 비용용도에 제한이 있는 조세이고, 특정한 재원을 마련하기 위한 재원이나 특정인 혹은 집단에게만 부과되는 세금이다. 조세 일반의 경우와 마찬가지로 지방세에서도 보통세가 원칙이다(강용기, 2008:395).

㉡ 독립세와 부가세 : 이는 과세표준의 독립 여부에 의한 분류로서, 독립세는 지방자치단체가 국가 또는 다른 자치단체에 의존하지 아니하고 독자적인 과세와 세율에 의해서 부과하는 조세이고, 부가세는 국가 또는 다른 자치단체에 의존하여 그 조세의 과표와 세율에 따라서 부과하는 조세이다. 지방재정의 자주성 확보를 위하여 독립세가 이상적이나, 징세행정의 간편화를 위해서 부가세를 시행하는 경우가 있다.

㉢ 법정세와 법정외세 : 이는 세목의 설정근거 여하에 의한 분류로서, 법정세는 세목이 법률에 의하여 설정되는 조세로서, 지방자치단체가 임의세를 제외하고는 과세요건에 해당하는 경우 반드시 과세해야 하는 세이다. 법정외세는 지방자치단체의 조례에 의하여 설정되는 조세로서, 지방자치단체의 자주재정권에 의해서 지방자치단체가 스스로의 필요성과 의사에 의해 조례로서 세목을 설치하여 과세하는 조세이다.

조세법률주의에 입각하여 법정외세가 인정되지 아니하는 것이 원칙이나, 지역의 특수세원의 포착과 재정수요에의 신축적 대처를 위하여 그 인정이 필요한 경우도 있다.

㉣ 의무세와 임의세 : 이는 세목의 시행강제성 여부를 기준으로 한 분류로서, 의무세는 일단 설정된 세목은 모든 지방자치단체에서 반드시 시행되도록 강제하는 조세이고, 임의세는 그 시행여부를 지방자치단체의 자주적 결정에 맡기는 조세이다. 지역 사

9) 세원이 해당 구역 안에 정착하고 있을 것.

10) ① 과세대상별 분류……소득세, 소비세, 재산세 등
② 과세목표별 분류……인세, 물세
③ 담세자 성격별 분류……직접세, 간접세
④ 비용용도제한 여부별 분류……보통세, 목적세
⑤ 과세독립 여부별 분류……독립세, 부가세

이의 경제 · 사회 · 문화적 관계가 긴밀화되어가고 있고 세목부담의 지역 사이의 균형화가 요청되고 있는 현실에 비추어 볼 때에는 과세의 균형성을 위하여 의무세제가 불가피하겠으나, 지방재정의 자주성을 강조하는 입장에서 볼 때에는 임의세제가 이상적이라 할 수 있다.[11]

ⓜ 도세와 시 · 군세 : 이는 지방세의 과세주체에 따른 구분으로, 지방자치단체의 효율적인 배분측면에서 도의 재원으로 할 것과 시 · 군의 재원으로 할 것 등을 각 세목의 세입실태의 지방자치단체별 재정형편을 고려하여 인위적으로 구분한 것이라고 볼 수 있다.

ⓑ 종가세와 종량세 : 과세표준을 화폐단위로 표시한 과세물건과 가치(가격)로 하느냐 혹은 과세물건의 수량 · 용적 등(산출단위)으로 하느냐에 따라 종가세(Advalorem Tax)와 종량세(Unit Tax)로 구분된다. 종량세의 예로는 담배소비세가 있다.

ⓢ 정액세와 정률세 : 세율이 과세표준에 관계없이 일정한 금액으로 정해져 있는 조세를 정액세라 하고, 세율이 과세표준의 일정비율로 정해져 있는 조세를 정률세라 한다. 현재 지방세 중에 주민세 균등할은 정액세이고, 취득세와 등록세는 비례세이며, 재산세는 누진세라고 할 수 있다.

<표 7-4> 지방세의 종류와 구분

구분	특별시·광역시세	도세	시·군세 (광역시의 군세 포함)	자치구세
보통세	취득세, 등록세, 레저세, 주민세, 자동차세, 주행세, 농업소득세, 담배소비세, 도축세, 재산세(특별시)*	취득세 등록세 면허세 레저세	주민세, 재산세, 자동차세, 주행세, 농업소득세, 담배소비세, 도축세	면허세 재산세
목적세	도시계획세, 공동시설세, 지역개발세, 지방교육세	공동시설세 지역개발세 지방교육세	도시계획세, 사업소세	사업소세

* 재산세는 일반적으로 기초자치단체의 세금이지만 서울특별시의 경우, 특별시(50%)와 자치구(50%)가 재산세를 공동 과세한다(지방세법 제6조의2).
** 광역시의 군 지역에서는 도세를 광역시세로 한다(지방세법 제6조 ①항).

11) 임의세제의 한 방법으로 지방세법에서 여러 가지 세목을 열거하고 지방자치단체가 해당지역의 세원과 재정수요를 고려하여 일정한 세목을 선택하여 시행하도록 하는 이른 바 선택세제를 채택할 수도 있다.

⑤ 지방세의 구조

우리나라의 지방세 체계는 16개 세목으로 구성되어 있으며, 도세와 시 · 군세(광역시의 군도 포함)로 구분한다. 도세는 보통세와 목적세로 구분하며, 보통세로는 취득세 · 등록세 · 레저세 · 면허세로 구성되고, 목적세로는 공동시설세 · 지역개발세 · 지방교육세로 구성된다. 시 · 군세도 역시 보통세와 목적세로 구분하며, 보통세로는 주민세 · 재산세 · 자동차세 · 주행세 · 농업소득세 · 담배소비세 · 도축세로 구성되고, 목적세로는 도시계획세와 사업소세로 구성된다. 그리고 특별시세와 광역시세는 도세와 시 · 군세의 전 세목 중에서 구세 즉, 면허세, 재산세, 사업소세를 제외한 13개 세목이 된다(손희준 외, 2008:93).

보통세에서

① 취득세는 부동산 등의 소유권을 취득한 자에게 그 소재지의 시 · 도가 부과 · 징수하는 지방세로, 부동산 · 차량 · 건설기계 · 입목 · 항공기 · 골프회원권 등의 소유권이 이전되는 유통과정에서 그 취득자에게 과세하는 일종의 유통세이다.

② 등록세는 재산권 기타 권리의 취득 · 이전 · 변경 또는 소멸에 관한 사항을 공공장부에 등기 또는 등록하는 자에게 시 · 도가 부과 · 징수하는 지방세이다.

③ 면허세는 특정한 영업 설비 또는 행위에 대하여 권리의 설정 또는 금지의 해제를 하는 행정처분과 신고의 수리, 등록, 지정, 검사, 검열, 심사 등의 행정행위에 의하여 각종 면허[12]를 받은 자에게 과세 · 징수하는 지방세이다.

④ 자동차세는 시 · 군 안에 자동차를 소유하고 있는 자에게 부과하는 일종의 물세로서, 자동차가 가지는 재산가치 · 수익성에 대한 과세인 동시에 도로손상부담금으로서의 성격을 가지는 조세이다.

⑤ 재산세는 건축물 · 중기 · 선박 · 항공기 등의 재산을 소유하고 있는 자에게 시 · 군이 부과하는 지방세이다.

⑥ 주민세는 균등할과 소득할로 과세되는 조세, 균등할은 해당 시 · 군 안에 주소를 둔 개인과 사무소 또는 사업소를 둔 법인에게 인구규모에 따라 구분한 자치단체별로 균등하게 부과되는 인세이고, 소득할은 개인과 법인의 소득에 따라 부과하는 조세로서 부가세적인 성질을 가지고 있다.

12) 예컨대 양조업 면허, 고급호텔면허를 부여받은 자에게 부과하는 조세

⑦ 농업소득세는 농작물의 재배로 발생하는 소득이 있는 자에게 부과하는 조세로, 과거에 농지의 소유자 또는 경작자에게 부과하던 농지세를 2000년에 소득세로 개편한 것이다.
⑧ 도축세는 소 · 돼지를 도살하는 행위에 대하여 과세하는 소비세이다.
⑨ 레저세(구 경주 · 마권세)는 승마투표권 또는 승마투표권의 발매에서 얻은 금액에 대하여 과세하는 조세이다.
⑩ 담배소비세는 제조담배의 개비수 또는 중량에 부과하는 조세로서 1989년에 신설되었다.
⑪ 종합토지세는 전국의 모든 토지를 소유자별로 합산한 후 누진세율을 적용하여 과세하는 조세이다. 1986년에 토지과다보유세로 신설되었다가, 1989년에 종합토지세로 발전 · 개편되었다가 2005년 폐지되었다.

다음으로, 목적세에서

① 도시계획세는 도시계획사업에 필요한 비용에 충당하기 위하여 도시계획법에 의하여 고시된 도시계획구역 안에 있는 토지 또는 건축물을 대상으로 하여 그 소유자에게 부과 · 징수하는 목적세이다.
② 공동시설세는 소방시설, 오물처리시설, 기타 공공시설에 필요한 비용에 충당하기 위하여 그 시설로부터 이익을 받는 자를 대상으로 서울특별시와 광역시, 시 · 군이 부과하는 목적세이다.
③ 사업소세는 인구와 기업의 도시집중에 따르는 재정수요의 증대에 대처하기 위하여 또는 관광지 등의 환경개선과 정비에 필요한 비용을 충당하기 위하여 사업소를 경영하는 자로부터 징수하는 목적세이다. 사업소세는 사업소의 연면적을 과세표준으로 하는 재산할과 종업원의 급여 총액을 과세표준으로 하는 종업원할로 나눈다.
④ 지역개발세는 지역의 균형개발 및 수질개선과 수자원보호 등에 소요되는 재원을 확보하기 위하여 발전용수, 지하수, 지하자원, 컨테이너를 대상으로 과세하는 목적세이며 1991년에 신설되었다.
⑤ 지방교육세는 지방교육재정의 확충에 소요되는 재원을 확보하기 위하여 등록세, 레저세(구 경주 · 마권세), 재산세, 자동차세, 담배소비세, 종합토지세 및 주민세균등할 납부자에게 부가하여 부과하는 조세로 과거의 국세였던 교육세를 2001년에 지방세목으로 편입한 것이다.

(2) 지방채

① 지방채의 개념

지방채(Local Debt, Public Bond)란 지방자치단체가 재정수입의 부족액을 보전하기 위하여 그 과세권을 실질적인 담보로 하여 증권발행 또는 증서차입의 형식에 의하여 조달되는 차입자금으로서, 그 상환기간이 1회계연도를 넘는 것을 말한다. 지방채는 과거에는 세외수입으로 분류하여, 지방채 발행 규모가 클수록 지방재정 자립도가 증가하는 문제를 띠고 있었으나 현재는 별도의 항목으로 분류하고 있다.

② 지방채의 특성

지방채는 재원이라는 점에서 지방세와 같은 성격이지만, 몇 가지 점에서 다른 특성을 가진다. 지방채는,

첫째, 2년 이상에 걸쳐 상환되는 지방자치단체의 채무이다. 따라서 해당 연도의 세출예산의 집행에 있어서 일시적인 자금의 부족을 보전하고 해당 회계연도의 수입으로 상환하는 일시차입금과 다르다.

둘째, 지방자치단체의 과세권이라는 신용을 담보로 한 채권발행 또는 증서차입의 형식에 의하여 발생하는 채무이다. 따라서 과세권을 담보로 하지 않는 민간회사의 사채나 공사 · 공단의 공사 · 공단채와 다르다.

셋째, 기채(채권발행 또는 증서차입)행위에 의하여 자금의 이전이 발생한다.[13] 따라서 지방자치단체가 채무부담을 하는 시점에 있어서는 자금의 이전이 발생하지 않는 이른바 채무부담행위와 다르다.

넷째, 매입 여부가 원칙적으로 응모자의 자유의사에 의하여 결정된다.[14] 따라서 법령에 의하여 강제적으로 징수되는 지방세와 다르다. 또한 지방채는 원리금의 상환을 장래의 납세자에게 부담시킨다는 점에서도 현재의 납세자로부터 징수하는 지방세와 다르다.

다섯째, 재정수입의 부족을 보전하기 위하여 엄격한 통제 아래 발행한다. 따라서 경기조절 등 경제정책상의 필요에 의하여 탄력성 있게 발행되는 국채와 다르다.

여섯째, 지방채 수입은 자주재원이 아니면서도 결국에는 자주재원이 되는 것이다. 즉, 지

---

13) 다만 기채를 함에 있어서 자금의 이전이 발생하지 않는 특수한 경우가 있는데, 교부공채가 그 예이다. 즉, 교부공채에 있어서는 자금을 차입해서 지급해 충당하는 것이 아니고, 현금을 지급하는 대신 채권자에게 채권을 교부함으로써 현금의 지급에 대신하는 것이다.

14) 다만 지방채 가운데에는 지방자치단체가 권력에 의하여 강제적으로 일정한 자에게 지방채를 매입케 하는 이른바 강제공채도 있다 (예 : 지하철도건설공채).

방채를 발행하여 외부자금의 유치액이 많으면 많을수록 자치단체의 외부 자금률이 높아지고 자주재원의 비율이 낮아지는 측면에서는 그 수입을 자주재원이라고 보기 어렵지만, 그 발행에 따른 부채의 상환을 자주재원으로 하게 되면 그것은 결국 자주재원이 되는 것이다.

③ 지방채의 종류

지방채는 여러 가지 기준에 따라 분류되고 있는데, 그것을 살펴보면 다음과 같다.

㉠ 국내채와 국외채 : 이는 자금의 소화지에 따른 분류이다.

㉡ 일반(회계)채와 공기업(특별회계)채 : 이는 대상사업에 의한 분류로서, 일반채는 일반회계의 각종 사업에 필요한 자금을 조달하기 위하여 발행되는 지방채이고, 공기업채는 공기업에 필요한 자금을 조달하기 위하여 발행되는 지방채이다. 그 원리금이 일반채에 있어서는 주로 지방세 · 지방교부세 등의 일반재원에서 상환되는 데 비하여, 공기업채에 있어서는 주로 해당 기업의 수입에서 상환된다. 일반채는 해당 자치단체의 과세권을 그 담보로 하는 데 비하여, 공기업채는 해당 기업의 수익능력(신용)을 담보로 한다. 그러나 공기업채의 신용도 궁극적으로는 그 경영주체인 자치단체의 과세권과 밀접한 관계를 가지는 것이다.

㉢ 정부자금채와 민간자금채 : 이는 인수자금에 의한 분류로서, 정부자금채는 주로 자금관리특별회계 등의 자금에 의하여 인수되는 지방채이고, 민간자금채는 정부자금 이외의 자금에 의하여 인수되는 지방채이다. 후자는 그 인수자에 따라 다시 시장공모채, 은행채, 외화채(차관) 등으로 분류된다.[15)]

㉣ 증권발행채와 증서차입금 : 이는 발행형식에 의한 분류로서, 증권발행채는 실제 지방채증권을 발행하는 지방채이고, 증서차입채는 증서대부의 방법에 의하여 행해지는 장기적 차입금이다(지방재정법 제8조).

증권의 발행방법에는 신규로 발행되는 유가증권의 취득청약을 모집하는 방법과, 이미 발행된 지방채 증권을 일정기간에 매출하는 방법, 그리고 자치단체가 채무이행에 따라서 지방채 증권을 교부하는 방법의 세 가지가 있다. 증서차입채는 정부자금채의 전부와 은행채의 일부가 보통 이에 해당된다.

증권발행채는 일부의 기명채권을 제외하고는 무기명으로서 유통성이 있는데 비하여, 증서차입채는 지명채권이므로 유통성이 없다.

15) 지방채의 자금에는 정부자금, 민간자금, 은행자금, 국외자금 등이 있다.

<표 7-5> 지방채의 종류

<table>
<tr><th>방법
소화지</th><th colspan="2">증서차입채(차입금)</th><th colspan="4">증권발행채(공채)</th></tr>
<tr><td rowspan="10">국내채</td><td rowspan="5">정부자금
지방공공자금</td><td rowspan="2">특별회계(재특, 토특)</td><td rowspan="5">모집
공채</td><td colspan="3">사모(私募)</td></tr>
<tr><td rowspan="4">공모
(公募)</td><td colspan="2">직접모집</td></tr>
<tr><td rowspan="2">각종 기금(정부민간기금)</td><td rowspan="3">간접모집</td><td>위탁 모집</td></tr>
<tr><td>잔액 인수</td></tr>
<tr><td>기타(정부투자기관자금)</td><td>총액 인수</td></tr>
<tr><td rowspan="3">지방공공자금</td><td>지역개발기금</td><td rowspan="3">매출
공세</td><td colspan="3" rowspan="3">강제공채적 성격
직접매출과 위탁매출</td></tr>
<tr><td>청사정비기금</td></tr>
<tr><td>기타(재해복구기금)</td></tr>
<tr><td rowspan="2">민간자금</td><td>은행 등 금융자금</td><td rowspan="2">교부
공채</td><td colspan="3" rowspan="2">현금 차입은 없고,
지출시기만 연장</td></tr>
<tr><td>기타(연고자금)</td></tr>
<tr><td rowspan="2">국외채</td><td colspan="2">공공차관</td><td colspan="4">양키 본드(미국)</td></tr>
<tr><td colspan="2">상업차관 등</td><td colspan="4">사무라이 본드(일본) 등</td></tr>
</table>

※ 재정융자특별회계(재특), 토지관리 및 지역균형개발 특별회계(토특)

ⓜ 단기채와 장기채 : 이는 상환기간에 따른 분류로서, 단기채는 한 회계연도안에 상환해야 하는 채무로서 일시차입금이라 하고, 장기채는 자본재의 획득, 건설, 개·보수를 목적으로 상환기간이 한 회계연도를 넘는 경우의 채무이다.

ⓑ 기타 지방채 : 지방채는 이외에 발행주체에 따라 시·도채와 시·군·자치구채, 채무의 순증가 여부에 따라 신규채와 차환채, 발행목적 여하에 따라 건설체와 적자보전채, 그 용도 여하에 따라 생산채와 비생산채, 상환방법 여하에 따라 일괄상환채와 원·리금 균등상환채, 원금균등상환채 및 영구(불상환)채 등 여러 가지로 분류될 수 있다.

④ 지방채의 기능

㉠ 지역발전과 주민의 복리증진기능 : 지방채제도와 같은 특별한 조치가 없으면 지방정부자체의 힘으로 대형의 숙원사업·이익사업을 추진한다는 것이 불가능하므로 지방채에 의해서 그와 같은 사업들이 완수되면 그것은 곧 지역의 발전과 주민복리에 직결된다.

㉡ 효율적 자원배분기능 : 지방채는 지방자치단체가 그 지방에 긴요하게 필요한 사업을 하는데 있어 그에 필요한 자금을 주민의 조세나 분담금에 의하지 않고, 이를 다른 곳에서 차입하여 충당하므로 주민의 부담을 경감하고 자원배분의 효과도 가져온다. 이러한 점에서 지방채는 지방재정수입의 보완적 기능을 수행하는 동시에 더 나아가 자원의 효율적 배분기능까지도 수행한다.

㉢ 경제발전기능 : 지방채가 투자되어 사회간접시설이 확충되고 지역의 산업이 발전하게 되면 지방의 균형화에도 기여하는 동시에 또 이들이 국가경제에 파급되는 효과도 크다.

㉣ 부담의 공평화 기능 : 대형사업에 투자되는 지방채는 장기차입금으로 충당하는 것이 많기 때문에 이에 대한 상환도 장기성을 띠게 되어 수십년간에 걸쳐 이용자 부담의 원칙이 적용된다. 만약 대형공익사업의 지출을 조세로 충당하면 그 당시에 거주하는 주민들이 그 비용전액을 부담하게 되어 편익의 혜택과 비용부담 간에 불공정한 관계가 조성된다. 지하철, 도로, 학교, 상하수도, 동물원 등이 한번 건설되면 장기간에 걸쳐 주민들에게 혜택을 주게 되는데 이에 소요되는 비용도 장기간에 걸쳐 이용자 부담원칙에 따라 부담하는 것이 공평하다. 그러므로 장기채로 건설되는 시설물들은 그 상환에 있어서도 먼 장래까지 그 시설을 이용하는 자들이 함께 분담하는 것이 적절하다.

㉤ 신속한 재해복구 : 재해는 돌발적으로 발생하는 고로 예측이 불가능하다. 또 재해는 지방자치단체의 재정력과 관계없이 닥쳐온다. 돌연 재해가 발생하였을 경우 지방자치단체의 재정력이 미약하여 그것을 복구하는데 시간이 많이 걸리면 이로 인한 피해는 주민의 몫이다. 이러한 때 지방채를 통해서 신속하게 그 재해를 복구하면 지역사회발전과 주민의 복리에 기여하는 효과를 가져온다.

⑤ 지방채의 발행

지방자치법 제124조에서는 지방자치단체의 채무와 채권의 관리에 관한 원칙을 규정하고 있다. 즉, 지방자치단체의 장이나 지방자치단체조합은 따로 법률로 정하는 바에 따라 지방채를 발행할 수 있다(지방자치법 제124조 ①항).

지방채의 발행에 대해 지방재정법 제11조에 의하면 지방채는 “지방자치단체의 항구적 이익이 되거나 긴급한 재난복구 등의 필요가 있는 때”에 재정 상황 및 채무 규모 등을 고려해서 대통령령이 정하는 지방채 발행 한도액의 범위 내에서 지방의회의 의결을 얻어 발행해야 한다. 그리고 지방자치단체의 장은 따로 법률로 정하는 바에 따라 지방자치단체의 채무 부담의 원인이 될 계약의 체결이나 그 밖의 행위를 할 수 있다고 규정되어 있다(지방자치법 제124조 ②항).

지방채의 발행목적은 지역주민의 복지증진을 위한 필요사업에 경비를 조달하기 위함이며, 발행주체[16]는 지방자치단체로 채무이행기간은 그 회계연도이상에 걸쳐 이루어진다. 그러나 모든 지방자치단체가 지방채를 발행할 수 있는 것은 아니며 일정한 기준에 미달되는 자치단체는 지방채를 발행할 수 없다.

즉, 지방채의 발행기준은 첫째, 지방채 원리금 상환의 연체가 없는 단체, 둘째, 채무상환비율이 20% 이하인 단체, 셋째, 기준 전년도의 실질수지비율이 10% 이상인 단체[17], 넷째, 기준연도의 지방세 징수 전망이 기준 전년도에 비해 90% 이상인 단체, 다섯째, 사실과 다른 신청으로 지방채 발행의 승인을 얻었거나 승인을 얻지 아니하고 재방채를 발행한 사실이 없는 단체[18] 등을 예시할 수 있다. 또한 지방채는 소모성 경상경비나 총 사업비가 소액인 사업[19], 그리고 기타 일반 재원으로 충당하는 것이 타당하다고 인정되는 경비의 경우에는 지방채 발행이 인정되지 않는다.

지방채는 지방자치단체의 책임 아래 발행되는 것이지만, 자금수요의 종합적 조정, 공평한 자금배분, 재정혼란의 방지를 위하여 행정자치부장관(교육비특별회계에 있어서는 교육부장관)의 승인을 얻은 범위 안에서, 지방의회의 의결을 얻어 발행된다. 이 경우 행정안전부장관은 지방채발행계획을 수립하여 관계 중앙행정기관의 장과 협의하여야 한다.

한편 지방자치단체는 법령이나 조례의 규정에 따르거나 지방의회의 의결을 받지 아니하고는 채권에 관하여 채무를 면제하거나 그 효력을 변경할 수 없다(동법 제124조 ⑤항).

지방채의 자금은 주민부담의 경감 및 응익분산을 위해서 저이율, 상환기간과 시설내구연수의 일치, 거치기간과 건설기간의 일치, 연도 사이 원리금상환부담의 균일 등의 조건을 갖추어야 한다.

---

16) 지방재정법 제9조에서는 지방자치단체의 조합도 지방채를 발행할 수 있음을 명시하고 있다.

17) 이를 계산하는 식은 다음과 같은데, (형식 수지=세입 결산액-세출 결산액), (다음 연도 이월금=계속비 이월비+사고 이월비+보조금 집행 잔액)으로 계산된다.

18) 승인 없이 기채한 사실이 없을 것과 허위에 의한 신청으로 기채 승인을 받은 사실이 없을 것 등이 요구된다.

19) 시 · 도 : 10억 원 미만, 인구 30만 명 이상 시: 7억 원 미만, 인구 30만 명 미만 시: 5억 원 미만, 군 및 자치구: 3억 원 미만 등이다.

(3) 세외수입

① 세외수입의 개념

세외수입은 가장 넓은 의미로는 지방재정수입 가운데 지방세, 지방교부세, 재정보전금, 지방양여금 및 국고보조금수입을 제외한 나머지 수입의 일체를 말하며, 이 경우의 세외수입은 지방자치단체의 자체수입 가운데 지방세 이외의 수입을 총칭하는 것으로서, 주로 지방세에 대응하는 개념으로 사용된다. 이러한 가장 넓은 의미의 세외수입 속에는 서로 성격이 다른 수많은 종류의 수입들이 포함되어 있다.

세외수입의 개념을 다소 좁혀서 볼 때에는 전술한 넓은 의미의 세외수입 가운데 특별회계에 의한 공기업수입(예 : 상수도사업, 지하철사업, 가스사업, 의료사업 등)을 제외한 세외수입, 즉 일반회계에 의한 수입만을 지칭한다.

그 다음으로, 세외수입의 개념을 더 좁혀서 가장 좁은 의미로 볼 때에는 전술한 광의의 세외수입 가운데 회계의 조작에 의한 명목적 수입(예 : 전입금, 이월금 등)과 특별한 사유로 그 연도에 한해서만 생기는 임시적 수입(예: 지방채, 기부금, 부동산매각수입 등)을 제외한 수입을 의미한다. 세외수입증대라고 하는 경우의 세외수입은 바로 이러한 의미를 가진다.

지방자치단체에서는 경영행정의 합리적 운영과 주민복지 수요에 적극 대응하기 위해 수익성과 공익성에 기반을 둔 경영사업의 발굴 · 추진 등 지방세외 수입을 점차 확대시켜오고 있다(손희준 외, 2008:139-140).

② 세외수입의 특성

세외수입은 대체로 다음과 같은 특성을 가지고 있다.

㉠ 자주적 재원 : 세외수입은 지방자치단체의 독자적인 노력의 절차에 의한 자체자원으로서 지방세와 함께 행정의 자율성과 재정기반의 안정성을 보장하여 준다(조창현, 1996:71). 즉, 지방자치단체의 노력여하에 따라서는 세수증대가 어느 정도까지 가능한 자주재원이다.

㉡ 다양한 수입 : 세외수입은 종류 · 수입근거 · 형태 등이 매우 다양하다. 세외수입의 근거로는 법률 · 대통령령 · 부령 · 조례 또는 사법상의 계약 등 여러 가지가 있으며, 종류와 형태도 사용료 · 수수료 등 행정서비스에 의한 수입, 재산수입 · 사업장수입 등 경제활동에 의한 수입, 전입금 등 특별회계와 전출입관계에서 생기는 수입, 과징금 등 행정질서 확보상 생기는 이월금 등에 있어 다양성을 띠고 있다.

지방세외 수입은 수입 근거가 되는 법령이 어떤 목적으로 제정되었는가 하는 입법 목적에 따라 수입의 종류가 다양하기 때문에 종류와 요율이 다양하며 다양한 요율 책정 근거를 지니고 있다(손희준 외, 2008:143).

ⓒ 비용용도의 특징 : 세외수입은 일반재원으로 분류되는 것도 있지만, 법령상 혹은 성격상 그 재원의 비용용도가 특정되는 경우가 많다. 사용료, 매각대금, 과징금 등에 그런 경우가 많은 것이다. 지방세외 수입은 개개의 세입 근거를 분석해 보면, 수입 근거에 따라 지출 용도가 정해진 경우가 많다.

ⓓ 신장성이 강한 잠재수입원 : 지방세는 그 경직성과 정태성 그리고 국가의 직·간접적인 통제로 재원신장에 제약을 받고 있는 반면에, 세외수입은 비교적 국가의 통제영역에서 벗어나 지방자치단체와 주민 및 기업인들의 노력에 따라 그 영역을 확대·개발하고 또 여러 종류의 수익 사업도 할 수 있어 잠재신장성이 강한 지방재원이다.

ⓔ 응익성에 의한 수입 : 세외수입은 사용료·수수료 등에 대한 반대급부 또는 대가이고 또 자치단체의 창의와 개발에 따른 보상적 성격을 띠는 재원이다. 공공시설의 사용, 행정서비스의 제공에 대한 반대급부 또는 대가로 징수하므로 응익성을 띠게 되고 지방세와는 달리 징수에 따른 주민의 마찰이나 저항이 적다(김동기, 2008:121).

ⓕ 현금·증지수입 : 세외수입은 그 수입형태를 현금으로 하는 외에 수입증지로 하는 경우도 있다. 영세한 사용료·수수료 등에 수입증지로 수입하는 예가 많다.

ⓖ 불균형·불규칙 재원(수입) : 세외수입은 환경의 여건에 따라서 그리고 지방정부의 창의와 노력 하에 따라서 수확되는 것이므로 지역간 또는 연도간(年度間)에 불균형과 불규칙이 초래된다. 경기가 침체되거나 지방정부가 경영하는 수익사업이 부실할 때에는 그만큼 수익효과도 감소됨으로 일정수입을 기대하기가 어렵다. 즉, 세외수입은 지역간·회계년도간 분포상황 및 구조가 불규칙·불균형하고, 따라서 자치단체의 재정수입을 예측하는데 어려움이 있다.

③ 세외수입의 구성(분류)

지방세외 수입은 회계 성질별로 일반회계 세외수입과 특별회계 세외수입으로 구분되며, 수입이 일정한가의 여부에 따라 실질적 세외수입과 명목적 세외수입으로 구분된다. 즉, 실질적 세외수입은 법령 또는 자치단체의 조례로서 회계 연도마다 지속적으로 확보할 수 있는 수입인데 비해, 명목적 세외수입은 특수한 상황에 따라 불규칙적으로 확보되는 수입이다.

따라서 이러한 두 가지 기준에 따라 네 가지 유형의 지방세외 수입의 구조를 확인할 수 있는데, 지방세외 수입의 경우 최협의의 개념은 경상적 수입만을 의미하고 협의의 개념은 실질적 세외 수입을, 그리고 광의의 개념은 네 가지 유형을 모두 포함하는 것으로 이해한다(안용식 외, 2006:452-453).

㉠ 경상적 세외수입 : 경상적 세외수입은 계속성과 안정성이 확보되고 매 회계연도마다 계속적으로 반복하여 조달되는 예측 가능한 수입을 의미한다.

ⓐ 수수료와 사용료 : 수수료는 특정개인을 위하여 행하는 행정서비스(예 : 주민등록초본 · 인감증명서 등과 같은 제증명(諸證明)에 소요되는 비용의 일부 또는 전액을 징수하는 것)을 말하며, 사용료는 공공시설(예 : 공설운동장 사용료 · 도로점용료 · 병원진료비 · 수도요금 · 지하철 요금 등)의 사용으로 인하여 얻는 편익에 대한 보상으로 징수하는 공과(公課)이다.

ⓑ 재산임대수입 : 재산임대수입은 자치단체가 국 · 공유재산을 관리 · 운영함으로써 발생하는 수입을 말하며, 재산임대수입에는 공유재산을 매각 · 처분함으로써 발생하는 수입은 제외되면 지방세입예산에 있어 국유재산임대수입과 기타의 재산수입이다(토지 · 건물과 각종 재산의 임대수입 등).

ⓒ 부담금 : 부담금이란 국가와 각급 지방자치단체 상호간에 이해관계가 있는 사무를 법령에 의하여 지방자치단체가 처리하는 경우에 그 사무처리를 위하여 필요한 경비를 국가 또는 상급 자치단체에 부담시켜 수납하는 것을 말한다. 이에는 지방자치단체가 처리한 사무에 대하여 국가 또는 상급 자치단체가 그 경비의 전부 또는 일부를 부담하는 경우와 상급 자치단체가 처리한 사무에 대하여 하급 자치단체가 그 경비의 전부 또는 일부를 부담하는 경우가 있다.

ⓓ 사업장수입(경영수익사업) : 사업장수입은 법제상 또는 학문상 정립된 용어가 아니라 실무상 통용되고 있을 뿐이어서, 그 개념이 확실치는 않으나, 일반적으로 지방자치단체가 공공목적을 위하여 공공부존자원을 효율적으로 활용하여 수익을 얻는 것을 말한다. 지방공기업이 특별한 법적 근거 위에서 별도의 인적 · 물적 조직을 가지고 공공의 서비스를 제공하는 것인 데 비하여, 이 사업장수입은 특별한 법적 근거 없이 사기업과 동일한 입장에서 수익사업을 경영하는 것이라 하겠다.

<표 7-6> 세외수입의 분류

	실질적 세외수입	명목적 세외수입
일반회계 세외수입	경상적 수입(최협의의 개념) - 사용료, 수수료, 재산 임대수입, 사업장 생성수입, 교부금, 이자수입, 부담금, 혼잡 통행료	임시적 수입 - 산 매각, 이월금, 전입금, 기부금·기금, 융자금 회수, 분담금, 잡수입, 과년도 수입
특별회계 세외수입 (특히 지방공기업)	사업 수입 - 공영개발, 상수도, 구획정리 병원, 중기관리, 기타 사업	사업외 수입 - 월금, 융자금, 융자금 회수 전입금, 잡수입, 과년도 수입

ⓔ 교부금수입 : 교부금이란 지방자치단체가 국가 또는 상급 자치단체의 사무를 위임받아 처리하는 경우에 그 위임기관인 국가 또는 상급 자치단체가 그 수임기관인 해당 자치단체에게 교부하는 금전을 말한다. 조세징수교부금, 병사비교부금 등이 그 예가 된다.

ⓕ 이자수입 : 이자수입은 지방자치단체가 보관하고 있는 돈을 금융기관에 예치하였을 경우에 발생하는 과실수입이다.

ⓖ 혼잡통행료 : 혼잡통행료는 도로혼잡으로 발생하는 외부비용을 소비자에게 인식시키고 사회적으로 최적의 소비량을 실현시키기 위하여 징수하는 공과금을 말한다. 그 성격이 사용료의 의미를 넘어 복합목적을 내포하고 있다.

ⓛ 임시적 수입

ⓐ 재산매각수입 : 재산매각 수입은 공유건물과 시·군유지(市·郡有地)의 재산을 매각하여 얻은 수입이다.

ⓑ 이월금 : 이월금이란 동일한 회계에 있어서 전년도에 생긴 잉여금 가운데에서 현년도로 이월된 금액을 말한다.

ⓒ 전입금 : 전입금이란 지방자치단체의 다른 회계 또는 기금으로부터의 자금의 이동으로 생기는 회계조작상의 수입을 말한다.

ⓓ 기부금 : 기부금이란 주민·기업 등 민간부문의 자발적 의사에 따라 일정한 금액이 그 비용용도의 지정 또는 지정 없이 지방자치단체에 납입되는 금품을 말한다. 용도가 지정된 것을 지정기부금, 지정되지 않은 것을 일반기부금이라고 한다.

ⓔ 지방채 : 지방정부가 외부의 금융기관 또는 민간부문으로부터 자금을 조달하여 쓰는 것이다.

ⓕ 분담금 : 분담금이란 지방자치단체의 재산 또는 공공시설의 설치로 인하여 주민의 일부가 특히 이익을 얻은 경우에 그 이익을 얻은 자로부터 그 이익의 범위 안에서 징수하는 공과금을 말한다(지방자치법 제138조). 수익자부담금, 원인자부담금, 개발부담금, 자치단체 상호간 부담금 등이 그 예가 된다.

ⓖ 잡수입 : 잡수입이란 위의 각종 수입 이외의 것으로, ㉠ 불용품매각수입, ㉡ 변상금 및 위약금(과태료, 체납처분비, 보상금 등 포함), ㉢ 예금이자, ㉣ 기타 잡수입 등을 포함한다.

ⓗ 과년도수입 : 징수결정된 수입금이 당해 연도의 출납폐쇄기간이 만료되기까지 수납하지 않고 그 후에 수납되었을 때는 그 납부된 날이 속하는 연도의 수입으로 하고 이를 과년도 수입으로 정리하는 것이다.

㉢ 사업수입 : 이것은 지방자치단체가 특별회계를 설치하여 운영하는 각종 수익사업을 말한다. 사업의 형태는 공기업 형태가 있고 관민합작회사를 설립하여 운영하는 방법도 있다. 공기업으로서는 상 · 하수도사업, 주택단지조성 및 주택건설, 폐기물수거 및 처리, 매립 사업, 중기관리 등의 사업이 있다.

지방세외 수입(특히, 사업수입)은 법령에 저촉되지 않는 한 지방자치단체의 독자적인 노력 여하에 따라 지속적으로 확대 · 발전시킬 수 있으며 수익자 부담 원칙이 적용되기 때문에 지방세와는 달리 조세 저항이 상대적으로 적다.

㉣ 경상수익사업 : 이것은 지방정부가 그 권역 내의 여유부존자원을 생산적으로 활용하여 공익성과 경제성을 동시에 추구하는 경영자적 경제활동이다. 여기에 대한 사업으로는 온천개발, 관광지조성, 삼림욕장, 수영장 등이 있다.

지방세외 수입은 지역여건이나 경제환경에 따라 수입 규모가 달라지고 지방정부가 경영수익사업을 통하여 민간경제를 침해하거나 공공성보다는 수익성을 추구한다는 비판을 받을 수 있으므로 사업을 선정할 때에는 신중을 기하여야 한다(안용식 외, 2006:457).

2) 의존재원

지방자치단체가 필요로 하는 비용은 지방세나 세외수입과 같은 자체재원으로 조달하는 것이 바람직하나, 현실적으로는 세원 편재로 인한 지역간의 재정력 격차가 발생하고 있어 자치단체별 재정 불균형 현상이 나타나고 있다. 그러므로, 대다수의 지방자치단체는 지방세나 세외수입을 가지고는 지방행정에서 요구되는 다양한 행정수요에 대처해 나갈 수가 없다. 따라서 지방정부는 국가로부터 재정지원을 받게 되는데(지방재정조정제도), 우리나라의 경우 중앙정부는 지방교부세, 국고보조금 등의 재정조정제도로 지방자치단체를 지원하고 있다.

(1) 지방교부세

지방교부세의 직접목적은 자치단체간의 재원의 균형화와 자치단체의 계획적 행정운영의 보장에 있으나, 그 궁극목적은 자치단체의 자주성의 보장과 지방자치의 증진에 두고 있다. 이처럼 지방교부세는 자치단체의 재정수입의 성격 면에서는 의존수입에 속하지만, 자치단체의 자주성을 보장하면서 재원균형화와 재원보장을 기함으로써 지방자치를 재정적 측면에서 실질적으로 뒷받침한다는 데에 그 중요성이 인정되고 있다.

지방교부세는 보통교부세, 특별교부세, 분권교부세, 부동산교부세의 네 종류로 구분된다. 이 중 부동산 교부세는 종합부동산세를 재원으로 하여 2005년 12월 31일 개정 법률에 신설되었다(지방교부세법 제3조, 2005년 12월 31일 개정).

지방교부세는 매년 재원의 불확실성으로 지방행정수행에 많은 애로가 발견되어 2000년에 지방교부세율을 내국세총액의 15%로 상향조정하였다. 그러나 2005년부터 지방양여금법이 폐지되면서 도로 · 지역개발사업에 투자되는 지방양여금이 지방교부세로 전환되고 국고보조금의 지방이양에 따른 분권교부세가 신설되면서 지방교부세의 법정률이 19.13%로, 2006년에는 19.24%로 상향조정되었다. 그리고 지방교부세제도 개선의 일환으로 증액교부금이 폐지되고, 지방양여금 폐지에 따른 보완의 일환으로 2009년까지 분권교부세가 신설되어 지방자치단체에 지원되었으며, 2006년에는 부동산교부세가 신설되었다(김동기, 2008:159).

① 지방교부세의 개념

지방교부세는 지방자치단체의 기본 행정 운영에 필요한 최소한의 재원을 보장하고 지역간의 재정 불균형을 시정하기 위해 재정력이 약한 자치단체에 국세의 일부를 이전하여 재정부족액을 충당하는 제도이다. 이 제도는 오늘날 지방자치의 보장을 위해 필수불가결한 제도가 되고 있는데, 영국의 경우는 지방세지원교부금(Rate Support Grants), 미국의 경우에는 세입분여(Revenue Sharing), 일본의 경우 지방양여세 등이 이에 해당한다.

지방교부세는 지역간 재정력 격차의 해소 및 완화, 즉 지역간 형평성의 관점과 국민최저

생활수준을 보장하기 위하여 운영하고 있는 재원이다. 무엇보다도 지역간 형평성의 관점에서 지원되는 중앙정부의 재원이면서 일반재원 형태로 운용된다는 점에서 지방자치단체에게는 매력적인 재원으로 받아들여지고 있다(김정완, 2009:105).

② 지방교부세의 특성

지방교부세의 특성은 자치단체 공유의 독립재원이라는 점과 그 비용용도가 제한되지 않는다는 데에 있다.

첫째로, 지방교부세의 가장 기본적인 특성은 그것이 지방자치단체 공유의 독립재원으로서의 성격을 가지고 있다는 점이다. 지방교부세가 내국세 총액의 일정비율을 그 법정재원으로 하고 있는 것은 그것이 단순히 국고로부터 교부되는 교부금이 아니라, 본래 자치단체가 공유하고 있는 독립재원의 뜻을 내포하고 있는 점이다. 지방교부세의 그 명칭 자체가 이미 그것은 지방세의 대체적 성격, 즉 간접과세형의 지방세임을 나타내고 있는 것이다.

둘째로, 지방교부세(특별교부세 제외)는 그 비용용도에 제한이 없는 것이 특징이다. 즉, 지방교부세는 국고에서 지출되는 것이기는 하지만, 일단 교부된 지방교부세는 그 비용의 용도를 지방자치단체가 자유로이 결정할 수 있는 일반재원이 되는 것이다. 이 점에 있어서 지방교부세는 국고보조금과 다르다. 그러나 지방교부세에 비용용도제한을 두지 않는 이유는 그 사용에 대한 국가의 부당한 간섭을 배제하려는 데 있는 것이고 지방자치단체에게 무제한의 자의적 결정을 허용하려는 것이 아니므로, 지방자치단체는 그 합리적이고도 타당한 사용의 의무를 지며, 지방자치단체가 그 의무를 태만할 때에 국가는 그 시정조치를 취할 수 있는 것이다(최창호, 2009:604).

셋째로, 지방교부세는 국가에서 지원되는 재원이라는 점에서 의존재원이며, 일상적인 관리비용으로 지출된다는 점에서 일반재원으로서의 성격을 지닌다.

③ 지방교부세의 기능

㉠ 재원균형화기능 : 산업 · 경제의 발전에 따른 세원의 편재를 시정하여 자치단체 사이의 재원의 균형화를 도모하는 것이 지방교부세의 본질적 기능으로, 지방교부세는 기준재정수요액(基準財政需要額)과 기준재정수입액(基準財政收入額)의 산정방법을 통하여 철저한 재원균형화의 기능을 수행한다.

지방교부세의 재원균형화 기능은 각 지방단체의 필요한 일반재원을 나타내는 기준재정수요액과 표준적인 세수입액으로서의 기준재정수입액과의 차이를 부족액으로 산정하여 지방자치단체에게 보통교부세 형식으로 교부한다.

㉡ 재원보장기능 : 국가재정과 지방재정의 관계에 있어서 양자를 조정하여 지방재원을 보장하는 것이 지방교부세의 중요한 기능의 하나이다. 이러한 지방재원 보장기능에는 두 가지 측면이 있다. 그 하나는 지방재정 전체의 측면에서 이른바 총액으로서의 지방재원의 보장기능이고, 다른 하나는 각 자치단체별 지방재정의 측면에서 각 단체에 대한 교부액의 산정을 통한 개별적 지방재원의 보장기능이다. 총액으로서는 현재 내국세 총액의 19.24%가 지방재원으로 보장되고 있으며, 개별적으로는 각 자치단체에 대하여 업무항목별로 산정된 기준재정수요액과 조세종목별로 산정된 기준재정수입액에서 전자가 후자를 초과하는 액에 일정한 보정(補正)[20]을 가한 수준이 그 단체의 재원으로 보강되고 있다(최창호, 2009:605).

④ 지방교부세의 종류

㉠ 보통교부세 : 보통교부세는 자치단체의 기본적 행정 수준 유지를 위한 일반 재원으로서 매년도 기준재정수입액이 기준재정수요액에 미달하는 자치단체에 대하여 그 미달액(재정부족액)을 기초로 하여 교부된다(지방교부세법 제6조).

보통교부세 산정에 있어 기준재정수요액은 기초수입액[21]과 보정수입액[22]을 더하여 계산되며, 상대적으로 기준재정수입액은 기초수입액과 보정수입액을 더하여 계산된

20) 기준재정 수요액의 보정이란 기준재정 수요액의 산정에 있어 단위비용의 획일성, 물가의 상승, 기타의 자유로 인하여 각 자치단체의 기준재정 수요액이 심히 불합리하다고 인정할 때에 일정한 방식에 의하여 수정을 가하는 것을 말한다(지방교부세법 제7조 ②항, ③항).
기준재정수요액은 기본적으로는 비목별로 설정된 각 측정단위의 수치에 단위비용을 곱한 것으로 나타낼 수 있으나, 실제로 각 자치단체의 종류, 규모, 여건 등의 차이에 따라 반영하기 위하여 측정단위의 수치에 대해 몇 가지 종류의 보정이 행해지게 된다. 산정기술상 단위비용을 고정시켜 놓고 측정단위의 수치를 보정하는 것이 용이하기 때문에 이와 같은 방법을 주로 채택하고 있는 것이다.
기준재정수요액 보정의 종류에는 도서 · 벽지보정(지역적 특수성에 따라 증감하는 경비를 고려한 보정), 지역개발보정(지역간 균형개발을 촉진하기 위한 보정), 단계보정(규모의 경제성을 고려하여 측정단위의 수치의 증감을 몇 단계로 나누어 행하는 보정), 밀도보정(인구밀도, 교통밀도 등 재정수요와 밀접한 관련을 가지는 지표의 다소에 따른 보정), 사업비보정(신규수요, 시책수요, 재해복구수요, 공채상환 등에 따른 보정) 등이 있고, 기준재정 수요액 보정의 방식에는 표준예산을 이용한 보정(주로 경상경비를 대상으로 하여 자치단체 종류별 표준예산액 평균을 1로 할 때 해당 단체의 표준예산액의 비율을 지수화하여 행하는 보정), 표준시설을 이용한 보정(주로 투자적 경비를 대상으로 하여 자치단체의 대소에 따른 적정 시설규모를 1로 할 때 해당단체의 시설상황을 지수화하여 행하는 보정), 표준율을 이용한 보정(표준예산이나 표준시설로써는 자치단체의 행정여건을 포착할 수 없는 사항을 그 비율을 기초로 미달부분만큼 보정)등이 있다(이상희, 1992 : 434~445).

21) 기초수요액 = Σ(17개 측정 항목별 단위 수치×단위비용)으로 계산되는데, 측정 항목은 각 자치단체의 기준 재정 수요액을 합리적으로 측정하기 위하여 기능별 · 성질별로 분류 설정한 공통 · 표준적인 경비의 종류로 총 4개의 측정항목(세항목 17개)이 있다. 예를 들면 지방의회비, 인건비, 일반관리비, 읍 · 면 · 동비, 건물비 등이다. 또한 측정 단위는 측정 항목별 재정 수요를 합리적 · 객관적으로 측정할 수 있는 단위로서 각 항목별로 가장 상관 관계가 높은 수치인데, 지방의회비는 지방의원 수로 산정된다. 아울러 단위 비용은 기준 재정 수요액을 산정하기 위한 각 측정단위의 단위당 금액으로 측정 단위 수치에 곱하게 될 단가로서의 의미를 지닌다.

22) 기준 재정 수요액은 우선 당해 자치단체의 보통세 수입액의 100분의 80을 기초로 하는데, 이는 자치단체의 징수 노력도를 제고하기 위함이다.

다. 또한 자치단체별로 산정된 재정 부족액의 총계가 보통교부세 총액을 초과하는 경우에는 각 자치단체의 재정 부족액을 비례적으로 감액(조정률 적용)[23]하여 지급한다. 그러나 기준재정수요액보다 기준재정수입액이 더 많은 경우, 즉 재정 초과액이 발생한 자치단체는 보통교부세 지급 대상에서 제외된다(안용식 외, 2006:463-469).

보통교부세는 교부세 총액(내국세의 19.24%)에서 분권교부세(내국세의 0.94%)와 도로분교부세를 제외한 금액의 96%를 재원으로 하여 기준재정수입액이 기준재정수요액에 비해 부족한 자치단체에 대해 그 부족액을 기준으로 교부된다(김정완, 2009:107).[24]

㉡ 특별교부세 : 특별교부세는 기준재정수요액의 산정방법으로는 포착할 수 없는 특별한 재정수요가 있을 때, 보통교부세의 산정기일 이후에 발생한 재해로 인하여 특별한 재정수요가 있거나 또는 재정수입의 감소가 있을 때, 자치단체의 청사 또는 공공시설의 신설 · 복구 · 확장 · 보수 등의 사유로 인한 특별한 재정수요가 있을 때 교부하는 특정재원을 의미한다(정세욱, 2000:660).

특별교부세는 교부세 총액(내국세의 19.24%)에서 분권교부세(내국세의 0.94%)와 도로분교부세(2004년 이전 착수되었으나 완공되지 않은 지방도로사업에 대해 2005년부터 2008년 기간 동안 매년 8,500억 원을 도로분교부세로 배정)를 제외한 금액의 4%를 재원으로 하여 지역현안수요, 재해대책수요, 우수단체 재정지원에 배분된다(김정완, 2009:108). 우수단체 재정지원은 재해대책 수요에 충당하고 남은 재원을 행정 운용과 재정 운용이 우수한 단체를 대상으로 이루어진다.

㉢ 분권교부세 : 분권교부세는 국가사무의 지방이양과 이를 뒷받침하기 위한 재정분권의 일환으로 2005년에 도입되었다. 국가보조금 사업 중에서 매년 일상적으로 수행

---

23) $조정률 = \frac{보통교부세\ 총액}{재정부족액\ 총액}$ 으로 계산된다.

24) [유사제도]

① 증액교부금

증액교부금은 지방재정상 부득이한 수요가 있는 경우 국가가 법정 교부율 외에 국가예산에 별도로 계상한 교부금으로서 교부 기준이 정해져 있지 않으며, 특정 재원의 성격을 지니고 있다(지방교부세법 제4조 제3항). 이는 낮은 법정 교부율을 보완하기 위해 법정 교부세와는 별도로 재정 지원할 수 있는 제도적 장치이기 때문에 그 운영에 신중을 기해야 한다.

② 조정교부금

조정교부금은 교부세와 같은 성격의 재원으로 자치구의 기본 행정 운영에 필요한 최소한의 재원을 보장하고 자치구 간의 재정 불균형을 시정하기 위해 특별시 및 광역시세의 일부를 일정한 기준에 따라 자치구에 교부하는 재원을 의미한다.

③ 재정보전금

재정보전금이란 광역시도(특별시 제외)가 그 관할구역 안의 시 · 군에서 징수하는 광역시세 · 도세(공동시설세 제외) 수입의 일부를 일정한 기준에 따라 시 · 군에 배분하는 것을 말한다.

되는 사업을 지방에 이양하고 이를 처리하기 위한 재원으로서 분권교부세를 지원하고 있다. 분권교부세는 2005년 1월 1일부터 2009년까지 5년간 한시적으로 운영되고, 2010년부터는 보통교부세에 통합 운영하게 된다.

㉣ 부동산교부세 : 2005년부터 부동산제도 개혁의 일환으로 주택과 토지에 대하여 소유자별로 전국적으로 합산하여 누진과세하는, 즉 재산과세 중에서 보유세의 비중을 높이는 대신에 거래세(지방세)를 완화한다는 차원에서 종합부동산세를 국세로 신설하였다. 즉, 부동산 세제 개편으로 지방교부세법이 개정되면서 2006년 신설된 지방교부세이다.

부동산교부세는 종합부동산세를 재원으로 하여 자치단체별 거래세(취득세 및 등록세)와 재산세의 감소분을 우선 보전하고 남은 재원을 균형재원으로 배분하고 있다(김정완, 2009:110).

(2) 국고보조금

① 국고보조금의 개념

보조금이란 국가 외의 자가 행하는 사무 또는 사업에 대하여 국가가 이를 조성하거나 재정상의 원조를 하기 위하여 교부하는 보조금(자치단체에 대한 것과 기타 법인 또는 개인의 시설 자금이나 운영 자금에 대한 것에 한한다), 부담금(국제조약에 의한 부담금은 제외한다), 기타 상당한 반대급부를 받지 아니하고 교부하는 교부금을 의미한다(보조금의 예산 및 관리에 관한 법률 제2조). 따라서 보조금의 유형은 보조의 대상이 되는 사무의 성질에 따라 보조금, 부담금, 교부금 등의 다양한 용어로 사용되고 있는데, 가장 최협의의 개념으로는 보조금만을 의미한다. 그럼으로, 국고보조금이란 국가가 시책상 또는 자치단체의 재정사정상 필요하다고 인정될 때에 그 자치단체의 업무수행에 소요되는 경비의 일부 또는 전부를 충당하기 위하여 비용용도를 특정하여 교부하는 것으로, 원칙적으로 반대급부를 요하지 아니하는 자금을 말한다(지방재정법 제20조).

② 국고보조금의 특성

㉠ 특정재원 : 국고보조금은 그 비용용도가 정해져 있는 특정재원이다. 즉, 국고보조금은 지방자치단체의 특정한 사무나 사업의 수행을 장려하려고 할 때에 그에 소요되는 경비에 충당하는 것을 조건으로 중앙정부가 교부하는 자금인 것이다. 그러한 의미에서 그것은 자치단체의 수입 가운데 그 비용용도에 제한이 없는 지방세(목적세

제외), 지방교부세(특별교부세 제외) 수입과 구별된다. 즉, 국고보조금은 특정 용도가 지정된다는 점에서 또한 재원이 미리 국세의 일정 부분으로 정해져 있지 않다는 점에서 지방교부세와 다르다.

㉡ 의존재원 : 국고보조금은 지방정부가 수행코자 하는 특정사업에 대한 중앙정부의 지원금이기 때문에 이는 의존재원이다. 국고보조금은 매년 자치단체장의 신청에 의하여 주어지는 경상적 재원으로서 특정 사업에 대하여 중앙관서의 장의 통제를 받는 의존재원이다.

㉢ 무상재원 : 국고보조금은 반대급부를 요하지 아니하는 무상재원이다. 즉, 국고보조금은 국가의 시책상 또는 자치단체의 재정사정상 필요하다고 인정될 때에 국가가 자치단체의 사무 또는 사업의 수행을 조장하거나 지원하기 위해서 교부한 장려적인 재원인 것이다.

국고보조금은 지방비 부담이라는 전제 조건(국가가 전액 지원하는 국고보조사업의 경우는 제외)이 있기 때문에 지방재정력이 양호한 자치단체의 경우는 큰 문제가 없으나, 재정력이 약한 자치단체는 지방비 부담 능력의 부재로 국고보조사업을 포기할 수밖에 없다. 즉, 국고보조사업의 경우에는 지방정부 간 재정력 격차가 반영될 수밖에 없다(안용식 외, 2006:475).

③ 국고보조금의 기능

㉠ 통일적 행정수준의 유지 : 국고보조금은 지방자치단체가 필요로 하는 사업을 형평성의 원칙에서 지원함으로써 전국적인 통일적 행정수준을 확보하는 데 기여한다.

㉡ 지역발전의 촉진 : 국고보조금은 사회간접시설이나 공공시설의 설치에 많은 자금이 투입됨으로써 지역의 발전을 촉진시키는 효과를 가져온다.

㉢ 지방자치의 보호 · 육성 : 지방자치는 지방재정의 터전에서 자랄 수 있는 것인데, 지역의 경제적 · 사회적 발전이 있어야 지방재정도 확보될 수 있다는 것은 재론의 여지가 없다. 국고보조금에 의한 지역발전은 곧 지방재정 신장으로 이어진다(구민상, 1998:313-315).

㉣ 중앙정부의 임의적 결정 : 국고보조금은 법적인 근거나 사전합의에 의해서 의무적으로 교부해야 하는 지방교부세나 지방양여금과는 달리 중앙정부의 재정여건, 정책목표, 예산정책, 자치단체지원사업의 타당성 등을 고려하여 그 지원여부를 중앙정부가 임의로 결정한다.

ⓜ 지방비 부담 : 대부분의 경우 국고보조금이 지방자치단체의 부담을 함께 요구하는 이유는, 첫째 모든 지방자치단체를 지원대상으로 하는 중앙정부의 재원에도 한계가 있기 때문이고, 둘째는 사업비 모두를 지원하여 줄 경우 중앙에 대한 의타심만 조장시키게 되기 때문이다.

ⓑ 철저한 감독 : 국고보조금은 우선 그 비도가 결정되어야 하고, 사업추진의 전반적 과정에 대한 중앙정부의 철저한 감독을 받아야 한다. 이러한 점에서 국고보조금을 두고 「끈이 달린 돈(Money with String)」이라고 부르는 것이다.

④ 국고보조금의 종류

㉠ 부담금 : 부담금은 자치단체 또는 그 기관이 법령에 의하여 처리해야 할 사무로서 국가와 지방자치단체 상호간에 이해관계가 있는 경우에, 그 원활한 사무처리를 위하여 국가에서 부담하지 않으면 아니될 경비는 국가가 그 전부 또는 일부를 부담한다. 생활보호비 보조금이나 재해복구비 보조금 등은 이에 해당한다.

㉡ 보조금 : 보조금은 국가가 시책상 필요하다 인정될 때 또는 지방자치단체의 재정사정상 특히 필요하다고 인정될 때에는 예산의 범위 안에서 지방자치단체에 보조금을 교부하는 자금이다(지방재정법 제23조). 보조금은 장려보조금과 지방재정보전금이 있는데, 전자는 국가적인 견지에서 일정한 시책을 추진 · 장려 · 조장하기 위한 보조금이고, 후자는 지방자치단체의 재정사정상 특히 필요하다고 인정하는 경우에 지원하는 보조금이다. 시 · 도립병원 신축비 보조금이나 폐기물소각장설치 보조금 등은 장려적 보조금에 해당한다.

㉢ 교부금 : 국가가 스스로 진행하여야 할 사무를 국민의 편리, 경비의 효율성 등의 이유로 지방자치단체 또는 그 기관에 위임하여 수행하는 경우 이에 지출하는 경비이다. 병무행정보조금이나 방위세징수 교부금은 이에 해당한다.

지방교부세, 국고보조금, 국가균형발전특별회계 등 지방재정조정제도는 근거 법률과 목적, 재원이 상이하므로 지방자치단체의 입장에서 종합적이면서도 계획적으로 운용되어야 한다.

한편, 2004년 국가균형발전특별법이 제정되었고 이에 근거해 국가균형발전 특별회계가 설치되었는데 균형발전 특별회계는 국가균형발전계획의 추진을 재정적으로 지원하고, 지역 개발 및 지역혁신을 위한 사업을 지역의 특성 및 우선순위에 따라 효율적으로 추진하기 위해 설치되었다(국가균형발전특별법 제30조).

국가균형발전특별회계를 보면 이의 근거는 국가균형특별회계법이고, 목적은 지방자치단체 재정기반확충과 지역간 균형발전을 도모하며, 재원은 주세 100%, 과밀부담금, 개발지역훼손부담금, 농특세전입금, 일반회계전입금 등이며, 재원의 성격은 사업용도에 한정되며, 배분은 용도지정을 하고 있다.

7.3 지방재정운영의 기본원칙

국가재정에 있어서와 마찬가지로 자원은 언제나 한정되어 있는 것이므로, 지방자치단체도 이 한정된 자원을 가장 효율적으로 이용하면서 주민에게 양질의 행정서비스를 최대한으로 제공하도록 규범적으로 요청받고 있다. 그렇기에 지방자치단체는 국가통치조직의 일부이면서 동시에 독립성을 가지고 지역발전과 주민복지향상을 도모하는 것을 사명으로 함으로, 이런 사명을 완수하기 위하여 재정적 측면에서 지방재정은 건전성과 자주성, 통일성을 유지하는 방향으로 운영되지 않으면 안된다. 그러므로, 우리나라의 지방자치법과 지방재정법에서는 이런 지방재정의 특수성이 운영과정에 충분히 반영되도록 다음과 같이 규정하고 있다. 즉, 지방자치법 제122조에서 "지방자치단체는 그 재정을 수지균형의 원칙에 따라 건전하게 운영하여야 한다. 국가는 지방재정의 자주성과 건전한 운영을 조장하여야 하며, 국가의 부담을 지방자치단체에 전가하여서는 안된다"라고 규정하고 있다. 그리고 지방재정법 제3조에서는 "지방자치단체는 그 재정을 건전하게 운영하여야 하며, 국가의 정책에 반하거나 국가 또는 다른 지방차지단체의 재정에 부당한 영향을 미치게 하여서는 아니된다"라고 규정하고 있다. 다시 말해서, 지방자치단체는 그 재정운영에 관한 자주성과 자율성을 바탕으로 해서 건전한 재정을 유지하도록 노력해야 하며, 국가나 다른 자치단체와의 관계에서도 적절한 재정관계를 유지해야 함을 강조하고 있는 것이다.

지방재정운영의 원칙은 다음과 같다.

1) 수지균형의 원칙

지방자치단체도 하나의 경제주체인 까닭에 수입과 지출간의 균형을 유지해야 하는 바, 수지균형의 원칙이 건전재정운영의 제일의적 요건으로 간주되고 있다. 수지균형의 원칙이란 재정을 운영하는데 있어서 지나친 흑자나 적자를 내지 않고 적절한 수지균형을 유지하도록 재원을 효과적으로 운영하여야 한다는 것을 뜻한다.

이때의 재정수지의 균형은 형식적인 의미에서의 균형뿐만 아니라 실질적 개념으로서 수지의 균형을 의미한다. 실질수지는 지방자치단체의 순잉여 또는 순손실을 나타내는 것이므로 재정의 건전성을 확보한다는 관점에서는 실질수지가 균형을 이루어야 하는 것이 기본적 요건이다.

실질수지에 있어서는 흑자폭이 크다고 해서 그만큼 재정이 건전해지는 것은 아니며, 재정구조나 행정서비스 수준도 아울러 고려하지 않으면 안된다. 자치단체는 영리를 목적으로 존립하는 것이 아니므로 흑자폭의 크기는 다음 연도의 재원조정에 필요한 범위 내에서만 고려해야 할 것이고, 그 이상은 재정의 수요충족의 원칙에 입각하여 적극적으로 행정서비스 수준의 향상이나 주민부담의 경감에 충당되어야 할 것이다.

2) 재정자주성의 원칙

지방자치단체가 재정을 운영하는 데 있어서 중앙정부로부터 불필요한 간섭과 통제를 받지 않아야 하며, 또한 자치단체의 자체적 재원을 스스로의 사무를 운용할 수 있는 영역을 가져야 한다는 실질적 재정자립기반을 마련해야 한다는 것을 의미한다. 지방정부가 수행해야 할 기능에 필요한 경비는 지방자치정부가 독자적으로 재원을 동원하여 마련해야 하는 것이 이상적이지만, 실제로 국가의 균형적 발전을 자치단체의 재원마련에 추가하여 중앙정부의 보조와 함께 마련되는 것이 일반적이다.

3) 재정구조 탄력성확보의 원칙

재정운영의 건전성을 유지하기 위해 요청되는 또 하나의 중요한 원칙은 재정구조의 탄력성을 확보하는 일로서, 이는 재정구조가 경제 및 사회변동에 신축성 있게 대응할 수 있는 역량을 가져야 한다는 내용이다. 이것은 수지균형의 원칙과 더불어 재정운영의 건전성을 확보하기 위한 기초가 되고 있다.

재정구조란 세입 · 세출의 각 구성요소가 상호 유기적으로 편성되어 있는 상태를 의미하며, 재정구조의 탄력성은 일반재원총액 중에서 비탄력적 경비에 충당되는 일반재원이 점하는 비율에 따라 측정된다. 즉, 경상적인 지출은 경상적인 수입으로 충당해야 한다는 이른바 경상수지균형의 요청에 따라 인건비 · 부조비 · 공채비와 같이 감축하기 곤란한 의무적 성격을 가진 경비에 지방세 · 지방교부세 · 세외수입을 중심으로 하는 경상일반재원수입으로 어느 정도 충당하고 있는지와, 경상일반재원총액과 경상수지비율은 지방자치단체의 재정건전성의 정도를 가장 포괄적으로 표시하는 개념이다.

지방자치단체에는 경상적으로 지출해야 할 경비가 있는데 그것은 수입의 증감에 관계없이 반드시 지출해야 하는 불변비용(고정비용)의 성격을 가진다. 따라서 세출총액에서 인건비 · 물건비 등 경상경비가 점하는 비율이 높으면 그 자치단체의 재정운영의 탄력성은 그만큼 낮아진다. 또한 지방세 · 지방교부세 등 경상적 수입에 비해서 국고보조금 · 지방채 등 임시적 수입의 비율이 높아 경상적 경비까지도 임시적 수입으로 충당해야 하는 상황 하에서는 재정구조가 경직화하여 신축성 있는 재정운영을 기할 수 없는 것이다.

4) 행정서비스 수준의 확보 · 향상의 원칙

재정은 곧 주민에게 공공재나 서비스를 공급함으로써 욕구를 충족시키는 활동이므로 주민의 욕구 충족도나 행정의 만족도를 높여나가는 것이어야 한다는 원칙이다.

지방자치단체 존립의 의의는 주민복지의 향상에 있으므로 아무리 재정수지가 균형을 유지하고 재정구조상 탄력성이 높다고 할지라도 적정한 행정서비스 수준이 확보되어 주민의 기대에 부응할 수 있는 행정서비스를 제공하지 못하면 전혀 무의미하다. 환언하면 주민이 요청하는 행정의 질과 양을 충실하게 뒷받침할 때에 비로소 재정의 건전성은 의미가 있는 것이다.

행정서비스 수준이란 일반적으로 주민에 대한 지방자치단체의 각종 서비스제공의 정도이며, 주민복지의 증진을 위한 행정활동의 대응률 내지 행정서비스수요에 대한 행정서비스공급의 비율[25]을 의미한다. 그것은 통상적으로 자치단체의 투자적 경비에 의해서 누적된 시설의 충족도를 의미하는 경우가 많으며(自治省財政局, 1980:433), 주민에의 서비스제공은 시설적인 행정서비스 뿐만 아니라 비시설적인 행정서비스까지도 포함한다.

행정서비스수준의 파악은 바로 행정서비스가 낮은 분야에 대한 자치행정목표를 설정하여 그 분야의 행정서비스수준을 향상시키기 위한 재정적 조치를 마련하기 위하여 필요하다. 따

25) 행정서비스수준이 행정서비스의 수요와 공급, 목적과 수단이란 관계를 계수적으로 대비시킨 개념이라고 할지라도, 현실적으로는 다양한 자치행정의 영역에 걸쳐서 이러한 수요와 공급, 목적과 수단의 계수적 대비를 한다는 것은 매우 어렵다. 그 이유는 행정서비스수요의 파악자체가 곤란한 경우가 많고, 행정수단이 다양할 뿐만 아니라, 행정목적은 다원적이며 행정서비스수요를 양적 · 질적인 측면에서 고려해야 하는 경우가 있기 때문이다. 어떤 행정분야는 지방자치단체와 주민과의 협력에 의해서 추진되는데 이러한 경우에는 그 지방자치단체가 그 행정분야에서 과연 어느 정도의 기능을 담당해야 하는지가 명확하지 않다. 이와 같이 행정서비스수준의 측정은 용이하지 않지만 자치행정활동의 방향을 설정하는 기초가 되기 때문에 재정운영상 매우 중요하다.

라서 건전재정을 유지하면서 주민의 기대에 부응하려면 적정한 행정서비스수준의 향상을 도모할 수 있는 중·장기사업계획을 수립하고 재정형편에 따라 단계적으로 사업을 실시해야 한다.

5) 재정운영 효율화 원칙

지방자치단체의 재정은 그 지역주민이 부담에 바탕을 두고 있으므로 최소한의 비용으로 최대한의 성과를 올릴 수 있도록 운영되어야 한다는 내용이다.

자치단체의 수입은 궁극적으로 주민의 부담으로 이루어지는 것이므로 재정을 효율적으로 운영해야 한다는 요청은 지극히 당연하다. 재정운영의 효율화란 최소의 경비로 최대의 효과를 낳는 것이며, 경비지출의 효율을 향상시키는 것, 즉 단위당 경비의 지출효과를 높이는 것을 의미한다.

재정운영의 효율화를 도모하려면 첫째, 예산의 집행에 있어 구체적인 상황을 고려하여 지방자치단체로서 최소의 예산액으로 그 목적을 달성하거나 또는 최대의 행정효과를 낳도록 해야 한다. 둘째, 최소의 경비는 주민 측에서 본다면 저렴한 행정을 의미한다. 그것은 한정된 재원에 의하여 행정서비스의 양을 늘리고 질적인 향상을 도모하는 동시에, 주민부담에 있어서도 적정한 수준을 유지해야 함을 의미한다. 일정량의 행정서비스수준을 유지하면서 주민부담의 적정화를 도모하려면 적정한 지방세의 징수, 사용료·수수료 등 세외수입의 확보는 물론 국가로부터의 의존재원도 보다 많이 확보하는 것이 불가결한 요소이다.

재정운영의 효율화는 예산의 집행만으로 달성될 수 없으며, 행정 및 재정제도의 적정여부에 따라 좌우된다. 따라서 아무리 예산의 효율화나 집행의 합리화를 도모한다 할지라도 비효율적인 지출을 의무화하는 규정이 있는 한 효율화의 목적을 달성하기는 곤란하다.

6) 재정운영공정의 원칙

지방자치단체가 수행해야 할 사무를 위해 필요한 경비를 조달하는 데 있어서 주민의 비용부담이 공정해야 하며, 주민에 대한 공적 재화나 서비스의 배분도 공정해야 한다는 내용이다. 즉, 지방자치단체가 지방재정을 공정하게 운영해야 한다는 이 원칙은 그것이 공권력의 행사를 임무로 하는 이상 지극히 당연하다. 재정운영은 주민의 조세 부담을 기초로 하여 고도의 공공성을 지향해야 하는 까닭에 공금관리에 관해서는 특히 공정할 것이 요청된다.

재정운영의 공정을 기하려면 법령의 규정에 따라 적법하게 재정을 운영해야 하고, 그 지출로 실현하려는 행정내용이 타당해야 하며, 재정상황의 공표 등 적정한 재정운영을 보장하기 위한 제도적 장치를 지방자치법에 포함시켜야 한다.

7) 재정부담(재정질서)의 적정화의 원칙

국가와 각급 지방자치단체간에 그 비용의 부담은 균형을 유지하도록 재정이 운영되어야 한다는 내용이다. 즉, 재정부담(재정질서)의 적정화는 국가와 지방자치단체간, 지방자치단체 상호간 및 자치단체와 주민간에 경비의 부담구분이 적정하게 이루어지도록 해야 함을 의미한다. 현행 지방재정제도에 있어서는 지방세 · 세외수입 및 지방교부세에 의한 일반적인 재원보장장치를 전제로 하여 국가와 지방자치단체간 및 자치단체 상호간의 경비부담부분이 형식상으로는 정해져 있으나, 국가는 자치단체에 부담을 전가하는 시책을, 자치단체는 국가재정 또는 다른 자치단체 재정에 부담을 주는 시책을 추진하는 예가 적지 않다.

재정질서 적정화의 원칙은 지방재정에 있어 일반회계와 특별회계에도 요청된다. 예컨대 일반회계에서 독립채산제가 적용되고 있는 지방공기업특별회계에 다액의 전출을 하는 경우에는 적정한 경비부담구분의 여부를 검토할 필요가 있다.

8) 장기적 재정안정의 원칙

지방재정은 당해 연도에만 존재하는 것이 아니기 때문에 예산을 편성하고 집행할 때 또는 예산외에 채권부담의 원인이 될 행위를 하고자 할 때는 당해 연도는 물론이고, 그 다음 연도 이후의 재정사정을 충분히 고려하여 재정의 장기적인 안정을 유지하여야 한다는 내용이다. 즉, 건전한 재정운영의 요청은 단년도에 한하는 것이 아니고 장기적인 관점에서 다음 연도의 재정운영에 대해서도 고려하지 않으면 안된다. 예산이 단년도 수입 · 지출의 예정액이라고 해서 1년이란 단기에만 집착하여 설령 수지균형을 맞추었다 할지라도 다음 년도 이후의 재정수지에 혼란을 초래하게 하는 내용의 것이면 결코 바람직스러울 수 없다. 이러한 점을 고려하여 지방재정법(제33조)은 '지방자치단체의 장은 재정을 계획성 있게 운영하기 위하여 행정자치부장관이 정하는 기준에 따라 중 · 장기 지방재정계획을 수립하고 이를 지방의회에 보고하여야 한다'고 규정함으로써 지방재정이 장기적인 시계(視界)에서 건전하게 운영되어야 함을 명백히 하였다. 따라서 각 자치단체는 장기적 관점에서 건전재정운영에 진력할 필요가 있다(정세욱, 2000:626-633).

7.4 우리나라 지방재정의 문제점과 개선방안

1 우리나라 지방재정의 실태

1) 개요

지방정부의 세입은 자주재원(지방세 및 세외수입), 의존재원(지방교부세, 국고보조금) 그리고 지방채로 구성되어 있다. 지방세는 표면적으로 지방정부의 독립적 세원이나 중앙정부가 지방세 및 국세의 구성요소를 결정하고, 지방정부는 세율 및 세목을 정할 수 없으므로 지방정부의 모든 세입은 중앙정부의 설계에 의하여 결정되게 된다. 즉, 중앙정부는 지방정부에 1차적으로 지방세를 이양하고, 부족분에 대해서는 의존재원을 통하여 2차적 이양을 실시하고 있다. 이러한 2차적 이양의 규모는 지역간 경제력 및 재정력의 격차로 인하여 지역별로 상당한 차이를 보이고 있다. 그러나 이전재원의 규모는 일률적 공식만으로 결정할 수 없으므로 중앙정부의 재량이 개입되게 된다. 따라서 중앙정부의 재량이 최소화 되도록 국세와 지방세가 설계되어야 하고, 또한 이전재원이 지방정부의 자구노력을 촉진할 수 있도록 지방재원조정제도가 운영되어야 한다.

2008년도의 국세와 지방세의 배분 비율을 보면 각각 79.2%, 20.8%로 국세위주로 재원배분이 이루어지고 있음을 알 수 있다. 한편, 지방교부세와 국고보조금 등 지방재정조정재원으로 조정을 한 후의 실질적 재원배분 실태를 〈표 7-7〉을 통해 보면 국가가 40.3%, 지방자치단체가 59.7%로 나타나고 있다(김동기, 2008:55-56).

<표 7-7> 국가지방자치단체간 재원배분(단위 : %)

구분		1995	2000	2005	2008 예산
형식적배분	국세	78.8	81.9	77.3	79.2
	지방세	21.2	18.1	22.7	20.8
실질적배분	국가	51.3	48.8	47.2	40.3
	지방	48.7	51.2	52.8	59.7

주 : 실질적 배분은 국고보조금을 고려한 비율임.
자료 : 1) 기획재정부, 「조세개요」, 2008, 2)행정자치부, 「지방재정연감」, 각 연도, 3) 행정안전부, 「지방자치단체예산개요」, 2008.

그러나 지방재정이 총 재정에서 차지하는 비중은 중앙재정의 증가율에 비하면 그리 크지 않아 과거와 큰 차이를 보이지 않고 있다. 지방재정의 위상은 최근 자체적으로는 많이 증가했으나, 중앙재정과 특히 우리나라의 경제 수준과 규모와 비교할 경우에는 상대적으로 더 큰 증가와 확대를 초래했다고 하기는 어려운 실정이다(손희준 외, 2008:45).

한편, 지방자치단체의 재정자립도는 개선될 것으로 예상되었으나 지방정부간 수평적 불균형이 심각하다. 지방재정자립도는 지방재정이 의존재원이 아닌 자주재원으로 얼마나 운영될 수 있는가를 측정하는 지표이다. 산출 공식은 일반회계 예산 규모 중에서 자체수입(지방세수입+세외수입)이 차지하는 비율을 의미한다. 재정자립도를 산출하는 공식을 다음과 같다(강용기, 2008:416-417).

$$\frac{\text{자체수입(지방세수입+세입수입)}}{\text{일반회계 예산 규모}} \times 100 = \text{재정자립도(\%)}$$

재정자립도를 2008년도 당초예산 기준으로 살펴보면 서울특별시의 경우 85.7%, 광역시 60.5%, 도 35.4%, 제주특별자치도 25.9%, 일반시의 경우 40.7%, 군의 경우 17.2%, 자치구는 37.1%의 재정자립도를 보이고 있다.

국회 예산정책처에 따르면, 2010년 전국 지방자치단체의 평균 재정자립도는 52.2%로 2009년과 비교하면 1.4% 하락했다고 밝혔다. 또한 행정안전부에 의하면 재정자립도가 30% 미만인 곳이 전체 246개(마산 창원 진해 통합 이전 기준) 자치단체 중 152개(62%)에 이른다(〈표 7-8〉 참고).

<표 7-8> 지방자치단체 재정자립도 분포 현황

	구성비율	광역자치단체(시·도)	기초자치단체(시·군·구)
10% 미만	3.7(9)		9
10-30% 미만	58.1(143)	7	136
30-50% 미만	24.0(59)	2	57
50-70% 미만	11.4(28)	5	23
70-90% 미만	2.8(7)	2	5
합계	100.0%(246곳)	16곳	230곳

자료: 행정안전부, 「지방자치단체예산개요」, 2009.

<표 7-9> 시 · 도별 재정현황 지표

구분 \ 시·도	1995년					1999년					2003년				
	지방채 (억원)	1인당 채무액 (천원)	세입 대비 총채 무액 (%)	채무 상환 비율 (%)	재정 자립도 (%)	지방채 (억원)	1인당 채무액 (천원)	세입 대비 총채 무액 (%)	채무 상환 비율 (%)	재정 자립도 (%)	지방채 (억원)	1인당 채무액 (천원)	세입 대비 총채 무액 (%)	채무 상환 비율 (%)	재정 자립도 (%)
서울특별시	28,194	227	26.4	15.8	96.5	22,647	225	23.6	49	88.1	18,792	190	19.7	3.8	96.8
부산광역시	17,600	467	57.7	19.3	81.2	33,406	875	70.8	220	62.5	32,419	868	112.0	23.8	73.4
대구광역시	13,631	561	73.5	10.4	79.6	27,602	1,088	106.6	234	62.9	52,574	2,031	172.3	33.2	68.1
인천광역시	7,967	341	42.6	3.5	89.8	9,612	382	40.4	50	70.4	13,201	486	57.6	4.9	71.3
광주광역시	6,938	545	63.0	16.8	68.3	12,257	908	82.4	193	57.4	12,525	881	85.5	23.0	60.8
대전광역시	5,329	414	51.1	8.9	74.7	10,574	756	77.1	116	65.2	11,822	786	92.2	12.6	69.4
울산광역시	-	-	-	-	-	5,712	537	56.8	129	67.2	8,938	789	93.5	18.2	68.8
경 기 도	2,573	38	9.0	1.2	85.4	9,019	100	19.8	30	62.6	11,663	115	32.2	6.3	71.4
강 원 도	394	27	5.0	1.6	32.7	3,432	234	23.1	31	24.0	5,153	344	39.2	7.4	24.6
충청북도	1,355	96	15.2	3.7	41.2	1,543	105	14.9	36	38.9	1,644	108	16.1	8.2	26.0
충청남도	2,456	138	18.6	6.5	27.8	5,667	307	34.1	66	32.3	4,103	216	23.5	10.0	28.2
전라북도	1,021	58	9.8	5.0	34.5	2,259	118	15.1	55	24.2	3,318	173	21.5	7.1	19.5
전라남도	1,419	68	10.9	3.5	24.9	1,389	68	7.1	76	22.6	1,109	65	5.1	6.1	17.5
경상북도	1,736	64	14.0	9.0	38.9	4,464	162	23.6	146	30.1	3,587	128	18.0	18.4	25.9
경상남도	614	21	3.7	13.5	46.8	1,284	43	6.5	67	36.2	1,271	41	6.2	5.6	32.2
제 주 도	432	84	14.5	0.6	36.3	4,849	912	84.2	110	32.9	5,315	966	77.3	13.3	26.6
계	86,649	196	29.7		67.9	55,776	332	39.1	-	53.3	187,494	387	49.8	-	58.7

주 : 1) 지하철공사 등 지방공기업과 시 · 군 · 구의 채무는 위 채무액에서 제외되어 있고, 기일미도래 이자는 포함됨
2) 채무상환비 비율 : (최근 4년간 지방비로 상환한 평균 채무액 / 최근 4년간 일반재원 수입액) × 100
자료 : 감사원, 「지방자치단체 감사백서」, 2004, p. 50.

뿐만 아니라 〈표 7-9〉에서 보는 바와 같이 지방채를 자치단체의 능력으로 감당하기 어려울 정도로 과다하게 발행하는 등 지나치게 채무에 의존하는 경향을 보이고 있다.

2) 자체재원의 실태

(1) 지방세

우리나라의 지방세체계의 변화를 살펴보면 다음과 같다.

1961년 12월 국세와 지방세의 조정에 관한 법률을 제정하여 조세체계를 국세 15개 세목, 지방세 13개 세목 합계28개 세목으로 개편하였다. 지방세원을 확충하기 위하여 기존의 국세 중 지방세적인 성질이 있는 토지세, 유흥음식세, 마권세, 자동차세 등 4개 세목을 지방세로

이양하고 호별세를 폐지하고 소득세, 법인세부가세를 신설하였다.

1967년 1월 도세와 시 · 군세에 존치하였던 국세 부가세가 폐지되고, 시 · 군세에만 도세 부가세가 남게 되었고 지방교부세가 신설 · 도입되어 지방세원의 지역적 편중이 다소 완화되었다.

1973년 4월 지방세제 개편에서는 보통세로서 주민세를 신설하고 대도시 인구집중억제와 지방분산 촉진을 위한 정책세제를 도입하였다. 1977년 7월 지방세인 유흥음식세가 부가가치세에 흡수되고 1984년 담배소비세를 신설하고 갑 · 을류 농지세를 농지세로 통합하는 한편 1986년 말 토지과다보유세가 입법화되었다.

1990년에는 종합토지세가 시 · 군세로, 1992년에는 목적세인 공동시설세가 시 · 군에서 도세로 전환되고, 목적세인 지역개발세가 신설되었다. 그리고 2000년 이후 주행세를 도입하였고, 지방교육재정확충을 위해 교육세(국세)를 지방세로 전환하고 농지세를 농업소득세로 변경하였다. 2001년에는 경주 · 마권세가 레저세로 변경되었다. 2005년에는 종합토지세를 폐지하고 토지 · 건물의 보유세를 지방세인 재산세와 국세인 종합부동산세로 이원화 하였다(김동기, 2008:87).

그동안 우리나라는 지방세 수입에 있어서 재산과세가 제일 큰 비중을 차지해 왔고 이에 반하여 소득과세와 소비과세는 시기에 따라 그 기복이 매우 심하였다. 소득과세의 경우 주민세는 15% 정도의 일정수준을 유지하고 있으며, 소비과세도 1976년 유흥음식세가 폐지됨에 따라 비중이 급감하였다가 1985년 담배판매세(1989년 담배소비세로 전환)가 도입되면서 소비과세의 비중이 1990년 25.9%까지 상승하였다가 15% 수준을 유지하고 있다. 유흥음식세의 대체재원으로 국세인 등록세가 지방세로 이양되고 사업소세가 신설되었다.

2008년 1월 현재 우리나라의 지방세는 16개 세목에 보통세 11개세, 목적세 5개세이며, 특별 · 광역시세가 13개세, 자치구세가 3개세, 도세가 7개세, 시 · 군세가 9개세로 구성되어 있다.

(2) 세외수입

지방정부의 자주재원의 하나인 세외수입은 자치단체의 노력여하에 따라 대폭적인 수입증대가 가능하므로 세외수입의 효율적인 관리가 무엇보다 중요하다. 세외수입은 지방자치단체의 수입원으로 중요한 위치를 차지하고 있으며 다음과 같은 특징을 가지고 있다. 세외수입은 첫째, 법령에 저촉되지 않는 한 비교적 자유로운 영역이다. 둘째, 그 종류가 매우 많고 또 그 수입근거와 형태가 매우 다양하다. 셋째, 지방자치단체의 독자적인 노력과 절차에 의한 수입이긴 하나, 그 수입원에 따라 그 용도가 특정하게 되어 있는 것이 많다. 넷째, 주로 공물수입 또는 특정 역무제공 등에 대한 반대급부 또는 대가이므로 조세저항이 비교적 적다는 점이다.

지방재정 중 세외수입의 비중을 보면 〈표 7-10〉과 같다.

지방재정 중 세외수입이 차지하는 비중을 보면 2000년대에 들어서 2004년 41.4%를 제외하고 약 35~40%로 나타나고 있다(손희준 외, 2008:149).

지방세외수입은 1995년까지 지방세입의 약 53% 수준을 유지하였으나 1998년부터 사용료와 수수료의 현실화 · 유료화 계획을 추진하면서 2005년까지는 상승추세였지만 의존재원의 증가로 지방세입에서 지방세외수입이 차지하는 비중은 다소 감소하였다.

3) 의존재원의 실태

우리나라의 의존재원에는 크게 지방교부세, 국고보조금, 지방양여금(2005년 폐지)이 있는데 지방교부세는 포괄보조금이고, 지방양여금 및 국고보조금은 용도가 정해진 조건부 보조금이었다.

교부금은 중앙정부 세입의 일정부분을 지방정부의 일반재정자금으로 지원하는 것으로서 이전된 자금의 사용에 대해 중앙정부에서 아무런 제한을 가하지 않는 것으로 자주적인 재원의 성격이 강하다. 이에는 일반 지방자치단체에 교부하는 것(지방교부세), 교육자치단체에 교부하는 것(지방교육재정교부금), 일반회계에서 지출되는 봉급교부금으로 구성되어 있다.

<표 7-10> 지방재정 중 세외수입 비중(%)

구분	1995	2000	2002	2004	2006	2008
합계	100	100	100	100	100	100
세외수입	53.5	36.8	36.0	41.4	33.9	24.1
지방세	26.4	21.2	23.5	22.2	23.8	34.8
지방교부세	9.8	8.6	9.3	9.3	12.2	19.3
보조금 등*	10.3	33.4	31.2	27.1	30.1	21.8

주 : 1) 지방양여금, 증액교부금, 재정보증금, 조정교부금, 지방채는 보조금 등에 포함
　　2) 2006년까지는 결산 기준, 2008년은 당초예산 기준 비중.
자료 : 1)행정자치부, 「지방세외수입 연감」, 2007.
　　　2)행정안전부, 「지방자치단체 예산개요」, 2008.

<표 7-11> 지방교부세의 규모 변화(단위 : 억 원)

구분	1995	2000	2005	2008
합계	54,842	83,175	194,845	257,797
보통교부세	49,856	75,196	179,276	235,734
특별교부세	4,986	7,469	7,115	9,468
분권교부세			8,454	12,595
부동산교부세			3,930	31,770
증액교부금		510		

자료 : 1) 행정자치부, 「지방재정연감」, 각 연도.
2) 행정안전부, 「지방자치단체예산개요」, 2008.

지방교부세는 내국세를 재원으로 하여 지방정부 운영에 필요한 필요경비(인구수, 공무원 수 등을 감안)를 의미하는 기준재정수요액에서 지방세 수입의 80%인 기준재정수입액을 뺀 금액을 기준으로 하여 각 지방정부에 배분되고 있었다. 지방교육재정교부금은 내국세를 재원으로 하여 역시 기준재정수요액에서 기준재정수입액을 뺀 금액을 기준으로 교육자치단체에 배분되고 있다. 단, 이 경우 기준재정수입액은 납입금, 재산수입, 전입금 등 자체수입과 지방교육양여금으로 구성되었다.

지방재정규모가 증대됨에 따라 지속적으로 지방교부세의 규모도 확대되어 왔다. 지방교부세 규모를 보면 〈표 7-11〉과 같다.

2008년도 보통교부세를 받지 않는 지방자치단체는 서울특별시, 경기도, 경기도내의 10개 기초자치단체이다. 보통교부세가 교부되지 않는 지방자치단체는 매년 다소의 변화가 있는데 이는 지방재정수입이 늘어나 기준재정수입액이 기준재정수요액을 초과하고 있음을 의미한다(김동기, 2008:173-174).

지방교부세는 어디까지나 재정력이 약한 단체에 대하여 재원을 보장하는 것을 주된 목적으로 하고 있다. 여기서 보통교부세가 교부되는 단체를 교부단체라고 하고, 교부되지 않는 단체를 불교부 단체라 한다. 이는 고정되어 있는 것이 아니라 기준 재정 개념 아래에서 재원부족이 생기는 단체는 교부단체가 되고, 재원 초과가 생기는 단체는 불교부 단체가 되고 있다(안용식 외, 2006:469-470).

국고보조금은 중앙정부의 일반회계 또는 특별회계 예산을 이용하여 중앙정부가 정하는 특정사업을 행하는 데 필요한 비용을 지원하는 것으로 의존적 재원의 성격이 강하다. 이는 지방정부가 매년 국고보조사업에 대해 행정자치부에 보조금을 신청하고, 행정자치부가 중앙 관계부처에 이를 통보하면, 관계부처는 이를 토대로 기획재정부와 협의를 하여 보조금 교부여부를 결정한 후 신청금액 및 내역을 조정한 후 국회심의를 거쳐 예산으로 확정된다.

지방재정에서 국고보조금이 차지하는 비중이 2000년부터 증가하여 2008년 당초 예산에서는 17.8%를 점하고 있다. 특별회계도 점차 증가하여 2008년에는 16.9%를 점하고 있어 일반회계와 같은 수준으로 국고보조금의 비중이 커지고 있음을 알 수 있다(김동기, 2008:189).

국고보조사업의 지원을 보면 2008년도 당초 예산 기준 국고보조 대상 사업 중 보건복지가 전체 국고보조금(24조 9,577억 원)의 39.8%(9조 9,324억 원), 건설교통(14.3%), 농림(12.3%), 여성가족(6.1%), 문화관광(3.0%) 등의 순으로 지원되었다. 한편, 시 · 군 및 자치구가 국고보조금의 절대액이나 구성비가 낮은 것은 상당 부분의 국고보조금이 광역자치단체인 시 · 도를 경유하여 지급되기 때문이다. 따라서 실제적으로 경비가 지출된 측면을 파악할 때는 시 · 군 및 자치구의 국고보조금의 규모는 매우 큰 편이라 할 수 있다.

<표 7-12> 국고보조금 규모 변화(단위 : 10억 원, %)

구분	1995년	2000년	2005년	2008년
총규모	52,379 (100)	65,105 (100)	92,367 (100)	124,966 (100)
보조금	4,109 (7.8)	9,991 (15.3)	15,281 (16.5)	23,689 (17.8)
일반회계	36,667 (100)	48,593 (100)	71,750 (100)	98,445 (100)
보조금	3,219 (8.8)	7,723 (15.9)	11,919 (16.6)	18,596 (18.1)
특별회계	15,711 (100)	16,215 (100)	20,617 (100)	26,522 (100)
보조금	890 (5.7)	2,268 (13.7)	3,362 (16.3)	5,094 (16.9)

주 : 세입결산 순계기준. 2005, 2008 당초세입예산 순계기준.
자료 : 1) 행정자치부, 「지방재정연감」, 각 연도.
2) 행정안전부, 「지방자치단체예산개요」, 2008.

한편, 국고보조금의 운용 실태는 지방재정수입 중 국고보조금이나 국고보조사업비 중 지방비 부담이 차지하는 비중이 상당히 불규칙적이며, 국고보조금사업에서 지방비 부담은 높은 편이다. 더구나 국고보조금사업을 지방정부가 원칙적으로 매년 신청주의를 취하고 있고, 지방비 부담으로 보조금을 신청할 수 없을 뿐만 아니라 보조금을 반납하는 사례도 나타나고 있다(손희준 외, 2008:229).

2 우리나라 지방재정의 문제점

1) 지방재정의 일반적 문제점

(1) 재정규모의 영세성

우리나라는 지방재정의 상대적 규모를 국가재정과 비교할 때 영세하다고 할 수 있다. 따라서 일부 대도시를 제외하고는 대부분 자치단체가 법적경비를 제외한 투자적 재원이 취약한 실정이다.

우리나라의 재정구조에 있어서 지방재정이 국내총생산(GDP)에서 차지하는 비중은 2008년 예산기준으로 10.8%이며, 총재정에서 차지하는 비중도 45.1%의 수준이다. 지방재정에 있어서 중요한 재원인 지방세가 2008년 예산기준으로 35%를 차지하고 있으나, 과세구조가 국세위주로 되어있고, 법률에 의하여 세목과 세율이 결정되는 조세법정주의를 취하고 있어 지방자치단체가 별도의 세목을 설정하고 세율을 인상할 수 없다(김동기, 2008:58).

(2) 지방재정의 구조적 취약성

세입에 있어서는 자체재원이 빈약하여 재정자립도가 낮으며 세출에 있어서는 경상적 경비의 비중이 높아 투자적 성격을 띤 사업부문의 예산이 취약한 실정이다. 자체재원의 빈약은 의존재원의 비중을 높여 지방자치가 부활된 1990년대에는 중앙정부 이전재원의 국세에 대한 비중이 계속 증대하고 있으며 이로 인해 형식적 세원배분과 실질적 재원배분간의 격차가 확대되고 있다. 이러한 확대는 지방재정규모의 확대에도 불구하고 지방자치단체의 자주재정력과 자율성이 상대적으로 위축되고 있다는 사실을 시사하고 있다(곽채기, 1997:69).

(3) 자치단체간의 재정력 불균형

지역간에 자연적, 인위적 여건이 서로 다르기 때문에 경제적 격차가 크고, 따라서 자치단체간의 재정적 불균형이 대단히 심한 실정이다. 이러한 자치단체간 재정력 격차를 줄이기 위하여 중앙정부에서 자금을 지원하고 있지만 재정이 빈곤한 자치단체는 개발투자가 미약하기 때문에 지역간 격차가 더 심해지는 악순환이 계속될 우려가 있다.

지방자치제 실시 이후 지방재정력은 강화되어 왔으나 지방자치단체간의 재정력 격차는 커지고 있어 지방자치를 형식화할 가능성이 있다. 그리고 지방세의 66%, 세외수입의 70%가 특별시 · 광역시 · 시에 편재해 있어 지방자치단체간의 부익부 빈익빈 현상이 가속화되고 있다.

(4) 기능과 재원의 불일치

자치사무의 비용은 자치단체의 자체재원으로 충당하고 위임사무비용은 원칙적으로 위임자의 부담으로 하되 지방적 이해관계가 큰 일부사무에 대해서만 공동부담을 하도록 하여야 기능과 재원의 일치가 이루어질 수 있다. 이같이 국가위임사무는 원칙적으로 중앙정부가 경비를 부담하여야 하는데도 실제에 있어서는 국가재정력의 한계와 전통적 관행을 이유로 사무처리비용의 많은 부분을 자치단체에게 부담하도록 하고 있어 지방재정을 더욱 어렵게 하고 있다.

또한, 지방자치단체의 세출구조의 경직성은 자체사업에 사용할 수 있는 가용재원의 영세화와 아울러 단체간의 불균형을 심화시키고 있다. 예를 들어 국고보조금사업의 경우 국가의 목적사업을 수행하기 위한 필요에서 경비를 국가가 지원하는 것이므로 중앙의 입장에서는 지방정부에 대한 보조지원이나, 자치단체의 입장에서는 지방비의 부담을 가중시키는 문제가 있어 오히려 가용재원을 빈약하게 하는 것이다.

(5) 중앙정부의 통제과다

우리나라에서는 지방재정운영에 있어서 중앙정부의 통제가 과다한데 그 이유는 지방재정의 많은 부분이 중앙에서 하향적으로 배분되는 이전재원으로 구성되어 있어 중앙집권적인 재정운영구도가 계속되고 있기 때문이다. 실제로 지금까지 지방자치단체는 독자적인 세입 · 세출에 대한 결정권한이나 재정운영에 관한 자율권을 거의 갖지 못해 국가적 차원의 목표를 달성하기 위한 전체적인 구도 속에서 지방재정은 종속적 하부구조로 기능하였으며 중앙정부의 지시나 방침에 의하여 움직여 왔다고 할 수 있다(부만근, 2000:290-291).

<표 7-13> 국세 · 지방세 비중(단위 : %)

구분	1990년	1995년	2000년	2005년	2008년
국세	80.8	78.8	81.9	77.3	79.2
지방세	19.2	21.2	18.1	22.7	20.8

자료: 행정안전부, 「지방자치단체예산개요」, 2008.

2) 자체재원의 문제점

(1) 지방세의 문제점

첫째, 세원이 빈약하다. 총 조세수입에서 차지하는 지방세의 비중이 1990년 이후 20% 수준을 유지하고 있으며, 2008년 예산기준으로 국세와 지방세의 비율이 79.2% : 20.8%를 보이고 있다.

둘째, 세원의 지역적 편재로, 지역간 경제력의 현격한 차이 때문에 전체 지방세수의 절반 이상은 수도권 자치단체에서 차지하고 있어 세원의 지역적 편재가 심한 관계로 자치단체별 재원의 형평배분에 구조적 장애요인이 되고 있다.

셋째, 세수구조의 경직성과 불안정으로, 지방세 세수의 60% 정도를 재산과세가 차지하고 있는 반면, 세수의 소득이나 소비탄력성이 상대적으로 높은 소득과세의 비중은 10% 내외에 불과하고 소비과세도 20%선에 머물러 세수의 신장성과 안정성이 크게 제약을 받고 있으며 현재의 세수구조로는 급증하는 재정수요에 탄력적인 대응이 근본적으로 곤란하다. 더욱이 재산세가 차지하는 비중이 너무 높아 부동산 경기변동에 따라 세수가 불안정한 실정이다. 또한 지방세의 징수율도 일부세목의 경우 낮은 수준이고, 저조하므로 징수율 제고를 위한 대책의 강구가 요청된다.

넷째, 지방세행정의 효율성 미흡으로, 지방세행정은 전문성과 인력부족 등 효율성이 상대적으로 낮아 기존 세제의 재원조달기능을 제대로 수행하지 못하고 있을 뿐만 아니라 자치단체에 따라서는 전산화 미흡 등 그 기반이 취약하여 전문화 · 정보화 추세에 있는 세정환경의 변화에 능동적으로 대처할 수 있는 능력을 갖추지 못하고 있다.

다섯째, 우리나라는 전국적으로 통일된 지방세 체계를 유지하고 있는데 광역과 기초자치단체간에 주력세의 구성에 있어서 큰 차이가 있다. 특별시와 광역시 · 도의 경우에 취득세, 등록세, 주민세의 3개 세목이 서울시는 전체 지방세의 48%를 광역시 · 도의 경우는 전체의

65%를 차지하고 있다. 일반시는 취득세, 등록세, 재산세, 주민세가, 군의 경우는 주민세, 재산세, 주행세가 주력세이다. 그리고 자치구의 경우는 주민세가 25%를 차지하고 있다(김동기, 2008:94).

(2) 세외수입의 문제점

첫째, 종류 · 성질 · 기능이 다양하여 종합적인 시책 추진이 곤란하며, 지방자치법 · 시행령 · 조례 · 규칙 등 징수 근거가 너무 다양하다.

지방세외 수입은 징수 근거가 다양하고 종류가 너무 많아서 자치단체별, 회계연도 간 분포가 매우 불규칙하므로 행정관리상의 어려움을 초래하고 있다. 세외수입의 불안정성은 예측과 계획성 있는 재정 운영을 어렵게 하는 요인으로 작용하고 있다.

둘째, 물가안정 · 공정거래 등을 사유로 요금이나 수수료 등은 중앙정부와 협의하도록 되어 있는 등 요율 운영이 탄력성을 잃고 있다. 정부의 물가안정정책과 관련하여 사용료 · 수수료의 현실화 문제는 중앙부처와의 사전협의가 이루어져야 하는데 그 과정에서 시기를 놓치는 경우가 많고, 현실화 정도도 제한되는 경우가 많다(김동기, 2008:130).

셋째, 원가에 비해 요금 수준이 불균형을 이루고 있으며, 지방자치단체의 공유재산 등을 국가기관이 장기 무상 점유하는 등 수입이 부진하다. 2008년 지방예산에서 24%를 차지하고 있는 세외수입의 경우 물가에 미치는 영향, 국가정책목적 등으로 800여 종이 무료로 제공되고 있으며, 대부분이 원가 이하로 제공되고 있는 실정이다. 또한, 요율 조정이 대부분 원가 수준에도 훨씬 낮은 수준에서 징수되고 있다(손희준 외, 2008:154).

넷째, 분담금 · 부담금제도가 지방자치단체의 자체 재정 사정으로 활용되기 어려운 점을 들 수 있다. 즉, 재정이 빈약한 지방자치단체는 중앙정부나 상급단체로부터 분담금이나 부담금을 받기 어렵다(김영기, 1998:212-213).

다섯째, 지방세외 수입의 체납 징수 수단이 미비하다. 지방세외 수입은 체납자에 대한 징수 수단이 매우 미약하다. 세외수입의 경우 법규 미비 등을 이유로 법적 · 제도적 징수 수단이 미약한 상태이며, 법적 미비와 동시에 복잡하고 다양한 행정절차로 인해 일관된 부과 징수 체계를 가지고 있지 못하다.

지방세외 수입의 경우 체납이 과다하게 발생하고 있는데, 그 사유는 주로 징수 가능분의 경우 징수 유예 · 소송 계류 · 납세 태만 등이며 징수 불가능은 거소 불명 · 무재산 · 고질적 체납 등으로 나타나고 있다.

여섯째, 지방세외 수입의 담당 인력이 부족하다. 지방세외 수입 관련 업무는 대개 각 부서별로 분임징수관제를 도입하여 주무부서에서 세무직 및 행정직 몇 명이 부과징수, 체납처분 등 업무 처리를 하고 있는 실정이어서 담당 인력이 부족할 뿐만 아니라, 담당자의 전문성 제고도 어려운 실정이다(강종규 외, 2007:133-134).

3) 의존재원의 문제점

(1) 지방교부세의 문제점

첫째, 중앙정부는 그 동안 지방교부세의 객관성과 합리성을 높이기 위하여 배정작업의 전산화를 추진하고 그 기준과 산정방법을 개선해 왔으나 측정 단위에 잠업비 · 항만지 등 누락된 항목이 많고, 도로 등 측정 단위의 산정에 엄밀성이 여전히 향상될 필요가 있다는 지적을 받기도 한다.

둘째, 지방교부세제도의 운용면에서 절차가 복잡하고 시기가 촉박하므로 지방자치단체 예산의 합리적 편성이 저해될 우려가 크다. 지방교부세 운영절차상의 문제로서 지방교부세법상 "행정자치부장관이 회계연도 개시 전에 각 자치단체에 교부할 교부세 총액을 당해 자치단체에 통보하여야 한다(지방교부세법시행령 11조)"고 되어 있는데, 따라서 지방자치단체들은 당초예산에 반영할 수 없는 어려움이 있다.

셋째, 지방교부세와 관련된 행정을 행정자치부 재정과 교부세계(交付稅係)가 담당하면서 생기는 문제들을 해소하고 합리적으로 관리하기에는 인력이 부족하다는 지적을 받고 있다.

넷째, 현행 지방교부세의 법정교부율이 내국세의 19.24%로 상향 조정되었지만 지방양여금 제도, 증액교부금 제도 폐지 등에 따른 지방재정 수요에 대응하기에는 미흡한 실정이다. 또한 지방교부세는 기능이 혼재되어 있어 지방교부세 체계를 개편할 필요가 있다.

다섯째, 보통교부세액 배분액을 결정하는 핵심 요소인 기준재정수요액과 기준재정수입액의 산정 방식의 개선이 요구된다. 즉, 기준재정수요액은 지방정부 해당분야의 실제 지출액과 가급적 일관된 관계를 갖도록 하는 것이 요구 된다. 따라서 지방정부의 예산과목과 기준재정수요액의 산정을 위한 측정 항목간의 연계가 강화 되어야 한다. 기준재정수입액 산정에 있어 모든 지방자치단체에 대하여 지방세 중 보통세 수입액의 80%를 기초수입액으로 잡는 것은 지역여건이나 지역경제 등을 고려하지 않는 등 문제가 제기될 수 있다(손희준 외, 2008:214-215).

지방교부세의 큰 문제점은 주로 기준재정 수요액과 기준재정 수입액을 산정하는 방식의 문제라 할 수 있으며, 중앙정부와 지방정부 간의 수직적 재정 불균형에만 관심을 두기 때문에 자치단체 간의 수평적 재정 불균형을 시정하지 못하는 문제점이 있다(안용식 외, 2006:471).

(2) 국고보조금의 문제점

첫째, 국고보조금은 중앙정부의 통제 아래 사용하게 되므로 지방행정이 중앙의 지배 아래에서 수행됨으로써 자치단체의 자율권이 제한당하고 있다. 즉, 국고보조금의 용도와 사용방법이 구체적이어서 자치단체의 창의성이 억제되고 또 자율권이 침해된다. 또한, 지방의 여건과 주민의 선호도에 따른 사업보다는 중앙부처의 의도에 따라 사업이 선정 관리되고 있는 실정이다.

둘째, 지방비 부담의 과중으로, 국고보조에 따른 지방비부담은 지방재정에 큰 압박요인으로 작용하고 있다. 국고보조에 따른 지방비부담은 해마다 증가되고 있을 뿐만 아니라 그 증가율이 지방재정규모(특히 일반재원)의 신장률을 상회하는 경우가 있어, 이로 인한 지방재정의 경직화가 심화되어 가고 있다. 이와 같이 지방비 부담이 점점 더 커져 그것이 자치단체의 재정력의 한계를 초과하게 되면 지방재정의 파탄으로까지도 이어진다.

셋째, 보조금의 영세성으로, 보조금의 종류는 많아지지만 건당 보조액이 적기 때문에 이로 인해 지방비 부담도 더 늘어나게 되어 이것이 지방재정을 더욱 열악하게 만들고 있다. 모든 지방자치단체에 일률적인 기준보조율을 적용함으로써 자체예산의 미확보 등으로 사업추진이 어려워 국고보조금예산을 반납하는 사례도 발생하고 있다.

넷째, 비효율적 배정으로, 국고보조금이 효율적으로 적합한 사업에 배정되지 못하는 경우가 있다. 국고보조금은 국가적인 시각과 지방적인 필요가 결합되어 국가의 발전과 지방의 발전을 동시에 추구하는 것에 지원되어야 하는 데도 중앙의 일방적인 판단과 지방의 극단적 이기주의 등이 합리적인 보조금 배정에 장애가 되고 있다.

다섯째, 사전절차의 미이행으로 이는 중앙부처별로 기획관리실 중심으로 종합적으로 관리되지 않고 국 · 과 등 행정기구 중심으로 사업을 산발적으로 추진함으로써 생긴 결과라고 볼 수 있다. 또한 국고보조금을 둘러싼 나누기식의 정치 때문에 집중적인 투자보다 분산적인 투자가 일어나기 쉽다(전상경, 2003:255, 272).

(3) 지방채의 문제점

지방채 운영상 지적할 수 있는 문제들은 다음과 같다.

<표 7-14> 지방채 규모(단위 : 10억 원, %)

구분	1995	2000	2005	2007
총세입(A)	65,497	96,055	128,415	151,756
자주세입(B)	40,805	56,021	90,547	100,357
지방채(C)	11,526	18,795	17,448	18,208
C/B	28.2	33.5	19.3	18.1
C/A	17.7	19.6	13.6	12.0

주 : 지방채규모는 연도 말 채무액 기준.
자료 : 행정안전부, 「지방재정연감」, 각 연도.

첫째, 법률면에서 지방채의 기채사업 등이 지나치게 포괄적으로 규정되어 운영에 혼란을 주고 있다.

둘째, 행정관리면에서 계획적 운영을 하는 시스템 사고와 업무 담당자 간 네트워크화가 부족하고 또 지방채 관리기술이 비효율적이다.

셋째, 지방채의 자본시장 유통이 거의 안 되고 권력적인 재정행위에 의하여 강제 소화될 정도로 소화 능력이 취약하다.

넷째, 중앙정부가 지방채 발행을 지나치게 개입 · 통제하는 문제가 있다는 점을 지적하였다(유훈, 1995:219-221).

지방자치실시 이후 지방채의 규모가 증가하였으나 2000년 이후 감소하다 다시 증가추세에 있다. 2007년 12월 현재 지방채의 규모는 〈표 7-14〉에서 보는 바와 같이 총 세입 대비 12.0%이며, 자주세입 대비 18.1%를 점하고 있다.

지방자치단체별로 보면 시 · 도채가 전체의 65.7%를 차지하고 있으며, 일반시채가 26.1%, 군채는 7.2%, 자치구채는 1.9%를 차지하고 있다. 따라서 광역자치단체중심으로 지방채가 발행되고 있으며 지방채 발행에 있어서도 일부 지역 편중의 부익부 빈익빈 현상을 보이고 있다(김동기, 2008:147-148).

우리나라의 지방채 제도는 지방채 발행이 중앙집권화 되어 있고, 지방재정에서 차지하는 지방채 비중이 선진 외국에 비해 상대적으로 낮아 지방 사회간접자본 및 지역개발 관련 각종 공공투자사업의 부족 재원을 확보하기 위한 수단으로서 지방채를 적극적으로 활용하고 있지 못하다(손희준, 2008:184).

3 우리나라 지방재정의 개선방안

1) 지방재원의 확충

지방자치의 실시로 지방자치단체 스스로가 정책을 결정할 수 있는 범위가 넓어졌고 스스로의 책임하에 정책을 집행해야 하기 때문에, 지방자치의 건전한 실현을 위해서는 무엇보다도 지방재원의 확충이 중요하다. 이를 위한 방안으로 자체재원과 의존재원의 확충이 있다.

(1) 자체재원의 확충

지방재정이 자율적으로 운용되고 국가재정의 변동에 따른 영향을 적게 받으려면, 지방자치단체 자체의 수입이 충분해야 한다.

① 국세의 지방세로의 전환

우리나라는 국세와 지방세의 비율이 79.2 : 20.8 정도여서 세원 배분 상 중앙이 월등하게 우위를 점하고 있을 뿐 아니라 세원의 신장성이 높은 소득과세와 소비과세는 국세로 배분되어 있는 반면에 지방세는 세원이 신장성이 낮은 재산과세 중심으로 되어 있다. 따라서 국세 · 지방세간의 조정을 통한 지방세원의 증대를 위해서는 세수의 신장성, 안정성과 세원분포의 지역성 등을 고려하여야 할 것이다. 또한, 우리 나라의 경우 조세 총액에서 지방세가 차지하는 비중이 일부 선진 외국(2005년 미국 45.4%, 일본 40.0%, 독일 49.2%)과 비교해 낮은 수준으로 국세 세원의 일부를 지방으로 이양해야 한다.

우선 단기적으로는 지역적 특성이 매우 강한 세원은 해당 지방자치단체에서 과세하도록 이양되어야 하며, 장기적으로는 지방화 시대에 걸맞게 현행 재산과세 중심의 지방세 구조를 개선할 필요가 있다.

이러한 관점에서 현행 국세 중에서 지방세로 전환되어야 할 세목을 선정해 보면 다음과 같다.

㉠ 소비과세 중 전화세, 주세 가운데서 약주 · 탁주 · 소주에 해당하는 부분, 부가가치세 가운데서 전기 · 가스업, 유흥음식업, 숙박업, 운송업, 부동산매매업 해당부분, 특별소비세 가운데서 유흥장입장세 해당부분.

㉡ 소득과세 중 상속세(증여세 포함), 소득세 가운데서 양도소득세 등이다.

한편 지방세 수입의 원활한 확보를 위하여 지방소득세와 지방소비세 제도의 도입 필요성이 제기되어 왔다. 2010년부터 국세 일부를 지방세로 바꿔 지방소비세를 도입하고, 당분간

명목상이지만 지방소득세도 신설했다. 이는 국세를 지방세로 전환해 지방세를 확충해준 최초의 사례가 된다.

지방재정 지원제도 개편에 따르면 2010년부터 국세인 부가가치세 징수총액의 5%를 지방으로 내려보내는 지방소비세 제도가 도입되었다. 즉, 부가가치세 징수총액(2009년 기준 약 46조 원)의 5%인 약 2조 3,000억 원을 지방소비세로 돌려 16개 시 · 도에 나눠주기로 했다. 2013년부터는 지방소비세 규모를 늘려 부가세 총액의 10%를 지방에 내려 보내기로 했다. 배분 비율은 시 · 도별 민간 최종소비지출 비중(통계청에서 매년 발표)을 기준으로 하되, 인구와 소비가 많은 수도권에 돈이 편중되는 것을 막기 위해 지방에 유리한 쪽으로 지역별 가중치(수도권 100, 비수도권 광역시 200, 비수도권 도 300 등)를 두기로 했다. 지방소비세 중 교부세 자연감소분과 교육교부금 자연감소분을 빼면 약 1조 4,000억 원(2009년 기준)이 지원될 것이며 이를 가중치에 따라 다시 나누면 수도권에 29%, 지방에는 71% 정도가 배분될 것이다. 지방소득세는 2010년부터 기존 지방세의 이름을 바꾸는 방식으로만 도입된다. 지방세인 소득할 주민세(소득세의 10%)의 이름만 지방소득세로 바꾼다. 이와 함께 연간 6조 7,000억 원에 달하는 소득할 주민세(소득에 따라 차등 부과하는 주민세)의 명칭을 지방소득세로 바꾸고, 세원(稅源)의 성격도 독립세로 바꿔 지방자치단체가 자율적으로 부과, 징수할 수 있도록 했다. 지방세제의 효율성과 형평성을 제고하기 위해서는 재산관련 이전과세와 보유과세의 세 부담 조정, 세목 체계의 개선, 정책세제의 조정, 세무행정의 효율성 제고, 지방세 담당 공무원의 전문화 및 세무행정의 조직 · 인력 보강, 지방세 행정의 전산화 · 과학화 등이 정립되어야 할 것이다(손희준 외, 2008:132-134).

무엇보다 중요한 것은 지방자치단체의 재정자립성이 보장되지 않으면 지방분권으로써 달성하고자 하는 경쟁을 통한 합리화 기능, 자기책임성에 근거한 혁신 노력, 절약의 동인 등을 기대하기 어렵게 되며, 중앙정부에 의한 지방정부에 대한 통제는 늘어나게 됨으로써 반분권적 결과를 초래할 수 있다는 점이다. 따라서 국세와 지방세 구조에 대한 근본적인 개선이 필요하다(이기우 외, 2007:371).

② 기존 지방세수의 확대

지방정부의 지방세가 매년 세목별 비율이 큰 변화 없이 안정적이어서 지방세구조의 성격변화를 일으킬 만큼 경제성장에 뒤따르지 못하고 있는 것이다. 그러므로 경제성장과 물가상승에 따라 현실화되어야 할 것이다.

지방자치단체가 조례 등을 통하여 좀더 자율적으로 자체 세수를 확충할 수 있는 법 · 제도적 장치를 마련하여야 할 것이다.

③ 새로운 지방세원의 발굴과 지방세율의 적정화

우리나라는 지방자치단체의 과세 자주권이 상당히 제약되어 있다. 이는 지방자치단체가 주민들의 재정 수요에 적극적으로 대응하기 어렵게 할 뿐만 아니라 지방자치의 본래 취지에 어긋난다고 할 수 있다. 따라서 지방자치단체의 과세 자주권을 확대시킬 필요가 있다(손희준 외, 2008:134).

정치 · 경제 · 사회 · 문화 등 지방행정의 환경변화와 발전에 따라 지방행정수요와 재정수요를 불러일으키는 동시에 새로운 잠재적 세원의 발생을 초래하게 할 수 있는데 지방세의 세목과 세율을 지방조례에 의해서 결정할 수 있는 법정외세제도의 도입을 필요로 할 수 있는 것이다.

법정외세는 법률로 정한 세목 이외에 각 지방자치단체가 조례에 의해 세목을 설치하여 과세하는 조세를 의미한다. 현행 헌법이나 지방세법에는 법정외세에 대한 명시적인 규정이 없다.

법정외세제도는 특정지역의 고유한 재정수요를 당해 지역단위에서 스스로 해결할 수 있도록 할 뿐만 아니라 특정지역에 편재되어 있는 특수세원을 지방세원으로 수용할 수 있다는 장점을 가지고 있다. 그러나 법정외세제도가 도입될 경우 지역 간, 자치단체 간 조세수출(Tax Export)현상이 유발됨으로써 지역간 갈등이나 분쟁이 발생할 소지도 없지 않다.

지방세율의 적정화 문제를 보면, 지방세가 담배소비세를 제외하고는 재산과세와 주민세가 주를 이루나 다른 나라의 경우보다 낮다. 더욱이 재산과세의 대부분도 취득세, 등록세 등 거래과세가 재산세 등의 보유과세보다 높은 비중을 차지하고 있고, 취득세, 등록세 등은 도세이므로 시세증대를 위해서는 주민세와 재산세의 세율 및 과표를 인상해야 한다. 그러나 재산세의 증대는 소득재분배라는 측면에서 바람직하지만 직접세인 관계로 조세저항이 우려되는 점이 있다.

새로운 세원의 발굴 노력은 세금 증대라는 면에서 지역 주민들의 반발에 부딪힐 가능성이 높기 때문에 대체로 세금 부담이 외지인에게 지워지는 방안으로 모색되고 있다(안용식 외, 2006:450).

④ 세외수입의 증대(확대)

지방세수입은 경직성이 높은데 비하여 사용료, 수수료, 재산수입, 분담금, 지방공기업 수입 등은 신축성이 높기 때문에 세외수입의 신장을 통하여 지방재원의 확충을 기하는 것은 매우 바람직한 일이다(최창호, 2009:637). 또 세외수입은 서비스와 비용부담이 직접 연계되는 개별적 보상관계에 기초하고 있어 지방세에 비하여 상대적으로 부담의 증가에 대한 저항이 낮다고 할 수 있다.

세외수입의 확충방안은 다음과 같다.

㉠ 경상적 세외수입의 확대

첫째, 수익자부담원칙의 적용범위를 확대해야 한다.

지방세외 수입에서 경상적 수입(일반회계)과 사업수입(특별회계)의 비중을 점진적으로 확대시켜 나가도록 해야 할 것이다.

주민생활에 대한 필수적이고 기초적인 서비스는 공공기관 부담이 당연하다고 하더라도, 생활수준의 향상에 따른 선택적이고 응익적인 서비스에는 편익과 부담의 연계가 더 바람직하다고 할 것이다.

이러한 수익자부담원칙의 활용은 다음과 같은 효과를 거둘 수 있다.

ⓐ 서비스 공급면에서 수혜를 원하는 주민의 실제수요에 상응하는 종류와 양의 서비스를 공급함으로써 실제 필요한 서비스만 제공하고 불필요한 서비스 공급은 억제하여 예산낭비를 방지할 수 있다.

ⓑ 서비스 수혜면에서 수혜에 따른 부담을 고려한 서비스이용을 하도록 함으로써 불필요한 서비스수요를 억제할 수 있다.

ⓒ 서비스 수급면에서 서비스 이용과 그에 대한 대가로서의 부담을 직접 연계하여 '수혜만큼의 부담'을 실현함으로써 정의에 맞는 서비스 공급을 기할 수 있다.

따라서 현재의 불합리한 사용료 등의 요율체계를 합리화하고 현저히 낮은 요율수준을 지속적으로 현실화시켜 나가야 하며, 특히 지역 간 요율의 차등화와 적정화를 적극 추진하여야 할 것이다.

매년 원가분석을 실시하여 요율을 물가에 정례적으로 연동시키는 물가연동제를 채택하여 매년 1회씩 조정하여야 한다. 잦은 변경이 주민들에게 불편을 주는 경우와 사업특성상 개별원가계산이 곤란한 경우에는 일정기간을 주기로 정례적으로 조정하는 것이 바람직하다(권형신 외, 2001:164).

둘째, 중앙정부의 세외수입 중에서 지방재원으로 이전하는 것이 적합한 것은 관계법령을 개정하여 지방수입으로 전환시키는 것이 바람직하다. 예컨대, 도로운송차량법에 의한 과태료, 지방자치단체 예산으로 공사계약을 할 경우의 인지수입 및 각급 은행의 예금 · 적금증서 또는 통장에 첨부하는 인지수입 등은 자치단체의 수입으로 이양하는 것이 마땅하다고 할 것이다(김학로, 1997:354).

셋째, 국가와 지방자치단체가 소유하는 국 · 공유재산은 지역주민의 공동이익을 위하여 사용되어져야 할 뿐만 아니라 경제적 수익을 증대시키기 위하여 활용되어야 한다(김동기, 2008:131-133). 또한 지방 세외수입의 확충을 위해서는 담당 공무원의 경영 마인드와 전문성이 요구된다.

㉡ 지방공기업의 효율적 운영

지방자치단체가 주체적 · 적극적으로 기업적인 서비스를 생산하고 공급을 원활하게 하는 것은 주민복지를 증진시키고 자주적 재원을 확충하는데 기여할 수 있는데 그 방안은 다음과 같다.

첫째, 자율적 경영체제의 확립이다.

현재 지방자치단체가 시행하고 있는 하수처리사업, 상수도사업, 주택사업, 토지구획정리사업 등은 내용상으로는 기업적 성격을 띠고 있으면서도 사업소형태의 일반행정 관리방식으로 운영되고 있기 때문에 기업적 운영이 제도적으로 보장되지 못하고 있다.

이러한 과정에서 인사 · 조직 · 예산 · 회계제도 및 운영상의 자율성과 기업성을 살리지 못하는 경우가 많으므로 지방정부가 이 같은 행정수요에 효과적으로 대응하기 위해서는 지방공기업의 체제정비 및 활성화가 절실히 요청된다.

지방공기업은 독자적 운영단위로서 수지타산 감각을 갖고 경영쇄신을 기할 수 있는 자율적 책임경영체제를 수립하여야 한다. 이를 위해서는 현재 일반관서 형태의 지방 직영사업을 지방공사형태로 전환함으로써 경영 자율성을 확대시키고 철저한 독립채산제와 사후 경영평가를 통해 경영쇄신에 필요한 제도적 기반을 구축하여야 한다. 독립채산은 그 기업의 경비는 그 기업의 수입으로 충당하는 것을 말한다. 지방공기업에 이러한 독립채산제를 적용하는 것은 공기업 재정을 일반재정으로부터 독립시켜 두 재정의 건전화를 도모하려는데 있다. 그러나 모든 경비를 그 기업의 수입으로 충당하는 것은 아니다

둘째, 요율체계 개선이다.

지방공기업의 채산성이 확보되지 않고서는 기업적 서비스의 양적 확대나 질적 개선이 어려우므로 지방공기업의 건실한 운영을 위하여 원가상승요인을 합리적으로 반

영하는 신축성 있는 요율 결정 장치의 확립과 함께 수익자부담원칙을 반영하는 원가 보상적 요율체계로의 개선이 요구된다.

셋째, 제3섹터 방식의 지방공기업 설립의 확대이다.

교통 · 환경 · 문화 · 농어촌 지역개발 등에 제3섹터방식의 지방공기업 설립을 확대하여야 한다. 자치단체의 업무 중에는 자치단체가 직접 공급주체로서 사업을 담당하기보다는 민간이 담당하는 것이 효율적임에도 불구하고 자치단체가 사업을 직영함으로써 공공자원의 낭비가 초래되고 경영개선이 이루어지지 못하는 경우가 적지 않다. 이러한 분야에 대해서는 제3섹터를 활용하거나 민간위탁 또는 민영화를 적극 추진할 필요가 있다.

㉢ 경영수익사업의 활성화

경영수익사업은 지방자치단체의 세외수입 확보와 지역개발을 위해 자치단체가 비권력적 주체로서 사익업(私益業)과 동일한 지위에서 사업을 경영하는 것을 의미한다.

이러한 경영수익사업은 현재 토지개발 · 이용, 관광유원지 개발, 건설자재 공급, 재산관리 등 여러 분야에서 시행되고 있는데 앞으로 대상사업을 더욱 확대시켜야 한다. 이와 함께 지방공기업서비스의 생산원가, 사회적 편익과 개인적 편익의 정도, 이용자의 부담능력, 유사한 서비스에 대한 지역적 형평 등을 종합적으로 고려하여 수익자부담을 반영하는 원가 보상적 체계로 개선해 나가야 할 것이다(부만근, 2000:296-297).

민간의 업무영역과 상충되지 않으면서 지역경제를 활성화시키기 위하여 필요한 부분이나 초기에 많은 자본이 소요되고 성공이 불확실한 분야 예컨대 전시장, 컨벤션센터 등의 건립, 중소기업 창업지원 등의 분야에 대하여 적극적으로 모색되어야 한다(김동기, 2008:132).

(2) 의존재원의 확충

의존재원의 비중이 증대될수록 지방자치단체가 재정 확충을 위해 자발적인 노력을 해야 할 동기는 엷어진다고 할 수 있으며, 대신에 중앙정부에 대해서 재정 지원을 요구하는 경향은 커지게 된다고 할 수 있다. 또한 중앙정부가 거의 모든 지방정부에 재정 지원을 해야 한다는 것은 막상 낙후지역을 지원하기 위한 재원의 빈곤을 가져올 수도 있다(이기우 외, 2007:371). 따라서 지방자치단체의 재정자립성이 보장되어야 하며, 국세와 지방세 구조의 개편이 필요하다.

① 지방교부세 제도의 개선

지방교부세 제도에 있어서는 지방교부세원의 낮은 법정률을 높여야 한다. 그리고 지방재정상 부득이한 수요가 있을 경우에는 별도로 증액교부 할 수 있도록 상한선을 열어둠으로써 신축성을 부여할 수 있어야 할 것이다.

첫째, 지방교부세의 구조개편이 필요하다. 현행 지방교부세는 보통교부세, 특별교부세, 분권교부세, 부동산교부세로 구분되어 있으나 그 기능이 혼재되어 있다. 따라서 지방교부세 체계의 개편을 통하여 지방자치단체 간 재정력 격차의 축소가 필요하다.

둘째, 기준재정수요액과 기준재정수입액 산정의 합리화를 위한 개선이 필요하다. 합리적인 기준재정 수입액 산정을 위해서는 지방세 수입액의 정확한 추계가 그 관건인데, 이를 위해서는 지방세의 세율구조에 따라 세수 추계 방법을 차별화할 필요가 있다. 재정력 지수에 따라 자치단체별 차등적으로 적용하는 방안 검토가 필요하다. 또한 기준재정 수요액과 기준재정 수입액 산정 시 자치단체의 자체 노력이 적극적으로 반영되도록 개선할 필요가 있다(손희준 외, 2008:214-215).

셋째, 자체 노력하는 자치단체에 대한 탄력적 적용이 필요하다.

매년 지방재정을 평가 · 진단하고 그 결과를 보통교부세 배정에 반영하고, 자체노력의 증감반영에 대한 탄력적인 도입과 운용이 요청된다. 교부세제도의 근본 취지상 비효율적인 세출을 억제하고 세입증대를 위한 노력을 유도하는 방향으로 발전시켜야 할 것이다(김동기, 2008:177-178).

넷째, 지방교부세 법정교부율이 상향조정되었으나 지방재정은 취약한 실정이며, 지방교부세의 교부 대상이 되는 모든 지방자치단체에 동일한 비율의 조정률을 적용하는 것은 바람직하지 못하다. 지방자치를 재정적으로 뒷받침하고 지방재정 수요에 대응하기 위해서는 지방교부세 법정률의 상향조정이 필요하다.

다섯째, 지방 재정 운영에 대한 전반적인 효율성과 자율성 증대, 지역 간 재정력 격차의 완화와 자원배분의 효율성 향상, 지방교부세 운영 과정의 객관성 제고 등 지방정부의 자율성과 재정의 책임성을 제고하도록 지방교부세의 운영에 지방정부의 적극적인 참여가 있어야 한다(손희준 외, 2008:213).

② 국고보조금 제도의 개선

첫째, 자체재정이 빈약한 지방자치단체에 대한 국고보조금의 경비부담비율을 높일 수 있는 법적 근거를 설치할 필요가 있을 것이다.

국고보조금 제도의 지방비 부담이 어려워 국고보조사업을 반납하는 사례 등으로 지방정부의 부익부 빈익빈 현상을 없애기 위하여 보조금의 예산 및 관리에 관한 법률에 정해진 차등보조율 제도를 활용할 필요가 있다.

둘째, 중앙과 지방정부간의 사무 재배분을 통해 한계를 명확히 함으로써 지방정부의 행·재정이 중앙의 자의대로 운용되는 것은 사전에 지양되어야 할 것이다. 국고보조금은 자치단체를 통제·구속하고 있는 실정이다. 그러므로 복잡 다양한 보조금의 항목, 종류를 재검토하는 것이 바람직하다.

셋째, 세부적인 경비의 용도까지 지정한 나열식 영세보조방식을 지양하고 포괄적 보조방식을 채택하여 지역특성에 맞는 사업을 할 수 있도록 지방자치단체에 자유재량권을 확대하는 방안도 모색해야 할 것이다.

국고보조금은 그 운영시에 중앙정부의 시책에 따른 사업과 지역 특수성을 반영하는 지방정부의 재정계획과의 조화 및 구체적인 연계가 이루어지고 있지 못한 것을 개선시켜야 할 것이다(안용식 외, 2006:477). 또한 지방자치단체에게 재량권을 주어야 보다 효율적인 집행이 가능 할 것이다.

넷째, 국고보조금을 교부하는 데 있어서도 전년도 단가를 기준으로 할 것이 아니라 물가상승을 비롯한 모든 단가인상요인에 입각하여 산정함으로써, 지방자치단체의 경비부족을 초래하거나 지방비의 과중한 부담을 막도록 하여야 할 것이다.

③ 지방채와 지역개발기금 활용

지방채(Local Debt)를 통한 투자재원의 조달은 법정조세를 통한 세수확보 부담에 대한 중압감이나 증세에 대한 정치적 제약을 완화할 수 있다는 이점을 가지고 있다. 더구나 지방채를 수익자부담원칙에 의하여 공공서비스가 창출되는 간접적 편익에 적용할 경우 그 이점은 더욱 크다고 할 것이다. 따라서 자치단체의 기채권 허용범위를 확대하고, 특히 지방도시의 경우에는 지역연고채 발행 등을 통해 지역공동체의식의 제고와 외부자금의 역내유입을 적극 모색할 필요가 있다.

그러나 지방채의 발행은 사업의 편익이 장기적으로 발생하는 경우와 세대간의 형평성과 규모가 큰 지역개발사업 경우의 현실성으로 그 이용이 확대될 전망이나 건전재정을 해칠 수 있고 지나친 지방채의 발행은 재정위기를 가져올 가능성도 크기 때문에 사전에 충분한 검토가 이루어져야 할 것이다. 지방채는 결국 그 지역주민이 부담해야 하는 채무이므로 그 발행에 신중을 기해야 하며, 수익사업에 소요되는 투자재원 조달에 사용되는 것이 바람직 할 것이다. 그리고 중앙정부는 지방채무비율만 정해주고 더 이상의 간섭은 급변하는 환경에 대처를 위해 가급적이면 피해야 할 것이다.

지역개발기금의 설치, 운영은 지속적으로 지역개발 재원을 공급할 수 있다는 점과 효율적인 재원이용의 측면, 민자유치 등을 위한 여건조성이라는 측면에서 그 필요성이 클 것이다. 또한 지방채는 지역경제를 활성화 하고 지역주민의 생활의 질 향상을 위한 생산적인 부문에 투자되어야 하며, 지방채 발행계획의 합리화와 지방채 관리의 전산화가 필요하다.

2) 지방세출의 합리화 및 지방정책 과정의 개선

(1) 지방세출의 합리화와 재정의 민주화

지방세출은 지방자치단체가 행정목적을 달성하기 위하여 1회계연도 내에 행하는 모든 경비의 지출을 말하는 것으로 이러한 지방경비는 결국 주민복지와 지역 발전에 기여한다. 재원의 확보만을 강조할 경우 자원의 효율적 배분을 왜곡하고 정부규모의 팽창을 가져와 주민복지를 해칠 가능성도 크다. 따라서 재원의 확보 노력과 동시에 지출을 합리화하고 주민의 행정수요를 적정화시키는 노력이 병행되어야 하며, 서비스나 정부사업의 성격에 따라 재정의 민간화를 추진해야 할 것이다.

(2) 지방재정정책과 주민참여

지역주민의 욕구가 예산 수립시 충분히 조사, 반영되어야 하겠고 이를 위한 제도적 장치도 마련되어야 할 것이다. 지방의회가 주민의 대표로서 이익 결집과 표출의 기능을 담당하지만, 주민의 직접적 참여와 감시를 위해 예산공개제도 및 지방의회의 예산심의에 지역 주민이 참여할 수 있는 방안도 고려할 필요가 있을 것이다.

3) 지방재정운용의 활성화

(1) 예산편성의 합리화

예산과정에서 한정된 재원을 가지고 최소한의 비용으로 동기를 부여할 수 있는 제도의 도입이 필요하다. 예산과정에는 이익집단들의 개입, 집행기관과 지방의회간, 집행기관의 산하기관들 사이에서도 예산확보 경쟁이 전개된다. 따라서 예산요구액의 산정 또는 예산 편성시에 기존의 예산분배에 대한 기득권의식을 배제하고 객관적이며 합리적인 토대아래 지출의 우선순위에 따라 새롭게 배분하는 영기준식 예산편성방식(ZBB)의 제도화가 요청된다.

한편, 지방자치단체의 예산편성 과정에 주민참여를 보장하기 위하여 지방자치단체의 장은 대통령령이 정하는 바에 따라 지방 예산편성 과정에 주민이 참여할 수 있는 절차를 마련하여 시행할 수 있도록 하고 있다(지방재정법 제39조).

(2) 예산집행에 대한 사후평가 철저

예산지출의 성과를 향상시키기 위해서는 예산의 집행결과에 대한 사후평가를 활성화할 필요가 있다. 그리고 예산집행의 신축성 확보 방안이 명시되어 있으나 집행 단계에서는 형식적 소비적 집행, 연말에의 과도한 집행, 불용 예산 등의 문제 등도 있다. 따라서 각 프로그램 또는 부서단위별로 예산지출의 심사분석을 정례화하고, 그 결과가 예산결정과정에 반영될 수 있는 장치가 마련되어야 한다. 이러한 장치가 효과적으로 기능하도록 하기 위해서는 자치단체내의 심사분석기능의 강화와 함께 관료기구 밖에 있는 전문적 · 중립적 민간인을 포함한 준독립기구를 설치할 필요가 있으며, 그러한 기구가 수행하는 심사분석 결과를 자치단체장 및 지방의회에 보고하도록 의무화하여야 한다(오연천, 1995:123).

(3) 중 · 장기 재정계획의 수립

지방자치단체의 재정이 효율적이고 건전하게 운용되기 위해서는 실천적인 중 · 장기 재정계획의 수립과 재정계획운용의 유기적 연계체제가 확립되어야 한다. 전통적인 예산제도도 일종의 재정계획이기는 하나, 단년도주의 계획이기 때문에 재정운영의 효율화에 충분히 대처할 수가 없다. 또한 중장기 지방재정계획과 예산과의 연계성 제고를 위해서는 보다 치밀한 추계기법을 개발하여 매년 예산편성시 활용될 수 있는 실천적 계획이 되어야 한다. 따라서 중기 재정계획의 수립과 연동화(Rolling System)를 통해 재정운영의 효율성을 높이고 주민의 욕구에 입각한 합리적인 예산배분이 이루어져야 하는데 이를 위해서는 전문가 집단과의 협력이 확대되어야 할 것이다(부만근, 2000:298-299).

제8장

지방자치단체의 구역

8.1 지방행정구역의 의의

1 지방행정구역의 개념

일반적으로 구역(Area or District)이란 「일정한 목적을 달성하기 위하여 일정한 기준에 따라 국토공간을 구분하여 놓은 일정한 지리상의 한계」를 의미하는 지리적 개념인 동시에 「일정한 공공의 기관 또는 단체의 관할권이 미치는 지역적 범위」를 의미하는 법제적 개념이기도 하다.

요컨대, 구역은 일정한 목적을 실현하기 위하여 일정주체에 부여된 권한이 미치는 지리상의 범위라고 할 수 있다. 행정도 직접적이든 간접적이든 행정구역이라고 하는 지역적 기초 위에서 수행되며 행정상에 있어 구역은 행정대상의 지리적 범위를 의미한다. 따라서 지방행정구역이란 지방에 있어서 집행되는 일체의 광의의 행정작용이 미치는 범위이며, 이는 보다 합리적이고 능률적으로 국가목표를 추구하고 자치기능을 구현시켜 나가면서 국민생활에 편의를 도모하기 위하여 설정된 행정의 지역적 구역이라 할 수 있다.

이러한 지방행정구역은 그 법적 성격에 따라 지방자치구역과 일반행정구역으로 구분할 수 있다. 경우에 따라서는 서로 구별 없이 혼재하여 운영되기도 하지만 엄격한 의미에 있어서는 그 개념과 성격이 서로 다르다. 즉, 지방자치구역은 지방자치단체의 자치권이 미치는 지역적 범위를 말하는 것으로 이는 대체로 주민공동체의식을 전제로 하고, 구역의 설정이 전통성과 역사성에 입각하고 있는 것인 반면, 일반행정구역은 전통성이나 공동체의식과는 큰 관계없이 행정을 합리적이고 능률적으로 수행하기 위하여 국가나 자치단체내부에 설정해 놓은 지역적 단위로 자치구역에 비하여 인위성이 강한 것이다. 지방자치구역은 국가의 영토를 구획하여 각각 일정한 지역을 그 구역으로 하며 육지뿐만 아니라 하천·호수 등의 수면 및 이와 연접된 영해를 모두 포함한다. 또한 지방자치구역은 그 구역 내에서 수행하는 기능이 종합적인 것인가 특정한 것인가에 따라 일반목적자치구역과 특별목적자치구역으로 구분할 수 있다. 일반목적자치구역은 일정한 자치구역내에서 일반적 사무를 종합적으로 처리하기 위하여 설치된 구역인 반면, 특별목적자치구역은 특별한 성격의 사무를 보다 전문적으로 처리하기 위하여 설치된 구역을 말하는 것이다(정재화, 2006:187-188).

한편, 여러 가지 요소에 의하여 일단 설정된 구역은 오랜 시일의 경과와 더불어 주민생활과 밀접한 관계를 가지게 되고, 주민의 애착의 대상이 되며, 구역과 주민 자신의 일체화를 가져오면서 고착화되어 간다. 따라서 구역은 정치·행정적으로 뿐만 아니라 정신·문화·사회·경제적으로도 중요한 의의를 지니는 것이라 하겠다.

2 지방행정구역의 성격

지방행정구역은 지방자치단체의 기능 및 계층구조와 밀접한 관련이 있는데 그 성격을 정리하면 다음과 같다.

첫째, 지방행정구역은 지방자치단체의 기능과 결코 분리하여 생각할 수 없을 만큼 밀접한 관련이 있다. 지방자치단체의 지역적 범위는 지방자치단체가 수행하는 일정한 기능의 성격과 내용에 따라 달라져야 하는 것이며, 그 기능의 변화에 따라 지역적 범위도 항상 신속히 적응해 나가야 하는 것이기 때문이다. 특히 오늘날 고도의 산업화·도시화란 환경변화는 지방자치단체로 하여금 종래와는 다른 새로운 행정기능의 수행에 부합할 수 있는 구역의 합리화도 요구하고 있어 지방자치단체의 구역과 기능의 재배분 문제가 중요하게 대두되고 있다. 행정기능은 환경이 변화함에 따라 끊임없이 변동하는 유동성을 띠는 것인데 비해, 행정구역은 일단 설정되면 고정성을 갖는 것이어서 지방자치단체의 기능과 구역은 그 일치를 보기가 매우 어려운 성격의 것이다. 특히 현대 지방행정의 특징은 광역화·대규모화·기술화 및 균등화에 있고 이러한 기능의 변화에 탄력적으로 적응하기 위하여 전통적 지방행정구역을 조정하는 데에는 한계가 있기 마련이어서 현대 지방자치에 있어 기능과 구역의 조정문제는 큰 과제가 되고 있다.

둘째, 지방행정구역은 지방자치단체의 계층구조와 밀접한 관계를 가진다. 지방자치의 본질상 기초적이고 소규모적인 지방행정구역이 이상적이긴 하지만 행정기능 중에는 소규모자치단체의 능력만으로는 처리할 수 없는 것들도 있기 때문에 이를 효율적으로 수행하기 위해 광역자치단체의 설립이 불가피하게 되고, 여기에서 기초자치단체와 광역자치단체간의 계층체계가 형성된다. 따라서 지방행정구역의 문제는 지방자치단체가 수행하는 기능을 매개로 하여 지방자치단체의 계층구조를 떠나서는 생각할 수 없고, 지방자치단체의 계층구조 또한 지방행정구역을 떠나서는 생각할 수 없는 것이다.

또한 지방행정체계에 있어 구역의 문제는 지방자치단체의 수평적인 관할의 넓이를 의미하고, 계층의 문제는 지방자치단체의 수직적인 마디 수를 의미한다 할 수 있다. 따라서 지방행정구역의 폭을 넓게 설정하면 지방자치단체의 계층 수는 줄고, 반대로 지방행정구역의 폭을 좁게 설정하면 지방자치단체의 계층 수는 늘어나게 되는데, 이렇게 볼 때 지방행정구역의 광협과 지방자치단체의 계층수의 다소는 서로 함수관계를 가지고 결정된다 하겠다(정재화, 2006:188-189).

8.2 지방행정구역의 설정기준

지방행정이란 기본적으로 지역단위로 이루어지는 것이기 때문에 각급 지방자치단체의 구역을 어떻게 설정할 것인가 하는 문제는 대단히 중요하다. 그런데, 지방행정구역 설정의 기준에 대한 이론과 견해들은 국가나 사회의 역사적 전통, 경제 · 사회적 특수성 및 정치 · 행정발전의 정도에 따라 많이 있지만, 각국의 모든 시대에 적용할 수 있는 보편적 기준을 제시하기는 어렵다. 근본적이고 기본적인 행정의 원리가 변하는 것은 아니지만, 실질적으로 볼 때 행정은 시대의 필요성에 의해 발생하는 특성이 강하므로 장소와 시대의 특성에 따라 지방행정구역의 기준도 약간씩 차이를 보이고 있다.

1 구역설정기준에 관한 학설

1) A. C. Millspaugh의 기준

구역설정의 기준으로 Millspaugh는, ① 지방행정구역은 주민의 공동생활권과 일치할 것(the Community), ② 지방행정의 구역은 주민의 행정수요에 적합한 행정단위여야 할 것(the Service Unit), ③ 지방행정구역은 주민의 행정에의 접근이 편리한 단위일 것(the Area of Convenience), ④ 지방행정구역은 자주적인 재원을 조달할 수 있는 단위일 것(Self-Financing Unit)등의 네 가지를 제시하였다(Arthur C. Millspaugh, 1956:71-78).

(1) 공동사회(Community)

자치단체의 행정구역을 인위적으로 확정한다 할지라도 자연발생적인 주민의 공동생활권과 일치시켜야 한다는 것이다. 공동사회는 정치 · 경제 · 사회 · 문화적으로 구분이 확실한 지방성(Locality)을 갖는 한편 지리적으로는 산맥이나 하천과 같은 식별이 가능한 자연적 조건에 의해 그의 지역적 범위(Territorial Locality)가 어느 정도 구분될 수 있는 곳에서 거주하는 인구집단(Population Group)을 의미한다.

그 외에 공동사회로 성립될 수 있는 조건들로서는 ① 지역적 한계, ② 인간적 친밀성, ③ 심리적 동질성, ④ 공통적 이념, ⑤ 지식 및 정서적인 공통성, ⑥ 경제적 연대성, ⑦ 경제적 자족성, ⑧ 경제적 상호의존성, ⑨ 서비스의 상호교환, ⑩ 공통적 정치제도 등의 열 가지를 열거하고 있다.

이런 요소 중에서 최소한 하나 이상의 요소를 충족해야만 공동사회로 볼 수 있다고 한다. 그러나 이러한 요소를 실제로 사회에 적용하기란 결코 용이한 일이 아니며, Millspaugh도 이 점에 대해 비판적인 견해를 가지고 있다.

(2) 행정단위(Service Unit)

구역설정기준에 있어서 능률적 행정단위란, 능률적인 자치행정의 요구에 적합한 행정단위, 즉 적정한 인구규모와 행정량을 가진 구역으로서 주민이 요구하는 행정수요를 충족시킴에 있어 최소의 경비로 최대의 행정효과를 올릴 수 있는 정도에서의 행정구역(단위)을 의미한다.

행정능률을 실현하기 위하여 자치단체의 구역은 충분한 행정량을 가져야 하는바, 행정량의 중요한 결정요인은 인구이므로 구역에는 적정한 규모의 인구를 포용해야함을 의미한다.

또한 자치단체의 일상적인 행정기능과 이를 수행해 나갈 자치행정기구 및 공무원을 유지하는데 필요한 경비를 충당할 수 있는 지역적 범위를 구역으로 정해야 한다.

(3) 행정편의에 따르는 구역(Area of Convenience)

구역설정에서 행정편의에 따르는 구역이란 기준은, 주민이 행정기관에 접근하기에도 편리하고 또한 행정기관이 주민에게 서비스를 베푸는 경우에도 편리한 조건이 이루어져야 함을 의미한다.

이 기준이 적용되기 위해서는 구역의 전체규모 · 지리적 위치 · 중심부의 성격 · 인구밀도 등과 같은 요소들이 또한 고려되어야 한다.

(4) 자주적인 재원조달 단위(Self - Financing Unit)

행정구역은 그 구역 내의 행정수요를 자신의 재원으로 해결해 나갈 수 있는 단위로 선정되어야 한다는 것이다. 만일 자주재원으로 자체행정수요를 충족할 수 없는 빈약한 자치단체의 구역은 합병 또는 폐지시켜야 한다고 보는 것이다.

그러나 과세할 수 있는 행정수요는 구역에 따라 다르기에 구역의 적정규모를 찾기란 용이한 일이 아니다.[1] 따라서 구역과 재원의 일치는 이 방면에 관심을 가지고 있는 사람들의 중요한 연구의 주제가 되고 있다.

(5) 주민참여와 주민통제

지방자치구역은 주민의 지방정부에의 참여와 그에 대한 통제가 유효하게 행해질 수 있는 정도의 구역이어야 한다. 지방정부에 대한 주민의 참여 내지 통제를 위해서는 주민이 지방공무원과 지방의회 의원 등의 공직자와 자주 접촉할 수 있을 정도로 그 구역이 좁아야 한다. 구역이 너무 넓을 경우 공직자는 지방에 대한 친근감을 잃게 되고, 주민의 공직취임의 기회가 적어지고, 공동이해관계를 바탕으로 하는 공동의식의 결여로 주민의 지방행정에 대한 관심이 약해진다. 이런 경우 지방행정은 주민에게서 원격화되어 주민의 정신적 · 감정적 뒷받침을 받지 못하기 때문에 행정에 대한 주민의 참여 내지 통제는 약화된다. 주민통제의 약화

---

1) 지금까지 사용해 온 일반적 방법은 인구, 경비, 세율의 세 가지를 대상으로 하여 일정한 계층의 자치단체의 실제를 비교함으로써 그 계층의 모든 지방자치단체에 적용될 수 있는 기준을 정해왔다. Millspaugh에 의하면 미국의 카운티(County)를 비교해 본 결과 인구가 적은 카운티는 보다 소량의 행정, 고가의 행정을 하고 있으며, 일반적으로 인구 2만 이상의 카운티라야 본격적인 행정활동에 필요한 세원을 가지고 있다고 한다.

는 결국 지방행정의 관료주의화의 원인이 될 수 있다.

2) V.D. Lipman의 기준

V. D. Lipman은 미국 · 프랑스 · 러시아 등의 몇 개국가들의 자치구역을 실제 조사한 결과를 토대로 쓴 그의 저서 『지방자치단체의 구역(Local Government Area)』에서 구역설정 기준으로 다음 세 가지를 들고 있다(V. D. Lipman, 1949:305-331).[2)]

① 구역설정에 있어 일반적이며 양적인 척도를 적용하여 유사한 크기의 면적이나 인구의 구역을 확보하여야 한다. 여기에는 신설되는 구역의 총수를 한정시키려는 의도도 포함되어 있다.

② 행정상의 구역을 그 나라의 다른 생활영역의 다른 분야에 있어서 하나 또는 그 이상의 요인에 적용시키는 경향이 있다. 즉, 구역은 ㉠ 지리적인 고려, ㉡ 산업분포, ㉢ 경제생활의 전국적인 권역, ㉣ 전통적 구성 및 인구의 역사적 집단 등 제요인에 명백하게 기초를 두어야 한다.

③ 그 나라의 중요한 도시의 영향을 받을 수 있는 지대로 행정구역을 평준화하거나 또는 기초적 자치단체에 있어서는 경제적 · 사회적 생활의 지방별 중심지를 근거로 구역을 평준화해야 한다. 이 원칙은 교통과 주민의 소비성향에 특히 중점을 두어야 함을 의미한다.

리프만의 3대기준을 실제로 적용시켜 보면 다음과 같은 결론에 이른다. ①의 수량적 고려(Quantitative Consideration)에 의하면 위로부터의 행정의 편의를 위해서 전국적 입장에서의 평등이 구역설정의 기준이 된다. ②의 기준은 예컨대 미국의 테네시계곡개발청(T.V.A)과 같이 주로 지리적 요인에 의거한다. ③의 원칙에 의하면 현재의 도시중심지로부터 시작하여 그 주변지역까지도 도시와의 유기적 관계 하에서 구역으로 확정하게 되는데, 미국의 메트로폴리탄 리젼(Metropolitan Region)을 그 대표적인 예로 들 수 있다.

2) 그는 지방자치단체의 구역설정을 위한 일반적 기준을 추구하는 방법으로서 근대의 다수 국가가 어떠한 고려에서 행정구역을 설정하였는가를 실증적으로 고찰하고 있다. 즉, 혁명시 프랑스에 있어 프로벵스(Province) 대신 데빠뜨르망(Departement)을 설치한 이유를 다음의 두 가지로 규정하였다. 첫째로, 종래의 구역이 봉건시대의 그것에 근거하고 있기 때문에 권한관계가 대단히 복잡하였다는 것과, 둘째로 이러한 혼란상태를 종식시키고 행정상의 편의를 도모하기 위한 것이었다고 한다. 동시에 새로운 구역의 설정은 구역의 봉건적 특권을 폐지하고 근대국가로서 통일성을 이룩하려는데 그 내재적 동기가 있었던 것이다. 그리하여 새로운 행정구역이 전국적으로 획일적인 동시에 평등의 원리에 합치되도록 하기 위해 데빠뜨르망의 구역을 프로벵스의 그것보다 좁게 하였다.

3) J.W. Fesler의 기준

Fesler는 행정구역을 설정함에 있어 준거해야 할 네 가지 기준을 제시하였다(James W. Fesler, 1949).

(1) 자연적 · 지리적 조건

행정구역을 설정하려면 먼저 자연적 · 지리적 조건을 고려해야 한다. 특히 교통 · 통신의 발달정도와 비교해야 하며, 이러한 고려에 의하여 지방행정구역을 설정함에 있어 역사적 · 연혁적 요인을 지나치게 중시하는 데서 오는 불합리성을 제거해야 한다.

(2) 행정적 조건

행정구역은 그 구역의 행정기관이 행정기능을 가장 능률적으로 수행할 수 있는 적정규모로 획정해야 한다. 행정구역이 지나치게 소규모이면 과다한 경비가 소요되므로 비능률적이 되며, 반대로 그것이 지나치게 대규모이면 주민의 편의와 민주성의 요구에 역행하므로 바람직하지 않다.

(3) 경제적 조건

행정구역은 경제적 조건인 자주재원조달능력을 고려하여 설정해야 하며, 자체재원으로 스스로 행정수요를 충족시킬 수 없는 빈약한 구역은 통합시켜야 한다.

(4) 민주적 조건

행정구역은 자치행정에 대한 주민통제(Popular Control)가 효과적으로 실시될 수 있을 정도의 구역으로 설정해야 한다.

4) 기타 학설

(1) 영국 지방자치위원회

지방자치위원회에 발한 훈령에 의하면 구역문제를 검토함에 있어 효과적이고 편리한 지방정부를 수립하는데 목표를 두어야 한다고 강조하였다(George Jones, 1963:173-175).

이 위원회는 구역문제를 다룸에 있어 고려해야 할 요소로서 ① 공통의 이해관계를 가진 공동사회, ② 발전 또는 장래의 발전성, ③ 경제적 · 산업적 특성, ④ 재정수요와의 관계 하에서 측정된 재원, ⑤ 물리적 특성, 특히 적절한 경제권, 교통 · 통신수단, 행정중심지, 상업 및 사회생활중심지에의 접근성, ⑥ 인구의 규모, 분산 및 특성, ⑦ 지방행정기관의 행정실적, ⑧ 구역의 규모와 형태, ⑨ 주민의 소망 등을 들고 있다.

(2) UN의 기준

1964년 UN보고서는 지방자치단체의 구역설정에 관한 원칙과 각 행정서비스별 적정규모를 제시한 데에 그 특징이 있다(Organisation des Nation Unies, 1964:Annexe II). 즉, 일반적 원칙으로서, 첫째 기초적 자치단체의 구역은 공동체의식이 존재하고 주민이 행정에 직접적인 참여를 할 수 있는 한도 내에서 가장 넓은 구역으로 획정할 것, 둘째 제2차적 자치단체의 구역은 그 자치단체가 행정사무를 가장 능률적으로 처리할 수 있는 한도 내에서 되도록 넓은 구역으로 하되, 지방의회의원이 자주 모임을 가질 수 있는 정도의 구역으로 정할 것을 제시하였다.

(3) 和田英夫의 기준

和田英夫는 적정구역의 설정을 위한 5개의 기준을 제시하였다(和田英夫, 1965:65-74).

① 지리적 조건

산맥, 하천, 해안선 등의 지리적 조건을 교통 · 통신수단이 발달하지 못했던 시대에는 구역의 경계선으로 많이 이용되었으나, 오늘날에는 개발구역(Development Areas)의 기초로서 활용되고 있다.[3)]

② 면적 · 인구 · 재정능력

동종의 자치단체간에 현격한 불균형이 발생하지 않도록 면적 · 인구 · 재정능력 등을 구역설정의 상한선과 하한선으로 설정한다.

③ 사회 · 경제적 범위

사회적 · 경제적 공동생활이 형성되어 있는 지역적 범위를 고려해야 한다. 다만 이 권역은 다양성과 중복성을 띠고 있을 뿐 아니라, 가변적이며 각 단위권의 자주성이 약하기 때문에

3) 예컨대 하천을 경계선으로 하여 그 양편을 별개의 구역으로 분리하는 것이 아니라, 그 하천을 중심으로 하는 양편의 일대를 하나의 구역으로 설정하자는 것 등이다.

그 구체적인 적용이 용이하지 않다.

④ 교통 · 통신수단의 발달정도

공동생활권은 공간적 거리보다는 시간적 거리에 의하여 좌우되기 때문에 주민들이 이용할 수 있는 교통 · 통신수단의 발달정도를 고려해야 한다.

⑤ 행정의 능률성과 민주통제

행정의 능률성의 요구와 민주성의 요구를 동시에 충족할 수 있는 구역이어야 한다. 이 능률성과 민주성은 상반된 성격을 가지고 있다. 일반적으로 행정능률을 위하여는 구역이 넓을수록 좋고, 민주통제를 위하여는 구역이 좁을수록 좋다.

2 현대적 구역설정의 기준

지방자치단체의 행정구역은 위에 제시된 여러 원칙 · 기준을 종합적으로 고려하여 이를 기초로 설정하여야 한다.

특정한 구역에 한정되어 개별적으로 해결해야 할 지방자치의 문제점이 나타나기도 하지만 여러 개의 구역이 한꺼번에 대처해야 해결될 수 있는 지방자치의 문제가 많이 발생한다. 국지적으로 한정된 기능은 기초자치단체가 담당하고 광역적 기능을 상급단위의 광역자치단체가 담당하게 된다. 그러므로 기초자치단체의 기능과 광역자치단체의 기능이 서로 다르기 때문에 자치구역의 설정기준도 분류해서 고찰하는 것이 합리적이다.

기초자치단체의 구역설정 기준은 주민의 입장에서 민주주의 발전을 위한 것이지만, 광역자치단체의 구역설정 기준은 정부의 입장에서 행정의 효율성을 높이기 위한 것이라고 할 수 있다.

1) 지역공동체의식의 공동사회와 공동생활권의 확대

지방자치의 근본적 정신은 지역주민의 자율적 의사와 자주정신이다. 그러므로 먼저 주민상호간의 지연적 공동체의식[4]이나 지역연대감을 토대로 하는 공동사회에 가능한 한 일치되도록 구역을 설정함이 바람직하다. 특히, 기초지방자치단체는 주민자치를 실현하기 위한 구

4) 지역공동체의식이란 주민들이 지역공동체를 구성하고 살아가면서 지역사회에 대해 가지고 있는 주민들의 애향심, 애착심, 충성심, 자존심, 협조정신, 친근성 등을 의미한다.

역이므로 공동체의식이 전제되어야 한다. 과거에는 일반적으로 공동사회가 편협하였기 때문에 자치단체의 구역도 소규모일 것이 요망되었으나, 오늘날에는 교통·통신수단이 발달하여 주민의 공동생활권이 확대됨으로써 행정구역도 점차로 대규모화하는 추세에 있다. 또한 주민상호간에 보편화되었던 지연적 연대감도 크게 약화되고 있기 때문에 공동사회의 특질도 종래의 지연적 공동체의식이나 지역연대감을 토대로 한 생활권에서 경제적·사회적·문화적 생활권으로 변질되게 되었다. 이러한 유동적인 사회 속에서 과연 공동사회와 공동생활권의 상반되는 요구를 여하히 조화하여 적정한 기초자치단체의 구역을 설정하느냐 하는 문제야말로 핵심적 과제로 간주되고 있다. 농촌과 도시자치단체의 구역을 설정함에 있어 농촌에는 공동사회의 요소를, 도시에는 공동생활권의 확대라는 요소를 각각 중시해야 하므로 그 구역설정기준이 각각 달라야 한다.

2) 민주성과 능률성의 요구

지방자치란 그 구역내의 주민들이 그 지역의 공동사무를 그들 책임하에 스스로 또는 대표자를 통하여 처리하는 행정이므로, 주민이 지방정치와 행정에 참여하는 데에 그 특징이 있다. 따라서 자치단체의 구역은 지방정치 및 행정에 대한 주민참여와 민중통제가 효과적으로 보장되는 지역적 범위로 획정되어야 한다. 구역을 지나치게 넓히게 되면 주민이 지방의회의원·지방공무원 등과의 공동체 의식이 희박해져서 자치행정에 대한 주민의 관심이 낮아지고 주민의 지원을 받지 못하게 되며, 주민참여 및 통제가 약화되어 지방행정의 관료주의화·비민주화의 요인이 되므로 결국 민주성의 요구에 배치되게 된다.

그러나, 구역을 너무 좁히면 단위당 경비가 증대되어 능률성의 요구에 어긋난다. 따라서 소규모구역을 설치해야 할 특별한 사유가 없는 한, 행정기능을 가장 능률적으로 수행할 수 있을 정도로 그 구역을 넓혀야 한다. 이와 같이 민주성과 능률성이란 상반되는 이념을 동시에 충족시킬 수 있는 기초자치단체의 구역을 설정하는 것이 지방자치의 과제라고 생각된다.[5)]

3) 주민의 편의와 행정의 편의

행정제도 또는 행정기구의 설치와 변경에서는 일반 국민의 입장보다는 행정기관 또는 국가의 입장에서 기준을 정하는 경우가 많다. 행정현상에 대한 연구의 동기에서도 보면 조직

---

5) 이론상으로는 기초자치단체의 구역설정에는 민주성의 요구를, 광역자치단체의 구역설정에는 능률성의 요구를 각각 중시해야 한다고 주장되고 있으나, 실제로는 기초자치단체의 구역설정에 있어서도 능률성을 그 기준으로 삼고 있다.

구성원의 이익을 위해 연구가 시작된 것이 아니고 관리자의 입장에서 연구가 시작된 것은 사실이다.

그러나 자치행정이 주민의 생활행정이고, 주민에게 생활의 편익을 제공하는 행정이기 때문에 행정구역도 주민의 편의를 극대화할 수 있도록 획정해야 한다. 이러한 의미에서 자치단체의 구역은 특히 주민의 행정에의 접근성(Accessibility)이 용이하도록 좁힐 것이 요청된다. 한편 자치행정을 포함하는 현대행정은 과학 · 기술의 발달로 인하여 전문지식 · 기술과 시설을 필요로 할 뿐만 아니라 지역개발을 도모하고 토지이용의 극대화를 꾀하게 되었다. 그러므로 지역정책과 사업을 수행하는 경향에 맞추어 지방행정기관의 기능수행이 용이하도록 자치단체의 구역을 확대해야 한다. 따라서, 주민과 행정의 편의를 적절히 조화하는 선에서 구역을 획정해야 할 것이다.

4) 지방재정의 자주성

지방자치의 근본 목적은 주민의 자율적 의사와 자치단체의 자율적 활동이다. 그런데, 지방재정력이 약하면 중앙정부에게 의존하게 되고, 국가에 대한 지나친 의존성은 지방자치단체의 위임사무 범위를 확대하게 되어 지방자치의 자율성을 저해하게 된다. 그러므로 지방자치의 자율성을 높이고 자치제도의 근본적 목적을 위해 지방재정의 자립성을 높일 수 있도록 행정구역을 설치하여야 한다. 일반적으로 개발지역 또는 낙후지역에 해당하는 농촌지역은 재정력이 빈약하다. 그러므로 지방자치를 실시하는데 필요한 최소한의 재정문제를 해결할 수 있을 정도의 재정력을 확보할 수 있을 정도로 지역을 분배하여 조화를 이룰 수 있게 지방자치단체의 행정구역을 설치해야 한다. 그러나 지방재정은 구조적으로 국가재정에 의존하도록 조세체계가 형성되어 있기 때문에 지방재정의 자립성 문제는 최소한의 조건을 충족하는 정도로 고려하여야 할 것이다 재정력을 고려하여 신흥도시와 농촌지역을 무리하게 통합하게 되면 오히려 지역공동체의식 등이 파괴되어 지방자치의 근본적 기초를 와해시키는 바람직하지 못한 결과를 초래할 수도 있다.

5) 재정수요와 재원조달능력의 관계

자치행정이란 그 지역내 사무를 주민의 비용으로 처리하는 행정이므로 자치단체가 지출해야 할 재정수요와 조달하는 재원간에는 균형이 이루어져야 한다. 따라서 자치단체의 구역도 되도록 이러한 요건을 충족시킬 수 있는 규모로 결정해야 한다. 일반적으로 자치단체의 구역이 좁으면 조달되는 재원에 비하여 경비가 과다하게 지출되는 것으로 인식되고 있다. 그 이유는 구역과 인구의 수가 적더라도 필요로 하는 국민적 최저수준(National Minimum Level)을 유지하여야 하므로 인구 1인당 비용은 증가되기 때문이다. 특히 농촌에 있어서는 지역경제가 빈약하여 소구역제로 할 경우 재원은 영세하데 비하여 경비지출은 많아지므로 재정수요와 공급간의 불균형이 심화되어 재정의 구조적 취약성을 낳는다. 반대로 일정한 수준까지는 자치단체의 구역이 확대될수록 그에 비례하여 재정수요가 감소되므로 지방재정은 그만큼 균형에 접근하게 된다. 따라서 이 두 가지 요인을 적절히 조화하는 선에서 구역을 설정해야 한다. 우리나라가 1961년에 「지방자치에 관한 임시조치법」을 제정하여 읍 · 면자치제에서 군자치제로 전환하고 자치단체의 구역을 읍 · 면에서 군으로 확대된 주된 이유는 바로 이 양요인의 격차를 완화시키려는 데에 있었다.

8.3 지방행정구역의 개편

1 지방행정구역개편의 본질

1) 구역개편의 개념

구역개편은 지리적 공간요소의 변경이라고 할 수 있는데, 단순히 물리적인 경계 조정만을 뜻하는 것이 아니라 사회 정치적 제반세력의 이해관계를 조정 · 반영하는 것으로 이해된다(Kingdom, 1991:68). 이것이 의미하는 바는 구역 개편이 지방정부 간의 경계를 공간상으로 설정하는 것에 그치는 것이 아니라 지방정부 간에 생길 수 있는 다양한 이해관계를 조정하는 내용까지도 담고 있다는 점이다. 즉, 구역개편은 지방정부 간에 정치적 · 경제적 및 사회 · 문화적인 이해관계를 형성시키는 한편 이를 변화시킬 수 있는 효력을 갖는다. 따라서 정치적으로는 지방정부 간의 자율성 등과, 경제적으로는 재정력 등과, 사회 · 문화적으로는 공동체의식 혹은 영역의 정체성(正體性) 등과 관련을 맺는다. 이렇게 볼 때 구역 개편은 지방정부 간의 다양한 이해관계를 조정 · 유도하는 공간의 가치배분행위라고 규정할 수 있다(안용식 외, 2006:100-1).

결국 구역 개편은 지속적으로 변화해야 하는 동태적인 개념으로서의 인식을 바탕으로 기능과 자원의 연계뿐만 아니라 지방정부 간의 정치적 책임과 재정적 책임을 일치시키는 등 지방정부 간의 다양한 이해관계를 수용할 수 있는 방법을 모색하는 과정이다. 이는 단순히 지방정부 간의 지도제작과정을 의미하는 것이 아니라 당해 지방정부나 국가 차원에서 불합리한 구역 개편으로 인하여 지불해야 하는 비용을 사전에 예방하는 공간의 합리적 가치배분 과정을 의미한다.

2) 구역개편의 필요성

(1) 산업화 · 도시화에 따르는 사회경제적 여건의 변화

우리나라 지방행정구역의 근간인 도 구역과 군 구역은 모두 조선조 말엽과 일정초기에 획정된 것이기 때문에 1세기가 훨씬 경과한 오늘날의 사회 · 경제적 여건에는 적합하지 아니한 점이 많다는 것이다.

그 당시는 미개발된 농업사회의 시기였는데, 그 후 오늘까지의 1세기란 세월은 세계 어느 민족, 어느 시기에서도 찾아보기 힘든 급변과 격변이 연속된 기간이었고, 그 동안 급격히 진행된 산업화와 도시화는 인간생활의 구조를 완전히 바꾸어 놓았기 때문이다. 근래의 급격한 도시화의 진행에 따라 도시권역이 계속 확대되고 있으므로 이에 따라 구역을 재조정할 필요성이 커지고 있다.

도시화는 넓게는 농촌지역에 도시적 요소가 확산되는 현상까지를 의미하고, 좁게는 도시지역에의 인구집중현상을 의미한다. 그런데 어떤 경우든 도시화는 구역개편의 중요한 환경적 요인으로 작용한다. 농촌에 도시적 요소가 확산되면 주민의 생활권확대에 영향을 주고 인구의 도시집중은 도시권의 범위확대를 가속화시킴과 동시에 농촌지역의 침체로 구역의 개편과제에 당면하게 된다. 특히 중심도시와 그 주변지역은 각각 별개의 지방자치단체이지만 도시화의 진전에 따라 이들은 경제 · 사회 · 문화적으로 상호 의존하는 경제사회권을 형성함으로써 행정구역의 개편을 불가피하게 된다.

(2) 생활권의 확대현상

지역사회란 사회적 · 경제적 · 문화적 생활이 상호 불가분적으로 통합되어 하나의 사회적 단위를 형성하고 있는 공동생활권 중심의 지역공동체이다. 전통적인 지방행정구역은 사회적 · 경제적 · 문화적 통일성을 갖는 소규모의 생활공동체에서 기초하여 설정되었다.

우리나라 기초자치단체인 군의 구역은 너무 넓고 인구도 과다하다고 생각된다. 아무리 생활권이 확대되었다 할지라도 인구가 너무 많아 지방자치의 본래의 취지인 아래로부터의 민주주의(Grass-Roots Democracy)를 실현하기 곤란한 상황이다. 따라서 공동사회의 요구에 따라 군 구역의 축소 개편론이 제기되기도 했다.

(3) 구역설정기준의 변화

교통 · 통신이 별로 발달되지 않던 과거에는 지방구역이 일정한 하류나 산맥을 따라 그것을 경계선으로 하여 정해졌었기 때문에 하류나 산맥이 구역의 변방이 되었는데 비하여, 오늘날에는 오히려 개발구역(Development Areas)의 중심지로서 종합적인 개발대상이 되고 있다. 그 이유는 과거에는 험준한 산맥이나 큰 하천은 인간이 통행하기 어려운 장애물 내지 차단물이었으므로 이를 경계로 구역을 획정함이 당연하게 생각되었으나, 오늘날에는 이러한 장애물들을 능히 극복할 수 있을 뿐 아니라 오히려 종합적인 개발대상지역이 되고 있으므로 자치단체의 구역도 이에 따라 개편되어야 한다. 이러한 의미의 구역개편은 특히 광역적 개발기능을 담당하는 광역자치단체에 요망된다.

(4) 자치단체 계층구조의 문제점

지방자치단체의 계층구조가 다층제(Multi-Tier System)로 되어 있으면 주민참여 내지 주민통제가 제약되고 행정의 지체와 비능률을 초래하는 등 허다한 문제점이 드러나므로 계층의 수를 줄이기 위하여 구역개편이 필요하다. 우리나라는 특별시 · 광역시와 도가 모두 2층제로 되어 있으나, 자치구 · 시 · 군의 하부행정계층이 자치구-동, 시-동(인구 50만 이상 시는 시-구-동), 군-읍 · 면의 1~2층으로 되어 있어 실제로는 지방행정계층구조가 3~4층제라고 할 수 있다. 따라서 다층제의 문제점이 두드러지게 나타나고 있으므로 하부행정 조직의 구역을 개편하여 지방행정계층을 줄여야 할 것이다.

(5) 행정전산화의 추진

자치행정의 전산화가 상당한 수준에 이르렀고, 이제는 전국적인 전산망의 구축이 거의 완성되었으므로 자치행정에 있어서 정책결정과 행정관리에 큰 변혁이 일어나고 있다. 더구나 자치행정의 전산화로 인하여 각급 지방자치계층에 있어서의 행정능력이 향상되고, 또한 통제범위(관할구역 수)도 확대될 수 있으므로 지방자치 · 행정 계층구조(계층수)에도 감축이 가능해질 수 있게 되었다.

이러한 행정전산화는 지방자치단체의 능력을 향상시키고 관할구역 등 통제범위를 확대시켜 지방행정계층의 감축을 가능하도록 함으로써 구역개편의 요인의 하나로 작용하고 있다.

(6) 광역행정의 수요증가

광역행정이란 행정의 능률성 · 경제성 · 효율성을 향상시키기 위하여 기존의 행정구역을 초월해서 보다 넓은 지역을 대상으로 행정업무를 통일적 · 종합적으로 수행하는 행정을 의미한다. 교통 · 통신의 발달과 정보교환의 편의성 등에 의하여 국토공간 내에서의 이동성이 증대되었으며, 물리적 · 공간적 거리감이 단축되어 공간개념에 변화를 가져오고 있는 것이 오늘날의 현실이다(김원, 1988:178). 이와 같은 공간개념의 변화로 넓은 지역을 하나의 통합된 공간개념으로 파악하는 광역권 접근의 필요성이 증대되어 왔다.

제2차 세계대전 이후 급격한 도시화의 확산으로 여러 도시가 연담화(連擔化)되면서 도시경계가 행정지도상으로 그어져 있다고 할지라도 거점도시(據點都市)를 중심으로 한 대도시권은 하나의 새로운 광역행정권을 형성하게 된다. 이러한 광역권 도시 내에서는 지역간의 기능적 상호의존성이라는 측면에서 볼 때, 인구, 주택, 도로, 상 · 하수도, 도시 및 지역계획, 보건, 경찰, 소방, 공해 등의 행정문제가 양적인 증대뿐만 아니라 질적인 변화를 가져오게 됨에 따라 지방자치단체의 경계선을 초월하여 인접행정구역을 포함하는 광역권을 대상으로 하여 해결하는 것이 행정의 능률성 · 경제성 · 합리성 · 합목적성을 높일 수 있다. 이와 같은 이유로 해서 과거의 소규모 구역은 광역화되지 않을 수 없게 되었다(정재화, 2006:201).

(7) 균형행정의 실현

오늘날 사회적 · 경제적 · 정치적으로 부각되고 있는 가장 중요한 문제의 하나가 불균형이다. 사회계층간의 또는 지역간의 불균형 상태가 심화되면 갈등이 야기되고 국민통합과정에 균열이 생기게 되므로 행정은 이러한 상황의 확대를 저지하고 모든 계층과 지역간의 균형있는 발전을 도모하여 국민적 일체감을 조성해야 한다. 모든 국민이 인간다운 생활을 할 권리를 가지고 있으며 국가와 지방자치단체는 이에 대한 뒷받침을 하기 위해서 존재한다고 하여도 과언이 아니다. 이것은 주민의 신변에 가장 가깝게 있으면서 주민의 생활을 보호하고, 그 복지를 증진함을 존립목적으로 하는 지방자치단체의 행정기능이다.

이와 같은 복지실현을 위하여 지방자치단체는 행정적 · 재정적 능력이 있어야 하는데, 작은 규모의 구역으로는 전문화된 행정조직을 갖기가 어렵고 또 재원조달의 원천을 조성하기도 어렵다. 그러므로 행정력과 재정력을 갖추기 위해서는 구역의 범위가 넓어야 하는 것이다.

2 지방행정구역개편의 원칙과 방식

1) 구역개편의 원칙

행정구역개편의 원칙으로는 일반적으로 능률성의 제고, 민주성의 확보, 실현성의 보장 등 세 가지를 들 수 있다(이규환, 1999:324).

여기에서 능률성의 제고는 구역개편을 통해서 행정처리의 신속성, 통솔의 적합성, 지역개발의 효과성, 재정운용의 경제성 등이 보다 크게 확보되는 방향으로 개편이 이루어지도록 함을 의미한다. 한편 민주성의 확보는 구역개편을 통해 주민의 입장에서는 행정참여의 기회가 확대되고, 주민생활의 편의성이 증진되며 자치단체의 입장에서는 자치권과 자율성이 신장되는 방향으로 개편이 이루어지도록 하는 것이다.

끝으로 실현성의 보장은 기존의 행정계층 및 구역이 역사적 전통을 가지고 국민의식 및 생활 속에 깊이 뿌리박고 있기 때문에 이의 개편에는 많은 저항과 반발이 예상되므로 국민적 동의와 행정적 안정, 그리고 재정운영의 입장에서 실질적으로 실현가능한 방안을 강구할 수 있어야 한다는 것이다.

2) 구역개편의 준거

지방자치구역 조정의 준거로 여러 가지를 삼을 수 있으나. 그 중 중요한 것으로 보통 ① 생활권역 연결성(Nodality)과, ② 생활의 동질성(Homogeneity), 그리고 ③ 정책적 의도성(Intention)의 세 가지를 들고 있다(김안제, 1979:563-564).

생활권역 연결성은 이질적인 지역단위들이지만 그들이 하나의 지점을 중심으로 생산 · 유통 등 여러 기능의 면에서 결합되어 있는 경우에 이들 지역단위를 하나의 구역으로 편성하는 것을 말하고, 생활의 동질성은 지형 · 지세, 역사적 전통, 사회구조와 문화적 속성, 경제활동의 양상, 주민의 풍습 · 행태 등의 면에서 공통성을 지닌 지역단위를 하나의 구역으로 편성하는 것을 말하며, 정책적 의도성이란 일정한 지역을 일정한 방향으로 발전시키려는 의지적 노력 내지 국가적 정책에 따라 구역을 편성하는 것을 말한다. 자치구역은 복합적인 목표에 기여할 수 있도록 편성되어야 하기 때문에 위와 같은 세 가지 준거는 모두 중요한 것이다.

생활권역 연결성을 준거로 할 때에는 중심도시와 그 주변농촌을 하나의 구역으로 편성하여야 하는데 반하여, 생활의 동질성을 준거로 할 때에는 주변의 농촌지역과 중심의 도시지역은 별개의 구역으로 분리되어야 하고, 정책적 의도성을 준거로 할 때에는 정치 · 행정적 지향에 따라 구역의 편성이 변할 수 있는 것이다(정재화, 2006:203).

3) 구역개편의 방식

행정구역의 개편은 지방자치단체존립의 기초가 되기 때문에 각 국가는 이것을 지방자치단체의 자율에만 맡기지 않고 국가의사에 의하여 그 최종적인 결정을 하도록 하고 있다. 우리나라의 경우도 지방자치법에서 구획을 변경하거나 폐치 · 분합할 때에는 법률의 규정에 의하도록 하고 시 · 군 · 구의 관할구역의 변경은 대통령령에 의하도록 하고 있다. 행정구역의 개편방식에는 경계변경, 폐치 · 분합, 구역의 적정화 등 세 가지가 있는데 구체적인 내용은 다음과 같다.

(1) 경계변경

경계변경은 지방자치단체의 존폐와는 관계없이 다만 경계의 변경만을 추구하는 구역개편을 의미한다. 즉, 어느 자치단체의 구역의 일부를 다른 자치단체의 구역에 이전시키는 행위이다. 일반적으로 구역변경이라고 할 때에는 경계변경을 가리킨다.

(2) 폐치 · 분합

폐치 · 분합이란 지방자치단체의 신설 또는 폐지를 수반하는 구역변경을 의미한다. 여기에는 한 지방자치단체의 구역의 일부를 떼어내어 거기에 새로운 지방자치단체를 설립하는 경우(분립), 2개 이상의 지방자치단체를 합병하여 그 구역에 새로운 한 지방자치단체를 설립하는 경우(합체), 한 지방자치단체를 폐지하고 그 구역을 나누어 몇 개의 지방자치단체를 설립하는 경우(분할), 한 지방자치단체를 폐지하고 그 구역을 다른 지방자치단체의 구역에 편입시키는 경우(편입 또는 흡수합병)의 네 가지 유형이 있다. 폐치 · 분합은 지방자치단체 자체의 신설 또는 폐지를 결과하므로 단순한 구역변경이 아니라 법인격의 변경임을 그 특질로 한다(김도창, 1981:119). 우리나라는 자치단체장 직선을 앞두고 1994년에 자치단체 통폐합'을 추진하여 도농복합형태의 시가 다수 출현하게 되었다.

(3) 구역의 적정화

이는 지방자치구역의 전면적 재구획이라고도 하는 바, 기존 지방자치단체의 규모의 부적정을 시정하기 위하여 구역을 일정한 기준에 의거하여 전면적으로 다시 획정함으로써 지방자치단체의 규모를 전반적으로 재정립하는 것을 말한다. 규모재편에 의하여 설치되는 지방자치단체는 완전히 새로운 것이며, 그 규모는 재편 이전의 지방자치단체의 그것에 비하여 현격히 달라지는 것이 보통이다(정재화, 2006:204). 오늘날 구역개편에 관한 보다 과학적 방법이 발달됨에 따라 1970년대 영국을 비롯한 덴마크, 스웨덴, 핀란드, 독일 등 많은 나라에서 폐치 · 분합이나 경계변경보다는 규모재편의 방법을 택하는 경향을 보이고 있다.

8.4 지방행정구역의 실태

1 우리나라 지방행정구역의 현황

1980년 후반부터 불기 시작한 지방자치로의 복귀는 1991년 지방의회를 구성함으로써 본격적으로 진행되었고, 1995년에는 지방자치단체장 선거를 실시하게 되었다. 지방자치의 전면적 실시를 위하여 개정된(1994.3.16) 지방자치법은 특히 도 · 농복합형(都農複合型)의 자치 구역 개편을 시도하였다. 즉, 이 개정안에 의하여 시(市)와 군(郡)을 통합한 지역이나, 인구 5만 이상의 도시형태를 갖춘 지역이 있는 군(郡)을 「도(道) · 농(農) 복합형태의 시(市)」로 할 수 있도록 규정하였으며, 도 · 농 복합형태의 시(市)에는 도시의 형태를 갖춘 지역에는 동(洞)을, 그 밖의 지역에는 읍(邑) · 면(面)을 둔다고 하여, 종래의 도 · 농분리식 일변도의 자치구역제로부터 일대 전환을 시도하였다. 이러한 의도는 기존의 시(市)와 인근의 군(郡)을 포함한 통합형(統合市) 형태로 나타나고 있는 것이다.[6]

---

6) 都 · 農複合型의 자치단체 구성과 구역 통합의 시도는 다음과 같은 점에서 贊 · 反의 주장이 제기되면서, 주민의견조사 등을 거쳐 성사되기도 하고 무산되기도 하였다. 찬성론과 당위론의 근거는 도 · 농통합에 의해 ① 市 · 郡이 함께 예산 절감이 가능하다는 점(행정안전부의 추계에 의하면 중복투자비 절감, 추가적 增員의 동결, 유관기관 및 단체의 통 · 폐합 등으로 약 150억원 정도 절약이 가능하다고 봄), ② 행정적 便益性이 증대한다는 점(동일생활권 내이면서도 市民과 郡民이 겪는 불편의 해소, 행정서비스의 균등한 공급이 가능하다는 것), ③ 市 · 郡간의 개발격차를 완화할 수 있다는 점(동일생활권 내의 가용자원을 보다 효율적으로 개발하여 그 受惠가 공동으로 돌아가게 한다거나 또는 지역기반시설 · 생활복지시설들을 골고루 개발 · 배치할 수 있다는 것 등), ④ 생활권 중심의 광역행정을 통해 市·郡間의 地域利己主義를 극복하고 지역공동체의 의식을 함양할 수 있다는 점 등이다. 반면 統合案에 대해 첫째, 해당 시 · 군에 근무하는 공무원들의 신분 문제, 둘째, 郡民이 市民이 되는 데 따르는 세금 증대와 더불어, 郡 지역의 농 · 어민후계자에 대한 지원이나 교육상 부여되는 혜택의 감소우려, 셋째, 군 지역의 쓰레기 매립장 건설, 묘지 증가, 산업화 증대 등에 의한 생활환경의 저해를 우려하는 지역이기주의적 반발, 넷째, 정치적 이유, 특히 選擧區 조정과 유권자 변동 등에 따르는 정치적 고려사항 등이 反論으로 제기되기도 하였다. 통합을 추진한 행정자치부의 입장은 공무원의 신분문제는 통합되는 市의 局(2~4개) · 課(8~12개) 증설로

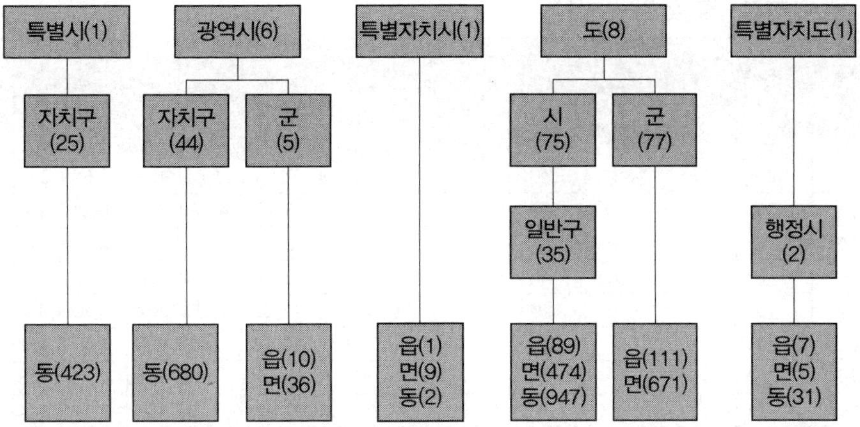

출처 : 행정자치부(2015) 자료

<그림 8-1> 우리나라 지방행정 체계

그리고 1994년 12월 30일 법률 제4789호로 개정된 지방자치법은 지방자치의 효율성을 도모하기 위하여 기존의 직할시를 광역시로 명칭을 변경하면서, 인근의 시·군구역 중 동일 생활권으로 간주되는 지역을 포함하여 시역을 확대하였고, 서울특별시와 광역시의 과대 자치구(自治區)를 분할하여 새로운 자치구를 증설하였으며, "시(市)와 군(郡)은 도(道)의 관할 구역 안에 두며"를 "시(市)는 도의 관할구역 안에, 군(郡)은 광역시 또는 도의 관할구역 안에 두며"로 개정하였다.

2015년 12월 31일 현재 우리나라는 자치계층으로 특별시 1개, 광역시 6개, 도 8개, 특별자치도 1개, 특별자치시 1개를 합하여 총 17개의 광역자치단체가 설치되어 있으며, 기초자치단체로는 시가 75개, 군이 82개, 자치구가 69개로 총 226개가 설치되어 있다. 행정계층의 경우 인구 50만 명 이상의 시에 설치하도록 되어있는 행정구가 35개, 제주특별자치도에 설치되어 있는 행정시가 2개, 최일선 계층이라고 할 수 있는 읍·면·동이 3,502개가 설치되어 있다(〈표 8-1〉 참조).

우리나라 지방자치단체 자치행정구역의 종합적 현황을 광역자치단체와 기초자치단체로 구분하면 〈표 8-2〉와 같다.

해결되고, 세금이나 농어민 지원, 교육상 혜택 등은 아무 변화가 없으며, 市部와 郡部의 균등한 개발, 특히 郡地域의 투자확충으로 개발격차를 완화하고, 정치적 고려사항은 정치적 협의로 해결하되, 행정적 고려가 우선해야 하는 것으로 주민들의 동의를 구하기도 하였다.

<표 8-1> 전국 행정구역 및 인구 현황

시·도별 \ 구분		시·군·구				행정시·자치구가 아닌구		면적 (km²)	세대수	인구 (명)	공무원 (명)
		계	시	군	구	시	구				
계(17)		226	75	82	69	2	35	100,341.1	21,011,152	51,529,338	302,070
특별시	서울	25			25			605.22	4,189,948	10,022,181	49,353
광역시	부산	16		1	15			769.96	1,437,818	3,513,777	17,494
	대구	8		1	7			883.56	982,360	2,248,829	12,042
	인천	10		2	8			1,047.51	1,154,004	2,925,815	13,617
	광주	5			5			501.18	580,427	1,472,199	7,357
	대전	5			5			538.99	597,008	1,518,775	7,254
	울산	5		1	4			1,060.96	451,688	1,173,534	5,863
특별자치시	세종							464.90	81,806	210,884	1,438
도	경기	31	28	3			20	10,175.14	4,885,012	12,522,606	48,806
	강원	18	7	11				16,874.32	685,005	1,549,507	17,391
	충북	11	3	8			4	7,407.38	669,503	1,583,952	13,056
	충남	15	8	7			2	8,213.98	885,968	2,077,649	17,144
	전북	14	6	8			2	8,067.25	782,986	1,869,711	16,564
	전남	22	5	17				12,312.74	833,901	1,908,996	20,859
	경북	23	10	13			2	19,029.81	1,169,648	2,702,826	25,375
	경남	18	8	10			5	10,538.84	1,367,142	3,364,702	23,204
특별자치도	제주					2		1,849.36	256,928	624,395	5,253

주 : 1)10개면(면장없음) : 경기 파주시 군내면 · 진동면 · 장단면 · 진서면, 강원 철원군 근북면 · 근동면 · 원동면 · 원남면 · 임남면, 강원도 고성군 수동면

※ 7개면 : 주민 미거주, 3개면 : 주민거주 · 행정수행(파주시 군내면 · 진동면 장단출장소 설치, 철원군 근북면 : 김화읍에서 관할)

2) 면적 : 미복구지역 면적 236.57km² 총면적에 포함(경기 연천군 51.65, 강원 철원군 101.63, 양구군 54.06, 인제군 25.13, 고성군 4.10)

3) 세대수 · 인구 : 2015.12.31 현재 주민등록 기준, 공무원 : 2015.13.31. 현재 정원 기준

출처 : 행정자치부, 「지방자치단체 행정구역 및 인구현황」, 2016.4, PP. 4~5.

2015년을 기준으로 할 때 17개의 광역자치단체에는 평균 3,031천 명이 거주하고 있으며, 광역시의 경우 평균 면적이 800.28km², 평균인구가 2,182천 명이다. 도의 경우 평균면적이 11,575.66km², 평균인구가 3,421천 명이다. 신생 광역자치단체인 세종특별자치시의 경우 464.90km²의 면적에 210천 명의 인구가 거주하고 있는데 비해 최대 면적인 경상북도는 19,029.81km², 최대 인구인 경기도는 12,522천 명이 거주하고 있어서 현격한 격차를 보이고 있다. 세종특별자치시를 제외한 통계에서도 인구면에서 최대 인구가 거주하는 경기도가 최소 인구가 거주하고 있는 울산광역시보다 10배 이상 많고, 면적에서도 최대 면적을 가지고 있는 경상북도가 최소 면적인 광주광역시의 4배를 차지하고 있다.

<표 8-2> 광역-기초자치단체별 행정구역 규모 현황

구분	인구(명)			면적(㎢)		
	평균	최소	최대	평균	최소	최대
광역자치단체	3,031,137	210,884 (세종특별자치시)	12,522,606 (경기도)	5902.41	464.90 (세종특별자치시)	19,029.81 (경상북도)
기초자치단체	228,005	10,153 (울릉군)	1,184,624 (수원시)	443.98	2.80 (부산시 중구)	1,817.92 (홍천군)

출처 : 행정자치부(2016), 「지방자치단체 행정구역 및 인구현황」, PP.379~386.

기초자치단체의 경우 226개 시 · 군 · 구 평균 인구는 249천 명이고, 평균 면적은 415km^{2}로 나타났다. 시의 경우 평균 인구는 311천 명에 평균 면적은 529km^{2}이고, 군의 경우 평균 인구는 54천 명에 평균 면적은 669km^{2}이며, 자치구의 경우 평균 인구는 382천 명에 평균 면적은 48.6km^{2}이다. 하지만 시 · 군 · 구의 인구와 면적이 큰 편차를 보이고 있는 것이 특징이다. 시의 경우 최대 인구를 품고 있는 수원시는 1,714천 명인데 비해 계룡시는 41천 명에 불과하다. 군의 경우 울주군의 인구가 214천 명인데 비해 울릉군은 10천 명에 그치고 있다. 자치구의 경우 서울시 송파구의 인구가 665천 명인데 비해 부산시 중구는 47천 명에 불과하다. 기초자치단체 중에서 최대 면적을 보이고 있는 강원도 홍천군의 경우 1,817.92km^{2}인데 비해 부산시 중구는 2.80km^{2}에 불과하여 약 650배의 편차를 보이고 있다.

2 북한의 행정구역

1) 도 · 직할시

북한은 행정구역을 "나라를 다스리기 위한 령토의 지역적 구획"이라고 정의하면서 8 · 15 해방 이후 현재까지 60여 차례에 걸쳐 행정구역을 개편하였다. 북한은 이에 대해 "혁명 발전의 매 시기에 인민정권 앞에 제기된 과업과 지역들의 경제 · 문화발전 및 생산력의 합리적 배치의 요구를 고려하여 행정구역을 개편하여 왔다"라고 하였으며 "이렇게 함으로써 국가적 지도가 하부에 접근(중앙 지시사항이 하부기관에 전달)하게 되었다는 것이다. 즉, 북한은 철저한 중앙 통제정책 강화를 위해 행정구역을 개편 해 왔으며 현재에도 행정구역 개편이 진행중에 있다.

<표 8-3> 북한 행정구역 현황

구분 / 시도별	시·군·구·구역·지구					읍·리·동·노동지구			
	시	군	구	구역	지구	읍	리	동	노동지구
計	24	145	2	37	5	145	3,230	1,135	267
평양직할시		2		18		1	57	284	10
나선특별시					2		12	20	
남포특별시		2		5		2	49	73	5
평안남도	5	14	1		2	14	347	118	26
평안북도	3	22				22	484	88	31
함경남도	3	15	1	7	1	15	465	160	35
함경북도	3	12		7		12	253	134	44
황해남도	1	19				19	419	26	11
황해북도	3	18				19	393	78	8
강원도	2	15				15	379	61	7
자강도	3	15				15	229	68	23
양강도	1	11				11	143	25	67

※ 총 인구 24,662천 명(평양 : 2,863천 명, 청진 : 631천 명, 함흥 : 576천 명) / 출처 : 통계청 북한통계(2015)
출처 : 행정자치부, 「지방자치단체 행정구역 및 인구 현황」, 2016.4.P 375.

북한은 1946년 9월 평양시를 특별시로 개편하고 당시 38도선 이북 강원도 지역에 함경 남도 남부지역과 경기도 38도선 이북지역 일부를 통합하여 강원도를 신설한 것을 시작으로 1949년 1월에는 평안북도 동부지역을 분리하여 자강도를 신설하였다. 그리고 6 · 25 전쟁 직후인 1954년에는 함경남도 북부지역을 분리 양강도를 신설하고, 황해도를 남도와 북도로 분할하는 등 국토의 효율적 관리라는 명분 하에 각 도 단위 행정구역별 넓이를 조정하였다. 최근에는 평양시를 직할시로 전환하고, 나선 · 남포 등 경제적 특수지역을 특별시로 개편하였다. 2014년 12월 현재 1직할시, 2특별시(나선, 남포)와 9도로 지방행정구역이 편성되어 있다(〈표 8-3〉 참조).

2) 시·군 및 구역

북한은 6 · 25 전쟁중인 1952년 "전쟁 시기에 인민정권이 그 어느 때보다 더 인민대중과의 연계를 강화하여 지도를 하부에 접근 시켜야 할 절박한 요구"에 따라 지방행정구역을 획기적으로 개편하였다.

북한은 종전의 도(직할시)-군(시)-면(읍)-리(동)의 4단계 행정구역 체계에서 면(읍)급 행정단위를 폐지하고 도(직할시)-군(시)-리(동)의 3단계 행정구역 체계로 개편하였다. 그리고 정치 · 경제 · 문화의 거점으로 되는 군의 영역을 새 환경에 적응하게 조절하여 세분화한다는 명목 하에 기존의 94개 군을 168개 군으로 늘렸다. 북한은 그 후에도 많은 군의 시 승격과 평양, 남포, 청진 등 광역 대도시에 구역을 설치하는 과정에서 인접한 군(시)을 편입 · 분할 또는 폐지하는 등 여러 차례에 걸쳐 군급 행정단위의 개편이 있었다. 특히 70년대 후반부터는 김일성 부자 및 가계 우상화와 관련하여 김정숙군, 김형직군, 김형권군, 은덕군, 새별군, 영광군, 선봉군, 낙원군 등의 명칭변경이 있었다.

또한 북한은 주요 생산기지 등이 있는 특수지역을 군 또는 시로부터 분리하여 별도로 도 소속의 군급 행정단위와 동격인 구(청남구, 수동구)를 설치하였으며 90년대 후반 이후에도 역시 군급과 동격인 지구(운곡지구, 득장지구, 금호지구)를 설치하였다(북한연구소, 2003:108). 2014년 12월 현재, 수도인 평양직할시는 18구역과 2군으로 구성되어 있으며, 인구는 2,863천 명이다. 전체적으로 24개의 시와 145개의 군, 2개의 구와 37개 구역 및 3개의 지구로 구성되어있다(행정자치부, 2016:375).

제3편

지방자치단체의 관계

제9장

지방자치단체와 국가와의 관계

9.1 지방자치단체와 국가와의 관계이론

1 정부간 관계의 의의와 특성

1) 정부간 관계의 개념

정부란 국가나 지방자치단체 등 통치주체를 운영하는 기관을 의미하며, 그렇기 때문에 나라에 따라서는 연방정부와 주정부, 중앙정부와 지방정부, 광역정부와 기초정부 등 다양한 유형의 정부가 존재한다. 그리고 이들 간의 관계를 일반적으로 정부간 관계(Inter-Governmental Relation: IGR)라고 한다.[1] 때문에 정부간 관계란 제도적이거나 실제적으로 이들 다양한 정부간에 야기되는 상호 관계를 의미한다. 단일국가든 연방국가든 국가의 통치권력은 국가내의 여러 정부 등 각급 기관에서 나누어 행사하게 되며, 그 때문에 국가와 지방자치단체를 경영함에 있어서는 반드시 정부간 관계가 중요한 변수로 작용하게 된다(최봉기, 2009:431).

1) '정부간 관계'란 용어는 1940년대에 접어들면서 미국의 연방정부와 주정부간, 주정부와 지방정부간의 상호작용을 지칭하는 말로서 일상적인 용어로 변천해 왔다. 그리고 1950년대에 들어와 미국의회가 "정부간 관계"라는 용어를 법률이름이나 의회에 의해 만들어진 위원회의 명칭으로 사용하면서 더욱 보편화되었다. 특히 정부간 관계는 1960년대에 들면서 연방제 국가인 미국을 통치하는 3가지 수준의 미국정부를 이해하는데 필요한 가장 핵심적인 용어의 하나로 발전되었다(정세욱, 2000:21-22).

일반적으로는 정부간 관계란 협의로 해석하여 "중앙정부와 지방정부간 및 지방정부 상호간의 관계"를 의미하는 것으로 본다(Wright, 1988:13-14). 그리고 이들 정부간의 관계를 그 관계의 성격에 따라 수직적 통제관계와 수평적 경쟁관계, 그리고 상호의존적인 협력관계로 나누어 볼 수도 있다.

2) 정부간 관계의 특성

정부간 관계의 뜻이 내포하고 있는 다양한 의미를 구체적으로 살펴보면 몇 가지의 특성을 함축하고 있다.

첫째, 정부간의 관계는 한 나라의 정치체제 내에 있는 모든 정부간의 관계를 포괄하는 개념이다. 연방제 국가의 연방정부와 주정부, 주정부와 지방정부의 관계 뿐 아니라 단일국가 내에서의 중앙정부와 지방정부, 지방정부 상호간의 관계 등을 모두 포괄적으로 의미하고 있는 개념이다.

둘째, 정부간 관계는 각종 중앙정부 및 지방정부에서 일정한 지위를 점하고 있는 공직자들이 공직수행과정에서 행하는 활동과 태도를 의미한다. 정부간 관계라는 것은 결국 이러한 직책을 가지고 있는 사람들에 의해서 결정되기 때문이다. 즉, 엄격한 의미에서 정부간 관계란 것이 존재하는 것은 아니고 각급 정부에서 일정한 직책을 맡아 일하는 사람들 간의 관계가 존재할 뿐인 데 이것이 바로 정부간 관계의 실체라는 것이다.

셋째, 정부간의 관계를 맺고 있는 공직자들의 관계가 일시적이거나 단편적인 것이 아니라 지속적 · 구조적인 성격을 띠고 있다는 것이다. 뿐만 아니라 정책의 결정 및 집행과정에서 영향을 미치는 구성원들을 중시하며, 이들 간에 일어나는 공식적인 관계는 물론 비공식적인 접촉과 정보교환 등에 대해서도 적극적인 관심을 가질 것을 함축하고 있다.

넷째, 정부간 관계는 정책문제와 정책과정, 그리고 정부간에 형성된 관계의 정치경제적 성격과 배경 등을 중시한다는 점도 그 특성으로 들 수 있다. 특히 현대사회의 급격한 변화는 직업관료의 정책에 관한 재량권을 확대시키고 있어, 이들 간의 상호 작용을 파악하는 것은 바로 정부간 정책변화를 이해하는 것이 되기 때문이다.

이처럼 정부간 관계는 중앙정부와 지방정부, 지방정부 상호간의 관계를 규정한 법률 내지 제도적 관계만을 의미하는 것이 아니라, 오히려 그러한 법률과 제도 내지 정책을 만들어 내는 각급 정부의 관료들 간의 관계를 더욱 중시하는 것으로 그 개념적 특징을 이해해야 할 것이다(최봉기, 2009:433).

2 중앙정부와 지방정부간의 관계

1) 중앙 · 지방정부간 관계의 개념

지방자치가 활성화되고 중앙정부(국가)의 권한이 지방에 이양되는 속도가 가속화 되면서 지방자치단체의 자치권이 실질적으로 보장되는 단계에서는 지방자치단체를 지방정부로 호칭할 수 있게 되었다.

중앙정부와 지방정부의 관계란 중앙정부와 지방정부가 각각 그 조직의 구성과 기능을 행사하는 과정에 맺는 상호관계로서, 이러한 관계는 지방정부가 단순히 중앙정부의 일선기관(Field Office)이 아니라 독립적인 법인격과 독자적인 조직과 기능을 지니고 있음을 전제로 하며, 넓은 의미에 있어서의 정부간 관계의 한 부분에 속한다. 이렇게, 중앙정부와 지방정부의 관계는 기본적으로 전체와 부분의 관계로, 양자간의 기본적인 관계는 헌법에 의하여 보장된다.

헌법에서 지방자치단체는 주민의 복리에 관한 사무를 수행한다고 함으로써 지방자치단체에게 자치권을 보장하고 있다. 지방분권적인 권력체제를 헌법이 보장함으로써 지방자치단체는 국가의 결정을 단순히 집행하는 하급기관으로서의 지위를 벗어나서 독자적인 정치적 결정권을 갖게 되고 국가와는 독립된 권력주체로서의 지위를 보장받는다.

다른 한편으로는 국가는 전체로서 국가공동체의 모든 공공사무에 대한 궁극적인 책임의 주체가 된다. 지방자치단체가 자치권을 가지고 있다고 하여 전체의 이익을 고려하지 않고 부분이익을 위해서 어떠한 결정도 할 수 있다면 국가는 전체로서의 통합성을 상실하고 부분공동체로의 해체를 면하기 어려울 것이다(이기우, 1996:343).

이렇게 중앙정부와 지방정부의 관계는 정부권력의 구조가 중앙집권이냐 지방분권이냐 하는 것과 밀접한 관련성을 가진다. 그리고, 기본적으로는 중앙정부가 상부기관의 입장에서 지방정부를 감독 · 통제하기도 하고, 수평적이고 상호의존적 관계에서 대립과 협력을 하기도 한다. 이런 관계 중에서 특정국가의 양자관계는 구체적 모습을 약간씩 달리하고 있다.

2) 중앙 · 지방정부간 관계의 모형

(1) 라이트(D. S. Wright)의 정부관계모형

Wright는 미국 연방제하의 정부간 관계를 선임(Designation) · 관계(Relationship) · 권위(Authority)라는 세 가지 근거에 의해 분리형 또는 분리권위형(the Separated · Authority Model) · 종속형 또는 포괄권위형(the Inclusive Authority Model) · 상호의존형 또는 중첩권

위형(the Overlappingauthority Model)으로 유형화하고 있다.

① 분리권위형

분리권위형은 연방정부와 주정부가 명확한 분리 하에 상호 독립적이고 완전 자치적으로 운영되는 반면 지방정부는 주정부가 대등한 지위를 유지하여 상호경쟁적 관계에 놓인다. 그러나 연방정부와 주 및 지방정부의 제 관계를 적절히 나타내지 못하여 정치적 · 사회적 현실에 적합하지 않다는 비판을 받고 있다.

② 포괄권위형

연방정부가 주정부와 지방정부를 완전히 포괄하고 있는 형태이다. 주 및 지방정부는 전적으로 연방정부의 결정에 의존하며 강력한 계층제적 통제를 받는다. 포괄권위형에 있어서는 정부간 관계를 종속관계로 보기 때문에 게임이론에 의하여 설명될 수 있다. 이 모형은 중앙집권적 체제하의 상위정부의 통제를 잘 나타내고 있는 유형이다.

③ 중첩권위형

중첩권위형에서는 연방정부와 주 및 지방정부가 각자 고유한 영역을 가지면서 동시에 동일한 관심과 책임영역을 지닌다. 이러한 중첩권위형에서는 ㉠ 정부기능의 상당부분이 연방 · 주 · 지방정부에 의해 동시적으로 작용하고 있으며, ㉡ 자치권과 재량권의 영역이 제한적으로 분산되어 있고, ㉢ 상호의존적이며, ㉣ 정부간에는 협상 · 교환관계를 형성하면서 재정적 상호협조와 경쟁관계가 이루어진다는 것이다(박응격, 2002:435-436).

(2) 엘코크(H. Elcock)의 정부관계모형

엘코크에 의하면 영국의 정부관계에서 지방정부의 지위와 관련된 세 가지 이념형을 발견할 수 있다는 것이다(Elcock, 1982:2-7).

첫째, 지방정부를 중앙정부의 대리자로서 중앙정부가 결정한 정책을 능률적으로 집행하는 것이 주된 역할로 설명하는 모형과 둘째, 지방정부를 중앙정부의 동반자로 보고 국민에게 서비스를 공급하는 과정에서 중앙정부는 개략적으로 정책을 결정하고 지방정부는 그러한 정책을 해석하고 그것을 실현하는 데 필요한 자원을 동원하는 실질적인 역할을 갖는 것으로 설명하는 모형과 셋째, 지방정부와 중앙정부는 양자가 가진 자원의 교환을 통하여 권력의 균형을 찾는 관계라는 모형이 있다.

(3) 무라마쓰(村松技夫)의 정부관계 모형

무라마쓰가 일본의 중앙정부와 지방정부의 관계를 설명하기 위한 모형으로 제시한 것으로(村松技夫, 1994:46-82), 첫째, 수직적 통제모형의 내용은 중앙정부가 행정과정을 통해서 지방정부를 완전히 통제하는 관계라는 것이다. 즉, 중앙집권적인 일본정치에서 중앙정부는 ① 의회나 정당의 역할은 크게 중요시되지 않는 가운데 중앙부처의 관료들에 의해 중요한 정책결정이 이루어지며, ② 중앙부서는 모든 사업을 부 · 현의 관련 부 · 국을 통하여 시 · 정 · 촌 단위까지 종적으로 실시하려고 하고, ③ 지방정부는 중앙부처에 대해 순종하며, ④ 지방정부는 중앙부서의 기술 · 절차 · 재정적 지원이 없이는 행정을 수행하기 어렵다고 보는 입장이다. 둘째, 수평적 경쟁모형의 내용은 양자의 관계는 정치에 의하여 매개되는 상호 의존관계에 있다고 보는 것이다. 즉, 행정에 의한 수직적 통제모형과 달리 일본에서는 지방의 선거를 통하여 지방의 문제나 정책이 제시되며, 이를 해결하기 위해서는 중앙정부의 협력이 필요하게 되는데, 이때 부(府) · 현(縣)과 시(市) · 정(町) · 촌(村)이 지방연합을 형성하고 여기에 국회의원이 지역대표로서 정치적 역할을 수행하여 문제해결을 위한 정책결정이 이루어지게 된다는 것이다. 그러므로 정치를 매개로 하여 중앙정부와 지방정부가 정책결정권의 균형을 찾는 관계라고 보는 것이다(김영기, 1998:276-277).

3 중앙정부와 지방정부간의 갈등관계

1) 갈등관계의 개념

앞에서 설명한 정부간 관계모형에 따라 정부간 관계를 종속형 · 독립형 · 상호의존형으로 나눌 수 있는 바, 중앙정부와 지방정부간 갈등관계를 세 가지 유형으로 구분하여 살펴보면 다음과 같다.

종속형에 있어서는, 국가로부터 기초자치단체까지 계층적 구조가 형성되어 각급 정부 사이에 명령 · 복종관계가 엄격하고, 정책결정에 있어 지방자치단체의 의사가 받아들여지지 아니하므로 국가와 지방간에는 갈등의 소지가 매우 크다고 하겠다. 그러나 엄격한 감독과 통제로 인하여 그 갈등이 표출되지 못하고 깊숙이 잠재하게 되는 것이다.

독립형에 있어서는, 지방자치단체는 국가로부터 독립되어 높은 자율성을 누리며, 국가와 지방자치단체는 원칙적으로 대등한 관계에서 명백한 기능영역을 별도로 가지고 있으므로 상호간에 충돌하거나 갈등할 이유가 적은 것이 특징이다. 다만 대등한 주체간의 이해갈등은 어디에서나 있기 마련이므로 그러한 의미의 갈등은 있을 수 있으며, 그 갈등의 표출이 용이한 만큼 갈등의 협상도 명백하게 이루어질 수 있는 것이다.

상호의존형에 있어서는, 공공기능의 많은 부분이 국가와 지방자치단체에 의하여 중첩적으로 수행되고 있어, 각급 정부는 상호 의존적이고, 국가는 지방자치단체의 업무수행에 대하여 재정 · 기술 지원을 하게 되고, 지방자치단체는 국가의 정책수립과 사업추진에 협조하게 되므로, 상호간의 협력과 갈등이 공존하는 것이 특징이다. 이러한 경우의 갈등은 상호간의 교환관계를 통하여 해결되는 경향을 가진다.

2) 갈등의 요인

(1) 상황적 요인

① 자치권 범위의 협소

지방분권이 제대로 이루어지지 않아 자치권(Right of Local Autonomy)의 범위가 제약되어 자치단체가 행정운영 · 공무원 정원 · 행정기구 등을 주체적으로 수행해 나갈 수 없는 경우에 중앙정부와 충돌하게 되고 갈등이 발생할 개연성이 높아진다.

② 상호의존성의 증대

행정기능이 확대되고 복잡화됨에 따라 중앙정부와 자치단체 간에는 행정활동을 수행하는 과정에서 자원의 효율적 이용, 규모경제의 실현, 외부경제효과의 적절한 부담을 위하여 상호간에 조정 · 협력을 통하여 공동으로 처리해야 할 업무가 많아지게 되었고 그 결과 상호의존성이 높아지게 되었다. 그러나 이러한 상호의존을 통한 행정과정에서 중앙정부와 자치단체는 사업의 공동추진이나 자원이용, 그리고 비용분담 면에서 서로의 입장이 다를 수 있기 때문에 갈등이 발생할 수 있다.

③ 기능배분

각급 정부간의 기능배분(사무배분)에 있어서 지역주민의 생활과 밀착된 사무를 국가가 관장하거나 국가의 일선기관에 배분하는 경우, 또한 그 사무배분을 2계층에 걸쳐서 중첩 배분하고 있는 경우에 국가와 지방간의 갈등과 분쟁이 발생한다.

④ 재원배분

지방자치단체의 기능을 수행하는데 필요한 재원(특히 세원)이 자치단체에 배분되어 있지 아니하거나, 자치단체에 사무를 이양하는 경우에 사무만 이양하고 그 처리 소요재원을 이양하지 아니하거나, 국가의 지방재정 지원이 원활하지 아니하거나, 지방자치단체의 재정운영에 대한 국가의 간섭이 심할 때에 충돌 · 갈등이 발생한다(최창호, 2009:705).

(2) 인식적 요인

① 중앙정부의 권위주의

장기간에 걸친 수직적 정치문화와 중앙집권적 전통의 영향으로 중앙정부는 지방자치를 실시한다 하더라도 당연히 지방정부에 지시와 규제를 할 수 있고, 지방정부는 이에 당연히 복종해야 한다고 하는 중앙정부의 권위주의적 성향으로 갈등분쟁이 발생한다.

② 지역이기주의

지방정부가 국가전체와 사회공동의 이익보다도 자기 지역의 이익에만 집착하여 중앙정부와의 협상과 타협을 거부하는 지역이기주의로 인해 중앙정부와 지방정부간의 갈등이 발생한다.

지방정부는 지역주민의 의사를 대변하고 지역의 이익에 따라 자치행정을 운영한다는 명분 아래 중앙정부의 정책과 운영방침에 협조하지 않을 때가 있으며 심한 경우에는 저항하기도 한다.

③ 정책우선순위의 차이

중앙정부와 지방정부의 정책적 시각의 차이도 갈등을 발생시키는 요인으로 작용한다고 할 수 있다. 이것은 곧 정책지향성에 대한 차이라고 볼 수 있는데 정부는 전국적이고 통합적인 입장에서 국가적 문제해결을 우선시하는 경향이 강하다(박호숙, 1995:73). 이러한 경향은 행정이념적 측면에서도 나타나 중앙정부는 공평성 등의 이념도 능률성 이상으로 강조하지만 지방정부는 이러한 측면에 비교적 약한 편인데 이와 같이 정책에 대한 시각과 정책지향에 대한 차이도 갈등의 소지를 안고 있는 것이다.

(3) 행동적 요인

① 중앙정부의 일방적 결정

중앙정부가 정책이나 입지의 결정에 있어서 관계 지방정부와의 협의과정을 거치지 않고 일방적으로 결정할 때 갈등의 요인이 된다. 공익결정에 있어서 중앙정부가 국가전체의 입장에서 공정히 결정하는 것이 최선이라는 사고방식은 부합된다는 사실에 유의하여야 한다.

② 비타협적 태도

지방자치단체가 지역주민의 의사를 대변하고 주민의 이익에 따라 지방자치를 운영한다하여 중앙정부의 정책과 운영방침에 비협조적이거나, 빈번하게 이의를 제기하거나 과격한 항거조치를 취함으로써 중앙과 충돌하기도 한다. 이는 주민들의 의사와 요구는 지역이기주의에 바탕을 두는 경우가 많은데, 지방정부가 이를 여과 없이 수용할 때에 야기되기 쉬운 현상이다(최창호, 2009:706).

3) 갈등의 조정

(1) 갈등조정의 특수성

지방정부 상호간의 갈등에 있어서는 중앙정부가 그 제3자적 입장에서 중재(Arbitration)와 조정(Mediation)의 역할을 수행할 수 있는 것이지만, 중앙과 지방간의 갈등에 있어서는 중앙정부 자신이 그 갈등의 당사자이기 때문에 그러한 제3자적 중재 · 조정역할을 할 수 없는 데에 문제의 심각성이 있다.

중앙정부 · 지방정부간의 갈등 · 분쟁(Intergovernmental Conflict Dispute)에 있어서는 각계의 전문가, 중립적 인사들로 구성된 합의제의 조정위원회를 중앙정부로부터 어느 정도 독립적인 위치에 두어, 이 기구가 독립적으로 분쟁조정을 행하도록 할 필요는 있다. 그러나 그 조정으로 분쟁 당사자들이 반드시 해결점에 도달하도록 강요할 수 없는데 문제가 있다.

우리나라에서는 중앙정부와 지방정부간의 갈등에 협의 · 조정에 필요한 사항을 심의하기 위하여 1999년에 국무총리 소속 하에 협의조정기구(행정협의조정위원회)를 두게 하였다. 직선 자치단체장이 등장하고 중앙정부와 지방자치단체 간의 분쟁을 전문적으로 협의 · 조정하는 제도를 마련한 것은 잘한 일이나, 이 기구를 중앙정부 안에 두는 것(독립적인 제3기구가 아님)은 분쟁조정의 중립성과 공공성의 확보에 미흡함이 있다. 또한 지방자치법에 그러한 협의 · 조정 기구를 둔다는 규정만을 둘 뿐, 그 기구의 구성, 기능, 협의 · 조정절차, 불복설차 등을 규정하지 않고, 다만 지방자치법시행령에 그 구성을 행정자치부장관 등 13인으로 하고, 분쟁당사자의 신청에 의하여 협의 · 조정하며, 협의 · 조정결정사항을 분쟁당사자는 이행하여야 한다는 규정을 두고 있는데, 이러한 규정만으로는 부족할 뿐만 아니라, 이러한 규정을 시행령에 두기보다는 법률에 두어야 할 것이므로, 이 문제는 앞으로 보완 · 발전을 도모하여야 할 부분이라고 하겠다.

(2) 갈등조정의 기본조건

중앙정부와 지방정부간의 갈등의 효과적인 조정을 도모하기 위해서는, 다음의 조건이 갖추어져야 한다 하겠다.

첫째는 상황의 전환이다. 지방정부의 자치권이 확대되고, 중앙정부와 자치단체 간의 기능배분과 재원배분이 적정하게 이루어져야 하는 것이다.

둘째는 인식의 전환이다. 중앙정부는 권위주의를 버리고, 지방정부는 지역이기주의를 버려야 한다. 이러한 인식의 전환 없이는 어떠한 제도를 채택하더라도 효과를 거둘 수 없는 것이다.

셋째는 행동의 개선이다. 중앙정부는 일방적인 정책 또는 입지의 결정을 삼가고, 지방정부는 주민의 의사라는 이유로 국가 정책에 비협조적이거나 과격한 조치 등을 삼가야 하는 것이다(최창호, 2009:707).

(3) 갈등조정의 방안

갈등 해결을 위한 최선의 길은 어떤 갈등이나 당사자들 간에 그것이 분쟁으로 비화'악화되기 전에 예방(Prevention)하는 것이다. 갈등을 조정하려면 '제로섬(Zero-Sum)'에서 쌍무적, 즉 '윈-윈(Win-Win)'으로 당사자들이 수용할 수 있는 틀(Paradigm)을 찾아야 한다. 그러나 사실상 중앙정부 지방정부간의 현실과 이상 사이에 간극은 없을 수 없으나 간극이 크면 클수록 갈등이 상승작용을 일으키게 된다. 그러므로, 우리는 중앙지방정부 사이의 갈등을 조정하도록 노력하여 이상적 모형으로 접근하는 방법을 찾아보아야 할 것이다.[2)]

① 사전조정

중앙정부와 지방자치단체 간의 갈등조정에 있어서 무엇보다도 중요한 것은 갈등발생을 사전에 예방하기 위한 제도적 장치들이 마련되어야 하고, 일단 발생한 갈등에 대해서는 해결 곤란한 상황이나 정책집행의 지연 등을 초래하기 전에 사전조정을 해야 한다는 것이다. 이러한 갈등의 사전조정을 위해서는 갈등 분석과 함께 갈등관리능력의 평가작업이 선행되

2) 중앙정부-지방정부간의 관계모형 중에서, 종속형을 상호의존형으로, 대리인관계를 동반자관계로, 수직적 관계에서 수평적 관계로 바꿀 수 있는 모형을 모색하는 것임.

어야 한다. 중앙정부와 자치단체가 갈등에 대한 충분한 지식과 관리능력을 보유하게 될 때 갈등을 사전에 방지할 수 있으며 갈등이 발생한 경우에도 신속하고 합리적인 대처가 가능하게 된다.

② 당사자간의 조정

중앙정부와 지방정부간의 갈등은 당사자간에 자율적으로 조정하는 것이 중요하다. 당사자간의 조정에는 협상에 의한 조정, 계약·협정을 통한 조정 등이 있는데, 그 중 협상에 의한 조정방법이 가장 중요하다. 이 방식은 제3자에 의한 조정보다 그 해결방안의 수용가능성이 높고 갈등의 실질적 해소에 더 접근할 수 있다는 점에서 보다 바람직한 방식이라고 할 수 있다. 그러므로 중앙정부와 자치단체 간에 갈등이 발생하였을 경우에는 우선적으로 상호 대화와 이해증진에 필요한 장을 마련하는 등 당사자간 해결을 위한 제도적 장치가 필요하다고 하겠다.

㉠ 협상에 의한 조정(Mediation) : 협상(Negotaition)이란 어떠한 공통된 문제에 대하여 서로간에 합의를 형성함으로써 상충된 의견을 조정해 나가는 과정(Anderson, 1979:79)이라고 정의할 수 있는데 협상을 통한 문제해결은 상호간에 이해관계가 존재한다는 것을 인정하고 계속적인 대화를 통하여 서로의 이익을 교환하고 증진시키는데 있다. 이러한 협상은 외부의 개입에 의존하지 않고 서로 대등한 입장에서 당사자들이 주체가 되어 합의를 도출해 내고 조정하게 된다는 점에서 민주이념에 가장 부합하는 방안이라고 할 수 있다.

지방정부에 불이익이 되는 중앙정부의 정책이나 시설의 입지 때문에 발생하는 갈등을 협상을 통해 조정하는 것은 첫째, 중앙정부와 자치단체 간에 상호신뢰를 증진시킬 수 있고, 둘째, 지방정부는 협상과정을 통하여 비선호시설의 입지의 필요성을 인식하고 시설입지로 얻어지는 편익과 감수해야 할 비용을 자세히 알 수 있는 장점이 있기 때문이다.[3)]

3) 협상은 크게 입장협상과 원칙협상으로 구별되는데, 입장협상이란 협상당사자들이 각기 자신의 입장을 상대방에게 이해시키고 자신의 주장을 정의로운 해결책으로 믿고 상대방을 설득하려는 전통적인 협력방식이다. 그러나 협상 당사자들이 입장협상을 고집하면 협상내용이 근본적인 관심사로부터 벗어나기 쉽고 합의에 도달하는 시간이 오래 걸리며 협상이 의지의 결합으로 격하되어 당사자들간에 원만한 관계유지가 어렵게 될 공산이 크다.
입장협상의 이러한 한계를 극복하기 위한 것이 원칙협상으로서 이 협상은 문제의 실체에 접근하여 갈등을 해결하려는 객관적, 문제중심적 해결방식이다. 이와 같은 원칙협상은 문제로부터 사람을 분리시키며, 일방의 입장이 아닌 쌍방의 이해관계에 초점을 맞추고, 합의를 이루기 전에 공동이익을 가져올 대안을 개발하며, 협상결과는 낙관적이고 공정한 기준에 따라 결정하도록 하고 있다(권오철, 1996:55). 즉, 이 방법은 상호간에 이득이 될 수 있는 방안을 찾도록 하며 만일 이해관계가 첨예하게 상충되는 경우 그 결과는 각 당사자의 의사와는 관계없이 공평한 기준에 따라 이루어지는 것이다(이달곤, 협상이론의 연구와 원칙에 준거한 협상전략, 행정논총 제

㉡ 계약·협정을 통한 조정 : 중앙정부와 지방정부간의 계약이나 협정은 특정 자치단체에 불이익이 되는 중앙정부의 정책이나 시설이 입지할 때 그에 따른 피해를 상쇄할 수 있는 경제적 유인을 중앙정부가 제공함으로써 갈등을 조정하는 방안이다. 지방정부와 지역주민은 자기지역에 불이익을 초래할 수 있는 공공정책을 시행하고자 할 때 그에 상응하는 적절한 보상을 받고 이를 수용할 수 있다.

이러한 보상은 중앙정부가 개발사업자나 시설운영자에게 부담금을 징수하고 이를 지방정부에 교부하여 할 수도 있고 특정시설을 해 주거나 당해 지방정부의 지역개발사업을 지원해 주는 방안도 있다. 미국의 경우 인구규모, 지역, 정부형태에 따라 계약내용 및 건수가 상이하기는 하지만 특정시설의 입지 및 서비스공급에 있어서 정부간 계약제도를 광범위하게 활용하고 있다(부만근, 2000:44).

③ 3자에 의한 조정제도

중앙정부와 자치단체 간의 갈등은 당사자간에 협상 등을 통하여 해결하는 것이 합리적이지만 양자간의 갈등은 그 내용이 복잡하고 다양할 뿐만 아니라 당사자간 해결방안을 모색하는데 작용하는 여러 가지 장애요인 때문에 그 해결이 어려울 때가 적지 않다. 따라서 이러한 때에는 제3자가 개입하여 조정할 수밖에 없다.

제3자에 의한 조정에는 중재에 의한 방식, 대체적 분쟁해결수단(ADR: Alternative Dispute Resolution)에 의한 방식, 소송에 의한 방식 등 세 가지가 있는데 현재 우리나라에서는 소송에 의한 방식만을 채택하고 있다. 그런데 지방자치단체 상호간의 갈등과 분쟁에 있어서는 중앙정부가 제3자적 입장에서 중재와 조정의 역할을 수행할 수 있지만 중앙정부와 자치단체간의 갈등에 있어서는 중앙정부 자신이 갈등의 당사자이기 때문에 제3자적 조정역할을 할 수 없다는데 문제가 있다(정재화, 2002:460-461).

27권 제1호, 서울대행정대학원, 1989).
그런데 자율적 협상방식은 민주이념에 가장 부합되는 갈등해결방식이기는 하지만 갈등 당사자간에 호양정신이 없으면 결코 성공할 수 없다. 즉, 갈등의 원인이 된 이해관계가 상호 배타적이어서 당사자 어느 누구도 자기의 주장을 포기하려 들지 않거나 당사자들의 입장이 지나치게 완고하여 상호양보를 얻어낼 수 없는 경우에는 갈등해소를 가져올 수 없다는데 근본적인 한계가 있다.

9.2 중앙통제

1 중앙통제의 의의

중앙통제(Center Control)란 일반적으로(협의) 중앙정부가 우월한 지위에서 지방정부의 조직과 기능에 대하여 지배하고 규제하는 것이며, 보다 넓게는(광의) 중앙정부가 지방정부의 조직과 기능에 대하여 규제하는 것 뿐만 아니라 지도하는 것을 포함한다(김영종, 2000:370).

지방분권이 아무리 잘되어 있다고 하더라도 국가적 차원에서 관여가 요청되는 문제들이 있으며 또한 국정의 통일과 책임문제가 있기 때문에 어느 정도 중앙정부는 지방자치단체에 대한 통제권을 가지고 있다. 그러나 중앙정부의 통제는 지방의 분권화를 전제로 할 때 가능하다. 이는 중앙집권화 상태에서는 지방정부에 대한 통제가 당연한 것이기 때문이다.

중앙통제는 지방분권이 잘 되어 있는 상태에서 행정의 통일성과 지역간 균형을 도모한다는 점에서 그 의의를 찾아야 하며, 후진국에서 흔히 볼 수 있는 것처럼 중앙통제가 전제정치의 수단으로 사용되어 지방정부를 예속화시키는 것은 곤란하다. 따라서 중앙정부는 지방정부를 지휘 · 감독한다는 입장에서가 아니라 각 지방자치단체간의 업무상 갈등을 해결하고 지역별로 균형 있는 성장을 유도해야 한다는 입장에서 동반자적인 자세로 임해야 한다. 이에 따라 중앙통제의 방법에 있어서도 비권력적인 지원과 조언적인 성격으로 나타나야 할 것이다.

2 중앙통제의 필요성과 한계

1) 중앙통제의 필요성

현대에 있어서 지방자치는 어디까지나 국가통치의 일부이며, 그러한 국가통치의 범위 안에서만 인정되는 것이다. 이러한 현대 지방자치의 본질에 따라서 각 지방자치단체는 국가의 전체적 통일성을 유지하는 범위 안에서 자치행정을 수행해 나가는 지위에 있다. 따라서 국가로부터 완전히 분리 · 운영되는 지방자치란 있을 수 없는 것이며, 중앙정부의 통제로부터 완전히 벗어난 지방자치단체도 있을 수 없는 것이다.

즉, 중앙통제가 필요한 것은 국가이익이나 발전목표에 지방자치단체를 동반자로 유도하기 위한 것이라 하겠다. 예컨대, 각 자치단체의 복지수준, 교육수준, 보건 · 위생수준, 주택 · 교통 · 급수 등 생활환경수준 등의 여하는 자치단체의 기능영역에 속한다고 하지만 자치단체별 행 · 재정능력의 차이로 복지, 교육, 생활환경수준은 격심한 차이가 나타날 것이다. 이럴 경우, 낙후된 자치단체만의 문제가 아니라 국가사회의 전체적인 문제가 되는 것이다. 따라서 중앙정부는 모든 지방자치단체들에게 일정한 행정수준을 유지하기 위하여 중앙통제가 필요한 것이다.

2) 중앙통제의 한계

지방자치단체는 헌법이 보장하는 자치권을 행사하는 법인으로서, 원칙적으로 국가나 기타 어떠한 외부단체 또는 기관 등에 의하여도 간섭이나 통제를 받지 않고 독자적으로 입법권, 조직권, 재정권, 행정운영권을 행사할 수 있다.

그러나 지방자치단체의 이러한 자치권의 행사가 국가의 전체적 통일성을 저해해서는 아니되기 때문에 그 자치단체의 독자성과 국가의 전체적 통일성의 조화를 위하여 국가의 지도와 감독을 허용하고 있다.

이러한 중앙통제의 불가피성에 근거하여 중앙정부의 지도 · 감독을 허용하고 있으나 무한정 행사될 수는 없다. 지방자치단체에 대한 국가의 지도 · 감독은 다음과 같은 범위 내에서만 행사되어야 한다. 즉, 지방자치단체에 대한 국가의 지도 · 감독은 ① 국가 전체의 통일성의 유지를 위하여 필요한 경우에 한하여, ② 지방자치단체의 헌정상의 지위(독자성)를 저해하지 아니하는 범위 안에서, ③ 명백한 법적 근거에 따라서, ④ 일정한 법적 절차를 거쳐서만 행해지도록 되어 있다.

지방자치단체에 대한 국가의 지도 · 감독이 지나치게 되면 지방자치단체의 자주적인 활동의 영역을 좁히게 되고, 지방자치단체의 주민의 의욕을 저하시키게 되며, 지방적 개별성과 특수이익을 소홀히 하게 됨으로써 결국 정치 · 행정의 민주화와 능률화를 모두 저해하게 된다. 그러기 때문에 어느 나라에서든 지방자치단체에 대한 국가의 지도 · 감독은 필요한 최소한도에 그치게 하려는 것이 일반적이다(최창호, 2009:710).

3 중앙통제의 방식

1) 통제기관에 따른 방식

(1) 입법적 통제

① 의의

법률의 제정 · 개정을 통하여 지방자치단체의 권한행사에 국가의사를 반영하는 통제방식이다. 즉, 지방자치단체의 권한범위를 법령으로 정하여 그 범위 안에서 권한을 행사하도록 하는 사전적 통제수단이다. 따라서 지방자치단체의 모든 권한은 의회의 법률로써 규정되며 법률에 의해 부여된 권한을 벗어나는 행위는 무효로 간주된다(Ultra Vires의 원칙). 이외에도 입법기관은 예산, 국정감사 · 조사를 통해서 지방자치단체를 통제한다. 그러나 현대에 이르러 이러한 입법적 통제는 행정의 전문성, 행정재량권의 확대, 행정정보의 행정부 독점 등으로 인하여 점점 약화되어 가는 추세에 있다.

② 우리나라의 입법통제

우리나라가 '지방자치단체의 조직과 운영에 관한 사항은 법률로 정한다(헌법 제118조 ②항)'고 규정함으로써 지방자치단체에 관한 입법적 통제의 근거를 마련하고 있다. 또한 주민의 권리제한이나 의무부과 등에 관한 사항, 그 밖에 지방자치에 관한 많은 사항이 법률유보의 대상이 되어 있다.

(2) 사법적 통제

① 의의

지방자치단체의 권한행사에 대한 적법성 여부를 가리는 통제방식이다. 즉, 지방자치단체의 업무처리 또는 지방공무원의 행정행위에 위법 · 부당한 사실 등이 있을 경우 법률상의 소송절차에 의하여 시정 · 처벌하는 법원에 의한 사후적 통제를 말한다. 여기에는 항고소송, 당사자소송, 기관소송, 민주소송 등이 있으며, 헌법재판소에 의한 통제로서 권한의 존부와 그 범위에 대한 다툼이 있을 때 있게 되는 국가기관과 지방자치단체간의 권한쟁의심판이 있다. 이러한 사법적 통제는 입법적 통제와 상호보완관계에 있다.

② 특징

위법한 행정행위와 자의적 정책결정 · 집행을 견제할 수 있으나, ㉠ 장시일의 구제기간,

㉡ 수속절차의 복잡과 과중한 경비부담, ㉢ 사후구제(소극적 통제), ㉣ 법의 형식논리에 치우칠 우려 등 법관의 전문성의 한계 문제를 가지고 있다.

③ 우리나라의 사법적 통제

우리나라는 '명령 · 규칙 또는 처분이 헌법이나 법률에 위배되는지의 여부가 재판의 전제가 된 경우에는 대법원은 이를 최종적으로 심사할 권한을 가진다(헌법 제107조 ②항)'고 규정하여 사법적 통제의 근거를 마련하고 있다.

(3) 행정적 통제

① 의의

행정적 통제(Administrative Control)는 국가의 중앙정부가 지방자치단체에 대하여 행하는 통제로서 행정절차와 과정을 통하여 이루어지는 포괄적 통제를 말한다. 이것은 지방자치단체의 행정행위가 국가발전에 기여하고 전체적 조화와 균형을 유지하도록 유도하며 그 결과를 확인하는 수단을 의미한다. 지방자치단체도 국가 통치구조의 일부이기 때문에 국가가 추진하는 시책의 구현을 위하여 노력하여야 한다(지방자치법 제123조 ①항).

② 특징

행정적 통제는 오늘날 가장 일반적인 통제의 방식으로서 활용되고 있다. 그 원인은 입법적 통제가 융통성이 없고 따라서 환경의 변화에 대한 적응력이 약하다는 점, 또한 사법적 통제가 원칙적으로 사후통제라는 점에서 입법적 통제와 마찬가지로 사태변화에 신속히 대응할 수 없는데 비하여, 행정적 통제는 전문적인 지식과 기술을 수반할 뿐만 아니라 구체적이고 신속하기 때문에 자치단체의 행정활동을 적극 지도해 나가는 데에 가장 효과적이라는 점에 있다. 그러나 행정적 통제가 지나치면 지방자치의 본질을 해치고, 행정능률을 저하시키며, 지방주민의 의욕과 창의성을 저해할 우려가 있다. 특히 그 통제가 권력적일 때에는 더욱 그러하다(최창호, 2009:715).

③ 우리나라의 행정적 통제

우리나라에 있어서 지방자치단체에 대한 국가의 행정적 통제는 지방자치법 및 기타 각 개별법에 따라 행해진다. 지방자치단체에 대한 행정적 통제권은 대통령, 국무총리, 행정자치부장관을 비롯한 중앙행정관서의 장, 상급 자치단체장 등에 의하여 행사된다.

국가의 일반감독기관은 특별시 · 광역시 · 도에 대하여는 행정자치부장관(교육 · 학예에 관하여는 교육부장관)이고, 시 · 군 · 자치구에 대하여는 1차적으로 시 · 도지사, 2차적으로는 행정자치부장관이다.

우리나라에서 행해지고 있는 행정적 통제의 내용을 좀 더 구체적으로 구분하면 다음과 같다.

㉠ 준입법적 통제 : 지방자치법 등 법률에서 지방자치단체에 대한 중앙정부의 영향력 행사를 위임한 대통령령, 총리령, 부령의 제정 등을 말한다.

㉡ 준사법적 통제 : 사실의 인정, 법의 적용행위, 법령위반에 대한 구제 등을 통한 통제, 이의에 대한 결정, 소원의 재결, 소청의 심사, 재심청구에 대한 재심사 등이 있다.

㉢ 협의의 행정적 통제 : 중앙정부의 행정계획, 집행행위, 확인행위 등을 통한 통제 등을 말한다.

2) 통제성격에 따른 방식

(1) 권력적 통제

중앙통제의 방식 가운데서 강제적 · 일방적 · 명령적인 방식으로 중앙정부의 지방자치단체에 대한 통제가 이루어지는 것을 말한다. 중앙정부와 지방자치단체와의 관계가 수직적인 관계로 설정되거나 강압적인 형태로 집행이 되는 경우가 많다.

① 감독

지방자치법 제9장에서 중앙정부의 지방자치단체에 대한 포괄적인 감독권을 부여하고 있으며, 정부조직법 제26조 ③항에 '행정 각부의 장관은 그 소관사무에 관하여 지방자치단체의 장을 지휘 · 감독한다'고 명시하고 있다. 대통령은 헌법 제66조 ④항에 따라 행정부의 수반으로서 지방자치단체에 대한 최고 감독관청이 되며, 헌법 제86조 ②항에 의해 국무총리는 대통령의 명을 받아 행정 각부를 총괄하므로 지방자치단체에 대한 감독권을 행사하도록 하고 있다. 감사원법에 의해 감사원은 지방자치단체에 대해 회계검사, 직무감찰을 할 수 있고, 시정을 요구할 수 있도록 하고 있다(감사원법 제22조, 제33조).

② 승인

지방자치단체의 행정행위의 법적 효력을 완성시키는 사전통제 방식이다. 실정법상으로는 인가, 동의 등 여러 용어가 사용된다. 우리 지방자치법상에는 구 · 읍 · 면 · 동의 명칭 · 구역변경과 폐치 · 분합의 승인(지방자치법 제4조 ③항), 지방자치단체 조합의 설립 및 해산의 승인(제159조) 등이 규정되어 있다.

③ 처분

감독권행사에 따른 행정처분의 방식이다. 지방자치법 제169조에는 지방자치단체장의 위법·부당한 명령·처분의 시정과 처분의 취소·정지에 관한 중앙정부의 권한이 있다. 지방자치법 제170조에는 지방자치단체장이 직무를 명백히 게을리하고 있다고 인정될 때 직무이행명령권을 부여하고 있으며 이행명령에 따르지 않을 경우 대집행권을 인정하고 있다. 이외에도 재의 요구권, 제소 지시 및 제소권 등을 인정하고 있다.

④ 임면

행정관리의 책임자를 임명 또는 해임하는 방식이다. 우리 지방자치법상에는 시·도의 부지사 임명(지방자치법 제110조), 지방자치단체의 폐치분합 또는 승격시의 그 장 직무의 임시대행자 지정(제97조) 등이 규정되어 있다.

(2) 비권력적 통제

중앙정부가 지방자치단체에 행하는 통제 가운데서 비구속적인 방식을 말하며 조성적·장려적·유도적인 경우가 대부분이다.

① 조언

조언은 중앙정부가 지방자치단체에 대하여 행하는 비정형적인 행정작용으로서 특별한 형식에 구애받지 않고 이루어지며, 형식의 구속이 없기 때문에 탄력성, 융통성, 순발성, 구체적 타당성을 내포하고 있다. 조언의 형식으로는 회람, 전화, 편지문답, 대화, 개별적인 상담 등이 있다.

② 지원

지방자치법 제166조 ②항에 '국가나 시·도는 지방자치단체가 그 지방자치단체의 사무를 처리하는 데에 필요하다고 인정하면 재정 지원이나 기술 지원을 할 수 있다'라고 규정하고 있다. 이는 국가의 지방자치단체에 대한 보호적 기능에서 나오는 것으로, 지방자치단체가 행정 능력이나 재정 능력을 갖추지 못한 경우를 대비한 비권력적 통제 수단이다.

③ 조정

지방자치단체 또는 그 기관들의 업무수행을 하나의 통일된 노력으로 통합하고, 그들 사이에 부조화나 분쟁이 있을 때에 이를 조정함으로써 행하는 통제이다. 우리 지방자치법에서도 자치단체 사이의 행정협의회의 협의사항의 조정(동법 제156조), 자치단체 사이의 분쟁사항의 조정(제148조), 자치단체의 장과 의회 사이의 재의요구와 재의결 사항에의 개입(동법 제172조) 등을 규정하고 있다.

이 조정은 경우에 따라서는 권력적 통제의 성격을 가질 수 있다.

④ 정보제공

지방자치단체의 업무수행에 필요한 정보와 자료를 제공함과 아울러, 지방자치단체로부터 중요한 사항에 관하여 보고를 받고, 필요한 경우 각종 정보와 자료의 제출을 요청함으로써 행하는 통제이다. 중앙정부가 업무수행에 관한 새로운 지식을 지방자치단체에 제공하고 지방자치단체로부터 자치업무의 현황과 실적을 보고받는 것은, 비단 통제를 위해서 뿐만 아니라 자치업무 처리의 개선 · 발전을 위해서도 매우 필요하고 중요한 것이다. 우리나라에서도 국가가 지방자치단체에 재정운용업무편람을 보급(지방재정법 제38조)하는 등 각종 정보제공을 하도록 함과 동시에, 조례의 제정, 사무수행, 예산의결, 결산승인, 사무위탁 등에 관하여 지방자치단체로부터 보고(지방자치법 제28조, 제171조, 제133조, 제134조, 제151조)를 받도록 규정하고 있다(최창호, 2009:717).

4 중앙통제의 발전방향

1) 중앙통제에 대한 기본적 시각

중앙통제는 국가의 지방자치단체에 대한 일방적 · 관료적 통제가 아니라 조정 · 조언 · 원조 · 지도 등을 내용으로 하는 협력관계로서 이해하여야 한다. 신중앙집권하에 있어서의 중앙통제는 지방자치행정의 방향과 기준을 제시하고 중앙행정과 지방자치행정의 효과적인 통합 · 조정을 통하여 국가행정의 능률성과 민주성을 조화시켜 국가행정의 전체적인 발전을 도모하려는 것이다. 중앙통제의 강화 추세는 지방정부의 자주성을 인정하면서 중앙과 지방의 융합 · 조화를 확보할 수 있는 차원에서 이해되어야 한다(김규정, 2002:397).

2) 우리나라 중앙통제의 특징

우리나라에서 이루어지고 있는 지방자치단체에 대한 국가의 통제는 상당히 엄격하고 철저하며 강력하다는 특징을 갖고 있다. 이는 오랜 중앙집권적 정치문화 속에서 국가와 지방자치단체와의 관계가 수직적 관계와 지배 · 복종적 관계로 설정되어 왔기 때문에 강력한 중앙통제를 무비판적으로 수용하고 행사해 왔다고 할 수 있다. 그런 면에서 우리나라의 중앙통제는 권력적 · 관료주의적으로 운용되고 있으며 대부분의 업무에 대하여 폭 넓은 중앙통제가 무체계적으로 행해지고 있다고 하겠다.

3) 중앙통제의 바람직한 방향

우리나라의 중앙통제는 입법적 통제 · 사법적 통제가 충분히 분화되어 오지 못하였고 국가와 지방자치단체의 관계는 수평적 협력관계로서보다 수직적 · 지배적 관계로서 인식되어 왔다. 앞으로의 행정적 통제의 올바른 방향은 주로 지식적 · 기술적 방식을 발전시켜 나가는 데 있을 것이며 중앙과 지방의 관계는 수평적 협력관계로서 인식되어야 한다.

그런 면에서 중앙통제는 다음과 같은 방향으로 나아가야 할 것이며 국가나 지방자치단체 모두가 이를 위한 인프라를 갖추도록 노력하여야 한다.

(1) 입법적 통제와 사법적 통제의 활성화

오늘날 행정국가 시대에는 행정권의 강화경향에 따라 행정적 통제에 비하여 입법적 통제 및 사법적 통제가 약화되고 있는 것이 일반적인 현상인데, 중앙통제를 국민의 대표기관인 입법부의 입법활동을 통하여 행하고, 법해석기관인 사법부의 판단활동을 통하여 행하게 함으로써 상호 견제를 통한 지방자치단체의 보호에 기여하도록 하여야 한다.[4)]

(2) 비권력적 통제의 확대

중앙통제에 있어서 권력적 통제인 승인 · 처분 등은 공공서비스의 균형화 등을 위하여 필요한 최소한도로 제한하고, 이를 가능한 한 지도 · 지원 등의 비권력적 통제로 전환하여야 한다.[5)]

(3) 자치권의 확대

지방자치단체에 일단 배분된 사무 · 사업에 대하여는 그것이 지방자치단체의 책임 아래 수행되도록 하고, 이해 대한 국가의 관여는 가능한 한 배제하여 지방자치단체의 자주성을

---

4) 한국지방행정연구원, 2000년을 향한 지방행정 좌표(서울:1986), pp.530-532.

5) 地方自治制度硏究會, 地方制度調査答申集(東京：ぎょうせい, 1980), pp. 146-151.

높여야 한다.

그러기 위해 우리나라에서도 지방자치단체의 조례 및 규칙 제정사항의 확대, 조직 · 인사의 자주성의 확대, 재정운용 및 행정수행의 자율성의 제고, 지방계획권의 확립 등을 기하는 한편, 중앙통제는 필요한 최소한의 범위와 한도로 제한하여야 한다.

(4) 국민적 최저수준의 유지

국민은 어느 지역에 거주하든지 최저 수준의 서비스를 받을 권리를 갖고 있으나 지방자치단체의 행 · 재정력의 격차로 인하여 서비스의 수혜에서 상당한 차이가 날 수 있다. 이때 국가는 행 · 재정적 지원을 통해 전국적 균형화를 도모하지 않으면 안 된다. 국민적 최저 수준을 확보하기 위해 지방자치단체의 미비점을 보완하는 방향으로 중앙통제가 이루어질 필요가 있다.

(5) 인식의 전환

국가와 지방자치단체와의 관계는 수직적 상하종속관계가 아닌 수평적 대등협력관계로 인식되어야 한다. 국가는 지방자치단체에 대한 고압적 · 독선적 태도를 버리고 행정의 기술적 방식을 발전시키는 방향으로 인식의 전환이 이루어져야 하고, 지방은 국가에 기대거나 종속되지 않도록 자주적인 정신으로 무장해야 할 것이다.

제10장

지방자치단체 상호간의 관계

10.1 지방자치단체의 관계이론

1 지방자치단체간 관계의 원리

지방자치단체는 일정한 지역 안의 주민과 사물에 대하여 종합적인 통치권(Government Power)을 행사하는 법인이다. 지방자치단체는 법인이기 때문에 독립된 의사의 주체가 되고 법률상의 행위능력을 가진다. 지방자치단체는 법률상 권리·의무의 주체가 되며, 어느 누구에 종속되거나, 그의 지배를 받지 아니하는 독립적인 지위를 가지는 것이다. 따라서 지방자치단체의 대외관계는 독립적이고 자주적인 것을 원칙으로 한다.[1)]

지방자치단체는 공법인으로서, 그 단체의 설립·해산과 분합·구역변경 등이 모두 법률의 규정에 의하여 정하여지고, 통치단체로서 국가적 공권력이 부여되는 반면에, 국가적 업무수행의 의무를 부여받으며 국가로부터 특별한 감독을 받는 지위에 있다. 그렇기 때문에 지방자치단체는 국가의 법률의 규정에 따라 그 지위와 권한의 제한을 받을 수 있는 것이다. 또한 법률은 그 구체적 사항에 관하여 대통령령에 위임하는 경우가 있으므로, 지방자치단체

1) 이러한 지방자치단체의 대외관계 문제는 지방행정기관의 대외관계 문제와는 다른 것이다. 지방행정기관은 국가라는 하나의 법인 내부에서 국가의 지방적 사무를 처리하기 위하여 지역에 설치된 하나의 기관으로서, 독립적인 법인격을 갖고 있지 아니하고, 국가의 행정계층제의 한 부분으로서 그 속에 완전히 포함되어 있는 것이며, 따라서 대외적인 독립이나 자주성은 처음부터 문제가 되지 아니하는 것이다.

는 국가의 위임입법(대통령령)에 의하여도 그 권한의 제한을 받는 경우가 있을 수 있다. 따라서 지방자치단체의 대외관계는 각 국가의 제도 여하에 따라서 그 내용을 달리할 수 있는 것이다.

2 지방자치단체간 관계의 유형

1) 대상별 유형

(1) 대등관계

기초자치단체 상호간, 광역자치단체 상호간은 물론, 기초자치단체와 광역자치단체 사이의 관계도 대등관계인 것이 원칙이다. 즉, 각 자치단체는 소극적으로 다른 자치단체의 자치활동을 존중하고 이를 침해하지 아니하며, 적극적으로는 이러한 다른 자치단체의 자치활동에 적극 협력하는 관계에 있는 것이다.

광역자치단체는 주민 및 구역의 면에서 기초자치단체를 포괄하는 관계에 있고, 국가와 기초자치단체의 중간에서 국가와 기초자치단체 사이의 연락 · 조정에 관한 사무를 처리하고 있는데, 그것은 기초자치단체가 담당할 수 없거나 담당해서는 안될, 광역자치단체만이 수행할 수 있는 사무를 분담하여 처리하고 있는 것 뿐이다.

외국에 있어서, 영국의 County와 District, 독일의 Kreis와 Gemeinde, 프랑스의 Région과 Département과 Commune, 미국의 County와 City, 일본의 도 · 도 · 부 · 현과 시 · 정 · 촌 사이에 기능배분이 그러한 원리에 따라 명확히 이루어져, 서로 상대편의 자치활동을 존중하고 침해하지 아니하며, 상대편의 자치활동의 수행에 적극 협력하고 있는 바, 이러한 것들이야 말로 자치단체 사이의 대등관계의 훌륭한 표본들인 것이다.

우리나라에 있어서도, 특별시 · 광역시 · 도(광역자치단체)와 시 · 군 · 자치구(기초자치단체)는 다 같이 대등한 법인으로서, 그 사이에는 원칙적으로 상 · 하 관계가 존재하지 아니한다. 지방자치법에서는 “시와 군은 도의 관할구역 안에 두며, 자치구는 특별시와 광역시의 관할구역 안에 둔다”(지방사치법 제3조 ②항)고 규정하고 있는 것은 특별시 · 광역시 · 도와 시 · 군 · 자치구가 행정계층구조상 상 · 하의 관계에 있다는 뜻이 아니라, 시 · 군 · 자치구의 관할구역에 특별시 · 광역시 · 도의 관할구역 안에 위치한다는 뜻에 불과한 것이다. 다만 우리나라의 특별시 · 광역시 · 도와 시 · 군 · 자치구 사이에는 기능배분의 관계가 명백하지 아니하고, 각 법령에서 특별시 · 광역시 · 도에 시 · 군 · 자치구의 사무처리에 대한 지도 · 감독권을 부여하는 경우가 많아 그 원칙적인 대등관계에 의문이 가는 경우가 많다 할 것이다.

(2) 비대등관계

지방자치단체 상호간, 특히 기초자치단체와 광역자치단체 사이에는 비대등관계가 성립하는 때가 있다. 물론 이것은 이론상으로는 예외적이지만 실제상으로는 오히려 통상적이라고 할 수 있으며, 특히 우리나라에 있어서 그러하다 할 것이다.

외국에 있어서 기초자치단체에 대한 지도 · 감독을 국가(또는 주)가 직접 행하는 나라도 있으나,[2] 대부분의 나라에서는 광역자치단체를 통하여 계통적으로 행하고 있으며, 우리나라도 이러한 계통제 유형의 예에 속한다고 하겠다. 이러한 계통제를 채택하고 있는 나라에서의 광역자치단체와 기초자치단체의 관계는 주로 광역자치단체의 기초자치단체와의 비대등관계가 지배적인 것이다.

우리나라에 있어서 특별시 · 광역시 · 도와 시 · 군 · 자치구의 비대등관계는 다음과 같은 예에서 발견된다.

첫째로, 시 · 군 및 자치구의 조례나 규칙은 시 · 도의 조례나 규칙에 위반해서는 안된다.

둘째로, 시 · 도지사는 조례가 정하는 바에 의하여 그 권한에 속하는 사무의 일부를 해당 자치단체의 관할구역 안에 있는 시 · 군 · 자치구 또는 그 기관에 위임 또는 위탁할 수 있다(지방자치법 제104조 ②항).

셋째로, 시 · 도지사는 시 · 군 · 자치구의 자치사무에 관하여 조언 또는 권고하거나 지도할 수 있으며, 이를 위하여 필요한 때에는 자료의 제출을 요구할 수 있고, 또한 필요하다고 인정할 경우 재정지원 또는 기술지원을 할 수 있다(동법 제166조).

넷째로, 시 · 도지사는 시 · 군 · 자치구가 위임받아 처리하는 국가사무 및 시 · 도사무에 관하여 시 · 군 · 자치구를 지도 · 감독한다(동법 제167조).

다섯째로, 시 · 도지사는 시 · 군 · 자치구의 장의 명령이나 처분이, 자치사무에 있어서는 법령에 위반한다고 인정될 때에, 위임사무에 있어서는 법령에 위반되거나 현저히 부당하여 공익을 해한다고 인정될 때에, 기간을 정하여 서면으로 시정을 명하고, 그 기간 안에 이행하지 아니할 때에는 이를 취소하거나 정지할 수 있다(동법 제169조 ①항).

---

2) 기초자치단체에 대한 지도 감독을 국가가 직접 행하는 경우가 있는 나라의 예로 영국, 미국, 캐나다, 프랑스 등을 들기도 한다(山下 茂 · 谷 聖美 · 川村 毅, 比較地方自治, 東京 : 第一法規, 1992. pp.281~282 참조).

여섯째로, 시 · 도지사는 시 · 군 · 자치구의 장이 법령의 규정에 의하여 그 의무에 속하는 국가위임사무 또는 시 · 도 위임사무의 관리 및 집행을 명백히 해태하고 있다고 인정될 때에는 기간을 정하여 서면으로 그 이행을 명령할 수 있고, 그러고도 이를 이행하지 아니할 때에는 해당 자치단체의 비용부담으로 대집행하거나 행 · 재정상 필요한 조치를 취할 수 있다(동법 제170조 ②항).

일곱째로, 시 · 도지사는 시 · 군 · 자치구의 자치사무에 관하여 보고를 받거나 서류, 장부 또는 회계를 감사할 수 있다(동법 제171조).

여덟째로, 시 · 도지사는 시 · 군 · 자치구의 의회의 의결이 법령에 위반되거나 공익을 현저히 해한다고 판단될 때에는 시 · 군 · 자치구의 장으로 하여금 의회에 그 재의를 요구하게 할 수 있고, 그것이 의회에 의하여 재의결되었을 때에 자치단체장에게 대법원에의 제소를 지시하거나 직접 제소할 수 있다(동법 제172조 ④항).

아홉째로, 시 · 군 · 자치구의 장은 조례가 제정되었거나, 예산 · 결산이 의회로부터 확정 또는 승인되었을 때에 이를 일정기간 안에서 시 · 도지사에게 보고하여야 한다(동법 제28조).

열째로, 시 · 군 · 자치구는 그 사무소 소재지의 변경에 관하여 시 · 도지사와 협의한다(동법 제6조 ①항).

열한째로, 시 · 도지사는 시 · 군 · 자치구의 폐치분합에 따른 사무 또는 재산의 승계, 폐치분합 및 승격에 따른 자치단체의 장의 직무대행자 등을 지정할 수 있다(동법 제5조).

열두째로, 그 외에 시 · 도지사는 시 · 군 · 자치구 조합의 설립 및 해산을 승인하고, 그 운영을 지도 · 감독하며(동법 제159조, 제163조), 시 · 군 · 자치구 행정협의회의 협의사항을 조정할 수 있다(동법 제156조).

2) 성격별 유형

(1) 협력관계

지방자치단체는 그 관할구역 내에서 자치사무를 스스로 수행함으로써 타 자치단체와는 독자적인 관계에 있다. 그러나 경제사회의 발전은 자치단체의 구역을 넘어서 행정수요를 유발시키고 있어, 자치단체 상호간의 지원과 협력을 필요하게 된다. 지방자치법에서도 자치단체는 다른 자치단체로부터 사무의 공동처리나 사무처리에 관한 협의 · 지원요청이 있을 때 이를 협력하도록 규정하고 있다(동법 제147조).

이러한 광역 행정수요에 효과적으로 대응하기 위하여 지방자치단체들은 어떤 사무는 공동으로 처리하고, 또 어떤 사무는 협의 · 조정 등을 통하여 해결해 나가지 않으면 안된다.

(2) 분쟁관계

복수의 행동주체간의 갈등관계가 구체적인 쟁점을 중심으로 발전하여 어떤 장애가 형성된 상태를 분쟁관계라고 한다. 따라서 분쟁은 갈등관계가 구체적인 쟁점을 중심으로 현재화하여 어떤 새로운 국면의 전개가 없는 한 위기나 파국으로 치달을 수 있는 심각한 상태를 의미한다고 하겠다.

이러한 분쟁의 개념을 지방자치단체간의 분쟁(자치단체와 국가간 분쟁 포함)에 한정하여 볼 때에는, 지방자치단체간의 분쟁은 지방자치단체간에 권한 · 이해관계 등이 얽혀 각자의 목표성취의 기회가 상대방의 목표성취의 기회에 의하여 장애를 받음으로써 새로운 국면전개가 없는 한 위기나 파국에 직면하게 될 심각한 상태를 의미한다고 할 수 있겠다.

3 지방자치단체의 성격

1) 기초자치단체의 성격

기초자치단체는 주민의 일상생활과 가장 관련이 깊은 자치단체이다. 지방자치란 원래 지방주민들이 오랫동안 일상적으로 접촉하면서 생활과 활동을 함께 해 나가는 가운데 공통적인 경험을 가지게 되고, 이러한 경험을 공유해 나가는 동안에 그들 사이에 '우리의식(We-Feeling)' 내지 공동의식(공동운명체적 의식)을 키워, 그들 사이의 공통적인 문제를 공동적으로 처리 · 해결해 나가는데서 성립된 것이다. 지방자치를 '풀뿌리적 민주주의(Grass-Roots Democracy)'라고 하는 것도 그 때문이다. 이렇게 볼 때 주민을 대표하고 그 주민에게 책임을 지며 주민을 위하여 최대한의 서비스를 제공하기 위하여 설립되는 지방자치단체는 소규모인 것이 이상적인 바, 이와 같은 요청에 가장 적합한 자치단체가 기초자치단체이다.

기초자치단체는 지방주민의 일상적 생활과 직결되어 있는 공동사회적 단체로서, 그 규모는 공동사회의 지역적 범위를 의미하며, 지방자치에 있어서는 가장 본래적인 단체가 된다.

2) 광역자치단체의 성격

지방자치의 본래의 취지에 따른다면 지방자치에 있어서는 기초자치단체 하나면 족한 것이고, 그 이외에 다른 규모의 자치단체는 필요치 아니할 뿐만 아니라, 이론적인 입장에서 볼 때에는 기초자치단체 이외에 다른 자치단체가 또 존재한다는 것 그 자체가 모순이라고 하지 않을 수 없다.

그러나 국가가 전국을 수개의 구역으로 구분하여 구역별로 통치권을 행사하였던 역사적 유산, 그리고 현대에 있어서의 일상생활 관련 사무와 치산 · 치수 등 광역적 사무의 분업적 처리의 요청, 국가의 직접적인 통제로부터의 기초자치단체의 보호 및 연락 · 조정의 필요 등에 의하여, 기초자치단체 외에 광역자치단체를 설립하여 지방자치계층을 2계층으로 하는 것이 세계의 일반적인 현상이다.

지방자치의 2층구조에 있어서 광역자치단체의 필요성에 관하여는 각국에서 논란이 많다. 우리나라의 경우 2층구조를 반대하는 입장에서는 도(道)를 일반지방자치단체라고 규정한 것은 법상의 가상에 불과하다고 하고, 반대로 2층구조를 찬성하는 입장에서는 도의 자치방어적 기능을 강조하고 있다.

그러나 어떻든 지방자치계층에 있어서 기초지방자치단체를 본래적인 자치계층이라 할 수 있는 반면에, 광역자치단체는 그 보완적인 자치계층이라고 할 수 있다.

10.2 지방자치단체간의 협력관계

1 광역행정의 의의

1) 광역행정의 의미

지방행정은 지방자치단체의 관할구역을 단위로 이루어진다. 그러나 오늘날의 행정 수요는 지방자치단체의 관할구역을 넘어서도 발생한다. 지방자치단체의 관할구역은 인위적으로 결정된 것이지만 행정 수요는 사회 · 경제적인 변화에 따라 관할구역을 넘어서도 발생하기 때문이다. 이와 같이 광역행정은 지방자치단체의 관할구역을 넘어서 발생하는 행정 수요를 처리하는 행정의 방식을 의미한다. 광역행정은 국가 또는 지방자치단체가 법정 행정구역을 초월하여 넓은 지역에 걸쳐 특정 사무를 종합적 통일적으로 처리함으로써 행정의 능률성, 민주성, 경제성, 합목적성을 높이려는 행정 방식이라 할 수 있다.

광역행정은 광역주의(Area-Wide Principle)에 기초하고 있다.[3)]

광역주의는 행정기능을 수행할 때 행정구역을 주민의 생활권, 경제권, 교통통신 권역 등에 일치시킴으로써 단일행정권 위주의 제약성을 극복해 보자는 것이다.

이러한 광역주의에 기초한 광역행정(Area-Wide Administration)은 능률성과 민주성을 조화시키는 기능을 담당하고 있다. 행정의 광역적 처리를 통해 능률성을 확보하는 것은 당연한 논리이며, 또한 하급 지방정부에서 처리하기 어려운 사무를 상급 지방정부로 이관하여 광역적으로 처리할 경우 지방정부 사무가 바로 중앙정부의 사무로 이관되는 것을 방지함으로써 민주성도 함께 확보할 수 있다.

2) 광역행정의 성격

(1) 지방분권의 유지 · 강화

광역행정은 기존 지방자치단체의 관할구역을 넘는 행정수요를 처리하는 방식이기 때문에 중앙정부나 상급자치단체로의 권한 이양에 의하지 않고 자치단체들이 스스로 협력하여 문제를 해결할 수 있다. 따라서 광역행정은 중앙정부나 상급자치단체로 권한이 이양되지 않도록 하는 수단이 됨으로써 지방분권 체제를 유지하거나 강화할 수 있도록 하는데 기여하게 된다.

(2) 기능배분의 재편

광역행정은 기존 자치단체의 관할구역을 넘는 넓은 구역에서, 새로운 협력적 행정단위를 형성하여 그 협력행정단위와 기존 자치단체간의 기능의 재분담을 도모하는 계기가 된다. 이러한 광역행정의 방식을 도입하면 결과적으로 기존의 기능배분 뿐만 아니라 지방행정구역과 계층구조의 재편성에도 영향을 미치게 된다.

(3) 제도와 변화의 조화

지방자치단체의 구역 · 계층구조 · 기능배분 등은 법령이나 제도를 통해 이루어졌기 때문에 쉽게 변경이 불가능하다. 그러나 사회 · 경제적인 환경은 급격히 변화하여 양자 간에 괴리가 발생한다. 광역행정은 변화에 신축적으로 적응하기 어려운 현실적인 제약을 해소하는 수단이 될 수 있다(加藤勝美, 1979:444-447).

3) 광역주의는 수행 사무 내용을 기준으로 권한배분적 광역주의와 지역사회 재편적 광역주의로, 정치성 여부를 기준으로 정치적 광역주의와 행정적 광역주의로, 실천 주체를 기준으로 국가적 광역주의와 지방자치적 광역주의로, 사무 범위를 기준으로 포괄적 광역주의와 개별적 광역주의로 구분할 수 있다.

2 광역행정의 필요성

광역행정을 통해 확보할 수 있는 가치(Value)는 여러 가지가 있으나 다음과 같은 것을 들 수 있다(김현조, 2009:358-9).

첫째, 행정 능률의 확보(Establishment of Administrative Efficiency)이다. 가장 적은 비용으로 최대의 성과를 달성하는 것이 능률의 개념이라고 한다면 바로 광역행정은 행정 능률에 직결된다. 즉, 동일한 사무를 여러 단체가 지역별로 동시에 실시할 경우 인력과 재정, 시간 등의 자원이 중복 소요되지만 하나의 광역행정 주체가 사무를 일괄 처리할 경우 많은 자원을 절약할 수 있다.

둘째, 행정 서비스의 균질화(Equalization of Public Services)를 도모할 수 있다. 도시지역과 농촌지역이 행정구역을 달리하여 인접해 있을 때, 도시지역은 세수의 증대로 재정자원이 풍부하여 양질의 행정 서비스를 제공하는 반면, 농촌지역은 재정력이 미약하여 양질의 서비스를 제공하지 못할 때 행정 서비스의 격차가 발생한다. 이처럼 농촌지역 주민들이 동일한 지역에 거주하면서도 행정구역이 다르다는 이유 때문에 차별적 대우를 받게 되는 불합리를 시정하기 위해 광역행정이 요구된다.

셋째, 부존자원의 최적 활용(Optimal Use of Natural Resources)이다. 지방자치단체는 구역의 범위가 좁을수록 부존자원이 적고, 구역을 확대할수록 더 많은 자원을 확보할 수 있다. 따라서 광역행정은 넓은 지역을 하나의 행정 단위로 설정하여 서비스를 제공하는 것이므로 지역 내 자원 보유 지역이 자원 빈곤지역을 보완해 줌으로써 자원의 최적 활용이 가능해진다.

넷째, 지방분권과 중앙집권의 조화(Harmony of Centralization and Decentralization)이다. 광역행정은 지방자치 과정에서 지방의 경제, 사회, 문화적 특수성을 살리고, 중앙정부의 획일적 · 권력적 행정 처리로부터 자치행정을 보호하는 완충적 역할을 담당할 뿐만 아니라 하급 지방정부의 부족한 행정 기능을 상급 정부가 보완해 줌으로써 민주성과 능률성을 조화시키는 수단이 된다.

3 광역행정의 유형

국가별로 실시하고 있는 광역행정의 방식은 다종 · 다양하기 때문에 간단하게 유형을 분류하기는 어려운 일이나 크게 두 가지 기준에 의거하면 다음과 같다.

1) 정부 수준별 분류

어느 수준의 정부에서 광역행정이 이루어지는가를 기준으로 구분한다. 기초자치단체인 시 · 군 수준에서 이루어지는 시 · 군 조합과 같은 기초자치단체간의 광역행정, 광역자치단체 사이에서 이루어지는 수도권행정협의회와 같은 광역자치단체간의 광역행정, 지방국토건설청 · 지방해운항만청 · 지방산림관리청 등 중앙정부의 하급행정기관에 의해 이루어지는 특별지방행정기관의 광역행정으로 유형을 구분할 수 있다.

2) 사업별 분류

광역행정의 형태가 특정사업주의인가 종합사업주의인가에 따른 구분이다. 특정사업주의는 한두 가지의 특정 사무에 대한 광역행정으로 사무위탁, 일부 사무조합, 특별구역, 협의회 등의 공동처리방식이 있다. 종합사업주의는 여러 가지 사무를 종합적으로 처리하는 광역행정으로 연합 · 합병 등의 방식이 있다.

4 광역행정의 촉진요인

1) 생활권 · 경제권의 확대

교통과 통신의 발달에 따라 생활권과 경제권이 지방자치단체의 관할구역을 넘어서 확대된다. 이에 따라 행정수요도 광역적으로 발생하여 광역행정이 필요하게 된다. 특히 대도시와 주변 지역 간에는 광역적으로 처리되어야 할 것이 많다.

2) 산업 · 경제의 고도성장과 지역개발의 추진

산업 · 경제가 고도로 성장함에 따라 산업 및 인구의 지역적 편재, 지역 사이의 격차가 발생하였다. 여기에서 산업입지 및 인구의 균형적 배치 · 분산이 필요하게 되었고, 이에 따라 각 지역에서는 입지조건의 최대한의 개발, 토지이용의 극대화를 꾀하게 되었다. 이와 같은 산업 · 인구의 배치를 위한 정책은 광역적인 정책이 되지 않을 수 없고, 지역조건의 개발사업은 광역적인 사업이 되지 않을 수 없는 것이다. 새로운 광역권을 설정하여 광역행정을 전개하게 된 이유가 바로 여기에 있다.

3) 행정서비스의 평준화의 요청

지방자치단체간에는 행 · 재정력의 격차가 심하기 때문에 어떤 자치단체에서는 행정서비스 수준이 낮은 데도 주민부담이 높고, 반대로 어떤 자치단체에서는 행정서비스 수준이 높은 데도 주민부담은 낮은 불균형 현상이 나타나는 경우가 적지 않다. 이에 행 · 재정력이 빈약한 자치단체와 그것이 부강한 자치단체를 포괄하는 광역적 단위에서 행정서비스의 지역간 균질화와 주민복지의 국민적 평준화를 기하는 방법을 강구할 필요성이 생기게 되었다.

4) 규모의 경제에 대한 요청

기업에 있어서 대량생산이 일정한 단계까지는 한계생산비용을 절감시키고 기술혁신과 경영합리화를 통하여 생산성을 향상시킬 수 있듯이, 행정에 있어서도 막대한 투자재원을 필요로 하는 시설(예컨대 분뇨처리장 등)을 각 자치단체별로 설치 · 운영하는 것보다 몇 개의 자치단체가 합동으로 설치 · 운영하면 규모의 경제(Economy of Scale)를 누릴 수 있다.

이에 자치단체 사이의 중복투자, 행정서비스의 구역외 유출, 소규모투자의 비경제성 등을 해소하기 위하여 광역행정체제가 발전하였다.

5) 행정능력 향상의 요청

산업 · 경제정책 및 지역개발사업을 능률적으로 수행해 나가기 위해서는 고도의 행정능력이 절실히 필요한데, 소규모적인 지방자치단체는 인재, 재정력, 행정기술 중 어느 하나도 제대로 구비하지 못하는 경우가 많기 때문에 행정능력의 강화를 위하여 보다 광역을 관할하는 자치단체 또는 행정단위로 행정체제를 바꾸지 않을 수 없게 되었다.

우리나라의 읍 · 면자치제를 군자치제로 바꾸었던 것이나 일본의 시 · 정 · 촌 합병 등도 모두 이 때문이었다 하겠다.

6) 대도시화의 급격한 진전

오늘날 대도시화가 급격히 진전됨으로써 광역행정이 촉진된다. 대도시화가 급속히 진전됨에 따라 중심도시는 위성도시 및 근교지역을 흡수하여 도시집합을 이룸으로써 광역도시권 형성이 보편화되고 있다. 이렇게 형성되는 광역 도시권은 주변 도시부의 도시화로부터 시작하여 근교지역의 주택지개발에 따른 주거지의 확산, 배후지역 인구의 도시집중에 따른 도시과밀화와 도시권의 확대 등으로 이어진다. 이에 따라 주변지역 주택난, 도심부에서의 과밀과 생활환경 악화가 심화되고 이로 인하여 위성도시의 발전과 교외주택지에 대한 영향권의 확대, 상권 · 교통권 확대 등이 진행된다.

이러한 광역도시권 내에서의 사회 · 경제적 기능은 상호의존적이기 때문에 제반 행정문제는 인접 자치단체의 행정구역을 포함하는 광역권을 대상으로 하여 대처하여야 행정의 능률성, 경제성, 합목적성을 높일 수가 있다. 이에 광역행정이 촉진되게 된 것이다.

7) 광역적 행정수요의 증대

대도시권에 있어서의 공공사무에는 특히 대도시와 주변지역간에 광역적으로 처리되지 않으면 안 되는 것이 많다. 상 · 하수도, 도로 · 교통, 쓰레기 · 오물처리, 도시계획, 보건 · 복지시설, 운동장 · 공원 등이 모두 그러한 것들이다. 이러한 사항들은 대도시권 안의 여러 자치단체의 관할구역에 걸쳐서 광역적으로, 여러 자치단체의 협력에 의하여 처리되지 않으면 안 되는 것들이다.

5 광역행정의 운영 방식

1) 공동처리 방식

공동처리방식이란 둘 이상의 지방자치단체가 상호 협력관계를 형성하여 광역적 사무를 공동으로 처리하는 방식을 말한다. 공동처리방식은 자치단체가 단독으로 처리할 수 없는 사무를 상호간의 제휴나 협력을 통하여 처리함으로써 사무처리의 융통성과 효과성을 제고할 수 있는 장점이 있는 반면, 연대성이 희박하기 때문에 이해관계가 서로 대립하게 될 때에는 협력관계가 무너지기 쉬운 단점이 있다.

(1) 협의회

협의회는 둘 이상의 지방자치단체가 광역적 계획의 수립 등 공동의 이해관계가 걸려 있는 사무를 처리하기 위해 협의기관을 설치하는 방식이다. 이것은 법인격이 부여되지 않은 단순한 협의 차원의 조직이기 때문에 각 지방자치단체는 독립성을 유지하면서 공동의 문제를 해결할 수 있다. 따라서 사무 처리의 효과는 협의회가 아니라 각 지방자치단체에 귀속되므로 협의조직의 주체성이 가장 낮은 협력 방식이라 할 수 있다. 그런 면에서 협력의 실질적인 효과는 크지 못한 특징이 있다. 우리나라에서도 협의회 방식을 현재 채택하고 있다.

(2) 일부사무조합

지방자치단체의 사무의 일부를 처리하기 위해서 둘 이상의 자치단체가 계약에 의해 새로운 법인으로 조합을 설치하는 방식이다. 사무 처리의 효과가 조합에 귀속하며 협력의 효과는 협의회의 경우보다 크다고 할 수 있다.

(3) 공동기관

둘 이상의 자치단체가 그 기관 간소화, 전문직원 확보, 재정절약 등을 위하여 계약에 의하여 기관장, 위원, 직원, 부속기관 등을 공동으로 두는 방식이다. 일본, 독일, 영국 등에서 이 방식을 채택하고 있다.

(4) 사무위탁

둘 이상의 자치단체가 계약에 의하여 자기 사무의 일부를 상대방에 위탁하여 처리하는 방식이다. 우리나라에서도 이를 채택하고 있다.

(5) 파견

이는 다른 자치단체의 직원을 파견 받아서 그의 협력을 얻어 사무를 처리하는 방식이다.

(6) 연락회의

두 개 이상의 자치단체가 서로 관련되는 사무를 원활하게 처리하기 위하여 각 자치단체의 대표로서 구성하는 연락회의를 두는 방식이다. 단순한 소통과 연락을 위한 기구이기 때문에 전술한 협의회보다도 실효성이 약한 편이다.

2) 연합 방식

연합 방식은 두 개 이상의 지방자치단체가 독립적인 법인격을 그대로 유지하면서 광역적 사무를 공동 처리하기 위해 새로운 광역정부를 창설하는 것이다. 이것은 지방자치단체 간의 자발적인 협약에 의해 성립되므로 기존 자치단체의 독립적 권한과 의도가 연합정부에 상당 수준 수용된다는 점에서 조합 방식과 유사하다. 그러나 조합 방식은 대체로 특정 분야 사무 한두 가지만을 전문적으로 처리하는 반면, 연합 방식은 하급정부에서 다루기 곤란한 다수의 광역적 사무를 주도적으로 처리할 뿐만 아니라 상급정부로서의 위상과 기능을 수행하고 있

다는 점에서 양자는 구별된다. 연합 방식에는 자치단체연합, 도시공동체, 복합사무조합 등이 있다.[4)]

(1) 자치단체연합

자치단체연합은 일정한 광역권 안에 있는 여러 자치단체가 특별자치단체적인 성격을 가진 연합체를 구성하여 상·하수도, 도로·교통, 도시·지역계획, 주택·공원·운동장, 보건·위생, 교육·사회복지, 경찰 등의 일정한 사무를 그 연합체에서 처리하도록 하고, 나머지 사무는 각 자치단체가 계속 처리하는 방식이다.

(2) 도시공동체

도시공동체는 대도시권에 있는 기초자치단체가 광역적인 도시계획을 실시하거나 공공시설을 설치할 경우에 보다 효율적인 추진을 위하여 광역적 자치단체나 행정단위를 구성하는 방식이다. 이러한 방식은 프랑스와 캐나다 등에서 채택하고 있다.

(3) 복합사무조합

이는 둘 이상의 지방자치단체가 계약에 의하여 몇 가지 광역적 사무를 동시에 처리하는 별도의 법인인 조합(Multi-Union)을 설립하여 광역행정을 수행하는 방식이다.

이러한 방식은 각 사무마다 전술한 바와 같은 일부사무조합이 설립되어 책임소재의 다원화, 연락조정의 곤란, 사무처리의 중복이 발생하는 등의 폐단을 제거하고, 하나의 조합에서 복수의 사무를 복합적으로 처리함으로써 사무처리의 종합성을 도모함과 아울러 조합의 주체성을 더 높여 준다. 그러나 이 방식에서는 조합에 가입한 각 자치단체의 독자성이 그대로 보존되기 때문에, 그 조합의 통합성이 후술하는 전부사무조합의 수준에 이르지는 못한다.

이러한 복합사무조합은 프랑스와 일본에서 채택되고 있으며, 우리나라에서도 채택하고 있다.

---

4) 연합 방식에 의한 광역행정은 캐나다의 토론토 시가 대표적이다. 토론토시연합은 토론토 시를 포함하여 13개의 시·읍이 합의하여 구성한 연합정부로서 의회와 집행부가 있지만 통상 의장이 겸직하는 체제이다. 의회는 토론토 시에서 12명, 기타 지역에서 12명을 선발하여 도합 24명으로 구성되고, 집행부는 토론토시의회 의장 1명과 의회에서 선임하는 2명, 그리고 기타 지방자치단체 의회에서 호선하는 2명을 합하여 도합 5명으로 구성되었다(한원택, 2000:352-354). 그러나 최근 행정구역의 광역적 개편으로 6개 지방정부로 축소되어 운영하고 있다. 의회는 34명의 의원으로 구성되고, 집행부는 연합체의장과 각 지방단체장 6명, 공선되는 7명의 의원을 합해 도합 14명으로 구성된다(박희서, 2001).

3) 통합방식

통합방식은 일정한 광역권 안에 여러 자치단체를 포괄하는 단일의 정부를 설립하여 그 정부의 주도로 잡다한 광역사무를 처리하게 하는 방식이다. 이러한 통합정부는 광역사무에 관해 주도적으로 계획하고 집행한다는 점에서 연합 방식과 구별된다. 즉, 광역권 안의 여러 자치단체를 통합하여 광역사무를 능률적 · 경제적으로 추진하는 것은 물론이고 자원을 균형있게 배분할 수 있는 장점을 가진다. 그러나 이 방식에 의하면 통합 이전 각 자치단체의 개별적 특수성이 무시되는 경향이 있을 뿐만 아니라 주민참여가 어려워지는 등의 폐단이 초래될 우려가 있다. 이러한 통합 방식에는 합병, 흡수통합, 전부사무조합, 광역자치단체, 특별구역, 구역확장 방식이 있다.

(1) 합병

합병은 자치단체를 몇 개 폐합하여 하나의 법인격을 가진 새로운 자치단체를 신설(Annexation)하는 방식이다.

일본에서는 1953년에 시 · 정 · 촌 합병촉진법을 제정하여 정 · 촌을 폐합하는 작업을 계속한 결과, 전국적으로 약 1만개에 달하던 시 · 정 · 촌이 3,900여개로 감소되었고, 1999년 지방분권화추진일괄법 제정 이후에도 꾸준히 그 폐합을 계속하여 2006년에 1,800개 정도로 감소하였다.[5] 또한 1960년대 이후 영국, 독일, 벨기에, 덴마크, 스웨덴 등 세계 각국에서 자치단체 합병이 대대적으로 단행된 바 있다.[6]

이러한 합병과 유사한 방식으로 구역확장(Expansion) 방식이 있는데, 이것은 인접영역의 부분적 흡수라는 점에서 그 전면적 흡수를 의미하는 합병과 다르나, 그 근본은 합병과 같은 것이라고 할 수 있다.

이 방식은 광역사무의 처리가 신속 · 용이하고 비용이 절약되는 장점을 가지고 있으나, 주민의 세금증가 우려 등으로 반대운동이 일어나는 경우가 많기 때문에, 그 채택에 특히 신중을 기하여야 한다(최창호, 2009:680-1).

---

5) 田中 健. "日本市町村合併と地域自治組織", 주민자치시대 동네자치와 읍면동제의 개혁(지방행정연구소 주최, 자치제도발전 정책토론회 발표논문, 2005. 11. 3), p. 21.

6) 1960년대에서 2000년대사이의 각 나라 지방자치단체 수의 변동 상황은 다음과 같다.
〈기초자치단체〉
독일: 24,282 → 14,805, 스페인: 9,241 → 8,082, 스웨덴: 1,037 → 278, 네덜란드: 1—015 → 647
일본: 1,0443 → 1,822 벨기에: 2,359 → 589, 핀란드: 547 → 460, 노르웨이: 744 → 439
영국: 1,827 → 431, 덴마크: 1,097 → 273, 오스트리아: 3,999 → 2,301

(2) 흡수 통합

흡수 통합은 하급자치단체가 가지고 있던 권능 또는 지위를 상급자치단체가 수직적으로 흡수 통합하는 방식을 말한다. 여기에는 권능에 대한 흡수 통합과 지위에 대한 흡수 통합의 방식이 있다. 전자는 상급정부로의 사무 이관을 의미하며, 후자는 하급정부의 폐지를 의미한다. 우리나라에서 지위에 대한 흡수 통합 사례는 1960년대 초 기초자치단체로서 존립했던 읍과 면이 상급계층인 군에 흡수되면서 폐지된 것이 여기에 해당한다.

(3) 전부사무조합

전부사무조합은 두 개 이상의 지방자치단체가 계약에 의하여 그 자치단체들의 모든 사무를 종합적으로 처리할 조합을 설치하여 기존의 각 자치단체를 사실상 소멸시키는 방식이다. 이는 일종의 자연적인 합병방식이라고 할 수 있다.[7)]

전부사무조합은 일본에서 채택되고 있으나 실제로 구성된 일은 없으며, 우리나라의 경우는 후술하는 바와 같이 과거에는 채택된 바 있으나, 현재에는 채택되고 있지 않다.

(4) 광역자치단체

지방자치단체 사이의 광역사무를 처리하기 위하여 해당 자치단체 전체를 관할하는 광역자치단체(Regional Government)를 새로 설립하는 방식이다. 이 방식은 그 나라의 지방제도에 있어서 자치계층의 증설을 초래한다는 점에서 다른 방식과 다른 특징을 가지고 있다.

프랑스의 1980년대 지방제도개혁에서 종래의 2층자치제에 새로운 광역자치계층인 Région을 추가로 증설하여 3층자치제를 채택한 것, 캐나다의 1998년 지방제도개혁에서 토론토와 그 주변 자치단체를 통폐합하여 하나의 광역도시를 구성한 것 등이 그 좋은 예가 된다.

4) 특별구역

특별구역방식은 특수한 광역적 사무를 수행하기 위하여 일반행정구역 또는 자치구역과는 별도의 구역(Special District)을 정하는 방식이다. 항만관리구, 하수처리구, 홍수대책구, 산불방지대책구, 공원구 등이 그 예가 될 수 있다.[8)]

---

7) A. F. Leemans, *Changing Patterns of Local Government*(The Hague: International Union of Local Authorities, 1970), p. 137.

8) 일부사무조합 방식도 결국 특별구역을 설치하는 결과가 되나, 그것은 둘 이상의 자치단체 사이의 협력에 의하여 발생되는 것인 데 비하여, 이 특별구역 방식은 법령 등에 의하여 지방자치구역 자체를 그렇게 정하는 것인 점에 차이가 있다.

10.3 지방자치단체간의 분쟁관계

1 분쟁관계의 의의

1) 분쟁관계의 의미

복수의 행동주체간의 갈등관계가 구체적인 쟁점을 중심으로 발전하여 어떤 장애가 형성된 상태를 분쟁관계라고 한다. 따라서 분쟁은 갈등관계가 구체적인 쟁점을 중심으로 현재화하여 어떤 새로운 국면의 전개가 없는 한 위기나 파국으로 치달을 수 있는 심각한 상태를 의미한다고 하겠다.

이러한 분쟁의 개념을 지방자치단체간의 분쟁(자치단체와 국가간 분쟁 포함)에 한정하여 볼 때에는, 지방자치단체간에 권한 · 이해관계 등이 서로 얽혀 각자의 목표성취의 기회가 상대방에 의하여 장애를 받음으로써 새로운 국면전개가 없는 한 위기나 파국에 직면하게 될 심각한 상태를 의미한다고 할 수 있다(최창호, 2009:661).

2) 분쟁관계의 특징

지역간 분쟁에는 여러 가지 특징이 있으나, 그 중 중요한 것만 몇 가지 지적하면 다음과 같다.[9]

(1) 다양성

지방자치단체간 분쟁이라고 하지만 그 실제에 있어서는 기초자치단체 상호간의 분쟁, 광역자치단체간의 분쟁, 기초자치단체와 광역자치단체 상호간의 분쟁, 광역자치단체와 국가간의 분쟁, 기초자치단체와 국가간의 분쟁 등 다양하다. 뿐만 아니라 지방자치단체의 이익추구의 내용에 따라 분쟁의 내용이 다양하며, 지방자치의 사무와 기능이 전문화함에 따라 이러한 지방자치단체간 분쟁의 양상은 더욱 복잡해진다.

(2) 필연성

국민의 생활권역의 확대와 경제의 국민경제로의 발전에 따라 오늘날의 지방사무는 하나의 지방자치단체의 능력만으로는 효율적으로 처리될 수 없고 여러 지방자치단체가 상호 연

9) 한국지방행정연구원, 「지방자치단체간 분쟁조정방안」, 1994, pp. 8~11.

계하여 공동적으로 처리하지 않으면 안 되는 사무가 계속 증가하고 있기 때문에 지방자치단체 상호간의 협력은 필연화하고 있는데, 이러한 협력의 과제를 놓고 상호간의 갈등이 어쩔 수 없이 발생하게 됨으로써 이것이 분쟁으로 이어지게 된다.

(3) 해결곤란성

지방자치단체간의 분쟁은 그 발생원인이 다원적이고 이질적이어서 그 해결방법이 매우 어렵다. 뿐만 아니라 지방자치의 사무와 기능이 전문화되어 감에 따라 제기되는 지방자치단체간의 분쟁의 대상도 전문적 지식과 연관되어 있기 때문에 그 해결에 다양한 전문적 지식을 요한다.

2 분쟁관계의 유형

1) 분쟁주체에 의한 분류

분쟁당사자의 법적 지위 등 상호관계에 따라 광역자치단체간 분쟁과 기초자치단체간 분쟁인 수평적 분쟁과 광역자치단체와 기초자치단체간 분쟁 및 중앙정부와 자치단체간 분쟁인 수직적 분쟁으로 나눌 수 있다.

2) 분쟁내용에 의한 분류

(1) 권한분쟁

정부 상호간의 권한의 존부 또는 범위에 관한 분쟁을 포함하는 법적 문제에 관한 분쟁이다.

(2) 이익분쟁

정부 상호간에 각자 이익을 추구하는 과정에서 발생하는 분쟁으로서, 당해 지역에 正의 이익을 초래하는 적극적 이익과 負의 이익을 초래하는 소극적 이익으로 구분할 수 있다.

3) 분쟁원인에 의한 분류

(1) 유치분쟁

자기 지역에 이익이 되는 조치 혹은 시설의 입지를 당해 지역으로 유치하려는 과정에서 일어나는 분쟁으로서 일명 PIMFY적 이기주의에 의한 분쟁이다.

(2) 기피분쟁

자기 지역에 불이익이 되는 조치 또는 시설의 입지를 당해 지역으로부터 기피하려는 과정에서 일어나는 분쟁이며, 일명 NIMBY적 이기주의에 의한 분쟁으로 일컬어진다.

3 분쟁관계의 원인

지방자치단체간의 분쟁은 매우 다양한 원인에 의하여 발생한다. 지방행정의 자율성과 독자성을 강조하는 지방자치의 본질상 분쟁이 발생할 수도 있고 자치에 참여하는 사람들의 인식과 행태상의 차이로 인하여 분쟁이 발생할 수도 있다. 여기서는 다양한 분쟁원인 중에서 특히 중요하다고 생각되는 몇 가지를 설명하기로 한다(김영종, 2000:391-393).

1) 지방자율성의 증대

지방자치의 실시는 국가권력의 분권화, 즉 중앙정부에 집중된 권력을 지방으로 분산시킴으로써 지방자치단체의 자율성을 증대시킨다. 이런 권력구조의 변동은 광역행정의 처리에 있어서 중앙정부와 지방자치단체는 물론이고 지방자치단체 상호간의 협력을 어렵게 하고 나아가 권한이나 이익을 둘러싸고 분쟁을 일으키는 원인이 된다.

예컨대 도시계획의 수립과정에서 발생하는 분쟁을 보면 지방자율성의 증대가 어떻게 지방자치단체간 분쟁을 유발하는지 잘 알 수 있다. 도시계획법상 도시계획승인권은 국토교통부장관에게 있지만 입안은 당해 지방자치단체의 장에게 있다. 도시경계구역에 공업지역을 지정하고자 하는 경우에는 인근지역의 유해물질배출 때문에 사전에 관련 지방자치단체간에 조정을 할 필요가 있다. 그런데 만약 이러한 조정을 하지 않고 도시계획을 수립 · 집행하거나, 조정자체가 원만하게 이루어지지 않는 경우에는 자치단체 상호간에 분쟁이 발생하게 되는 것이다.

2) 상호의존성의 증가

교통 · 통신과 산업의 발달에 의한 생활권의 확대는 광역행정수요를 크게 증가시키고 있으며 이런 행정과정에서 관련 지방자치단체는 불가분의 관계를 맺게 된다. 상호 정보교환,

공동사업계획의 수립 및 비용의 분담, 그 밖의 여러 가지 협조 등이 발생하게 되는 것이다.

그 중에서도 사업계획의 공동추진이나 비용분담과정에서는 사업의 목적, 효과 또는 자원의 부담능력 등에 있어서 자치단체별 입장이 다를 수도 있어 흔히 분쟁이 발생하게 된다.

3) 자원의 제약

지방자치단체간에 발생하는 분쟁 중에서 전형적인 것은 자신의 자원을 극대화하거나 자원의 극소화를 방지하기 위하여 취하게 되는 자치단체의 자세가 서로 충돌함으로써 발생하는 것이다. 첨단산업시설이나 편익시설의 설치를 위한 자원은 한정되어 있는데 지방자치단체가 서로 이를 유치하려고 하다보면 분쟁이 발생하며, 또한 관련사업의 자원동원을 둘러싸고 서로 적게 동원하려고 하다보면 분쟁이 발생하기도 한다.

4) 지역이기주의

공동체로서의 사회전체 이익, 즉 공익보다 특정지역의 이익을 앞세우는 것이 지역이기주의이다. 이런 지역이기주의는 다양한 형태로 표출되고 있는데 그 중에서도 지방자치단체나 지역주민들의 혐오시설의 자기지역내 설치를 반대하는 이른바 NIMBY현상이 가장 전형적인 것이라 할 수 있다.

우리나라에서 쓰레기처리시설을 둘러싸고 지방자치단체간에 급증하고 있는 분쟁이 바로 이런 지역이기주의에서 연유된 것이라 할 수 있다.

5) 목표의 상반

둘 이상의 지방자치단체가 상반되는 목표를 추구할 때에 한쪽의 목표달성이 다른 쪽의 목표달성을 방해하는 것으로 받아들여짐으로써 승·패의 상황이 조성되어 갈등과 분쟁이 야기되기도 한다.

6) 인식의 차이

지방자치단체간에 공동으로 의사결정을 할 대상사안에 대한 인식의 차이가 있는 경우에 그것이 분쟁으로 발전할 수 있다. 각 자치단체는 환경여건이나 재정력의 차이에 따라 구체적인 정책수행에 있어 그 정책이나 계획의 우선순위에 대한 인식의 차이가 있게 마련이다.

4 분쟁관계의 해결 방안

지방자치단체간의 분쟁은 정책수행의 왜곡과 지연 및 행정능률의 저하와 사회통합 · 국가발전의 저해를 초래하기 때문에 반드시 해결되어야 한다.

분쟁으로 인한 피해를 최소화하기 위해 해결하는 시기는 빠를수록 좋다. 갈등구조가 발전하여 분쟁으로 이어지게 되면 더욱 문제가 복잡해지게 된다. 따라서 분쟁이 돌이킬 수 없는 심각한 상황으로 진입하기 전에 초동단계에서 해결하도록 하여야 한다.

지방자치단체간의 분쟁문제가 근원적으로 해결되려면 궁극적으로는 협력문화(Associative Culture)가 형성되어야 한다. 자신의 이익에만 집착하고 목전의 이익을 위해서 수단과 방법을 가리지 아니하는 문화풍토 속에서는 아무리 협력을 강조하고 분쟁해결 방법을 제도화하더라도 효력이 없다.

분쟁을 해결하는 주체는 제1차적으로 분쟁 당사자이고, 당사자간에 해결이 안될 때에는 제3자가 이에 개입하게 된다.

당사자간 분쟁해결방법은 분쟁 당사자들이 직접 협상을 통하여 분쟁을 해결하는 방법으로서, 그 해결책의 수용가능성과 분쟁의 실질적 해소에 더 접근할 수 있다는 점에서 보다 바람직한 방법이라고 할 수 있다.

제3자에 의한 분쟁해결방법은 분쟁에 제3자가 개입하여 당사자간의 협상을 돕거나, 독자적인 해결책을 제시하여 이를 당사자들이 받아들이도록 함으로써 분쟁을 해결하는 방법으로서, 이를 넓은 의미의 조정방법이라 한다. 이 중 제3자가 독자적 해결책을 제시하여 이를 당사자들이 받아들이도록 하는 방법에는 소송제도와 협의의 조정제도[10]가 있다(최창호, 2009:665).

5 분쟁조정제도

1) 분쟁조정제도의 의미

분쟁조정이란 제3자에 의한 객관적인 견지에서의 분쟁의 해결을 말한다. 따라서 지방자치단체간의 분쟁조정제도는 지방자치단체간의 분쟁에 제3자가 개입하여 객관적 견지에서

10) 협의의 조정제도, 즉 강제성을 가지는 중재제도를 '대체적(代替的) 분쟁조정제도'(Alternative Dispute Resolution)라고 한다. 그것은 법원의 소송절차에 대체하여 그와 같은 효력의 분쟁해결을 할 수 있는 제도라는 뜻이다.

이를 해결하는 제도를 말한다고 하겠다.

지방화, 지방분권화 시대에 지방자치단체간에 분쟁이 많이 발생하고 있으며, 특히 주민 직선 자치단체장이 출현한 이후에 더 많은 분쟁이 발생하고 있으므로 지방자치단체간, 지방자치단체장간의 분쟁의 조정문제는 매우 중요한 현안 문제로 등장하고 있다(최창호, 2009:666).

2) 외국의 분쟁조정제도

선진국들의 경우 지방자치단체 간의 분쟁은 대부분 사회적인 문제로 비화하지 않도록 사전적 조정으로 해결하고 있다.

자치단체 간의 분쟁이 계속되는 경우에는 전문적 분쟁조정 기구를 통해 사후적 조정을 하는데, 그 중 대표적인 것은 다음과 같다(김영수, 1994:93-135).

(1) 미국의 ADR(Alternative Dispute Resolution)

미국에서는 분쟁을 법원의 소송에 의하지 않고 중립적 제3자가 최종적으로 해결하게 하는 ADR(대체적 분쟁 제도)을 채택하고 있는 경우가 많다. 버지니아와 위스콘신에서 사용된 ADR 제도를 살펴보면 다음과 같다.

① 지방정부위원회(Commission on Local Government) : 버지니아

1980년 이후 버지니아 주는 지방정부 간 분쟁을 중재하기 위해 지방정부 위원회를 설치하여 정치, 행정, 법률 관련 전문가들이 참여했다. 이 위원회는 주 안에서 지방정부 간 중재와 협상 촉진의 기능을 수행하는 바, 협상에 참여할 각 지역의 협상 대표를 선정하고 법원이 분쟁에 관해 결정을 내릴 때에는 이에 조언하는 것이다.

② 쓰레기시설입지분쟁위원회 : 위스콘신, 매사추세츠

위스콘신 주와 매사추세츠 주에서는 시설 입지에 관해 주 전체의 이익을 조정하기 위해 쓰레기시설입지분쟁위원회를 설치했다. 이 위원회는 쓰레기시설의 입지에 관한 시설개발업자와 지방정부 간의 분쟁을 해결했다.

(2) 일본의 자치분쟁 조정제도

일본의 광역자치단체 간 분쟁은 총무대신이, 기초자치단체 간의 분쟁은 광역자치단체의

지사가 당사자의 신청이나 직권에 의해 조정에 회부할 수 있다(일본 지방자치법 제251조의 2). 자치분쟁 처리위원은 3명으로 뛰어난 식견을 가지는 사람 중에서 총무대신 또는 도도부현(都道府縣) 지사가 각각 임명한다. 이 경우에 대해서는 총무대신 또는 도도부현 지사는 미리 해당 사건에 관계가 있는 사무를 담임하는 각 대신 또는 도도부현의 위원회 혹은 위원에게 협의하는 것으로 한다(일본 지방자치법 제251조).

3) 한국의 분쟁조정제도

(1) 감독기관의 분쟁조정

지방자치단체간 분쟁에 있어 시 · 도 또는 그 장이 그 분쟁 당사자인 때에는 행정자치부장관이, 시 · 군 · 자치구 또는 그 장이 당사자인 때에는 시 · 도지사(시 · 도를 달리하는 시 · 군 · 자치구 또는 그 장이 당사자인 때에는 행정자치부장관)가 이를 조정할 수 있다(지방자치법 제148조).

이러한 감독기관에 의한 분쟁의 조정은 분쟁당사자의 신청 또는 감독기관의 직권으로 할 수 있고, 조정을 하고자 할 때에는 중앙행정기관의 장과의 협의를 거쳐 지방자치단체분쟁조정위원회의 의결에 따라 행하여야 한다.

분쟁조정 결정사항이 성실히 이행되지 않는 때에는 그 조정결정기관은 기간을 정하여 그 이행을 명령할 수 있고, 그 기간 안에 이를 이행하지 아니한 때에는 해당 자치단체의 비용부담으로 대집행할 수 있다.

(2) 지방자치단체 분쟁조정위원회

지방자치단체 간의 분쟁 조정과 행정협의회 협의 사항의 조정에 필요한 사항을 심의 · 의결하기 위하여 행정자치부에 지방자치단체 중앙분쟁조정위원회와 시 · 도에 지방자치단체 지방분쟁조정위원회를 둔다(지방자치법 제149조). 이 위원회는 분쟁에 관한 최종 결정을 할 수 있는 기관이 아니고 행정자치부장관 또는 시 · 도지사가 조정에 필요한 사항을 심의 · 의결하기 위한 심의 · 의결기관이다.

분쟁조정위원회는 11인의 위원으로 구성되며, 위원 중 6인은 당연직 소속 공무원이고, 5인은 지방자치사무에 관한 학식과 경험이 풍부한 자 중 임명 또는 위촉되는 위원으로서, 중앙조정위원회에서는 행정자치부장관의 제청으로 대통령이, 지방조정위원회에서는 자치단체의 장이 임명 또는 위촉한다.

(3) 환경분쟁조정위원회

환경오염에 따른 분쟁의 조정을 위해 환경부에 중앙환경분쟁조정위원회를, 시 · 도에는 지방환경분쟁조정위원회를 둔다(환경분쟁조정법 제4조). 환경분쟁조정위원회는 알선, 조정 및 재정을 한다. 환경분쟁조정위원회는 중대한 환경 피해가 발생하여 이를 방치하면 사회적으로 중대한 영향을 미칠 우려가 있다고 인정되는 경우의 분쟁으로서 대통령령이 정하는 분쟁에 대해서는 당사자의 신청이 없는 경우에도 직권으로 조정 절차를 개시할 수 있다(환경분쟁조정법 제30조).

(4) 헌법재판소

헌법 제111조에는 "국가기관 상호간, 국가기관과 지방자치단체간 및 지방자치단체 상호간의 권한 분쟁에 관한 심판"에 관한 사항이 헌법재판소의 소관 사항으로 규정되어 있다(헌법 제111조 ①항 4호). 또한 헌법재판소법 제62조 ①항 3호에는 지방자치단체 상호간의 권한쟁의 심판의 종류를 구분하고 있다. 즉, 특별시 광역시 또는 도 상호간의 권한쟁의 심판, 시 · 군 또는 자치구 상호간의 권한쟁의 심판, 특별시 광역시 또는 시와 시 · 군 또는 자치구간의 권한쟁의 심판을 관할하도록 규정하고 있다.

4) 분쟁조정의 바람직한 방향

지방자치단체 사이에 발생하는 분쟁은 사후적 해결보다는 사전적 조정이 바람직하다. 지방자치단체간에 발생하는 분쟁은 대부분 인접한 자치단체끼리 야기된다. 따라서 이들 자치단체들은 주민과 지방의원들 사이의 소통을 강화하거나 공통모임이 가능한 각종 단체를 설치 · 운영함으로써 분쟁발생을 사전에 예방할 수 있다. 인간과 인간간의 분쟁은 상호간 대화부족에서 발단되기 쉽다. 인접하는 지역의 공직자와 지방의원, 전문가와 기업가 그리고 일반주민들이 평소 동일한 단체나 모임에서 함께 활동함으로써 상호간에 공동체 의식을 공유하고 있을 때, 분쟁의 발생은 사전에 차단될 수 있기 때문이다.

우리나라 지방자치단체간의 분쟁에 관하여, 그 사전적 조정제도라 할 수 있는 행정협의회, 지방자치단체조합, 사무위탁 등의 제도는 잘 정립되어 있음에도 불구하고, 협력문화의 미성숙으로 제대로 활용되지 않고 있다. 따라서 기존의 제도적 장치에 대해서는 관계법령을 개정하여 그 권한의 범위를 확대하거나 분명히 하고, 나아가 자치단체간 자율적 분쟁관리체제를 자유로이 설치 · 운영할 수 있도록 권한을 부여해야 하며, 이들 장치에 대해서는 중앙정부의 관여를 가급적 최소화시켜야 할 것이다. 특히 기초자치단체간의 분쟁에 대해서는 광역자치단체에서 조정할 수 있도록 권한을 대폭 위임해야 한다.

뿐만 아니라 자치단체간 분쟁의 효율적 조정과 관리를 위해서는 이미 법적 지위를 인정받은 전국시도지사협의회, 전국 시장 · 군수 · 구청장협의회, 전국 시 · 도의회 의장협의회, 전국 시 · 군 · 구의회 의장협의회 등과 같은 4대 자치단체연합회를 적극적으로 활용할 필요성이 높아지고 있다. 지방의 활력이 점차 증대되어감에 따라 이들 단체의 활동도 늘어나게 될 것이며 각종 지방정부간 분쟁도 이들 단체를 통해 해결할 수 있어야 한다. 그러므로 지방자치발전에 관한 중대한 역할을 할 수 있고, 지방정부간의 분쟁조정은 물론 중앙과 지방간의 분쟁조정역할까지 수행할 수 있는 이들 단체들이 적극적으로 활동할 필요가 있다(최봉기, 2009:455).

분쟁을 발전적으로 해소하기 위해서는 분쟁을 병리현상을 보는 편협한 시각에서 탈피하여 분쟁원인에 대한 폭넓은 조사 · 연구와 체계적인 대책강구에 주력하여야 한다. 아울러 분쟁 유형별 조정의 절차와 모델의 개발도 있어야 한다. 그리고 분쟁원인의 조사 · 연구, 분쟁조정과 절차와 모형의 개발, 분쟁조정기법의 활용 등을 도모하기 위하여 분쟁조정 전문가를 양성하는 교육 · 훈련프로그램의 개발, 교육기관의 설치도 필요하다고 하겠다.

제11장

지방자치단체와 주민과의 관계

11.1 주민

1 주민의 의의와 지위

1) 주민의 의의

지방자치단체의 주민은 당해 자치단체의 구성요소로서 자치운영의 원천이다. 주민은 스스로 자치정부를 구성하며 자기사무를 자율적으로 처리함으로써 지방자치를 구현하게 된다. 이는 바로 주민자치의 원리이기도 하다. 또한 이러한 주민은 지방자치단체의 서비스행정의 수혜대상이기도 하다. 자치단체는 주민의 복지증진을 위해 각종 생활서비스를 제공하게 되며, 따라서 관내 주민을 일차적 수혜대상으로 하게 된다(장병구, 2000:125).

지방자치법은 지방자치단체의 구역 내에 주소를 가진 자는 그 자치단체의 주민이 된다고 규정하고 있다(지방자치법 제12조). 따라서 본인의 의사와 주민등록과 관계없이 주민이 된다. 여기서 주소라 함은 자연인의 경우 생활의 본거지를 의미하며, 법인의 경우는 주된 사무소의 소재지를 말한다.

사법상의 주소는 등록 등 공증(公證)행위를 필요로 하지 않고 정주(定住)의 사실만으로 족하다. 그러나 공법관계에 있어 주소는 다른 법률에 특별한 규정이 없으면 주민등록법이 정하는 바에 의하며, 주민등록지를 주소로 본다. 주민등록법은 30일 이상 거주할 목적으로 주소를 가진 자는 주민등록 할 의무가 있음을 규정하고 있으며 주민등록의 이중신고가 금지되고 있는데, 이는 하나의 주소가 참정권 행사 등의 요건으로 전제됨에 따른 것이다.

2) 주민의 지위

(1) 주체적 지위

주체적 지위는 곧 주민이 지방자치단체의 주권자이기 때문에 당연히 주어지는 지위이다. 이 지위는 "주민의, 주민에 의한 지방자치"를 구현하는 지위이다. 즉, 주민은 자치단체의 조직과 운영에 참가하며, 단체의 활동의 근거가 되는 구성원의 역할을 맡는다.

주체적 지위는 또 하나의 차원을 갖는 바, 곧 지방자치단체의 기능이나 활동이 존립 목적이나 기준에 충실한가를 살펴서 따르게 하는 통제자의 역할이다. 이는 지방정치와 행정에서 주민이 정당이나 주민조직 등의 구성원이 되어 지방자치단체의 활동을 비판하고 감시하는 기능과 관련된다(김용래 · 김보현, 1982:331).

그리고 지배자와 피지배자의 동일성이 민주주의의 본질이라고 할 때, 주체적 지위는 지배자의 지위에 해당되는 것이다. 주체적 지위는 평등하고 자유로운 자율인의 집합적 존재로서 주민이 자신의 평등과 자유를 지키고, 또 그들이 겪고 있는 문제를 표현하고 그들의 욕구를 충족시키며, 나아가 인간으로서 존엄을 실현하기 위한 질서나 규칙을 스스로 창조하는 지위이기 때문에 대개 주민에게 권리의 형태로 구체화된다(정재화, 2006:252).

(2) 객체적 지위

객체적 지위는 대개 권리보다는 의무의 형태로 구체화된다. 즉, 주민 전체의 의사로서 지방자치단체가 제정한 법규에 복종하거나 부과하는 의무를 따르는 지위이다. 객체적 지위는 피지배자의 지위이다. 그런데 이러한 피지배자의 지위에 의한 복종 의무는 절대 군주나 봉건 영주에 대한 노예적 복종과는 다른 자발적 복종이다. 즉, 인간의 법규에 대한 복종은 그 법규를 누가 만들었느냐에 따라 성격이 달라지는데(차기벽, 1980:22), 절대 군주나 봉건 영주에 대한 복종은 자신의 의사와 무관하게 만들어진 법규나 질서에 대한 타율적 복종이기 때문이다.

(3) 수익자 지위

수익자 지위는 "주민을 위한 지방자치"를 표현하는 지위이다. 이 지위는 권리의 형태나 수

혜의 형태로 구체화된다. 지방자치단체가 창출하는 활동이나 편익 등을 누리는 지위이며, 지방자치단체의 법규 등을 통하여 보호받는 지위로서 지방자치단체의 공공시설을 이용하고 서비스를 제공받는 지위이다(김용래 · 김보현, 1982:331). 이에 관해서는 지방자치법 제13조 ①항에 규정하고 있다. 수익자 지위가 객체적 지위와 다른 것은 앞의 것이 권리의 형태로 구체화되는데 비해 뒤의 것은 의무의 형태로 구체화된다는 점이다.

2 주민의 권리와 의무

1) 주민의 권리

주민은 법령이 정하는 바에 의하여 자치단체의 선거에 참여할 권리와 소속자치단체의 재산과 공공시설을 이용할 권리 및 그 자치단체로부터 균등한 혜택을 받을 권리를 가진다. 전자는 선거권 · 피선거권 · 청원권 등 참정권에 해당하며, 후자는 수익권에 해당한다.

(1) 참정권(參政權)

주민자치의 원리에 따라 자치단체의 주민은 법률이 정하는 바에 의하여 공선직위(公選職位)에 대한 선거권과 피선거권을 갖는다. 현재 주민이 직접 선출하는 직위는 지방의회의원과 자치단체의 장이다. 선거일 현재 19세 이상의 국민으로서 주민등록이 되어 있는 주민은 그 지방자치단체의 선거권을 가지며, 선거권을 가지고 있으면서 일정기간 거주하고 일정연령 이상인 자는 피선거권을 가진다.

참정권은 이와 같이 국민인 주민에 한정되며 또한 일정한 요건을 필요로 하게 되며 이는 선거권 · 피선거권으로 규정되고 있다. 자치단체의 주민은 대의민주제에 따른 지방선거에의 참여 외에도 직접민주제 방식으로 주민투표, 주민제안, 주민소청 등 직접청구도 가능하나, 우리나라에서는 주민투표, 조례제정청구, 감사청구, 주민소환 등이 채택되고 있다.

주민은 지방의원의 소개를 받아 청원(請願)을 할 수 있다. 청원사항은 조례 · 규칙의 제정 · 개정 등이나 공직자의 비위의 시정, 권리의 구제 등 제한은 없으나 재판에 간섭하거나 법령에 위반되는 청원은 수리되지 아니한다.

(2) 수익권(受益權)

주민은 자치단체의 공공시설에 대한 이용권을 가지며 행정수혜를 누릴 권리를 가지게 된다. 여기서 공공시설이라 함은 병원, 공원, 운동장 등 자치단체가 설치한 시설을 의미하게 된다. 그리고 주민은 자치단체로부터 균등하게 행정의 혜택을 받을 권리를 가진다. 지방자치는 주민의 복지증진에 기본목표가 있고 따라서 각종 생활편익 서비스를 제공하는 바, 주민은 이를 수혜할 권리를 가지게 되는 것이다.

2) 주민의 의무

지방자치단체의 주민이 지켜야 할 의무로서 세 가지를 들고 있다. 첫째, 지방자치에 필요한 비용을 부담할 의무이다. 지방자치법에는 비용 분담을 주민의 의무로 규정하고 있다(지방자치법 제21조). 자치비용으로 부담되는 것은 주로 지방세이다. 이 밖에 주민이 행정혜택을 받는 경우에 부담하는 사용료와 수수료, 분담금 같은 비용 부담도 있다. 비용 부담 의무를 이행하지 않는 경우는 강제집행(强制執行)이 따른다.

둘째, 법규 준수 의무가 있다. 이것은 주민이 대표를 통하거나 직접 정립한 자율의 질서로서 자치법규에 복종하는 것은 당연하며, 복종 의무를 이행하지 않는 경우는 행정벌 등의 강제가 따른다.

셋째, 주민의 선거 · 투표를 권리에 그치지 않고 이를 의무화하는 나라도 많이 있다. 그 의무 위반자에게 벌금을 과하는 것은 기본이고, 공직시험과 채용, 은행거래, 여권이나 주민증의 소지를 금지하거나 해당 연도에 결혼을 금지하기도 한다. 이는 헌법에서 보장하는 기본권으로서의 권리 보장과는 배치되는 문제가 있으나, 투표율 하락을 방지하기 위한 차원에서 의무 사항으로 규정하기도 한다(최창호, 2009:418).[1)]

---

1) 외국에서 주민의 투표를 의무화하고, 그 위반자에게 벌금 등 제재를 과하는 사례를 보면 다음과 같다.

외국의 의무투표제 사례

제재유형	제재내용
벌금형	호주, 룩셈부르크, 이집트, 터키, 베네수엘라, 에쿠아도르, 우루과이, 파나마, 엘살바도르, 필리핀, 몽골, 가봉 등
금고형	그리스, 키프로스 등
벌금형 및 여타 제재	브 라 질 … 벌금, 은행대부, 공직시험, 여권 주민증소지 등 제한 단, 16~17세, 70세 이상은 임의투표 멕 시 코 … 벌금, 1년간 은행거래 금지 벨 기 에 … 벌금, 명단공개, 15년간 4회 위반시 10년간 선거인명부말소 아르헨티나 … 벌금, 3년간 공직취임 고용 제한 오스트리아 … 벌금, 2주 이내 구류 페 루 … 벌금, 은행대부, 해당 연도 결혼금지

자료 : 중앙선거관리위원회 제공

11.2 주민참여

1 주민참여의 의의와 배경

1) 주민참여의 의의

지방자치단체의 주민은 당해 자치단체의 주권자로서 스스로 또는 대표자를 선출하여 자치단체의 기관(의결기관과 집행기관)인 지방정부를 구성하고 운영하는 지방자치의 주체이다. 따라서 지방자치에의 주민참여란 한편으로는 지역사회주민들이 지방정부의 기관을 구성하기 위한 공직자의 선출과정에 참여하는 것이며, 다른 한편으로는 공무원들의 정책 · 계획의 결정 및 집행과정에 영향력을 행사하려는 의도로 참여하는 활동을 의미한다. 일반적으로 전자를 정치참여라 하고 후자를 행정참여라고 하며 지방자치에의 주민참여란 이 양자를 모두 포함한다. 주민참여는 지역사회에서 민주주의를 주민생활 속에 정착시키는 가장 효과적인 방법일 뿐만 아니라 풀뿌리 민주주의를 확립하는 필수요건이다.

이처럼 지방자치에 대한 주민참여는 첫째, 지방자치제도의 기본이념을 구현하는 수단이고, 둘째, 대의민주주의와 정당제도의 한계와 민주주의에 대한 역작용을 보완할 필요성 때문이고, 셋째, 주민들의 지적 수준이 제고되고 정치행정에 대한 참여욕구가 증대함에 따라 점차 직접적인 참여방식을 요구하게 되었기 때문이다. 요컨대 지방자치에의 주민참여는 지방의 정치행정을 보다 직접민주주의제도로 접근시키며, 거대화 · 전문화된 관료집단에 대한 주민들의 불신을 제거하여 지역주민들 상호간의 협력과 화합을 가져오는 데 기여할 수 있는 매우 의미있는 제도이다(최봉기, 2009:219).

2) 주민참여의 확대배경

20세기에 들어와 산업사회의 발달에 따라 노사문제와 도시화 현상과 같은 각종 사회적 · 경제적 문제가 빈번하게 발생하게 되었다. 그러나 전통적인 시민민주주의하의 입법 국가체제로는 이러한 문제들을 해결하기가 곤란하게 되었다. 이처럼 산업사회의 경제발전을 통한 국가전체의 발전을 추진하는 과정에서 많은 국가들이 불가피하게 정부기능이 확대 · 강화된 행정국가로 변질하게 되었다. 이러한 행정국가화 경향에 따라 양적인 측면에서 행정의 규모 · 권한 · 기능 등이 확대되었을 뿐만 아니라, 질적인 측면에서도 행정의 전문화와 기술화가 이루어지게 되어 행정부에 대한 전통적인 입법통제와 사법통제가 무력화되었다. 주민참여제도는 바로 이와 같은 현대행정의 변화로 인한 민주주의의 위기에서 적절하게 행정을 통제하고 행정의 책임성과 대응성의 확보를 통해 민주주의를 수호하기 위해 강조되고 있다(최봉기, 2009:220).

2 주민의 정치참여

1) 간접민주제

현대사회의 특성상 주민들의 직접적인 의사에 기초한 직접참정제도는 현실적으로 불가능하다. 그렇기 때문에 간접민주주의에 입각한 간접참정 방식이 원칙적인 제도로서 자리잡고 있다. 지방자치제도는 일정한 지역의 주민들에게 그 지역의 공공사무처리를 자율적으로 처리하도록 하고 있으며, 공공사무처리를 직접 담당할 수도 있지만 상당 부분을 대표자를 선출하여 처리하도록 하고 있다.

이러한 간접민주주의 제도에 따른 주민의 정치적 참여는 선거의 시점에서만 주민의 의사를 표시하는 데 머물기 때문에 주권 행사에 있어서 한계에 봉착할 수밖에 없는 것이다. 직접민주주의 제도가 안고 있는 현실적인 문제점을 해결하고 그 한계를 어느 정도 극복하기 위해 현대적 지방자치제 하에서는 직접 지방정치에 참여할 수 있는 여러 가지 통로를 마련하고 있다.

2) 직접민주제

행정의 전문화 · 기술화 현상이 심화됨에 따라 대의제에 의한 지방의회의 기능이 저하되고, 시민사회의 발전과 인터넷 · 트위터 · 페이스북과 같은 소셜네트워크의 확대 등으로 주민의 참여가 활발하게 이루어지면서 주민의 직접적인 정치참여도 한층 늘어나고 있다.

주민의 직접참정제도는 실질적 주민자치의 수준을 향상시키고, 주민이 주인이라는 것을 제도적으로 현실화시키는데 긍정적으로 기여하고 있다. 반면에 부당한 주민의 요구를 관철시키기 위해 악용의 소지가 있을 수 있고, 낭비적인 요소와 분열을 조장하는 상황이 만들어질 수도 있는 등 부작용이 우려되기도 한다.

주민의 직접참정제도는 주민총회, 주민발안, 주민투표, 주민소환, 주민소송, 주민청원 등으로 구분된다.

(1) 주민총회

지방자치단체의 유권자 전원으로 구성되는 합의기관을 말한다. 참가하는 주민의 직접적인 제안과 토의를 거쳐 지방의 정치 · 행정에 관한 중요한 의사결정을 행하는 직접참정제이다. 스위스의 게마인데는 약 90%가 현재에도 주민총회를 1년에 최소 1회 이상 열어서 중요사항을 결정하고 있다. 미국의 뉴잉글랜드 지역에서도 주민총회에서 지역사회의 관심사를 논의하고 있다(竹下 譲, 2002:75).

(2) 주민발안

주민발안은 일정한 수의 유권자 서명으로 자치헌장이나 조례의 제정 · 개폐 등에 관하여 주민이 직접 발의하는 제도이다. 이 제도는 지방자치의 기본정책과 행정이 주민의 의사에 기초하게 하고, 지방의회에 대하여 주민의사를 존중하도록 촉구하는 압력수단이 되기도 한다.

우리나라에서는 1999년 지방자치법 개정에서 주민 조례제정 · 개폐청구제가 채택되었다. 이 법에서는 조례가 정하는 주민 수 이상의 연서로써 자치단체의 장에게 조례의 제정이나 개폐를 청구할 수 있다. 이 청구를 받은 자치단체장은 수리일로부터 60일 이내에 지방의회에 회부하고 그 결과를 청구 대표자에게 통지하도록 하고 있다(지방자치법 제15조).

(3) 주민투표

주민투표제도는 지방자치단체의 중요사항이나 지방의회에서 의결된 입법 또는 중요한 안건을 다시 주민투표에 부쳐 그 채택 여부에 대한 최종결정권을 주민에게 맡기는 제도이다. 다시 말하면 주민의 의사를 물어 제안되어 있거나 현존하는 자치법규를 투표에 회부하여 이를 승인하거나 거부하는 행위이다.

우리나라에서는 2004년 1월 주민투표법이 제정되어 본격적인 주민투표제가 정착되었다. 주민투표법 제정 이전에도 지방자치법에 1994년 3월 신설된 주민투표 조항이 규정되어, 1995년 주민투표를 통해 도 · 농통합형의 시(市)가 탄생하는 등 중요 현안에 관하여 주민의 견해를 묻는 주민투표가 시행된 바 있다. 주민투표법이 제정된 이후에는 2005년 7월 27일 제주특별자치도의 출범과 관련한 주민투표가 실시되었고, 2005년 11월 12일에는 방사선 폐기물 처리장 유치를 위한 주민투표가 경주, 영덕, 군산, 포항 등의 기초자치단체에서 시행되었다.2013년에는 청주시와 청원군을 통합하기 위한 주민투표가 실시되었고, 세번째만에 가결되어 2014년 선거에서 통합청주시가 탄생하게 되었다.

(4) 주민소환

주민소환은 유권자 일정 수 이상의 연서에 의하여 지방자치단체의 장, 의회 의원, 기타 일정한 주요 간부공무원의 해직이나, 의회의 해산 등을 그 임기만료 전에 청구하여 주민투표(또는 의회의 동의)로써 결정하는 제도이다.

이 제도는, 그 사유로서 범죄나 비행 외에, 정치적 무능력, 공약 불이행, 독단전횡, 비효율, 파렴치 행위, 수뢰혐의 등 다양한 사실을 그 이유로 하는 점에서 범죄나 비행만을 그 이유로 하는 이른바 탄핵제도와 다르고, 또한 그 성격면에서 반드시 대의제(간접민주제)를 전제로 하여 공직자의 책임성을 확보하는 제도인 점에서 정책과정에의 주민의 직접참여를 보장하는 주민발안이나 주민투표 제도와도 다른 측면을 가지고 있다.

이 제도는 정책결정을 보완해 주는 주민발안이나 주민투표 제도와는 달리 공직자의 신분을 규제하고 업무수행을 억제하는 효과를 가져오기 때문에 그 제도의 운용에 있어서 각별히 신중을 요하며, 더 나아가서 그 제도의 채택에 종합적인 고려를 요한다고 하겠다(최창호, 2009:429).

우리나라에서는 2006년에 주민소환제를 채택하였고(지방자치법 제20조), 2007년에 주민소환에 관한 법률이 제정되어 시행하고 있다. 주민소환의 청구는 선출직 지방공직자 임기개시후 1년 이내, 임기 만료 1년 미만, 해당 공직자에 대한 소환투표 실시 후 1년 이내에는 할 수 없도록 하고 있다(주민소환에 관한 법률 제8조).

(5) 주민소송

주민소송제도는 지방자치단체의 기관 및 직원의 공금지출 · 회계 등 재무행위가 위법하다고 인정되어 감사기관에 감사를 청구하고도 그 감사 결과에 만족하지 못할 경우 법원에 재판을 청구하는 제도이다. 주민소송은 주민의 감사청구를 전심절차로 하되, 그 청구 대상을 재무행위 분야에 한정하고 있다. 이는 지방자치단체의 적법 · 공정한 재무행위를 확보하기 위한 민중소송의 성격이 강하다고 하겠다. 주민소송제도는 1명의 주민이라도 제기할 수 있다는 점에서 다수의 서명을 요건으로 하는 주민소환이나 주민발안과는 구별된다.

우리나라에서는 1999년에 주민감사청구제를 도입하고(지방자치법 제16조), 2005년에 자치행정에 대한 주민이 감시를 좀더 철저히 하기 위해 채택하였다. 이로써 주민감사청구를 한 주민이 그 감사청구의 결과조치에 대하여 불만이 있거나 불복하는 경우, 법원에 소송을 제기할 수 있게 되었다.

(6) 주민청원

주민청원은 주민이 지방자치단체에 대하여 불만이나 희망을 진술하고 시정이나 구현을 요구하는 제도이다. 주민은 피해규제, 비위공무원 처벌, 공공시설 운영, 조례 · 규칙의 개폐, 기타 지방자치단체의 권한에 속하는 사항에 관하여 의원의 소개를 얻어 청원할 수 있다. 다만, 재판에 간섭하거나 법령에 위배되는 내용은 청원대상에서 제외된다. 청원을 수리한 의회는 이를 위원회 또는 본회의에 회부하여 심사하고 처리결과를 청원인에게 통지하여야 한다. 수리한 청원이 지방자치단체장이 처리하는 것이 적당하다고 인정할 때에는 의회의 의견서를 첨부하여 이를 지방자치단체장에게 이송한다, 이 경우 자치단체장은 그 청원의 처리결과를 지체없이 의회에 보고하여야 한다.

(7) 주민감사청구

감사청구는 주민이 지방정부의 행정에 이상이 있다고 판단하는 경우에 감사를 청구하는 제도이다. 감사청구는 시 · 도에 대한 것은 주무부장관에게, 시 · 군 및 자치구에 대한 것은 시 · 도지사에게 청구하며, 감사청구요건은 당해 지방자치단체와 그 장의 권한에 속하는 사무의 처리가 법령에 위반되거나 공익을 현저히 해한다고 인정되는 경우이다. 감사청구의 대상에는 지방자치단체의 사무뿐 아니라 기관위임사무도 포함된다. 주민감사청구제도는 주민 한 사람이라도 지방자치단체의 집행기관 또는 직원에게 위법 · 부당함이 있다고 판단하는 경우에 그것을 증명하는 서류를 첨부하여 감사위원에게 감사를 청구할 수 있도록 한 제도이다.

3 주민의 행정참여

1) 행정참여의 의의

주민의 행정참여를 보통 주민참여라고 하며, 이러한 주민참여를 "지방자치단체 또는 그 기관의 정책결정 및 집행과정에서 공식적인 권한을 가지지 아니한 주민이 그 결정 및 집행에 직접 또는 간접적으로 영향력을 행사하기 위하여 행하는 일련의 행동"이라고 정의할 수 있다.

선거와 주민청구 등이 주로 정치과정에 주민이 참여하는 것을 의미하는 데 비하여, 주민참여는 주로 행정과정에 참여하는 데에 중점을 두고 있다는 데에 특징이 있다. 물론 주민참여를 광의로 보아 선거와 주민청구 · 주민투표 및 행정적 참여를 포괄하는 의미로 이해할 수도 있다. 그러나 근래에 선·후진국 어디에서든 심각하게 요청되어 활발하게 전개되고 있는 주민참여의 문제는, 오늘날 행정국가 체제 속에서 비대할대로 비대해져서 사실상 민주적 통제권의 밖에 있다시피한 직업관료조직의 정책결정과 집행과정에 주민이 적극적으로 참여하여 이를 통제하는 행정적 참여에 중점을 두고 있는 것이다.

2) 지방행정에의 주민참여 필요성

오늘날 지방행정의 기능은 점차로 확대·다기화·전문화되는 반면 가용할 수 있는 재원은 한정되어 있어, 그 수행을 위한 절차와 방법도 복잡해지고 있다. 따라서 행정수요와 배분의 결정 과정에 주민을 참여시킴으로써 그들의 협조와 지지를 받아 지방자치행정의 효율적 집행을 도모할 필요성이 높아지고 있는데, 그 필요성을 구체적으로 살펴보면 다음과 같다(장문학 외, 2010:110-111).

첫째, 행정의 전문화·재량권의 확대 등으로 입·사법통제가 약화되어 행정의 주민통제가 어렵게 됨으로써 주민참여의 필요성이 높아졌다.

둘째, 의회는 주민에 대한 공약의 실현을 위해 전문가집단인 관료제에 의존할 수밖에 없으며, 이로 인해 주민대표성보다는 권력에의 포획 현상이 야기되었다.

셋째, 급격한 사회 변동과 함께 일반 주민은 시급한 사회문제 해결의 필요성을 절실히 느끼게 되었으며, 이러한 과정에서 주민 이익의 보장을 위해서는 참여가 불가피해졌다.

넷째, 지역주민의 소외감을 극복하고 주체성을 회복하며, 나아가서 행정의 사회적 형평성을 확보할 필요가 있으며, 자치단체는 지역 개발을 추진할 때 이에 직·간접으로 관계되는 주민들을 참여시킬 필요가 있다.

다섯째, 정부의 일방적인 규제 방식으로 환경 보호·공해 방지 등을 추진하기보다는 이의 직접 영향을 받는 지역주민을 문제 해결에 참여시킴으로써 이들의 이해와 협력·지원 등을 받고 또한 압력단체의 역할을 하게 할 필요가 있다.

행정기관 입장에서 주민참여의 필요성	주민 입장에서 주민참여의 필요성
① 주민 협조의 확보	① 주민 주체적 행정통제의 실현
② 행정 수요의 정확한 파악	② 행정의 책임성 확보
③ 정책의 질 향상	③ 주민 이해의 조정과 주민 협동의 증진

이와 같이 지방자치행정에서의 주민참여는 행정의 민주화를 위해서뿐만 아니라 행정의 효율화를 통한 행정의 목표 달성, 행정이 추구해야 할 복잡한 사회 · 경제적인 문제 해결을 위해서도 필요하다.

3) 주민참여에 대한 욕구의 증대

주민의 자치행정에의 참여요구는 오늘날 세계 도처에서 맹렬히 분출되고 있다. 특히 발전도상국에 있어서는 각종 개발 · 건설사업에 있어서 주민들의 이해문제가 크게 대두되고, 국민소득 수준의 향상에 따라 주민들의 권리의식이 나날이 높아져, 과거의 식민지지배의 유산에 따른 전문직업관료들의 독선적 업무처리에 많은 이의제기와 적극적 청구가 행해짐으로써 주민의 참여가 활발히 전개되고 있다.

이러한 주민참여의 분출을 촉진하는 오늘날의 환경 내지 조건으로는 다음과 같은 것을 들 수 있다(최창호, 2009:443).

첫째로, 근래에 주민들의 소득수준이 향상됨에 따라 인간의 가치관 및 행동양식이 생산중심에서 생활중심으로 바뀌고, 중산층이 두터워져, 이것이 많은 사람들의 이른바 참여의식을 북돋우고, 그들의 정치 · 행정에의 참여를 자극하고 있다.

둘째로, 근래에 주민들의 교육수준이 향상됨에 따라 정치 · 행정에 대한 관심과 요구가 높아지고, 이에 따라 정치 · 행정문제에 관하여 적극적으로 의사를 표명하고 의견을 교환하는 사람들의 수가 증가하고 있다.

셋째로, 오늘날 인간의 평균수명의 신장, 자녀수의 제한, 노동시간의 단축 등에 따른 여가시간의 증대가 자신의 가족들과 함께 가지는 대화 · 사랑 · 위락시간의 증가를 가져옴과 아울러 지역사회활동 참가기회의 확대, 지역정치 · 행정에서의 발언의 증대를 가져오고 있다.

넷째로, 오늘날 핵가족화, 소산 · 조기단산, 가전제품의 보급확대 등으로 인한 가사노동 경감에 따라 부녀자의 취미활동의 증가와 아울러, 사회활동의 증대를 가져와 지역의 정치 · 행정에의 주민참여가 활발해지고 있다.

다섯째로, 각 지역의 문화제 · 공공행사가 빈번해지고, 지역사회 · 환경 운동이 전개되는 등 새 지역사회의 형성을 위한 노력이 도처에서 경주되고 있는데, 이러한 사실이 지역주민의 정치 · 행정에의 참여욕구를 증가시키고 있다.

4) 주민참여의 기능과 효과

(1) 주민참여의 기능

① 행정적 기능

㉠ 정보기능

주민참여에 있어서의 정보기능에는 정보공표(Information Dissemination)기능과 정보수집(Information Collection)기능이 있다. 정보기능은 주민참여의 효과성 내지 효율성의 제고에 중요한 요소로 작용하고 있다.

정보제공은 매우 다양한 기능을 한다. 자치단체의 계획수립과정에 주민들이 그들의 의사와 요구를 관철시킬 수 있는 기회를 갖게 하며, 자치단체의 예정된 계획과정을 주민들에게 홍보할 수 있게 한다. 즉, 자치단체는 중 · 장기개발계획이나 연차계획을 수립함에 있어 이에 관한 주민들의 반응 및 의견을 파악하기 위해서 정보의 제공이 필요하다고 생각된다. 이러한 정보에 접한 주민들은 다양한 의견과 요구를 제시하게 되며, 그 요구는 여러 사항에 걸치게 된다(정세욱, 2000:385).

정보수집은 주민들의 여론을 파악하고 그에 따라 정책이나 계획을 수립할 수 있게 하는 매우 중요한 기능을 한다. 정보는 대체로 주민의 반응과 태도, 요망사항, 불평 등을 조사하는 가운데 수집된다. 정보수집에 있어서도 여론조사, 자문회의, 각종 위원회, 공청회, 현지조사, 인터넷 등 다양한 방법을 사용한다.

㉡ 주민에의 접근기능(Accessibility Function)

주민에의 접근전략은 자치단체가 좀더 개별적인 주민과 주민조직에의 접근가능성을 모색하려는 것이다. 대민접촉활동의 증가는 주민들이 지방정부와의 접촉을 가질 때에 봉착하는 물리적 · 사회적 · 심리적인 장애요인을 파악하고 이를 줄여나가려는 데 그 목적이 있다. 이는 또한 주민과 지방정부간의 상호작용의 빈도(Frequency) · 규칙성 및 행정서비스의 질을 향상시킬 수 있는 기회를 제공하는 기능을 한다.

개인적인 주민활동과 주민조직활동에의 접근관계를 상호 구분한다는 것은 중요한 의미를 갖는다. 주민조직의 대지방정부접촉은 계획과 정책의 결정에 관한 내용을 그 목적으로 하는 반면, 개인의 그것은 계획과 정책의 집행에 관한 내용을 그 목적으로 하는 점에서 다르다. 또한 주민들은 모든 자치행정계층에 접촉하려고 하는데 비하여 주민조직은 정기적, 계속적으로 중간관리층 이상과 접촉하게 된다(정세욱, 2000:386).

㉢ 주민의 이해 및 이견의 조정기능

최근의 주민참여의 경향을 보면, 그것은 비단 행정주체와 주민간의 문제를 해결하는 데에만 이용되는 것이 아니라, 주민간의 이해관계나 의견의 상충 · 갈등을 조정하는 데에도 널리 이용되고 있다. 지역사회를 관리함에 있어서는 주민간에 이해나 의견의 대립 · 상충이 항상 노정되기 마련이다. 도시화가 진전되고 사회 · 경제가 발달하여 점차로 복잡화 · 이질화함에 따라 이해관계나 의견의 대립이 심각해지고 더욱 격화됨으로써 그에 따르는 조정도 매우 어려워지게 되었다. 예컨대 지방자치단체의 행정 중에서 행정관리자가 가장 곤란을 겪는 분야로는 쓰레기와 오물처리, 화장장, 하수처리장의 설치 반대, 공장이나 사업장의 폐수처리와 같이 환경을 오염시켜 지역주민의 권리를 직접적으로 침해하는 것들을 들 수 있다. 따라서 자치단체가 첨예화하고 복잡 · 다양해지고 있는 의견의 상충이나 이해의 대립을 여하히 조정할 것인가 하는 문제가 있다. 이러한 경우에 자치단체는 주민참여를 통하여 조정의 장을 제공함으로써 그 해결방안을 모색할 수 있다.

② 정치적 기능

㉠ 간접민주주의 제도의 보완기능

주민참여는 직접민주제의 특질을 가지고 있는데, 이 제도가 주민투표 · 주민발안 · 주민소환제도나 각종의 직접청구제도와 다른 점은 후자가 간접민주제를 실시함에 있어 이상이 생기는 경우에 이를 치유하기 위한 제도인데 비하여, 전자(주민참여)는 어느 때라도 실현할 수 있는 제도라는 데에 있다. 그러나 양자는 모두 간접민주주의 기능의 저하나 마비, 즉 선출된 주민대표인 자치단체의 장, 지방의회의원, 기타의 기관이 그들을 선출해 준 주민의 의사를 충분히 반영하지 못할 때에 이에 대한 보완적 기능을 수행한다는 의미에서 상호 유사하다고 할 수 있다.

㉡ 책임기능

행정책임을 보장하기 위한 제도적 장치는 정책 · 계획과 그 운용이 지역사회 전체에 미치는 영향을 측정하고 평가하는 수단을 구비해야 한다. 행정책임 기능은 행정기관내부의 일상적 업무 외에도 외부의 주민참여의 필요성을 인식시키는 데에도 이용된다. 즉, 주민참여의 요구가 주민들로부터 제기되지 않을 경우에도 법적으로 이를 요건화하거나 자치단체가 규범적으로 강조함으로써 주민참여를 촉진시킬 수 있는 것이다.

ⓒ 자치행정의 독선화 방지기능

오늘날 행정은 질적 고도화와 양적 확대를 계속하고 있는 바, 이는 지역사회가 복잡화 · 이질화함에 따라 행정수요가 변질된 데에 기인한다. 이와 같이 행정기능의 전문화 · 기술화가 촉진되기 때문에 이러한 전문지식이나 기술을 가지고 있지 않은 평범한 주민(Average Citizen)은 행정을 이해할 수 있는 능력을 갖추지 못하게 된다. 한편 공무원은 본래 수단에 지나지 않는 행정을 목적으로 인식하게 되어 결국 주민의 의사에 역행하는 독선적 행정을 수행할 개연성이 더 많아지게 된다.

주민참여는 확실히 이러한 위험성에 대한 방지기능을 한다. 왜냐하면 본래 평범한 주민일지라도 행정의 특정분야에 관심을 가지고 계속해서 공무원과 대화하며 교섭하는 사이에, 노력 여하에 따라서는 고도의 전문적 지식이나 이론까지도 터득할 가능성이 있기 때문이다. 특히 주민운동을 보면 주민들은 그 요구가 자기에게 절실하다는 사실만으로도 때로는 행정담당자보다도 더 많은 지식을 갖게 되는 예가 적지 않다. 또한 자치단체의 입장에서도 주민참여를 통하여 정치 · 행정적 과제나 문제점을 발견하여 종래의 정책판단의 착오나 관료주의적 독선을 교정하는 계기가 될 수 있는 것이다(정세욱, 2000:389).

(2) 주민참여의 효과

① 주민 행정참여의 순기능

주민참여는 다음과 같은 순기능을 발휘한다.

㉠ 정치적 측면

주민참여의 정치적 측면에서의 순기능은 다음과 같다.

첫째, 주민참여는 대의제의 미비점을 보완하여 준다.

둘째, 일반대중의 참여를 보장한다.

셋째, 주민을 위한 교육장의 기능을 한다.

넷째, 진정한 주민자치를 실현할 수 있게 한다.

ⓛ 행정적 측면

주민참여의 행정적 측면에서의 순기능은 다음과 같다.

첫째, 주민참여는 행정에 많은 개선을 가져온다.

둘째, 행정기관과 주민과의 거리감을 좁히는 기능을 한다.

셋째, 주민 사이의 이해의 갈등을 완화시키는 기능을 한다.

넷째, 행정집행의 용이성을 높이는 기능을 한다.

② 주민 행정참여의 역기능

주민참여는 앞에서 설명한 순기능과는 달리 다음과 같은 역기능도 가지고 있다.

첫째, 주민참여는 많은 시간과 비용과 노력을 요하며, 그로 인하여 사업이나 정책집행을 어렵게 하는 경우가 있다.

둘째, 수많은 절차를 거치면서 행정의 지체를 초래하며, 복잡한 찬성측과 반대측의 갈등으로 인하여 행정의 비능률을 초래한다.

셋째, 참여 주민이 주민 전체를 대표하는 것이냐에 의문에 있는 경우가 있다.

넷째, 지방적이고 부분적인 이익 때문에 전국적이고 전체적인 이익을 희생시킬 가능성이 크다.

다섯째, 주민이 권력에 흡수 · 포섭됨으로써 참여의 의의를 상실하고 허구화되거나 행정기관에 의해 조작될 위험성이 있다.

여섯째, 행정책임의 소재를 불분명하게 하고, 그 책임회피와 전가의 수단으로 이용되기도 한다.

5) 주민참여의 유형과 방법

(1) 주민참여의 유형

주민참여의 유형은 몇 가지의 범주로 나누어 고려해 볼 수 있다(안용식 외, 2006:139-140).

① 실질적 참여와 형식적 참여

주민참여의 형태를 구분할 때 실질적 참여와 형식적 참여로 구분하는 기준은 주민들이 실제로 정책결정 과정에 참여하여 영향력을 행사하는가의 여부이다.

<표 11-1> 아른슈타인의 주민 참여 8단계

참여 단계	참여 내용	참여 형태
⑧ 시민통제(Citizen Control)	정책입안, 관리, 협상 권한 소유	실질적 참여
⑦ 권한위임(Delegated Power)	일정한 정책결정권 이양	
⑥ 공동협력(Partnership)	협상을 통한 정책결정	
⑤ 회유(Placation)	계획 단계만 참여, 결정은 관청	형식적 참여
④ 자문(Consulting)	주민의 의견과 아이디어 수렴	
③ 정보 제공(Informing)	일방적 정보 제공	
② 치료(Therapy)	임상적 치료의 대상으로 간주	비참여
① 조작(Manipulation)	정책 지지 유도를 위한 책략	

이러한 유형 구분에서 대표적인 학자는 아른슈타인(Sharry Arnstein)으로 주민참여의 유형을 조작에서부터 시민 통제에 이르기까지 8단계로 구분하고 있다(Arnstein, 1969). 시민통제, 권한 위임, 공동 협력 등의 참여 단계는 실질적 참여 단계라 할 수 있으며, 그 이하의 참여 단계는 형식적 참여 내지 비참여의 형태라 할 수 있다.

따라서 회유 이하의 참여 단계는 시민 입장에서의 주도적 참여라기보다는 단순한 동원으로 특정 정책에 대한 지지 및 조작화의 대상이 될 수 있다는 점에서 수동적 참여라 할 수 있으며, 공동 협력 이상의 참여 단계는 시민이 능동적으로 참여할 뿐만 아니라 실질적인 투입기능이 보장되는 단계로 능동적 참여라 할 수 있다(〈표 11-1〉 참조).

② 공식적 참여와 비공식적 참여

주민 참여를 공식적 참여와 비공식적 참여로 구분하는 기준은 주민 참여의 활동이 법규나 조례 등에 의해 법적 근거를 갖고 있느냐의 여부이다. 법적 근거를 갖춘 공식적 참여는 주민발의, 주민소환, 주민투표, 반상회, 공청회, 자문위원회제 등과 같이 법제도적으로 정착된 참여라 할 수 있는데 반해, 비공식적 참여는 법적 근거를 갖추지 않은 공식적 참여 이외의 모든 참여 형태를 의미한다. 그러나 물리적 강제력을 행사하는 폭력적 행위는 비공식적 참여 행위로 볼 수 없을 것이다. 주민 참여를 활성화하기 위해서는 비공식적 참여보다는 공식적 참여가 상대적으로 더 중요하다고 할 수 있으나, 공식적 참여의 보완적 수단으로서 비공식적 참여도 인정되어야 한다. 정해진 절차와 규칙이 지배하는 제도적 참여만으로는 주민의 창의적 참여 의지를 위축시킬 우려가 있기 때문이다.

③ 개별적 참여와 집단적 참여

주민 참여는 주민들이 개별적으로 참여할 수도 있으며 일정한 집단을 형성하여 참여할 수도 있다. 개별적 참여는 개별적인 주민이 특정한 문제에 대하여 정부와 접촉하는 참여방식으로 주민이 조직화하기보다는 오히려 개별적으로 자신의 특수한 상황에 관련된 편익을 요구하는 것이다. 참여의 강도면에서는 개별적 참여보다 집단적 참여의 강도가 상대적으로 높다고 할 수 있다. 그러나 집단적 참여의 경우 집단의 범위를 어떻게 설정하느냐에 따라 주민참여의 모습이 달라질 수 있다. 예를 들어 영향력이 강한 이익집단의 개념을 상정할 경우 집단과 정부와의 긴밀한 유착 관계로 인한 참여의 독점 현상과 그로 인한 참여의 형평성 문제가 유발될 수 있다. 따라서 집단적 참여의 경우도 지역사회 공동체의 전체적 목적을 달성할 수 있는 범위 내에서의 참여로 한정되어야 하며, 특정 집단의 과잉 대표적 참여를 주민 참여의 유형으로 볼 수는 없을 것이다.

④ 정치적 참여와 행정적 참여

정치적 참여는 선거 등과 같이 정부기관 외부에서의 참여를 의미하며, 행정적 참여는 정부기관 내부에의 참여를 의미한다. 정치적 참여도 선거 참여와 비선거 참여로 구분해 볼 수 있는데, 투표 및 선거 운동 등과 같은 선거 참여와 사회적 · 정치적 문제를 다루기 위하여 주민들이 집단이나 조직을 통해 참여하는 비선거 참여로 나누어 볼 수 있다. 반면에 행정적 참여는 자문위원회제, 공청회, 자원봉사 조직에 의한 행정기관 내부에의 참여를 의미한다.

6) 주민참여의 수단

(1) 위원회

① 행정위원회

행정위원회는 도시계획위원회, 지방인사위원회, 토지수용위원회 등과 같이 지방자치단체의 집행기관의 일부로서 자치단체장으로부터 비교적 독립된 입장에서 정책결정 및 집행의 권한을 행사하는 위원회이다. 때문에 주민이 이 위원회에 참여하는 것은 직접 정책결정과 집행을 행하는 것이 되어 최고의 주민참여를 실현하는 결과가 된다. 따라서 이 위원회의 위원은 전문적 지식과 경험의 소지자여야 하므로 일반주민은 이에 참여할 수 없다는 성격을 가지고 있다.

② 자문위원회

지방자치단체에는 그 자치행정에 대하여 의견을 제시하고 시책의 방향을 건의하는 자문위원회(우리나라에서는 이를 협의회라 하기도 한다)를 설치하는 것이 일반적이다. 이 위원회가 후술하는 심의회와 다른 점은, 그 위원이 전문적인 지식 · 경험의 소지자로서가 아니라 평범한 주민의 입장에서 참여한다는 데 있다. 이러한 자문위원회는 거의 모든 나라에 설치되어 있는데, 특히 미국의 주와 지방자치단체에 많이 설치되어 지방계획에 관한 주민참여의 중추적 수단으로서 활용되고 있다. 자문위원회는 해당 지역의 주민 가운데 주민이 선출하거나 또는 당국이 임명하는 위원들로써 구성된다.

③ 심의회

심의회는 자치행정에의 주민의견 반영, 행정에 전문지식과 경험의 도입, 관계단체 · 행정조직 등의 의견조정 및 시책집행에의 협력, 대립적 이해관계의 조정을 통한 행정의 공정성 및 중립성을 확보하기 위하여 설치되는 위원회이다. 심의회는 일반적으로 자문에 응하며 보고 · 의견 · 답신을 행하는데 대개의 경우는 사무국의 자료설명 · 질의 의견교환을 거친 후 제시한 안을 심의하여 필요한 수정을 가하고 건의를 행한다. 그리고 그 심의에 있어서 필요한 때에는 관계자의 의견진술과 실제조사를 행하기도 한다. 이 위원회의 의원구성은 지역내 각종 단체의 대표자, 대학교수, 언론인, 법조인 등 학식 · 경험의 소지자와 이익대표, 지방의회의원, 관계 공무원 등으로 이루어지는 것이 일반적이고 공유재산심의회, 설계심의회, 건강보험심의회 등의 특수전문분야의 심의를 행한다.

(2) 커뮤니티 협동

① 주민협의체

커뮤니티 협동(Community Cooperation)은 마을 단위의 주민협의체를 의미한다. 여기에는 반상회와 주민의 집단항의를 들 수 있다.

반상회는 일상적 생활에서 자주 마주칠 수 있는 가까운 거리에 있는 이웃들이 공동의 문제를 해결하기 위해 조직된 자치기구이다. 이것은 자치기구이기 때문에 공동생활과 관련된 모든 문제를 논의할 수 있으며, 스스로 그 해결책을 찾기 때문에 참여 의식을 제고할 수 있다. 특히 주거생활을 침해하는 장애 요인이 발견될 경우 주민들은 강한 단합된 모습을 보이기도 한다. 반상회는 주기적으로 개최하도록 권장하고 있는데, 이러한 반상회는 주민의 요구 사항이 행정기관에 전달되고, 반대로 행정기관의 요구 사항이 주민에게 전달되는 통로

역할을 담당한다.

주민의 집단항의는 반상회의 범위를 넘어설 수도 있고, 그 범위보다 작을 수도 있다. 이것은 혐오시설의 설치나 주거생활의 안정을 해치는 시설들이 입지할 때 주로 나타나며, 특히 다수의 이익을 앞세워 소수의 희생을 강요하는 사업의 결정에서 많이 발생한다. 따라서 의사결정 주체는 다수의 이익과 소수의 이익, 그리고 사업의 필요성 정도 등을 종합적으로 고려하여 신중한 결정을 해야 할 것이다(김현조, 2009:390).

② 주민자치센터

일본의 시 관할구역 안의 각 지역 Community Center, 우리나라에서 읍 · 면 · 동의 주민자치센터를 통하여 주민참여가 실현될 수 있다.

주민자치센터에는 주민 15~25명으로 구성되는 주민자치위원회에서 주민에게 필요하고도 유익한 건강 · 스포츠 · 취미 · 레크리에이션 등 다양한 프로그램을 발굴 · 운용하는데, 주민은 그 위원회에 참여할 수도 있고, 위원회의 프로그램 활동에 참여할 수도 있다.

(3) 광청활동(廣聽活動)

주민참여는 행정기관이 사업을 결정할 때 주민의 여론을 파악하여 정책에 반영하기 위한 광청활동을 통하여도 이루어지고 있다.

① 공청회

공청회는 주민들이 직접 참여하여 지역사회문제에 관해 조사 · 답변하는 것으로 행정입법, 행정계획, 행정처분, 기타 주민의 이해와 밀접한 관련이 있는 주요사항에 관하여 최종결정에 도달하기 전에 의견을 널리 구하는 절차로서 관련 이해당사자와 전문가의 의견을 수렴하기 위해서 개최된다. 그런데 공청회는 주민 등의 의사를 듣기만 하는 절차로서 행정기관과 상호 의견교환을 하는 절차는 아니라는 특징을 갖는데 우리나라에서는 도시기본계획의 수립 등 일부의 정책결정과정에서 법률의 규정에 따라 반드시 공청회를 개최하도록 되어 있다.

그렇지만 법률의 규정이 없는 경우에도 주요 정책을 결정 · 변경하고자 할 때에는 정책결정기관의 판단에 의하여 공청회를 임의로 얼마든지 개최할 수 있다. 우리나라에서는 종전 관료 주도적 정책결정이 지배하던 시기에는 이와 같은 임의적 공청회 개최가 거의 없었으나 민주화와 지방자치가 시작되면서 증가하고 있는데 다만, 공청회 회부사항은 환경정책이나 지역개발정책과 같이 이해당사자의 견해가 대립될 소지가 많은 사항에 국한하고 있다.

이러한 주민참여 수단으로서 공청회의 문제점은 ㉠ 주민들의 의견 청취보다 정책 담당기관의 홍보와 설득의 통로로 이용되는 경향이 있는가 하면, ㉡ 참석주민의 범위를 인위적으로 제한한다든가, ㉢ 공공문제에 대한 주민의 참여의식이 부족한데다 개최사실의 주지가 제대로 되지 않아 참여율이 저조한 경우가 많다는 것 등이 특히 문제라고 할 수 있다.

② 여론조사

여론조사(Opinion Poll)는 주민들의 일반적 의사를 확인하기 위해 일정한 설문을 준비하여 조사하는 것을 말한다. 여기에는 서면으로 조사하는 방안, 전화로 연결하여 조사하는 방안, 인터넷을 통해 조사하는 방안이 있다. 그러나 현대 사회는 정보사회로 이행된 만큼 인터넷과 전화를 통한 여론조사가 대부분을 차지한다.

③ 간담회

간담회는 주민과 행정기관의 직접적인 대화를 통하여, 주민의 일상생활의 체험으로부터 얻어진 의견이나 요망을 행정기관이 청취하여 행정에 이를 반영함과 아울러 행정에 대한 주민의 이해를 높이는 채널이 된다. 단체장과의 대화, 사랑방 좌담회, 찾아가는 민원실 등의 이름으로 간담회 또는 상담회가 이루어지고 있다.

간담회는 주민과 행정기관의 상호 신뢰를 높이고, 행정에 대한 주민의 의향을 들어 행정의 문제점을 발견하여 이를 시정하며, 주민의 행정에 대한 관심과 참여의식을 높이고, 공무원의 적극적인 봉사의식을 증진하는 등의 효과를 가져온다.

(4) 행정절차

행정절차란 행정입법이나 행정계획 또는 행정처분이 주민에 미치는 영향이 크기 때문에 그 입법이나 계획 또는 처분을 함에 있어서 미리 관계인들에게 통지하여 그들의 의견과 자료의 제출을 받음으로써 위법·부당하게 권리침해를 받는 자가 없도록 하는 행정의 사전절차이다. 주민이 행정절차에 따라 참여하는 방법은 공람이나 열람, 의견 제출 등을 들 수 있다. 공람은 주민 공동의 이해가 걸려 있는 행정 과정의 특정 사안에 대해 사실을 확인하는 과정이라 할 수 있으며, 열람은 개별적 이해가 걸려 있는 행정 사안에 대해 개인별로 사실을 확인하여 부당한 권리 침해가 없도록 사전에 방지하기 위한 제도이다. 의견 제출은 이러한 공람과 열람 등으로 확인된 사실을 기초로 개인적 또는 집단적으로 행정 당국에 의견을 제출하는 것을 의미한다. 이처럼 주민은 행정절차법을 통해 지방정부에 자신의 의견을 직접 반영할 수 있다.

(5) 청원과 진정

헌법 제25조 ①항에서는 청원권을 규정하고 있다. 이에 의거 청원법에서는 피해의 구제, 공무원의 비위의 시정, 또는 공무원에 대한 징계나 처벌의 요구, 법령, 명령, 규칙의 제정, 개정 또는 폐지, 공공의 제 제도 또는 시설의 운영, 기타 공공기관의 권한에 속하는 사항에 대하여 청원을 할 수 있도록 하고 있다(청원법 제4조, 제5조).

그리고 지방자치단체의 민원사무처리규정에서는 주민이 진정, 건의, 제안 등 각종의 민원을 제기할 수 있도록 되어 있으며, 이런 민원에 대하여는 7일 이내 처리와 같은 처리기한을 설정하고 있다(서울특별시 민원처리요령 제14조). 청원과 진정 등은 우리나라에서 가장 자주 활용되는 주민참여수단이다. 특히 이와 같은 청원과 진정은 1987년 민주화운동이 전개된 이후부터 더욱 활발하게 활용되고 있다. 이런 경향은 주민참여의 보편화와 이를 통한 행정의 민주화에 기여할 수 있는 가능성이 많다. 그러나 이런 참여가 행정기관에서 좀 더 신중하게 다루어지지 않는다는 것이 앞으로의 해결과제이며, 청원이나 진정사항의 다수를 차지하는 것이 지역사회의 공동문제를 해결하기 위한 것이나, 공익을 증진하기 위한 것보다 개인 또는 집단의 사익을 충족하기 위한 것이 많다고 하는 것이 또 하나의 문제라 하겠다.

(6) 사전 영향평가제

지방행정에서 주민의 참여를 통한 행정의 합리화를 도모하기 위해 정부는 사업을 시행하기 전에 주민의 의견을 충분히 반영하여 사업계획을 확정하는 사전 영향평가제(Effect Appraisal)를 도입하고 있다. 예컨대, 도로 건설, 하수시설, 공원 조성, 쓰레기장 설치 등의 사업을 시행할 때 주로 이용하는 것으로서 사업의 영향평가단은 그 사업의 타당성과 주민들에게 주는 편익과 불편 여부 등을 종합적으로 평가하여 사업계획을 확정하거나 수정 · 보완하게 된다. 사전 영향평가제를 실시하는 것은 정부가 시민들의 의견을 반영하지 않고 사업을 추진하다가 발생될 시민과의 갈등을 사전에 예방하기 위한 것이다. 지방자치단체의 사업과 관련한 평가단 구성은 일반적으로 기관장, 관계 공무원 및 전문가, 그리고 이해관계가 없는 주민대표 2~3명 정도가 참가하고 있는 실정이다(김현조, 2009:391-2).

11.3 로컬 거버넌스(Local Governance)

1 거버넌스의 개념과 특징

1) 거버넌스의 개념

거버넌스(Governance)는 협력을 바탕으로 이루어지는 지배 관리 방식이므로 보는 시각에 따라 다양하게 해석되는 다의적 개념이다. 행정학 분야에서는 새로운 국가 통치행위를 의미하는 신국정관리로 이해하고 있으며, 정치학 분야에서는 다원적 주체들 간의 협력적 통치 방식으로, 제도주의 경제학에서는 공동체적 자율관리 체계로, 사회학에서는 국가 및 시장과 구별되는 시민사회의 자율 조정 양식으로 이해되고 있다(Pierre, 2000:3-6).

어떤 방식으로 이해하든 거버넌스는 정부(Government), 시장(Market), 시민사회(Civil Society)를 모두 포괄하는 넓은 개념이며, 지속 가능한 인간사회 개발을 위해 서로 참여와 협력을 요구한다. 이러한 의미에서 본다면 거버넌스는 정부를 포함할 뿐만 아니라 비공식적이고 비정부적인 메커니즘도 포함한다. 따라서 그 범위 안에 있는 사람이나 조직들은 목적 달성을 위해 함께 행동하고 필요를 충족시키며 욕구를 완성한다(김현조, 2009:397).

거버넌스는 지금까지의 권위적인 정부를 부인하고 사회의 중요한 행위자로서 정부와 기업, 그리고 그 중간에 위치한 주민의 수평적인 협조관계의 형성을 촉구하는 것으로서 단순한 시민참여의 수준을 능가하는 방식이다. 즉, 거버넌스는 "정부와 시장의 실패를 극복하기 위하여 정부와 기업, 시민단체 등 다양한 행위 주체들이 공동의 문제를 해결하기 위해 네트워크를 형성하여 협력하는 과정"으로 정의할 수 있다.

각급 정부의 역할과 기능을 최소화하면서 시장과 시민사회의 여러 주체들과 협력하여 공동의 목적을 달성하고 발전을 추구해 나가기 위한 체제라고 할 수 있다. 1990년대에 거버넌스라는 용어가 등장한 이래 지방정부에서도 자치행정에 이를 도입하려는 경향이 늘어나고 있는 추세에 있다.

2) 거버넌스의 특징

1990년대에 들어서면서 냉전체제가 무너지고 이념 간의 갈등이 완화되었으며 새로운 형태의 세계 질서가 형성되었다. W.T.O 체제가 등장하면서 국제적으로 무한경쟁시대가 도래하였고, 세계적인 경제침체가 장기화하면서 정부의 생산성 향상과 신뢰회복이 새로운 화두로 대두되었다. 이러한 상황 속에서 각급 정부는 행정개혁의 추진과 더불어 정부의 기능적 한계를 규정하고 시장(市場)과 시민사회와의 협력을 확대하기 위한 거버넌스 체제가 필요함을 인식하게 되었다. 이러한 배경하에서 등장한 거버넌스는 다음과 같은 특징이 있다.

첫째, 상호의존성(Interdependency)을 갖고 있다. 지식정보화사회에서의 국가관리는 어느 한 주체만의 힘으로 이루어낼 수 없으며, 정부와 기업, 시민단체와 주민이 서로 협력하여야 비로소 가능해질 수 있다. 이와 같은 의존 관계는 행위 주체 상호간에 권력이 공유되는 '함께 다스림'의 의미가 강하다고 할 수 있다.

둘째, 복잡성(Complexity)을 띠고 있다. 상호의존적인 관계의 형성이 불가피하고, 많은 행위 주체들 간의 네트워크가 다양하게 형성되어 복잡한 구조를 보이고 있다. 충분한 정보의 수집이나 합리적인 의사결정과 집행을 위해 이루어지는 상호간의 협력은 절차상 엄청난 복잡한 양상을 보이게 된다.

셋째, 협상(Bargaining)을 들 수 있다. 거버넌스는 정책을 결정하고 집행을 하는 과정에서 행위 주체간에 상호의존적이고 복잡한 관계를 형성하고 있기 때문에 어느 한 주체의 일방적인 행위만으로는 문제를 해결할 수 없게 된다. 따라서 각 주체들은 서로의 존재를 인정하고 존중하면서 합의점을 이끌어 내야 하기 때문에 협상이 거버넌스의 중요한 과정으로 인식되어 있다.

2 거버넌스의 유형

1) 수준별 거버넌스의 유형

로컬 거버넌스는 다음과 같이 지역의 수준에 따라 글로벌 거버넌스, 리저널 거버넌스, 내셔널 거버넌스, 로컬 거버넌스, 사이버 거버넌스 등으로 유형화할 수 있다(최영출 외, 2006:34-36).

(1) 글로벌 거버넌스(Global Governance)

세계화의 진전과 더불어 국제적인 환경문제, 인권문제, 금융문제 등과 같이 개별 국가 차원에서 해결할 수 없는 전세계 수준의 문제의 확산으로 글로벌 거버넌스에 대한 관심이 증대하게 되었다. 초국가 수준에서 국가간 협력과 문제 해결을 지향하는 글로벌 거버넌스는 국가간 협력뿐만 아니라 국제경제기구, 다국적기업, 국제적 NGO 등과 같은 다양한 세력들이 구축한 자발적 상호협조 체제로서, 그 사례로는 국가간 상호협력 체제인 국제연합과 유럽연합을 들 수 있고, 국제경제기구나 다국적기업에서 세계무역기구(WTO)나 세계은행, 세계경제포럼(WEF) 등이 있고, 국제적 NGO가 있다.

(2) 리저널 거버넌스(Regional Governance)

리저널 거버넌스는 지리적으로 인접해 위치한 국가들 간 또는 공통된 과제에 대해 이해관계를 같이하는 몇몇 국가들 간의 거버넌스 활동을 의미하는 것으로, 국가 간 공통된 문제의 해결을 위해 상호의존 관계를 형성한다는 부분에서는 글로벌 거버넌스와 큰 차이가 없다. 리저널 거버넌스도 정치, 경제, 사회, 문화, 환경 등 다양한 분야에서 급변하는 세계 정세에 대응하기 위해 국가뿐 아니라 기업, NGO 등 다양한 주체들이 참여하고 네트워크를 형성해 활동을 수행한다.

(3) 내셔널 거버넌스(National Governance)

내셔널 거버넌스는 중앙정부, 지방자치단체, 그리고 국내 NGO 등이 상호 연대하여 지역 및 국가 발전을 위해 정책을 형성해 가는 시스템이다. 그러므로 내셔널 거버넌스는 정부 없이 이루어지는 것(Governance without Government)이 아니라 정부와 지역 주민, 기업 그리고 NGO 등 다양한 사회 주체가 함께 만들어 가는 것(Governance with Government)이다.

<표 11-2> 로스노의 거버넌스 유형

구분		과정: 한방향 (수직적 또는 수평적)	과정: 다방향 (수직적+수평적)
구조	공식적	Top-Down Governance (정부, 초국가적 기업, 정부간 기구)	Network Governance (정부, 정부간 기구, 비정부조직, 비정부간 기구-기업 제휴 등)
	비공식적	Bottom-Up Governance (대중, 비정부조직, 비정부간 기구)	Side-by-Side Governance (비정부조직 & 비정부간 기구, 정부)
	공식적+ 비공식적	Market Governance (정부, 정부간 기구, 엘리트, 시장, 대중, 초국가적 기업)	Mobius-Web Governance (정부, 엘리트, 대중, 초국가적 기업, 정부간 기구, 비정부조직, 비정부간 기구)

자료 : 최영출 외, 2006. p. 36. 재인용.

(4) 로컬 거버넌스(Local Governance)

로컬 거버넌스는 기존의 정부 중심의 통치 방식에서 탈피하여 기업, 지역 주민, 시민단체, 그리고 정부가 함께 지역 발전의 주체로서 교류하고 협력해 나가며 합의 형성 과정을 통해 지역 발전을 이루어가는 체제이다. 또한 이들 간의 지속적인 상호작용과 네트워크가 로컬 거버넌스의 핵심 개념이라고 할 수 있다.

(5) 사이버 거버넌스(Cyber Governance)

정보통신의 발달로 세계는 지리적 영역을 초월한 사이버 공간을 통해 공통된 관심사를 가진 사람들이 지속적인 상호작용을 하여 다양한 분야의 이슈를 제기하고 문제를 해결해 가면서 공동체의식을 형성해 가는데 이것이 사이버 거버넌스이다. 특히 세계가 다원화되어 가면서 정부의 일괄적인 정책으로는 모든 지역 주민들의 요구를 수용할 수 없게 되면서 지역 주민들이 사이버 거버넌스를 통해 의견을 교환하고 스스로 문제해결 방안을 모색하고, 더 나아가 현실의 거버넌스와 연계하여 부족한 정부의 기능을 보완하면서 민주주의의 발전에 기여할 수 있다.

2) 과정과 구조적 측면에서의 거버넌스 유형

로스노(Resenau, 2001)는 거버넌스를 정책 추진을 위한 조정 메커니즘으로 이해했다. 그리고 구조(Structure)와 과정(Process)적 측면에서 각기 공식적 · 비공식적 구조와 수직적 · 수평적 구조의 조합을 통해 Top Down Governance, Bottom Up Governance, Market Governance, Network Governance, Side by side Governance, Mobius Web Governance 등 여섯 개의 거버넌스 유형을 제시했다(차미숙 외, 2003:24).

3 로컬 거버넌스

1) 로컬 거버넌스의 의의

로컬 거버넌스(Local Governance)라 함은 단순한 주민참여의 개념보다 급진적이고 적극적인 개념으로서, 공공기관인 행정기관, 자본 영역인 기업, 시민사회 구성원인 시민집단 간의 관계에 근거하여 공사 간의 구분 없이 협력과 참여라는 파트너십(Partnership)을 통해 지역의 공공문제를 해결해 나가는 방식을 지칭한다. 로컬 거버넌스의 특징은 지방정부를 중심으로 한 제도적이고 공식적인 관계보다는 행정기관, 기업, 시민집단 간에 공식적 내지 비공식적인 네트워킹을 통해 각자의 전략적 목표와 이해관계를 조정, 통합해 나가는 데 있다.

이러한 로컬 거버넌스 대두의 일반적인 배경은 후기 관료주의 국가의 등장에 따른 공공서비스의 민간위탁, 정책과 집행 기능의 분리, 다양한 기관들 간의 성과 경쟁 중시와 관련지을 수 있다. 현대 정부는 지역 주민들에게 무언가를 제공하는 것보다는 가능하도록 한다는 의미에서 점차 직접 모든 것을 집행하기보다 방향을 잡아가는 안내자로서의 역할이 커져가고 있다. 또한 정부는 정부가 직접 지역사회의 모든 문제를 해결하려고 해서는 안 된다. 즉, 지시하고 통제하기보다는 서로 돕고 협력해야 한다(Leach & Smith, 2001).

우리나라의 로컬 거버넌스는 지방분권화에 대한 본격적인 논의와 연구가 시작된 2000년 초반부터 지방정부의 지역사회 관리를 위한 중요한 개념의 하나로 등장했다. 특히 참여정부에서 강조하기 시작한 분권적 혁신에 힘입어 지방정부의 운영 관리가 어우러지면서 논의가 본격화되었고, 이러한 논의는 지방정부 운영의 고객 지향적(Customer Oriented) 행정 방향과 주민참여의 일반화 등이 촉매 역할을 했다고 볼 수 있다. 결론적으로 로컬 거버넌스는 지방정부, 지역기업, 지역 주민 및 NGO 등 사회의 주요 행동 주체들 간의 협력과 참여라는 동반자 관계를 통해 지역사회의 공공문제를 해결해 나가는 방식을 의미한다. 이러한 로컬 거버넌스의 실현은 지역사회의 통치행위에 대한 새로운 측면을 보여주는 것으로서 지방정부의 공공서비스 생산과 공급에 대한 의사결정권이 약화되는 반면, 민간 부문의 의사결정권이 확대되는 모습을 보여준다(김현조, 2009:403).

2) 로컬 거버넌스의 모형

로컬 거버넌스의 모델은 행위 주체 상호간의 관계적 특징을 기준으로 다양한 모형이 제시될 수 있지만 중앙정부와 지방정부의 관계를 중심으로 다음과 같은 모형을 제시할 수 있다(Miller, Dickson, & Stoker, 2000:29; 이은구, 2003:10).[2]

첫째, 지방분권자 모형(Localist Model)이다. 이것은 지방정부의 전통적 방어 논리에 의거한 것으로서 정치학적 입장에서는 자유주의적이고, 다원주의적 시각을 갖는다. 지방분권자

2) 이 밖에도 셀러스(Jefferey M. Sellers)는 지방 거버넌스를 둘러싼 각 국가들의 인프라 구조가 각기 다른 패턴의 거버넌스를 생성해 낸다고 보고, 독일 등 유럽 국가들의 거버넌스 현실을 토대로 ① 조직화모형, ② 시장모형을 제시했다. 피에르(Jon Pierre)는 각기 다른 형태의 거버넌스 과정은 각기 다른 형태의 정책참여와 영향력을 가져오므로 다양한 가치 체계가 지방거버넌스의 제도적 틀을 구성한다고 보고 ① 관리적 거버넌스, ② 조합주의적 거버넌스, ③ 성장지향적 거버넌스, ④ 복지거버넌스 등을 제시했다(배유일, 2004:318-322). 이 중에서 피에르의 모형은 주로 거버넌스의 형식과 내용을 기준으로 분류한 것이어서 복잡성을 지닌다.

들이 추구하는 로컬 거버넌스의 핵심적 요소는 지방정부에 선택의 자유를 확대하는 것이다. 즉, 지방정부 공직자들이 주민의 요구에 충분히 부응할 수 있도록 지방정부에 자율성을 확대 부여하고, 지방정부를 중심으로 거버넌스를 형성하여 지역 발전을 도모하는 것이 바람직하다는 입장이다.

둘째, 개인주의자 모형(Individualist Model)이다. 이것은 로컬 거버넌스의 목적이 지역공동체의 집단적 선택을 촉진하는 것이 아니라 개별 소비자의 개인적 필요를 충족시키는 데 중점을 두는 모형이다. 따라서 집단적 결정이나 대규모의 참여는 오히려 주민들의 이익을 희생시킬 뿐만 아니라 자원과 혜택을 확대하려는 조직화되고 시끄러운 소수에게 이익이 결집될 가능성이 높기 때문에 개별 소비자의 권리와 이익을 보호하는 것이 무엇보다 중요하다는 입장이다. 이러한 개인주의자 모형은 신자유주의 정치사상을 반영하기 때문에 서비스 공급자 간의 경쟁을 선호한다.

셋째, 동원모형(Mobilization Model)이다. 이것은 지방정부와 주민 간의 관계에 더 많은 역점을 두는 모형으로서 지방의 불평등과 자립적 한계를 극복하기 위해 지방정부의 개입을 선호하기 때문에 좌파적 시각을 갖는다. 이러한 주민의 정부 개입 요청은 지방정부가 열악한 지역 여건을 개선하기 위해 사회적 혜택을 거의 받지 못하는 불만에 찬 소외자들을 조직화하여 중앙정부에 대항하는 정치 세력을 구축하고 동원할 수 있는 기회를 얻게 된다. 영국에서 1980년대 좌파적 노동당 지방의회가 대처 정부에 대항하고, 지방 수준에서 좌파 정치연합을 활성화하기 위해 저항적 지방정치문화를 발전시킴에 따라 동원모형이 주목을 받게 되었다.

넷째, 중앙집권자 모형(Centralist Model)이다. 이것은 지방자치에 높은 가치를 두지 않거나 반대하는 입장에 있는 모형이다. 강력한 지방정부를 선호하지 않는 이 모형은 정치학 입장에서는 공개적 지지를 찾기 힘들지만, 실제의 정치 현실에서는 엄연하게 존재하고 있다. 이 모형은 전국적 차원의 평등과 민주주의에 근본적 가치를 두기 때문에 모든 국민이 질 높은 서비스에 접근할 수 있도록 할 뿐만 아니라 서비스의 전국적 수준을 높게 유지하는 것을 중시한다. 이 모형의 핵심적 논점은 중앙정부에서 제시한 목표 및 성과 수준에 도달하기 위해 지방정부는 중앙의 통제와 지시에 따라야 한다는 것이다.

3) 로컬 거버넌스와 지방정부의 역할

로컬 거버넌스와 지방정부의 역할은 시대적 상황의 변화에 따라 다양한 형태와 모습으로 바뀌어 왔다.

지방정부의 역할을 보면, 전통적으로 관료주의를 지향하던 시대의 지방정부는 공공질서 확립과 국가발전이라는 목표를 달성하기 위해 권위적이고 강압적인 역할에 안주해 왔다. 그 다음의 단계에서는 중앙정부와 지방정부가 역할 분담을 지향하면서 주민들의 행정수요에 부응해야 하는 상황에 직면하게 되었다. 그러나, 시장 지향적인 서비스의 제공이 공급적인 측면만을 강조하고, 주민들의 수요에 맞는 서비스의 제공이 제대로 이루어지지 못하는 소극적인 역할에 머물 수밖에 없었다. 21세기에 접어들면서 정책의 결정과 집행 과정에서 지방정부가 주도적인 역할에서 벗어나 국가 사회의 다양한 행위 주체간의 참여와 소통 및 협력을 통하여 문제를 해결하는 시대로 바뀌게 되었다. 이와 같은 경우에는 지방정부가 주민들에게 행정서비스를 단순히 공급하는 수준을 넘어 주민들의 요구를 파악하여 주민들이 원하는 서비스를 주민들이 선택한 방식으로 공급하지 않으면 안 되는 것이다. 따라서 이때의 지방정부는 다양한 행위 주체 사이에서 조정자로서의 역할 뿐만 아니라 지역사회의 교육기관으로서, 자원의 공급자로서, 소외계층의 지원자로서의 역할을 수행하게 된다.

로컬 거버넌스의 시대적인 변화에 따라 지방정부의 역할과 추구하는 방향이 달라질 수밖에 없다. 변화하는 지방정부의 역할에 대하여 세 가지 견해로 정리해 볼 수 있다. 첫째는 공공부문 이외의 조직에 더 많은 관심을 기울임으로써 지방정부의 역할을 축소하자는 입장, 둘째는 지방정부의 권한을 다른 조직과 연계함으로써 집행 방식(주체)의 변화를 도모하는 데 대해서는 동의하나 지역사회에 서비스를 공급하는 모든 조직을 파악하여 이들에 대한 영향력을 증대시킴으로써 지방정부의 역할을 강화해야 한다는 입장, 그리고 세 번째는 지방정부의 역할을 지역 주민들이 지역문제에 적극적인 역할을 할 수 있는 권능을 부여하여 지역사회 내의 문제들을 주민이나 NGO들이 서로 협동하여 서비스를 공급하도록 유도하는 입장 등이다. 특히 세 번째 입장은 시민의 선택권 확보와 권력을 공유하는 데 목적이 있으며, 더 나아가서는 적극적인 시민을 육성하고 이를 통해 민주주의를 실현하고자 하는 것이다 (Lansley, Gross, & Wolmar, 1989: 58; 이은구, 2003: 22-23).

요컨대, 지방정부는 권위주의적이고 관료주의적인 위치에서 벗어나 지역사회 안의 다양한 행위 주체들에 대한 자율성을 인정하고 상호 협력을 통해 지역공동체의 발전을 추구해 나가는 지원자와 조정자의 역할을 수행해야 한다는 것이다. 따라서 지방정부의 조직과 운영에서도 그 책임과 권한을 분산시키고 의사결정 과정이 다양한 주체들의 협의에 의해 이루어질 수 있도록 상향식 의사결정이 이루어져야 하며, 지역 주민들의 요구를 정확하게 파악하여 이들이 필요로 하는 서비스를 다양한 방식에 의해 제공함으로써 주민들이 자신들의 기호에 맞는 것을 선택할 수 있는 기회를 제공한다. 이때 지방정부는 규제자, 감시자, 통제자로서의 역할이 아니라 다양한 주체들 간의 요구를 종합적으로 수렴하여 조화시킬 수 있는 조정자, 지원자로서의 역할을 수행하여 지역 발전에 기여해야 한다(최영출 외, 2006:44).

그러므로 로컬 거버넌스 개념하에서 현대 지방정부가 갖추어야 할 원리로는 첫째, 세계가 다양화 · 다원화되어 가는 현실 속에서 지방정부는 새로운 정보를 신속하게 습득하여 정책 결정에 반영할 수 있어야 한다. 정책 결정시 지방정부가 단독으로 처리해서는 안 되며 지역 주민과 NGO, 그리고 기업 등 다양한 사회 주체들의 의견을 충분히 수렴해야 한다.

둘째, 지방분권화의 진전에 따라 중앙정부보다는 지방정부 수준에서 결정해야 할 일들이 증가하고 있으므로 지역 주민들의 참여를 합법적으로 보장할 수 있는 제도적 장치가 확립되어야 한다.

셋째, 또한 이러한 새로운 제도를 구상하고 추진하는 데 지방정부의 책임성을 보장할 수 있어야 한다.

넷째, 조정과 상호연결망으로의 능력을 갖추어야 한다. 사회의 다양한 주체들이 민주적인 과정을 거쳐 서로 의견 교환을 하고 정책대안을 제시하여 바람직한 결과를 도출할 수 있도록 하기 위해 지방정부는 모든 부문의 의견을 조율 · 조정하여 방향을 제시하고 상호 협력관계를 형성할 수 있도록 연결망으로서의 능력을 갖추어야 한다(Stewart, 1999:4-5).

제4편

지방자치의 운영

제12장

지방자치경영

12.1 개설

1 지방자치경영의 의의

오늘날 지방자치행정에 대한 학문적인 연구는 제도적이고 운영적인 측면에 초점을 맞추어 중앙으로부터 자치권을 확보하려는 접근이 대부분이었다. 상대적으로 지방정부 내부의 비효율적인 요소를 제거하고, 자치행정에 경영의 개념을 도입하여 전통적인 관료행정 방식을 쇄신시키려는 노력은 등한시되어 왔다.

그러나 치열한 국제경쟁 속에서 경쟁력을 제고하기 위해, 지방정부도 조직의 생존과 발전을 위해서 쇄신적인 경영혁신을 추진하고 있는 민간부문의 경영마인드와 경영기법을 도입하지 않으면 안 되는 상황에 직면하게 되었다. 자치환경의 변화에 능동적으로 대처하고 지역발전과 다양한 복지수요를 충족시키기 위해서는, 자치행정에 경영의 개념을 접목시켜 체질개선을 도모해야 할 필요성이 강하게 제기되고 있다.

이런 면에서 등장하게 된 지방자치경영이라는 용어는 도시경영, 지방경영, 지역경영, 지방행정경영, 자치행정 경영화 등의 용어와 혼용되고 있다. 지방자치경영은 지방행정에 민간기업의 경영마인드와 경영기법을 도입하여 소극적으로는 조직경영의 생산성을 높이고, 적극적으로는 새로운 경영자원을 확보함으로써 공공서비스를 향상시켜 나가는 것을 지향하고 있다.

즉, 지방자치경영은 지방정부가 경영의 주체로서 주민을 지방행정서비스의 고객으로 인식하며, 고객중심의 경영을 통하여 주민의 복지를 향상시키고 지역을 발전시켜 나가는 현상 내지 경향을 말한다. 이러한 지방자치경영은 내부경영과 외부경영으로 나누어 볼 수 있다. 내부경영은 지방정부 내부의 조직과 행·재정을 혁신하여 행정관리의 효율화를 도모하는 것을 말하고, 외부경영은 재정수입의 증대를 통하여 지방재정의 한계를 극복하고 지방행정서비스 공급의 최대화를 도모하는 것을 말한다(최창호 · 강형기, 2011:525).

지방자치경영은 비용을 절약하여 최대의 효과를 창출하는 행정관리의 혁신과 수익증대를 통하여 서비스의 질을 향상시키는 기업성의 강화가 결합될 때 시너지효과를 창출해 낼 수 있다.

2 지방자치경영의 목표

지방자치경영은 기업경영과는 달리 경영목적이나 경영원리 그리고 경영의식면에서 독특한 특징을 갖고 있다(안용식 외, 2006:602).

첫째, 경영 목적상 민간 부문은 수익극대화가 최고의 목표인데 반해, 지방경영의 목적은 공익 및 복지의 극대화라고 할 수 있다. 지방정부의 경영목적이 복지 극대화에 있다는 것은 경영의 수익성이 지역주민의 복지 증진을 위하여 존재해야 함을 의미한다. 그러나 이는 공공부문에 수익극대화의 경영 목적이 전혀 적용되지 않는 것을 뜻하는 것은 아니다. 경영 그 자체는 수익성을 극대화하는 관리방식이 될 수 있어도 이것이 주민의 복지 증진을 향상시키는 방향으로 접목되어야지 복지 증진을 손상시키는 방향으로 이용되어서는 안 된다는 것이다. 따라서 지방경영의 목적은 수익극대화 그 자체에 있는 것이 아니라 복지의 극대화를 위한 수익극대화에 초점을 맞추어야 한다.

둘째, 경영원리와 운영 원리적인 측면에서 민간 부문의 기업경영은 이윤원리에 입각하여 기업성을 추구하고 기업회계 방식에 입각한 수지계산에 초점을 둔다. 반면에, 지방경영은 수요 충족원리에 입각하여 공공성을 추구하며 예산배분방식에 입각한 합의형성에 초점을 둔다. 수요충족 원리는 주빈의 행정수요에 대응하여 주민의 복리를 증진시키는 것을 말하며, 예산배분방식에 입각한 합의형성은 주민참여를 유도하는 경영에 초점을 두는 것이다. 그러나 공공부문의 경영에서 이윤추구 원리와 기업회계 방식에 입각한 수지계산이 전적으로 배제되는 것은 아니다.

셋째, 민간 부문의 경영의식에는 이익사회에 기초한 보상 원리가 지배적인데 비해, 공공부문의 경영 의식에는 공동사회에 기초한 희생 원리가 지배적이다. 이러한 차이는 민간부문의 경영이 시장경제 원리에 입각한 경쟁 논리가 적용되는데 반해, 공공부문의 경영은 공동경제원리에 입각한 상호의존의 논리가 적용되기 때문이다. 상호의존의 원리는 어느 일방의 이익이 지나치게 과대 대표되거나 과소 대표되는 것이 아니라 함께 공유되는 것을 의미한다. 따라서 지방경영은 지역사회의 공동체적 시각에서 여러 집단이나 조직이 함께 이익을 공유할 수 있는 상호의존의 논리에 의해 지배되어야 하며, 민간 부문의 경영에서와 같이 무한대의 경쟁은 상호의존의 논리에 의해 제약되어야 한다.

넷째, 지방경영의 목표는 영리를 추구하는 기업경영의 경우와는 다르다. 또 운영에 있어서도 양 주체는 서로 다르다. 기업경영은 그 운영자체가 이윤에 바탕을 둔 것이지만 지방경영은 운영자체가 공익에 바탕을 두고 있다. 지방경영의 목표는 최소의 시민부담으로 시민복지의 극대화를 도모해 나가는데 있다. 따라서 지방행정의 실제를 어떻게 운영하면 좀더 확실하면서도 효율적으로 그 목적을 달성할 수 있을 것인가가 지방경영의 시각이 된다.

3 지방자치경영의 배경

1) 지방재정의 취약성

이는 지방재정의 취약성과 지역적 재정편차에서 비롯된다. 지방자치단체의 경비는 그 대부분이 지방세, 세외수입과 중앙정부로부터 교부받는 지방교부세, 국고보조금 등으로 구성되어 있다. 그러나 지방자치단체 경비의 조달은 거의 한정되어 있고 지방자치단체의 평균 재정자립도는 53.6%에 불과하다.[1] 지방재정수요가 급격히 증가하고 있는 상황에서 지방재정이 취약한 지방자치단체는 지방주민을 위해 아무 일도 할 수 없게 된다. 이를 해결하기 위해서는 서비스공급을 줄이는 방안, 새로운 세원을 개발하는 방안, 일부 국세를 지방세로 조정하는 방안이 검토될 수 있다. 그러나 서비스공급을 줄이는 방안은 공공적 차원에서 채택하기 어려우며, 주민의 재정부담을 증가시키는 방안과 새로운 세원을 개발하는 방안은 조세저항을 가져올 우려가 있고, 일부 국세를 지방세로 조정하는 방안도 합리적 대안이라 할 수

1) 행정안전부가 펴낸 '2009년 지자체 예산개요'를 보면 지방정부의 평균 재정자립도는 53.6%다. 기초단체들은 10% 이하가 대부분이라고 한다. 전국 기초단체의 절반에 가까운 114곳은 자체수입(지방세+세외수입)으로 공무원 월급조차 줄 수 없는 실정이다(서울신문, 2010.3.22).

없다. 세금은 대체로 사람과 관련된 세금이 많기 때문에 국세를 지방세로 이관하는 경우 인구가 많은 지역과 적은 지역간의 재정편차가 일어날 수 있다. 따라서 이러한 대안과 관계없이 재정위기를 극복하기 위해서 지방경영의 필요성이 제기되는 것이다.

2) 공공부문의 비효율성

공공부문의 비대화는 행정의 비효율성에서 비롯된다. 현대행정의 특징의 하나인 공공부문의 비대화는 필연적으로 무사안일과 예산증가를 가져오게 된다. 공무원사회는 법적으로 신분이 보장된 사회이기 때문에 공직에 들어가기만 하면 정년까지 신분이 보장되며 근무연수가 같으면 봉급도 똑같은 직업이므로 효율적 경영을 통한 생산성 증대와 주민에 대한 대응성의 제고가 어렵다. 공무원은 법령의 범위 내에서 자신의 업무를 완수하기만 하면 책임이 면제되기 때문에 혁신적 방법을 통하여 업무능률의 극대화를 추진하려는 동기가 미약하다. 또한 예산은 단년도 예산주의를 채택하기 때문에 환경변화에 능동적으로 대처할 수 없다. 예산을 결정하는 과정도 합리적으로 이루어지기보다는 이해집단의 타협에 따라 이루어지는 경향이 많아 총체적 시각에서의 예산조정이 불가능하다. 또한 공공부문의 예산제도는 돈을 벌게 만드는 것이 아니라 돈을 쓰도록 하고 있다. 이에 따라 정부내에는 돈을 쓰도록 훈련된 사람만 있을 뿐 돈을 벌도록 훈련받은 사람은 없다. 물론 민간부문이 정부부문보다 항상 효율적인 것은 아니다. 중요한 것은 정부 대 민간기업이 아니라 독점 대 경쟁이라는 것이다. 경쟁이 있는 곳에서 더 좋은 재화, 더 좋은 서비스가 나온다는 것이다.

3) 민간부문의 능력활용

다양한 환경변화시대에 행정이 모든 공공기능을 수행한다는 것은 낡은 사고이며 가능하지도 않다. 지역발전을 위해서는 민간에너지가 적극 도입되어야 된다는 인식이 널리 공감을 얻어가고 있다. 행정을 집행함에 있어 민간부문을 활용하려는 근거는 잉여자금이 풍부한 민간조직의 자금을 공공부문으로 활용하려는 취지뿐만 아니라 소비자에게 선택권을 줄 수 있다는 취지에서이다. 일반적으로 공공부문의 서비스는 서비스 공급이 지방정부에 의해 독점적으로 이루어짐으로써 지역주민에게 서비스 선택권이 부여되지 않고 있다. 반면에 민간기업에서는 서비스 수요자를 소비자로 인식하고 소비자가 자신의 취향에 맞는 제품을 선택할 수 있도록 하는 시장경쟁의 원리를 적용하고 있다. 따라서 민간부문의 관리능력은 공공부문을 앞서고 있어 공급기능을 맡겨도 하등의 문제가 없는 것이다.

4 지방자치경영의 유형

1) 관청경영형

관청경영형은 행정을 법률에 따라 제한된 범위안에서 경영을 하는 방식이다. 따라서 지방재정을 확충한다거나 주민의 입장에서 행정서비스를 한다는 의식은 희박하다. 내부경영에서도 공무원의 기득권이나 기존시책의 전환을 원하지 않는다. 지방재정의 부족은 전적으로 보조금에 의존하게 된다.

2) 감량경영형

감량경영형은 재정수지의 균형을 최대의 목표로 하여 지방경영을 내부경영으로 한정시켜 운영하는 방식이다. 복지서비스 억제, 인건비 억제, 수익자부담 등을 수단으로 하여 경영을 한다.

3) 기업경영형

기업경영형은 재정수지의 균형을 꾀하면서 시민복지를 충족하려는 경영방식이다. 비능률적인 관청의 행정방식을 기업의 경영방식으로 체질을 개선하려는 것을 말한다. 공기업운영, 민간위탁, 민자유치, 기업회계방식 등을 수단으로 하여 행정을 한다.

4) 정책경영형

정책경영형은 행정 · 재정의 최적선택을 바탕으로 시민복지를 충족하려는 경영방식이다. 행정서비스를 탄력으로 운영하거나 정책선택을 통하여 한정된 재원으로 보다 큰 주민의 만족을 가져오게 한다. 아울러 재개발사업, 해면매립을 통하여 개발이익을 지방재정으로 확충하려는 노력을 한다.

12.2 경영수익사업

1 경영수익사업의 의의

경영수익사업이란 "지방자치단체가 공익의 증진과 재정의 확충을 위해 주민의 추가적인 재정부담이나 지역의 민간경제영역을 침해하지 않는 범위 내에서 지역의 부존자원을 생산적으로 활용하거나 공공시설을 효율적으로 관리하면서 공공서비스의 확대와 재정수입을 동시에 도모하는 사업"을 말한다. "경영수익사업"이라는 용어는 학문상 또는 실정법상 유래된 것이 아니라 지방자치단체가 취약한 지방재정의 어려움을 타개하기 위하여 세외수입의 증대를 추진하는 과정에서 형성된 것이다. 경영수익사업은 수년전까지는 이미 공급해 오던 서비스에 대하여 판매대금 · 입장료 등을 징수하는 것이었으나 1980년대 후반에 와서 주택 및 주차문제가 심각해지자 택지개발사업과 주차장사업이 활기를 띄기 시작했고 이를 계기로 경영수익사업이 활성화되기 시작했다.

2 경영수익사업의 특성

첫째, 경영수익사업은 일반 행정기관이 민간의 기업경영기법을 도입한 사업운영 방식으로 공공서비스에 대한 대가를 조세가 아닌 쌍무계약적 방법에 의해 징수한다는 점에서 비권력적 행정행위이다.

둘째, 경영수익사업은 공공성과 수익성을 동시에 추구한다. 즉, 경영수익사업은 공공서비스를 저렴하게 공급한다는 전제하에서 서비스를 재생산할 수 있는 최소한의 수익을 보장받고자 하는 것이다. 따라서 경영수익사업이 민간기업의 경영원리에 따라 수익을 추구한다 하여도 그 가격결정은 어디까지나 공익의 한도 내에서 이루어져야 한다.

셋째, 경영수익사업은 자원개발과 재원확보라는 목표를 달성하기 위해 지방자치단체가 비권력적 주체로서 사기업과 동일한 입장에서 사업을 영위하는 것이다. 다만 경영수익사업도 궁극적으로는 주민의 복지향상을 추구하고 있고 최근에는 공공서비스 증대수단으로서의 경영수익사업의 역할이 강조되고 있어 양자간에 본질적인 차이는 없고 다만 운영근거 및 회계처리상의 차이에 불과한 경우가 많다.

<표 12-1> 경영수익사업의 대상 영역

분야	사업 형태
토지개발 이용 (토지 분양, 임대 수입)	▶ 택지 · 공장용지 조성 판매, 공유수면 매립 ▶ 미분양 용지 임대사업
관광휴양지 개발 (사용료 징수)	▶ 공원, 수렵장, 휴양림, 야영장 ▶ 온천 및 온천수 생산(공동 급수)사업 등 운영
문화관광 서비스	▶ 문화행사, 관광 개발 운영 ▶ 캐릭터, 상표 개발 임대, 관광기념물, 지역특산품 개발생산 판매 등
지역 부존자원 활용 (자재판매 수입)	▶ 하천 · 석산골재 판매 ▶ 머드 · 황토 등 활용제품 개발 판매 등
공유재산의 효율적 이용 (사용료 징수)	▶ 주차장, 시장, 상가, 공설묘지 납골당, 공동생산 작업장 등 운영 ▶ 청사, 체육시설, 공장 등 임대 ▶ 유료도로 · 터널, 지리정보, 유휴 건설차량 운영 등
농림 · 수산 소득 증대 (사용료, 판매 수입)	▶ 지역 특산품 가공농장, 농장 · 관광농원 운영 등

자료 : 행정자치부(2003), 「경영수익사업 업무추진지침」.

3 경영수익사업의 대상 영역

경영수익사업은 지방재정의 확충을 위하여 1979년부터 도입,[2] 1981년부터는 본격적으로 추진되고 있다(강용기, 2006:633). 현행 지방자치단체가 시행하고 있는 경영수익사업을 보면 토지개발 이용, 관광휴양지 개발 이용, 문화관광 서비스, 지역 부존자원 활용, 공유재산의 생산관리, 농림 · 수산 소득 증대 등의 5개 사업을 추진하고 있다(〈표 12-1〉 참조).

4 경영수익사업의 효과

지방자치단체의 경영수익사업의 효과는 대체로 다음과 같다(안용식 외, 2006:633).

첫째, 취약한 지방재정을 살릴 수 있다는 점이다. 현재와 같은 지방재정의 현실, 즉 지역

2) 경영수익사업은 1979년 하반기에 강원도 양양군에서 하천 골재를 채취, 직영 판매함으로써 시작되었다.

경제의 영세성, 지역적 재정격차 그리고 중앙정부에 대한 재정 의존도를 극복하기 위해서는 여러 분야의 종합적인 노력과 상호연계가 지속적으로 도모되어야 하는데 경영수익사업이 바로 이러한 노력의 일환으로 작용할 수 있다는 점이다.

둘째, 지방행정의 경영 마인드를 제고할 수 있다는 점이다. 지방자치가 활성화되어 있지 않은 상태에서는 지방의 독특한 자원개발이 중앙의 논리에 의해 거부되거나 사장되는 경우가 많았을 뿐만 아니라 자치단체 스스로가 지방의 독특한 자원개발에 관심을 기울이지도 않았다. 그러나 지방자치가 활성화되면서 자연스럽게 지방의 독특한 논리에 관심을 갖기 시작했으며 지방자치의 창의적인 노력과 경영 능력 여하에 따라 경영 성과가 달라지는 사업 영역이다.

셋째, 지역경제의 취약성을 극복할 수 있다는 점이다. 지역의 민간 경제가 취약하여 민간기업이 특정한 사업을 수행하지 못하거나 민간 부문에서 수지 타산이 맞지 않아 경영에 참여하지 못하는 경우 자치단체가 지역 경제의 활성화를 목적으로 사업에 참여함으로써 취약한 지역 경제의 안정과 자원의 효율적 배분을 도모할 수 있다.

5 경영수익사업의 사례

1) 한국

① 경기도 파주시의 송달용 시장은 97년 다국적기업 모토로라 코리아(주)를 문산지방산업단지에 유치해 200여 명의 고용창출 효과와 연간 17억 7,000만 원의 지방세 수익을 올리고 있다. 파주시민 18만 명이 내는 주민세의 21%에 해당한다. 최근 파주시는 온갖 상을 휩쓸었다. 지속 가능한 도시대상 대통령상(2006) · 한국 지방자치경영대상 종합대상(2007) 등 67개를 수상, 20억 원이 넘는 상금을 모았다. 덕분에 각 지역의 벤치마킹 대상이 되기도 했다. 2006 · 2007년 2년간 280여 개 기관 3,500여 명이 파주시를 배워 갔다.

② 전남 장성군 김홍식(金興植)군수는 '홍길동' 브랜드 및 지역특화 사업, 그리고 첨단산업 도입 등으로 지난 5년 동안 각종 평가에서 최우수 자치단체로 선정돼 67억 원의 상금을 받기도 했다(조선일보, 2000.8.14).

③ 경북 문경시는 탄광으로 살아가는 곳이었으나 90년대 초부터 석탄경기가 사라지면서 폐광되기 시작했다. 농업기반마저 없어 살기가 무척 어려웠다. TV에서 태조왕건을 방

영하기로 하자 촬영장을 문경에 유치하면서 2000년도에는 9만 2,000명이 사는 문경에 332만 명의 관광객들이 들어와 110억 원에 달하던 지방세수입에 45억 원이 늘어났다. 주차장 이용, 편의시설 이용, 숙박시설 이용 등으로 지역경제의 파급효과는 600억이나 된다고 한다. 왕건 촬영장이 조성되면서 석탄박물관이 들어섰고 민자유치로 대형 온천장도 개장했다. 2000년도에 온천장을 다녀간 사람만 170만 명이었다.

④ 전남 함평군은 깨끗한 자연환경을 잘 보존하고 있는 농촌지역 자치단체로서 친환경으로 대표되는 지역 이미지를 잘 활용한 신선하고 다채로운 프로그램으로 주목 받고 있는 곳이다. 민선 2기 이후 중앙정부와 NGO 등의 각급 기관에서 실시한 각종 평가 결과, 총 72분야에서 수상의 영예를 안으며 232억 여원의 시상금과 사업비를 수상하는 행정 선진지로도 확고히 자리매김하였다. 함평은 나비축제를 만든 지 10년도 안 되는 짧은 기간 동안 연 관광객 100만 명을 유치할 정도로 명품 축제를 만들었다. 2008년 나비축제를 찾은 관광객은 130만 명, 입장료 수입만 93억 원이며, 수천억원대의 지역경제 활성화 가치와 자연을 훼손하지 않고 환경을 보전하면서 지역민의 소득을 높이고 지역화합과 지역 이미지 제고를 이뤄낸 성공적 축제로 보고 있다.

⑤ 충남 보령시는 머드가 보령 지역경제의 든든한 버팀목으로 자리 잡았다. 보령(인구 10만 8,000명)은 대천해수욕장을 제외하면 이렇다 할 특징이 없는 고장이었다. 그러나 지금 보령이 머드의 고장으로 이미지를 굳혔다. 머드축제의 지역경제 파급 효과는 한 해 540억 원에 이르는 것으로 보고 있다. 머드축제는 1998년 대천해수욕장의 이벤트로 '머드 마사지'를 시작한 게 시발점이다. 보령시가 생산한 각종 머드화장품도 연간 20억 원 이상 매출을 올리고 있다. 머드화장품은 '보령머드축제'로 이어져 연간 200만 명이 넘는 관광객까지 끌어들이고 있다. 2007년 머드축제에 다녀간 외국인만 7만여 명이다. 보령시측은 이에 따른 지역 경제 파급효과가 2007년 한 해에만 529억 원에 달한다고 밝혔다.

2) 일본

① 오이타(大分)현의 히라마츠 모리히코 지사는 지방행정에 경영이념을 도입하고 중앙정부의 의존에서 벗어나기 위한 방안의 하나로 하나의 마을마다 하나의 특산품을 만든다는 '일촌일품(一村一品) 운동'으로 유명하다. 히라마츠 지사는 '물건 팔기'라면 누구에게도 뒤지지 않는다. 현에서 생산되는 상품판매를 위하여 직접 세일즈맨으로 뛰어다녔

는데, 일례로 오이타현 히지(日出)정의 보리소주를 도쿄의 일류요정을 돌면서 홍보·판매하여 전국적으로 유명해지게 하였으며, 우스키시의 특산품인 '카보스(감귤의 일종)'의 판매신장을 위하여 도쿄 시부야역 앞에서 세일구호가 적힌 옷을 입고 직접 판매하기도 하고 슈퍼마켓에서 직접 오이타산 쇠고기(農後午肉)를 팔기도 했다. 그는 도쿄의 방송국에 올 때면 항상 특산품 한두 가지를 들고와 대담 중에 기회가 왔다 싶으면 "이게 우리 고장 특산 '보리 소주'인데요..."라며 홍보를 시작한다. 해외 홍보를 위해 20개국어로 홍보책자를 제작했다. 히라마쓰지사는 '일촌일품'운동으로 중국에 수차례 초청되었으며 그 영향으로 중국에서도 서안(西安)의 '일향일품(一鄉一品)', 무한(武漢)의 '일촌일보(一村一寶)', 상해(上海)의 '일창일품(一廠一品)'의 명칭으로 지역활성화 운동이 전개되고 있다.

② 고베(神戶)시의 미야자키 시장은 '포트 아일랜드' 등 대규모 사업에 필요한 재원조달을 위하여 독일의 마르크채, 스위스프랑채 등 외채를 활용하여 해상도시를 완성시킨 것은 일개 지방자치단체의 역량을 초월한 대담한 도전으로 간주되었다. 미야자키시장은 지방재정제도가 중앙정부의 보조금에 의존하고 있어서는 시민복지의 증진에 어려움이 있으므로 지방자치단체의 적극적인 운영을 위해서는 기채의 활용이 필요하다고 주장한다.

③ 일본의 도·도·부·현과 지정도시에서는 지방복권발매사업을 하고 있다. 다만 자치성령에 정한대로 공공사업 기타 공익의 증진을 도모한다든가 긴급히 재정수요가 필요한 사업에 한정하고 있다.

6 운영상의 문제점

1) 대상사업 선정의 비합리성

대부분의 경영수익사업은 이해당사자인 관과 민의 인식차이가 크고, 공익사업인 관계로 수익성이 낮을 뿐만 아니라 신규분야에 진출할 경우 리스크가 높다는 점에서 합리적인 대상사업 선정은 근본적으로 한계를 내포하고 있다.

이에 따라 대부분의 경영수익사업은 지역특성과 사회환경 변화를 고려한 창의적인 사업의 발굴·육성보다 사업추진이 비교적 용이한 공유재산관리·이용분야를 대상으로 같은 유형의 사업을 반복하여 추진하는 사례가 많은 실정이다. 특히, 대상사업은 택지조성, 공유수면매립, 하천골재 및 석산개발이 주류를 이루며, 공유재산관리 · 이용분야의 경우 재산매각과 시설임대 및 주차장운영사업이 대부분으로 위험부담이 없고, 사업추진이 용이한 일부 사업에 집중되고 있는 실정이다.

더구나 대상사업 선정시 최소한으로 요구되는 자치단체의 경영마인드와 사업운영에 대한 타당성 분석은 물론 각종 지역개발계획과 지방재정계획과의 연계성도 고려하지 않은 채 선정됨으로써 민간경제를 위축시키는 사례가 빈번히 발생하고 있다.

2) 계획수립과 추진체계 미비

경영수익사업의 대부분이 구체적인 사업추진과 집행 · 관리계획을 수립하지 않은 채 대상사업을 추진하는 경우가 많을 뿐만 아니라 대상사업에 대한 중 · 장기 계획을 수립하지 않고 추진함으로써 효율적인 사업추진이 어려운 실정이다. 특히 계획 수립에 있어서 아직도 행정자치부 지침이 필요할 정도로 기본적인 방향과 전략이 수립되어 있지 않을 뿐만 아니라, 계획수립 과정에서도 수평적 · 수직적 연계성이 확보되어 있지 않아 인접자치단체의 계획이나 상위 계획과의 연계성도 미비하여 효율성을 약화시키는 요인이 되고 있다.

더구나 대상사업의 타당성에 대한 체계적인 분석이나 연구는 물론, 심지어는 관련 법규에 관한 사전 검토도 하지 않고 대상사업을 공포한 후 법적인 문제로 사업 추진을 중단하거나, 이를 근거로 무리한 사업계획을 수립하는 경우도 있어 사업 실패는 물론 예산낭비를 초래하는 경우가 발생하고 있다. 또한 투자재원이 없거나 재원 확보가 불투명한 상태에서 인력이나 지역의 제반 여건을 무시한 채 사업계획을 수립하는 사례가 많은 실정이다.

3) 사업운영에 대한 경영마인드 부족

경영수익사업은 공공서비스의 질적 수준 증대와 세외수입 확충을 목표로 추진하는 사업이므로 민간기업에서와 같은 전문 경영 능력을 필요로 하고 있다. 그러나 담당 공무원의 경영 미숙, 경영을 개선할 수 있는 능력의 결여, 경영평가 및 경영 기법의 부족 등으로 경영수익사업의 성공적인 추진에 장애요인이 되고 있다.

더구나 대다수 자치단체의 경우, 경영수익사업을 담당하는 전담부서가 없는 관계로, 기존 공기업계의 계원 1명이 다른 업무와 경영수익사업 관련업무를 겸하고 있는 경우가 대부분이다. 이로 인해 담당공무원의 경영마인드는 부족할 수 밖에 없는 실정이며, 설사 전문지식이 있다고 하더라도 업무과중으로 인해 경영수익사업 추진에 충분한 시간을 할애할 수 없는 실정이다.

그리고 대상사업이 다양화되면서 환경 · 생태문제, 자원관리, 고도 경영기술을 필요로 하는 분야가 증대되고 있으나, 이에 대한 구체적인 경영전략을 마련하지 않고 경쟁적이며, 과시적인 사업을 추진함으로써 부실화를 초래하는 원인이 되고 있다.

4) 대상사업에 대한 관리체계 미비

특정사업이 안정적인 기반을 구축하기 위해서는 일정한 사업계획하에서 시장성과 수익성, 자금 흐름 및 경제성 등의 관점에서 문제가 없어야 하며, 이를 위한 사후관리체계가 완비되어야 한다. 그러나 대다수 경영수익사업은 투자재원조달 미비, 예상수익의 과대계상, 타당성 검토 결여 등으로 사후관리체계가 미흡한 실정이다.

더구나 경영수익사업 관련 제도의 경직성, 수익금 징수 근거의 비합리성 및 복잡성은 탄력적인 업무추진과 독자적인 관리체계 구축에 장애요인이 되고 있다. 특히 자치단체가 독자적으로 사업을 선정하여 운영하는 경우에 상부감독기관이 행하는 선정지침과 운영 및 회계에 대한 수시 감사가 창의성과 의욕을 감퇴시키고 있다.

그리고 자치단체의 재정능력 취약으로 인건비, 관리비 등 경상경비를 위주로 예산 편성을 하고 있으며, 경영 평가가 제대로 이루어지지 않고 있어 사후관리체계가 미흡한 실정이다. 또한 장기적인 투자와 경영개선보다는 단기적 수익확보에 치중함으로써 신규사업을 선정할 경우 지나치게 수익성과 서비스의 질 향상에 중점을 두는 경향이 있으며, 규모가 커지면 지방 공기업으로 전환하는 등 대상사업의 운영상 유동성이 큰 관계로 안정적이며 지속적인 사업운영이 어려운 실정이다.

12.3 제3섹터

1 제3섹터의 의의

제3섹터란 개념은 1970년대 초부터 미국과 일본의 지방공사제도를 설명하고 번역하는 과정에서 나타나기 시작했는데, 사용하는 사람에 따라 다소 차이가 있으나 공공부문과 민간부문이 공동으로 출자하여 경영하는 기업으로 파악하고 있다는 점에서는 대체적으로 일치하고 있다. 제3섹터(the Third Sector)의 제3의 의미는 본래 대립되는 두 개념 A, B에 대해서 그 어느 쪽도 아닌 다른 하나인 C라는 것이다. 따라서 제3섹터는 1섹터도 아니고, 2섹터도 아닌 제3의 부분을 말한다. 제3섹터에 대한 명확한 정의는 없지만 일반적으로 1섹터는 국가 · 지방자치단체, 공기업 등의 공공부문(Public Sector)을 말하고 제2섹터는 민간기업 등과 같은 민간부문(Private Sector)을, 제3섹터는 제1섹터와 제2섹터의 중간부문을 말하는데 공사혼합 형태의 조직을 말한다. 따라서 여기서는 제3섹터의 사업의 개념을 "공공부문과 민간부문이 자금 · 인력 · 기술 등에 관해 협력함으로써 공공부문에 민간의 능력을 도입하고 동시에 공적 지원의 강화를 통해 민간부문을 활성화시키는 사업을 모두 의미하는 것"으로 규정하기로 한다. 그러나 제3섹터의 공사혼합기업부문은 공기업과 유사한 것도 있어 제3섹터와 공기업을 구분하기가 어려운 점도 있다. 일반적으로 제3섹터를 준정부조직이라고도 한다.

제3섹터의 대상사업으로는 지역관리사업, 도시재개발사업, 중심지개발사업, 근교지역보존사업, 고용창출사업, 약물남용방지사업, 청소년범죄예방사업, 주택보급사업, 산학협동사업 등이 있다.

2 제3섹터의 대두 이유

① 오늘날 정보사회화의 급속한 진전, 기술분야의 급속한 발달 및 국민의 삶의 질의 향상 등으로 인하여 행정수요의 전문화와 고급화 현상이 가속화되고 있다. 그러나 정부는 한정된 자원과 인력으로 이러한 행정수요를 정부단독으로 충족시키는 데에 한계가 있다. 이에 따라 서구선진국에서는 이미 오래 전부터 사회복지, 교육 등 공공서비스분야에서 정부가 민간부문과의 협력을 통하여 국민에게 공공서비스를 제공하는 준정부조직(제3섹터)방식이 보편화되고 있다.

② 정부관료조직의 비대화방지와 국가경쟁력의 제고 차원에서 그동안 팽창일로를 걸어온 관료조직을 축소하고 정부규제 및 간섭을 완화함으로써 작고 효율적인 정부를 구축하려는 노력이 각국에서 지속되고 있는 바, 이를 위한 주요수단으로 준정부조직이 등장하고 있다.

③ 정부기능이 민간화와 사기업의 전문성과 효율성을 공공부문에 도입하려는 노력이 각국에 보편화되고 있다. 즉, 공공부문에 시장메커니즘 등 기업적 요소를 끌어들임으로

써 정부기능의 비능률을 개선하고자 하는 의도에서 준정부조직이 활용되고 있다.

3 제3섹터의 필요성

지방자치시대에 있어서 제3섹터 사업이 필요한 이유는 다음과 같이 지적할 수 있다(김병완 외, 1996:221-222).

첫째, 지방정부가 당면하고 있는 재정난의 타개이다. 즉, 지역주민들의 다양한 서비스 수요에 대응해 나가기 위해서는 민간자금의 도입이 필요하다는 것이다.

둘째, 지역개발사업에 민간의 참여를 확대시킴으로써 지역경제의 활성화를 도모하고 주민참여기회를 확대하려는 것이다. 지방정부의 공공사업은 민간부문의 자본을 참여시켜 공동개발 · 운영함으로써 민간경제에 활력을 불어넣게 되고, 이를 통해 주민들의 행정참여를 증진시키게 된다는 것이다.

셋째, 민간부문의 경영기법 등 경영상의 노하우를 활용할 수 있다는데 있다. 공동협력이 이루어지지 않으면 서비스 제공에 괴리가 발생하거나 자원의 공동활용이 비효과적일 경우이다.

넷째, 제3섹터 사업은 공공성과 기업성을 접목시킬 수 있는 장이라는 점에 그 장점이 있다. 정부부문은 공익성을 추구하는데 목표를 두고 있고, 민간부문은 기업성을 추구하는데 목표를 두고 있다. 지방재정이 취약한 현상황에서는 지방정부가 공익의 실현이라는 목표를 달성하기 위한 하나의 경영수단으로서 기업의 원리를 도입하는 것이 바람직할 것이다. 따라서 제3섹터 사업은 이러한 두 가지 요건을 충족시킬 수 있다는 점에서 그 필요성이 있다.

다섯째, 공공 부문과 결합하면 각종 세제나 정부 규제로부터의 완화된 경영을 수행할 수 있다. 민관합작사업은 영리성 이외에도 공공성이란 측면을 가지고 있으므로 각종 인허가나 관계 법령의 적용시에 지방자치단체 혹은 국가의 혜택을 받을 수 있다. 물론 이러한 반대급부로 공공 부문으로부터 견제를 받을 수도 있으나 잘만 활용하면 관(官)에 의한 규제를 완화시키며 사업을 수행할 수 있는 이점도 있다(강용기, 2008:434).

4 제3섹터의 효과

제3섹터의 경영효과는 대체로 다음과 같다.

1) 재정효과

지방자치단체의 재정비용의 부담을 줄이는 효과가 있다. 지역개발사업은 이제까지 지방자치단체에 의해 획일적으로 이루어져 왔던 비용부담을 개발방식, 공급형태, 서비스내용 등을 다양화함으로써 재정비용을 줄일 수 있다. 뿐만 아니라 지방자치단체의 재정수입을 향상시킬 수 있으며 일자리가 많지 않은 중소도시나 농촌의 경우 고용창출에도 도움이 될 수 있다.

2) 공익효과

생활편의시설의 지방분산은 지방주민의 여가생활의 향상을 가져올 수 있다. 주민생활의 가까이에서 여가와 문화요구를 충족시킴으로써 지방주민의 삶의 질을 향상시킬 수 있게 된다. 더욱이 최근의 대도시권의 인구집중현상을 감안하면 인구의 지방분산효과에도 도움이 되리라고 본다.

5 제3섹터의 유형

1) 지역개발형

지역개발형이란 공항, 도로, 부두건설이나 리조트, 관광시설 등을 개발하는 사업에 민·관이 합동으로 투자를 하는 형태이다. 이런 투자사업은 장기에 걸쳐 대규모의 자본투입을 필요로 하는 것으로서 공공부문에서는 자본의 부족을 민간부문의 출자에 의하여 보전하고, 민간부문은 공공부문의 지원으로 개발에 따른 법적 행정적 규제를 피해갈 수 있어 공동참여가 가능한 부문이다. 지역개발형 제3섹터는 대개 투자의 규모가 크고 자본의 회수기간이 길다는 점에서 민간부문이 참여를 신중히 판단하는 경우가 적지 아니하다. 특히 공항, 도로, 부두 등 사회간접자본의 투자는 수익성이 보장되기 어렵다는 점에서 그러하며 이런 유형의 제3섹터는 결국 정부가 어떤 형태든 민간부문에 매력적인 인센티브를 제공하는 것이 중요하다.

2) 기업경영형

지역특산품의 개발과 판매, 정보서비스센터의 설치와 운영, 교통터미널의 건설 및 관리 등과 같이 특정부문의 기업을 설립하여 운영하는 형태가 기업경영형 제3섹터이다. 이런 기업들은 그 서비스를 일반 시민들이 많이 이용하기는 하지만 사업의 관리와 운영에 전문성이 부족하여 효율성을 유지하기가 어렵다. 따라서 기업경영형은 공공성과 더불어 경영의 자율성과 독창성이 중요하기 때문에 상법상의 주식회사나 민법상의 재단법인으로 설치되는 것이 바람직하며 인적 자원의 충원에 있어서도 경영마인드와 관리의 전문성이 확보된 사람들을 활용하는 것이 중요하다.

3) 시설운영형

스포츠, 문화시설, 철도부대시설 등과 같이 지역주민들이 다수 이용하는 시설의 관리와 운영을 민 · 관이 같이 맡게 되는 제3섹터의 형태를 시설운영형이라고 한다. 이런 형태는 시설의 설치에 대한 투자는 거의 공공부문이 담당하고 그 운영만을 민간부문이 맡게 된다는 점에서 기업의 창업과 관리를 민 · 관이 같이 맡게 되는 기업경영형과 다소 다르다. 공공부문의 인적자원과 관리의 전문성에 제약이 따를 경우 공공시설에 시설운영형 제3섹터의 도입을 생각하여 볼 수 있다. 그러나 잘못하면 서비스의 제공과정에서 자원의 낭비와 공공성이 훼손될 여지가 많은 것이 이 유형이 지닌 약점이다.

6 제3섹터의 사례

1) 공사형 3섹터

지방공사인천터미널, 광주교통관리공사, 한밭개발공사, 김제개발공사, 장흥표고유통공사, 점촌도시개발공사, 경강종합관광개발공사, 안성축산진흥공사, 철원농산물유통공사 등이 있다.

2) 주식회사형 3섹터

주식회사 경남무역, 주식회사 경북통상, 주식회사 제주교역, 주식회사 지리산 산청생수, 주식회사 대구종합무역센터, 주식회사 안산도시개발, 주식회사 전북무역종합센터, 주식회사전남무역 등이 있다.

7 제3섹터의 제약요인

제3섹터 사업을 활성화하는데 있어서는 현실적으로 상당한 제약요인들이 많다.

첫째, 민 · 관공동협력방식이므로 형식상 공공성과 수익성이 조화되는 것 같지만 실제로는 영리를 추구하는 경향이 지배적이라는 것이다. 또한 공공부문의 출자비율이 실질적인 지배력을 행사할 정도의 지분을 갖지 못하면 민주적인 통제가 어려울 것이라는 점이다.

둘째, 공공부문과 민간부문의 목표차이로 인한 다소의 갈등과 대립이 발생할 소지가 있다. 즉 공공부문은 공익을 추구하게 되고 민간부문은 이윤추구에 역점을 두다 보면 양자 사이에 다소의 대립이 야기될 수 있다는 것이다. 공익의 추구에 집착하면 참여한 민간부문의 의욕이 저하될 것이고, 이윤추구에 치중하면 일반 주민들로부터 많은 비판을 받을 우려가 있어 실제 사업의 추진에는 많은 어려움이 있다.

셋째, 민간부문의 경제력이 취약하면 공동출자의 길이 열려있다고 하더라도 민간부문에서 출자할 수 있는 능력은 지극히 낮은 실정이라는 것이다.

넷째, 책임소재가 불분명하여 경영이 부실할 경우 그 원인을 서로에게 전가함으로써 경영의 책임성을 구현하기 어렵다. 즉, 비용이나 책임의 전가가 나타날 수 있다.

12.4 민간위탁

1 민간위탁의 의의

민간위탁(Contracting)이라 함은 지방자치단체가 그 권한에 속하는 사무 또는 사업의 일부를 민간기관인 단체 또는 개인에게 맡겨, 그의 책임하에에서 처리하도록 하는 것을 말한다. 행정기능은 정부기관에서 담당할 일이지만 행정기능의 복잡 다양화로 인하여 민간단체가 행정을 맡는 것이 더 효율적일 때 민간기관에게 이를 담당할 기회를 주고 있다. 이는 각급 정부간의 기능분담체계의 재정립과 아울러 정부와 민간을 포함한 사회 각 부문사이의 역할분담체계의 전면적 재검토를 의미하는 것이다. 민영화와는 달리 행정기능의 민간위탁은 행정기관이 행정기능을 완전히 이양하지 아니하고 행정기관이 그에 관한 권한을 여전히 유보하고 있으면서, 민간으로 하여금 자기의 명의와 책임에서 해당사무를 처리케 하는 제도라 할 수 있다. 즉, 소유는 지방자치단체로 하되 그 관리는 민간에 위탁하여 경영하는 방식을 말한다. 지방자치단체장은 조례 또는 규칙이 정하는 바에 의하여 그 권한에 속하는 사무 중 조사, 검사, 검정, 관리사무 등 주민의 권리 · 의무와 직접 관련되지 아니하는 사무를 법인, 단체 또는 그 기관이나 개인에게 위탁할 수 있다(지방자치법 제104조 ③항)고 규정하고 있다. 사무 또는 사업의 일부를 민간기관에 위탁할 경우 위탁자인 지방자치단체는 수탁자인 민간기관의 경영에 대하여 일정한 지휘감독을 하여야 한다(행정권한의 위임 및 위탁에 관한 규정 제14조). 민간위탁의 대두는 행정기능이 확대하고 정부의 역할이 커지기 시작한 20세기에 들어와서이다. 인력과 예산 등 정부의 역할이 한계가 옴으로 해서 행정기능의 일부를 민간에 위탁하게 되었다.

2 민간위탁의 대상

민간위탁의 대상은 국민의 권리 · 의무와 직접 관계되지 아니하는 사무로서 ① 단순사실행위인 행정작용, ② 공익성보다는 능률성이 더 많이 요구되는 사무, ③ 특수한 전문지식과 기술을 요하는 사무, ④ 기타 국민생활과 직결된 단순행정사무 등으로(행정권한의 위임 · 위탁에 관한 규정 제11조) 조사 · 검사 · 관리 등의 업무를 원칙으로 한다. 공공시설(예: 사회복지시설, 주차장, 공원 등)의 관리 · 운영, 공공청사 및 가로 청소, 쓰레기 및 분뇨수거 · 처리, 등록 및 증명발급, 수수료 및 벌금징수, 설계 및 측량업무, 학교급식, 야간경비, 수도사업중에서 검침업무, 종합개발계획의 수립, 여론조사, 직원연수, 불법폐기물 감시, 행정모니터링, 지역봉사센터 운영, 각종 문화행사 추진 등에 민간위탁방식이 활용되고 있다.

3 민간위탁의 효과

1) 비용의 절감

적은 비용으로 서비스를 제공할 수 있다. 행정서비스의 수요변화와 가용자본의 크기에 따라 사업규모를 조정할 수 있어 보다 효율적이며 민간위탁의 정도에 따라 정부의 인적, 물적 자원의 규모를 줄일 수 있어 행정비용을 줄일 수 있다.[3)]

---

3) 일본에서 316개 지방단체의 1998년도 결산에서 쓰레기수거 · 공공시설관리 등 26개 사업에 대한 정부직영과 민간위탁의 경비지출을 조사 · 비교하였던 바, 민간위탁의 경우가 정부직영의 경우보다 1/2 내지 1/5로 절감되었음이 밝혀졌다(한국행정연구원, 행정동향, 2000년 6월호:27). 미국의 경우도 쓰레기수거에 있어서 정부직영방식은 비용이 민간위탁시보다 지역에 따라 2% 내지 7% 또는 14% 내지 43% 높다는 연구결과가 나왔다. 서울시의 경우도 1톤의 쓰레기를 수거하는데 드는 비용이 시 직영은 1인당 10,430원이 소요된 반면 민간업체의 경우는 8,076원이 소요되는 분석결과가 나왔다(김영종, 2000:457).

2) 행정의 효율화

행정의 효율화를 기할 수 있다. 민간부문의 사람들은 해당 업무에 관하여 보다 전문적인 지식을 가지고 있는데다가 업무도 적극적이기 때문에, 적은 인력과 비용으로도 양질의 서비스를 제공할 수가 있다.

3) 행정의 민주화

행정의 민주화를 구현할 수 있다. 정부가 행정을 독점하여 일방적으로 수행하지 아니하고 민간이 행정에 참여하고 그것에 협력하면서 공동적으로 책임을 지게 됨으로써 그 행정수행에 있어서 비민주적인 풍토를 제거 · 쇄신하는데 이바지할 수 있다.

4) 행정의 질적 향상

새로운 수요에 신속히 대응하여 새로운 프로그램의 실험을 용이하게 하며 공급자를 분산하여 하나의 공급자에 대한 의존도를 낮출 수 있어서 행정의 경쟁력을 높일 수 있고 파업 등의 외적요인에 대한 서비스의 취약성을 보완할 수 있다. 따라서 공공부문과 민간부문간, 민간부문 상호간에 경쟁을 유도하여 서비스 질을 향상시킬 수 있다.

5) 민간부문의 고용창출

공공부문의 인력이 줄어드는 반면에 민간부문의 고용효과를 창출하여 민간경제의 활성화에 도움을 준다(박연호, 2001:133).

4 민간위탁의 방식

1) 계약방식

위탁기관과 수탁기관 사이에 계약을 체결하여 위탁하는 방식이다. 계약제도란 재화나 서비스에 대한 생산을 일정기간 민간기업에서 담당하되 그에 필요한 재원은 정부가 담당하는 제도를 말한다. 이와 같은 계약제도는 우리나라를 비롯한 세계 각국에서 도시 쓰레기 등의 부문에서 폭넓게 활용되고 있다. 이는 민간위탁의 가장 보편적인 방식으로서 연구조사, 청사관리, 쓰레기수거, 화물의 수송과 보관 등에 관한 업무를 위탁할 때 흔히 쓰이는 방식이다. 계약방식의 장점으로는 기업간 경쟁입찰을 통해 서비스 생산 주체를 결정하여 정부 재정 부담을 경감시킬 수 있다는 것이다. 또한 인력 운영의 유연성을 제고해 관료조직의 팽창을 억제할 수 있다. 특히, 정부가 실질적으로 해당 분야에 필요한 전문기술 인력을 상시 확보하는 효과도 창출한다(이종수 외, 2008:601).

2) 지정 또는 허가방식

위탁기관의 일방적 지정 또는 허가에 의하여 공공서비스 제공업무를 민간에 위탁하는 방식이다. 의료, 각종 시험, 검사, 측량, 변호, 판매, 운송, 요금징수 등에서 그 예를 찾아볼 수 있다. 면허 방식은 정부가 서비스 수준 및 요금 체계를 통제하면서도 서비스 생산을 민간부문에 이양하는 장점이 있다. 다만 서비스 제공자들 사이에 경쟁이 미약하면 이용자의 비용부담이 과중하게 되는 부정적 효과도 발생한다(이종수 외, 2008:601).

3) 사업체 설립방식

위탁업무를 처리할 사업체를 설립하여 그로 하여금 위탁업무를 처리하게 하는 방식이다. 연구 · 시험 · 검정 등의 단체, 공공조합, 상법상의 회사, 특별법에 의한 공사 설립 등이 사업체를 설립하여 운영하는 방식이다.

4) 구매권 · 증서방식

정부가 사회내의 특정계층(예: 저소득층, 장애인, 노인 등)에게 재화 또는 역무의 구매권 또는 증서(Voucher)를 발급하고, 그 수혜자는 자신들이 원하는 업소에서 그 구매권 또는 증서로써 재화를 구입하거나 역무제공을 받고, 업소는 그 받은 구매권 등에 따라 정부로부터 환불받는 방식이다. 식품구매권 · 교통권 · 노인할인권 등이 그 예가 될 수 있다. 소비자 중심의 맞춤형 사회서비스가 강조되면서 주요 국가들은 노인, 장애인, 그리고 보육정책 중심으로 다양한 형태의 바우처 수단의 활용을 확대하고 있다(이종수 외, 2008:602).

5) 보조금방식

정부가 서비스 생산자인 영리 또는 비영리 민간단체에게 재정지원을 함으로써 서비스 이용자가 무료 또는 저렴한 가격으로 서비스를 이용할 수 있도록 하는 방식이다. 농업보조금, 주택지원금, 운영보조금, 학비보조금 등이 그 예가 될 수 있다. 이러한 방식을 통하여 서비스 이용자의 부담을 줄여주는 동시 서비스 생산자의 경쟁력을 강화시킬 수 있다.

6) 자원봉사단체 활용방식

위탁업무를 민간단체의 자발적 참여에 의하여 처리하는 방식이다. 사회복지단체의 사회복지업무, 경찰자율방범대의 방범활동, 의용소방대의 소방업무 등에서 자주 쓰는 방식이다.

5 민간위탁의 문제점

1) 공공성의 문제

민간업자들은 흔히 수익성을 기준으로 활동하기 때문에 수익성이 좋은 고객과 그렇지 못한 고객을 차별하기 쉽다. 따라서 불법부당한 업무처리로 인한 고객의 권리침해를 구제하는 절차가 미흡하다는 것이다. 책임을 지지 않는 민간에 의한 재량적인 업무집행은 오히려 시민에 의한 통제를 제약하는 것으로서 민주성이 저하될 우려가 있다.

2) 독점화의 문제

민간위탁시에 단일 기관 · 업체를 지정함으로써 독점적인 권한을 부여하게 되거나, 그 사업의 성격상 독점이 자연적으로 발생할 경우에는 정부기능으로 존속할 때보다 더 심각한 비효율성이나 서비스 결여, 폭리 등의 결과를 초래할 수 있다.

3) 부패의 문제

수탁기관의 불공정한 업무처리의 가능성을 미연에 방지할 수 있는 감시체계가 미흡하면 민간업체가 다수시민과 언론의 집중적인 감사를 받는 정부기관보다 오히려 이권이나 청탁에 연루되어 업무를 불공정하게 처리할 소지가 더 클 수도 있다.

4) 행정상 비밀의 문제

정부기관의 경우에는 국가기밀에 관한 법령이나 공공기관의 개인정보보호에 관한 법령 등 보호장치가 강구되어 있는 데 반하여, 민간단체나 기업 등에 대하여는 그러한 제도의 적용이 어렵거나 배제되어 비밀누설 등의 문제발생 가능성이 더 높다고 할 수 있다.

5) 공동규범의 왜곡

민간은 민간주체들간의 상호경쟁과 갈등 문제에 스스로 규칙을 만들기가 쉽지 않을 것이며, 약관 같은 것을 설정할 때에 고객이나 다수국민의 입장보다 기업의 입장을 우선적으로 반영할 우려가 크다. 따라서 사업의 집행을 민간에게 맡기더라도 다수에게 공통적으로 적용되어야 할 기준은 정부가 부여해 주어야 한다.

6) 민간부문의 능력 문제

일반적으로는 민간부문이 정부부문보다 전문기술면에서 우수하다고 하지만, 분야에 따라서는 정부부문보다 뒤떨어지는 경우도 있으며, 시민의 권리 · 의무 또는 이해관계에 대한 조정능력에 한계가 있고, 자체 재정능력의 부족으로 서비스공급량이 적어질 수도 있으며, 파산되는 경우에는 사회에 큰 충격을 줄 수도 있는 것이다.

7) 비효율성의 문제

위탁대상 업무의 선정시 그 구체적인 기준이 모호하다는 것이다. 수탁기관이 위탁업무를 자율적으로 처리하지 못하고 위임기관의 통제와 지도를 받아 수행함으로써 오히려 시간과 비용의 낭비를 가져오는 경우가 많다는 것이다.

12.5 민자유치

1 개설

사회간접자본이라고 불리우는 공공시설의 확충은 국가경쟁력이나 국민생활향상에 바탕이 된다. 반면 공공시설의 부족은 생산성의 저하 및 유통비용을 증가할 뿐만 아니라 국민의 일상생활에 불편을 주게 된다. 그러나 공공시설의 확충을 위한 투자는 그 규모가 엄청나 지방정부의 재정으로는 한계가 있다. 민자유치는 지방자치단체의 열악한 재정을 타개하기 위해 민간의 자원을 활용한다는 측면에서 필요성이 대두된 것이다. 민자유치에 대한 실정법상 규정된 정의는 없으나 대체로 지역주민이 필요로 하는 공공시설을 민간기업이 전액 부담하여 직접 건설하도록 하는 방법을 말한다. 민간기업이 소요경비를 부담한 이상 시설이 완성된 후에는 민간기업이 주도하여 유지 및 경영을 맡게 된다. 따라서 민자유치는 공공시설 건설에 필요한 재원을 국민이 부담함이 없이 민간의 자본을 공공시설 건설에 유입시키는데 목적을 두고 있다.

2 민자유치의 법적 근거

우리나라 정부는 기존의 재원조달방식으로는 현재 당면하고 있는 공공시설의 애로사항을 빠른 시일내에 해결할 수 없다는 판단하에 공공시설에 대한 민자유치를 촉진할 수 있는 새로운 정책을 추진하였고 1994년에는 약칭 민자유치촉진법이 제정되었다. 도로법, 항만법 등 공공시설 관련법에도 민자유치의 근거가 일부 마련되어 있기는 하나 수익성보장과 경영권 안전장치가 미흡하여 민간자본이 제대로 유치되지 못하는 문제점이 있었다. 민자유치촉진법은 개별법들의 미비점을 보완하고 다양한 공공시설에 공통적으로 적용될 수 있는 민자유치의 절차와 방법, 수익성과 경영권보장 등 각종 지원사항을 체계적으로 규정하고 있다. 한편 정부는 1994년 1월, 보다 적극적인 민간부문 활용의 제도적 장치로서 '지역균형개발 및 지방중소기업육성에 관한 법률'을 제정 · 공포하였다(배용수, 1996:302).

3 민자유치의 대상

민자유치의 대상은 매우 광범위하다. 민자유치촉진법에 의하면 민자유치의 대상이 되는 공공시설은 제1종 시설 및 제2종 시설로 나누어진다. 제1종 시설은 공공성이 강한 시설로서 민자를 유치하여 시행한다 하더라도 당해 시설의 소유권을 국가나 지방자치단체에 귀속시키는 것이 당연한 시설을 말한다. 도로 및 도로부속물, 철도, 도시철도, 항만, 공항, 다목적댐, 수도, 하수도 및 종말처리장, 하천부속물, 어항, 폐기물처리시설, 전기통신설비 등의 시설이 있다. 제2종 시설은 제1종 시설보다 공공성이 낮은 시설로서 민자유치를 위해서는 사업시행자에게 당해 시설의 소유권을 인정하는 것이 바람직한 시설을 말한다. 전원설비, 가스공급설비, 집단에너지시설, 전산망, 유통단지, 화물터미널 및 창고, 여객자동차터미널, 항만종합여객시설, 관광지 및 관광단지, 노외주차장, 도시공원, 폐수종말처리시설, 재활용시설, 생활체육시설, 청소년수련시설, 도서관, 박물관 및 미술관 등이 해당된다. 이 밖에도 쇼

핑센터, 백화점 등의 소비유통시설, 학교, 공연장 등의 교육문화시설, 병원, 양로원 등의 복지시설 등을 들 수 있다.

결국 민자 유치란 공공부문의 재정적 위기와 그에 따른 서비스 공급의 부족을 해결하기 위하여 공공 부문(국가 또는 지방정부)이 주체가 되어 공공사업에 민간의 자본을 끌어들임으로써 공공시설에 대한 소유 및 운영권을 보장하는 것이라 할 수 있다(안용식 외, 2006:641).

전통적으로 사회기반시설에 대한 투자는 정부가 담당하는 것으로 인식되어 왔으나, 정부의 재정위기와 비효율성의 문제가 제기되면서 안정적 투자 재원을 민간으로부터 마련하여 효율적으로 공급하려는 경향이 나타나고 있다.

4 민자유치의 필요성

1) 공공시설 건설재원의 보충

공공시설의 부족현상을 타개하고 향후 예상되는 수요증가에 대처하기 위해서는 민자유치의 필요성이 제기된다.

2) 민간참여의 유도

공공시설을 신속하게 공급하기 위해서는 공공부문보다는 시장 적응력이 높은 민간기업이 효과적이므로 민간의 참여를 적극적으로 유도할 필요가 있다.

<표 12-2> 민자 유치 대상 사업

구분	대상 사업
종전 (35개)	도로, 철도, 도시철도, 항만, 공항, 다목적댐, 수도, 하수종말처리시설, 하천부속물, 어항시설, 폐기물처리시설, 전기통신설비, 전원설비, 가스공급시설, 집단에너지시설, 정보통신망, 유통단지, 화물터미널, 여객자동차터미널, 관광단지, 노외주차장, 도시공원, 폐수종말처리시설, 분뇨처리시설·축산폐수공공처리시설, 재활용시설, 생활체육시설, 청소년수련시설, 도서관, 박물관·미술관, 국제회의시설, 지능형 교통체계, 지리정보체계, 초고속통신망, 과학관, 철도시설
2005년 추가 (9개)	학교시설, 군 주거시설, 공공임대주택, 아동보육시설, 노인요양시설, 보건의료시설, 문화시설, 자연휴양림, 수목원

자료 : 사회간접자본시설에 대한 민간투자법 제2조.

3) 민간의 창의력 도입

민자유치는 자본의 유치뿐만 아니라 민간부문의 창의력과 노하우를 도입함으로써 양질의 서비스를 효율적으로 제공하게 된다.

4) 지방행정수요에 대응

중앙정부의 재정지원과는 별도로 지방자치단체의 독자적인 사업추진이 가능하므로 지역적인 특성과 지역주민의 고용에 적실한 사업추진이 가능하다.

5 민자유치의 효과

1) 공공시설 건설재원의 보충

공공시설의 부족현상을 타개하고 향후 예상되는 수요증가에 대처하기 위해서는 막대한 투자재원이 필요하다. 이를 해결하기 위해서는 조세 및 요금인상, 국공채 발행 및 차관도입 등의 방안을 강구할 수 밖에 없다. 그러나 이러한 방안은 국민부담이 대폭 늘어나는 결과를 초래하게 되므로 정부의 재정정책에만 의지하는 것에는 한계가 있다. 따라서 민자유치는 공공시설의 건설재원을 보충하는데 효과가 있다.

2) 공공시설의 효율적 공급

공공시설의 확충을 위해 민간자원을 활용할 경우 민간의 능률성과 창의성을 도입할 수 있다. 따라서 공공시설의 수요증가에 대응하고 이를 신속하게 공급하기 위해서는 공공부문보다는 시장적응력이 높은 민간기업이 효과적이므로 정부주도의 전통적인 공급방식에서 탈피하여 민간의 참여를 적극적으로 유도할 필요가 있는 것이다.

3) 민간부문의 투자기회 확대

공공시설의 건설 자체가 새로운 개발이익의 원천이 된다는 점도 민자유치의 근거가 된다. 공공시설이 입지함에 따라 주변 지가의 상승으로부터 발생하는 개발이익으로 투자비를 보전할 수 있고 부대사업을 통하여 수익을 확대시킬 수 있다.

6 민자유치의 사례

공공시설에 대한 민자유치사업은 1968년 기채를 발행하여 건설한 경인고속도로를 필두로 하여 1980년의 원효대교 건설, 1980년대 후반이후 종묘광장지하, 세종로 미관광장지하, 마포유수지복개, 동대문운동장의 지하주차장 등 민자주차장이 건설되었으며, 이어서 서울역, 영등포역, 동인천역과 김포 제2청사 터미널이 민자유치로 건설되었다. 1995년에는 천안-논산고속도로, 부산-김해 경량전철, 서울-하남 경량전철, 수도권신공항고속도로, 경인운하, 목포신외항 다목적부두, 인천항 종합여객시설, 거제-가덕도-부산대교, 경인우회도로 등의 사업이 민자유치사업으로 선정되어 건설되거나 건설하는 것으로 되어 있다. 1996년에는 서울외곽순환도로, 구미-옥포고속도로, 대전-당진고속도로, 의정부 경전철, 가덕도 신항, 인천북항, 포항영일 신항, 해안순환도로, 제2순환도로, 제2순환도로 1구간터널 및 접속도로, 하남-춘천간 도로, 인천 남동-시흥시 도리IC간 도로, 서울-강화간 도로, 우산대교 및 접속도로 등이 민자유치사업으로 선정되어 건설되거나 건설하는 것으로 되어 있다. 그러나 공공시설 중 실제로 민자유치가 이루어졌던 부문은 지하상가, 민자역사 등 분양이 가능한 시설, 터미널, 지하주차장 등 용지확보에 비용부담이 적은 시설, 전용부두 등 기업이 필요에 의해 건설한 시설이 대부분을 차지했다.

12.6 공공서비스의 민영화

1 민영화의 의의

공공서비스의 민영화는 1970년대에 미국을 중심으로 사용되기 시작한 용어인데 1960년대 말에 드럭커(P. Drucker)가 민간화라는 용어를 처음 사용한 이래, 양적 · 질적으로 향상된 공공서비스의 제공을 정부를 대신하여 민간부문에서 찾으려는 노력이 있어 왔다. 민영화가 공공부문의 공급에 대한 대안으로 활용되기 시작한 것은 1979년 영국보수당 내각이 들어서면서 민영화정책이 보수당의 강령으로 채택되면서부터 전 세계적으로 확산되었다.

공공서비스의 민영화(Privatization)란 행정기관이나 공기업에 의해 수행되었던 행정기능을 민간에로 이양하는 것을 말한다. 민영화를 하는 이유는 행정서비스의 비효율성 때문이다. 이러한 비효율성은 경쟁이 존재하지 않는 환경에서 독점적으로 운영하여 온데 원인이 있으며 공기업에 대한 정치적 간섭 역시 비효율성을 가져온 데도 원인이 있다. 그러나 공공부문의 민영화는 경영의 효율성을 제고하는 데는 도움이 되겠지만 민간에 의한 또 다른 독점기업이 출현할 수 있고 공공성의 약화를 가져올 가능성도 있게 된다. 따라서 민간에 의한 독점의 해소나 공공성의 약화 문제를 해결할 수만 있다면 고객에게 선택의 폭을 넓혀주고 보다 양질의 재화와 서비스를 제공할 수 있다.

민영화와 민간위탁의 차이점은 민영화는 위탁자의 권한을 완전히 이전하는 것인데 반하여 위탁은 사무처리의 권한을 이전하지만 법적으로는 여전히 위탁자가 그 권한을 갖고 수탁자의 사무를 지휘 · 감독한다는 점이다. 민영화대상 사업으로는 쓰레기수거, 전문서비스업종, 토지개발사업, 보건 및 사회복지사업, 위탁지역의 개발 등이라 할 수 있다.

2 민영화의 대두배경

1) 급속한 행정배경의 변화

전통적 조직관리는 안정성만을 과도하게 추구하여 자유재량과 신축성이 결여되어 쇄신성, 문제해결, 시민요구의 충족이라는 측면에서 볼 때 많은 문제점을 갖고 있었다. 따라서 대외적으로 국제화 · 개방화로 인한 무한경쟁 시대의 도래와 대내적으로 정치적 민주화에 따른 주민욕구의 분출 등 급속한 행정환경의 변화에 탄력적으로 대응하기 위해서는 기존의 정부기능을 전면적으로 재검토하여 비효율적인 기능은 민간으로 이관해야 할 필요가 대두되었다.

2) 작은정부의 지향

작은정부론은 행정에 대한 정부의 실패와 과중부담이라는 인식하에 거대정부에서 나타나는 행정의 관료화와 비능률 현상을 제거하고, 이에 대한 해결책으로서 민간부문의 기능과 영역을 상대적으로 확대하여 적극 활용하고자 하는 것인데, 규제완화 · 민간화 등은 작은 정부를 위한 실현방안으로서 중요시된다.

3) 행정의 기업화 요구

지방재정위기를 극복하고 소요재원을 자주적으로 조달 · 관리할 수 있는 독립된 경제주체로서의 자치단체가 요청되었다. 즉, 재원확보를 극대화하고 효율적인 관리과학화로 세출을 최소화함은 물론 양질의 행정서비스공급을 위해서 행정의 경영화가 필요하게 되었다.

4) 행정공급능력의 한계

행정수요는 양적으로 증가하고 질적으로 다양화 · 전문화되었으나 행정에 의한 직접적인 서비스 공급방식은 경직된 관료의 체질 때문에 행정서비스를 유효 · 적절하게 제공할 수 없는 한계를 나타내게 되었으며, 이에 따라 새로운 공급방법을 모색하지 않으면 안될 상황에 놓이게 되었다.

3 민영화의 장 · 단점

1) 민영화의 장점

첫째, 시장경제속에서 계약이 체결되기 때문에 독점성이 배제되어 시장경쟁을 통한 비용을 절감할 수 있다. 이에 따라 기존의 시설 · 인력 등을 줄일 수 있어 행정의 능률을 도모 할 수 있다.[4)]

둘째, 사용자부담의 개념을 도입함으로써 자원배분상의 낭비를 방지할 수 있으며, 초과수요를 통제할 수 있다. 민영화는 지방자치단체의 규모의 경제를 실현할 수 있다.

셋째, 민간은 근본적으로 이윤극대화를 추구하여 항상 고객의 만족도 향상에 노력하기 때문에 같은 인력과 비용으로도 행정기관보다 더 나은 수준의 서비스를 제공할 수 있다.

넷째, 번거로운 의사결정과정을 거치지 않고 민간부문의 축적된 기술과 자원동원능력을 활용할 수 있어 서비스를 신속화할 수 있다.

다섯째, 동일서비스에 대해 정부와 민간기업간에 비용과 업무성과의 비교가 가능하기 때문에 저렴한 공급비용으로 양질의 서비스를 공급할 수 있다.

여섯째, 정부의 대규모 공공사업이나 지역개발사업에 민간부문의 자본과 인력을 활용함으로써 민간경제를 활성화시킬 수 있다.

일곱째, 정부가 독점적으로 수행하던 행정기능을 민간과 분담 · 협력하여 처리함으로써 민간의 행정참여를 활성화하고 행정에 대한 민주적 · 자율적 통제를 강화시킨다.

4) 전화번호부회사를 민영화했더니 제조원가가 1/3이나 줄었다고 한다.

여덟째, 민영화는 행정수요의 전문화 · 복잡화에 대응하여 민간기업의 전문적 지식과 기술, 재정적 부담능력 및 경영관리능력을 활용할 수 있으므로 업무의 전문적 처리가 가능하다.

2) 민영화의 단점

첫째, 사용자부담원칙은 소득의 고하를 불문하고 사용자에게 동일한 액수를 부과시키므로 저소득자에게 상대적으로 큰 부담을 주게 된다.

둘째, 서비스를 차별화하면 소득이 높은 고객에게는 서비스가 충실한 데 비하여 그렇지 못한 고객에 대해서는 소홀히 취급하거나 서비스를 기피하는 경향을 보일 수 있다.

셋째, 민영화는 다수의 민간계약업체들을 대상으로 하기 때문에 이들간의 조정은 새로운 업무부담으로 될 가능성이 있다.

넷째, 민간부문이 도덕적 · 기술적으로 성숙되어 있지 않은 경우 정치권 또는 관련공무원과의 결탁이나 이권에 연루될 소지가 크다.

다섯째, 민간기업의 최대목적은 이윤추구에 있으므로 서비스 공급에 대한 비용이 부족할 경우 서비스의 질이 떨어지거나 지방정부가 공급하는 것보다 비용이 비싸질 수도 있다.

여섯째, 민간은 이윤보장이 안 되면 언제라도 서비스공급의 공공성을 무시하고 사업을 포기할 수도 있다.

일곱째, 정부가 지식과 기술 및 관리능력을 축적할 기회를 잃게 되어 정부관료의 전문화를 저해한다.

4 민영화의 방법

민영화는 흔히 공기업의 민영화를 의미하지만 넓게는 행정기능의 민영화까지를 포함한다. 민영화의 방법은 다음과 같이 구분할 수 있다.

1) 정부기능의 민간이양

공공부문의 일부를 민간에 이양하거나 공기업을 민간에 매각하는 경우이다. 정부기능을 완전히 민간으로 이양하여 시장이 완전하게 재화를 공급 · 생산하는 방법이다. 이는 공공부문의 순수한 정부기능을 순수한 민간부문으로 직접 이양하는 것으로 현실적으로 이러한 방식에 의하여 민영화할 수 있는 사업은 그리 많지 않을 것이다.

2) 주식이나 자산의 매각

정부보유 주식의 상당부분을 민간에 매각하는 경우이다. 공사를 주식회사로 전환하고 그 주식이나 자산을 민간에 매각하는 방식으로 책임이 분명하고 명확한 민영화 방식이다. 주식매각은 정부보유주식을 민간에게 매각함으로써 정부소유지분을 이전하는 방법이다. 정부가 보유주식을 매각하고자 할 때에는 증권시장을 이용하는 방법과 비공개법인일 경우 장외시장을 이용하는 방법이 있다. 이때, 주식매각의 정도에 따라 완전민영화와 부분적 민영화로 구분할 수 있다. 또한 주식매각 시 누구에게 매각하는가에 따라 국민주 방식과 종업원지주제 및 외국인에게 매각하는 방식으로 구분할 수 있다. 국민주방식은 다수 국민을 투자에 참여하게 하여 주식을 분산 매각함으로써 특정세력의 독점방지 및 국민의 주인의식을 고취하고자 하는 방법이다. 종업원지주제는 자사직원에게 주식을 매각함으로써 민영화에 대한 반대이익집단으로 여겨지는 직원들을 경영에 참여시키는 제도이다. 외국인에게 매각하는 방식은 외국인 투자자에게 자본시장을 개방하는 것을 말한다.

3) 계약에 의한 민간위탁

행정서비스의 공급을 관료제 내부에만 의존하지 않고 외부단체나 인력을 활용하는 제도로서 각종 시설공사, 쓰레기 수거 및 청소대행, 청원경찰의 공공건물 배치, 경비, 연구 · 조사 업무 등이 있다. 정부와 민간 사이의 계약에 의하여 민간이 서비스의 생산(Produce) 및 공급 활동을 대행하고 정부는 서비스의 양, 질 및 가격에 대한 규제와 비용을 부담하는 것으로 가장 일반적인 민간위탁방식이다. 기능이나 책임이 완전히 이관되는 것은 아니며 이를 아웃소싱(Out−Sourcing)이라고도 한다.

4) 지정 또는 허가에 의한 독점판매권

정부가 특정 재화나 서비스의 생산 · 공급에 대해서 일방적으로 민간에게 독점권을 부여하고 소비자가 서비스의 대가를 지불하는 방식이다. 전기, 수도, 전화 등 공익사업, 케이블 TV, 도시가스, 공중버스, 공항터미널서비스 등이 이에 해당된다.

5) 보조금의 지급

서비스의 성격 자체는 공공성을 가지고 있으나 공공부문만으로는 재화의 생산 · 공급이 수요에 미치지 못할 경우 이와 유사한 서비스를 제공하는 민간부문에 생산보조금을 제공함으로써 대민서비스에 기여하게 하는 방식이다. 예컨대, 사립 초 · 중 · 고등학교에 대한 보조, 탁아시설에 대한 보조, 사설박물관운영에 대한 보조, 민간단체의 환경보호운동에 대한 보조 등이 그것이다.

6) 증서 또는 서비스구매권의 제공

증서 또는 구매권의 제공은 보조금의 지급과 유사하지만, 이는 정부보조 대신에 저소득층과 같은 특정계층의 소비자에게 구매권에 명시된 금액만큼 특정재화나 서비스를 구매할 수 있는 증서(쿠폰)를 제공하는 방식으로 재분배적 수단을 가진다는 것이 특징이다. 주로 의료 · 복지나 교육분야 등 재분배적 성격의 정책에서 사용하며, 임차권, 식품구매권, 학교등록권, 의료보험카드 등이 이에 해당한다.

7) 자원봉사

정부가 추진하는 각종 캠페인이나 활동에 그와 관련되는 각종 민간단체를 활용하는 방식이다. 민간복지단체, 방범대, 의용소방대 등을 통한 민간의 자발적인 업무수행은 그 좋은 예라 할 수 있다.

5 민영화의 성공조건

민간화를 가로막는 극복하기 어려운 장애가 없어야 한다는 것은 민영화 성공의 기본적인 전제이다.

1) 경쟁적 시장의 발전

경쟁적 시장이 발전되어 있어야 한다. 서비스를 경쟁적으로 공급할 수 있는 복수의 잠재적 공급자들이 있어야 한다. 정부를 대신할 수 있는 민간의 공급자가 없으면 민간화가 불가능하다. 민간의 공급자가 독점적인 경우에도 정부의 독점성을 타파하려는 민간화는 불가능하다.

2) 경비절감

민간화에 의해 경비절감의 가능성이 있어야 한다. 경비절감은 민간화의 주요목표 가운데 하나이기 때문이다. 여기서 경비절감이라고 하는 것은 소비자에게 비용을 전가하는 일이 없이 서비스의 경비를 줄이는 것을 말한다.

3) 서비스의 개선

민간화에 의해 서비스의 품질을 개선하고 소비자의 만족을 증진시킬 수 있어야 한다.

4) 통제수단의 확보

정부기능을 수탁한 민간의 서비스공급자들을 정부가 통제할 수 있는 수단을 확보해야 한다. 민간화된 정부사업의 자율적 운영이 강조되지만 수탁자의 책임이행을 보장하는 마지막 보루는 정부이기 때문이다.

5) 실책의 최소화와 이익침해의 최소화

민간화에 수반될 가능성이 있는 실책과 위험을 최소화할 수 있어야 한다. 민간화의 과정에서 관련자들의 이익침해를 최소화해야 한다(오석홍, 2008:244).

12.7 경영관리기법

환경의 변화와 더불어 국제적 경쟁이 점차 가속화되고 있는 현시점에서 경쟁강화를 위해서는 비용절감과 조직쇄신을 위한 관리기법에 대한 관심이 증대될 수밖에 없다. 이 가운데 가장 논의가 많이 되고 있는 것이 총체적 품질관리(Total Quality Management)와 전략적 관리(Strategic Management) 등이 있다.

1 종합적 품질관리(TQM)

1) TQM의 의의

지방경영을 함에 있어 종합적 품질관리(Total Quality Management:TQM)를 간과할 수 없다. TQM이란 조직이 생산하는 산출물이나 서비스의 질과 그 제공과정의 지속적인 향상과 개선을 통하여 고객의 욕구를 만족시키기 위한 총체적이며 종합적인 접근방법이다. 여기서 종합적(Total)이라는 뜻은 고객의 요구에서 고객의 만족도의 평가에 이르기까지 조직에서 수행하는 업무의 모든 측면에 적용하는 것이며, 품질(Quality)의 뜻은 고객의 기대를 만족시키고 더 나아가 감동으로까지 가게 하는 것이며, 관리(Management)의 뜻은 지속적으로 품질을 개선할 수 있는 능력개발을 의미한다. TQM의 중요성에 힘입어 현재 우리 나라 각급 지방자치단체에서는 행정의 종합적 품질관리에 많은 노력을 경주하고 있다.

2) TQM의 특징

TQM은 전통적 관리(Traditional Management)와는 몇 가지 측면에서 차이점을 가지고 있다(박연호, 2001:429).

첫째, 전통적 관리는 주로 단기적 목표달성에 초점을 두는 반면, TQM은 조직이 장기적으로 원하는 비전을 창출하고 이를 조직의 목표로서 운영되게 해준다.

둘째, 전통적 관리는 품질향상과 고객서비스에 대한 사회감정적 몰입을 이끌어 내는데 불충분한데 비해 TQM은 이를 가능하게 해준다.

셋째, TQM은 행정조직 내의 수평적 조직구조, 계속적 개선, 조직구성원의 자발적 협력, 참여, 고객서비스, 성과의 탁월성 등을 가져오는 조직의 '문화혁신(Cultural Revolution)'을 요구한다. 반면 전통적 관리는 현상유지를 최우선시 한다.

넷째, 전통적 관리가 주로 기술구조적 측면을 중시한 반면 TQM은 인적 측면과 기술구조적 측면 양자 모두의 변화를 요구한다.

다섯째, 전통적 관리는 사후적 통제를 강조하는 반면 TQM은 사전예방을 중시한다.

3) TQM의 적용

TQM의 행정조직에서의 적용전략을 살펴보면 다음과 같다. TQM의 실행전략은 크게 변형적 전략, 교류적 전략, 대표적 리더십 전략으로 나눌 수 있다(박연호, 2001:430).

첫째, 변형적 전략(Transformational Strategies)은 새로운 비전, 목표와 세부목표, 과정의 도입을 통한 변화노력을 의미한다. 여기에는 고객요구의 확인, 고객만족도의 평가, 벤치마킹 등이 포함된다.

둘째, 교류적 전략(Transactional Strategies)은 TQM의 방법, 접근법, 원칙들이 조직구성원들에게 수용될 수 있게 하는 전략이다. 여기에는 구성원 참여와 권한위임, 성과의 평가와 인정, 새로운 보상제도의 수립, 경력개발프로그램, 직무만족도의 평가 등이 포함된다.

셋째, 대표적 리더십 전략(Representational Leadership Strategies)은 TQM이 정치인이나 지역인사와 같은 외부의 제3자의 수용과 지지를 획득할 수 있도록 하는 전략을 말한다. 만일 광범한 지지가 없다면 TQM과 같은 혁신은 오래가지 못하게 될 가능성이 크기 때문이다. 그런데 이러한 3가지 전략은 상호배타성을 띠고 있는 것이 아니라 상호보완성을 갖고 있는 전략이다. 즉 어느 한가지의 전략을 단독적으로 적용하는 것보다는 3가지 전략을 동시에 통합적으로 적용해야 보다 효과적인 TQM의 성공을 기대할 수 있는 것이다.

4) TQM의 요건

TQM은 다음과 같은 요건을 갖추어야 한다(최창호, 2009:514-515).

① 고객초점(Consumer Focus) : 제품이나 서비스가 고객의 욕구와 기대치를 기준으로 한다.

② 품질보증(Ensuring Quality) : 정확한 자료와 과학적인 절차에 의하여 그 제품이나 서비스의 최고화를 도모한다.

③ 권한위임과 팀워크(Employee Empower and Teamwork) : 조직구성원들이 스스로 통제할 것을 믿고 권한을 그들에게 부여하고 팀워크를 형성한다.

④ 조직책임(System's Accountability) : 야기된 문제에 관하여 구성원들을 비난하지 아니하고 그 원인을 조직에 두고 조직 자체의 책임으로 인식한다.

⑤ 지속적 개선(Continuous Improvement) : 지속적인 개선을 통하여 고객에 대한 최대의 봉사를 이루어 나간다.

5) 지방자치단체에 TQM 적용의 문제점과 대응 방안

(1) 적용의 문제점

먼저 공공부문에서 품질 정의의 난해성을 들 수 있다. 공공부문에서 품질을 어떻게 정의할 것인가의 정의가 어렵다는 것이다. 서비스업에서 품질 정의가 어렵고, 또한 공공 부문은 더욱 어렵다는 것이다.

두 번째는 서비스 품질의 가변성과 평가의 어려움이다. 특히, 공공 서비스의 경우 그 대상자들에게 서비스의 질을 평가할 것인가, 이해당사자가 평가하는 것이 과연 타당한가의 의문이 생기게 된다.

세 번째는 공공재의 공급에서 서비스 개념은 고객들의 무임승차 노력과 더 배분받기 위한 갈등으로 최고의 서비스를 제공할 수 없는 경우가 많다. 또한 필요한 서비스일지라도 지역 집단 혹은 관계 집단의 이해관계 때문에 실질적으로 수행할 수 없는 경우가 많다.

(2) 대응 방안

조직 구성원이 TQM의 취지를 이해하고 그 집행에 관한 훈련을 실시하는 것이 필요하다. 또한 지방자치단체는 그 다루는 업무 영역이 수백 가지가 될 것이므로 종합적 품질관리제를 전반적으로 적용하는 것은 매우 무리라고 할 것이다. 민원 부서 등 우선 적용 가능한 부문에 먼저 적용하고, 차츰 적용의 범위를 확대해 나가야 할 것이다.

2 전략적 관리(Strategic Management)

1) 전략적 관리의 의의

전략적 관리는 급격하게 증가하는 환경의 역동적인 변화에 대응하기 위해 조직이론 및 관리분야에서 빠른 속도로 발전하고 있는 한 분야이다. 행정부문에서의 전략적 관리(Strategic Management)가 최근 많은 관심을 받고 있는데, 그 이론적 초점은 미래지향적 행정기관의 방향을 결정하는데 있다.[5]

전략 및 전략적 관리의 개념을 보면 다음과 같다. 전략의 개념에 관해 Hofer와 Schendel은 조직을 환경에 적합하게 만드는 기본적인 특성이 전략이라고 하며,[6] Jauch와 Glueck에 의하면 전략은 기업의 전략적 이점을 환경의 도전에 관련시키는 통일되고 종합적이며 통합된 계획이라고 하며[7] 또한 전략이란 외부환경에 대한 예측과 조직의 역량·능력의 평가를 통하여 조직의 목표와 그 우선순위를 확립하고 이러한 목표를 달성하기 위하여 수립된 운영계획을 의미한다(김규정, 2000:432).

전략은 환경 변화에 대응하고 조직의 잠재 능력을 종합적으로 개발하기 위한 미래 지향적

---

5) Frost-Kumpt et al. "Strategic Action and Transformational Change", in Barry Bozeman(ed), Public Management : The State of the Art(California : Jossey-Bass, 1993) p. 137.

6) C. W. Hofer and D. Schendel, Strategy Formulation : Analytical Concepts. St. Paul, Minn. : West, 1978, p. 11.

7) L. R. Jauch and W. F. Glueck, Strategic Mansgement and Business Policy. 3rd ed., (New York : McGraw-hill, 1988), p. 11.

의미를 가진 체계라 할 수 있다(김병섭 외, 2000:160). 따라서 전략은 넓은 의미에서 조직의 최고관리자들이 환경에서 경쟁하고, 환경에 적응하며, 환경과 상호 작용하는 방법을 제시하여 준다(박우순, 1996:472).

전략적 관리는 조직의 장기적인 성과를 결정하는 일련의 결정과 행동을 말한다. 전략적 관리는 환경의 탐색, 전략형성, 전략집행, 평가 및 통제를 포함한다. French와 Bell은 전략적 관리를 현재와 미래의 조직적 요구와 관련된 조직의 거시적 설계 또는 전체전략의 개발과 집행으로 정의[8]하고 있으며, 전략적 관리는 조직이 환경 변화에 대응해서 생존이나 번영을 확보하기 위하여 조직 전체적으로 노력을 기울이는 관리 활동으로도 정의하고 있다(민진, 2004:442). 또한 전략적 관리는 조직에 영향을 미치는 환경의 변동을 효율적으로 관리함으로써 불확실한 환경에 대비하기 위한 미래의 전략을 탐색하여 조직의 존속·발전을 기하려는 새로운 관리방식을 의미한다.

따라서 전략적 관리란 조직의 강점과 약점에 비추어 환경의 기회와 제약을 감시하고 평가하고 이를 집행에 옮기는 것을 의미한다. 이러한 전략적 관리는 전략적 기획과 혼용되어 사용되기도 하나, 전략적 기획을 포괄하는 개념으로 환경과의 역동적 상호작용을 강조하는 보다 총괄적인 개념으로 이해하는 것이 일반적이다.[9]

전략적 관리는 조직 체계와 조직변화와 관련되어 있고, 집행과 통제 문제를 포함하며, 조직 내외의 정치적·사회적 문제에 대해서도 주목한다. 전략적 관리는 조직을 전체로 보며, 왜 어떤 조직은 성장, 발전하는 반면 또 어떤 조직은 침체하거나 사멸하는가에 대한 해답을 제시하려는 것이다(정재화, 2007:404).

2) 전략적 관리의 특징

첫째, 전략적 관리는 조직의 목표와 조직경계를 포함한 조직활동의 모든 영역에 걸쳐 있다.

둘째, 조직의 활동을 환경에 부합시키는데 관심을 둔다.

셋째, 조직의 내부구조, 관행, 절차 등이 조직의 목표를 달성할 수 있게 만드는 데 초점을 둔다.

넷째, 조직의 활동을 자원능력에 부합시키고, 기회의 이점을 제공하며, 환경의 위협을 회

---

8) W. L. French & C. H. Bell, Jr., Organization Development(New Jersey : Prentice-Hall, 1990), pp. 165~166.

9) J. L. McCaffery, "Making the Most of Strategic Planning and Management", in Robert E. Cleary, et al.(ed.) Managing Public Programs(California : Jossey-Bass. 1989), p. 194.

피할 수 있는 충분한 자원의 동원여부를 평가한다.

다섯째, 자원의 획득, 박탈, 재배분에 관심을 둔다.

여섯째, 미래목표로 조직을 변형시키는 데 초점을 둔다.

3) 전략적 관리의 적용

행정부문에 있어서의 전략적 관리의 적용 방안은 다음과 같다(박연호, 2001:432).

첫째, 전략적 관리가 효과적이 되기 위해서는 모든 구성원들이 적극적으로 동의해야 한다. 정부에는 기업보다 더 많은 관련자들이 있고 변화를 위해서는 이들 관련자들 대다수가 동의해야 하기 때문이다.

둘째, 조직의 상황을 확실히 파악하는 것이 필수적이다. 이를 위해 전략적 관리자는 가용한 자원과 제약조건 및 상황을 고려하여 조직의 현재목표달성능력을 명확히 파악할 수 있어야 한다.

4) 전략적 관리의 효율화

전략적 관리는 지방정부의 관리 과정을 총체적으로 통합할 수 있고, 급변하는 지방정부의 내외적 환경 변화에 대응할 수 있는 중단기 방향성을 제시할 수 있을 뿐만 아니라 지방정부의 운영 방식을 목표 지향적이고 일관되게 유지할 수 있기 때문에 강력한 전략적 관리 능력의 배양이 그 어느 때부터 필요한 시기라 할 수 있다.

결국 지방정부의 전략적 관리란 지역 사회 내에서 새로 제기되는 사회적 이슈를 전략적 계획으로 통합 · 조정하고, 전략적 의제를 기존의 관리 체계와 결합시킴으로써 지방정부 부서별 활동을 전체적인 전략의 틀과 일치시키려는 것을 의미한다. 즉, 지방정부의 전략적 관리란 지방정부가 담당하여야 할 서비스의 내용이나 방향성, 그리고 관리 과정 자체와 연관된 사회적 이슈를 확인 · 관리할 수 있는 효과적 장치라 할 수 있다.

지방정부가 전략적 관리를 효율적으로 도모하기 위해서는 첫째, 지방정부에 영향을 미치는 외부 환경의 힘과 추세를 지속적으로 감지할 수 있어야 하며, 둘째, 지방정부의 각 단위부서들이 추구하고자 하는 목적의식을 명확히 하고, 셋째, 다방면에 걸친 전략적 의제를 도출하여 이를 의사 결정 과정에 연계시키고, 넷째, 전략적 의제들이 통합 · 조정될 수 있도록 모든 관리 과정을 총괄할 수 있어야 한다. 마지막으로 지방정부의 전략적 관리 능력을 개발하는 것이 중요하다.

지방정부의 전략적 관리 능력을 개발하는 것은 지방정부가 처한 상황에 따라 다를 수 있지만, 모든 지방정부가 우선적으로 취해야 할 일차적인 과제는 가치적 공감대를 형성하는 것이며, 전략적 관리 노력을 유지 · 제안하기 위한 리더의 능력 개발은 지방정부가 당면하고 있는 가장 큰 도전의 하나라 할 것이다(안용식 외, 2006:667).

제13장

지방선거

13.1 지방선거의 의의

1 지방선거의 개념

지방선거는 지방자치를 수행하는 데 없어서는 안될 필수불가결한 수단이며 제도적인 장치이다. 따라서 지방자치에 있어서 선거란 지방자치단체의 기관이 되는 의회의 의원이나 단체장을 주민이 선정하는 것을 말하며, 이를 보통 지방선거 또는 자치선거라 한다. 지방자치에 있어서 오늘날 자치가 주민의 직접적인 참정에 의해서보다는 간접적인 참정에 의해서 수행되는 것을 기본으로 하고 있기 때문에 그 대표자를 선출하는 방법과 절차를 정하는 지방선거는 지방자치제의 기본적인 핵에 해당한다고 할 수 있다(최창호, 2009:350-351).

선거는 민주정치에서 정치참여의 가장 핵심이 되는 절차이다. 선거는 오늘날 대부분의 국가에서 민주정치의 구현을 위하여 중앙정부의 조직이나 지방정부의 조직을 구성하는 과정에서 가장 보편적 수단으로 이용되고 있다. 그러므로 선거가 없으면 사실 주민의 의사가 존재할 수 없게 된다. 이러한 선거를 통해서 모든 주민들에게 참여하고 결정할 수 있는 기회가 고르고 합당하게 주어지는 것이다. 지방자치를 주민에 의한 정치행정이라고 할 때, 이는 참여결정을 말하는 것이며, 참여결정은 곧 선거라는 정치적 절차를 가장 중요한 제도로 사용하게 되는 것이다.

지방선거는 선거가 이루어지는 과정에서 다음과 같은 몇 가지의 정치 · 행정상의 역할을 수행한다.

첫째, 지방선거가 진행되는 과정에서 지역사회의 주요정책의제를 형성하고 여러 가지의 해결대안을 제시하게 된다. 선거의 후보자들은 공약을 개발하고 제시하면서 유권자의 관심과 지지를 확보하기 위하여 가장 절실하고 중요하다고 생각되는 정책의제들을 제기하여 가장 매력적이라고 생각하는 대안들을 제시하는 경향이 있다.

둘째, 선거를 통하여 선출된 공직자의 권위와 지방정부의 정당성이 확보된다. 이런 정당성은 지방정부의 정책과 행정에 대한 지지를 확보하고 공공서비스의 효율성을 높이는데 상당한 도움이 된다.

셋째, 지역주민들이 지역문제와 지방자치에 관심을 기울이는 기회를 제공하고 민주주의를 학습하는 기회를 부여한다(안성호, 1991:88). 지역주민의 이런 관심은 선거를 전후한 시기가 가장 높고, 선거가 끝나면 점차 감소되는 경향이 있다.

2 지방선거의 성격

지방자치는 지방의회 의원과 자치단체장의 선거로부터 시작되기 때문에 지방선거는 지방자치의 첫 걸음인 것으로 선거를 실시하지 않고는 지방자치를 논할 수가 없다. 지방자치는 당해 지역의 공공사무를 그 지방자치단체의 기관(의결기관과 집행기관)을 통해 처리하는 제도이므로, 기관을 구성할 주민대표의 선출이 불가피하고, 선거는 바로 이 대표선출을 위해 반드시 치루어야 할 과정이다. 때문에 자치제도의 성패는 바로 지방선거의 성패와 직결된다고 할 수 있다(최봉기, 2009:410).

지방자치는 주민들 스스로가 그들의 일을 처리해 나가는 자기지배의 원리지만, 모든 주민이 지방정치에 참여할 수 없기 때문에 대표자들을 선정하여 지방의회를 구성하고 자치단체를 운영케 한다.

보통 · 평등 · 직접 · 비밀 · 자유의 5대 기본원리 아래에서 정확하게 주민의사를 반영하고 주민의 대표성을 표출하기 위한 법제적 방안이 계속 연구되어 왔다. 이와 같은 법세적 장치는 공명선거를 실시하고 올바른 대표자를 선출하기 위한 기본적 조치이다.

선거관리는 또한 공명선거 실현의 주요 관건이다. 아무리 완벽한 제도적 장치가 마련되어 있어도 이 장치를 거쳐가는 선거과정이 효율적으로 관리되지 않으면 공명한 선거는 기대할 수가 없다. 선거관리란 공명선거목적을 달성하기 위한 선거관련 모든 조직과 행사의 협동적 활동이 보다 합목적적으로 추진되고 보다 합리적 · 효율적으로 수행될 수 있도록 그것을 지도하고 촉진하는 기능을 말한다.

공명선거 창출을 위해서 선거관리는 전 선거과정의 투입기능에서부터 산출기능에 이르기까지 탈법과 불법에 대한 치밀한 감시기능과 선전(善戰)을 위한 창조적 지도기능이 작용되어야 하는 것이다.

선거가 실시되는 민주정치체제 하에서의 정치수준은 유권자의 의식수준과 불가분의 관계를 갖는다. 역시 공명선거를 가능케 하는 핵은 유권자들의 의식수준이다. 따라서 국민들이 올바른 정치의식과 시민정신을 가질 때 타락되고 부정한 선거행태가 사라지게 되고, 이에 따라 공명한 선거를 통해서 올바른 대표자를 선출하게 된다.

3 우리나라 지방선거의 역사

1) 지방선거의 시작과 중단

지방자치법이 제정된 지 근 3년 만에 시 · 읍 · 면 의회의원 선거일을 1952년 4월 25일로, 도의회 의원 선거일을 동년 5월 10일로 각각 공포함에 따라 국민의 기대 속에서 첫 선거를 실시하게 되었다.

1952년 4월에 실시된 제1차 지방선거는 6.25 한국전쟁이 마무리되지 않은 시점(1953년 7월 27일 휴전)에서 한강 이북의 미수복 지구와 치안상태가 불안한 공비 침투 지역을 제외한 전국의 시 · 읍 · 면에서 시 · 읍 · 면 의회 의원을 선출하였다. 같은 5월에는 서울특별시 및 도의회 의원을 직선에 의하여 선출하였으며, 1960년에 실시된 제3차 지방선거에서는 서울특별시 · 도 의회 의원(12월 12일), 시 · 읍 · 면 의회 의원(12월 19일), 시 · 읍 · 면장(12월 26일) 및 서울특별시장 · 도지사(12월 19일)를 모두 주민의 직접선거에 의하여 선출하였다.

이러한 지방의회는 1961년 5월 16일 군사혁명위원회 포고 제4호로 전국의 지방의회는 해산되고 1961년 9월 1일 지방자치에 관한 임시 조치법을 제정하여 지방선거제도는 중단되었고, 1972년 유신헌법의 등장으로 지방자치는 중단되었다.

2) 지방선거의 부활과 현재

1961년 5 · 16군사쿠데타에 의해 지방의회가 해산된 이래 지방의회 구성이 수차례에 걸쳐 지연되어 오다가 제5공화국 헌법 부칙에서 "지방의회는 지방자치단체의 재정자립도를 감안하여 순차적으로 구성하되, 그 구성 시기를 법률로 정한다"라고 규정하고 1985년 1월 9일 대통령 국정연설을 통하여 지방자치제를 1987년에 일부 지역에 실시할 것을 발표하였다.

그러나 혼돈된 정치상황 속에서 계속 미루어 오다가 1990년 12월 31일 제8차 지방자치법 개정에 의해 지방의회의원 선거는 1991년 6월 30일 이내에, 지방자치단체의 장 선거는 1992년 6월 30일 이내에 실시키로 규정하여 시 · 군 · 구의회 의원선거는 1991년 3월 26일, 시 · 도 의회의원선거는 1991년 6월 20일 실시하여 지방자치가 폐지된 지 30년 만에 지방선거를 실시하였다. 1991년은 지방의회 의원선거를 실시함으로써 우리 지방행정사와 정치사에 큰 변혁을 이룩한 한해였다. 그러나 1994년 3월 16일 제정된 공직선거 및 선거부정방지법에서는 종전의 모든 선거법, 즉 대통령선거법, 국회의원선거법, 지방의회의원선거법 및 지방자치단체장선거법을 모두 폐지하고 그 내용들을 통합적으로 규정하였다.[1]

한편 단체장 선거는 1995년 6월 27일에야 실시되어 완전한 민선자치 시대가 되었으며, 1998년 6월 4일 제2차 동시지방선거, 2002년 6월 13일, 2006년 5월 31일에 3차와 4차 동시지방선거가 실시되었다. 특히 2006년의 제4차 선거부터는 후보자에 대한 투표와 동시에 그 후보자를 공천한 정당에 대한 투표도 동시에 실시하는 선거가 실시되었고, 2010년 6월 2일 제5차 동시지방선거가 실시되었다.

지금까지 실시된 지방선거의 현황은 〈표 13-1〉과 같다.

1) 그래서 공직선거법 및 선거부정방지법을 흔히 통합선거법이라고 부르기도 한다.

<표 13-1> 역대 지방선거 현황

횟수	일시	단체장 선거	의회의원선거	비고
1차 선거	1952. 4. 25.		시 · 읍 · 면의회 의원선거	
	1952. 5. 10.		시 · 읍 · 면의회 의원선거	서울특별시, 경기도, 강원도, 전북 일부 지역(남원, 완주, 순창, 정읍) 제외
2차 선거	1956. 8. 8.	시 · 읍 · 면장선거	시 · 읍 · 면의회 의원선거	
	1956. 8. 13.		서울특별시 · 도의회 의원선거	경기도 연천군, 강원도 철원군 · 금화군 · 화천군 · 양구군 · 인제군 · 고성군 · 양양군, 선거가 연기된 옹진군 제외
3차 선거	1960. 12.12		서울특별시 · 도의회 의원선거	
	1960. 12.19		시 · 읍 · 면의회 의원선거	
	1960. 12.26	시 · 읍 · 면장선거		
	1960. 12.29	서울특별시장 · 도지사 선거		
4차 선거	1991. 3. 26		시 · 군 · 구의회 의원선거	단체장 임명
	1991. 6. 20		특별시 · 직할시 · 도의회 의원선거	단체장 임명
제1차 동시지방 선거	1995. 6. 27	광역단체장선거 (서울특별시장 · 광역시장 · 도지사) 기초단체장선거 (시장 · 군수 · 구청장)	광역의회 의원선거 (서울특별시 · 광역시 · 도) 기초의회 의원선거 (시 · 군 · 자치구)	임기 3년 민선 1기
제2차 동시지방 선거	1998. 6. 4.	광역단체장선거(서울특별시장 · 광역시장 · 도지사) 기초단체장선거 (시장 · 군수 · 구청장)	광역의회 의원선거 (서울특별시 · 광역시 · 도) 기초의회 의원선거 (시 · 군 · 자치구)	임기 4년 민선 2기
제3차 동시지방 선거	2002. 6. 13	광역단체장선거(서울특별시장 · 광역시장 · 도지사) 기초단체장선거 (시장 · 군수 · 구청장)	광역의회 의원선거 (서울특별시 · 광역시 · 도) 기초의회 의원선거 (시 · 군 · 자치구)	임기 4년 민선 3기
제4차 동시지방 선거	2006. 5. 31	광역단체장선거(서울특별시장 · 광역시장 · 도지사) 기초단체장선거 (시장 · 군수 · 구청장)	광역의회 의원선거 (서울특별시 · 광역시 · 도) 기초의회 의원선거 (시 · 군 · 자치구)	임기 4년 민선 4기 후보자, 정당투표
제5차 동시지방 선거	2010. 6. 2	광역단체장선거(서울특별시장 · 광역시장 · 도지사) 기초단체장선거 (시장 · 군수 · 구청장)	광역의회 의원선거 (서울특별시 · 광역시 · 도) 기초의회 의원선거 (시 · 군 · 자치구)	임기 4년 민선 5기 후보자, 정당투표 교육감, 교육의원선거
제6차 동시지방 선거	2014. 6. 4	광역단체장선거(서울특별시장 · 광역시장 · 도지사) 기초단체장선거	광역의회 의원선거 (서울특별시 · 광역시 · 도) 기초의회 의원선거 (시 · 군 · 자치구)	임기 4년 민선 5기 후보자, 정당투표 교육감, 교육의원선거(제주도)

4 지방선거의 종류

1) 지방의회 의원 선거 · 자치단체장 선거

지방선거는 그 선거대상에 따라 지방의회의원의 선거와 자치단체장의 선거 및 기타직의 선거로 나눌 수 있다.

지방의회의 구성방법에 있어서 대부분의 경우 선거제가 사용되고 있어, 지방의회 의원은 지방선거의 거의 필수적인 대상이 되고 있다. 이에 비하여 자치단체장의 선임은 선거제에 의하는 경우와 임명제에 의하는 경우가 혼재하고 있어 자치단체의 장은 지방선거의 대상이 되는 경우와 그렇지 않은 경우가 있다.

우리나라의 경우 과거에 자치단체의 장의 선임방법 여하에 따라 지방자치단체의 운영의 실상이 크게 달랐음을 우리가 실제로 경험한 바 있다.[2] 우리나라에 있어 지방의회 의원과 자치단체장의 선임을 모두 선거제에 의하도록 하고 있다. 한편, 기초자치단체장의 경우 특히 자치구청장을 임명제로 하려는 시도가 종종 있었다. 이러한 기준에 따르면 미국과 같이 지방자치단체의 선거직 공직자가 많은 경우에는 그 종류가 상당히 늘어날 수 있다.

2) 직접선거 · 간접선거

직접선거란 유권자가 직접 투표로서 공직자를 결정하는 것으로 실제상 주민참정의 욕구를 가장 잘 충족할 수 있어 이른바 '풀뿌리 민주주의'의 실현을 위한 가장 이상적인 방법으로 평가되고 있다. 그러나 이러한 직접선거제에서는 지방행정 전문가가 당선되기 어렵고, 자치의 운영을 인기 위주로 흐르게 할 우려가 있다.

간접선거는 유권자가 뽑은 대표에 의하여 공직 담당자를 선출하는 것으로 지방행정의 전문가를 선출할 수 있고, 자치의 내실 있는 수행에 기여할 수 있으며, 만약 직접선거제와 병행하여 채택되면 그 직선제의 취약점을 보완할 수 있는 이점을 가지고 있다. 그러나 이러한 간접선거제는 지역 안의 공공문제를 주민들 스스로 처리하게 한다는 이른바 주민자치의 취지에 미흡할 뿐만 아니라 그 선임절차가 복잡해지는 난점을 안고 있다.

의회의원 선거의 경우는 주민직선제를 채택하는 것이 일반적이지만, 단체장의 경우는 나라에 따라 직선제, 간선제 또는 임명제가 다양하게 채택되고 있다(최창호, 2009:356).

---

2) 과거 우리나라 지방자치단체의 장의 선임방법 여하에 따라, 그 단체장과 지방의회와의 관계 속에서의 자치운영의 실상에 관하여는 손봉숙, 「한국지방자치연구」(서울: 삼영사, 1985)를 참고할 것.

3) 총선거 · 부분선거

목적에 따라 선거는 기관구성원 정수 전원을 동시에 뽑는 총선거와 정수의 일부를 교차적으로 뽑는 부분선거, 즉 기관구성원 정수의 일부(예컨대 3분의 1 또는 2분의 1)를 교대적으로 개선하는 선거를 말한다. 총선거는 전부교대식(General Rotation) 선거를 말하고, 부분선거는 일부교대식(Partial Rotation) 선거를 말한다. 전자를 전원개선제라 하고, 후자를 부분개선제라고도 한다. 부분선거는 예컨대 의원의 임기를 4년으로 할 때, 2년마다 의원 정수의 2분의 1씩을 개선하는 등과 같은 방식의 선거인 것이다.

전원개선제는 일정 임기 동안의 전반적인 업적에 대한 주민들의 명확한 심판, 민의의 소재에 대한 정확한 파악, 일괄적인 선거의 실시를 통한 선거비용의 절감 등을 기할 수 있는 장점을 가지고 있는 반면에, 전원개선에 따른 정책의 지속성 유지의 곤란, 선거의 과열화 등의 문제점(단점)을 안고 있고, 부분개선제는 그 반대의 장 · 단점을 가지고 있다(한국지방행정연구원, 1986:397-399). 지방선거는 대부분 전원개선제가 일반적이나 미 · 영 · 불 등 몇몇 나라의 경우 부분개선제를 택하는 곳도 있다.

4) 본선거 · 재선거

본선거란 기관구성원의 임기가 끝났을 때 또는 의회의 해산이나 자치단체장의 해임(불신임 결의, 불신임 투표) 등의 사유가 있을 때 그 기관구성원 정수의 전원 또는 일부를 뽑는 것이다. 재선거란 본선거 실시 후 해당 선거구에 후보가 없거나, 당선인이 없거나, 당선인이 정수에 미달한 경우, 선거 전부가 무효 판결을 받았을 때, 당선인이 임기 개시 전에 사퇴한 때, 선거비 초과나 선거 범죄로 당선이 무효가 되었을 때(공직선거법 제195조) 실시되는 것이다.

우리나라의 지방선거에 있어서 재선거의 사유는 다음과 같다.

① 해당 선거구의 후보자가 없는 때, ② 당선인이 없거나 해당 선거구의 당선인 정수에 미달한 때, ③ 선거의 전부무효의 판결이 있는 때,[3] ④ 당선인이 그 임기 개시 전에 사퇴 또는 사망한 때, ⑤ 피선거권의 상실 등으로 당선의 효력이 상실되거나 당선이 무효로 된 때,[4] ⑥ 선거비용의 초과지출 또는 선거범죄로 인하여 당선이 무효로 된 때

3) 독일에서는 선거가 위법으로 무효가 되었을 경우의 재선거를 특히 추후선거(Nachwahl)라고 한다.

4) 당선인이 사퇴 · 사망 또는 피선거권이 없게 된 때에 차점자를 당선인으로 하는 방법도 있으나 우리나라에서는 어느 선거에서든 이러한 방법을 채용하지 않고 재선거를 실시하도록 하고 있다.

그리고 일정한 사유가 있을 때에 연기선거, 일부재선거 또는 재투표가 실시되기도 한다(공직선거법 제195조~제199조). 한편, 재선거 · 연기선거 · 재투표는 선거에 의하여 당선될 자의 임기가 1년 미만일 때에는 실시하지 않을 수 있다(동법 제201조).

5) 보궐선거 · 증원선거

보궐선거(by-Election, Ersatzwahl)란 본선거에 의하여 당선자가 적법으로 확정된 후 결원이 생겼을 때에 이를 보충하기 위하여 실시되는 선거를 말하고, 증원선거란 지방자치단체의 구역변경(폐치분합 또는 승격)에 따라 새로 산정된 기관구성원 정수에 종전의 구역에서 선출된 당선자가 미달하는 경우에 그 미달되는 기관구성원 정수를 새로이 선출하기 위하여 실시되는 선거를 말한다(최창호, 2009:357).

우리나라의 지방선거에서도 보궐선거와 증원선거가 채택되어 있다. 다만 보궐선거는 원칙적으로 해당 선거구에서 기관구성원 정수 4분의 1 이상의 결원이 발생하고, 그 당선자의 임기가 1년 이상이 될 때에만 실시되며(동법 제200조, 제201조), 증원선거는 그 재적의원의 수가 새로 산정된 의원 정수의 3분의 2에 미달하는 경우에만 실시된다(동법 제28조, 제29조). 보궐 및 증원선거에 의한 당선자의 임기는 전임자의 잔임기간으로 한다(동법 제14조).

비례대표제의 경우, 그 비례대표의 정수에 결원이 발생할 때에는 잔여임기가 6개월 이상이 될 때에 한하여 본선거에서 정당이 제시한 후보자 명부의 등재순위에 따라 계승자가 결정되고 보궐선거는 따로 실시되지 아니한다(동법 제200조).

6) 개별선거 · 동시선거

개별선거란 의원선거나 자치단체장 선거 또는 기초자치단체 선거나 광역자치단체 선거를 각각 다른 날에 실시하는 것이고 동시선거란 다른 종류의 선거를 같은 선거일에 함께 실시하는 경우의 선거를 말한다.

동시선거를 실시하는 이유는 개별선거제에 의하는 경우 선거가 빈번함으로 인하여 막대한 비용과 노력이 소모되며, 그로 인하여 경제 · 사회에 비생산 등 영향을 미치기 때문에, 이러한 선거들을 동시에 실시함으로써 선거 횟수를 줄이려는 데 있다. 그러나 다른 종류의 선거를 동시에 실시함으로써 선거관리, 투표, 개표, 그리고 선거운동 감시 등에 혼란이 따르고, 선거인의 후보자 선택에 혼란이 초래되는 것이 문제이다.

우리나라의 경우 1994년에 제정된 공직선거 및 선거부정방지법에서 동시선거제를 채택하여 1995년의 지방선거에서부터 실시하고 있다. 동시선거의 범위는 ㉠ 각급 지방의회의원과 자치단체장의 임기만료에 의한 총선거, ㉡ 국회의원 · 지방의원 · 자치단체장의 보궐선거이다.

13.2 지방선거제도

1 지방선거의 원칙

1) 선거의 기본원칙

국가선거가 민주주의의 표상이라면, 지방선거는 지방자치의 표상이다. 선거는 직접적으로는 국민의 대변자를 선출하는 수단이며, 간접적으로는 정부구성을 국민의 의사에 따라 행하는 방법인 바, 현대선거에 있어서는 국민주권과 개인기본권 사상을 토대로 하여 다음과 같은 사항을 그 지도 원리로 삼고 있다(정요섭, 1984:27-30).

(1) 선거평등

국민 또는 주민(공민권을 가진)이면 누구나 그 지위의 고하나 빈부의 차이 또는 남과 여의 성에 관계없이 법 앞에 평등하다는 사상을 기초로 하여 국가선거나 지방선거에 투표권을 행사할 수 있는 것이다. 이러한 평등선거를 실현하기 위한 제도가 보통 선거제와 평등 선거제이다.

(2) 자유투표

인간은 법 앞에 평등하다는 평등사상을 기초로 한다. 이 투표권행사는 어디까지나 자의사(自意思)에 의해서 결정한다. 투표가 강요에 의해서 이루어진다면 이것은 이미 투표의 참 의미가 상실되고 마는 것이다.

(3) 선거공정

인간의 기본적 자유권을 그 기초로 한다. 만약 불공정한 어떤 행위, 즉 관권개입, 금품살포, 물리적 협박, 투개표의 불공정으로 투표가 행해진다면 그것은 이미 선거라고 말할 수 없다. 이러한 선거공정을 기하기 위한 선거제도가 공영선거제, 다수대표제, 비례대표제 등이다.

2) 지방선거의 기본원칙

대한민국 헌법은 국민주권주의를 통치의 기본원리로 하고 있으며, 주권자인 국민은 '보통 · 평등 · 직접 · 비밀선거에 의하여 선출된 국회의원으로' 구성된 국회(헌법 제41조 ①항)와 대통령(헌법 제67조 ①항)을 통하여 국가의사를 결정 · 집행하고, '지방의회의……의원선거와 지방자치단체의 장(長)의 선임방법'도 법률에 의하고는 있지만(헌법 제118조 ②항) 역시 선거로 뽑도록 규정하고 있어 간접민주제(대표민주제)를 천명하고 있다. 이런 의미에서 선거는 국민(또는 주민)이 국가정치 또는 지방정치에 참여하는 것을 보통의 형식으로 하며 국민주권주의의 전형적인 실현방법이 되고 있다.

현대 민주국가에 있어서 공통적으로 적용되고 있는 선거제도와 기본원칙으로서는 보통선거, 평등선거, 직접선거, 비밀투표 등을 들 수 있는 바, 이러한 원칙들이 지방선거에 있어서도 그대로 적용된다고 할 수 있다.

(1) 보통 · 평등 · 직접 · 비밀 선거

① 보통선거

사회적 신분의 높고 낮음, 재산의 다소, 납세의 유무, 성별 등에 의하여 선거권에 차별을 두지 않는 선거제도로서 원칙적으로 모든 성년자에게 선거권을 부여한다. 우리나라에서도 현재 신분, 재산, 학식, 성별 등의 구별 없이 일정한 자격 요건을 갖춘 모든 자에게 선거권을 부여하는 보통선거제도를 채택하고 있다.

현대 민주국가에 있어서는 보통선거가 모든 선거의 공통원리로 되어 있으나, 20세기 초만 하여도 서구에서도 재산의 정도, 납세액, 남녀의 성에 차등을 두는 제한선거를 실시하였다.

② 평등선거

평등선거는 선거인의 투표의 가치를 모두 평등하게 취급하고 누구나 다 같이 한 표씩 투표하는 제도이다. 차등선거는 어떤 사람에게는 1표 밖에 선거권을 주지 아니하면서 어떤 사람에게는 2-3표식 투표할 권리를 준다든가, 사람에 따라 그 투표의 가치에 차별을 두는 제도를 말한다.

우리나라는 1인 1표 주의를 채택하고 있다(공직선거법 제146조 ②항). 그러나 선거구 제도 여하에 따라서는 보통선거나 평등선거의 원칙이 사실상 왜곡될 수 있다는 점에 주의하여야 한다. 같은 1표가 인구수의 변화라든가 선거구의 분할로 그 가치에 있어서 심한 차이를 나타내는 경우가 있는 바, 인구비례나 선거구획 또는 의원정수의 불균형에서 생기는 불평등이 바로 그러한 문제이다(권영성, 1984:184).

③ 직접선거

직접선거(Direct Vote) 제도는 일반선거인이 대변자를 직접 선출하는 제도이다. 우리나라에서도 직접선거 제도를 채택하고 있다(동법 제146조 ①항). 간접선거는 선거행사를 간소화하기 위한 수단이나 또는 일반유권자들의 수준이 낮아서 대표선정의 능력에 문제가 있을 때 사용하는 제도인데, 오늘날에는 교육수준 및 주민의식 향상으로 간접선거의 존재이유는 점차 사라져 가고 있다.

간접선거 제도는 19세기 유럽제국의 의회의원 선거에서 많이 채택된 바가 있었고, 일본에서도 과거에 부 · 현의회 의원을 군 · 시의회에서 선거하고, 군의회 의원을 정 · 촌의회에서 선거하는 방법이 채택된 바가 있었다(秋山陽一郎,1983:9). 우리나라는 지방의회의원선거법에 의하여 직접선거제도를 채택하고 있다.

④ 비밀선거

선거인이 누구에게 투표하였는가를 외부에서 알 수 없게 하여 선거인의 자유로운 의사에 의한 투표를 저해하지 않도록 하기 위한 제도이다. 공개투표는 거수 · 기립 · 박수 등의 형태를 오랜 옛날부터 실시되었으며, 선거인에게 투표에 대한 책임을 충분히 지우기 위하여 그것이 필요하다는 주장을 근거로 한다. 그러나 그것은 선거간섭 · 매수 · 위협 · 유혹 · 정실 등에 의하여 자유롭고 공정한 선거를 침해할 위험성을 안고 있다.

비밀투표를 보장하기 위해서는 무기명투표제(無記名投票制), 투표비밀의 침해에 대한 벌칙, 투표에 관한 증언거부 등의 보호장치가 있다. 우리나라는 지방선거에 있어 비밀투표제를 채택하고 또 이를 법으로 보장하고 있다.

(2) 자유선거 · 강제선거

① 자유선거

선거인에게 투표하거나 기권할 자유를 허용하는 제도를 말한다. 그것은 모든 선거인이 직접적이거나 간접적인 압력이나 강제를 받지 않고 자유롭게 선거권을 행사할 수 있다는 데에 그 특징이 있다. 자유선거의 원칙은 선거에 있어 유권자에 대한 일체의 영향과 간섭을 배제하여 표의 매수 · 선거강요 · 선거방해를 용납하지 않음을 의미한다. 우리나라를 포함하여 대부분의 국가는 자유선거제도를 채택하고 있다.

② 강제선거

투표의 자유를 인정하지 않고 선거권의 행사를 의무화하는 제도를 말한다. 따라서 기권할 자유가 인정되지 않으므로 정당한 사유 없이 기권하는 경우에는 기권자명단의 공표, 벌금의 부과, 심지어는 공민권의 정지 등의 제재를 가하기도 한다. 네덜란드, 벨기에 등에서는 강제선거에 의하고 있다.

이러한 불이익의 조치는 그 이전에 투표제도의 충분한 보완을 전제로 하는 것이어야 한다. 예컨대 부재자투표제도의 확충, 투표불참자들에 대한 사전 신고제, 투표용지에 기권(혹은 지지자 없음)란의 도입 등 임의적 · 의도적 불참자를 가려내기 위한 제도를 보강할 필요가 있다(최봉기, 2009:412-413).

(3) 전자선거

디지털 혁명이 이루어짐으로써 유권자는 선거관리위원회 인터넷 홈페이지에 접속하고 주민등록번호를 입력한 후 전자서명을 하고 나서 투표하게 될 것이다. 유권자가 전자서명을 마치면 화면에는 자신의 지역구에 출마한 후보자들의 프로필이 등장하며, 후보의 얼굴을 클릭하면 각 후보의 가족사항, 성격, 재산, 공약 등 방대한 양의 정보를 파악하게 된다. 전자유세란을 클릭하여 후보가 녹화해 놓은 유세장면을 살펴본 다음 유권자는 전자투표란으로 돌아가 후보를 선택하는 것으로 투표를 마친다. 이와 같이 정보통신의 발달은 투표방법을 완전히 변화시킬 전망이다. 전자집계(Electronic Counting)가 되어 투표결과는 바로 나올 것이다. 2000년 5월 4일에 실시된 대 런던시장과 의회(The London Assembly)의원선거에는 영국 선거사상 처음으로 전자집계가 이루어져 선거일 다음날 아침에 선거결과가 나왔다. 전자선거가 실시되면 선거유세는 사라지고 대규모집회와 청중동원도 불필요하게 된다. 후보자들은 디지털 스튜디오에서 자신의 유세장면을 녹화하여 유권자들의 E메일로 전송하며 후보들은 주민들의 질문에 바로 대답하게 될 것이다(정세욱, 2000:292-293).

2 지방선거의 유형

하나의 선거구에서 선거인의 수를 몇 사람으로 할 것인가, 1인의 선거인이 몇 명의 후보자에 대해서 투표하도록 할 것인가, 당선인의 결정을 어떻게 할 것인가 등에 따라서 선거의 결과는 현저하게 다르게 된다.

이러한 관점에서 살펴볼 때 선거제도는 다음과 같은 유형으로 이를 분류할 수 있다.

1) 다수대표제

선거구에 있어서 총 유효투표의 다수를 차지하는 후보자를 당선자로 결정하는 제도이며, 이는 소선거구제와 결합된다. 다수의 의사를 존중하는 점에 있어서 좋지만 당선자와 낙선자의 득표차이가 1표 차이라도 소수 의사는 무시되는 점에 있어서 문제가 있다.

이와 같은 제도는 당선의 조건이 되는 다수를 비교다수로 하느냐, 절대다수로 하느냐에 따라 비교다수대표제(상대다수대표제)와 절대다수대표제(과반수제)로 나누인다.

(1) 비교다수대표제

비교다수대표제란 전투표수에 대한 득표율의 여하에 불구하고 후보자 가운데서 최다수표를 얻은 자를 당선자로 하는 제도이다. 이러한 비교다수대표제는 극단적인 경우 당선자와 낙선자의 득표의 차가 단 1표일 경우도 있을 수 있다.

(2) 절대다수대표제

절대다수대표제는 비교다수대표제가 가지고 있는 결함을 시정하기 위하여 채택된 제도이다. 이 제도의 비교다수가 아니라 과반수의 표를 얻은 자를 당선자로 하는 점에 있다. 그러나 이 제도도 다수대표제 그 자체가 가지는 '소수의견의 무시'라는 결함을 제거할 수 없으며, 주로 그 형식적 결함을 기술적으로 보정한 것에 불과하다. 이 제도에서는 한번에 과반수를 얻지 못한 경우를 상정하여 결선투표(재투표) 등 여러 방법이 강구되어야 한다.

2) 소수대표제

소수득표자도 당선의 기회를 부여하는 제도로서, 즉 다수파에게는 물론이지만 소수파에게도 역시 그 세력에 따라서 대표자를 선출할 기회를 주려는 것이 소수대표제의 원리이며, 대개 중 · 대선거구제와 결합된다. 즉, 한 선거구에서 득표순위에 따라 수명의 당선자를 배출하는 방법인데 여러 가지의 투표방법이 있으나 선거관리가 복잡해지는 것을 피할 수 없다.

이러한 소수대표제는 대 · 중선거구제를 전제로 할 때 가능한 것으로서, 이러한 목적을 실현하기 위해서 다음과 같은 여러 가지 방법이 고안되었다.

(1) 단기투표제

이것은 2명 이상의 정원을 가진 선거구에 있어서 선거인은 단기투표(單記投票)밖에는 할 수 없는 것이며, 그 비교다수표를 얻은 후보자를 정수까지 당선시키는 제도이다(秋山陽一郎, 1983:11). 이 제도는 다수파의 당선독점을 저지하며 소수파에게도 당선의 기회를 보장함을 그 목적으로 하고 있으나, 사표(死票)를 많게 하는 결점을 가지고 있다.[5)]

(2) 제한 연기 투표제

이것은 3명 이상의 정원을 가진 선거구에 있어서 1인의 선거인이 연기(連記)할 수 있는 후보자의 수를 정수보다 적게 연기하도록 하여 소수파에게도 당선의 기회를 부여하는 제도이다. 그러나 이 제도가 다수파의 세력을 약화시켜 어느 정도 소수파 보호의 목적을 달성할 수 있는 것은 의심할 여지가 없으나, 너무나 부자연스러운 인공적 방법으로 다수파의 세력을 약화시킨다는 결점을 가지고 있다.

(3) 누적투표제

이것은 선거인이 그 선거구의 당선자 정수의 범위 안에서 연기(連記) 투표를 하되, 반드시 상이한 후보자명을 연기할 필요는 없고, 원한다면 동일후보자의 성명을 누적적으로 연기할 수 있게 하는 제도이다. 누적투표제에서는 투표권을 어느 한 후보자에게 전부 행사하거나, 수명의 후보자에게 1표 또는 2표씩 나누거나, 혹은 특정의 후보자에게 1표만 행사하거나 모두 선거인의 자유이다.

그러나 이 제도에서는 한 후보자에게 투표가 전부 집중되는 결과 당선점을 초과하는 득표를 얻게 되어 2명 이상을 당선시킬 투표를 가지고서도 1명 밖에 당선시키지 못하는 경우가 있는가 하면, 투표를 분산시킨 결과 유력 정당이 한 명도 당선시키지 못하는 경우가 발생할 수도 있다.

3) 비례대표제

비례대표제(La Representation Proportionnelle)란 정당에 대한 선거인의 지지율을 당선

5) 단기투표 복수선출제는 브라질의 주의회 의원선거에서 1881년부터 1892년까지 채택된 경험과, 제1차 세계대전 이전 함부르크 자유시 이사회원 선거에서 채택된 바 있으며, 현재 일본의 중의원의원의 선거에서 채용되고 있다(정요섭, 1984:267).

인의 구성비에 반영하려는 제도이다. 즉, 사표(死票)를 가능한 한 적게 하고 이를 유효하게 사용함으로써 ① 일정한 당선기준으로서 투표수(當選基數:후보자가 당선인으로 되기에 필요·충분한 최저한도의 득표수)를 정하며, ② 이 당선기수를 초과하는 표를 다른 후보자 또는 정당에 이양하는 것을 공통의 기술적 원리를 하고 있다. 여기에는 단기이양식 비례대표제, 명부식 비례대표제 등 여러 가지 방법이 존재한다.

(1) 단기이양식 비례대표제

선거인이 투표함에 있어 자기가 투표한 후보자가 당선에 필요한 표수 이상의 득표를 한 때에는 그 투표를 자기가 지정하는 다른 후보자에게 이양하는 방식이다. 이는 한 선거구의 당선자 정원이 2명 이상이며, 후보자의 수가 정원수를 초과하는 경우에 사용된다.

(2) 명부식 비례대표제

선거인은 정당 등에서 제출한 후보자 명부에 대하여 투표를 하고, 각 명부에 투표된 표수에 비례하여 당선인이 각 명부(정당 등)에 배분되는 방식이다. 명부식에는 명부상에 기재된 후보자 중에서 어떻게 당선인을 결정하는가에 따라 구속명부식과 비구속명부식의 두 가지가 있다. 전자는 선거인의 관여를 인정하되 정당 등이 미리 정한 순위에 따라 당선인이 결정되도록 하는 방식이고, 후자는 선거인이 명부상의 후보자에 대한 투표를 하게 하되 각 후보자의 득표수를 고려하여 당선인이 결정되도록 하는 방식이다.

우리나라는 제1차 동시지방선거(95년 6.27선거)부터 지역구 시·도의원정수의 10%를 비례대표(정당별)로 선출하도록 함으로써 이 제도를 도입하였고, 제4차 지방선거(2006.5.31)부터는 기초의회의원선거에도 비례대표제(지역구의원정수의 10%)를 도입하게 되었다(공직선거법 제23조).

4) 직능대표제

직능단체, 즉 의사회, 변호사회, 노동조합, 농민조합 등의 대표가 일정한 비율로 당선되도록 하는 제도이다. 직능대표제는 산업과 직업이 고도로 분산·발달한 오늘날에 있어서는 국민의 대표를 선거구별로 지역대표를 선출하는 것보다는 직업·직능별로 선출하는 것이 더 의미 있다는 취지에서 채택된 제도이다.

현대사회에서 직능대표제가 대두되고 있는 이유는 ① 교통의 발달에 따라 인간의 지역적 귀속이 약화된 점, ② 산업의 발달에 따라 산업조직 기능조직이 발달하고 인간의 직장 및 직업과의 교섭과 결합이 촉진된 점, ③ 자칫하면 무시되기 쉬웠던 노동자의 이익을 옹호하고 노·사의 분쟁을 조정하여 분쟁의 방지를 지향하게 된 점, ④ 현대국가의 기능 가운데 경제적·사회적 기능의 계속적인 증대로 인한 경제적·사회적 입법의 증대에 전문적인 대응을 도모할 필요성이 높아진 점 등을 들 수 있다.

그러나 직능대표제의 부정적인 측면은 ① 대표가 특수이익에 구애되어 일반 공익을 소홀히 할 우려가 있는 점, ② 직업적 소수자에게는 그 대변자를 파견할 가능성이 희박해지는 점, ③ 선거인의 직업적 분류가 기술적으로 어려우며 실제로 거의 불가능한 점, ④ 직업 간, 노·사 간의 대립 등을 오히려 제도적으로 자극하여 분쟁을 조장하고, 심할 때는 이익단체·계급의 독재를 결과할 위험성이 있다는 점을 들 수 있다(정요섭, 1984:289-298).

5) 한국의 대표제

우리나라의 지방선거에 있어서는 원칙적으로 단기(單記)투표식 비교다수대표제를 채택하고 있다(공직선거법 제157조 ④항, 제190조 ①항). 그러나 시·군·자치구의회 의원선거에 있어서는 하나의 선거구에서 의원 2인 이상을 선출하는 중선거구제 하에서 단기식 소수대표제가 채택되어 있다(동법 제26조 ②항, 제157조 ④항, 제190조 ①항).

그리고 비례대표제를 1995년에 시·도의회 의원 선거에 채택하였고, 2006년 시·군·구의회 의원 선거에도 채택하였다(동법 제20조 ②항, 제22조 ②항, 제23조 ②항).

3 지방선거의 절차

1) 선거일 결정 및 공고

우리나라에서는 임기만료 등 일정한 사유가 발생한 날부터 일정한 기간 안에 실시하되, 그 실시를 지방자치단체의 장이 일정기간 이전에 공고하도록 하는 것이 전통적인 방법이었다.

그러나 선거일 지방자치단체의 장이 정략적으로 결정하는 것을 방지하기 위하여 1994년부터 총선거 등 주요선거의 선거일을 법정화하고, 기타의 경우 선거관리위원장이 결정·공고하도록 하고 있다.

(1) 법정 선거일

총선거, 재선거, 보궐선거 및 증원선거의 선거일은 법으로 정하고 있다(공직선거법 제34

조, 제35조 ②항 1호).

① 총선거 : 임기만료일 전 30일 이후 첫번째 수요일

② 재선거, 보궐선거 및 증원선거 : 그 선거사유가 전년도 10월에서 3월 사이에 확정된 때에는 4월의 마지막 수요일, 4월에서 9월 사이에 확정된 때에는 10월의 마지막 수요일

(2) 선정 선거일

다음 선거의 선거일은 각 기준에 의거 관할 선거관리위원장이 정하여 공고한다(동법 제35조, 제36조).

① 지방자치단체의 폐치분합으로 인한 자치단체장 선거 : 그 사유 확정일부터 60일 이내

② 선거 일부무효로 인한 재선거 : 확정판결 후 30일 이내

③ 천재지변 등으로 인한 연기선거 및 일부재투표 : 그 관할 선거관리위원장이 정하는 선거(투표)일

2) 선거인명부 작성

선거인명부는 선거인의 범위를 확정하기 위하여 선거인명을 등재한 공부이다. 즉, 선거인명부는 일정한 기일을 기준으로 하여 선거인으로서의 자격을 구비한 자의 성명을 등록함으로써 누가 선거인인가를 문서에 의하여 확정·공증하는 공부인 것이다(최창호, 2009:384-5).

(1) 선거인명부의 유효기간

선거인명부제에는 선거가 실시될 때마다 작성하는 수시명부제와 일정한 시일에 작성하여 일정한 기간 그 효력을 계속시키고 그 기간 안의 모든 선거에 사용되는 계속명부제가 있다. 그리고 계속명부제에는 부단히 또는 정기적으로 명부에 정정·증보를 가하여 영구비치하여 두는 영구명부제와 일정한 기간마다 명부를 작성하여 일정기간 비치하는 정기명부제가 있다.[6]

수시명부제와 계속명부제의 장·단점을 보면, 장점은 작성된 명부의 정확도가 높고, 평상시에는 명부작성을 할 필요가 없으므로 인력·예산이 적게 소요되는데 비하여, 단점은 평상시 명부작성작업을 계속하므로 유권자의 기본 통계관리가 잘되고, 급히 명부를 작성함으로써 오는 누락 등의 오류를 방지할 수 있다는 점 등을 들 수 있다.

6) 계속명부제를 채택하고 있는 나라로는 일본, 프랑스 등을 들 수 있고, 수시명부제를 채용하고 있는 나라로는 대만 등을 들 수 있다.

(2) 선거인명부의 작성기관

선거인명부를 읍 · 면 · 동장 등 일반행정기관이 작성하도록 하는 경우와, 선거관리위원회 등 선거관리를 위하여 특별히 설치된 합의제기관이 작성하도록 하는 경우가 대조를 이룬다.[7] 전자의 경우에는 평상시에 공부의 관리를 행하는 행정기관이 선거인 명부작성을 행하므로 명부의 정확도를 높일 수 있는 데 비하여, 후자의 경우에는 선거인 명부작성의 공정성을 기할 수 있다는 데에 장점이 있다.

(3) 부재자 명부

선거에 있어 부재자란 선거권자로서 투표구 밖에 장기여행 중인 자, 법령에 의하여 영내 또는 함정에 장기 기거하는 군인, 또는 병원 · 요양소 · 수용소 · 교도소 · 선박 등에 장기 기거하는 자 등 선거일에 자신이 투표소에서 투표할 수 없는 자를 말한다.

이러한 부재자는 일정한 절차에 따라 신고를 하면 부재자명부에 등재되어, 부재자 투표라는 우편을 통한 특수한 투표방식에 의해 투표할 수 있게 된다.

3) 후보자 등록

(1) 등록방법

지방선거의 후보자란 지방의회의원과 지방자치단체의 장에 당선되기 위하여 일정한 요건과 절차를 구비하고 정부의 선거관리기관으로부터 공식적으로 인정을 받은 자를 말한다(최봉기, 2009:419). 후보자 공인제도 가운데 가장 대표적인 것이 선거관리기관에의 후보자등록 제도인데, 오늘날 대부분의 선거에서 이 제도를 채용하고 있다. 후보자 등록방법은 기본적으로 두 가지가 있다. 하나는 후보가 되고자 하는 자 스스로 등록신청을 하는 것이고, 다른 하나는 정당 등 제3자가 후보가 되려는 자를 위하여 등록신청을 하는 것이다.

① 자진등록제와 추천등록제

후보자 등록의 방법에는 후보자가 되려는 자 자신이 등록신청을 하는 자진등록과, 선거권자인 타인이 그 후보가 되려는 자(본인)를 위해 등록신청을 하는 추천등록의 방법이 있다. 이 가운데 후자의 경우에는 그 본인의 후보자 승낙서를 첨부하여야 한다.

---

7) 선거인명부를 일반행정기관이 작성하고 있는 나라로는 독일, 이탈리아, 영국 등을 예로 들 수 있고, 합의제기관이 작성하는 나라로는 일본, 인도, 말레이시아 등을 들 수 있다.

② 정당공천제와 선거인추천제

입후보자가 타인의 추천을 받아 등록신청을 함에 있어서 정당의 추천(공천)을 필수요건으로 하는 방식과, 선거인의 추천으로 하는 방식이 있다. 지방선거의 후보자 등록신청에 있어서 정당공천제에 의할 때에는 정당정치의 실현을 기할 수 있는 반면에 정당 과두제로 인한 중앙집권화의 폐해를 가져오기 쉽고, 반대로 선거인추천제에 의할 때에는 민의의 반영을 높일 수 있는 반면에 후보자의 난립 등 혼란을 초래할 우려가 있다. 오늘날에는 정당공천과 선거인추천을 선택하도록 하는 방식이 일반적으로 채용되고 있다.

(2) 후보자 제한

후보자등록(입후보)에 있어서 중요한 문제의 하나는 입후보제한의 문제이다. 즉, 선거의 공정을 저해할 우려가 있는 일정한 신분을 가진 자가 입후보하여 부당히 당선되거나, 전연 당선의 가망이 없는 자가 만용 또는 다른 목적으로 입후보하여 선거를 혼란하게 하는 것을 방지하기 위하여, 여하히 입후보를 제한하느냐가 중요한 문제로 되는 것이다.

① 입후보의 제한

선거의 공정성 확보를 위하여 공무원 등 공직자의 입후보를 제한하는 제도를 두기도 한다. 그러나 이 제도에 의하면 사실상 유능한 지도자로서 기대되는 인물임에도 불구하고 그 신분이 공무원 등 공직자이기 때문에 입후보할 수 없게 된다. 따라서 이러한 입후보의 제한 문제는 각 나라, 각 시대의 정치적 · 사회적 사정 여하에 따라 적절하게 결정되어야 할 문제이다.

② 기탁금제

지방선거에 있어서 입후보의 난립(亂立)을 방지하기 위하여 후보자 등록시에 일정한 기탁금을 선거관리위원회에 기탁하였다가, 후보자가 일정 수 이상 득표할 때에는 이를 후보자에게 반환하나, 그러하지 못한 때에는 이를 몰수하는 제도를 두기도 한다. 그러나 이 제도는 매우 유능한 인물임에도 불구하고 재력이 없어 입후보할 수 없게 되는 결함을 가지고 있다.

(3) 우리나라의 후보자등록제

① 등록방법

우리나라에서도 후보자 등록제가 채택되어 있는데, 후보자등록은 지역구의 경우는 후보자는 본인이, 비례대표의 경우는 추천정당이 신청한다(공직선거법 제49조 ②항). 등록신청은 선거일 전 20일부터 2일간 관할선거구 선거관리위원회에 한다(동법 제49조 ①항).

구체적으로 현행법상의 후보자등록방법은 직위에 따라 조금씩 다른데 간단히 이를 살펴보면 다음과 같다.

첫째, 시 · 군 · 자치구의회의원에 후보가 되고자 하는 자는 선거권자 50인 이상 100인 이하의 서명에 의한 추천장을 첨부하여 등록된다.

둘째, 시 · 군 · 자치구의 장의 후보자가 되고자 하는 자는 정당원인 경우는 소속정당의 추천장을, 무소속인 경우에는 선거권자 300인 이상 500인 이하의 추천장을 첨부하여 등록하여야 한다.

셋째, 시 · 도지사 후보가 되고자 하는 자는 정당원인 경우에는 소속정당의 추천장을, 무소속인 경우에는 소속정당의 추천장을, 무소속인 경우에는 해당 시 · 도의 3분의 1이상의 시 · 군 · 자치구에 나누어 하나의 시 · 군 · 자치구에 주민등록이 되어 있는 선거권자의 수를 50인 이상으로 한 1,000인 이상 2,000인 이하의 서명에 의한 추천장을 첨부, 등록한다.

넷째, 시 · 도의회 지역구의원 후보자가 되고자 하는 자는, 정당원인 경우에는 소속정당의 추천장을, 무소속인 경우에는 선거권자 100인 이상 200인 이하의 서명에 의한 추천장을 첨부하여 등록한다.

다섯째, 시 · 도의회 비례대표 시 · 도의원 후보자명부를 첨부, 등록한다.

한편, 모든 지방자치선거에 정당 공천제가 채택되어 있다. 시 · 군 · 자치구 의회의원 선거에는 정당 공천제가 배제되어 있었는데, 2005년부터 그 선거에도 정당공천제가 채택되었다. 정당은 선거구별로 선거할 정수만큼 후보자를 추천할 수 있다. 다만 시 · 군 · 자치구의회 의원선거의 경우는 중선거구제이므로 그 정수 범위를 초과하여 추천 할 수 있다(공직선거법 제47조 ①항). 정당이 후보자를 추천하는 경우에는 경선 등 민주적인 절차에 따라야 한다(동법 제47조 ②항, 제57조의 2~6).

비례대표의 경우는 추천정당이 그 순위를 정한 명부를 가지고 등록한다(동법 제49조 ②항, ③항). 지방의원선거에 있어, 비례대표의 경우 후보자 수의 100분의 50을 여성으로(후보자 명부순위에 따라 2인마다 여성 1인이 포함되도록) 하여야 하며, 지역구의 경우 후보자의 100분의 30을 여성후보자로 추천하도록 노력하여야 한다(동법 제47조 ③항, ④항).

후보자 등록 후에는 정당이 추천을 취소하거나 변경할 수 없으며, 비례대표에 있어서도 후보자 명부를 추가하거나 그 순위를 변경할 수 없다. 또한 선거권자도 후보자 추천을 취소 또는 변경할 수 없다(동법 제50조).

이상의 모든 경우 정당원인 자는 무소속으로 등록할 수 없으며, 후보자등록 기간 중 당적을 이탈 · 변경하거나 둘 이상의 당적을 가지고 있는 때에는 해당 선거에 후보로 등록할 수 없다. 소속 정당의 해산이나 등록이 취소 또는 중앙당의 지구당 승인 취소로 인하여 당원자격이 상실된 경우에도 마찬가지이다.

② 후보자 제한

㉠ 입후보의 제한 : 공무원 등 일정한 공직자가 지방선거에 후보자가 되려고 할 때에는 선거일 전 90일까지(비례대표의원선거 및 재 · 보궐선거에서와 지방의원이 다른 자치단체의 의원이나 장에 입후보하는 경우에는 후보자 등록신청 전까지) 그 직을 물러나야 한다. 다만 지방의회 의원이나 자치단체장이 해당직 선거에 재선되기 위하여 입후보하는 때에는 미리 사임하지 않아도 된다(동법 제53조 ①항).

입후보의 제한을 받는 공직자의 범위는 다음과 같다. 국가공무원과 지방공무원, 선거관리위원과 교육위원, 정부투자기관의 상근 임 · 직원 및 연합회장, 지방공사 · 지방공단의 상근 임직원, 당원이 될 수 없는 사립학교의 교원, 일정한 언론인들이 여기에 해당한다.

이와 같은 공직자들의 입후보제한은 선거의 공정을 기하기 위함일 뿐, 그들의 기본권을 제한하려는 것이 아니므로, 그 해임의 절차를 간이하게 하여 사직원이 접수된 때에 해임된 것으로 본다(동법 제53조 ④항).

㉡ 기탁금제 : 후보자 등록을 신청하는 자는 등록 신청시에 일정한 금액을 관할 선거관리위원회에 기탁하여야 한다(동법 제49조 ④항, 제56조).

기탁금 기탁 후 후보자가 당선되거나 사망한 때, 후보자의 득표수가 유효득표 총수를 후보자 수로 나눈 수 이상이거나 유효투표 총수의 100분의 15 이상인 때에는 기탁금 전액을, 유효투표 총수의 100분의 10 이상 100분의 15 미만을 득표한 경우에는 100분의 50에 해당하는 금액을 기탁자에게 반환한다. 후보자가 사퇴 · 등록무효로 된 때, 후보자의 득표수가 위의 수준에 미달한 때에는 이를 지방자치단체에 귀속시킨다(동법 제57조).

㉢ 등록무효 : 후보자가 등록을 한 후에도 다음과 같은 일정한 사유가 발생하면 그 등록이 무효로 된다(동법 제52조).

ⓐ 피선거권이 없는 것이 발견된 때

ⓑ 추천인수에 미달한 것이 발견된 때

ⓒ 등록재산의 신고 또는 공개에 문제가 있는 것이 발견된 때

ⓓ 공무원 등 후보자규정에 위반하여 등록된 것이 발견된 때

ⓔ 당원인자가 무소속후보자로 등록하였거나, 등록기간 중 당적의 이탈 · 변경 또는 이중당적을 가지고 등록하였거나, 소속정당의 해산 · 등록취소 또는 중앙당의 지구당 창당 승인취소로 당원자격을 상실하고 등록한 것이 발견된 때

ⓕ 후보자가 당적을 이탈 · 변경 또는 이중당적을 가지거나 소속 정당의 해산 · 등록취소 또는 중앙당의 지구당 창당승인취소가 있는 때

ⓖ 동시에 실시되는 같은 선거의 다른 선거구나 다른 선거의 후보자로 등록된 때

4) 투표 및 개표

정해진 기간의 선거운동이 끝나고 확정된 선거인명부에 근거하여 투표통지표의 교부가 완료되면, 투표가 실시된다. 전통적 입장의 정치학자들은 오랫동안 참여를 선거에서 투표와 동일시하였다(Nagel, 1987:100). 투표는 대개 선거권자가 정해진 투표장에 가서 복수의 후보자들을 놓고 정해진 표지를 통해 정해진 수의 공직자를 선택하는 행위로 이어진다.

이렇게 투표가 끝나면 개표를 실시하게 되는데, 개표란 개표 참관인의 입회하에 개표관리자에 의하여 투표의 결과를 확인하고 투표의 효력을 결정하는 것을 말한다.

(1) 투표 및 개표의 방식

① 서류식

㉠ 기명식과 무기명식 : 투표에 있어서 투표자의 성명을 밝히느냐의 여부에 의한 구분으로서, 전자는 공개투표제를 후자는 비밀투표제를 의미한다.

㉡ 단기식과 연기식 : 선거인인 후보자 1인에게 투표하느냐, 2인 이상에게 투표하느냐에 의한 구분으로서, 반드시 그러한 것은 아니지만, 일반적으로 전자는 소선거구제와, 후자는 대 · 중선거구제와 밀접한 관련을 가진다. 연기식에는 해당 선거구에서의 당선자 정수(전부)만큼의 후보자에게 투표하느냐, 그 정수 이하의 후보자에게 투표하느냐에 따라 완전연기(또는 단순연기)식과 제한연기식으로 나누인다.

㉢ 자서식과 기표식: 선거인이 투표용지에 자기가 투표하고자 하는 후보자의 성명을

자필로 기입하느냐, 투표용지상의 자기가 투표하고자 하는 후보자의 성명에 일정한 기호(예 : ○, × 등)를 기입하느냐에 의한 구분으로서, 투표비밀의 보장 등의 면에서 후자가 유리하다.

② 기계식 · 전자식

㉠ 기계식 : 기계식에는 펀치 카드식과 레버 머신 방식이 있다.

펀치 카드(Punch Card)식은 투표용지를 펀치 카드식 투표기에 삽입한 후 원하는 후보에 펀칭(구멍 뚫음)하는 방식으로서, 개표할 때에는 투표용지를 가드 리더기에 읽혀 짧은 시간내에 집계를 완료할 수 있다.

레버 머신(Lever Machine)방식은 투표실에 설치된 기계에 표시되어 있는 후보자를 선택하는 레버(지렛대)를 당겨서 투표하는 방식으로서, 개표할 때에는 선거위원회 위원이 기계 뒤의 팬널(덮개판)을 떼어내어 집계판을 읽을 수 있다.

㉡ 전자식 : 전자식에도 여러 가지가 있다. D.R.E(Direct Recording Electronics)방식이 일반적인 바, 이는 투표자가 전자기 판에 나타나 있는 후보자들 중 원하는 후보란을 손가락으로 짚으면 자동으로 기록 저장되는 방식으로서, 개표할 때에 집계 버튼을 누르면 종이테이프에 후보자별 득표수가 자동 인쇄 출력되고, 만일에 대비하여 자기 디스크에 별도 기억 보관된다.

③ 부재자투표

부재자투표의 방법에는 크게 우편투표(Postal Voting, Mail Voting)와 위임투표(대리투표 : Proxy Voting)의 두 가지가 있다. 우편투표는 미리 부재자로 신고된 선거인에게 투표용지를 송부하여 투표 마감시간까지 선거인이 투표봉투를 우편으로 송달함으로써 투표하게 하는 방법이고, 위임투표는 미리 부재자로 신고된 선거인에게 위임장용지를 송부하여 대신 투표할 자의 지정신청을 받아 두었다가 선거일에 위임(대리)투표인으로 하여금 투표하게 하는 방법이다. 우편투표와 위임투표에는 모두 행정상의 어려움이 따르고, 또한 전자에는 투표의 비밀보장상, 후자에는 선거인의 의사반영상 문제성이 있다.

④ 개표

개표에 있어서는 신속 · 정확하고 공정한 것이 생명이다. 그러기 위해서 개표는 투표가 끝나고 개표의 여건이 갖추어지는 즉시 개시하며, 개표참관인, 개표관람인 등이 보는 앞에서 공개리에 일정한 절차를 거쳐 행하게 되고, 득표수의 낭독, 개표록의 작성, 개표결과의 보고,

관계서류의 보존 등의 방법을 사용하게 된다.

(2) 우리나라의 투표 및 개표방식

① 투표방식

지금까지 지방선거에서 기명식 투표제를 채용한 적은 한번도 없으며, 현재에도 무기명식을 채용하고 있다(공직선거법 제146조 ③항).

1960년에 시 · 읍 · 면의회 의원선거에 제한연기식 투표제를 채용한 것 이외에는 지금까지 계속 단기식 투표제를 채용하였으며, 현재에도 단기식을 채용하고 있다(동법 제157조 ④항).

그리고 1960년에 서울특별시장 선거에 자서식(自書式) 투표제를 채용한 것 이외에는 지금까지 계속 단기식 투표제를 채용하였으며, 현재에도 단기식을 채용하고 있다(동법 제146조 ①항, 제159조).

② 정당 투표

후보자에 대한 투표 외에, 비례대표 후보를 추천한 정당에 대하여도 투표한다.

우리나라 지방자치선거에 비례대표제를 채택하여 지역구의원 선거와 비례대표의원 선거의 두 가지 선거를 실시하고 있음에도, 비례대표의원 선거(정당지지투표)는 별도로 실시하지 않고 지역구의원 선거(후보자지지투표) 결과를 그대로 비례대표 추천정당에 대한 지지도로 의제(擬制)하여 왔는데, 이것이 헌법위반이라는 헌법재판소의 결정이 2001년에 내려져(헌재결 2001. 7. 19), 2002년의 선거법에서 정당투표제를 채택하고, 2006년 지방자치선거에서부터 실시하고 있다.

하나의 선거에 있어 한 사람의 선거인이 지역구 후보자에 대한 투표와 비례대표 추천정당에 대한 투표의 두 가지 투표를 한다 해서 이를 1인 2표제라고도 한다.

③ 부재자 투표

우리나라 지방자치선거에서는 부재자투표로 본인직접 우편투표제를 채용하고 있다. 즉, 부재자는 선거관리위원회로부터 투표용지를 받아 부재자 투표소에 나가 그 투표용지에 기표하고, 이를 회송용 봉투에 넣어 봉합하여 투표함에 넣는다. 부재자 투표소는 이 투표용지를 선거일 투표마감시간까지 해당 선거관리위원회에 도달하도록 우송하는 것이다(동법 제158조).

④ 개표

구 · 시 · 군 선거관리위원회 단위로 개표를 실시하며(공직선거법 제172조), 투표구 선거관리위원회로부터 투표함이 모두 도착된 후에 개표를 실시하게 되며, 이때 구 · 시 · 군 선거관리위원회 위원장은 투표함의 봉쇄와 봉인을 확인한 후 개함하여 개표를 진행시킨다. 개표결과 당해 선거구에서 유효 투표의 다수를 얻은 후보를 당선자로 하며, 자치단체장의 당선자는 이를 당해 지방의회 의장에게 통지한다(동법 제190조, 제191조).

한편, 투표의 효력에 관하여 이의가 있을 때에는 선거관리위원 과반수의 출석과 출석위원 과반수의 찬성으로 결정한다. 개표에 있어서 개표록 · 집계록을 작성 · 보관하여야 한다(동법 제172~186조).

5) 당선인 결정

당선인의 결정은 선거제도에 따라 다르다. 소선거구제에서는 최다득표자, 대선거구제에서는 다수득표순으로 당선자가 되고, 비례대표제에서는 정당의 득표비율에 따라 의석이 적절하게 배분된다. 우리나라에 있어서는 비교다수대표제와 비례대표제를 채택하고 있다.

(1) 비교다수대표제

지방자치단체장 선거와 시 · 군 · 자치구의회 의원 선거 및 지역구 시 · 도의원 선거에 있어서는 선거구 선거관리위원회가 해당선거구에서 유효투표의 다수를 얻은 자(시 · 군 · 자치구의원 선거에 있어서는 유효투표의 다수를 얻은 자의 순으로 의원정수에 이르는 자)를 당선인으로 결정한다. 만약 최고득표자가 2인 이상인 때에는 연장자의 순으로 당선인을 결정한다(동법 제190조 ①항, 제191조 ①항).

당선인이 투 · 개표를 거침이 없이 결정되는 경우 즉, 무투표당선의 경우를 말한다. 지방의회의원선거의 경우, ① 후보자등록 마감일에 후보자수가 해당 선거구에서 선거할 의원정수를 초과하지 아니할 때, ② 후보자 등록 마감후 선거일 전일까지 후보자가 사퇴 · 사망하거나 등록이 무효로 되어 후보자수가 해당 선거구에서 선거할 의원 정수를 초과하지 아니할 때, ③ 선거일 투표개시시각부터 투표마감시각까지 후보자가 사퇴 · 사망하거나 등록무효로 되어 후보자수가 해당 선거구에서 선거할 의원정수를 초과하지 아니할 때에는 투표를 실시하지 아니하고, 선거일에 그 후보자(전원)를 당선인으로 결정한다(동법 제190조 ②항, ③항).

(2) 비례대표제

2002년부터 시 · 도의회의 비례대표의원 선거에 있어서 시 · 도 선거관리위원회가 유효투표 총수의 100분의 5 이상을 획득한 정당(의석할당 정당이라 함)에 그 득표비례에 따라 산정된 정수의 의석을 배분하고, 만약 유효투표 총수의 3분의 2 이상을 획득한 정당이 있을 때에는 의원정수의 3분의 2의석을 그 정당에 먼저 배분하고, 잔여의석은 나머지 의석할당 정당의 득표비율에 따라 산정된 정수의 의석을 배분하며, 그렇게 한 후에 잔여의석이 있는 때에는 그 단수가 큰 순위에 따라 각 의석할당 정당에 1석씩 배분한다(공직선거법 제190조의 2).[8)]

비례대표 선거에 있어서 당선인 결정은, 추천정당별 비례대표후보자명부에 게재된 순위에 따라 그 정당에 배분된 비례대표의원 의석 수 만큼의 인원으로 정한다.

한편, 당선인일지라도 일정한 사유가 있을 때에는 그 당선의 효력이 상실되거나 무효로 된다(동법 제192조, 제224조, 제263조~제265조).

그리고 당선인이 사퇴 또는 피선거권이 없게 된 때에는 재선거가 실시되며(동법 제195조), 공선직자가 궐원 또는 궐위된 때에는 보궐선거가 실시된다(동법 제200조).

4 선거권과 피선거권

1) 선거권

일반적으로 선거권이란 국가나 지방자치단체의 공직에 취임할 자를 선거하는 국민의 권리를 의미한다. 지방선거의 선거권이란 지방주민으로서 지방의 선거에 참여할 수 있는 권한을 의미한다. 선거를 선거인단이라고 하는 합의제 기관이 국가나 지방자치단체의 공직에 취임할 자를 선임하는 행위라고 이해할 때에는 선거권이란 이 선거인단을 구성하는 선거인의 지위이고 직무라고 할 수 있다. 이러한 의미에서 선거권은 국민의 중요한 권리인 동시에 선거권의 행사는 국민의 중요한 의무이다. 이러한 선거권은 국민의 기본권인 참정권에서 비롯되는 권리지만 그것을 향유하기 위해서는 일정한 요건을 갖춰야만 한다는 점에서 차이가 있

8) 비례대표의원 의석배분에 있어서 만약 유효투표 총수의 3분의 2 이상을 획득한 정당 외에 그 유효투표 총수의 100분의 5 이상을 획득한 정당(의석할당 정당)이 없는 경우에는, 그 3분의 2 이상을 획득한 정당에 의원정수의 3분의 2 의석을 배분하고, 잔여의석을 의석할당 정당이 아닌 정당간의 득표비율에 따라 산정된 정수의 의석을 배분한다. 그런 후의 잔여의석이 있는 때에는 당세가 큰 순으로 각 정당에 1석씩 배분한다.

다. 일반적으로 선거권의 조건으로 적극적 요건과 소극적 요건을 요구하고 있는 바, 이러한 요건들은 보통선거의 원칙에 위배되지 않는 것으로 해석되고 있다.

(1) 적극적 요건(공직선거법 제15조 ②항)

선거권의 적극적 요건으로는 일반적으로 국적, 연령, 거주기간을 들고 있다.

첫째, 대한민국 국민일 것. 국민되는 요건은 국적법에 규정되어 있으며, 대한민국 국적은 출생 또는 귀화에 의하여 취득된다. 2005년부터 일정한 요건(주로 연령과 거주요건)을 갖춘 외국인에게도 선거권을 부여하였다.

둘째, 연령요건에 관하여, 1949년에 제정된 지방자치법부터 선거일 현재 21세 이상으로 하여 오다가, 1960년에 이를 20세로 인하하였고, 많은 논란 속에서 2005년에 19세로 인하하였다.

셋째, 거주요건에 관하여, 1949년에 제정된 지방자치법에서 6개월 이상의 계속 거주를 요건으로 하였고, 1956년에 이를 90일 이상의 계속 거주로 하여 왔는데, 1988년에 제정된 지방의회의원선거법에서는 피선거권의 경우와는 달리 계속 거주요건을 두지 않고 선거인명부 작성일 현재 해당 자치단체의 관할구역 안에 주민등록이 되어 있으면 되도록 하여, 그대로 오늘에 이르고 있다. 외국인은 영구체류자격 취득 후 3년이 경과하고 선거인명부 작성일 현재 해당 자치단체의 외국인등록대장에 등재되어 있어야 한다.

(2) 소극적 요건(공직선거법 제18조 ①항)

선거권자는 소극적으로 일정한 결격사유가 없어야 하는 바, 그 결격사유의 내용으로는 일반적으로 법적 무능력, 범법으로 인한 처벌 등을 들고 있다.

첫째, 금치산선고를 받은 자, 금치산자란 심신상실의 상황에 있는 자이다.

둘째, 금고 이상의 형(사형 · 징역 또는 금고)의 선고를 받고 그 집행이 종료되지 않거나 그 집행을 받지 않기로 확정되지 아니한 자.

셋째, 선거범으로서 100만원 이상의 벌금형의 선고를 받고 그 형이 확정된 후 5년 또는 형의 집행유예의 선고를 받고 그 형이 확정된 후 10년을 경과하지 않거나, 징역형의 선고를 받고 그 집행을 받지 않기로 확정된 후 또는 그 형의 집행이 종료되거나 또는 면제된 후 10년을 경과하지 아니한 자(형이 실효된 자도 포함한다).

넷째, 법원의 판결에 의하여 선거권이 정지 또는 상실된 자.

2) 피선거권

피선거권이란 선거에 의하여 의원, 장 기타의 공직에 취임할 수 있는 자격을 말한다. 지방선거의 피선거권은 선거권을 가진 자 중에서 일정한 자격요건을 구비하여야 한다. 물론 피선거권의 요건도 국적 소유자만이 피선거권을 갖게 한 것을 제외하고는 나라마다 구체적 요건이 다르다. 영국에서는 성직자에게도 피선거권을 제한하고 있고, 대만에서는 현역군인, 학생, 선거사무종사자 등에 대해서도 피선거권을 제한하고 있다. 피선거권에 있어서도 선거권과 같이 반드시 구비해야 하는 적극적 요건과 해당되어서는 안 되는 소극적 요건이 있다.

(1) 적극적 요건(공직선거법 제16조)

첫째, 대한민국 국민일 것. 외국인에게는 선거권의 경우와 달리 피선거권이 부여되지 않는다.

둘째, 만 25세 이상일 것. 연령요건은 지방의회의원의 경우는 처음부터 지금까지 25세 이상으로 변동이 없으나, 자치단체장의 경우는 처음에는 25세 이상, 1960년부터는 시 · 도지사를 30세 이상, 1990년에는 구 · 시 · 군의 장을 30세 이상, 시 · 도지사를 35세 이상으로 조정하였다가, 1994년의 공직선거 및 선거부정방지법에서 모두 선거일 현재 25세 이상으로 통일하여, 오늘에 이르고 있다(동법 제16조, 제17조).

셋째, 선거일까지 계속하여 60일 이상 그 자치단체의 구역 안에 거주하고 있을 것. 거주요건에 대하여 종래에는 제한을 두지 않았는데, 1998년부터는 이를 선거일 현재 그 자치단체의 구역 안에 계속하여 90일 이상 주민등록이 되어 있을 것으로 하였으나, 2009년에 60일 이상 주민등록이 되어 있도록 개정하였다(동법 제16조). 지방의회 의원선거의 경우 그 자치단체의 구역 안에만 주민등록이 되어 있으면 되고 반드시 해당 선거구 안에 주민등록이 되어 있어야 하는 것은 아니다.

거주요건을 두는 이유는 지방자치란 그 지역사정을 잘 아는 주민 중에서 대표를 뽑아 스스로 지역의 공통사무를 처리하도록 하는 주민자치이기 때문이다. 그러나 우리나라의 피선거권자 거주요건은 선진제국의 그것에 비하여 짧은 편이다. 미국 지방정부에서는 거주요건을 보통 1년 이상으로 정하고 있다(정세욱, 2000:17).

(2) 소극적 요건(공직선거법 제19조)

첫째, 선거권이 없는 자(금치산자, 선거범, 선거권이 상실된 자).

둘째, 금고 이상의 형의 선고를 받고 그 형이 실효(失效)되지 아니한 자.

셋째, 법원의 판결 또는 다른 법률에 의하여 피선거권이 정지되거나 상실된 자.

5 선거구와 의원정수

1) 선거구

(1) 선거구의 의의

① 선거구의 개념

선거구는 전체의 선거인을 선거인 단체로 구분하는 표준이 되는 지역적인 단위, 즉 대표자를 선출하는 지역적인 단위를 말한다. 다시 말해 선거구는 선거가 이루어지는 단위로 선거관리, 선거운동, 투 · 개표, 당선결정 등 일련의 선거과정이 이루어지는 단위를 말한다.

선거구는 선거의 기본목적을 질서 있게 달성하기 위하여 마련하는 것으로서 선거구의 설정은 대체적으로 인구의 비례나 면적의 대소에 따라 설정한다. 이처럼 선거구는 선거절차상의 편의에 따른 지역적 단위에 불과하며, 따라서 당선인과 선거인과의 사이에 강제적 위임관계를 설정하는 단위는 아니다.

선거구는 크게 소선거구와 중선거구 및 대선거구로 구분한다. 소선거구는 1인의 대표자를 선출하기 위한 것으로서 구역의 크기는 작은 것이 일반적이다. 대선거구는 대규모의 지역을 단위로 하여 거기에서 5~6명 또는 그 이상의 대표자를 선정하는 구역을 말하며, 중선거구는 한 구역 안에서 2~3인의 대표자를 선출하는 중간형 선거구를 의미한다. 보통 지방선거구에 있어서의 대구역이라 함은 기초자치단체 전체를 한 선거구역으로 하고, 중선거구는 전체구역을 몇 개의 구역으로 분할하며 각 구역에서 2~3인의 의원을 선출하며, 소선거구는 작은 규모의 구역으로 세분하여 한 구역에서 1인의 의원을 뽑는다. 대 · 중 · 소선거구역의 책정은 공통된 방법이 존재하지 않고 나라마다 그 나라의 사정에 따라서 책정한다.

② 선거구의 획정

선거구는 선거의 기본목적을 원만히 달성하기 위하여 마련되는 것이므로 그 획정에 있어서는 다음과 같은 점에 주의하여야 한다(정요섭, 1984:173).

첫째, 각 선거구를 통하여 선거인수와 당선자 정수와의 비율이 가능한 한 같아야 한다. 이는 당선자는 일정 인구수의 선량이라는 기본관념에서 유래하는 것이며, 평등선거제의 정신과도 관련이 있는 것이다.

둘째, 선거구가 특정 정당에 부당하게 이익이 돌아감이 없도록 공평하게 획정되어야 한다. 즉, 선거구의 획정에 있어서 이른바 게리맨더링(Gerrymandering)을 가능한 한 피하여야 하는 것이다. 게리맨더링(Gerrymandering)이란 다수당이 그 반대당을 억압하여 불공평한 이익을 차지할 수 있도록 선거구를 당략적으로 획정하는 것을 말한다.

선거구의 획정에는 일정한 기준이 있어야 하는 바, 이러한 기준에는 행정구역을 단위로 하는 경우와, 일정한 인구수를 단위로 하는 경우가 있으며, 또한 지방선거에 있어서는 국회의원의 선거구를 단위로 하는 경우가 있다. 이러한 선거구의 획정근거로서는 법률 또는 명령으로 하는 경우와, 시 · 도의 조례 또는 규칙으로 하는 경우 등이 있다.

③ 선거구획정위원회

우리나라는 선거구를 획정하기 위하여 선거구획정위원회를 구성 · 운영하도록 하고 있다. 즉, 국회의원지역선거구와 자치구 · 시 · 군의원지역선거구의 공정한 획정을 위하여 국회에 국회의원선거구획정위원회를, 시 · 도에 자치구 · 시 · 군의원선거구획정위원회를 각각 둔다. 자치구 · 시 · 군의원선거구획정위원회는 11인 이내의 위원으로 구성하되, 학계 · 법조계 · 언론계 · 시민단체와 시 · 도의회 및 시 · 도 선거관리위원회가 추천하는 자 중에서 시 · 도지사가 위촉하도록 하였다. 동위원회는 선거구획정안을 마련함에 있어서 국회에 의석을 가진 정당과 당해 자치구 · 시 · 군의 의회 및 장에 대하여 의견진술의 기회를 부여하도록 하였다(최봉기, 2009:420).

(2) 선거구의 유형 및 장단점

① 대선거구제의 장 · 단점

㉠ 장점

첫째, 주민들의 입장에서 후보자의 선택범위가 넓어 유능한 사람의 진출이 가능하다. 구역의 범위가 넓으므로 많은 지역의 인사들이 입후보하게 되어 주민들은 구역에 구애받지 않고 자유롭게 유능한 후보자를 선정할 수 있다.

둘째, 선거운동의 과열과 혼탁의 방지가 용이하다. 선거구역이 넓고 인구의 수가 많기 때문에 금품살포나 기타의 표매수를 하기가 용이치 않다.

셋째, 선거결과의 면에서, 소수대표제 내지 비례대표제를 가미할 수 있고, 신인 또는 신정당의 출현을 용이하게 하며, 득표수와 당선자수의 비례를 유지할 수 있고,

사표(死票)를 감소시킬 수 있으며, 대표의 지역적 이해에의 기속을 완화할 수 있다.

넷째, 신인 또는 신생정당후보나 무소속후보의 당선가능성을 높여준다. 소선거 구역에서는 대정당후보의 당선이 절대적으로 유리한데 비하여 대선거구에서는 여러 분야의 후보당선이 가능하다.

다섯째, 선거관리면에서 정당의 당략적 획정을 방지할 수 있고 관권의 개입을 완화할 수 있다.

여섯째, 대선거구에서 선출된 의원들은 지역적 이해에 기속되지 않아 광역적 차원에서 지역발전정책을 합리적으로 추진할 수 있다. 소선거구에서 선출된 의원들은 그들 출신구역의 이익을 최우선적으로 주장할 수밖에 없는 입장이다.

ⓛ 단점

첫째, 대선거구제는 소단위 지역사회나 민초주의(民草主義)에 바탕을 두는 지방자치를 시행하기가 어렵다. 그래서 다양한 이해를 대변하기 어렵다.

둘째, 대구역선거에서는 자기지역후보가 한사람도 당선되지 않을 수도 있다. 자기 지역의 대표자가 없는 것, 즉 지역주민의 의사를 대변할 대표자가 없다는 사실은 주민자치의 이념에 배타되는 것이라 할 수 있다.

셋째, 구역의 범위가 넓기 때문에 선거관리가 부실할 수 있다.

넷째, 대선거구제는 어느 경우에 한 정당후보자들이나 한 지역후보자들이 절대다수로 당선될 수도 있다.

다섯째, 선거비용이 많이 든다.

② 소선거구제의 장 · 단점

㉠ 장점

첫째, 후보자의 수가 적어 각 후보자의 정견이나 인품을 보다 상세하게 파악할 수가 있어 정확하게 대표자를 선정할 수가 있다.

둘째, 후보자의 대다수가 그 구역내의 인사들이므로 지역주민에 의한 자치무대의 열기를 고양시킬 수 있다. 이와 같은 열기는 투표에 대한 참여의식을 높이는 데에도 기여한다. 또 선거구민의 서비스 수요를 잘 파악할 수 있다.

셋째, 소구역은 선거관리를 효과적으로 할 수 있다. 구역의 크기가 작기 때문에 규칙위반에 대한 단속이 용이하고 투개표과정을 질서있게 진행시킬 수 있으며 또 공영선거제의 실시도 용이하다.

넷째, 소수집단의 대표기회가 늘어난다.

다섯째, 선거비용이 적게 든다.

여섯째, 보궐선거와 재선거가 용이하다.

ⓛ 단점

첫째, 소구역은 인구의 수가 적기 때문에 선거운동과정에서 금품살포나 이권에 대한 회유 등으로 표 매수 공작이 비교적 용이하다.

둘째, 소구역은 인물선정에 한계가 있다. 지방적 소인물이 배출될 우려가 있다. 즉, 구역이 작으므로 대표자로서의 자질에 문제가 있는 사람들만이 입후보할 경우도 있다. 그러한 경우 주민들은 그들에 대하여 만족할 수 없는 상황에서도 별다른 도리 없이 그 가운데 한 사람을 뽑아야 하는 입장에 처하게 된다.

셋째, 소선거구는 선거가 과열될 경우 학연간, 마을간에 대결구도가 형성되어 지역사회 공동체의식을 파괴시킬 수도 있다.

넷째, 사표가 많아지고 대정당에 지나치게 유리하다.

③ 중선거구제

중선거구제란 지방자치단체의 관할구역을 몇 개의 선거구로 나누어 그 각 선거구에서 2인 이상의 대표자를 선출하는 제도를 말한다. 중선거구제는 소선거구제와 대선거구제의 결점을 보완하여 후보자에 대한 평가가 비교적 명백하며, 선거자금이 적게 들며, 개표절차에 소요되는 시간과 노력이 경감된다는 장점을 가지고 있다. 그러나 한 선거구 한명의 대표제와는 달라서 동일정당후보간의 갈등이 발생될 가능성이 있으며, 정당중심의 선거가 되지 못하고 개인 중심의 선거가 될 수 있는 단점을 지니고 있다(최봉기, 2009:421).

(3) 우리나라의 지방선거구제

우리나라 지방선거에 있어서의 선거구제의 변천을 보면, 1949년의 지방자치법은 도 · 서울특별시의회 의원선거구와 시 · 읍 · 면 의회 의원선거구에서 모두 중선거구제를 채택하였다.

1949년 12월의 제1차 개정 법률은 중선거구제를 그대로 존속시켰으나(舊지방자치법 제56조 ②항, ③항), 1956년 2월의 제2차 개정 법률은 도 · 서울특별시 의원을 각 선거구에서 1인

9) 이와 같이 종래의 중서거구제를 소선거구제로 변경한 데 대하여 시 · 도의회 의원의 정치적 기반이 민의원 의원의 그것을 침해하지 않도록 하려는 책략이 숨어 있다고 하는 비난이 있었다.

씩 선거하게 하는 소선거구제를 채택하고, 그 선거구의 책정기준을 민의원 의원선거구를 분할하도록 하되, 인구와 지리 관계를 참작하여 내무부령으로 정하게 하였다.[9] 1956년 7월의 제3차 개정 법률은 인구와 지리 관계를 참작하여 시 · 군 · 구의 구역을 분할하는 소선거구제를 채택하였다.

1960년에는 도와 서울특별시의 의원 선거구를 소선거구제로 하고, 그 선거구는 민의원 의원선거구의 구역으로 분할하되 인구와 지리 관계를 참작하여 내무부령으로 정하도록 하였다.

1988년의 개정 지방자치법과 새로 제정된 지방의회의원선거법은 지방의회의 의원선거구를 원칙적으로 소선거구제로 하고, 그 선거구는 시 · 군 · 구 또는 읍 · 면 · 동의 행정구역 단위로 인구 · 지세 · 교통 기타 여건을 고려하여, 시 · 도 의회의원의 경우는 대통령령으로 정하고, 시 · 군 · 자치구 의회의원의 경우는 시 · 도 조례로 정하도록 하였다. 1990년에는 시 · 도 의회의원 선거구를 동법의 별표로 정하였다.

1994년에 제정된 공직선거 및 선거부정방지법에서는 역시 소선거구제를 채택하고, 그 선거구의 획정기준을 전과 동일하게 하였다(동법 제26조). 그러나 1995년 4월의 공직선거법 개정으로 시 · 도의회의원의 선거에는 소선거구제와 비례대표제를 병행하고, 시 · 군 · 자치구의회의원선거에는 소선거구제와 중선거구제를 아울러 채택했다. 그 후 공직선거법개정(1998. 4. 30)으로 시 · 군 · 자치구의원 선거구는 소선거구제로 일원화되었다(동법 제22조, 제23조).

2005년 8월 지방자치법 개정과 공직선거법 개정을 통해 기초자치단체의 지방의회의원의 선거구를 1~2인을 선출하는 방식에서 2~4인을 선출하는 중선거구제로 변경하였다(동법, 제26조).

2) 의원정수

의원정수는 법률의 규정에 의하여 인구비례로 정하기도 하고, 지방정부가 스스로 결정하기도 한다. 일본이 전자의 경우에 속하는 반면에 미국, 영국 등은 후자의 예를 따르고 있다. 그리고 의원의 정수를 영국, 일본 등에서는 그 수를 많게 규정하지만 미국, 캐나다 같은 나라에서는 그 수가 적다.[10]

10) 기초자치단체의 경우 의원정수가 미국은 3인 내지 9인, 프랑스는 6인 내지 69인이고, 영국은 도시지역은 50인 내지 80인, 비도시지역은 프랑스 5인 내지 69인이다.

(1) 광역의회

시 · 도의회에 지역구의원과 비례대표의원이 있다. 시 · 도 지역구의원의 총정수는 그 관할구역안의 자치구 · 시 · 군(하나의 자치구 · 시 · 군이 2개 이상의 국회의원지역선거구로 된 경우에는 국회의원지역선거구를 말하며, 행정구역의 변경으로 국회의원지역선구와 행정구역이 합치되지 아니하게된 때에는 행정구역을 말한다)수의 2배수로 하되, 인구 · 행정구역 · 지세 · 교통, 그 밖의 조건을 고려하여 100분의 11의 범위에서 조정할 수 있다. 다만, 자치구 · 시 · 군의 지역구시 · 도의원 정수는 최소 1명으로 한다. 산정된 의원정수가 19명 미만이 되는 광역시 및 도는 그 정수를 19명으로 한다(공직 선거법 제22조 ① ③항).

비례대표 시 · 도의원 정수는 산정된 지역구 시 · 도의원정수의 100분의 10으로 한다. 이 경우 단수는 1로 본다. 다만, 산정된 비례대표시 · 도의원정수가 3인 미만인 때에는 3인으로 한다(동법 제22조 ④항).

(2) 기초의회

자치구 · 시 · 군의회에도 지역구의원과 비례대표의원이 있다. 자치구 · 시 · 군의회 지역구의원 정수는 당해 시 · 도의 총정수 범위내에서 당해 시 · 도의 자치구 · 시 · 군의원선거구획정위원회가 자치구 · 시 · 군의 인구와 지역대표성을 고려하여 중앙선거관리위원회규칙이 정하는 기준에 따라 정한다. 자치구 · 시 · 군의회의 최소 정수는 7인으로 한다. 비례대표 자치구 · 시 · 군의원 정수는 자치구 · 시 · 군의원 정수의 100분의 10으로 한다. 이 경우 단수는 1로 본다(동법 제23조).

6 지방선거의 공명성

1) 선거운동

(1) 선거운동의 개념

선거운동이란 선거에서 특정 후보자를 당선시킬 목적으로 득표에 영향을 미치는 행위를 말한다. 특정한 후보자가 당선되지 못하게 하는 행위도 선거운동에 포함된다(공직선거법 제58조 ①항).

선거운동의 개념을 구성하는 요소로는 ① 특정의 선거에 당면하여 일정한 행위를 행하는 것. ② 특정의 후보자를 위하여 행해지는 것. ③ 당선이나 낙선을 목적으로 행해지는 것. ④ 득표 혹은 실표하거나 득표 혹은 실표를 시키는 데 직 · 간접적으로 필요하고도 유효한 것 등이 포함된다(최봉기, 2009:422). 여기에서 특정의 선거란 선거기간만을 의미하는 것이 아니라, 사회통념상 어떤 선거라고 객관적으로 인식될 정도에 해당하는 경우라고 해석된다. 그리고 특정의 후보자를 위한 것이어야 하기 때문에 통상적인 정치 · 정당 활동과는 구별된다(최창호, 2009:398).

그러나 선거운동기간에 행하여지는 활동 중에서 구체적으로 어떤 행위가 선거운동에 해당되며, 어떤 것은 선거운동에서 제외되느냐 하는 것을 판단하는 것은 용이하지 아니하다. 대개 후보자를 위한 지지의 당부와 같은 적극적 홍보활동들이 선거운동에 해당하지만 단순히 일당을 받고 포스터를 붙이거나 후보자를 승차시키는 행위 등 단순한 노무 또는 영리행위는 선거운동에 해당하지 아니한다. 결국 어떤 행위가 선거운동에 해당되느냐의 여부는 그 행위의 실제, 즉 그 행위가 전개된 시기, 장소, 방법, 대상 등의 실태를 엄밀히 분석하여 그 행위의 실질에 입각하여 판단하여야 한다.

(2) 예비후보자제도와 선거운동

공직선거법은 2005년 8월의 개정을 통해 선거운동에 관한 예비후보자제도를 도입하였고, 제4차 지방선거에서 처음으로 실시되었다. 예비후보자가 되고자 하는 자[11]는 법에서 정하는 날[12]부터 관할선거구선거관리위원회에 피선거권에 관한 증명서류를 첨부하여 예비후보자등록을 서면으로 신청하도록 하고 있다.

예비후보자의 선거운동은 첫째, 선거사무소를 설치하거나 그 선거사무소에 간판 · 현판 또는 현수막을 설치 · 게시하는 행위, 둘째, 자신의 성명 · 사진 · 전화번호 · 학력 · 경력 기타 홍보에 필요한 사항을 게재한 명함을 직접 주면서 지지를 호소하는 행위, 셋째, 전자우편을 이용하여 문자 · 음성 · 화상 또는 동영상 기타의 정보를 전송하는 행위, 넷째, 선거구 안에 있는 세대수의 10분의 1 이내에 해당하는 수(2만을 초과할 수 없다)의 인쇄물을 작성하여 우편발송하는 행위[13] 등이다(최봉기, 2009:422).

11) 비례대표 국회의원선거 및 비례대표 지방의회의원선거를 제외한다.

12) 그 날 후에 실시사유가 확정된 보궐선거 등에 있어서는 그 선거의 실시사유가 확정된 때

13) 관할 선거관리위원회로부터 발송대상 · 매수 등을 확인받은 후 후보자등록기간 개시일 전일까지 1회에 한하여 중앙선거관리위원회 규칙이 정하는 바에 따라 발송한다.

(3) 선거운동의 방식

선거운동방법에는 기본적으로 공영제와 사영제의 두 가지가 있다. 공영제는 공공기관이 선거운동을 관리, 운영하는 것이고 사영제는 입후보자 개인이 선거운동을 직접 계획하고 집행하는 것이다. 공영제 방식은 기회균등의 보장, 선거과열의 방지, 선거운동 경비의 절감 등의 장점을, 사영제 방식은 활발한 선거운동, 자유스러운 선거분위기, 선거인의 후보자에 대한 확실한 파악을 가능하게 하는 등의 장점을 가지고 있다.

이러한 방식의 선거운동을 함에 있어서 사영제와 공영제를 혼용하되, 가능한 한 공영제를 확대하여, 후보자 등의 부담을 줄이고 선거질서를 유지하려는 것이 공직선거 및 선거부정방지법의 기본정신이다.

우리나라에 있어서 선거공영제의 구체적 내용은 다음과 같다(최창호, 2009:399-400).

먼저, 선거비용 보전은 후보자(또는 추천정당)의 회계책임자가 제출 · 보고한 선거비용으로서 정당하게 지출된 것으로 인정되는 선거비용을 선거비용 제한 공고액의 범위 안에서 선거일 후에 해당 지방자치단체가 다음과 같이 보전한다(공직선거법 제 122조의 2 ①항).

첫째로, 지역구선거의 경우에는 ① 후보자가 당선되거나 사망한 경우 또는 후보자의 득표수가 유효투표 총수의 100분의 15 이상인 때에는 후보자가 지출한 선거비용의 전액, ② 후보자의 득표수가 유효투표 총수의 100분의 15 미만인 때에는 후보자가 지출한 선거비용의 100분의 50에 해당하는 금액을 보전(補塡)한다.

둘째로, 비례대표선거의 경우는 후보자명부에 올라 있는 후보자 중 당선인이 있는 때에 해당 정당이 지출한 선거비용의 전액을 보전한다.

다음으로 선거비용 부담은 지방자치단체 또는 국가가 부담한다(동법 제122조의2 ③항).

후보자가 지출한 선거비용 중 ① 선거벽보의 첩부 및 철거 비용, ② 선거공보의 발송비용, ③ 선거방송토론위원회 주관 대담 · 토론회 개최비용, ④ 투 · 개표 참관인 수당, ⑤ 선거방송토론위원회 주관 정책토론회 개최비용 등을 국가 또는 지방자치단체가 부담한다.

우리나라에 있어서 선거운동은 법률의 규정에 의하여 금지 또는 제한되지 아니하는 한 이를 자유롭게 하는 것을 원칙으로 하고 있다(동법 제58조 ②항).

그러나 선거운동의 방식으로서 '특별히 보호되는 방식'을 규정하고, 그 방식이 무한정하게 인정되는 경우의 무질서 내지 불균등을 방지하기 위하여 그 '허용범위'를 상세히 규정하고 있다. 지방선거에서 허용되고 특별히 보호되는 선거운동방법에는 다음과 같은 것이 있다. 선전벽보(동법 제64조), 선거공보(제65조), 현수막(제67조), 어깨띠(제68조), 신문광고

(제69조), 방송연설(제71조, 제72조), 경력방송(제73조, 제74조), 가두연설(제79조), 단체 및 언론기관의 후보자초청간담회(제81조, 제82조), 선거방송토론원회의 후보자초청간담회(제82조의2), 선거방송토론위원회의 정책토론회(제64조), 통신망이용(제82조의4), 인터넷 광고(제82조의7) 등이 있다.

(4) 선거운동의 제한

선거운동은 자유로운 것이 이상적이며, 따라서 이를 제한하지 않는 것이 원칙이다. 그러나 선거과정에 있어서의 부정, 비리, 혼탁, 무질서를 방지하기 위하여 여러 가지 측면에서 구체적으로 다음과 같이 규제하고 있다.

① 운동주체에 관한 제한

㉠ 선거운동인

ⓐ 선거사무관계자 : 투표관리자, 개표관리자, 선거관리위원장은 재직 중 그 관계구역내에서 선거운동을 할 수 없으며, 부재자투표관리자나 부재자투표에 관계되는 자도 업무상의 직위를 이용하여 선거운동을 할 수 없다. 또한 각급 선거관리위원회위원 및 직원, 법관, 검찰관, 감사위원, 경찰공무원, 세무공무원 및 징세관은 그 재직 중 선거운동을 하지 못했다.

ⓑ 공무원(국회의원과 지방의회 의원 제외) : 국가 또는 지방자치단체의 공무원, 일정한 공사(公社), 공단(公團)의 임 · 직원 등 (공무원 등)은 그 지위를 이용하여, 특히 선거운동을 효과적으로 할 수 있는 영향력 또는 편익을 이용하여 선거운동을 할 수 없다.

ⓒ 교육자 : 교육자(교육법이 규정하는 학교의 장 및 교원)는 학교의 아동, 학생에 대한 교육상의 지위를 이용하여 선거운동을 할 수 없다.

ⓓ 미성년자 : 미성년자는 선거운동을 할 수 없고, 누구든지 미성년자에게 선거운동을 시켜서는 안된다.

그 외 대한민국 국민이 아닌 자, 향군소대장 등과 통 · 리 · 반장 · 건강보험조합 및 그 연합회 상임 임 · 직원, 국가 · 자치단체의 출연 또는 보조를 받는 단체의 상근 임 · 직원과 중앙회장 등이 포함된다.

㉡ 선거운동기구

후보자는 선거운동 기타 선거에 관한 사무를 처리하기 위하여 일정한 수의 선거사무소와 선거연락소를 설치할 수 있다(공직선거법 제61조). 선거사무소와 선거연락소에는 각각 선거사무장과 선거연락소장 1인씩을 두며, 각 기구에 일정한 수의 수당과 실비를 받는 선거사무원을 둔다(동법 제62조). 선거사무소 · 선거연락소를 설치 · 변경하거나 선거사무원을 선임 · 해임한 때에는 지체 없이 관할 선거관리위원회에 신고하여야 한다(동법 제63조).

② 운동기간에 관한 제한

선거운동은 후보자등록이 끝난 때부터 선거일 전까지만 이를 할 수 있으며 사전 선거운동과 사후 선거운동은 불법이다. 이와 같이 사전선거운동을 금지하는 이유는 각 후보자들이 선거운동을 동시에 시작하게 함으로써 공평성을 가하며 과도한 경쟁을 피하도록 하고, 선거운동비용의 증대를 억제하여 돈 적게 드는 선거를 실현하려는데 있다.

선거운동기간은 14일간이다(공직선거법 제33조). 그러나 예비후보자로 등록된 자는 선거일전 120일부터 선거사무소 설치, 인쇄물 배포, 이메일 발송 등 선거운동을 할 수 있다(동법 제59조).

③ 운동방법에 관한 제한

선거운동은 원칙적으로 자유롭지만 선거운동방법에는 다음과 같은 제한이 있다.

㉠ 연설금지장소에서의 연설회 또는 연설 · 대담의 금지

㉡ 지위를 이용한 선거운동의 금지

㉢ 단체의 선거운동금지

㉣ 사조직 등을 이용한 선거운동금지

㉤ 유사기관의 설치금지

㉥ 영화 등을 이용한 선거운동금지

㉦ 신문 · 잡지 등의 통상방법 외의 배부금지

㉧ 야간연설 등의 제한

㉨ 호별방문의 제한

㉩ 서명 · 날인운동의 금지

㉪ 기부행위제한

④ 정당활동의 제한

정당은 선거와 관련이 있는 각종의 활동, 즉 정강 · 정책의 신문공고, 정책홍보물의 배부, 창당대회 등의 고지 · 개최, 당원단합대회, 당직자회, 당원교육, 당원모집, 당사게시, 선전물 배부 등을 선거운동의 목적으로 행할 수 없다(동법 제137조-제145조).

2) 선거비용

(1) 선거비용제도

선거비용이라 함은 선거운동을 위하여 소요되는 금전 · 물품 · 채무 기타 모든 재산상의 가치가 있는 것으로서 후보자(시 · 도 비례대표 의원선거에 있어서는 추천정당)가 부담하는 비용을 말한다. 이 경우 위법한 선거운동을 위하여 지출한 비용과 기부행위제한을 위반하여 지출한 비용 및 제3자가 후보자 등과 통모하여 해당 후보자의 선거운동을 위하여 지출한 비용 등을 모두 선거비용으로 보게 된다(공직선거법 제119조). 선거의 공정성을 유지하고, 부정과 타락을 방지하기 위해서는 선거운동의 방법과 더불어 선거비용을 일정한 수준에서 제한할 필요가 있다.

공직선거법에 규정된 선거운동방법은 다양하므로, 그에 따라 경비도 다양하게 소요되는데 그 비용은 공영에 의하여 부담되는 것을 제외하고는 후보자가 조달하여 부담하지 않으면 안 된다. 공직선거법은 후보자의 자금력에 의하여 선거결과가 좌우되지 않도록 하고 선거의 공정성을 도모하기 위하여 선거운동에 관한 지출의 최고한도액(법정선거비용)을 정하고 있다.

이와 같이 선거비용에 대한 제한이 엄격하다 보니 각 국에서는 선거운동에 선거비용이 들지 않는 자원봉사자들을 많이 활용하고 있다. 자원봉사자들은 특정후보자의 선거운동을 도울 뿐만 아니라, 선거관리기관의 선거사무, 예컨대 선거인명부 작성, 후보자 등록, 선전벽보의 부착, 불법행위감시 등도 광범위하게 돕는 경우가 많다.

(2) 선거비용의 제한

① 선거비용의 수입 · 지출

선거비용의 수입은 정당(시 · 도 비례대표의원 선거의 경우) 또는 후보자의 선거운동 목적의 자산(차입금 포함)과 후원회가 기부한 금품 및 소속 정당의 지원금에 한하고, 지출은 공직선거법이 정하는 방법에 의하여 하지 않으면 안 된다(동법 제119조).

선거비용의 수입과 지출은 원칙적으로 정당 또는 후보자가 선임 · 신고한 회계책임자가 금융기관에 개설 · 신고한 예금계좌를 통해서만 이를 할 수 있다.

회계책임자는 회계장부를 비치 · 기재하고, 증빙서류를 구비하여, 선거일 후 20일까지 비용을 정산 · 마감하여, 선거일 후 30일까지 관할 선거관리위원회에 보고서를 제출하여야 한다.

선거법에서는 선거비용의 한계를 명시하고 있다. 선거에 출마하는 후보자의 선거별로 구분하여 지방선거의 선거비용 한계를 명시하고 있다. 즉, 우리나라에서 선거비용 제한액은 중앙선거관리위원회가 정하는 산정방법에 따라, 선거구 선거관리위원회가 선거별로 선거운동방법에 소요되는 비용 등을 감안하여 선거기간 개시일 10일 전까지 산정하여 공고한다(공직선거법 제121조, 제122조 참조).

② 자료제출요구

수입 · 지출 보고서를 받은 관할 선거관리위원회 및 그 상급 선거관리위원회는 이를 일정기간 관계자에게 열람시키고, 필요하다고 인정되는 때에는 회계장부 기타 증빙서류를 검사하거나 정당 · 후보자 · 회계책임자 또는 선거비용지출 이해관계자 기타 관계인에 대하여 보고 · 자료 제출을 요구할 수 있고 조사할 수 있다.

3) 선거에 관한 쟁송

(1) 이의제기와 시정

선거에 관하여는 일정한 행위에 의하여 권리를 침해당한 당사자와 일반선거인이 선거인명부나 선거의 효력여부에 관하여 다툴 수 있다. 이를 선거쟁송이라고 한다.

구 · 시 · 군의 장은 선거인명부를 작성하여 이를 일정기간 선거권자에게 열람 또는 공람할 수 있도록 하여야 한다. 이때에 선거권자는 누구든지 선거인명부에 누락 또는 착오가 있거나 자격 없는 자가 등재되어 있다고 인정되는 경우에는 그 열람기간 내에 구술 또는 서면으로 그 작성기관에 이의를 제기할 수 있다(동법 제41조).

위의 이의에 대한 명부작성기관의 결정에 대하여 불법이 있는 이의신청인은 그 통지를 받은 다음날까지 관할 시 · 군 · 구 선거관리위원회에 불복신청을 할 수 있다(동법 제42조). 이러한 불복신청을 받은 선거관리위원회는 그 다음날까지 이를 심사 · 결정하여야 한다.

우리나라에 있어서 그러한 다툼은 ㉠ 선거인명부에 관한 것과, ㉡ 선거 또는 선거의 효력에 관한 것의 두 가지가 있다.

선거에 관한 다툼은 보통의 쟁송의 경우와는 달리 일정한 행위에 의하여 자신의 권리를 침해당한 당사자에 한하지 않고 널리 선거인에게도 이의제기의 권리가 부여되어 있는 것이 특징이다. 말하자면 민중쟁송인 것이다.

(2) 선거쟁송과 당선쟁송

선거에 관한 쟁송에는 선거쟁송과 당선쟁송이 있다.

선거쟁송이란 선거의 절차에 하자가 있음을 이유로 선거의 전부 또는 일부의 효력을 다투는 쟁송을 말한다. 이에 비하여 당선쟁송이란 당선인의 결정에 하자가 있음을 이유로 그 당선인 결정의 효력을 다투는 쟁송을 말한다. 선거쟁송이 선거(의 전부 또는 일부) 자체의 효력을 다투는 것인 데 비하여, 당선쟁송은 그 선거 자체의 유효 여부는 별개로 하고 당선인 결정의 효력을 다투는 것에 차이가 있다. 선거 자체가 무효로 되면 선거의 전부 또는 일부의 재선거 또는 재투표가 실시되어야 하는 데 비하여, 당선인 결정이 무효로 되면 새로운 당선인만 결정하면 되는 것이다.

그러나 당선쟁송에 있어서 그 심리기관은 선거의 유효 여부가 당선쟁송의 존부의 전제가 되므로 이를 함께 심리하지 않을 수 없을 것이다.[14)]

선거쟁송과 당선쟁송은 각각 다음과 같이 소청과 소송의 두 가지 절차를 밟게 된다.

① 소청

선거의 효력에 관하여 이의가 있는 선거인, 정당 또는 후보자는 선거일부터 14일 이내에 해당 선거구 선거관리위원회 위원장을 피소청인으로 하여, 기초자치단체 선거에 있어서는 시 · 도 선거관리위원회에 시 · 도선거에 있어서는 중앙선거관리위원회에 소청할 수 있다(공직선거법 제219조 ①항).

당선의 효력에 관하여 이의가 있는 정당 또는 후보자는 당선인 결정일로부터 14일 이내에, 등록무효나 피선거권상실 등을 이유로 할 때에는 당선인을, 당선인 결정의 규정위반을 이유로 할 때에는 선거구 선거관리위원회 위원장을 피소청인으로 하여, 기초자치단체 선거에 있어서는 시 · 도선거관리위원회에, 시 · 도선거에 있어서는 중앙선거관리위원회에 소청할 수 있다(동법 제219조 ②항).

위의 소청을 접수한 선거관리위원회는 60일 이내에 그 소청에 대한 결정을 하여야 한다

14) 일본에서는 당선쟁송의 판결에 있어서 그 사안이 선거무효에 해당할 때에는 그 선거의 전부 또는 일부 무효판결을 할 수 있다고 규정하고 있다(일본 공직선거법 제209조).

(동법 제220조). 이 소청에 관하여는 행정심판법을 준용한다(동법 제221조).

② 소송

선거의 효력에 관한 소청의 결정에 불복이 있는 소청인 또는 피소청인은 선거구 선거관리위원회 위원장을 피고로 하여, 그 결정서를 받은 날로부터 10일 이내에, 시 · 도지사 선거에서는 대법원에, 기타 선거에서는 고등법원에 소를 제기할 수 있다(동법 제222조).

당선의 효력에 관한 소청의 결정에 불복이 있는 소청인 또는 당선인인 피소청인은 당선인(선관위원장이 피소청인인 때에는 선관위원장을 말함)을 피고로 하여, 그 결정서를 받은 날로부터 10일 이내에 시 · 도지사 선거에 있어서는 대법원에, 기타 선거에 있어서는 고등법원에 소를 제기할 수 있다(동법 제223조).

13.3 지방선거와 정당참여

1 정당참여의 의의

1) 정당참여의 의미

선거에서 후보자를 추천하고, 선거인의 지지를 호소하며, 투표 · 개표 과정을 참관하고, 선거쟁송을 전개하는 등은 정당의 중요한 활동이다. 오늘날의 민주정치에 있어서는 정당이 수행하는 기능의 비중이 매우 확대되고 강화되었다(최창호, 2009:366). 그러나 지방선거에 정당참여를 인정할 것인가의 여부에 대해서는 견해가 다양하다.

선거에 있어서 정당제도와 불가분의 관계를 가지는 제도로는 대표제, 선거구제, 투표제, 입후보와 선거운동을 들 수 있다. 또한 정당의 지방선거 및 지방자치 운용에의 참여는 현실적으로 정당공천제, 정당표방제, 당적보유제 등을 통하여 이루어지게 된다.

2) 정당참여의 유형과 외국제도

각국의 제도를 크게 지방선거에 정당의 참여를 보장하는 유형과, 이를 배제하는 유형으로 나눌 수 있다.

(1) 참여 보장형

후보자의 정당공천 및 정당표방을 허용하는 유형과, 더 나아가서 그것을 필수요건으로 하는 유형이 있다. 전자가 일반적이며 영국, 독일, 프랑스, 스위스, 스웨덴, 일본, 대만 등에서 찾아볼 수 있다.

즉, 미국에서는 선거에 정당참여의 여부는 해당 지방자치단체에서 스스로 결정하도록 하고 있는데, 일반적인 추세는 약 3분의 2 정도가 정당참여를 배제하고 있다.

영국은 지방선거에 정당참여를 폭넓게 인정하고 있다. 여론조사에 의하면 영국 국민의 52%는 지방선거에 정당참여를 반대하고 있고, 34%만이 선호하고 있으며, 나머지는 무응답이다. 프랑스에서는 지방선거에 후보자의 결격사유만을 규정하고, 정당공천이나 정당표방 또는 정당가입에 관한 금지규정을 두지 않음으로써 묵시적으로 정당참여를 인정하고 있다.

스웨덴 · 덴마크 · 네덜란드 · 이탈리아 · 스페인 등 이들 대부분의 유럽 국가들에 있어서는 지방선거에 비례대표제를 채택하고 있어, 정당참여가 활발히 이루어지고 있다.

대만에서는 지방선거에 대한 정당참여 규정을 찾을 수 없다. 관계 학자들 사이에서 찬 · 반 논란이 지속되어 오고 있으나, 이 명문규정의 부재로 인하여 각 정당은 공개적으로 후보자를 추천하고 지방선거에 관여하고 있다.

일본은 선거법에서 지방선거에 정당이 정치활동을 할 수 있도록 하고 있고, 정당인이 출마할 경우, 정당표시를 원칙으로 하고 있다. 그러나 이러한 정당참여 보장에도 불구하고 일본의 지방선거에서 정당 활동은 활발하지 못한 편이다.

(2) 참여 배제형

지방선거에 정당공천 및 정당표방을 금지하는 유형과, 거기에 그치지 않고 의회의원의 당적보유까지도 금지하는 유형이 있다. 전자는 미국의 약 3분의 2의 시정부에서 그 예를 찾아볼 수 있고, 후자는 태국, 말레이시아 등 몇몇 나라에서만 그 예를 볼 수 있다.

3) 우리나라의 정당참여

우리나라에 있어 현행법상 정당이 선거에 관여할 수 있는 범위는 다음과 같다.

① 후보자추천 : 정당은 모든 지방선거에 후보자를 추천(공천)할 수 있으며(공직선거법 제47조), 의회의 비례대표후보자 명부를 제출하여 등록신청을 할 수 있다(제49조 ②항).

② 선거운동 : 정당은 정당연설회를 개최하고(제77조), 정강 · 정책을 신문 · 인터넷에 광

고하고, 홍보물을 배부하고, 방송연설을 할 수 있다(제69조~제71조).

③ 정당투표 : 의회의원 비례대표 선거에서 비례대표를 추천한 정당에 대한 투표제가 채택되었으며, 그 득표율에 의해 의회의석이 배분된다(제146조 ②항, 제190조 ④~⑥항).

④ 기타 활동 : 선거인명부작성 입회(제39조 ⑥항), 투표용지관리 입회(제157조 ②항), 투 · 개표 참관(제161조, 제162조, 제180조), 선거쟁송(제219조~제223조)을 할 수 있다.

2 정당참여의 찬 · 반론

1) 정당참여 찬성론

(1) 주민의사의 집결과 조직화

복잡화 · 이질화된 현대사회에서 지방의 정책을 결정함에 있어서는 주민 각 계층의 의사를 골고루 수렴하고, 이를 정책에 반영시키기 위하여 어떤 중개적 기구를 필요로 하는데, 이러한 기구가 정당이라 할 수 있다. 즉, 정당이 주민의사 반영의 통로역할을 하는 것이다.

첫째로, 정당은 국민 의사를 수렴하여 이를 조직화함을 그 본래의 기능으로 하므로, 지방선거에서 소속 후보자를 내세워 주민의사를 수렴하고 조직화하는 데 크게 기여할 수 있다.

둘째로, 정당이 지방선거에 참여하여 그 대표자를 지방의회의 의원 또는 자치단체의 장으로 보냄으로써 민의반영의 중요한 중개기구의 역할을 할 수 있는 것이다.

(2) 정치교육

정당의 선거참여가 정치교육을 신장시키게 하는 역할은 두 가지로 나누어 설명할 수 있다.

첫째는, 정당인에 대한 정치교육이다. 지방선거에 정당인이 참여함으로써, 민의의 진정한 소재를 파악할 수 있고, 또 이를 토대로 주민이 공감하는 정책을 개발할 수 있으며, 선거과정에서 정치인으로서 갖추어야 할 소양과 행태에 대한 경험을 체득할 수 있다. 그리고 주민에 대한 설득기능과 여론형성에 대한 창도기능을 터득할 수 있다.

둘째는, 주민에 대한 정치교육이다. 정당이 지역사회에 뿌리를 내리기 위해서는 주민에 대한 적극적인 홍보활동이 요구되는데 주민은 정당인과의 접촉을 통해서 정치에 대한 많은 식견을 넓힐 수 있고 지역발전과 주민복리증진에 대한 정책대안 등도 토의할 수 있는 기회를 갖는다.

(3) 주민의 권익보호

사회가 고도로 이질화되고 사회체제의 구조적 분화(Structural Differentiation)가 진행됨에 따라 주민들은 그들의 권익을 옹호 또는 주장하기 위하여 처음의 개별화적 경향에서 점차로 단결적 경향으로 달라지게 된다. 따라서 지방자치에 있어 개인에 대신하여 일정한 조직 또는 결사가 전면에 등장하게 되는데 정당이 바로 그것을 의미한다.

지방의회가 어떤 강자에 종속하게 되면 이를 견제할 힘은 정당밖에 없다. 정당은 전국적 조직망과 막강한 정치적 힘이 집결되어 있는 집단이므로 부당한 처사에 대해서도 과감하게 대응해 나갈 수가 있다.

(4) 소수집단의 대변자

주민참여를 기본요건으로 하는 민주정치는 사회적 · 경제적으로 소외된 계층의 목소리를 수렴하지 않는다는 비난을 받고 있다. 이들의 목소리를 가장 진지하게 귀담아 듣는 집단은 정당으로 알려져 있다. 정당은 모든 계층의 지지를 필요로 하는 집단이므로 소외된 자들의 권익을 위해서 투쟁하게 되는 것이다.

(5) 국정에 대한 지방이익의 대변

정당이 지방자치에 참여하면 그 정당소속의 단체장이나 의회는 중앙당의 힘을 빌려 중앙정부에 그 지역의 이익을 강력하게 요구할 수 있다. 정당은 국민전체의 이익을 목적으로 하는데 비해 지방의원의 정당화는 그 지방의 이익을 위해 노력하게 되므로 지방주민의 여론이 국정에 반영되기 쉽다는 것이다. 예컨대, 지하철건설이나 환경대책 등의 대규모 사업에 중앙정부의 지원을 얻는데 중앙당은 효과적인 역할을 할 수가 있다.

(6) 책임행정 실현

지방정치에 정당이 개입하면 정당의 명예를 위해서도 지역사회발전에 크게 기여하고자 노력한다. 그러함으로써 그들 정당이 주민의 존경을 받고 지역사회에 뿌리를 내릴 수 있기 때문이다. 지방자치단체의 자치가 민주발전에 도움이 되기 위해서는 무엇보다도 지방선거가 정당표시를 통한 책임행정과 정치를 구현하는 장치가 되어야 한다는 것이다.

(7) 후보자 선택 및 선거관리의 간편화

지방선거에서 후보자선택이 어려운 경우가 많다. 이와 같은 어려움은 후보자들의 배경과 정치적 성향에 대한 정보가 미비하기 때문이다. 4대 지방선거를 동시에 치루는 경우 선거권자의 입장에서 본다면 입후보자를 정확하게 차별화한다는 것이 사실상 불가능할 것이며 주민이 입후보자를 잘 모르고서 투표를 한다는 것은 추첨과 별로 다름이 없다.

첫째로, 다수의 후보자가 난립하는 지방선거에 정당이 후보자를 공천하여 정당표방을 하게 함으로써 선거인들이 보다 쉽게 후보자를 선택할 수 있게 된다.

둘째로, 지방선거에 정당이 후보자를 공천할 때에는 그 후보자 사이의 기호순위결정, 선거운동감독, 투표관리, 개표관리 등 선거관리기관의 선거관리가 보다 간편하게 된다.

2) 정당참여 반대론

(1) 지방정치의 중앙예속화로 분권의 약화

정당은 전국적 조직망을 가지고 중앙과두제에 의하여 운영되므로 중앙당의 지시에 의하여 자치행정이 좌우됨으로써 제도상의 분권이 사실상의 정당지배에 의하여 저해되기 쉬운 것이다(김도창, 1972:125-126). 특히, 집권하고 있는 정당이 자기당 소속의 단체장이나 의회의원을 조정한다면 순수한 의미의 주민자치이념은 상실되고 만다. 이와 반대로 야당이 지방정치를 조정하여 그 정당의 이익을 앞세우면 지방자치의 순수성은 또 다시 상처를 받게 된다. 그리고 정당의 정권교체시기에 중앙정국의 혼란이 지방에까지 파급되어 지방의 분권적 독자성을 저해시킨다.

(2) 자치행정의 저해

지방선거에 정당이 개입하면 중립적이고 서비스적이어야 할 자치행정의 저해를 가져온다.

첫째로, 자치행정은 지방의 고유사무를 중앙정부로부터 독립하여 자주적으로 처리하는 것으로서 정치적인 중립성을 요구하는 것인데, 지방선거에 정당이 개입함으로써 자치행정의 정당화가 초래되어 그 중립화가 붕괴된다.

둘째로, 자치행정은 주민에 대한 서비스의 제공을 주 내용으로 하는 것이므로 정당이 배제됨으로써 더 본래의 기능이 효율적으로 수행될 수 있는 것인데(한국지방행정연구원, 1986:414), 지방선거에 정당이 개입함으로써 자치행정의 불안정화가 초래되기 쉽다.

(3) 지방무대에서의 선거과열 및 당쟁격화

지방선거에 정당을 개입하면 선거가 과열되고 정당간의 대립이 격화될 우려가 있다는 점이다. 우리나라에서 1991년, 1995년 및 1998년에 각각 실시된 지방선거의 분위기가 매우 과열되었고, 여 · 야당 후보자간의 대립이 극심했던 것이 그 예이다.

(4) 지역인사의 이탈

지방선거에 정당이 참여하여 선거전이 가열되고 질서가 파괴되면 뜻있는 지방의 인사들이 지방정치를 외면하게 된다. 즉, 이와 같은 정쟁의 격화는 당해 지역의 실정에 정통하고 그 지역을 위해서 봉사하고자 하는 성실한 지역지도자의 진출을 제약시킨다.

(5) 후보자 공천과정의 부정부패

지방자치의 본질은 주민들이 대표자를 뽑아 지역문제를 스스로 결정하여 나가는 것인 만큼 지방의원들은 누구보다도 그 지역의 사정을 잘 알고 있을 뿐만 아니라 주민들의 존경을 받는 인물이 공천을 받아야 하는 것이 원칙이다. 그러나 정당이 지방선거에 관여하게 되면 정당공천제 하에서는 정당의 공천과정을 둘러싸고 부정부패가 확산될 수 있다는 것이다(최봉기, 2009:427).

제14장

지방자치의 발전방향

14.1 지방자치환경의 변화와 방향

1 자치행정과 세계화

1) 세계화의 의의

21세기에 접어든 오늘날의 사회는 세계화라는 커다란 변화의 흐름 속에 놓여 있다. 국경을 초월한 경제활동의 광역적 전개가 급격히 진행되고 있으며, 첨단기술과 교통 · 통신의 급속한 발달은 세계를 하나의 지구촌으로 축소시키는 동시에 국경이나 국적, 국명 등이 의미를 잃어갈 뿐 아니라 인적 · 물적 교류와 정보의 교환이 활발해지면서 국가간에 상호 의존 및 상호 침투가 큰 폭으로 늘어가고 있다. 즉, 민족국가(Nation-State)라는 단위가 해체되면서 기업이나 지역사회와 같은 작은 '단위체'들이 국경을 초월하여 세계 무대에 진출하는 힘의 재편 과정이 전개되고 있으며, 자본과 상품의 이동, 정보와 지식의 국내와 국제간 이동에서 그 차이가 없어지고 있다(김진현, 1995:17).

이러한 세계화의 물결은 국가 이익을 최우선시하는 무한경쟁체제로 이어지면서 세계화의 실현은 국가경쟁력의 제고를 위한 척도가 되게 되었다. 뿐만 아니라 국제적 경쟁력을 확보하기 위하여 국가간의 연대도 활발하게 이루어지게 되었다. OECD, OPEC, EC, NAFTA, APEC 등의 출현과 WTO체제 출범 이후 무한경쟁체제에 대비한 새로운 국제질서가 재편되기에 이르렀다.

이러한 세계화 과정 속에서 나타나고 있는 역설적인 현상은 지방의 중요성이 더욱 부각되고 있다는 점이다. 기존의 체제는 국가 중심적 발전을 도모하는 것이 주된 입장이었으나, 지방의 독특한 특성을 배경으로 지방이 세계로 연결되어 국가 내의 지방 단위적 발전이 궁극적으로는 국가 발전과 연계되는 양상을 보여주고 있다(정재화, 2006:305).

2) 세계화의 방향

세계화는 국가경쟁력을 강화하기 위한 시대적 요청이며, 21세기 국제사회의 거스를 수 없는 물결이라고 한다면 어떻게 대처하여야 하는가가 중요한 화두가 아닐 수 없다.

지방자치행정과 관련하여 국가경쟁력을 제고하기 위하여, 지금까지의 틀 국가나 중앙정부가 모든 것을 결정하고 지방은 단순히 사무를 집행하는 구조 속에서는 지방의 창의적인 경쟁력을 강화할 수 없다는 것을 자각하게 되었다.

따라서 이를 극복하기 위해서는 지방에 그 특성에 맞는 자율성을 부여하고 창조적 정책입안 및 실시권을 부여함으로써 지방 간의 경쟁을 유발할 필요가 있으며, 이를 통해 국가하부구조를 건실화하는 것이 세계화 시대의 새로운 패러다임이라 할 수 있다. 특히 경제활동과 경제권에서의 중심 집단이 다양화되면서 새롭게 형성되는 권력 균형에 적응하기 위해 각국은 정부조직의 개편을 도모하고 있고, 지방정부는 이러한 추세에서 그 중요성이 부각되고 있다(안용식 외, 2006:686).

지방의 세계화는 두 가지 구체적인 과제를 안고 있다. 첫째는 각 지방정부가 지역사회의 제도와 관행을 국제적 기준에 맞게 정비해 나가는 것이며, 둘째는 지방정부가 추진 주체가 되어 지역의 개성을 창출하고 지역경제의 대외개방과 국제적 노출의 기회를 활용하여 국제교류를 활성화하고 지역에 있는 기업의 국제 경쟁력을 향상시킴으로써 지역경제의 발전과 주민의 복지를 증진시키는 것이다(한국개발연구원, 1994:9). 이러한 관점에서 지방의 세계화는 지방자치단체가 주체가 되어 다른 국가 또는 다른 자치단체와 물자, 인력, 정보 및 이미지의 상호 교환을 통하여 국제적 환경 변화에 능동적으로 대처할 수 있는 개방된 시민의식을 함양하고, 이를 바탕으로 지역경제 강화 및 지역경제 활성화를 도모하고자 하는 활동으로 정의된다(한국지방행정연구원, 1996:3). 이러한 구체적인 과제를 실현하기 위해서는 일차적으로 외국과의 교류에서 경쟁력을 가지기 위하여 관련 행정 분야의 선진화를 도모하여야 한다.

2 자치행정의 정보화

1) 정보화의 의의

역사적으로 산업혁명이 새로운 시대의 큰 흐름을 바꾸어 놓은 것처럼 21세기의 현대사회는 정보혁명이 새로운 흐름을 주도할 것으로 전망된다. 정보통신기술의 급속한 발전은 행정 운영방식의 변화를 이끌고 있으며 행정기관만이 정책판단을 독점할 수 있는 것으로 보았던 관점을 변화시킴으로써 정책결정의 절차와 참여의 폭에 대한 시각을 새롭게 하고 있다.

이러한 시대적 흐름의 주요한 내용을 보면, 먼저 정보화는 국가와 국가, 중앙과 지방의 구분을 필요로 하지 않는 네트워크형의 무한경쟁 시대를 초래한다.[1] 따라서 각 지방정부는 지역 단위의 정보화를 적극 추진하여 지역사회의 산업체 · 공공기관 · 가정 · 개인이 필요한 정보를 용이하게 활용할 수 있게 하여야 할 뿐만 아니라, 전국적인 정보망 및 해외 정보망과의 연계를 통하여 정보의 유통을 촉진시켜야 할 것이다. 특히 정보통신 기술의 활용은 어떤 사람 혹은 조직이 지방에 위치하기 때문에 발생하는 추가적인 거래비용을 줄일 수 있게 함으로써 인구와 자본의 지방분산을 촉진시킬 수 있다(정재화, 2006:307).

다음으로 산업사회에서는 순차적 업무 처리, 계층적 분화가 생산성 향상에 기여해 왔지만, 정보화 사회로 가면 계층적 구조를 최대한 줄이고 각 업무의 기능별 단위도 정보 시스템을 이용해 통시적, 통합적으로 처리해야 시장의 변화에 민첩하게 대응할 수 있다. 또한 정보화 사회가 진전되면서 사회권력의 분화와 함께 권력기관으로서의 국가의 독점적 지위가 약화되면서 서비스를 제공하는 데에 정부가 민간기업이나 사회단체와 경합해 나가야 한다. 즉 사회체제 내에서 국가의 독점적 지위가 약화되면서 그 동안 국가에서 수행해 왔던 여러 역할들이 초국가적 국제기구, 지역공동체, 지방정부, 비영리 사회단체, 민간기업, 개인 등에게 재배분되고 조정되는 과정을 거치게 된다.

마지막으로 정보화는 행정 서비스 기능을 향상시키며 행정비용을 줄일 수 있을 뿐만 아니라 지역주민의 생활을 실질적으로 변화시킬 수 있다. 일례로 일본의 353개 지방정부를 대상으로 정보화가 지역주민의 생활에 미친 영향에 대한 조사에서 다수의 지방정부와 주민들이 교통정보, 주차장 관리, 민원행정, 도서관 사용, 병원 이용, 농수산물 거래 등의 분야에서 정

1) 21세기부터 본격적으로 상용화될 새로운 통신서비스인 플림스(Future Public Land Mobile Telecommunic-ation System)는 각 개인의 전화기마다 주민등록 번호처럼 고유 번호가 부여되고 이용자는 지구의 저궤도에 배치된 위성을 통해 전세계 어느 곳이든 마음껏 유 · 무선 통화를 할 수 있는 미래 공중 육상 이동통신이다.

보화의 결과가 지역주민에게 상당히 긍정적인 영향을 미친 것으로 평가되고 있다(한국전자통신연구소, 1995:12-27).

2) 정보화의 방향

정보화가 미치는 영향에 대하여 분권적 측면과 집권적 측면의 전망이 교차하고 있다. 정보화에 따른 정보교환 및 확산효과에 주목하여 정보화가 분권의 촉진제 역할을 할 것이라는 견해와 정보화에 따른 정보의 집중, 통솔범위의 확장, 정보독점 등의 효과와 관련하여 정보화가 집권의 촉진제 역할을 할 것이라는 견해가 모두 설득력을 갖고 있다.

정책과정에 대한 정보의 부재는 시민참여를 제약하는 주요요인으로서 지적되어 왔는바(Dornan, 1977), 정보화에 따라 정보의 축적 및 확산이 이루어지게 되면 획득된 공공문제에 관한 지식에 기초하여 참여요구가 증대될 것으로 예상된다. 아울러 통신기술의 발달로 정부와 시민 간의 거리가 단축됨에 따라 원격민주주의의 가능성이 높아지면서 시민으로부터의 참여요구가 증대될 가능성도 있다. 정보의 축적 및 확산가능성에도 불구하고 실제로는 정보의 집중 및 독점이 이루어진다면, 정보의 확산이 차단되고 때로는 조작됨으로써 정보화가 오히려 참여를 더욱 위축시킬 가능성도 있다(정재화, 2006:308).

정보화사회에서 정보 그 자체는 중요한 권력자원이다. 따라서 정보가 확산되느냐 집중되느냐에 따라 정부의 지배집단에 대한 중립성이 중대한 영향을 받게 될 것이다. 먼저 정보확산이 이루어질 경우, 공개된 정보에 기초하여 정부의 지배집단에 대한 편파적 대응이 통제받게 될 수 있을 것이다. 아울러 시민사회로부터 지배집단에 대한 직접적 통제도 이루어지게 될 것이므로 정보화는 중립확보에 긍정적인 기능을 하게 될 것이다. 그러나 정보의 집중 및 독점이 이루어지는 경우, 그와 같은 효과는 기대하기 어렵게 될 것이다. 특히 정보화기반이 취약한 지방정부는 기업 등 지배집단의 정보능력에 비하여 상대적으로 취약한 입장에 있을 가능성이 있으며 그만큼 지배집단에 대한 중립적 대응이 어렵게 될 것이다. 또한 정보의 독점상황하에서는 지방정부의 편파적 대응에 대한 시민사회로부터의 통제가 이루어지기도 어렵게 될 것이다. 평가하건대, 우리의 경우 행정문화가 권위적이고, 지방정부의 정보화기반이 미흡하며, 집권적 정보화경향이 강하기 때문에 후자의 가능성이 상대적으로 클 것으로 판단된다(이승종, 2005:13-14).

3 지방자치의 경영화

1) 자치경영화의 의의

지방자치시대에 주민에게 제공되는 지방행정서비스의 수준을 발전적으로 향상시키기 위해서는 전통적인 관료행정 방식으로는 한계가 있음을 인식하고 민간기업의 경영기법과 경영마인드를 자치행정에 도입하여 자치행정의 문제해결 능력을 획기적으로 진작하는데 자치경영화의 목적이 있다.

국내외적으로 치열한 무한경쟁시대에 경쟁력을 키우기 위해서는 자치행정에 기업의 경영적 정신과 기법을 도입하여 수지의 균형을 도모하면서 공공서비스를 향상시키지 않으면 안 되는 것이 현실적 요구라고 하겠다.

이러한 지방자치 경영화에는 크게 두 가지의 다른 의미가 포함되어 있다고 하겠는데, 그 하나는 내부경영이고 다른 하나는 외부경영이다. 전자는 지방자치단체 내부의 조직과 행·재정을 혁신하여 행정관리의 효율화를 도모하는 것을 말하고, 후자는 지방재정의 한계를 극복하고 공공서비스 공급의 최대화를 도모하는 것을 말한다. 이 두 가지는 서로가 긴밀히 결합되어 있으며, 모두가 지방자치 경영화의 기본 내용이 되는 것이다.

지방자치 경영화의 추진에 있어서 그 중점은 두 가지에 두고 있다. 그 하나는 비용을 절약하면서 최대의 효과를 가져오는 것이고, 다른 하나는 수익을 증대하여 서비스를 향상하는 것이다. 전자를 행정관리의 혁신이라고 한다면, 후자를 기업성의 강화라고 할 수 있다. 전자에 있어서 중요한 것은 내부 행정관리의 혁신을 위한 '민간경영기법의 도입'이고, 후자에 있어서 중요한 것은 기업성 증대를 위한 '경영사업의 활성화'이다. 이와 같은 두 측면의 중점이 결합될 때에 지방자치의 경영화가 제대로 이루어질 수 있는 것이다(최창호, 2010:257).

2) 자치경영화의 방향

지방정부의 행정쇄신을 위하여는 여러 가지의 방안이 강구되어야 하겠지만 무엇보다도 중요한 것은 민간기업의 경영원리를 행정에 도입하는 것이 필요하다. 하지만 민간부문에서 발달한 경영기법을 그대로 자치행정 부문에 도입하기 어려운 측면도 없지 않다. 그러나 가능한 범위 내에서 자치행정에 유용한 민간경영기법을 적극 도입·활용함으로써 주민이 원하는 행정서비스를 제공하도록 노력해야 할 것이다.

자치행정의 당면과제인 재정한계의 타개와 공공서비스의 향상을 위해 무엇보다 중요한 것은 경영사업의 활성화이다. 경영사업의 활성화 방안으로 여러 가지가 있을 수 있지만, 그 가운데 중요한 것으로는 수익자부담원칙의 확대, 경영수익사업의 적극화, 지방공기업의 적정화, 제3섹터 방식의 활용 등을 통한 다원적인 재원확충을 들 수 있다(최창호, 2010: 259-261).

(1) 수익자부담원칙의 확대

수익자부담(User Charge)이란 지방자치단체가 제공하는 재화나 용역의 수혜자가 그 재화나 용역의 대가로서 부담하는 것을 말하는 바, 이에는 분담금, 사용료, 수수료, 공공요금 등이 포함된다.

우리나라에 있어서 공공서비스에 대한 대가는 지나치게 저렴하기 때문에 공공재정에 적자가 초래되고 재원 및 소득의 합리적 배분이 저해되고 있다. 따라서 공공서비스의 성격에 따라 수익자부담의 원칙을 강화하여 수익과 대가를 합리적으로 대응시킬 필요가 있다. 그렇게 함으로써 주민이 필요로 하는 재화나 용역을 확대할 수 있고, 수익을 공평하게 배분하는 사회적 형평성도 높일 수 있게 된다.

(2) 경영수익사업의 적극화

경영수익사업이란 학문적으로나 실정법적으로 정립된 개념이 아니라 지방자치단체가 취약한 재정을 타개하기 위해 수입을 증대할 목적으로 사업을 추진하는 과정에서 형성된 것이다. 주로 토지개발 · 이용, 관광유원지개발, 건설자재공급, 재산관리 분야에서 수익사업의 경영이 이루어지고 있다.

경영수익사업은 순공공재보다는 민간재적 성격이 큰 상품을 시장원리에 의하여 공급하는 사업으로서, 상품의 질에 있어서나 가격에 있어서 민간기업과 경쟁하지 않을 수 없기 때문에 이에는 기업의 원리가 그대로 적용된다.

반면에 지방자치단체의 이러한 경영수익사업은 민간경제분야를 침해할 우려가 많기 때문에, 자치단체의 수입증대와 공익증진을 동시에 고려하여 사경제를 침해하지 아니하는 범위 내에서 지역의 부존자원을 생산적으로 활용하는 방향으로 전개되어야 한다.

(3) 지방공기업의 적정화

지방공기업은 공공성과 기업성을 조화시켜 공공의 복지를 증진시키고자 하는 데 그 목적을 두고 있는데, 이에는 직접경영 방식과 간접경영 방식이 있다.

직접경영 방식에서는 그 조직 · 인사의 개선을 통해 경영체제를 정비하고, 자율적 책임경영제, 경영성과에 따른 인센티브 부여 등을 필요로 한다.

간접경영 방식에서는 서비스의 안정적 공급, 노조문제의 원만성, 적절한 통제, 경영책임의 확보 등을 중요한 과제로 하고 있다.

(4) 제3섹터 방식의 활용

제3섹터란 공공부문(제1섹터)과 민간부문(제2섹터)의 혼합부문으로서, 말하자면 민 · 관 합동 부문으로 일찍이 미국과 일본에서 발달한 방식으로서 공공부문에 민간의 능력을 도입하고, 민간부문에 공적지원을 부여하여 공공부문과 민간부문을 모두 활성화하는 방법으로 발달한 것이다. 공공행정에 이 방식을 활성화함으로써 민간의 자금과 기법을 도입하여 수익성을 높이고 비능률과 관료주의의 폐해를 극복할 수 있는 것이다.

이 방식은 특히 공영개발, 지역특산물 개발, 관광 · 리조트개발 등의 사업에 활용될 수 있을 것이다.

14.2 지방자치의 발전과제

지방자치의 발전과제는 전술한 발전방향에서 제시한 내용을 중심으로 그것을 달성하기 위한 구체적인 방안이 제시되어야 하겠다. 즉, 중앙중심적 논리에서 벗어나 지방중심적 논리로의 전환을 위하여 지방자치(행정)에 있어서 분권화를 달성해야 하며, 관(官)중심의 사고(思考)에서 벗어나 주민이 주인이 되는 시대가 되기 위하여 주민자치의 실현이 필요하고, 무한경쟁시대의 경쟁력 증진을 위해 경영체제를 도입해야 하며, 낭비 없는 지방행정을 실현하기 위하여 능률화의 노력이 필요한 것이다.

1 분권화의 달성

중앙정부에서 지방의 정책을 재단하던 중앙중심적인 틀에서 벗어나 지방이 중심이 되어,

주민의 요구를 기초로 지역발전 및 주민복리의 증진을 위한 정책을 수립하고 적극적으로 추진하는 분권화된 지방자치행정이 정착되어야 한다. 그러기 위해서는 자치단체의 권능을 강화해야 함은 물론 자치단체가 보유하고 있는 힘과 능력을 키우지 않으면 안된다.

1) 지방자치단체 권능의 강화

(1) 자치권의 확대

자치권(Right of Autonomy)은 지방자치단체가 법인격을 가진 통치단체로서 그 지역과 주민을 지배하고 소관사무를 자기의 책임아래 처리할 수 있는 권한을 말하며 자치입법권, 자치조직권, 자치행정권, 자치재정권으로 나눌 수 있다. 지방자치(행정)가 발전하기 위해서는 이러한 네가지의 권한이 획기적으로 강화되어야 하는 바, 구체적인 내용을 보면 다음과 같다(부만근, 2000:500-501).

첫째, 자치입법권의 확대를 위해서는 '법령의 범위'내에서 조례를 제정할 수 있도록 한 지방자치법을 개정하여 '법령에 위배되지 않는 한' 조례를 제정할 수 있도록 하며, 법령에 근거가 없는 조례도 제정이 가능하도록 하여야 할 것이다. 또 주민의 권리제한이나 의무부과에 관한 내용은 법률에 위임규정이 없는 경우에도 조례에 규정할 수 있도록 하여야 하며, 현행 지방자치법상 기초자치단체의 조례가 광역자치단체의 조례나 규칙에 위반되어서는 안 된다는 규정도 기초의회의 자치입법권을 제약하는 요인이므로 개정되어야 할 것이다.

둘째, 자치조직권을 확대하기 위해서는 지방자치단체가 자기지역의 특성과 행정수요를 감안하여 행정기구, 정원, 사무분장 등을 조례, 또는 규칙을 통하여 자주적으로 정할 수 있도록 하여야 할 것이다.

셋째, 지방자치단체의 자치행정권을 확대하기 위해서는 사무배분에 있어서 국가의 존립에 필요한 사무, 전국적으로 통일을 요하는 사무, 전국규모의 사무, 전국적 기준통일이 필요한 사무, 고도의 기술을 요하는 사무 등은 국가사무로 하고 나머지는 자치단체의 사무로 하여야 한다. 한편 자치단체간의 사무배분에 있어서는 시 · 도는 기초자치단체에 비하여 능률성을 중시하는 단체이므로 광역행정사무, 보완 · 대행사무, 연락 · 조정사무, 지휘 · 감독사무의 수행에 중점을 두고 나머지 사무는 기초자치단체가 처리할 수 있게 하여야 한다. 이러한 점에서 중앙과 자치단체간의 사무를 재배분하여 자치사무를 확대하는 것이 필요하다.

넷째, 자치재정권을 확대하기 위해서는 자치단체가 사무처리에 필요한 재원을 조세권에 기초하여 자주적으로 징수하고 이 재원으로 자주적 입장에서 예산을 편성 · 집행할 수 있도록 하여야 한다. 뿐만 아니라 오늘날에는 지역경제의 취약성 때문에 지방재정권에 상당한 제약이 따르고 있는데 지방재정의 부족을 보전하면서도 자치단체의 자주성을 유지시키기 위해서는 일부 국세의 지방세이양 등 자체수입 확충을 위한 제도적 방안이 마련되어야 할 것이다.

(2) 기능의 재배분

지방자치단체의 사무범위와 종류로서 지방자치법에 6개 분야 57종이 규정되어 있으나(지방자치법 제9조), 그 내용이 명확하지 않을 뿐 아니라, 그동안 중앙정부에서 많은 사무를 지방자치단체에 이관해 왔으나 그 '이관'의 뜻이 불명확하여 지방의회의 관여, 소요경비 부담 등에 혼란이 야기되고 있는 실정이다. 그런 면에서 기능배분 작업의 지속적 추진과 함께 기능배분에 관한 제도의 개선이 필요하다.

첫째로, 사무범위의 개괄적 예시(지방자치법 제9조)는 불가피하다 하더라도, 자치사무와 (단체)위임사무를 구별하여 자치사무의 범위를 명확히 예시해 주어야 할 것이다.

둘째로, 광역자치단체와 기초자치단체간 사무배분을 좀더 분명히 하여야 하며, 그것을 시행령에서 규정할 것이 아니라 법률에서 규정하여야 한다.

셋째로, 각 개별법령의 사무관장에 관한 규정 표현방식을 통일하여 해당 사무의 처리주체를 명백히 하고, 그 개별 법령을 지방자치법상의 지방자치단체의 사무범위 규정에 맞추어 조정하여야 한다.

넷째로, 각 개별법률을 모두 검토하여 지방자치법에 반영하고 난 후에 지방자치법상의 지방자치단체의 사무범위 및 사무배분 규정에 대한 단서조항, 즉 "다른 법령(률)에 이와 다른 규정이 있을 때에는 그러하지 아니하다"(동법 제9조 ②항 및 동법시행령 제8조)를 삭제하는 것이 바람직하다 하겠다.

여섯째로, 지방분권촉진에 관한 특별법이 규정하고 있는 바대로 특별행정기관 정비, 지방재정제도 개선, 지방행정역량 강화, 감사제도 개선, 지방 행 · 재정 평가기준 확립, 국가와 지방의 협력체제 확립 등을 도모하여야 한다(최창호, 2009:247-8).

(3) 중앙통제의 개선

우리나라는 전통적으로 중앙집권적 경향이 강하여 중앙정부의 지방자치단체에 대한 감독 · 통제권이 엄격하다. 그런 이유로 지방자치단체의 자율권을 저해하고 지방자치의 발전에 부정적 영향을 미치고 있다. 따라서 지방행정을 자주적으로 수행하기 위해서는 강력한 중앙통제를 완화 · 개선하지 않으면 안 될 것이다.

개선의 방향은 중앙정부와 지방자치단체간의 대등한 관계를 전제로 한 분업체계가 정립되고 그러한 바탕위에 양자간의 긴밀한 협력관계가 이루어질 수 있는 것이어야 한다. 그런 면에서의 중앙통제 개선방안은 다음과 같다(부만근, 2000:502).

첫째, 기관위임사무와 단체위임사무를 구별하지 아니하고 중앙의 포괄적 지도 · 감독을 인정한 지방자치법 조항(제167조 ①항)은 이를 구별하는 방향으로 개정하여야 하며 지방자치단체장에 대한 중앙의 감독권도 위법한 행정행위의 경우에 한해서만 인정하도록 하여야 한다.

둘째, 권력적 통제인 승인 · 처분은 공공서비스의 균형화 등을 위하여 필요한 최소한도로 하고 이를 가능한 한 지도 · 지원과 같은 비권력적 통제로 전환하여야 하며, 특히 자치단체 행정수준의 향상을 위한 지식 및 기술의 지원, 국민적 최저수준의 확보를 위한 재정적 지원을 확대해 나가야 될 것이다.

셋째, 자치단체에 일단 배분된 사무에 대해서는 자치단체의 책임아래 수행되도록 하고 이에 대한 국가의 관여는 가능한 한 배제하여 자치단체의 자주성을 제고시켜야 한다.

넷째, 지방자치단체의 사무처리는 특수한 경우 이외에는 사전에 중앙정부의 승인을 받음이 없이 중앙정부가 제시한 일정한 기준에 따라 자주적으로 수행하도록 하고 자치단체가 이러한 기준을 위반하였을 경우에 한하여 중앙정부가 사후적으로 이를 시정하도록 하는 것이 바람직하다.

2) 지방자치단체 능력의 증강

지방자치단체가 보유하고 있는 능력을 증강하기 위해서는 지방자치단체의 인적 · 물적 자원을 보강하고 광역행정의 요구를 충족시키도록 해야 한다.

(1) 지방재원의 보강

지방자치단체의 재원의 보강은, 우선 세입의 면에서 국세를 지방세로 이양하는 것도 중요하지만 그것으로 지방재원의 불균형을 가져와서는 안되며, 새로운 지방세목을 신설하는 것도 중요하지만 그것으로 인해 주민부담이 과중해지는 것도 고려해야 한다. 지방공기업 수입을 증대하는 것도 중요하지만 그것으로 민간과의 과다한 경쟁이 되는 것도 문제이다.

다음 세출 면에서의 개선도 매우 중요하다. 예컨대 국가사무의 처리경비는 국가가 확실히 부담(즉, 단체위임사무는 국가와 지방의 분담, 기관위임사무는 국가의 전액부담)하도록 한다든가, 지출(서비스)의 성격과 수입원의 연계(즉, 일반서비스는 조세수입으로, 공익서비스는 세외수입으로, 사회서비스는 이전수입으로 충당)를 확실히 하는 것 등을 통해서도 이루어져야 한다(최창호, 2009:613).

(2) 인적 자원의 보강

인적인 자원을 보강하기 위해서는 양적인 면에서의 보강 뿐만 아니라 질적인 면에서의 보강이 무엇보다도 중요하다. 다양한 행정서비스를 제공할 수 있는 능력의 개발과 전문성의 제고에 초점을 맞추어 지방공무원의 질적 능력을 향상시킬 수 있는 구체적인 방안의 마련이 필요하다.

(3) 광역행정체제의 확립

2개 이상의 자치단체가 관계되는 광역적 지방행정업무가 앞으로는 더욱 증가할 것으로 예상되기 때문에 이에 대비하여 우리나라의 광역행정은 다음과 같은 방향으로 나아가야 할 것이다(정세욱, 2000:823).

첫째, 중앙정부의 행정권이 비대하고 강력한 우리나라 여건하에서는, 제1단계로 민주주의의 기본적 요소인 지방분권화를 실현한 이후에 광역행정을 통한 행ㆍ재정의 효율화를 도모해야 할 것이다.

둘째, 중앙정부ㆍ광역자치단체ㆍ기초자치단체간의 기능배분, 권한과 책임의 한계 등을 명확히 함으로써, 지방자치단체가 처리해야 할 사무를 그 책임하에 자주적으로 처리하도록 하며, 광역행정단위는 광역적 사무를 처리하도록 하되 국가의 통제는 비권력적 통제로서 필요한 최소한도에 그쳐야 한다.

셋째, 광역행정이 지방자치단체의 자치권을 보장하고 지방행정의 민주성ㆍ능률성ㆍ다양성을 구현할 수 있도록 추진되어야 한다. 그런데 국가행정과 지방행정에서 동시에 민주성과 능률성을 추구하는 데에는 일정한 한계가 있으므로 이 두 가지 이념을 적절히 조화시킬 필요가 있다. 즉, 민주주의 국가의 정치원리와 행정이념에 입각할 때 중앙집권은 행정의 능률성을 높이고 지방분권은 행정의 민주성을 실현하므로, 광역행정을 통하여 중앙집권과 지방분권을 조화함으로써 행정의 민주성과 능률성을 동시에 실현하도록 노력해야 할 것이다.

결론적으로 중앙정부에 의한 권력적 광역행정은 자칫하면 행정의 체계성 · 능률성을 강조하는 나머지 자치행정 내지 지방자치에 위협을 가하게 될 것이므로, 중앙과 지방을 협력적 · 수평적 관계로 파악하고 중앙집권과 지방분권의 조화와 균형을 이룩함으로써, 행정의 능률성을 추구하면서 동시에 행정의 민주성 내지 지방자치도 보장하도록 하는 방향으로 광역행정을 실시해야 할 것이다.

(4) 지방의 정책개발 능력 강화

지방자치단체의 정책개발 능력은 지방분권화, 지역 주민의 '삶의 질' 중시 경향, 새로운 정책의 실험이라는 측면에서 그 중요성이 커지고 있다. 지방분권화는 과거 중앙정부의 지시나 지침에 의한 하향식 정책형성 방식이 아니라 각 자치단체가 주민의 행정수요를 수렴하여 자체적으로 정책을 기획 · 입안하는 상향적 방식이 활성화되어야 한다.

지방의 행정수요도 점차 양적인 것에서 '삶의 질'을 우선시하는 쪽으로 변화하고 있는데 '삶의 질' 향상을 위해서는 중앙정부의 일률적 정책보다는 지역 특성을 고려한 '맞춤 정책'이 효과적이다. 지방자치 도입 이후 민선자치단체장의 등장과 함께 지역 간 경쟁이 치열해 지면서 각 지방자치단체는 지역 실정에 맞는 다양하고 특색 있는 정책을 수립하여 지역 간 경쟁에서 비교 우위를 확보하려고 노력하고 있다. 그러나 한편으로는 사전 준비 부실, 방만한 투자, 단체장의 독단적 정책결정으로 사업 추진 중단, 대규모 적자 발생, 주민 반발 등을 초래한 실패한 사업도 적지 않다. 따라서 지방자치단체의 정책개발 역량 향상에는 지방자치단체가 지역의 특성을 고려한 지역발전 전략을 수립하는 것과 함께 정책개발 및 집행 과정에서 주민, 의회, 기업 등 다양한 주체들 간의 협력과 견제가 이루어질 수 있도록 하는 것도 중요하다(이종수 외, 2008:584-585).

2 주민자치의 실현

종래의 권위주의적이고 중앙집권적인 체제하에서는 관청중심의 논리와 사고가 지배적이었다. 그러나 지방자치에 있어서의 민주성을 극대화하기 위해서는 주민중심적인 사고를 지향하면서 주민참여를 활성화할 필요가 있다. 주민이 주체가 되어 주민을 위한 주민의 자치를 실현하기 위한 구체적 방안은 행정정보의 공개, 공무원의 인식전환, 참여방법의 개선과 대민봉사의 확대가 이루어져야 한다.

1) 행정정보의 공개

자치행정이 실질적인 민주행정이 되기 위하여는 행정정보의 공개가 이루어져야 하겠다. 주민이 행정정보에 접근할 수 없을 때에는 자치행정에 관하여 정확한 판단을 하기 어려워서 자치행정에 대한 감시를 못할 뿐만 아니라, 정보를 독점하고 있는 지방정부에 의하여 조종되는 결과를 가져온다. 행정정보의 공개를 질서있고 체계있게 하기 위하여 국가에서는 정보공개 제도를 확대하고 지방자치단체에서는 법령의 범위 안에서 조례를 정비하는 것이 중요한 과제가 되겠다(최창호, 2009:515).

2) 지방공무원의 인식전환

주민참여에 대한 지방공무원의 인식내용은 주민참여의 성패를 가름하는 중요한 관건이 된다. 따라서 주민참여의 활성화를 위해서 지방공무원은 주민참여가 요식행위에 불과하다는 소극적 인식에서 탈피하여 지역사회의 문제해결을 위한 필수적인 것으로 인식의 대전환을 할 필요가 있다. 그리고 이러한 인식 위에서 지방공무원은 주민참여의 효과를 극대화시킬 수 있는 여러 가지 노력을 경주해야 할 것이다.

3) 참여방법의 개선

주민참여의 효과를 극대화시키기 위해서는 적절한 참여방법이 강구되어야 한다. 우리나라의 경우 공청회나 각종 위원회 등이 참여수단의 대종을 이루고 있으나 대부분 형식적인 참여의 수준에 그치고 있다. 따라서 참여의 실효성을 거둘 수 있기 위해서는 좀더 쇄신적이고 현대적인 장치의 개발과 운용의 적극성이 필요하다고 하겠다.

4) 대민봉사의 확대

자치행정이 진정한 민주행정이 되기 위하여는 행정의 주민에 대한 봉사성의 제고가 선행되어야 하겠다. 주민의 요구에 기초하여 주민의 의사를 반영하여 주민에게 봉사하기 위해 업무가 계획되고 집행되는 것이 바로 지방자치요, 주민자치이기 때문이다. 지금까지의 지방행정이 주민규제적이고 독주적이었기 때문에, 주민들이 행정에 대하여 두려워하고 어느 의미에서는 적대시하는 경향도 있었다고 볼 수 있는데, 이제부터는 행정이 주민친근적이고 봉사적이어서 행정관청이 주민에게 다정한 이웃이 되어야 하겠다(정재화, 2006:317).

3 경영체제의 도입

지방자치단체가 경쟁력을 증진시키고 지방경영의 합리화를 도모하기 위해서는 먼저 자치행정에 벤치마킹(Bench Marking), 총제적 품질관리(TQM) 등 민간경영기법이 도입되어야 하며 공공서비스의 공급에 대한 공사(公私)부분별 역할 분담을 재조정하여 공공서비스의 품질향상과 경비절감을 꾀하도록 해야 한다. 그리고 개인별 근무실적을 성과중심으로 파악하고 연봉제의 실시, 인센티브제의 도입 등 지방행정에 경영원리 도입을 위한 새로운 제도의 개발이 필요하다.

다음으로 지방자치단체가 경영화를 촉진하기 위해서는 지방경영사업을 활성화시켜야 한다. 그 방안으로는 지역성 · 공익성 · 수익성을 갖는 경영수익사업을 확대하여 자치단체가 직접 경영하는 공기업과 지방공사 · 공단의 운영에 자율적 책임경영제의 도입과 경영성과에 따른 인센티브 부여 등을 통해 사업의 효율화를 도모해야 한다. 또 제3섹터를 활성화하되 그의 경영에 대한 의사결정권한을 전적으로 부여하고 행정관여는 가능한 한 배제하는 한편 세제 및 금융지원이 적정하게 이루어져야 할 것이다(부만근, 2000:507).

4 능률화의 달성

자치행정의 능률화를 도모하기 위해서는 행정관리의 측면에서 여러 가지 형태의 개선이 필요하며 이러한 것들은 상호연관성을 갖고 추진해야 하는 성격을 지니고 있다. 자치행정의 능률적 운영을 위한 과제는 다음과 같다.

첫째, 인사관리의 적정화이다. 행정은 공무원에 의해 수행되므로 공무원 배치의 적정 · 부적정 혹은 공무원의 관리 형태가 행정에 미치는 영향은 크다. 따라서 지방자치단체는 행정의 능률적 운영을 위해서 인사관리 체제를 정비 · 강화해야 함은 물론 책임 체제를 수립하고 채용, 승진, 복무, 급여 등 인사관리의 적정화를 기해야 한다.

둘째, 조직관리 · 정원관리의 적정화이다. 이는 인사관리의 문제와도 관련된 문제이지만 행정이 조직에 의해 행해지는 이상 그 조직을 어떻게 정하는가는 행정 능률에 미치는 영향이 크다. 이는 지방자치단체의 규모에 따라 차이가 있지만 계선과 참모와의 관계, 본청과 일선기관의 형태, 창구의 조직형태 등 행정능률의 입장에서 검토되어야 할 많은 문제들이 있다. 또한 조직관리와 표리의 관계에 있는 정원관리의 문제가 있는 바, 각 실국의 정원을 적정화하고 직능 구분에 따라 질적인 규제를 해야 한다. 요컨대, 인사, 조직, 정원을 통한 적정한 배치는 능률성 향상의 가장 기초적인 기반이 된다.

셋째, 사무관리의 개선이다. 사무관리의 개선은 이미 많은 지방자치단체에서 행해지고 있으며 여러 가지 방법이 주장되고 있지만, 종합적인 입장에서 계획성을 가진 사무관리의 형태가 바람직하다. 지방자치단체가 상호관계를 갖고 정보를 교환하며 사무개선을 하는 것은 바람직하나 가끔 자기 자치단체에 적합하지 않은 방법을 채택하는 경우가 적지 않다. 자기 자치단체에 적합한 사무관리계획을 세우고 거기에다 다른 지방자치단체나 민간기업체의 방법을 도입하는 것이 올바른 사무관리이며 또한 행정의 능률적 운영을 기하게 된다.

넷째, 재무관리의 개선이다. 재무관리사무는 내부관리사무 가운데서도 가장 기초적인 것이며, 그 운영 여하는 지방자치단체의 행정 자체를 좌우하는 것이다. 행정의 능률적 운영을 위해서는 재무제도의 개혁이 선행되어야 하지만, 그 대부분은 운영의 개선에 기대할 수밖에 없다. 그러나 이 문제만큼 지방자치단체에서 독자성이 강한 분야는 없다. 각 지방자치단체가 자기 단체에 적합한 운영 방식을 도입하고 개선함으로써 그 능률화를 높이는 것이 바람직하다(정재화, 2006:319).

14.3 21세기 지방정부의 역할

20세기의 특징을 공업화, 획일화, 기계화, 대량화의 양적인 성장으로 규정할 수 있다면 21세기는 개성화, 다양화, 감성화, 네트워크화의 질적인 발전을 추구할 것으로 미래학자들은 예견하고 있다. 20세기의 '경성관리의 시대(Hard Trend)'에서 탈피하여 21세기는 '연성관리의 시대(Soft Trend)'로 전환되어 물질적 · 경제적 가치를 중시하는 "경제 우선의 사고방식"에서 새시대에는 정신적 · 문화적 가치를 중시하는 "생활과 인간의 감성우선의 사고방식"으로 바뀌어 갈 것이다. 그리고 21세기는 지금 보다 훨씬 더 세계화되고 분권화된 시대(Glocalization), 정보화와 지식을 기반으로 하는 시대, 환경과 문화의 시대에 살게 될 것으로 예상하고 있다.

이러한 사회변화들을 행정환경으로 하는 우리의 지방자치단체들에게는 주민들이 새로운 사회환경변화에 적응하면서 각자의 복리를 추구해 나갈 수 있도록, 그에 필요한 지금까지와는 다른 형태의 각종 공공서비스(지방공공재)를 생산하고 공급해야 할 책임이 있다. 그리고 더 나아가서 사회변동을 바람직한 방향으로 관리해 나가야 할 책임이 있는 행정의 한 영역인 지방자치단체는 새로운 사회변동 중 바람직하지 못한 요소들을 통제하기 위한 각종 규제조치를 비롯해, 주민생활을 바람직한 방향으로 유도하기 위한 정책적 노력을 전개해 나가야 할 것이다. 그러자면 우리의 지방자치단체들도 지금까지와 같은 모방(Copy), 통제(Control), 추격(Chase)의 '3C시대의 지방행정'에서 탈피하여, 새시대에 맞는 주체성(Identity), 상상력(Imagination), 혁신(Innovation)의 '3I시대의 지방행정'으로 나아가지 않으면 안될 것이다.

따라서 이러한 행정환경의 변화에 맞는 한국적 모형의 지방자치제를 확립해야 할 시점에 이르렀다. 21세기를 지향하는 지방정부가 시대의 변화와 조류에 부응하여 우리 사회를 바람직한 방향으로 유도하기 위한 '변화의 역군(Change Agent)'으로서 무엇을 해야 할지에 대해 살펴보기로 한다.

1 세계화 · 개방화시대에 맞는 지방정부의 역할

정보화와 교통의 급속한 발달로 인하여 우리나라의 지방정부는 앞으로 세계화 · 개방화의 새로운 환경에 빠르게 적응하지 않으면 안될 것이다. 지금까지는 국가라는 우산 밑에서 안주하였던 지방정부는 개방화된 세계체제(World System) 속에서 외국 지방정부와의 무한경쟁에 노출될 수밖에 없게 되었다.

국경을 넘어선 지구촌으로의 교류확산과 국제경쟁력 확보 노력이 요구되고 있으며 이러한 요구를 충족시키기 위하여 지방행정에서도 국제적인 시각과 기준에 의한 평가를 요구받고 있다. 21세기에는 지방정부도 스스로 세계무대에서 경쟁력을 가지기 위해 지역자원을 발굴하고 매력있는 투자 유인책을 갖추어 가면서 디지털 시대에 맞는 다양하고 창의적인 시스템을 마련해야 할 것이다.

지금까지는 지역의 특화산업을 유치 · 육성하거나, 지역경제성장의 기반이 되는 지역개발사업에 주력하는 것만이 지역경쟁력을 강화하는 길이라고 여겨왔다. 그러나 21세기에는 지역의 성장을 주도하는 지방정부 자체가 부단한 노력을 통해 '작지만 강한 정부'로 나아가야 한다. IMF관리체제 이후 우리의 지방정부들은 국가의 주도하에 행정조직 개편을 중심으로 하는 구조조정을 통해, '성과지향적'이고 '고객(주민)만족형'의 지방행정이 되도록 노력해 왔다. 원칙적으로 이러한 정부개혁은 '발상의 전환(Reorientation)'이 이루어진 후 '행정제도와 절차에 대한 개선(Reengineering)'을 거쳐 '행정조직구조의 개편(Restructuring)'으로 이루어지는 것이 바람직하다. 그러나 우리의 경우에는 급박한 상황에서 거꾸로 조직개편부터 하고 제도개선을 하고 있는 셈인데, 어찌되었던 이제 각 지방자치단체가 새시대에 걸맞는 경쟁력을 갖춘 공공부문으로 거듭나기 위해서는 이러한 3가지 측면의 행정개혁을 부단히 추진해 나가야 할 것이다. 이를 위해 행정개혁기구(예: 시정개혁추진위원회 또는 추진본부)를 상설화할 필요가 있다.

다음으로 21세기에는 국가간 외교 뿐만 아니라 지방자치단체가 주도하는 도시간 · 민간단체간의 인적 · 물적 교류 및 정보교환을 통한 소위 "도제(都際) 또는 민제(民際)외교"가 활발해질 것이다. 그리고 정보통신혁명과 개방화에 발맞추어 국적불명의 문화가 유입되고, 외국인 노동자들의 수도 점차 증가해 갈 것이다.

이를 위해 외국 지방자치단체와의 자매결연 활성화, 국제기관의 설립과 유치, 장기체류 외국인을 위한 편의시설의 확충, 외국인 전용상담창구의 설치 등이 필요하게 될 것이다. 뿐만 아니라 국제도시로서의 매력을 증진시키기 위한 도시정비에 힘쓰며, 특히 도시공공시설의 기준을 국제화하도록 하며, 주민들이 글로벌 에티켓을 갖추도록 홍보 · 교육하는 것도 중요하다.

그러자면 우선 지방자치단체 내에 국제행정업무를 담당할 수 있는 부서(예: 국제교류과)를 설치하고, 외무직 공무원을 확보하며, 공무원교육에 국제관련 교과과정을 개설하도록 해야 할 것이다. 나가서는 외국인 행정수요조사를 비롯하여 외국인들이 지역에서 생활하는 것을 돕는 안내서를 발간하는 등 세심한 배려가 필요할 시기가 멀지 않다고 생각된다.

2 분권화 · 지방화시대에 맞는 지방정부의 역할

지방정부는 하나의 지역사회를 대표하는 통치주체로서, 그리고 국가와 주민사이의 조절기관으로서 역할분담의 중간적 위치에 그 좌표를 두고 있다.

국가, 곧 중앙정부만으로 국가발전과 국민복지를 보장하기는 실질적 효과면에서 한계가 있으므로 지역단위로 분할된 지방자치난체와 그 기능을 분담 · 수행하는 것이 더 효과적이다. 또한 국민 각자에 의한 자율과 자유만으로는 질서와 집적(集積)의 이익을 확보하기 어려우므로 일정한 공간적 영역을 관리하는 단위정부의 존재가 필요하게 된다.

21세기에는 중앙정부의 권한이 지방정부에 확실히 이양되어 분권화가 촉진되면 각 지방정부의 자치권이 크게 신장될 것이고 명실상부하게 "주민의(of), 주민에 의한(by), 주민을 위한(for) 자치행정"이 실현될 것이다. 이때에 '주민의(of) 행정'이라고 하는 것은 모든 자치단체의 모든 행정과 시책이 중앙부처의 법령이나 시책을 각 지역단위에서 그대로 실행하는 것이 아니라, 국가적 필요성과는 별도로 그 지역의 특수성과 주민의 욕구에 맞도록 주민들 스스로가 정책을 결정하고 그를 집행해 가는 '자율행정'이어야 함을 뜻한다. 그리고 '주민에 의한(by) 행정'이라 함은 지방정부의 모든 행정과 정책과정에 주민참여가 이루어지는 '참여행정'을 뜻한다. 즉, 정책결정단계에서의 주민의사반영은 물론 정책집행에서 주민의 협조를 얻는 것, 그리고 정책의 평가단계에서도 주민의 참가가 이루어지도록 하는 '주민과 더불어 이루어가는 행정'이어야 한다. 마지막으로 '주민을 위한(for) 행정'이라는 것은 모든 행정과 시책이 주민본위로 이루어지는 '민본행정'이어야 함을 의미한다. 즉, 항상 주민의 입장에서 사고하고 행동하며, 궁극적으로는 주민만족 더 나가서는 주민감동의 서비스를 제공하는 행정이 되도록 함을 뜻하는 것이다.

따라서 21세기 지방정부는 이러한 자율행정, 참여행정, 민본행정을 강화하기 위해 각종 제도적 장치의 마련과 새로운 행정방식을 창안하고 실천해 나가려는 노력이 필요하다. 이중에서도 특히 분권화 · 지방화시대의 요체라고 할 수 있는 자율행정을 강화해 나가기 위해 각 지방자치단체들은 분권, 민주, 참여, 자조, 창의성, 유연성, 다양성 등의 자치정신을 바탕으로 '현상타파의 사고방식(Breakthrough Thinking)'이라는 과감한 발상의 전환을 통해 지금까지와는 다른 문제해결방식을 도입해야 한다. 그러자면 각 자치단체는 정책형성능력을 향상시키고, 자치입법활동을 강화하는 등의 노력이 필요할 것이다.

자율행정의 핵심은 지역실정에 맞는 독자적인 시책의 수립인데, 이러한 정책형성능력을 향상시키기 위해서는 우선 기획업무를 전담할 수 있는 부서를 확대 · 개편하고, 정책형성에 기반이 되는 지방행정정보체계의 구축이 필요하다. 다음으로 청내의 기획요원을 확보하고 훈련시키며, 기획부서요원들과는 별도로 각 부서를 초월한 정책입안조직인 프로젝트팀을 구성하거나, 직원의 '정책과제연구'에 대한 지원금 지급 등의 노력이 필요하다.

뿐만 아니라 새로운 기술이 필요한 행정부문에 '자문위원'이나 '심의위원'의 형태로 전문성 있는 자원봉사인력을 참여시키도록 해야 한다. 앞으로의 지방정부는 각종 시책을 수립함에 있어서 행정만의 발상이나 다른 지방정부를 흉내내는 것에서 탈피하여, 널리 시민의 지혜를 집결하고 경우에 따라서는 시민과 더불어 비용과 노력을 분담하는 방안까지 강구해야 할 것이다.

다음으로 각 지방정부는 독자적인 조례제정 등 자치입법활동을 통해 국가정책을 선도하는 '지방발의권(Local Initiative)'을 강화하도록 해야 한다. 법률이나 국가시책은 국민최저수준(National Minimum)을 달성하기 위한 '기본적 정책'이므로, 각 자치단체는 이를 기준으로 하여 지역실정(Civil Minimum)에 맞도록 '집행적 정책'을 결정해야 할 필요가 있기 때문이다. 한편 의원발의의 형태로 자주적인 조례제정에 임할 수 있도록 의회기능을 활성화해야 하는데, 이를 위해 상임위원회의 연중 활동과 의정활동의 전문화를 추구하여야 할 것이다(김일태, 2000:41).

3 정보화시대 · 지식기반사회에 맞는 지방정부의 역할

21세기 지식정보화 사회를 맞아 모든 지방의 인적 · 물적 사회환경이 급속하게 변하고 있다. 이러한 시대의 조류에 지방정부도 예외가 될 수 없다. 오히려 지방정부가 앞장서서 지역주민의 편익을 증진시키고 주민 복지를 향상시키기 위하여 정보화를 선도할 필요성이 제기되고 있다. 지방정부가 전자미디어 시대에 맞추어 모든 행정절차를 정보화한다면 신속성과 편리성에 의해서 주민의 정보화 마인드가 확산되어 지역의 모든 부문이 지식정보화 시대에 맞는 체제로 변화할 수 있을 것이다. 이런 면에서 지방정부의 선도적 역할이 강조되고 있다.

1) 지역정보화의 기본계획 수립과 추진

지역정보화는 정보화를 통해 지역을 균형적으로 개발하는 것과 더불어 정보화를 통한 지역주민의 삶의 질을 증진시키는데 목적을 두고 있다. 지역사회의 산업과 문화, 주민생활 전반에 걸쳐서 정보화를 통한 활성화를 추구하기 위한 기본계획을 수립하고 체계적으로 추진해야 할 책임이 지방정부에 있는 것이다.

지방정부는 지역의 정보화 문제를 종합적으로 발전시키기 위한 정보화 기본계획을 수립하여야 할 것이고, 중앙정부의 정보화 기본계획에 맞추어 지역의 행정정보화 · 생활정보화 · 산업정보화를 망라하는 종합적인 계획이 포함되고 연차별로 시행계획이 수립 · 추진되도록 해야 할 것이다.

2) 지역특성을 살린 정보구축

지방정부는 지역정보 DB구축시 지역주민들의 요구가 높은 생활분야에 초점을 맞추고 필요한 경우 지역의 산업을 지원할 수 있도록 하여야 하겠다.

뿐만 아니라 지역주민과 기업이 지역정보화를 유효적절하게 이용할 수 있도록 지방정부는 경쟁력 있는 특화된 정보를 수집 · 유통시킬 수 있는 효과적인 방안을 마련하는데 주력해야 할 것이다.

3) 지방행정 정보화의 내실화

정보화의 과정에서 '정보인프라'와 함께 기존의 제도 · 조직 · 관행 등의 제약요인을 극복하는 '제도인프라'의 정비가 필요하다고 생각된다. 이러한 측면에서 볼 때, 특히 지방정부차원에서 행정정보화와 관련하여 해결해야 할 몇 가지 과제를 안고 있다(會田義克, 1996:31-40).

첫째, 행정이 갖는 각종 정보의 공유화를 추진해야 하겠다. 행정관청내 전자정부인프라의 구축과 그룹웨어 등을 활용한 사무처리 시스템을 구축하도록 하고, 정보의 공유 및 전자화의 가능성 등에 관해 충분한 검토가 있어야 할 것이다.

둘째, 일선기관의 주민상담 · 수속창구를 일원화 하도록 한다. 예컨대 보건 · 복지분야의 시스템구축을 위해서는 각 시군별로 '종합상담센터'를 설치하여 상담창구를 일원화하고, 주민들에 대한 직접적인 서비스 확대를 위해 지역별로 복지사무소, 보건소 등을 통합한 '지역보건복지센터'도 설치한다. 나아가 업무의 간소화와 효율화, 그리고 수요에 적절히 대응하기 위한 '복지업무종합시스템'을 구축해야 할 것이다.

셋째, 각종 민원서비스의 창구업무를 대행하는 단말기능을 증설하고 주민이 이용하기 용이한 장소에 설치하여 24시간 가동하도록 한다. 여기에서 각종 시설이용 및 공연 등의 예약시스템의 운영과 화상회의시스템 등을 채택하여 양질의 서비스를 제공해야 할 것이다.

4) 지식정보화센터의 활성화

정보의 수 · 발신제공기능과 커뮤니케이션기능, 정보화의 보급 · 계발기능, 산업지원기능 등을 갖는 정보화 및 산업진흥의 거점시설로서 소위 '지식정보화센터'가 필요하다. 이곳은 공공시설 및 장소에 컴퓨터통신, 인터넷, 팩스 등의 간단한 통신장비를 설치하여 이동자 및 컴퓨터 미보유자, 지역어린이 등 주민 누구나가 자유로이 이용할 수 있게 하고, 통신 및 지식을 제공하는 곳이다. 또한 사용자는 각종 미디어를 활용하여 적시에 정확하고 필요한 정보에 접근할 수 있는 동시에 멀티미디어의 체험이 가능하며, 각종 전시회 및 세미나장소 등으로 활용할 수 있도록 한다. 이를 확대하여 장기적으로는 재택근무를 위한 지역의 사무실 역할도 수행할 수 있을 것이다(정재화, 2006:324).

지식정보화 사회의 이상은 일반 대중 누구나 쉽고 편리하게 지식정보를 공유하고 이용하게 하는 것이다. 문서중심의 전통적인 도서관 개념에서 탈피하여 디지털 도서관의 구축을 국가의 주요과제로 선정하여 추진하고 있는 것은 제반 경제활동의 구동력이 되는 지식정보화 사회에서 한 나라나 지역이 보유하고 있는 지적자산의 집합체인 도서관의 디지털화가 시급하기 때문이다. 우리나라와 같이 지역사회에 도서관의 수가 많지 않은 경우, 동사무소의 기능축소로 설치되어 있는 '주민자치센터'를 지역지식정보화의 거점으로 활용하는 방안도 적극적으로 고려해 볼만한 일이다.

4 환경과 문화의 시대에 맞는 지방정부의 역할

20세기를 '경제의 세기'였다고 한다면 21세기는 '환경의 세기'가 될 것으로 생각된다. 그런 면에서 지방정부는 인간과 자연이 공존할 수 있는 '환경친화적인 지역사회'를 만들기 위한 기반조성을 다져야 하고 그것을 위한 여러 가지 제도적 장치를 마련하려는 노력을 게을리 말아야 할 것이다. 나아가서 지역수용능력을 감안한 지속가능한 토지 이용계획을 수립하고 환경보존과 생태계 유지 노력도 끊임없이 지속되어야 하겠다.

또한 21세기는 '문화의 세기'가 될 것으로 예측된다. 주민들의 여가시간이 늘어나면서 여가의 선용에 대한 욕구가 증대되고 삶의 질을 높이기 위한 방안과 전통문화에 대한 관심이 높아질 것으로 예측된다. 이러한 문화에 대한 관심과 애착을 기반으로 하는 문화산업의 발전이 지역의 경쟁력을 좌우하는 화두로 등장할 것이다. 이와 관련하여 지방정부가 적절한 역할을 하지 않으면 안 되는 것은 시대적 요청이라고 하겠다.

1) 환경에 대한 기본방향의 정립

20세기에는 경제발전과 산업화를 향한 개발의 부산물로서 환경오염과 생태계 파괴의 결과가 초래되었다. 이제 21세기에는 인류의 생존과 삶의 질을 향상시키기 위하여 파괴된 환경에 대한 새로운 인식과 정책적 방향이 발선적으로 정립되어야 하며, 그 중심에 지방정부가 자리해야 하고 녹색성장을 주도하는 주체가 되어야 하겠다.

따라서 지방정부는 환경에 대한 기본방향을 다음과 같은 두 가지 문제에 중점을 두어 정립하여야 할 것이다(최창호, 2001:465-6 참조).

첫째, 환경에 대한 중요성을 인식하여 '환경가치의 확산운동'을 전개해 나가야 한다. 환경에 대한 국내외의 관심은 1992년의 '리우환경회의'를 계기로 시민운동의 성격을 벗어나 정부의 공식의제로 정착되었고, 중앙정부 차원에서는 어느 정도 제도적으로 기능하고 있지만 지방정부의 환경에 대한 의식은 제대로 성숙되지 못하고 있는 실정이다. 따라서 지방정부의 제반 정책과 행정에 환경가치의 중요성을 인식시키고 환경에 관련된 문제를 최우선시하는 분위기의 정착이 필요하다. 환경문제에 관련하여는 중앙 · 지방정부의 관심과 노력만으로는 한계가 있기 때문에 시민단체 뿐만 아니라 지역주민 모두가 참여하여 시너지 효과를 거둘 수 있도록 '환경가치의 확산운동'을 전개해 나가야 하겠다.

둘째, 환경보존과 환경관리에 있어서 지방정부의 책임과 의무를 강화하여야 한다. 지역 구석 구석의 환경에 관하여 중앙정부가 세밀한 관리를 담당하기는 어려운 일이다. 그렇다고 시민단체나 주민들에게 관리의 주체가 되게 할 수 없는 일이라면 지방정부가 환경문제의 주도적 역할을 하도록 환경관리 수준을 제고하여야 한다. 그러기 위하여 지방정부의 환경성과를 객관적으로 평가하는 방안(예컨대, 지역의 특성에 맞는 환경기준과 배출기준의 설정, 지역의 환경개선을 위한 환경투자계획 및 상수원 보호구역의 지정 · 관리 현황 등)을 종합적으로 검토하는 체제를 구축하여 지방정부 중심의 환경관리 시스템이 확립되도록 하여야 할 것이다.

2) 지방행정의 문화화

'지방행정의 문화화'는 문화라는 관점에서 지방행정을 재검토하여 행정혁신을 끊임없이 이루어 나가는 과정으로 이해한다면 기존의 문화행정에 대하여 완전한 관점의 전환이 요구된다. 문화행정을 예술문화의 진흥, 문화재보호, 사회교육에 국한시키기보다는 생활문화, 지역문화의 창조라는 입장에서 복지, 상공, 노동, 농림, 토목, 건축 등 모든 지방행정분야에 문화적 요소를 끌어들이는 폭 넓은 종합행정으로 파악하는 것이 필요하다. 이러한 지방행정의 문화화의 핵심은 기존의 부정적인 행정문화로부터 벗어나 문화의 시대에 맞는 새로운 21세기형 지방행정문화를 창출하자는 데에 있다.

지방행정의 모든 활동을 '문화'라는 시각으로 투영하여 지역의 경쟁력을 제고하고 지방정부에 문화행정의 새로운 영역을 설치하여 주민들에게 양질의 문화를 접촉 · 향유할 수 있는 기회를 확대하도록 해야 할 것이다. 지역만이 갖고 있는 유 · 무형 문화재에 대한 발굴과 재창조 사업을 통하여 우수성을 신장시켜 나가야 하며 지역문화축제와도 연계시켜 지역경제의 활성화에도 기여하도록 해야 할 것이다. 이것을 기초로 한 지적재산권의 확보와 더불어 세계시장으로 눈을 돌려 굴뚝 없는 문화산업을 육성하려는 노력도 필요하다. 지역의 캐릭터 상품을 개발하고 지역특산물을 문화상품으로 포장하여 경쟁력을 확보하도록 해야 한다. 자연자원인 풀 한포기, 나무 한그루, 바위 하나라도 소중한 문화자원으로 승화시키기 위한 노력도 필요하며, 주민생활 자체가 문화적인 향기를 발할 수 있도록 모든 지방행정이 문화적인 시각에서 재단되어야 하겠다.

제5편

주요국가의 지방자치제도

제15장 영 · 미계국가의 지방자치제도
제16장 유럽 대륙계 국가의 지방자치제도
제17장 아시아계 국가의 지방자치제도

제15장

영 · 미계국가의 지방자치제도

15.1 영국의 지방자치제도

1 개요

영국의 공식 명칭은 “United Kingdom of the Great Britain and Northern Ireland”이나 지방자치제도를 말할 때에는 잉글랜드만을 지칭하는 것이 일반적이다. 영국을 구성하고 있는 스코틀랜드(Scotland), 웨일즈(Wales), 아일랜드(North Ireland)는 조금씩 다른 지방자치제도를 갖고 있기 때문이다.

영국에서 지방자치가 시작된 것은 15세기로 거슬러 올라가야 한다. 당시의 주민들은 집회를 통하여 지역사회의 공동문제를 수시로 협의하였다. 주민이 주민총회에서 논의 또는 결정한 사항은 지금 우리가 지방사무라고 할 수 있는 내용이었고, 공공문제 해결을 위하여 임원을 선거하거나 교대로 근무하기도 하였다.

16세기 말까지의 주된 지방사무는 도로 · 감옥 및 교량을 유지 · 보수하는 것이었으나 1601년 구빈법(The Poor Relief Act)의 제정으로 교구내의 영세민 구호 사무와 이를 위한 조세권이 부여되는 등 지방자치 사무가 확대되었다.

오랜 역사적 변화를 통하여 발달된 지방자치는 1834년과 1835년에 ‘구빈법 중 개정법률’ 및 ‘도시단체법’을 각각 제정하여 주민참여권의 확대, 즉 일반시민에게 피선거권과 선거권이 주어지고 공선에 의해 시의회를 구성하기에 이른 것이다.

이러한 영국의 지방자치의 역사를 바탕으로 지방제도의 특성을 살펴보면,

첫째로, 기존의 2단계 지방제도 편성에서 점차 단층제의 형태로 나아가고 있으며, 현재에는 단층제와 2층제가 혼합된 다원화 양상을 보이고 있다.

둘째로, 기존의 기관통합형 기관구성을 탈피하여 집행기능과 의결기능을 분리하는 새로운 기관구성형태를 자치단체별로 선택하게 하고 있다.

셋째로, 전반적으로 지방자치단체의 수가 대폭적으로 줄어들고 있다. 즉, 광역자치단체의 경우는 약 2분의 1로, 기초자치단체의 수는 약 4분의 1로 감소하였다. 그 결과 지방자치 구역은 과거에 비해 많이 확대되었다.

2 지방자치단체의 계층구조와 종류

1960년대부터 왕립위원회(王立委員會) 등에서 논의되어 온 잉글랜드의 1층제 자치단체의 재편은 1980년대에는 대처정권이 대도시권의 1층화를, 1990년대에는 메이저정권이 비대도시권의 1층화를 행정효율이란 요청 하에 착수했다(지방행정연구소, 2009:80).

<표 15-1> 잉글랜드 지역별 기초 데이터

<table>
<tr><th colspan="2" rowspan="4">잉글랜드 지역 구분</th><th rowspan="4">면적
(2006년
: km^2)</th><th rowspan="4">인구
(2007년
추계치
: 천명)</th><th colspan="5">지역별·종별 지방자치단체수
(2009년 4월 1일 현재)</th><th rowspan="4">계</th></tr>
<tr><th colspan="3">비대도시권</th><th>대도시권</th><th>대런던</th></tr>
<tr><th colspan="2">2층제</th><th colspan="3">1층제</th></tr>
<tr><th>도
County</th><th>기초자치제
Dirstrict</th><th>단일자치제
Unitary</th><th>Metropolitan
District</th><th>Borough
& City</th></tr>
<tr><td>1</td><td>Greater London</td><td>1,572</td><td>7,557</td><td></td><td></td><td></td><td></td><td>33</td><td>33</td></tr>
<tr><td>2</td><td>South · East</td><td>19,069</td><td>8,309</td><td>7</td><td>55</td><td>12</td><td></td><td></td><td>74</td></tr>
<tr><td>3</td><td>South · West</td><td>23,837</td><td>5,178</td><td>4</td><td>25</td><td>12</td><td></td><td></td><td>41</td></tr>
<tr><td>4</td><td>West · Midlands</td><td>12,998</td><td>5,382</td><td>3</td><td>19</td><td>4</td><td>7</td><td></td><td>33</td></tr>
<tr><td>5</td><td>North · West</td><td>14,106</td><td>6,864</td><td>2</td><td>18</td><td>6</td><td>15</td><td></td><td>41</td></tr>
<tr><td>6</td><td>North · East</td><td>8,573</td><td>2,565</td><td>0</td><td>0</td><td>7</td><td>5</td><td></td><td>12</td></tr>
<tr><td>7</td><td>Yorkshire & Humber</td><td>15,408</td><td>5,177</td><td>1</td><td>7</td><td>5</td><td>9</td><td></td><td>22</td></tr>
<tr><td>8</td><td>East · Midlands</td><td>15,607</td><td>4,400</td><td>5</td><td>36</td><td>4</td><td></td><td></td><td>45</td></tr>
<tr><td>9</td><td>East</td><td>19,109</td><td>5,661</td><td>5</td><td>41</td><td>6</td><td></td><td></td><td>52</td></tr>
<tr><td colspan="2">계</td><td>130,279</td><td>51,092</td><td>27</td><td>201</td><td>56</td><td>36</td><td>33</td><td>353</td></tr>
</table>

출처 : 면적 · 인구는 Office for National Statistics 데이터 근거. 자치체 수는 Boundary Committee 및 Department for Communities and Local Government의 각 데이터로부터 작성

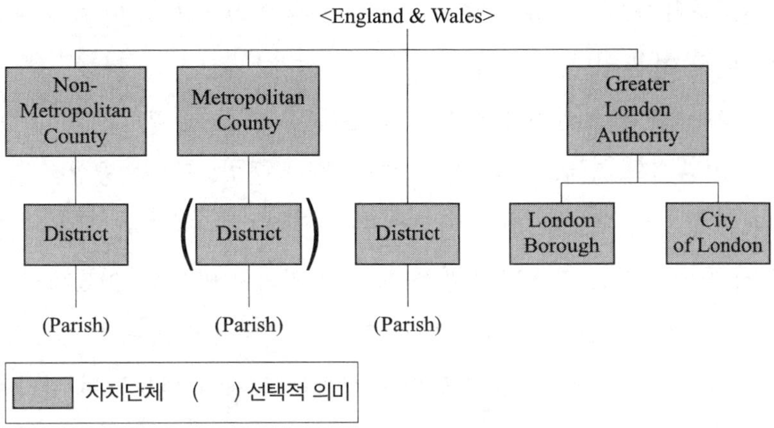

<그림 15-1> 영국의 지방자치제도(1998~)

그러나 1세기 이상의 역사를 가진 「County(도)와 District(기초자치단체)」의 2층제 자치단체에서 「단일자치단체(Unitary Authority)」로의 재편은 도 등 관계 자치단체의 반대가 뿌리깊어 1998년까지는 47개의 단일자치단체가 신설되기도 했으나 34도와 238기초자치단체가 남았다. 계속된 블레어 노동당정권은 단일자치단체에의 자발적 재편을 시도, 2009년 4월에는 7도와 37기초자치단체가 9개의 새로운 단일자치단체(1층제)가 되어 노스 · 이스트 지역에서 처음으로 모든 자치단체가 1층 자치단체가 되었다(〈표 15-1〉 참조).

웨일즈와 스코틀랜드 지역에서는 1990년대 노동당정부에 의해 County와 District가 폐지되고 새로운 단층의 지방정부로 개편되기도 했으며, 2000년에는 대 런던지역에 1986년부터 해체되어 있던 상층 정부를 부활하여 런던시 정부(Great London Authority)를 주민직선으로 다시 설치하여 자치계층을 2계층제로 환원하면서 전통적인 기관통합주의를 깨고 기관대립주의 지방정부 형태를 창시하였다(최창호, 2009:731). 영국 지방자치단체의 계층구조를 그림으로 나타내면 〈그림 15-1〉과 같다.

3 지방자치단체의 사무

영국에 있어 지방자치의 가장 큰 특징의 하나는 「법률에 의해 권한이 주어지기 전에 지방자치단체는 어떤 것이든 행할 수 없다」라는 원칙에 따르는 것이다. 즉, 개별적 수권방식에 의해 지방자치단체에 기능을 배분하지만 한번 개별적 법률에 의해 해당 자치단체에 권한이 부여되면 매우 폭넓은 활동을 할 수가 있다. 따라서 지방자치단체의 기능에 있어서 국가와 자치단체간의 사무분담이 매우 명확하며 사무배분의 혼란이나 중앙정부에 의한 포괄적이고 무절제한 간섭이나 관여가 없다.

사무배분의 몇 가지 원칙을 살펴보면, 먼저 농촌지역에서는 광역적이고 계획적인 집행이 요구되는 지역의 기본계획, 도로, 교통 행정, 경찰, 소방 등의 사무와 광역적 집행의 필요성은 없으나 그 집행에 있어 고도의 전문 지식을 가진 직원이나 특별한 시설이 필요한 교육, 도서관, 사회복지 등의 사무는 카운티에 배분되고, 그 외의 지방사무, 이를테면 지방계획, 환경위생, 주택 · 건축, 소도로 관리, 쓰레기 수거, 지방의 개발규제 등은 디스트릭트의 소관사무로 배분된다. 그러나 위락, 녹지, 공원 등의 사무에는 양자가 협동하여 실시토록 하고 있다(김영종, 2000:522).

자치2층제를 채택하고 있는 지역에서는 County는 교육, 도서관, 민생 등의 사업을 행하고, District는 지방계획, 환경위생, 건축, 소도로 관리, 쓰레기수집, 개발규제 등을 행하며, 양쪽은 위락, 녹지, 공원 등에 관하여 협동한다.

단층제를 채택하고 있는 지역에서는 교육, 지방계획, 교통, 소방 등을 해당 특별기관(Ad Hoc Authority)에 이관하고, 지방정부는 주로 주택, 녹지, 공원, 스포츠, 치안재판 등을 담당한다.

경찰사무는 2층자치제를 채택하고 있는 지역에서는 County가 처리하나, 단층제를 채택하고 있는 지역에서는 이를 경찰청에 이관하고, 런던지역의 수도경찰은 원래부터 중앙정부의 관할 아래 있다(최창호, 2009:732).

4 지방자치단체의 기관구성과 내부조직

영국 지방자치단체의 기관구성형태와 내부조직은 각 지방자치단체마다 다르다. 기본적으로는 기관통합형의 형태를 취하여 최고의사결정기관인 의회가 있고, 그 지휘 아래 집행기관인 행정부서가 있다. 그러나 지방행정의 투명성과 책임성 및 자치단체의 역할제고를 위한 개혁 차원에서 다양한 형태의 기관이 구성될 수 있도록 권장하고 있는 형편이다. 그 결과 2000년에 설치된 Great London Authority에서는 의회와 시장이 모두 주민이 선거를 통해 선출하는 기관대립형을 채택하고 있다.

1) 지방의회

지방자치단체의 최고의사결정기관으로서 의회가 있는데 영국에서는 이 의회가 바로 지방행정당국이라고 할 수 있다. 의회는 임기 4년의 의원으로 구성되고 의원에게는 실비를 변제하는 수당과 의회출석 수당 등이 지급된다.

의원의 수에 있어서는 카운티의 경우, 많은 곳에서는 100명을 초과하는 경우도 있고 가장 작은 곳은 단지 42명이 있는 곳도 있다. 그 결과 카운티의 평균 의원 수는 약 80명 정도이다. 그러나 디스트릭트의 경우는 최대 126명에서 최소 21명까지의 다양한 숫자를 갖고 있다. 그래서 평균이 약 50명이 된다.

의회에서는 의장(Chairman)이 있는데 임기는 1년이고 그가 지방자치단체를 대표하는 시장을 겸하게 되는데 이 때에 의장은 의회의 다수당을 대표하는 의원이 선출된다. 이것은 마치 의원내각제에 있어서 의회의 다수당을 대표하는 사람이 행정부의 수상을 겸하는 것과 동일하다. 의장은 해당 자치제를 대표하며, 시(City)의 명칭을 사용하는 자치제의 경우 현실적으로 시장(Mayor)이라는 호칭을 사용하기도 한다.

2) 위원회

의회에는 본회의의 위임을 받아 행정각부의 업무집행에 관한 의사결정과 지휘·감독을 행하는 위원회(Committee)를 두고 있다. 위원회에는 상임위원회(Standing Committee)와 특별위원회(Special Committee)가 있다. 대개 County와 Metropolitan District에는 10개 내외의 상임위원회를 두고 Non-Metropolitan District에는 대략 6개 정도의 상임위원회를 두고 있다. 그리고 자치단체의 종류에 따라 약간의 차이가 있으나 교육·경찰·사회·복지에 관한 사무를 주관하는 법률에 의해 반드시 설치하도록 의무화 되어있는 위원회를 법정위원회라고 한다.

위원회는 당해 행정부문에 대하여 최종적 결정권을 갖고 있는 일정의 주요 사항은 본회의에 보고하여 승인을 받아야 하며, 특히 과세권과 기채권은 지방의회의 전속권으로 위원회에 위임될 수 없다. 위원의 임기는 1년이며 의회의 선거를 통해 선출되나 구체적인 선출방식은 자치단체에 따라 다소 다르다.

3) 집행부서(사무조직)

일반적으로 지방자치단체의 사무조직의 정상에는 행정각부의 업무집행을 총괄 조정하는 수석행정관(Chief Executive Officer)이 있고, 각 부서의 집행책임자인 서기장(Secretary), 재무장(Treasure), 교육장(Chief Education Officer), 기타 부서장(Director)이 있다. 이들 각 부서의 장은 행정책임자로서 의회 관할위원회의 정책적 지휘를 받아 집행을 하게 된다. 이들 행정각부 장에 대한 임면은 의회에서 행하나 그 절차에 관하여는 관계 의원들의 의견, 법적 자격조건 또는 관계 중앙부처와의 사전협의를 필요로 하는 등 임면 조건이 법으로 정해져 있다. 그 외 기타 사무직원의 임면은 의회가 정한 바에 따라 각 부서의 장이 임면한다.

5 중앙정부와 지방정부와의 관계

1) 입법적 통제

영국에서는 기능배분에 있어서 개별적 수권방식을 택하고 있는 결과, 지방자치체에 대한 국회의 입법을 통한 통제가 강력하다. 지방자치체가 성문법에 규정되지 않은 행정기능을 수행하고자 할 때에는 지방법(Local Act)의 제정을 국회에 청구하여야 하는데, 그 절차가 번잡할 뿐만 아니라 국회에서 부결되는 경우도 많다.

2) 행정적 통제

(1) 정책적 통제

법률에 자치단체의 의무적 행정사무를 규정하고 주무장관의 지휘하에 행정사무를 수행하도록 하고 있어, 자치단체의 정책에 대한 감독권을 행사하고 있다. 즉, 자치행정이 국가정책 방향에 일치하지 않을 경우 입법화를 통해 중앙정부의 정책을 추진할 수 있다.

(2) 조사감독(Inspection)

중앙정부는 공식적인 조사감독관을 임명하여 자치단체를 감독할 수 있다. 지방자치단체가 국가에서 정하고 있는 최소한의 기준을 유지하고 있는지를 조사 · 감독하고 이 중에서 모범사례를 발굴하여 전파하는 역할도 수행한다. 특히 교육 및 소방에 관한 한 중앙정부는 정기적인 검사를 행할 의무를 지고 있다.

(3) 사전 승인 및 동의

지역주민의 이해관계에 큰 영향을 미치는 폐교, 인허가, 개발계획의 부결 등에 대한 자치단체의 권한행사와 관련하여 이를 집행하기 전에 주무장관의 승인이나 동의를 의무화하고 있다. 즉, 지방기본계획이나 교육사업계획 등은 중앙정부의 사전승인이 필요하며, 지방자치단체의 조례도 중앙정부 주무장관의 승인을 요한다.

(4) 재정적 통제

재정적 통제는 크게 세 가지로 나눌 수 있는데 기채허가제도와 국고보조금 지급, 그리고 재정지출한도에 대한 통제가 그것이다. 기채허가는 사업계획의 사전승인을 포함하며 국고보조금은 금액의 책정을 통해 자치단체의 사업과 행정에 대한 통제를 불가피하게 한다.

마지막으로 재정지출한도에 대한 통제의 경우 기존에는 개선명령(Designation)을 통해 예산수요 및 증가가 과다한 경우 당해 연도 예산수요한도를 설정하는 방법만을 사용하였으나, 최근에는 이와 더불어 개선경고(Nomination)를 통해 자치단체가 과도한 예산수요 증가를 보일 경우 다음 연도부터 단계적 지출 축소나 지출기준을 제시하는 통제수단을 도입하고 있다.

3) 사법적 통제

지방자치체에 대한 사법적 통제는 월권행위법리(Ultra Vires),[1] 직무집행명령(Mandamus),[2] 위법선고(Declaration), 금지명령(Injunction),[3] 심리중지명령(Prohibition), 이송명령(Certiorari)[4] 및 지방옴부즈만(Local Ombudsman)제도 등을 통하여 행해진다.

15.2 미국의 지방자치제도

1 개요

미국에는 50개의 주권(主權)을 가진 국가가 있다고들 말한다. 연방정부가 주(州)의 권한을

1) 월권행위의 법리란 성문법에 의하여 성립된 지방자치제는 그 성립근거인 성문법에 의하여 명시적으로 부여된 권한만을 행사할 수 있는 것이고, 그 권한의 범위를 넘은 행위는 월권행위로서 위법 · 무효하다는 법적 원칙을 말한다.

2) 직무집행명령은 지방자치제가 법률상 의무화되어 있는 직무의 집행을 태만히 한 경우에 그 직무를 강제적으로 집행토록 하기 위하여 법원이 행하는 명령을 말한다.

3) 금지명령이란 지방자치제가 일정한 불법적인 행위를 하였을 경우에 그 불법적인 행위의 결과를 제거하기 위하여 법원이 적극적으로 일정한 작위 또는 부작위를 명령하는 것을 말한다.

4) 심리중지명령이나 이송명령은 지방자치체의 활동 중 준사법적 활동에 관하여, 그 절차에 위법성이 있는 등의 경우에 법원이 그 심리의 중지나 사건서류의 이송을 명령하는 것을 말한다.

축소하거나 제한하려면 연방헌법을 개정해야 하는데, 이는 사실상 불가능하다는 철칙이 있다. 오히려 오늘날 연방정부의 기능을 축소하여 주의 권한을 신장시키자는 움직임도 있다.

미국의 지방자치제도는 주마다 다르며 같은 주에서도 서로 다른 경우가 많아 계층구조를 간단하게 설명을 할 수는 없다. 일반적으로는 광역자치단체로 County와 기초자치단체인 City, Town, Township, Borough, Village 등의 2층제로 되어 있다고 하나 대도시가 있는 주의 County는 기초자치단체를 관할하며 20개 이상의 농촌지역 주에서 County는 주의 일선기관이며 자치단체가 아니다. 또한 지방자치단체가 조직되어 있지 아니한 지역도 있다. 이러한 지역에서는 주민서비스는 주의 하부기관인 County나 다른 특별행정기관이 제공하거나 심지어는 민간업자가 제공하여 그 요금을 주민에게서 받는 곳도 있다.

지방자치단체의 조직과 권한은 주헌법에 규정되어 있어서 미국의 지방자치단체는 주의 창조물이라고 한다. 그러나 자치단체의 조직 · 구조에 관한 사항이 자치단체의 자유재량에 위임되어 있는 주도 있다.

2 지방자치단체의 종류

미국의 지방자치제도를 일률적으로 말하기는 거의 불가능하다. 다양한 자치단체가 존재할 뿐만 아니라 그것을 운영하는 제도도 주와 지역에 따라 서로 판이하게 다르기 때문이다. 또한 미국의 자치제도는 계층구조가 없다. 즉, 주정부 바로 아래 각각의 자치단체가 있을 뿐이며 비록 전역에 걸쳐 광역적 자치단체에 해당하는 카운티가 존재하여 2계층제처럼 보이지만 우리나라의 시 · 도와 같은 광역지방자치단체는 아니다.

그러나 미국에 있어 보편적으로 존재하는 모든 지방자치단체는 그 설립목적 및 설립경위에 따라 크게 두 가지로 구별될 수 있는데, 지방자치단체(Municipality)[5)]와 준지방자치단체(Quasi-Municipality)가 그것이다.

지방자치단체에는 시(City), 읍(Town), 면(Village), 버러우(Borough) 등이 있는데, 이들 각종 지방자치단체는 주 정부로부터 자치헌장을 부여 받아 지방자치단체가 된다.

준지방자치단체는 자치권을 가지나 자치헌장이 부여되지 않는 법인격이 없는 지방단위로서 기본적으로 주민의 의견과 직접적 관계없이 주 정부의 필요에 따라 창설되는 공공단체

5) Municipality는 원래 우리말로 '시(市)'라는 뜻이지만, 대부분의 국내학자들은 미국 지방자치의 성격에 비추어 지방자치단체 또는 기초지방자치단체로 번역하여 사용하고 있다.

이다. 따라서 준지방자치단체는 주정부의 일선기관의 성격을 강하게 갖는데, 여기에는 군(County), 타운쉽(Township), 특별구(Special District) 등이 있다.[6)]

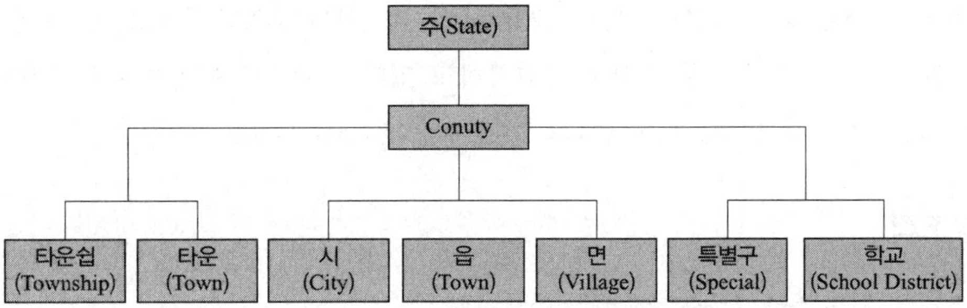

<그림 15-2> 미국의 지방자치제도

3 광역자치단체(County)

1) 지위

주는 보통 County로 분할되며, County는 City 등의 기초자치단체로 분할된다.[7)] County는 가장 일반적·포괄적·광역적 지방단체이나, 그 성격은 준자치단체이다. 즉, 주의 사무를 집행하기 위하여 설립된 주의 일선기관이면서 동시에 자주입법권을 갖고 주민복지적 사무를 처리한다.[8)]

County의 규모는 인구 1만~2만 5천 명 수준의 것도 있으나, 약 반수는 25만 명 이상의 것이다. County의 수는 약 3,000개이다.[9)] County는 일반적으로 농촌지역에 설립되어 있으나, 도시지역에 설립되어 있는 경우도 있다.

---

6) Joseph F. Zimmerman, *State and Local Government*(N.Y.: Reinhardt and Winston Inc., 1965), p.157 ; Russel W, Maddox and Robert F. Fuquay, State and Local Government (Princeton : D. Van Nostand, 1965), p.496.

7) 다만 County 대신에 Alaska 주에서는 Borough, Lousiana 주에서는 Parish라는 명칭이 사용되고 있으며, Connecticut 주와 Rhode Island 주에서는 County는 지리적 명칭에 불과하고 정부조직을 갖고 있지 아니하다. 또한 일부 주에서는 County와 City의 구역이 거의 일치하여 City가 County의 기능을 흡수하여 City/County를 형성하고 있는 경우도 있다.

8) County가 주의 행정을 지역적으로 분담하여 그 관할구역 안에 있는 City 등 기초자치단체의 행정을 지도·조정하는 역할을 수행하기 때문에 이를 주의팔(Arm)이라고도 한다(John J. Gargan, Handbook of Local Government Administration, New York : Marcel Dekker, 1997, pp. 403~418): 최창호, 『지방자치학』, 삼영사, 2009, p.737.

9) Carl Vinson Institute of Government, *Local Government in Georgia*(Athens: University of Georgia, 1986), p. 4 ; 山下 茂·谷 聖美·川村 毅, 앞의 책, p. 88.

2) 기능배분

County의 소관사무는 도시화의 진전에 따라 지방자치단체의 그것과 별다른 차이가 없어져 가고 있다. 과거에는 경찰, 검찰, 재판, 교도, 검시, 징세, 도로, 보건, 생활보호, 농촌지도, 초·중학교, 도서관 등을 관장하였는데, 오늘날에는 그 외에 자치단체의 소관사무인 소방, 구급, 공원, 하수도, 폐기물 등의 사무도 관장하고 있다. 농촌지역에서보다도 도시지역의 County가 더 자치단체적 기능을 수행하고 있다(최창호, 2009:737).

3) 내부조직

내부조직은 주에 따라, 각 지역에 따라 다양하다.

대체로 County의 중심 정부조직은 민선의 이사회(Board of County)이고, 그 외에 보안관(Sheriff), 검시관(Coroner), 사무장(Clerk) 등의 민선 행정관과, 각종 위원회, 재판소 등이 이사회로부터 독립하여 중요한 기능을 수행한다.

이사회의 의장이 자치단체의 장이 된다.

4 기초자치단체(Municipality)

미국에 있어서 기초지방자치단체(Municipality)는 일정한 지역에 인구가 집중됨으로써 발생하는 행정수요에 대응하기 위하여 주민의 요청에 의해 창설되며, 주에 따라 지방적 관례나 법률에 의해 시(City), 읍(Town), 면(Village), 버러우(Borough) 등의 다른 명칭을 사용한다.[10] 이러한 기초지방자치단체의 창설 절차를 살펴보면, 먼저 법인격을 부여받기 위한 일정 수의 주민의 요청이 있어야 한다. 그리고 제안된 지방자치단체가 주민의 승인을 받기 위하여 주정부의 관리하에 주민투표가 실시되고, 주민투표에서 창설이 승인이 되면 주는 당해 지방정부에 헌장을 부여함으로써 지방자치단체가 된다.

1) 자치헌장

지방자치단체는 주에 의해 설치되며 지방자치단체의 모든 권능도 주헌법 또는 주법률로

10) 이러한 명칭들은 주에 따라 다른 의미로 사용되는데, 대개 규모의 큰 자치단체는 City라고 하고, 가장 규모가 작은 자치단체를 Village라고 하고 있다. 하지만 어떤 주에서는 규모와 관계없이 모든 자치단체를 City라고 하는 경우도 있으며, 어떤 주는 소규모 자치단체를 Town이라고 부르기도 한다.

부터 나오게 된다. 지방자치단체의 설립과 존립의 법적 승인 또는 법인격의 일반적 형식은 개별적 자치법이라 할 수 있는 자치헌장이다. 이 헌장에는 지방자치단체의 특정 지방자치단체의 관할구역, 내부조직, 권능 및 사무 등 지방자치단체로서 기능하는데 필요한 사항 전반에 걸친 자세한 내용이 규정되어 있다. 지방자치단체를 창설하는 자치헌장은 다음의 다섯 가지로 분류될 수 있다.

① 개별적 헌장(Special Charter) : 이것은 가장 오래된 방식으로 개개의 지방자치단체가 설립될 때마다 당해 지방자치단체에 대해 주의회가 개별적으로 특별법을 제정한 것이다.

② 일반적 헌장(General Charter) : 이것은 개별적 헌장제도에 대한 반동으로 등장한 것으로 주의회가 그 주 내의 모든 지방자치단체에 공통된 사항을 규정한 일반법적인 표준적 헌장을 제정하는 것을 말한다. 따라서 이 방식에 따르면 각 지방자치단체는 그 규모와 관계없이 동일한 내용의 헌장을 갖게 되므로 모든 자치단체는 동등한 권한을 갖게 된다.

③ 분류적 헌장(Classified Charter) : 일반적 헌장과 달리 이것은 다양한 지방적 수요에 대응하기 위해 인구규모를 기초로 하여 그 주 내의 모든 지방자치단체를 분류하여 각 분류 별로 각각 다른 내용의 권한을 설정하는 헌장을 부여하는 방식을 말한다.

④ 선별적 헌장(Optional Charter) : 이것은 주의회가 미리 제정한 여러 종류의 법률 중에서 각 지방자치단체로 하여금 주민투표 등의 방법으로 임의로 어떤 헌장을 채택하도록 하는 제도를 말한다.

⑤ 홈 룰 헌장(Home Rule Charter) : 이것은 각 지방자치단체의 사무 · 권한 · 기구 등 모든 자치단체로서 기능하는데 필요한 모든 사항을 주헌법 또는 주법률이 정한 일정한 제한 아래서 지역주민들이 스스로 결정하게 하는 방식이다. 이 방식을 채택하는 주에서는 주민들로 구성된 헌장제정위원회가 헌장안을 작성하고 여기에 주민투표를 통해 결정하고 있다. 최근에는 미국의 많은 주들에서 이 방식이 채택되고 있다.

2) 기초자치단체의 사무와 권능

기초자치단체는 위에서 본 지방자치헌장의 내용에 따라 일정한 권능과 사무를 수행한다. 따라서 각 지방자치단체의 필요와 전통에 따라서 다소간의 차이는 있으나, 대체로 교육, 도로, 경찰, 소방, 보건위생, 상 · 하수도, 사회복지, 교통사업 등의 사무를 담당한다.

지방자치단체는 자치사무의 수행을 위해 자치입법권, 자치행정권, 자치조직권, 자치재정권 등의 전통적 자치권을 가질 뿐만 아니라, 대부분의 자치정부가 사법권까지 갖고 있어서 시법원과 시검찰청을 두고 있다(김영종, 2000:531).

3) 기초자치단체의 기관구성과 내부조직

미국의 지방자치단체는 기관구성형태와 내부조직이 자치헌장 취득에서처럼 무척 다양한 형태를 보이고 있다. 각 주마다 특색이 있고 규모에 따라 지방정부의 모습이 다르기 때문에 「지방자치의 백화점」이라는 별칭을 얻고 있다.

(1) 시장-의회형(Mayor-Council Form)

입법기관과 집행기관을 분리시켜 억제와 균형을 도모하는 조직유형이다. 이 유형에도 시장과 의회의 권한의 강 · 약에 따라 다음과 같은 두 가지의 유형이 있다.

의회우위형(Weak-Mayor Type)에서는 의회가 입법권의 행사 외에 행정관의 임면을 포함한 행정의 집행에 관여하여, 시장은 명목상의 책임자에 불과하다.

시장우위형(Strong-Mayor Type)에서는 시장이 행정의 실질적 최고책임자이며, 권고 및 거부권 등을 통하여 입법과정에도 관여한다.

(2) 위원회형(Commission Form)

권력분립의 원리를 배제하고, 입법 및 행정의 권한이 민선의 소수 위원들로써 구성된 위원회에 집중되어 있는 조직유형이다. 위원회는 회의체로서 입법기관이 되며, 동시에 각 위원들은 각 행정부서의 장으로서 행정을 직접 담당한다. 위원회의 위원장이 해당 자치단체를 대표한다.

(3) 의회 · 관리인형(Council-Manager Form)

정책결정과 행정을 분리하여 의회가 정책결정 및 행정의 최종적 통제의 권한을 갖고, 행정에 관한 책임을 지는 전문가(관리인 또는 지배인)가 의회에 의하여 고용되어 있는 조직유형이다. 의회의 이러한 통제 아래 관리인이 행정전반에 관한 감독 · 지시, 국 · 과장의 임면, 예산편성, 의회에 대한 권고의 권한을 가진다.

(4) 시장 · 관리인형(Mayor-Manager Form)

민선 시장은 자치단체의 장에 머물고, 행정에 관하여는 시장을 보조하는 전문가인 관리인(Administrative Officer, Managing Director, Manager)을 임명하여 그로 하여금 행정에 관한 일반적 감독권, 예산편성권, 국 · 과장 임명권 등을 행사하게 하는 조직유형이다. 시장이 정치 및 고도의 정책결정에 전념할 수 있게 하는 제도로서, 근래에 이 유형을 채택하는 자치단체의 수가 늘어가고 있다.

(5) 주민총회형(Town-Meeting Form)

New England지방의 도시 중에는 극소수이기는 하지만 주민의 총회를 연 1 · 2회 열어 중요한 정책을 결정한다. 이는 영국의 교구에서의 주민총회제를 계승한 것이라고 볼 수 있다.

그러나 다수의 주민이 한 자리에 모여 회의하는 것이 곤란하므로 그들의 대표들로써 회의를 여는 대표적 주민총회형(Representative Town-Meeting Form)을 채택하는 경우도 있다. 이는 주민총회형의 변형이다.

5 준 지방자치단체

1) 타운(Town)

New England 지방에서 Town은 준자치단체이지만, 다른 지역에서 자치단체가 수행하는 기능을 수행하고 있는 경우가 많으며, 이 경우에 광역의 지방단체인 County의 기능이 한정되고 있어서, Town은 사실상 자치단체와 같은 지위에 있다.

Town 내부조직의 특징으로는 직접민주제적인 Town총회(Meeting)를 최고의사결정기관으로 하고 있는 점이다. 그 외에 실제적 행정을 담당하는 민선의 이사회(Board of Selectmen), 사무장, 재무관, 징세관 등을 두고 있으며, 근래에는 관리인(Town Manager)을 두는 단체의 수가 늘어가고 있다.

2) 타운십(Township)

Township은 준자치단체로서 주로 북동부 및 중서부 여러 주에서 발견된다. 전국에 1만 6천 여개가 있으며, 근래에는 감소되는 경향이 있다. Township의 소관사무는 매우 제한되어 있으며, 근래에는 그 사무가 사회변화에 따라 County 또는 주에 흡수되는 경향이 있다.

Township의 내부조직도 Town의 경우와 대체로 유사하나, Township총회의 권한이 제한되는 경향이 있어서, 직접민주제가 유명무실해지는 실정에 있다.

3) 특별구(Special District)

미국 지방자치의 또 하나의 특징은 특별한 목적 또는 특별한 사무를 실시할 목적으로 설치한 준지방자치단체인 특별구(Special District)가 많다는 것이다. 특별구는 주법의 규정에 따라 주민의 청원을 주민투표에 부쳐서 통과가 되면 설치되는 특별지방자치단체이다. 특별구는 경우에 따라서 기존 지방자치단체 내의 일부 지역에 설치되기도 하고 복수의 지방자치단체의 구역을 포괄하는 광역적 지역에 설치되는 경우도 있다.

특별구는 주로 도시지역의 교통, 지하수도, 소방, 도로 등의 분야에서 광역행정을 위한 수단으로 설치되는 경우가 많다. 특별구의 수는 48,000여 개이며, 이 가운데 약 13,000개가 학교구(School District)이다. 그 종류로는 학교구 이외에 소방, 토양보전, 배수, 가로등, 도시수도, 주택, 하수도, 도시재개발의 목적을 갖는 특별구도 있다.

특별구에 있어서는 대개 Commissioner, Director, Supervisor 등으로 호칭되는 3~7명 정도의 이사들로 구성된 이사회(Board)를 구성해서 운영하는 것이 보통인데, 이때 이사의 선출방식은 주민직선에 의하거나 주정부를 비롯한 각종 각급 정부의 의회에 의해 임명하는 경우가 있다.

6 주정부와 지방정부와의 관계

지방단체는 각종 업무분야에서 광범한 자유재량권을 가지고 기능을 수행한다.

그러나 법적으로는 지방단체는 어디까지나 '주의 창조물'로서, 그 존립 자체가 주의 의사에 의존한다.

최근에는 사회 · 경제 정세의 변화와 그에 따른 행정수요의 변동에 따라 지방단체의 소관사무이던 교육, 사회복지, 도로 등의 분야에서 주가 최종책임자의 입장에서 적극적인 관여를 하고 있다. 주는 그의 입법을 통하여 지방단체의 설치와 폐지, 그 권한의 부여와 박탈을 행한다. 그 입법은 일반법 또는 특별법의 제정으로 행해지는데, 오늘날에는 특별법의 제정을 극히 제한하고 있다.

지방단체에 대한 주의 행정상의 통제수단으로는 조언·정보제공(Advice and Information), 보고(Report), 재정원조(Financial Assistance), 표준설정·검사(Standard and Inspection), 심의·승인(Review and Approval), 임면(Appointment) 및 지휘명령(Directives) 등을 사용하고 있다.

제16장

유럽 대륙계 국가의 지방자치제도

16.1 프랑스의 지방자치제도

1 개요

프랑스의 면적은 55.2만km^2, 인구는 5,950만 명이다. 프랑스는 시민혁명을 거쳐 1800년에 나폴레옹에 의하여 형성된 중앙집권적 지방제도를 오랜 기간 유지하여 왔다.

1980년대에 이러한 전통적인 지방제도를 개혁하여 지방분권화를 촉진하려는 움직임이 활발해져, 1982년 3월에 이른바 지방분권법(정식명칭 : Commune, Department 및 Région의 권리와 자유에 관한 법률)이 제정되어, 지방제도의 새 시대가 시작되었다.

이어 1983년의 이른바 신권한배분법(정식명칭 : 국가와 지방간 사무권한의 재배분에 관한 법률)과 신지방공무원법(정식명칭 : 지방공무원의 신분규정의 정비에 관한 법률)에 의하여 기능배분과 지방인사제도가 개편되었다.

그 외에 이른바 신지방선거법(정식명칭 : 지방공선직 신분규정의 재편성에 관한 법률)과 신지방재정법(정식명칭 : 지방재정제도의 재편성에 관한 법률) 및 주민참여제도 등의 입법화로 지방제도의 모든 측면에서의 개혁이 단행되었다(최창호, 2009:741-2).

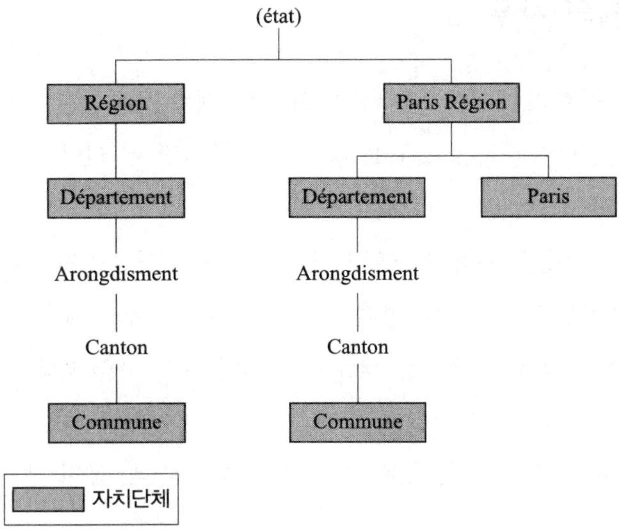

<그림 16-1> 프랑스의 지방자치제도

2 지방자치단체의 계층구조와 종류

1982년부터 프랑스의 지방자치제도는 레죵(Region)이 지방영조물법인(tablissement Public Territorial)에서 보통지방자치단체(Collectivitéterritoriale)로 변경됨에 따라 지방자치단체의 계층구조가 레죵(Region), 데빠르뜨망(Départments), 꼬뮨(Communes)의 3계층제가 되었다(〈그림 16-1〉 참조). 레죵의 인구 규모는 100~200만 명이고, 데빠르뜨망의 인구 규모는 25~50만 명이다. 꼬뮨의 인구규모는 보통 5,000명 이하이며, 700명 이하인 꼬뮨도 70% 정도이다(山下 茂, 1992:59-60). 한편 최소기초자치단체인 꼬뮨과 데빠르뜨망 사이에는 보조적 행정단위로 아롱디스망(Arongdisment)이 있으며, 아롱디스망과 꼬뮨 사이에는 선거구의 기능을 가진 구역인 깡똥(Canton)이 있다. 그 외 특별지방자치단체로서 꼬뮨 조합(Les Syndicats de Communes), 특별구(Les Districts), 도시공동체(Les Communauts Urbaines) 등을 두고 있다(김영종, 2000:543-4).

프랑스의 지방제도는 빠리 레종(Paris Région)을 포함하여 전국을 26개의 Région으로 나누고, 이를 다시 100개의 데빠르뜨망(Département)으로 나누며, 그 밑에 전국 약 36,763개의 꼬뮨(Commune)이 있다(최창호, 2009:742).

3 지방자치단체의 사무

프랑스의 전 국토는 빠리 레죵을 포함하여 26개의 레죵으로 분할되어 있다. 레죵은 본래 법인격 없는 행정기관에 불과하였으나 1982년 '지방분권법'에 의한 지방제도개혁으로 지방자치단체의 지위를 획득하여 광역자치단체가 되었다.

레죵은 지역적 협소성을 극복하고 광역적인 행정수요에 대응하기 위해 2~8개의 데빠르뜨망을 하나의 지역 단위로 묶어 설치하였다. 지방자치단체로서의 레죵이 담당하는 사무는 경제적 · 사회적 · 위생적 · 과학적 업무와 국토의 정비와 같은 광역행정 업무가 주류를 이루고 있다.

데빠르뜨망은 꼬뮨의 예산 승인, 꼬뮨 간의 관계, 고속도로, 공적 부조, 사회복지 및 한정된 공교육에 관한 업무를 수행한다.

꼬뮨은 주민생활과 직결된 상공업, 도로 건설, 환경, 청소, 위생 및 민생과 관련한 서비스 업무를 수행하고 있다.

4 지방자치단체의 기관구성과 내부조직

1) 레죵(Région)

1986년 법률 개정으로 주민 직선에 의해 레죵 의회가 구성되어 의회 중심으로 자치단체가 운영되고 있으며 레죵 의회 의장이 실질적으로 집행권을 행사하고 있다. 레죵에서는 지방장관을 두어 중앙정부의 각 부처를 대표하고 있으며, 국가가 임명한 지방장관은 레죵에 대하여 중앙정부의 행정적 통제를 행사하고 있다.

2) 데빠르뜨망(Département)

데빠르뜨망은 의결기관으로 지방의회가 있으며 의원은 칸톤 단위로 1구 1인씩 선출된다. 임기는 6년으로 3년마다 절반씩 개선된다. 1982년 이후 지사제도가 폐지됨으로써 의회의장이 데빠르뜨망의 집행기관 수장이 되었다. 의회에는 4~7명으로 구성된 상설위원회가 설치되어 의회의 위임을 받아 행정 업무를 감독하는 역할을 수행하고 있다. 데빠르뜨망 의회의 장은 의회의 의결을 준비하고 그것을 진행할 뿐만 아니라 데빠르뜨망 지방자치단체의 집행기관의 장으로서의 지위도 갖는다. 의장 밑에 행정 업무를 집행하는 국 · 과가 설치되어 있으며 의장은 의회에 의하여 3년 임기로 선출된다.

레죵에서처럼 중앙정부의 업무를 처리하기 위해 데빠르뜨망에도 지방장관을 두고 있다. 중앙정부에서 임명하는 지방장관은 국가적 이익의 확보, 공공질서의 유지, 지방자치단체의 감독 및 국가지방일선관서의 지휘 등의 기능을 수행하며 데빠르뜨망 의회에 출석하여 의견을 진술할 수 있다.

3) 꼬뮨(Commune)

꼬뮨은 프랑스에 있어서 가장 기본적인 기초자치단체로서 약 3,600개 정도가 있으며 평균 인구 1,400~1,500명 정도로서, 우리의 읍 · 면과 유사한 자치단위이다.

꼬뮨에 있어서 의결기관으로는 주민이 직접 선출하는 꼬뮨의원으로 구성된 의회가 있으며, 집행기관으로는 꼬뮨의회에서 선출된 메에르(Maire)가 있다. 메에르는 시장과 같은 역할을 수행하며 꼬뮨의 대표자인 동시에 국가의 하부 행정기관으로서의 지위를 겸하고 있다.

꼬뮨의회는 꼬뮨의 인구규모에 따라 9명에서 37명의 의원들로 구성되며 의원의 임기는 6년이다. 집행기관인 메에르는 자치의회의 의원 중에서 호선에 의해 선출되며 꼬뮨의 대표이자 의회의장이 된다. 한편 메에르의 보조기관으로 꼬뮨의 규모에 따라 1~12명의 보조역을 둘 수 있는데 의원 중에서 호선되며 임기는 메에르와 마찬가지로 6년이다.

4) 특별지방자치단체

1992년 「공화국 지방행정에 관한 기본법」이 제정되어 지방자치단체간의 협력 임무와 발전을 위한 연구를 총괄하고, 지방간 협력을 위한 광역기초계획안을 수립하여 자치단체간의 협력과 이해관계를 조정할 특별지방자치단체의 설립을 규정하고 있다. 광역적 지방행정 업무를 원활하게 수행하도록 하기 위하여 「꼬뮨 공동체」, 「신도시 조합」, 「도시간공동체」가 새로 만들어져서 기존의 지방협력체인 「꼬뮨조합」, 「디스트릭트」, 「새지역 공동체」 등을 합하여 현재는 6종의 지역간 협력체가 있다(鄭再和, 2005:116-7).

5 중앙정부와 지방정부와의 관계

프랑스는 영국이나 미국과는 달리 본래 중앙집권적 경향이 강했기 때문에 지방자치단체에 대한 사전적 · 후견적 행정적 통제가 매우 강력하게 이루어졌다.

꼬뮨에 대한 행정적 통제를 살펴보면, 먼저 꼬뮨의회가 의결한 모든 결정들은 그것이 효력을 발휘하기 전에 데빠르뜨망 지방장관에게 송부되어 적법성을 심사받도록 하는 강력한 사전적 통제가 이루어졌다. 그러나 1982년 지방분권법이 통과하면서 지방자치단체의 의결, 결정, 처분 등이 즉시 집행력을 가지도록 함으로써 모든 사전적·후견적 감시를 원칙적으로 폐지하고 사후적 통제로 변경되었다.

지방자치단체에 대한 재정적 통제는 주로 데빠르뜨망 및 중앙정부에 의해 행해지는데 총괄출납관, 재무검사관(Inspecteur des Finances)이나 회계검사원(Cour des Comptes)이 꼬뮨의 재정집행의 통제를 맡고 있다. 이들은 꼬뮨의 회계기록을 수시 감독하는 권한을 가지며 회계검사원은 매년도 결산을 검사한다. 여기에다 꼬뮨의 예산은 데빠르뜨망 지방장관의 승인이 있어야 한다. 한편 데빠르뜨망에 대한 통제는 집행기관인 지방장관의 임명과 중앙정부의 내무장관에 의한 데빠르뜨망의 행정집행에 대한 통제권의 행사를 통해 이루어진다. 데빠르뜨망의 예산 또한 내무장관의 승인을 얻도록 되어 있다(김영종, 2000:548).

또한 1982년 법에서는 새로이 레죵회계원(Chamber Régionale des Domptes)이라는 기관이 설치되어 지방자치단체에 대한 재정적 통제를 하고 있다. 레죵회계원은 지방자치단체의 예산의 제출 및 채택에 있어 보다 명확한 조건의 규정, 회계관이 행사하는 통제의 강화, 관리통제의 설치 등을 목적으로 하여 설치되었기 때문에 지방자치단체에 대한 행정적 통제는 완화되었지만 재정적 통제는 오히려 강화되었다고 할 수 있다.

16.2 독일의 지방자치제도

1 개요

통일된 독일은 16개 주(서독지역 11개 주, 동독지역 5개 주)로 구성되어 있는 연방제국가로서 각 주는 주헌법, 의회, 정부 및 법원을 독자적으로 관할하고 국방·외교 등 국가적 통일성을 필요로 하는 기능 이외에는 각 주정부가 반주권(Semi−Sovereign)적 권력을 행사하고 있다. 따라서 지방자치제도도 독일을 구성하고 있는 16개의 주헌법에 모두 다른 조항으로 다루어지고 있다. 미국의 연방헌법에는 지방자치에 관한 아무런 규정이 없는 것과는 대조적으로 독일기본법(Basic Law)에서는 지방자치의 원칙을 천명하고 있다. 즉, 독일기본법 제28조 ②항은 "시 · 읍 · 면(Gemeinde)은 법률의 범위 안에서 그 지역사회(Local Community)의 모든 사무를 자기책임하에 규제할 권리를 갖는다"라고 규정하고 있으며, 한걸음 더 나아가서 지방자치단체의 재정자치권을 보장하기 위해서 연방정부와 주정부가 징수하는 가장 중요한 세목의 일정 부분을 지방자치단체가 할애받도록 헌법으로 보장하고 있다(조창현, 2005:459).

연방제국가에 있어서 지방자치단체는 주의 창조물로서 주입법에 따라 많은 영향을 받게 되는데, 독일 연방의 기본법에는 지방자치단체로서 크라이스(Kreis)와 게마인데(Gemeinde)가 예시되어 있기 때문에 이 두 가지가 보편적인 지방자치단체로 되어 있고, 그 외에 크라이스프라이 슈타트(특별시 : Kreisfreie Stadt)가 크라이스와 동격의 지방자치단체로 되어 있다.

2 지방자치단체의 계층구조와 종류

독일의 지방자치단체는 2계층구조로 되어 있다. 광역자치단체로서 크라이스(Kreis), 기초자치단체로서 게마인데(Gemeinde)가 있으며, 크라이스프라이 슈타트(Kreisfreie Stadt)라는 특별시가 있는데 예외적으로 1계층구조를 채택하고 있다(〈그림 16-2〉 참조).

기초자치단체인 게마인데는 거의 모든 권한을 가지고 있는 데 비하여, 광역자치단체인 크라이스는 한정적 자치권만을 가지고 있다. 그러나 최근에는 행정수요의 대규모화에 따라 규모가 작은 게마인데의 행 · 재정력의 한계 때문에 크라이스의 역할이 커지고 있다. 그리고 크라이스는 각 게마인데간의 행정의 통일성을 확보하는 데 있어서도 큰 역할을 하고 있다.

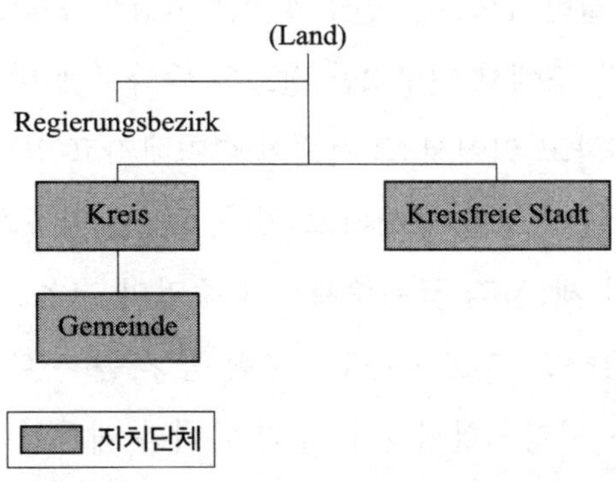

<그림 16-2> 독일의 지방자치제도

3 지방자치단체의 사무

1) 크라이스(광역자치단체)

크라이스는 게마인데의 연합체인 동시에 그 자체가 지방자치단체로서, 그 구역 안에는 크라이스프라이 슈타트(특별시)를 제외하고 많은 게마인데를 갖고 있다.

연방기본법에서 게마인데는 전권한성(광범위한 권한)을 보장받고 있는데 비하여, 크라이스는 그러한 권한보장을 받지 못하고 있으며, 기초자치단체인 게마인데에 대한 보완적 역할을 행한다. 크라이스는 지방자치단체인 동시에 국가의 하급 행정기관이다. 따라서 크라이스는 연방 및 주의 위임사무도 처리한다. 크라이스의 사무는 의무적 사무와 임의적 사무로 나누인다.

의무적 사무로는 게마인데가 제1차적 권한을 가지는 사항을 제외한 공공질서유지, 중등 및 직업학교, 주택, 보건 · 위생, 각종 사회보험 등을 들 수 있다.

임의적 사무로는 게마인데의 구역을 넘는 광역적 사무, 게마인데의 능력으로써는 처리할 수 없는 보완적 사무, 게마인데 간 조정적 사무가 있다. 광역적 사무로는 근교교통기관의 정비 · 경영, 에너지 및 용수의 배급 등을 들 수 있고, 보완적 사무로는 박물관, 도서관, 보육원, 병원, 폐기물처리 등이 있으며, 조정적 사무는 주로 게마인데에 대한 재정상 원조의 형태를 취하고 있다.

2) 게마인데(기초자치단체)

게마인데는 연방기본법이 정하는 기초적 지방자치단체로서 광범위한 자치권을 보장받고 있다.

게마인데 가운데 일정한 인구 이상의 도시적인 단체를 시(Stadt)라고 호칭하고 있으나 그것은 법적 명칭이 아니다. 일반적으로는 인구 4~8만 이상의 슈타트가 크라이스프라이 슈타트로 승격하나, 근래에는 각 주에서 인구 2만 정도의 슈타트에 대해서도 크라이스프라이 스타트에 유사한 지위를 부여하고 있어서 그 기준이 희미해지고 있다.

게마인데는 가장 광범위한 기능을 수행하고 있다. 즉, 지역사회의 대부분의 사항을 관장하고 있어서, 행정서비스의 제1차적 급부주체로서 주민의 교육, 사회, 교통 · 운수, 소방 등 광범한 서비스 업무를 수행하고, 도로 · 가로 · 공원 등 각종 시설을 건설 · 유지 · 관리하며, 토지이용계획 · 건축계획을 책정 · 실시한다. 뿐만 아니라 게마인데는 주로부터 많은 사무를 위임 받아 처리한다. 이것은 게마인데가 국가적 통치기구의 일환으로 존재하고 있음을 뜻하는 것이다.

크라이스로부터 독립한 크라이스프라이 스타트는 크라이스와 게마인데의 기능을 함께 수행하기 때문에 그 소관사항은 더욱 넓다고 할 수 있다.

4 지방자치단체의 기관구성과 내부조직

1) 크라이스(Kreis)

크라이스에는 주민의 대표기관으로서 의결기관인 의회, 합의제 행정기관인 이사회, 집행기관으로서 국가의 하급 행정기관의 장을 겸하는 수장, 실질적인 집행기관인 관리인 등의 기관이 있다. 이러한 조직 구성은 주에 따라 다양한 형태를 보이고 있다(최창호, 2009: 747-8).

(1) 의회(Kreistag)

소속 게마인데의 주민에 의하여 선출된 의원에 의하여 구성되며, 그 의원 중에서 선출되는 수장이 그 의장이 된다. 의원의 임기는 5년이다. 의회는 크라이스의 최고기관으로서 중요사항에 대한 기본적 결정을 행한다.

(2) 이사회(Kreisausschu β)

일반적으로 의회가 선출되는 위원 및 수장으로 구성되며, 임기는 의회의원의 임기와 같다. 이사회는 의회 회의의 준비를 행하며, 관리관이 행하는 일상적 업무처리 및 의회가 배타적으로 유보하고 있는 권한 이외의 사항을 결정하는 권한을 가진다.

(3) 수장(Landrat)

집행기관의 장으로서 의회의장 및 이사회장이 됨과 아울러 국가의 하급 행정관청이 된다. 그 선임에는 주민직선방식(Bayern주), 의회선출방식(기타 주), 주의회의 동의를 얻어 국가가 임명하는 방식(Schleswig-Holstein주), 주의회의 동의를 얻어 주가 임명하는 방식(Schleswig-pfalz주, Saarland주) 등 여러 가지 방식이 있다.

(4) 관리인(Overkreisdirektor)

일반적으로 의회에 의하여 선출되는데, 그가 국가의 하급 행정관도 되기 때문에 주정부의 인증을 필요로 한다. 관리인은 의회에 출석하며 일상적 행정사무, 이사회에 의하여 위임된 사무, 의회와 이사회의 회의준비 및 결정사항의 집행의 업무를 수행한다.

2) 게마인데(Gemeinde)

게마인데는 기관구성형태가 의결기관과 집행기관을 명확하게 구분하고 있지 않는 것이 특징이다. 의결기관이 입법기능과 집행기능을 동시에 수행하는 통합형도 있고, 양 기관이 구별은 되지만 집행기관이 한정된 범위 내에서 입법기능을 수행하는 경우도 있다. 크라이스처럼 주에 따라 다양한 형태의 기관구성과 내부조직이 편성되어 있다.

(1) 이사회형(Magistraverfassung)

주민에 의하여 선출되는 대의원회가 중요사항을 결정하고, 그 대의원회가 선출하는 의장으로서의 수장 밑에 명예직 · 전임의 위원으로 구성되는 이사회(참사회:Magistrat)가 집행기능을 수행하는 형이다. 이사회 위원도 대의원회에서 선출하며, 보통 6~12명이다. 현재 Hessen주 및 Schleswig-Holstein주의 큰 게마인데와 Brenerhaven시에서만 이 형을 채용하고 있다.

(2) 수장형(Bürgermeisterverfassung)

의회에 의하여 선출되는 수장이 의회의 의장인 동시에 집행기관으로서 중요한 기능을 수행하는 형이다. 수장은 의회의 위법한 의결에 대하여 거부권을 행사할 수 있으며, 국가로부터 위임된 사무도 집행한다. 현재는 Rheinland-Pfalz주 및 Saarland주와 Schleswig-Holst ein주 및 Hessen주의 작은 게마인데에서 이 형을 채택하고 있다.

(3) 남독일의회형(Süddeutsche Ratsverfassung)

법적으로는 평의회(Rat)가 입법기관인 동시에 집행기관인 형이다. 그러나 민선의 수장이 평의회 의장으로서 평의회의 명에 의하여 집행기능을 수행하며, 평의회의 위법한 의결에 대한 거부권, 긴급처분권 등 강력한 권한을 행사한다. 현재 Bayern주 및 Baden-Württemberg주에서 이 형을 채택하고 있다.

(4) 북독일의회형(Norddeutsche Ratsverfassung)

의결기관인 동시에 집행기관인 평의회와 평의회 의원의 호선에 의하여 선출되는 평의회

의장인 수장이 있으나, 실질적인 집행권은 그 평의회에 의하여 선출되는 관리인(Gemeindedirektor)에 있는 형이다. 현재는 Nordrhein-Westfalen주 및 Niedersachsen주에서 이 형을 채택하고 있다.

(5) 총회형(Gemeindeversammlung)

주민으로 구성되는 총회가 입법기능과 집행기능을 수행하는 형이다. 현재 Baden-Württemberg주, Hessen주, Niedersachsen주 등의 인구 200명 이하의 Gemeinde에서 이 형을 채택하고 있는데, 그 수는 점차 감소하고 있다.

3) 특별지방자치단체

(1) 목적조합(Zweckverband)

특정의 사무를 일체적으로 처리하기 위하여 복수의 게마인데가 모여 결성하는 조합으로 공법상의 사단(社團)이다. 관계 게마인데의 임의적 협의에 의하여 설치되는 것이 일반적이나, 특별한 법률에 근거하여 설치되는 경우도 있다.

(2) 게마인데조합(Samtgemeinde, Amt)

특정사무가 아니라 게마인데의 사무의 일부 또는 전부를 공동적으로 처리하기 위하여 설치되는 독일 특유의 지방자치단체이다. 게마인데와 크라이스의 중간에 설치되어, 약소한 게마인데의 행정능력을 보완한다. 현재 5개 주에서 이를 채택하고 있다. 보통 게마인데의 회계 · 결산 사무가 이에 의하여 공동 처리되고 있으며, 그 외에 게마인데의 행정능력을 넘는 많은 사무가 조합에 위임되고 있다. 연합체의 내부조직은 크라이스의 그것과 대체로 비슷하다(鄭再和, 2005:115).

(3) 광역조합(Bezirkverband, Landschaftsverband)

각 주에 보편적으로 존재하는 것도 아니고, 그 성격이 자치단체인 것도 있고, 자치단체의 연합체에 불과한 것도 있다. 어느 것이든 일정한 자치권이 부여되고 있으나, 이른바 전권한성은 인정되지 않고 제한 열거된 사무만을 처리한다. 그 내부조직으로는 의회, 이사회, 수장이 있다.

5 정부간의 관계

1) 연방정부와 지방정부와의 관계

독일은 연방제국가이기 때문에, 정부간 계층이 단일국가의 경우보다 더 많다. 흔히 5계층제(Five Tier System)라고 하는데, ① 연방정부, ② 주정부, ③ 주행정구(Regierungsbezirke), ④ 크라이스, ⑤ 게마인데로 구성되어 있다.

연방정부는 그 기능을 위해서 극히 제한된 지방관서를 설치하게 되는 데에 그치고, 연방사무를 지방자치단체에 위임하는 경우란 거의 없기 때문에 지방자치단체에 관한 직접적인 관여는 없다. 다만 연방헌법 제28조에서 모든 지방자치단체는 "법률의 범위 내에서 모든 지역공동체의 공공사무를 자기 책임하에 규제할 권리"를 보장받는다고 규정하고 있고, 모든 지방자치단체는 "보통·직접·자유·평등·비밀선거를 통한 대의제도"를 가져야 한다고 규정함으로써 지방자치제도를 직접 시행하는 각 주의 지방자치제도에 대한 책임을 분명히 하고 있다. 이러한 의미에서 연방정부는 지방자치단체에 직접적 간섭이나 관계는 갖지 않는다고 할 수 있겠지만 연방헌법재판소의 판결을 통한 간접적인 통제는 있다고 보아야 할 것이다.

2) 주정부와 지방정부와의 관계

(1) 주정부와 크라이스와의 관계

크라이스는 주정부의 사무를 집행하는 최하급의 기구이다. 따라서 그들은 주정부에 의하여 위임된 사무를 수행하며, 이러한 업무집행에 따르는 지휘와 감독을 주정부의 광역사무소(Regierungbezirk) 책임자인 광역행정관(Regierngbezirkpräsident)으로부터 받게 된다.

그러나 여기서 주정부의 대표인 지역행정관의 크라이스에 대한 감독이 위임사무에 대해서는 좀더 구체적·기능적인 감독인데 비해서 지방자치단체의 고유사무에 대해서는 단지 합법성(Rechtsaufsicht)의 보장에 국한한다.

(2) 주정부와 게마인데와의 관계

각 주정부에서는 내무성이 지방자치를 주관하며, 연방정부에서는 내무성이 지방제도에 관한 일반적·총괄적 사항을 관장한다.

게마인데에 대한 감독청은 크라이스이며, 게마인데에 대한 감독에는 일반(법적)감독과 특별(사항)감독이 있다. 일반감독은 신고 및 문서제출의 요구, 게마인데의회 등의 위법한 결의에 대한 이의제기, 집행기관의 위법명령에 대한 취소 또는 의무불이행에 대한 대집행 등을 통하여 행해진다. 이때에 게마인데의 임의사무나 법정사무에 있어서는 감독청은 적법성 판단 뿐만 아니라 합목적성 판단도 하게 된다.

(3) 크라이스정부와 게마인데정부와의 관계

크라이스정부의 기본적인 기능 중의 하나가 구역 내 기초자치단체간의 행정적 · 재정적 서비스의 균형을 확보하는 데 있으므로, 이러한 맥락에서 크라이스정부가 구역 내의 게마인데에 대하여 감독과 감시를 행하는 것은 불가피하다.

뿐만 아니라 구역 내의 군소 게마인데가 기능적으로 단독집행하기에 불가능한 사무는 크라이스가 개별적으로 영세한 자원을 결집시키는 역할을 담당하게 됨으로써 크라이스의 감독책임은 더욱 무거워지고 있다고 할 수 있다.

제17장

아시아계 국가의 지방자치제도

17.1 일본의 지방자치제도

1 개요

일본의 지방자치제도는 세계 제2차대전 후 미국이 점령하면서 영・미식의 주민자치체가 도입되어 지방분권이 이루어지게 되었다. 1947년에는 지방자치법이 공포되고 새 헌법이 제정되어 현대적인 지방행정제도를 갖추게 되었다. 국가행정구역에 불과하던 부・현을 자치구역으로 변경시키고 관치적 성격을 띠고 있던 중간자치단체로서의 군을 폐지하였다. 1990년대 들어서면서 대대적인 분권적 개혁을 추진하였다. 1993년에는 선거구제도의 개정, 규제완화와 지방분권이 개혁 과제로 등장하였고, 1995년에는 '지방분권 추진위원회'를 구성하여 여러 차례 권고안을 중앙정부에 제출하였다. 그 결과 1999년에는 '지방분권의 추진을 위한 관계 법률의 조정 등에 관한 법률(지방분권일괄법)'을 제정하여 기관위임사무를 폐지하고 중앙통제방식을 정비하는 등 적극적인 분권적 개혁을 추진하였다. 2000년대에 들어서서는 지방자치단체의 행・재정력을 제고시키기 위해 시・정・촌 합병을 적극 추진하여 2007년까지 완료하였다.

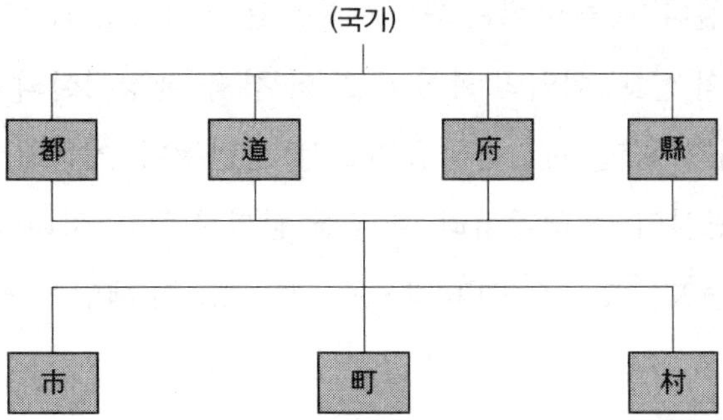

<그림 17-1> 일본의 지방자치제도

2 지방자치단체의 계층구조와 종류

일본의 지방자치 구조는 중앙정부(국가) 밑에 1개의 도(都), 1개의 도(道), 2개의 부(府), 43개의 현(縣)이 있고 그 밑에 시 · 정 · 촌(市 · 町 · 村)이 있는 2계층구조를 채택하고 있다(〈그림 17-1〉 참조).

도시 중 수도 도쿄(東京)는 '도(都)'로서 부 · 현과 대도시의 성격을 동시에 가지고 특별한 조직 및 기능을 가지고 있다.[1] 또한 도시 중 오사카(大阪)와 쿄도(京都)는 '부(府)'로서 현으로부터 독립되어 있다. 나머지 도시 중에도 인구 50만 이상의 시는 정령(政令)에 의한 지정도시(指定都市)로서, 인구 30만 이상의 시는 정령(政令)에 의한 중핵시(中核市)로서, 인구 20만 이상의 시는 정령(政令)에 의한 특례시(特例市)로서, 일반 시와는 달리 도 · 도 · 부 · 현으로부터 일정한 사항에 관하여는 독자적으로 업무수행을 할 수 있다.

3 지방자치단체의 사무

1) 도 · 도 · 부 · 현의 사무

도 · 도 · 부 · 현(都 · 道 · 府 · 縣)은 시 · 정 · 촌(市 · 町 · 村) 활동을 지도 · 감독 · 조정 ·

1) 東京都는 23特別區와 市部, 郡部(市町) 및 島嶼部(町村)를 포괄하여 西·南·北多摩의 3 지방사무소와, 大雁, 三宅, 八丈의 3지청을 설치하고 있다.
東京都政은 ㉠ 特別區지역에 대해대도시행정을 시행함과 동시에, ㉡ 都의전구역에 대해서는 일반 府 · 縣과 마찬가지로 부 · 현행정을 시행하고 있다.
東京의 발전은 종전후 괄목할 만한 것이 되었고, 많은 문제를 야기하였다. 현재 수도권정비법에 의거하여 정부에는 국무대신을 위원장으로 하는 수도권정비위원회가 설치되어 있다.

보완하는 기능을 담당한다. 오늘날에는 광역시정촌권 사업이 많이 전개되고 있는바, 광역시정촌권의 사업은 주민의 선호, 이익의 확산, 규모의 경제, 행정시설의 입지 등을 기준으로 하여 상하수도, 가스 · 전기, 공업용수, 공업용지조성, 항만정비, 지하철, 도매시장, 경기장 · 박물관, 소방, 공원 · 관광사업, 쓰레기처리, 화장장 등의 사무를 처리하고 있다. 특히 경찰은 국가경찰을 제외하고는 도 · 도 · 부 · 현(都 · 道 · 府 · 縣)의 책임이다.

2) 시 · 정 · 촌의 사무

지방자치단체간 사무배분은 1947년의 지방자치법 규정에 따라 열거적인 개괄수권방식을 채택하고 있어, 시 · 정 · 촌(市 · 町 · 村)은 순수한 고유사무 이외에 국가의 법정수탁사무를 집행한다. 시민과 직결되는 지방자치단체인 시 · 정 · 촌에 대해서 지방자치법 제2조 ④항은 도 · 도 · 부 · 현이 처리하도록 되어 있는 사무 이외의 모든 사무를 처리하도록 규정하고 있다. 시 · 정 · 촌(市 · 町 · 村)의 고유사무로서는 자치재정사무, 주택건설, 시 · 정 · 촌(市 · 町 · 村) 도로건설, 병원, 보건소, 쓰레기 처리, 공영기업 등이 있다.

4 지방자치단체의 기관구성과 내부조직

1) 도 · 도 · 부 · 현

일본의 모든 지방공공단체는 기관구성은 기관대립형을 채택하고 있으며, 지방의원뿐 아니라 자치단체의 장도 주민이 직접 선거하고 있다.

도 · 도 · 부 · 현의 의회는 주민이 직접 선출하는 의원으로 구성되고, 의원의 정수는 인구비례에 따라 40~120명으로 그 임기는 4년이다.

의회는 의결기관으로서 조례의 제정, 예산의 결정, 예산의 인정, 지방세 · 사용료 · 수수료 등의 부과 · 징수 등에 관한 의결을 그 임무로 한다. 의회에는 의원 중에서 의장과 부의장 각 1인을 선거로 선출하며, 임기는 의원의 임기에 따른다.

도 · 도 · 부 · 현의 집행기관의 장인 지사는 주민의 직선에 의해 선출되는 임기 4년으로 지방자치단체장으로서 지방공공단체를 대표 · 통할하는 지위를 갖는다. 또한 지사는 자치단체의 집행기관으로서의 성격과 동시에 국가기관으로서의 성격을 갖기 때문에 그 권한의 일부를 하급기관인 시 · 정 · 촌장에게 위임할 수 있고, 시 · 정 · 촌장의 사무집행에 대해 취소 · 정지 · 지도 및 시정 요구를 할 수 있다.

도·도·부·현에는 지사의 보조기관으로 부지사 1인과 회계사무처리를 위한 출납장(出納帳)을 두고 있다. 이들의 임기는 4년이며, 의회의 동의를 얻어 지사가 선임한다. 그 외 행정위원회제도를 도입하여 교육위원회, 선거관리위원회, 인사위원회, 공평위원회, 지방노동위원회, 수용위원회, 해구어업조정위원회, 내수면어장관리위원회와 감사위원회를 두어 지사의 업무를 보완하고 견제할 수 있도록 하고 있다.

2) 시·정·촌

(1) 의회

시·정·촌(市·町·村)에는 의결기관인 의회와 집행기관인 장과 각종 위원회가 있다. 예외적으로 정·촌(町·村)의 경우에는 조례로서 선거권자 총회를 둘 수 있으나 실제는 채택하고 있지 않다. 의장과 부의장은 의원 중에서 선거되며, 임기는 의원의 임기(4년)에 따른다. 의원의 정수는 지방자치법에서 상한선을 정하고 주민의 수를 고려하여 조례로서 규정하도록 하고 있다. 지방자치법은 의원 정수를 시의 경우는 30~100명, 정과 촌의 경우는 12~30명 사이로 규정하고 있다.

의회의 정례회는 연간 4회 이내이며, 의원정수의 4분의 1 이상으로부터 임시회의 소집 요청이 있을 때에는 자치단체의 장은 이를 소집하지 않으면 안 된다.

또한 의회는 지방의원 3분의 2 이상의 출석과 4분의 3 이상의 찬성으로 단체장에 대한 불신임을 의결할 수 있다.

(2) 시·정·촌장과 보조기관

시·정·촌(市·町·村)장은 주민의 직선에 의하여 선출되며 그 임기는 4년이나, 시·정·촌(市·町·村)장은 지방자치단체기관이면서 국가기관이라는 이중적인 지위를 가지고 있어, 자치기관의 지위에서는 의회의 의결사항을 집행하고, 소속공무원들을 지휘·감독하며, 의회의 소집과 의안의 제출권 등을 갖고 있다. 반면에 국가기관의 지위에서는 상급자치단체나 국가의 위임사무를 처리하게 되는데, 이 때에는 도·도·부·현(都·道·府·縣)의 지사나 중앙정부 대신(大臣)의 통제를 받으며 의회는 관여하지 않는다. 의회가 단체장에 대한 불신임 의결을 한 경우에 단체장은 그 의결의 통지를 받은 날로부터 10일 이내에 의회를 해산할 수 있다. 단체장이 동 기간 내에 의회를 해산하지 않거나 선거 이후 새 의회에서 3분의 2 이상의 출석과 과반수의 찬성으로 다시 불신임 의결을 받은 경우에는 그 직위를 상실한다. 시 · 정 · 촌(市 · 町 · 村)장은 보조기관으로서 조역을 둔다. 조역은 시 · 정 · 촌(市 · 町 · 村)장이 의회의 동의를 얻어 선임하고 임기는 4년이다.

(3) 행정위원회

1947년의 지방자치법에 의하여 지방제도에 행정위원회제도가 도입되었는데, 시 · 정 · 촌(市 · 町 · 村)은 교육위원회, 선거관리위원회, 인사위원회(또는 공안위원회), 농업위원회 및 고정자산평가심사위원회를 두어 시 · 정 · 촌(市 · 町 · 村)장을 보완 · 견제하도록 하고 있다.

3) 특별지방자치단체

(1) 특별구(特別區)

특별구는 일반 시와 동등한 지위를 가지지만, 그 권한과 기능에 있어서는 일반시와 달리 자치권이 제한된 전도적(全都的) 통제가 필요하지 않은 시민의 일상생활에 직결되는 사무, 예를 들면 교육, 사회복지, 도로, 구획정리 등을 처리함을 원칙으로 한다. 현재는 특별구가 동경도에 위치한 23개의 구로 제한되어 있다. 특별구에는 의회와 집행기관인 구장 · 위원회 등이 있고 의원은 60명 이내이며, 구장은 주민의 직선으로 선출된다(조창현, 2005:473).

(2) 재산구(財產區)

재산구는 엄격한 의미에서 지방자치단체라 할 수 없으나, 시 · 정 · 촌이나 특별구 내의 일부에서 공유지나 공공시설 등과 같은 재산을 가지고 있는 경우에 그 관리를 위한 목적으로 설치되는 단체이지만, 법인격을 부여받아 그 자체가 의결기관이나 집행기관을 가지고 있으며 재산의 이용 · 관리 · 처분 등에 있어서 자치권을 보유하는 특별지방공공단체이다. 현재 재산구의 대상이 되는 재산 혹은 공공시설에는 산림, 목축지, 묘지, 공회당 등이 있다.

(3) 지방공공단체조합(地方公共團體組合)

이는 두 개 이상의 지방자치단체에 해당하는 광역행정사무를 공동으로 처리하기 위해서 독자적인 법인격을 가진 자치단체를 설립하는 경우를 말한다. 조합은 사무의 종류에 따라 일부사무조합, 전부사무조합, 역장사무조합(役長事務組合)으로 나누어진다. 조합은 기존의 자치단체들의 법인격을 보유하면서 새로이 탄생하는 단체가 법인격을 취득한다는 점에서 합병이나 협의회의 구성과는 구별되며, 해당 사무에 대해서 의결권과 집행권을 가진다(鄭再和, 2005:113).

(4) 지방개발사업단

지방개발사업단은 신사업도시의 건설등과 같은 일정 지역의 개발계획의 수립, 구획정리, 토지취득 및 조성 공사의 진행 등의 종합적인 개발 업무를 추진하기 위해 두 개 이상의 지방자치단체가 공동처리 방식으로 구성하는 사업단체를 말한다.

5 중앙정부와 지방정부와의 관계

일본에서는 지방자치단체에 대하여 열거적 개괄수권방식을 취하면서, 조례의 제정 · 개폐 및 예산의 결정에 있어서 국가의 승인을 요하지 않는 등 중앙통제가 제도상으로는 강력하지 아니한 것이 특징이다.[2)]

그러나 국가 행 · 재정과 자치단체 행 · 재정간 관계의 긴밀화에 따라 자치단체에 대한 국가의 통제가 강화되어 왔다.[3)] 1999년의 지방분권화추진일괄법(地方分權化推進一括法)의 제정으로 기관위임사무가 폐지됨에 따라 국가의 관여방식이 자치사무와 법정수탁사무에 따라 정리되기도 하였으나, 여전히 중앙통제는 권력적인 통제에 의존하는 경향이 고쳐지지 않고 있다.[4)]

내각총리대신은 자치단체의 위법 · 부당한 처분에 대하여 그 시정 또는 개선을 위해 필요한 자치단체의 조치를 요구할 수가 있다.

17.2 타이완의 지방자치제도

1 개요

1949년 국민당 정부의 타이완 이전(移轉) 이후, 1950년에 지방자치의 여러 제도를 보완 ·

2) 山下 茂·谷 聖美 · 川村 毅, 比較地方自治(東京: 第一法規, 1992), p. 320.

3) 磯村英一 · 星野光男, 地方自治讀本(東京: 東洋經濟新報, 1986), pp. 72~73 ; 星野光男, 地方自治論(東京: ぎょうせい, 1982), pp. 94~99.

4) 이케가미히로마치(池上洋通), "일본의 지방분권개혁과 지방자치법 개정", 「자치의정」, 2000년 1 · 2월호, p. 61.

완성하고, 동년과 그 이듬 해에 걸쳐 지방선거를 실시하였으며, 그 후 여러 차례의 시(市) 제도의 변동을 거쳐 오늘의 자치제도를 형성하였다. 1987년에는 「성 · 현(省縣)자치법」을 제정하여 지방자치의 제도적 기반을 완성하였다.

중화민국의 헌법은 제11장에 무려 17개 조항을 두어 지방정부의 종류, 기관, 기능, 권한, 선거 등의 다양한 내용을 규정함으로써 지방자치의 중요성을 강조하고 있다.

뿐만 아니라 이 헌법 제10장은 중앙과 지방의 권한배분에 관해서 규정하고 있는바, 여기에도 5개 조항을 두어 중앙정부, 성정부, 현정부의 권한을 명시하고 있다. 예컨대 각급 지방정부는 법규를 만드는 입법권을 갖고 있으며, 경찰은 성(省), 교육은 현(縣)정부의 사무임이 분명히 규정되어 있다.

이러한 풍부한 헌법적 근거에 의하여 '직할시 자치법' 및 '성현자치법'은 헌법의 정신을 훨씬 구체적으로 제도화하는 데 크게 기여하고 있는바, 예를 들면 헌법에는 전혀 언급이 없는 향 · 진 · 시(鄕 · 鎭 · 市)라고 불리는 우리의 면 · 읍 · 시에 해당되는 기초자치단체를 인정하는가 하면 한 걸음 더 나아가 우리의 리 · 동에 해당하는 촌 · 리(村 · 里)의 장을 주민이 직선토록 하고 그들에게 응분의 보수를 지급하여 명실공히 풀뿌리 민주주의가 실현되도록 제도적으로 보장하고 있다.

2 지방자치단체의 계층구조와 종류

타이완은 중앙정부와 성 · 원직할시-현 · 성직할시-향 · 진 · 현직할시로 이루어진 3층제의 계층을 지니고 있다. 다만 한 가지 잊지 말아야 할 점은 지금의 타이완이라 불리는 국가는 그 공식명칭이 아직도 중화민국이므로, 지방정부의 계층과 종류도 중화민국이라는 거대한 대륙국가의 차원에서 구성되어 있는 것이다. 즉, 중앙정부는 타이완정부가 아니라 중화민국정부이고 타이완정부는 타이완이라는 성의 지방정부이다(조창현, 2005:480-2).

1) 성(Province) 및 원직할시(Province-Free City)

지금의 중화민국에 타이완성 말고 또 다른 성정부는 없으나, 본토의 복건성(福建省) 소속으로 되어 있는 킨멘현(Kinmen County)과 리엔치앙현(Lienchiang County)이라는 두 개의 현정부가 있다. 현재 이 본토의 복건성에 속했던 두 현은 대만성에 편입되지 않고 그대로 복건지역이라는 이름으로 분류되어 있다.

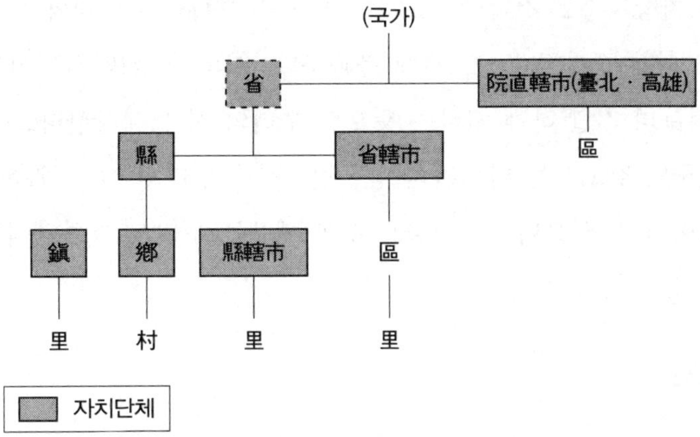

<그림 17-2> 타이완의 지방자치제도

그러다 보니 타이완은 지금 타이완지역과 복건지역으로 나눠서 복건지역에는 위에서 말한 두 개의 현정부가 있고 타이완지역이라는 분류아래 타이완성정부와 성과 동급의 두 원직할시정부가 있다. 여기서 원직할시란 우리의 특별시 또는 광역시에 해당하는 것으로서 성정부의 관할에서 벗어나 중앙정부 행정원(우리의 내각에 해당)의 직할 하에 있다는 뜻이다. 따라서 중화민국의 지방정부계층구조는 중앙정부 바로 밑으로 먼저 우리의 광역지방정부에 해당하는 타이완정부(Taiwan Provincial Government)와 원직할시인 타이페이시정부(Taipei Municipal Government)와 카오시웅시정부(Kaohsiung Municipal Government)가 있다(〈그림 17-2〉 참조).

2) 현(County)과 성직할시(County-Free City)

타이완성 밑으로 16개의 현(縣)과 5개의 성직할시(省直轄市)와 복건지역의 2개 현(縣)이 있는데, 역시 성직할시란 현정부의 관할에서 벗어나 성정부의 직할 하에 있다는 뜻이다. 형식상으로만 보면 우리의 시 · 군에 해당되나 그 규모나 인구로 보아서 우리의 시나 군으로 보기는 곤란하며, 오히려 타이완의 현과 성직할시는 우리의 시 · 도에 해당한다고 할 것이다. 그러면 위에서 말한 성 · 원직할시와 현 · 성직할시의 두 개의 광역자치정부가 있게 되는 셈이다.

3) 향 · 진 · 시(Village · Township · City)

현(縣) 밑으로 기초자치단체에 해당하는 향 · 진 · 시(鄕 · 鎭 · 市)가 있다. 여기서 향(鄕)

은 가장 농촌적인 지방정부로 전국에 228개가 있으며, 진(鎭)은 도시와 농촌의 중간적 지방정부로 전국에 63개이며, 시(市)는 28개에 불과하다. 시의 법적명칭은 현직할시(縣直轄市)인데 이 또한 현정부의 직할 하에 있다는 뜻으로 우리의 시에 해당한다고 할 수 있다. 심각한 인구격차로 인구만 갖고서는 타이완의 향 · 진 · 시가 우리의 어느 계층에 속한다고 단정하기는 곤란한 점이 없지 않으나, 그 기능으로 볼 때에는 우리의 기초단체인 시 · 군에 해당된다고 함이 옳을 것이다.

4) 기타 하부구조

향 · 진 · 시(鄕 · 鎭 · 市)의 하부구조로서 촌 · 리(村 · 里)가 있는데 전국적으로 7,569개나 된다. 그런데 이 촌 · 리는 도시지역에서는 리(里)라 하고, 농촌지역에서는 촌(村)이라고 해서 모든 지방자치단체가 촌 · 리로 분할되어 있는 것이다. 그런데 여기서 통속적인 자치정부는 향 · 진 · 시까지만 있고 촌 · 리는 단순한 행정단위의 성격이 짙다고 할 수 있다. 그러나 촌 · 리 장까지 지난 50년간 주민이 직접 뽑아 왔으며, 촌 · 리에도 사무소를 설치하고 촌 · 리 장은 정식 공무원의 봉급을 받고 있다는 점과 또한 헌법에는 현정부까지만 언급이 되어 있으나, 그 후속조치로 만들어진 두 개의 지방자치법(성현자치법과 직할시자치법)에는 촌 · 리의 기능과 조직에 관해서 명문화하고 있다는 점을 고려할 때, 촌 · 리는 단순한 행정단위가 아니라 상당한 정도의 자치활동을 한다고 보는 것이 보다 적절할 것이다.

3 지방자치단체의 사무

타이완은 삼민주의(三民主義)의 실현을 위한 제도적 장치의 하나로서 지방자치제를 시행하고 있기 때문에, 국가와 지방간의 기능은 그 성격에 기준하여 배분되어 있다. 즉, 국민에 의한, 국민을 위한, 국민의 정치를 이루기 위하여 전국적 성격(예 : 국방 · 외교 등)을 띤 사무는 국가에, 지방단체에 적합한 사무는 지방에 개별적 수권방식으로 배분되어 있다.

지방자치단체는 그 능력에 따라 자치사무를 처리한다. 다만 직할시와 타이완성은 국가로부터 많은 통제를 받고 있다(최창호, 2009:760).

4 지방자치단체의 기관구성과 내부조직

타이완 지방자치단체의 기관구성형태는 기관대립주의를 채택하고 있으며 집행기관의 구성방법은 자치단체의 종류에 따라 다르게 나타나고 있다(최창호, 2009:761).

의사기관으로서 성, 직할시, 현, 성할시에는 의회를 향, 진, 현할시에는 주민대표회를 두고 있는데, 그 의원(또는 대표)을 인구비례의 주민직선으로 선출하되, 여성과 산지동포의 이익을 의사에 반영하기 위하여 의원(또는 대표) 가운데 일정 비율의 여성 또는 산지동포의 대표자를 반드시 포함하도록 하고 있다.

지방자치단체의 장은 자치단체의 자치사무를 처리함과 동시에 국가 및 상급 지방단체의 사무를 위임받아 처리하며, 따라서 자치단체의 수장과 동시에 국가 · 상급단체 사무의 집행자라는 2중적 지위를 가진다.

자치단체장의 선임방법은 현, 성할시, 향, 진, 현할시의 경우에는 임기 4년으로 지역주민에 의하여 직접 선출되며, 성과 직할시의 장은 국가에 의하여 임명된다.

기관대립주의에 입각하여 ① 의회는 집행기관에 대하여 기본적인 의결권 외에 출석요구권, 의견진술권 및 행정동의권을 가지고, ② 단체장은 의회에 대하여 의회소집권, 의안제출권 및 재의요구권을 가진다. ③ 의회의 단체장불신임권과 단체장의 의회해산권은 인정하지 않고 있다.

5 중앙정부와 지방정부와의 관계

지방자치단체는 국가보위, 균형적 지방발전 등을 위하여 중앙정부 또는 상급 지방단체로부터 직 · 간접적인 통제를 받는다.

중앙정부에서는 통치권력이 행정 · 입법 · 사법 · 고시 · 감찰의 5권으로 분립되어 있기 때문에 여러 측면의 중앙통제가 행해지고 있으나 그 가운데 중요한 것은 행정적 통제와 입법적 통제이다.

중앙정부(또는 상급 지방단체)는 지방자치단체의 장에 대하여 임명권(임명제의 경우), 해직권, 면직권, 정직권, 사직심사권, 파원(派員)대리권, 명령 · 처분의 정지 · 취소권 등을 가지고 있으며, 지방의회에 대하여 의결사항의 심사권, 의결의 무효선포권, 의회해산권 등을 가지고 있다.

Appendix

부록

지방자치법

Appendix

지방자치법

제1장 총강(총강)

제1절 총칙

제1조(목적) 이 법은 지방자치단체의 종류와 조직 및 운영에 관한 사항을 정하고, 국가와 지방자치단체 사이의 기본적인 관계를 정함으로써 지방자치행정을 민주적이고 능률적으로 수행하고, 지방을 균형있게 발전시키며, 대한민국을 민주적으로 발전시키려는 것을 목적으로 한다.

제2조(지방자치단체의 종류) ① 지방자치단체는 다음의 두 가지 종류로 구분한다.[개정 2011.5.30][[시행일 2012.7.1]]

1. 특별시, 광역시, 특별자치시, 도, 특별자치도
2. 시, 군, 구

② 지방자치단체인 구(이하 "자치구"라 한다)는 특별시와 광역시의 관할 구역 안의 구만을 말하며, 자치구의 자치권의 범위는 법령으로 정하는 바에 따라 시 · 군과 다르게 할 수 있다.

③ 제1항의 지방자치단체 외에 특정한 목적을 수행하기 위하여 필요하면 따로 특별지방자치단체를 설치할 수 있다.

④ 특별지방자치단체의 설치 · 운영에 관하여 필요한 사항은 대통령령으로 정한다.

제3조(지방자치단체의 법인격과 관할) ①지방자치단체는 법인으로 한다.

② 특별시, 광역시, 특별자치시, 도, 특별자치도(이하 "시 · 도"라 한다)는 정부의 직할(直轄)로 두고, 시는 도의 관할 구역 안에, 군은 광역시, 특별자치시나 도의 관할 구역 안에 두며, 자치구는 특별시와 광역시, 특별자치시의 관할 구역 안에 둔다.[개정 2011.5.30][[시행일 2012.7.1]]

③ 특별시 · 광역시 및 특별자치시가 아닌 인구 50만 이상의 시에는 자치구가 아닌 구를 둘 수 있고, 군에는 읍 · 면을 두며, 시와 구(자치구를 포함한다)에는 동을, 읍 · 면에는 리를 둔다.[개정 2011.5.30][[시행일 2012.7.1]]

④ 제7조제2항에 따라 설치된 시에는 도시의 형태를 갖춘 지역에는 동을, 그 밖의 지역에는 읍 · 면을 두되, 자치구가 아닌 구를 둘 경우에는 그 구에 읍 · 면 · 동을 둘 수 있다.

제2절 지방자치단체의 관할 구역

제4조(지방자치단체의 명칭과 구역) ① 지방자치단체의 명칭과 구역은 종전과 같이 하고, 명칭과 구역을 바꾸거나 지방자치단체를 폐지하거나 설치하거나 나누거나 합칠 때에는 법률로 정한다. 다만, 지방자치단체의 관할 구역 경계변경과 한자 명칭의 변경은 대통령령으로 정한다. [개정 2009.4.1]

② 제1항에 따라 지방자치단체를 폐지하거나 설치하거나 나누거나 합칠 때 또는 그 명칭이나 구역을 변경할 때에는 관계 지방자치단체의 의회(이하 "지방의회"라 한다)의 의견을 들어야 한다. 다만, 「주민투표법」 제8조에 따라 주민투표를 한 경우에는 그러하지 아니하다.

③ 제1항에도 불구하고 다음 각 호의 지역이 속할 지방자치단체는 제4항부터 제7항까지의 규정에 따라 행정자치부장관이 결정한다. [개정 2009.4.1, 2010.4.15 제10272호(공유수면 관리 및 매립에 관한 법률), 2011.7.14, 2013.3.23 제11690호(정부조직법), 2014.6.3 제12738호(공간정보의 구축 및 관리 등에 관한 법률), 2014.11.19 제12844호(정부조직법)] [[시행일 2015.6.4]]

1. 「공유수면 관리 및 매립에 관한 법률」에 따른 매립지
2. 「공간정보의 구축 및 관리 등에 관한 법률」 제2조제19호의 지적공부(이하 "지적공부"라 한다)에 등록이 누락되어 있는 토지

④ 제3항제1호의 경우에는 「공유수면 관리 및 매립에 관한 법률」 제28조에 따른 면허관청 또는 관련 지방자치단체의 장이 같은 법 제45조에 따른 준공검사 전에, 제3항제2호의 경우에는 「공간정보의 구축 및 관리 등에 관한 법률」 제2조제18호에 따른 소관청(이하 "지적소관청"이라 한다)이 지적공부에 등록하기 전에 각각 행정자치부장관에게 해당 지역이 속할 지방자치단체의 결정을 신청하여야 한다. 이 경우 제3항제1호에 따른 매립지의 매립면허를 받은 자는 면허관청에 해당 매립지가 속할 지방자치단체의 결정 신청을 요구할 수 있다. [개정 2009.4.1, 2010.4.15 제10272호(공유수면 관리 및 매립에 관한 법률), 2011.7.14, 2013.3.23 제11690호(정부조직법), 2014.6.3 제12738호(공간정보의 구축 및 관리 등에 관한 법률), 2014.11.19 제12844호(정부조직법)] [[시행일 2015.6.4]]

⑤ 행정자치부장관은 제4항에 따른 신청을 받은 후 지체 없이 그 사실을 20일 이상 관보나 인터넷 등의 방법으로 널리 알려야 한다. 이 경우 알리는 방법, 의견의 제출 등에 관하여는 「행정절차법」 제42조 · 제44조 및 제45조를 준용한다. [개정 2009.4.1, 2013.3.23 제11690호(정부조직법), 2014.11.19 제12844호(정부조직법)]

⑥ 행정자치부장관은 제5항에 따른 기간이 끝난 후 제149조에 따른 지방자치단체중앙분쟁조정위원회(이하 이 조에서 "위원회"라 한다)의 심의 · 의결에 따라 제3항 각 호의 지역이 속할 지방자치단체를 결정하고, 그 결과를 면허관청이나 지적소관청, 관계 지방자치단체의 장 등에게 통보하고 공고하여야 한다. [개정 2009.4.1, 2013.3.23 제11690호(정부조직법), 2014.11.19 제12844호(정부조직법)]

⑦ 위원회의 위원장은 제6항에 따른 심의과정에서 필요하다고 인정되면 관계 중앙행정기관 및 지방자치단체의 공무원 또는 관련 전문가를 출석시켜 의견을 듣거나 관계 기관이나 단체에 자료 및 의견 제출 등을 요구할 수 있다. 이 경우 관계 지방자치단체의 장에게는 의견을 진술할 기회를 주어야 한다. [신설 2009.4.1]

⑧ 관계 지방자치단체의 장은 제3항부터 제7항까지의 규정에 따른 행정자치부장관의 결정에 이의가 있으면 그 결과를 통보받은 날부터 15일 이내에 대법원에 소송을 제기할 수 있다. [신설 2009.4.1, 2013.3.23 제11690호(정부조직법), 2014.11.19 제12844호(정부조직법)]

⑨ 행정자치부장관은 제8항에 따라 대법원의 인용결정이 있으면 그 취지에 따라 다시 결정하여야 한다. [신설 2009.4.1, 2013.3.23 제11690호(정부조직법), 2014.11.19 제12844호(정부조직법)]

제4조의2(자치구가 아닌 구와 읍 · 면 · 동 등의 명칭과 구역) ① 자치구가 아닌 구와 읍 · 면 · 동의 명칭과 구역은 종전과 같이 하고, 이를 폐지하거나 설치하거나 나누거나 합칠 때에는 행정자치부장관의 승인을 받아 그 지방자치단체의 조례로 정한다. 다만, 명칭과 구역의 변경은 그 지방자치단체의 조례로 정하고, 그 결과를 특별시장 · 광역시장 · 도지사에게 보고하여야 한다. [개정 2013.3.23 제11690호(정부조직법), 2014.11.19 제

12844호(정부조직법)]

② 리의 구역은 자연 촌락을 기준으로 하되, 그 명칭과 구역은 종전과 같이 하고, 명칭과 구역을 변경하거나 리를 폐지하거나 설치하거나 나누거나 합칠 때에는 그 지방자치단체의 조례로 정한다.

③ 인구 감소 등 행정여건 변화로 인하여 필요한 경우 그 지방자치단체의 조례로 정하는 바에 따라 2개 이상의 면을 하나의 면으로 운영하는 등 행정 운영상 면(이하 "행정면"이라 한다)을 따로 둘 수 있다.

④ 동·리에서는 행정 능률과 주민의 편의를 위하여 그 지방자치단체의 조례로 정하는 바에 따라 하나의 동·리를 2개 이상의 동·리로 운영하거나 2개 이상의 동·리를 하나의 동·리로 운영하는 등 행정 운영상 동·리(이하 "행정동·리"라 한다)를 따로 둘 수 있다.

⑤ 행정동·리에 그 지방자치단체의 조례로 정하는 바에 따라 하부 조직을 둘 수 있다.

[본조신설 2009.4.1]

제5조(구역을 변경하거나 폐치·분합할 때의 사무와 재산의 승계) ① 지방자치단체의 구역을 변경하거나 지방자치단체를 폐지하거나 설치하거나 나누거나 합칠 때에는 새로 그 지역을 관할하게 된 지방자치단체가 그 사무와 재산을 승계한다.

② 제1항의 경우에 지역에 의하여 지방자치단체의 사무와 재산을 구분하기 곤란하면 시·도에서는 행정자치부장관이, 시·군 및 자치구에서는 특별시장·광역시장·특별자치시장·도지사·특별자치도지사(이하 "시·도지사"라 한다)가 그 사무와 재산의 한계 및 승계할 지방자치단체를 지정한다. [개정 2008.2.29 제8852호(정부조직법), 2009.4.1, 2011.5.30, 2013.3.23 제11690호(정부조직법), 2014.11.19 제12844호(정부조직법)]

제6조(사무소의 소재지) ① 지방자치단체의 사무소의 소재지와 자치구가 아닌 구 및 읍·면·동의 사무소의 소재지는 종전과 같이 하고, 이를 변경하거나 새로 설정하려면 지방자치단체의 조례로 정한다. 이 경우 면·동은 제4조의2제3항 및 제4항에 따른 행정면(行政面)·행정동(行政洞)을 말한다. [개정 2009.4.1]

② 제1항의 조례는 그 지방의회의 재적의원 과반수의 찬성을 받아야 한다.

제7조(시·읍의 설치기준 등) ① 시는 그 대부분이 도시의 형태를 갖추고 인구 5만 이상이 되어야 한다.

② 다음 각 호의 어느 하나에 해당하는 지역은 도농(都農) 복합형태의 시로 할 수 있다.

1. 제1항에 따라 설치된 시와 군을 통합한 지역
2. 인구 5만 이상의 도시 형태를 갖춘 지역이 있는 군
3. 인구 2만 이상의 도시 형태를 갖춘 2개 이상의 지역의 인구가 5만 이상인 군. 이 경우 군의 인구가 15만 이상으로서 대통령령으로 정하는 요건을 갖추어야 한다.
4. 국가의 정책으로 인하여 도시가 형성되고, 제115조에 따라 도의 출장소가 설치된 지역으로서 그 지역의 인구가 3만 이상이고, 인구 15만 이상의 도농 복합형태의 시의 일부인 지역

③ 읍은 그 대부분이 도시의 형태를 갖추고 인구 2만 이상이 되어야 한다. 다만, 다음 각 호의 어느 하나에 해당하면 인구 2만 미만인 경우에도 읍으로 할 수 있다.

1. 군사무소 소재지의 면
2. 읍이 없는 도농 복합형태의 시에서 그 면 중 1개 면

④ 시·읍의 설치에 관한 세부기준은 대통령령으로 정한다.

제3절 지방자치단체의 기능과 사무

제8조(사무처리의 기본원칙) ① 지방자치단체는 그 사무를 처리할 때 주민의 편의와 복리증진을 위하여 노력하여야 한다.

② 지방자치단체는 조직과 운영을 합리적으로 하고 그 규모를 적정하게 유지하여야 한다.

③ 지방자치단체는 법령이나 상급 지방자치단체의 조례를 위반하여 그 사무를 처리할 수 없다.

제9조(지방자치단체의 사무범위) ① 지방자치단체는 관할 구역의 자치사무와 법령에 따라 지방자치단체에 속하는 사무를 처리한다.

② 제1항에 따른 지방자치단체의 사무를 예시하

면 다음 각 호와 같다. 다만, 법률에 이와 다른 규정이 있으면 그러하지 아니하다. [개정 2007.4.6 제8338호(하천법), 2007.5.17 제8435호(가족관계의 등록 등에 관한 법률), 2009.12.29 제9847호(감염병의 예 방 및 관리에 관한 법률), 2011.7.14] [[시행일 2011.10.15]]

1. 지방자치단체의 구역, 조직, 행정관리 등에 관한 사무
   가. 관할 구역 안 행정구역의 명칭 · 위치 및 구역의 조정
   나. 조례 · 규칙의 제정 · 개정 · 폐지 및 그 운영 · 관리
   다. 산하(傘下) 행정기관의 조직관리
   라. 산하 행정기관 및 단체의 지도 · 감독
   마. 소속 공무원의 인사 · 후생복지 및 교육
   바. 지방세 및 지방세 외 수입의 부과 및 징수
   사. 예산의 편성 · 집행 및 회계감사와 재산관리
   아. 행정장비관리, 행정전산화 및 행정관리개선
   자. 공유재산관리(公有財産管理)
   차. 가족관계등록 및 주민등록 관리
   카. 지방자치단체에 필요한 각종 조사 및 통계의 작성
2. 주민의 복지증진에 관한 사무
   가. 주민복지에 관한 사업
   나. 사회복지시설의 설치 · 운영 및 관리
   다. 생활이 곤궁(困窮)한 자의 보호 및 지원
   라. 노인 · 아동 · 심신장애인 · 청소년 및 여성의 보호와 복지증진
   마. 보건진료기관의 설치 · 운영
   바. 감염병과 그 밖의 질병의 예방과 방역
   사. 묘지 · 화장장(火葬場) 및 납골당의 운영 · 관리
   아. 공중접객업소의 위생을 개선하기 위한 지도
   자. 청소, 오물의 수거 및 처리
   차. 지방공기업의 설치 및 운영
3. 농림 · 상공업 등 산업 진흥에 관한 사무
   가. 소류지(小溜池) · 보(洑) 등 농업용수시설의 설치 및 관리
   나. 농산물 · 임산물 · 축산물 · 수산물의 생산 및 유통지원
   다. 농업자재의 관리
   라. 복합영농의 운영 · 지도
   마. 농업 외 소득사업의 육성 · 지도
   바. 농가 부업의 장려
   사. 공유림 관리
   아. 소규모 축산 개발사업 및 낙농 진흥사업
   자. 가축전염병 예방
   차. 지역산업의 육성 · 지원
   카. 소비자 보호 및 저축 장려
   타. 중소기업의 육성
   파. 지역특화산업의 개발과 육성 · 지원
   하. 우수토산품 개발과 관광민예품 개발
4. 지역개발과 주민의 생활환경시설의 설치 · 관리에 관한 사무
   가. 지역개발사업
   나. 지방 토목 · 건설사업의 시행
   다. 도시계획사업의 시행
   라. 지방도(地方道), 시군도의 신설 · 개수(改修) 및 유지
   마. 주거생활환경 개선의 장려 및 지원
   바. 농촌주택 개량 및 취락구조 개선
   사. 자연보호활동
   아. 지방하천 및 소하천의 관리
   자. 상수도 · 하수도의 설치 및 관리
   차. 간이급수시설의 설치 및 관리
   카. 도립공원 · 군립공원 및 도시공원, 녹지 등 관광 · 휴양시설의 설치 및 관리
   타. 지방 궤도사업의 경영
   파. 주차장 · 교통표지 등 교통편의시설의 설치 및 관리
   하. 재해대책의 수립 및 집행
   거. 지역경제의 육성 및 지원
5. 교육 · 체육 · 문화 · 예술의 진흥에 관한 사무
   가. 아원 · 유치원 · 초등학교 · 중학교 · 고등학교 및 이에 준하는 각종 학교의 설치 · 운영 · 지도
   나. 도서관 · 운동장 · 광장 · 체육관 · 박물관 · 공연장 · 미술관 · 음악당 등 공공교육 · 체

육 · 문화시설의 설치 및 관리
다. 지방문화재의 지정 · 보존 및 관리
라. 지방문화 · 예술의 진흥
마. 지방문화 · 예술단체의 육성
6. 지역민방위 및 지방소방에 관한 사무
가. 지역 및 직장 민방위조직(의용소방대를 포함한다)의 편성과 운영 및 지도 · 감독
나. 지역의 화재예방 · 경계 · 진압 · 조사 및 구조 · 구급

제10조(지방자치단체의 종류별 사무배분기준) ① 제9조에 따른 지방자치단체의 사무를 지방자치단체의 종류별로 배분하는 기준은 다음 각 호와 같다. 다만, 제9조제2항제1호의 사무는 각 지방자치단체에 공통된 사무로 한다.
1. 시 · 도
가. 행정처리 결과가 2개 이상의 시 · 군 및 자치구에 미치는 광역적 사무
나. 시 · 도 단위로 동일한 기준에 따라 처리되어야 할 성질의 사무
다. 지역적 특성을 살리면서 시 · 도 단위로 통일성을 유지할 필요가 있는 사무
라. 국가와 시 · 군 및 자치구 사이의 연락 · 조정 등의 사무
마. 시 · 군 및 자치구가 독자적으로 처리하기에 부적당한 사무
바. 2개 이상의 시 · 군 및 자치구가 공동으로 설치하는 것이 적당하다고 인정되는 규모의 시설을 설치하고 관리하는 사무
2. 시 · 군 및 자치구
제1호에서 시 · 도가 처리하는 것으로 되어 있는 사무를 제외한 사무. 다만, 인구 50만 이상의 시에 대하여는 도가 처리하는 사무의 일부를 직접 처리하게 할 수 있다.

② 제1항의 배분기준에 따른 지방자치단체의 종류별 사무는 대통령령으로 정한다.

③ 시 · 도와 시 · 군 및 자치구는 사무를 처리할 때 서로 경합하지 아니하도록 하여야 하며, 사무가 서로 경합하면 시 · 군 및 자치구에서 먼저 처리한다.

제11조(국가사무의 처리제한) 지방자치단체는 다음 각 호에 해당하는 국가사무를 처리할 수 없다. 다만, 법률에 이와 다른 규정이 있는 경우에는 국가사무를 처리할 수 있다.
1. 외교, 국방, 사법(司法), 국세 등 국가의 존립에 필요한 사무
2. 물가정책, 금융정책, 수출입정책 등 전국적으로 통일적 처리를 요하는 사무
3. 농산물 · 임산물 · 축산물 · 수산물 및 양곡의 수급조절과 수출입 등 전국적 규모의 사무
4. 국가종합경제개발계획, 국가하천, 국유림, 국토종합개발계획, 지정항만, 고속국도 · 일반국도, 국립공원 등 전국적 규모나 이와 비슷한 규모의 사무
5. 근로기준, 측량단위 등 전국적으로 기준을 통일하고 조정하여야 할 필요가 있는 사무
6. 우편, 철도 등 전국적 규모나 이와 비슷한 규모의 사무
7. 고도의 기술을 요하는 검사 · 시험 · 연구, 항공관리, 기상행정, 원자력개발 등 지방자치단체의 기술과 재정능력으로 감당하기 어려운 사무

제2장 주민

제12조(주민의 자격) 지방자치단체의 구역 안에 주소를 가진 자는 그 지방자치단체의 주민이 된다.

제13조(주민의 권리) ① 주민은 법령으로 정하는 바에 따라 소속 지방자치단체의 재산과 공공시설을 이용할 권리와 그 지방자치단체로부터 균등하게 행정의 혜택을 받을 권리를 가진다.

② 국민인 주민은 법령으로 정하는 바에 따라 그 지방자치단체에서 실시하는 지방의회의원과 지방자치단체의 장의 선거(이하 "지방선거"라 한다)에 참여할 권리를 가진다.

제14조(주민투표) ① 지방자치단체의 장은 주민에게 과도한 부담을 주거나 중대한 영향을 미치는 지방자치단체의 주요 결정사항 등에 대하여 주민투표에 부칠 수 있다.

② 주민투표의 대상 · 발의자 · 발의요건, 그 밖에

투표절차 등에 관한 사항은 따로 법률로 정한다.

제15조(조례의 제정과 개폐 청구) ① 19세 이상의 주민으로서 다음 각 호의 어느 하나에 해당하는 사람(「공직선거법」 제18조에 따른 선거권이 없는 자는 제외한다. 이하 이 조 및 제16조에서 "19세 이상의 주민"이라 한다)은 시·도와 제175조에 따른 인구 50만 이상 대도시에서는 19세 이상 주민 총수의 100분의 1 이상 70분의 1 이하, 시·군 및 자치구에서는 19세 이상 주민 총수의 50분의 1 이상 20분의 1 이하의 범위에서 지방자치단체의 조례로 정하는 19세 이상의 주민 수 이상의 연서(連署)로 해당 지방자치단체의 장에게 조례를 제정하거나 개정하거나 폐지할 것을 청구할 수 있다. [개정 2009.4.1] [[시행일 2009.10.2]]

1. 해당 지방자치단체의 관할 구역에 주민등록이 되어 있는 사람
2. 「재외동포의 출입국과 법적 지위에 관한 법률」 제6조제1항에 따라 해당 지방자치단체의 국내거소신고인명부에 올라 있는 국민
3. 「출입국관리법」 제10조에 따른 영주의 체류자격 취득일 후 3년이 경과한 외국인으로서 같은 법 제34조에 따라 해당 지방자치단체의 외국인등록대장에 올라 있는 사람

② 다음 각 호의 사항은 제1항에 따른 청구대상에서 제외한다. [신설 2009.4.1] [[시행일 2009.10.2]]

1. 법령을 위반하는 사항
2. 지방세·사용료·수수료·부담금의 부과·징수 또는 감면에 관한 사항
3. 행정기구를 설치하거나 변경하는 것에 관한 사항이나 공공시설의 설치를 반대하는 사항

③ 지방자치단체의 19세 이상의 주민이 제1항에 따라 조례를 제정하거나 개정하거나 폐지할 것을 청구하려면 청구인의 대표자를 선정하여 청구인명부에 적어야 하며, 청구인의 대표자는 조례의 제정안·개정안 및 폐지안(이하 "주민청구조례안"이라 한다)을 작성하여 제출하여야 한다. [개정 2009.4.1, 2011.7.14] [[시행일 2011.10.15]]

④ 지방자치단체의 장은 제1항에 따른 청구를 받으면 청구를 받은 날부터 5일 이내에 그 내용을 공표하여야 하며, 청구를 공표한 날부터 10일간 청구인명부나 그 사본을 공개된 장소에 갖추어두어 열람할 수 있도록 하여야 한다. [개정 2009.4.1] [[시행일 2009.10.2]]

⑤ 청구인명부의 서명에 관하여 이의가 있는 자는 제4항에 따른 열람기간에 해당 지방자치단체의 장에게 이의를 신청할 수 있다. [개정 2009.4.1] [[시행일 2009.10.2]]

⑥ 지방자치단체의 장은 제5항에 따른 이의신청을 받으면 제4항에 따른 열람기간이 끝난 날부터 14일 이내에 심사·결정하되, 그 신청이 이유 있다고 결정한 때에는 청구인명부를 수정하고, 이를 이의신청을 한 자와 제3항에 따른 청구인의 대표자에게 알려야 하며, 그 이의신청이 이유 없다고 결정한 때에는 그 뜻을 즉시 이의신청을 한 자에게 알려야 한다. [개정 2009.4.1] [[시행일 2009.10.2]]

⑦ 지방자치단체의 장은 제5항에 따른 이의신청이 없는 경우 또는 제5항에 따라 제기된 모든 이의신청에 대하여 제6항에 따른 결정이 끝난 경우 제1항 및 제2항에 따른 요건을 갖춘 때에는 청구를 수리하고, 그러하지 아니한 때에는 청구를 각하하되, 수리 또는 각하 사실을 청구인의 대표자에게 알려야 한다. [개정 2009.4.1] [[시행일 2009.10.2]]

⑧ 지방자치단체의 장은 제7항에 따라 청구를 각하하려면 청구인의 대표자에게 의견을 제출할 기회를 주어야 한다. [개정 2009.4.1] [[시행일 2009.10.2]]

⑨ 지방자치단체의 장은 제7항에 따라 청구를 수리한 날부터 60일 이내에 주민청구조례안을 지방의회에 부의하여야 하며, 그 결과를 청구인의 대표자에게 알려야 한다. [개정 2009.4.1, 2011.7.14] [[시행일 2011.10.15]]

⑩ 제1항에 따른 19세 이상의 주민 총수는 전년도 12월 31일 현재의 주민등록표 및 재외국민국내거소신고표, 외국인등록표에 의하여 산정한다. [개정 2009.4.1] [[시행일 2009.10.2]]

⑪ 조례의 제정·개정 및 폐지 청구에 관하여 그

밖에 필요한 사항은 대통령령으로 정한다. [개정 2009.4.1] [[시행일 2009.10.2]]

제15조의2(주민청구조례안의 심사절차) ① 지방자치단체의 장은 제15조에 따라 청구된 주민청구조례안에 대하여 의견이 있으면 제15조제9항에 따라 주민청구조례안을 지방의회에 부의할 때 그 의견을 첨부할 수 있다.

② 지방의회는 심사 안건으로 부쳐진 주민청구조례안을 의결하기 전에 청구인의 대표자를 회의에 참석시켜 그 청구취지(청구인의 대표자와의 질의 · 답변을 포함한다)를 들을 수 있다.

③ 제2항에 따른 주민청구조례안의 심사절차에 관하여 필요한 사항은 지방의회 회의규칙으로 정한다.

[본조신설 2011.7.14] [[시행일 2011.10.15]]

제16조(주민의 감사청구) ①지방자치단체의 19세 이상의 주민은 시 · 도는 500명, 제175조에 따른 인구 50만 이상 대도시는 300명, 그 밖의 시 · 군 및 자치구는 200명을 넘지 아니하는 범위에서 그 지방자치단체의 조례로 정하는 19세 이상의 주민 수 이상의 연서(連署)로, 시 · 도에서는 주무부장관에게, 시 · 군 및 자치구에서는 시 · 도지사에게 그 지방자치단체와 그 장의 권한에 속하는 사무의 처리가 법령에 위반되거나 공익을 현저히 해친다고 인정되면 감사를 청구할 수 있다. 다만, 다음 각 호의 어느 하나에 해당하는 사항은 감사청구의 대상에서 제외한다.

1. 수사나 재판에 관여하게 되는 사항
2. 개인의 사생활을 침해할 우려가 있는 사항
3. 다른 기관에서 감사하였거나 감사 중인 사항. 다만, 다른 기관에서 감사한 사항이라도 새로운 사항이 발견되거나 중요 사항이 감사에서 누락된 경우와 제17조제1항에 따라 주민소송의 대상이 되는 경우에는 그러하지 아니하다.
4. 동일한 사항에 대하여 제17조제2항 각 호의 어느 하나에 해당하는 소송이 진행 중이거나 그 판결이 확정된 사항

② 제1항에 따른 청구는 사무처리가 있었던 날이나 끝난 날부터 2년이 지나면 제기할 수 없다.

③ 주무부장관이나 시 · 도지사는 감사청구를 수리한 날부터 60일 이내에 감사청구된 사항에 대하여 감사를 끝내야 하며, 감사결과를 청구인의 대표자와 해당 지방자치단체의 장에게 서면으로 알리고, 공표하여야 한다. 다만, 그 기간에 감사를 끝내기가 어려운 정당한 사유가 있으면 그 기간을 연장할 수 있다. 이 경우 이를 미리 청구인의 대표자와 해당 지방자치단체의 장에게 알리고, 공표하여야 한다.

④ 주무부장관이나 시 · 도지사는 주민이 감사를 청구한 사항이 다른 기관에서 이미 감사한 사항이거나 감사 중인 사항이면 그 기관에서 실시한 감사결과 또는 감사 중인 사실과 감사가 끝난 후 그 결과를 알리겠다는 사실을 청구인의 대표자와 해당 기관에 지체 없이 알려야 한다. [개정 2014.1.21]

⑤ 주무부장관이나 시 · 도지사는 주민 감사청구를 처리(각하를 포함한다)할 때 청구인의 대표자에게 반드시 증거 제출 및 의견 진술의 기회를 주어야 한다. [개정 2011.7.14] [[시행일 2011.10.15]]

⑥ 주무부장관이나 시 · 도지사는 제3항에 따른 감사결과에 따라 기간을 정하여 해당 지방자치단체의 장에게 필요한 조치를 요구할 수 있다. 이 경우 그 지방자치단체의 장은 이를 성실히 이행하여야 하고 그 조치결과를 지방의회와 주무부장관 또는 시 · 도지사에게 보고하여야 한다.

⑦ 주무부장관이나 시 · 도지사는 제6항에 따른 조치요구내용과 지방자치단체의 장의 조치결과를 청구인의 대표자에게 서면으로 알리고, 공표하여야 한다.

⑧ 그 밖에 19세 이상의 주민의 감사청구에 관하여 필요한 사항은 대통령령으로 정한다.

⑨ 19세 이상의 주민의 감사청구에 관하여는 제15조제3항부터 제7항까지의 규정을 준용한다. 이 경우 "조례를 제정하거나 개정하거나 폐지할 것을"은 "감사를"로, "지방자치단체의 장"은 "주무부장관이나 시 · 도지사"로 본다. [개정 2009.4.1] [[시행일 2009.10.2]]

제17조(주민소송) ①제16조제1항에 따라 공금의 지

출에 관한 사항, 재산의 취득 · 관리 · 처분에 관한 사항, 해당 지방자치단체를 당사자로 하는 매매 · 임차 · 도급 계약이나 그 밖의 계약의 체결 · 이행에 관한 사항 또는 지방세 · 사용료 · 수수료 · 과태료 등 공금의 부과 · 징수를 게을리한 사항을 감사청구한 주민은 다음 각 호의 어느 하나에 해당하는 경우에 그 감사청구한 사항과 관련이 있는 위법한 행위나 업무를 게을리 한 사실에 대하여 해당 지방자치단체의 장(해당 사항의 사무처리에 관한 권한을 소속 기관의 장에게 위임한 경우에는 그 소속 기관의 장을 말한다. 이하 이 조에서 같다)을 상대방으로 하여 소송을 제기할 수 있다.

1. 주무부장관이나 시 · 도지사가 감사청구를 수리한 날부터 60일(제16조제3항 단서에 따라 감사기간이 연장된 경우에는 연장기간이 끝난 날을 말한다)이 지나도 감사를 끝내지 아니한 경우
2. 제16조제3항 및 제4항에 따른 감사결과 또는 제16조제6항에 따른 조치요구에 불복하는 경우
3. 제16조제6항에 따른 주무부장관이나 시 · 도지사의 조치요구를 지방자치단체의 장이 이행하지 아니한 경우
4. 제16조제6항에 따른 지방자치단체의 장의 이행 조치에 불복하는 경우

② 제1항에 따라 주민이 제기할 수 있는 소송은 다음 각 호와 같다. [개정 2016.5.29 제14197호(지방회계법)] [[시행일 2016.11.30]]

1. 해당 행위를 계속하면 회복하기 곤란한 손해를 발생시킬 우려가 있는 경우에는 그 행위의 전부나 일부를 중지할 것을 요구하는 소송
2. 행정처분인 해당 행위의 취소 또는 변경을 요구하거나 그 행위의 효력 유무 또는 존재 여부의 확인을 요구하는 소송
3. 게을리한 사실의 위법 확인을 요구하는 소송
4. 해당 지방자치단체의 장 및 직원, 지방의회의원, 해당 행위와 관련이 있는 상대방에게 손해배상청구 또는 부당이득반환청구를 할 것을 요구하는 소송. 다만, 그 지방자치단체의 직원이 「회계관계직원 등의 책임에 관한 법률」 제4조에 따른 변상책임을 져야 하는 경우에는 변상명령을 할 것을 요구하는 소송을 말한다.

③ 제2항제1호의 중지청구소송은 해당 행위를 중지할 경우 생명이나 신체에 중대한 위해가 생길 우려가 있거나 그 밖에 공공복리를 현저하게 저해할 우려가 있으면 제기할 수 없다.

④ 제2항에 따른 소송은 다음 각 호의 어느 하나에 해당하는 날부터 90일 이내에 제기하여야 한다.

1. 제1항제1호의 경우 : 해당 60일이 끝난 날(제16조제3항 단서에 따라 감사기간이 연장된 경우에는 연장기간이 끝난 날을 말한다)
2. 제1항제2호의 경우 : 해당 감사결과나 조치요구내용에 대한 통지를 받은 날
3. 제1항제3호의 경우 : 해당 조치를 요구할 때에 지정한 처리기간이 끝난 날
4. 제1항제4호의 경우 : 해당 이행 조치결과에 대한 통지를 받은 날

⑤ 제2항 각 호의 소송이 진행 중이면 다른 주민은 같은 사항에 대하여 별도의 소송을 제기할 수 없다.

⑥ 소송의 계속(繫屬) 중에 소송을 제기한 주민이 사망하거나 제12조에 따른 주민의 자격을 잃으면 소송절차는 중단된다. 소송대리인이 있는 경우에도 또한 같다.

⑦ 감사청구에 연서한 다른 주민은 제6항에 따른 사유가 발생한 사실을 안 날부터 6개월 이내에 소송절차를 수계(受繼)할 수 있다. 이 기간에 수계절차가 이루어지지 아니할 경우 그 소송절차는 종료된다.

⑧ 법원은 제6항에 따라 소송이 중단되면 감사청구에 연서한 다른 주민에게 소송절차를 중단한 사유와 소송절차 수계방법을 지체 없이 알려야 한다. 이 경우 법원은 감사청구에 적힌 주소로 통지서를 우편으로 보낼 수 있고, 우편물이 통상 도달할 수 있을 때에 감사청구에 연서한 다른 주민은 제6항의 사유가 발생한 사실을 안 것으로 본다.

⑨ 제2항에 따른 소송은 해당 지방자치단체의 사무소 소재지를 관할하는 행정법원(행정법원이 설치되지 아니한 지역에서는 행정법원의 권한에 속하는 사건을 관할하는 지방법원본원을 말한다)의

관할로 한다.

⑩ 해당 지방자치단체의 장은 제2항제1호부터 제3호까지의 규정에 따른 소송이 제기된 경우 그 소송 결과에 따라 권리나 이익의 침해를 받을 제3자가 있으면 그 제3자에 대하여, 제2항제4호에 따른 소송이 제기된 경우 그 직원, 지방의회의원 또는 상대방에 대하여 소송고지를 하여 줄 것을 법원에 신청하여야 한다.

⑪ 제2항제4호에 따른 소송이 제기된 경우에 지방자치단체의 장이 한 소송고지신청은 그 소송에 관한 손해배상청구권 또는 부당이득반환청구권의 시효중단에 관하여 「민법」 제168조제1호에 따른 청구로 본다.

⑫ 제11항에 따른 시효중단의 효력은 그 소송이 끝난 날부터 6개월 이내에 재판상 청구, 파산절차참가, 압류 또는 가압류, 가처분을 하지 아니하면 효력이 생기지 아니한다.

⑬ 국가, 상급 지방자치단체 및 감사청구에 연서한 다른 주민과 제10항에 따라 소송고지를 받은 자는 법원에서 계속 중인 소송에 참가할 수 있다.

⑭ 제2항에 따른 소송에서 당사자는 법원의 허가를 받지 아니하고는 소의 취하, 소송의 화해 또는 청구의 포기를 할 수 없다. 이 경우 법원은 허가하기 전에 감사청구에 연서한 다른 주민에게 이를 알려야 하며, 알린 때부터 1개월 이내에 허가 여부를 결정하여야 한다. 위 통지에 관하여는 제8항 후단을 준용한다.

⑮ 제2항에 따른 소송은 「민사소송 등 인지법」 제2조제4항에 따른 소정의 비재산권을 목적으로 하는 소송으로 본다.

⑯ 소송을 제기한 주민은 승소(일부 승소를 포함한다)한 경우 그 지방자치단체에 대하여 변호사 보수 등의 소송비용, 감사청구절차의 진행 등을 위하여 사용된 여비, 그 밖에 실제로 든 비용을 보상할 것을 청구할 수 있다. 이 경우 지방자치단체는 청구된 금액의 범위에서 그 소송을 진행하는 데에 객관적으로 사용된 것으로 인정되는 금액을 지급하여야 한다.

⑰ 제1항에 따른 소송에 관하여는 이 법에 규정된 것 외에는 「행정소송법」에 따른다.

제18조(손해배상금 등의 지불청구 등) ①지방자치단체의 장(해당 사항의 사무처리에 관한 권한을 소속 기관의 장에게 위임한 경우에는 그 소속 기관의 장을 말한다. 이하 이 조에서 같다)은 제17조제2항제4호 본문에 따른 소송에 대하여 손해배상청구나 부당이득반환청구를 명하는 판결이 확정되면 그 판결이 확정된 날부터 60일 이내를 기한으로 하여 당사자에게 그 판결에 따라 결정된 손해배상금이나 부당이득반환금의 지불을 청구하여야 한다. 다만, 손해배상금이나 부당이득반환금을 지불하여야 할 당사자가 지방자치단체의 장이면 지방의회 의장이 지불을 청구하여야 한다.

② 지방자치단체는 제1항에 따라 지불청구를 받은 자가 같은 항의 기한 내에 손해배상금이나 부당이득반환금을 지불하지 아니하면 손해배상 · 부당이득반환의 청구를 목적으로 하는 소송을 제기하여야 한다. 이 경우 그 소송의 상대방이 지방자치단체의 장이면 그 지방의회 의장이 그 지방자치단체를 대표한다.

제19조(변상명령 등) ① 지방자치단체의 장은 제17조제2항제4호 단서에 따른 소송에 대하여 변상할 것을 명하는 판결이 확정되면 그 판결이 확정된 날부터 60일 이내를 기한으로 하여 당사자에게 그 판결에 따라 결정된 금액을 변상할 것을 명령하여야 한다.

② 제1항에 따라 변상할 것을 명령받은 자가 같은 항의 기한 내에 변상금을 지불하지 아니하면 지방세 체납처분의 예에 따라 징수할 수 있다.

③ 제1항에 따라 변상할 것을 명령받은 자는 이에 불복하는 경우 행정소송을 제기할 수 있다. 다만, 「행정심판법」에 따른 행정심판청구는 제기할 수 없다.

제20조(주민소환) ① 주민은 그 지방자치단체의 장 및 지방의회의원(비례대표 지방의회의원은 제외한다)을 소환할 권리를 가진다.

② 주민소환의 투표 청구권자 · 청구요건 · 절차 및 효력 등에 관하여는 따로 법률로 정한다.

제21조(주민의 의무) 주민은 법령으로 정하는 바에

따라 소속 지방자치단체의 비용을 분담하여야 하는 의무를 진다.

제3장 조례와 규칙

제22조(조례) 지방자치단체는 법령의 범위 안에서 그 사무에 관하여 조례를 제정할 수 있다. 다만, 주민의 권리 제한 또는 의무 부과에 관한 사항이나 벌칙을 정할 때에는 법률의 위임이 있어야 한다.

제23조(규칙) 지방자치단체의 장은 법령이나 조례가 위임한 범위에서 그 권한에 속하는 사무에 관하여 규칙을 제정할 수 있다.

제24조(조례와 규칙의 입법한계) 시·군 및 자치구의 조례나 규칙은 시·도의 조례나 규칙을 위반하여서는 아니 된다.

제25조(지방자치단체를 신설하거나 격을 변경할 때의 조례·규칙의 시행) 지방자치단체를 나누거나 합하여 새로운 지방자치단체가 설치되거나 지방자치단체의 격이 변경되면 그 지방자치단체의 장은 필요한 사항에 관하여 새로운 조례나 규칙이 제정·시행될 때까지 종래 그 지역에 시행되던 조례나 규칙을 계속 시행할 수 있다.

제26조(조례와 규칙의 제정 절차 등) ① 조례안이 지방의회에서 의결되면 의장은 의결된 날부터 5일 이내에 그 지방자치단체의 장에게 이를 이송하여야 한다.

② 지방자치단체의 장은 제1항의 조례안을 이송받으면 20일 이내에 공포하여야 한다.

③ 지방자치단체의 장은 이송받은 조례안에 대하여 이의가 있으면 제2항의 기간에 이유를 붙여 지방의회로 환부(還付)하고, 재의(再議)를 요구할 수 있다. 이 경우 지방자치단체의 장은 조례안의 일부에 대하여 또는 조례안을 수정하여 재의를 요구할 수 없다.

④ 제3항에 따른 재의요구를 받은 지방의회가 재의에 부쳐 재적의원 과반수의 출석과 출석의원 3분의 2 이상의 찬성으로 전과 같은 의결을 하면 그 조례안은 조례로서 확정된다.

⑤ 지방자치단체의 장이 제2항의 기간에 공포하지 아니하거나 재의요구를 하지 아니할 때에도 그 조례안은 조례로서 확정된다.

⑥ 지방자치단체의 장은 제4항과 제5항에 따라 확정된 조례를 지체 없이 공포하여야 한다. 제5항에 따라 조례가 확정된 후 또는 제4항에 따른 확정조례가 지방자치단체의 장에게 이송된 후 5일 이내에 지방자치단체의 장이 공포하지 아니하면 지방의회의 의장이 이를 공포한다.

⑦ 제2항 및 제6항 전단에 따라 지방자치단체의 장이 조례를 공포한 때에는 즉시 해당 지방의회의 의장에게 통지하여야 하며, 제6항 후단에 따라 지방의회의 의장이 조례를 공포한 때에는 이를 즉시 해당 지방자치단체의 장에게 통지하여야 한다. [신설 2011.7.14] [[시행일 2011.10.15]]

⑧ 조례와 규칙은 특별한 규정이 없으면 공포한 날부터 20일이 지나면 효력을 발생한다. [개정 2011.7.14] [[시행일 2011.10.15]]

⑨ 조례와 규칙의 공포에 관하여 필요한 사항은 대통령령으로 정한다. [개정 2011.7.14] [[시행일 2011.10.15]]

제27조(조례위반에 대한 과태료) ① 지방자치단체는 조례를 위반한 행위에 대하여 조례로써 1천만원 이하의 과태료를 정할 수 있다.

② 제1항에 따른 과태료는 해당 지방자치단체의 장이나 그 관할 구역 안의 지방자치단체의 장이 부과·징수한다. [개정 2009.4.1]

③ 삭제 [2009.4.1]

④ 삭제 [2009.4.1]

⑤ 삭제 [2009.4.1]

제28조(보고) 조례나 규칙을 제정하거나 개정하거나 폐지할 경우 조례는 지방의회에서 이송된 날부터 5일 이내에, 규칙은 공포예정 15일 전에 시·도지사는 행정자치부장관에게, 시장·군수 및 자치구의 구청장은 시·도지사에게 그 전문(全文)을 첨부하여 각각 보고하여야 하며, 보고를 받은 행정자치부장관은 이를 관계 중앙행정기관의 장에게 통보하여야 한다. [개정 2008.2.29 제8852호(정부조직법), 2013.3.23 제11690호(정부조직법), 2014.11.19 제12844호(정부조직법)]

제4장 선거

제29조(지방선거에 관한 법률의 제정) 지방선거에 관하여 이 법에서 정한 것 외에 필요한 사항은 따로 법률로 정한다.

제5장 지방의회

제1절 조직

제30조(의회의 설치) 지방자치단체에 주민의 대의 기관인 의회를 둔다. [개정 2014.1.21]

제31조(지방의회의원의 선거) 지방의회의원은 주민이 보통·평등·직접·비밀선거에 따라 선출한다.

제2절 지방의회의원

제32조(의원의 임기) 지방의회의원의 임기는 4년으로 한다.

제33조(의원의 의정활동비 등) ① 지방의회의원에게 다음 각 호의 비용을 지급한다.

1. 의정 자료를 수집하고 연구하거나 이를 위한 보조 활동에 사용되는 비용을 보전(補塡)하기 위하여 매월 지급하는 의정활동비
2. 본회의 의결, 위원회의 의결 또는 의장의 명에 따라 공무로 여행할 때 지급하는 여비
3. 지방의회의원의 직무활동에 대하여 지급하는 월정수당

② 제1항 각 호에 규정된 비용의 지급기준은 대통령령으로 정하는 범위에서 해당 지방자치단체의 의정비심의위원회에서 결정하는 금액 이내로 하여 지방자치단체의 조례로 정한다. [개정 2009.4.1]

③ 의정비심의위원회의 구성·운영 등에 관하여 필요한 사항은 대통령령으로 정한다.

제34조(상해·사망 등의 보상) ① 지방의회의원이 회기 중 직무(제61조 단서에 따라 개회된 위원회의 직무와 본회의 또는 위원회의 의결이나 의장의 명에 따른 폐회 중의 공무여행을 포함한다)로 인하여 신체에 상해를 입거나 사망한 경우와 그 상해나 직무로 인한 질병으로 사망한 경우에는 보상금을 지급할 수 있다.

② 제1항의 보상금의 지급기준은 대통령령으로 정하는 범위에서 해당 지방자치단체의 조례로 정한다.

제35조(겸직 등 금지) ① 지방의회의원은 다음 각 호의 어느 하나에 해당하는 직을 겸할 수 없다. [개정 2009.4.1]

1. 국회의원, 다른 지방의회의 의원
2. 헌법재판소재판관, 각급 선거관리위원회 위원
3. 「국가공무원법」 제2조에 규정된 국가공무원과 「지방공무원법」 제2조에 규정된 지방공무원(「정당법」 제22조에 따라 정당의 당원이 될 수 있는 교원은 제외한다)
4. 「공공기관의 운영에 관한 법률」 제4조에 따른 공공기관(한국방송공사, 한국교육방송공사 및 한국은행을 포함한다)의 임직원
5. 「지방공기업법」 제2조에 규정된 지방공사와 지방공단의 임직원
6. 농업협동조합, 수산업협동조합, 산림조합, 엽연초생산협동조합, 신용협동조합, 새마을금고(이들 조합·금고의 중앙회와 연합회를 포함한다)의 임직원과 이들 조합·금고의 중앙회장이나 연합회장
7. 「정당법」 제22조에 따라 정당의 당원이 될 수 없는 교원
8. 다른 법령에 따라 공무원의 신분을 가지는 직
9. 그 밖에 다른 법률에서 겸임할 수 없도록 정하는 직

② 「정당법」 제22조에 따라 정당의 당원이 될 수 있는 교원이 지방의회의원으로 당선되면 임기 중 그 교원의 직은 휴직된다. [신설 2009.4.1]

③ 지방의회의원이 당선 전부터 제1항 각 호의 직을 제외한 다른 직을 가진 경우에는 임기개시 후 1개월 이내에, 임기 중 그 다른 직에 취임한 경우에는 취임 후 15일 이내에 지방의회의 의장에게 서면으로 신고하여야 하며, 그 방법과 절차는 해당 지방자치단체의 조례로 정한다. [신설 2009.4.1] [[시행일 2009.10.2]]

④ 지방의회의장은 지방의회의원이 다른 직을 겸하는 것이 제36조제2항에 위반된다고 인정될 때에는 그 겸한 직을 사임할 것을 권고할 수 있다. [신설 2009.4.1]

⑤ 지방의회의원은 해당 지방자치단체 및 공공단체와 영리를 목적으로 하는 거래를 할 수 없으며, 이와 관련된 시설이나 재산의 양수인 또는 관리인이 될 수 없다. [개정 2009.4.1]

⑥ 지방의회의원은 소관 상임위원회의 직무와 관련된 영리행위를 하지 못하며, 그 범위는 해당 지방자치단체의 조례로 정한다. [신설 2009.4.1] [[시행일 2009.10.2]]

제36조(의원의 의무) ① 지방의회의원은 공공의 이익을 우선하여 양심에 따라 그 직무를 성실히 수행하여야 한다.

② 지방의회의원은 청렴의 의무를 지며, 의원으로서의 품위를 유지하여야 한다.

③ 지방의회의원은 지위를 남용하여 지방자치단체·공공단체 또는 기업체와의 계약이나 그 처분에 의하여 재산상의 권리·이익 또는 직위를 취득하거나 타인을 위하여 그 취득을 알선하여서는 아니 된다.

제37조(의원체포 및 확정판결의 통지) ① 체포나 구금된 지방의회의원이 있으면 관계 수사기관의 장은 지체 없이 해당 의장에게 영장의 사본을 첨부하여 그 사실을 알려야 한다.

② 지방의회의원이 형사사건으로 공소(公訴)가 제기되어 그 판결이 확정되면 각급 법원장은 지체 없이 해당 의장에게 이를 알려야 한다.

제38조(지방의회의 의무 등) ①지방의회는 지방의회의원이 준수하여야 할 지방의회의원의 윤리강령과 윤리실천규범을 조례로 정하여야 한다.

② 지방의회는 소속 의원들이 의정활동에 필요한 전문성을 확보하도록 노력하여야 한다.

제3절 권한

제39조(지방의회의 의결사항) ① 지방의회는 다음 사항을 의결한다.

1. 조례의 제정·개정 및 폐지
2. 예산의 심의·확정
3. 결산의 승인
4. 법령에 규정된 것을 제외한 사용료·수수료·분담금·지방세 또는 가입금의 부과와 징수
5. 기금의 설치·운용
6. 대통령령으로 정하는 중요 재산의 취득·처분
7. 대통령령으로 정하는 공공시설의 설치·처분
8. 법령과 조례에 규정된 것을 제외한 예산 외의 의무부담이나 권리의 포기
9. 청원의 수리와 처리
10. 외국 지방자치단체와의 교류협력에 관한 사항
11. 그 밖에 법령에 따라 그 권한에 속하는 사항

② 지방자치단체는 제1항의 사항 외에 조례로 정하는 바에 따라 지방의회에서 의결되어야 할 사항을 따로 정할 수 있다.

제40조(서류제출요구) ① 본회의나 위원회는 그 의결로 안건의 심의와 직접 관련된 서류의 제출을 해당 지방자치단체의 장에게 요구할 수 있다.

② 위원회가 제1항의 요구를 할 때에는 의장에게 이를 보고하여야 한다. [개정 2011.7.14] [[시행일 2011.10.15]]

③ 제1항에도 불구하고 폐회 중에 의원으로부터 서류제출요구가 있을 때에는 의장은 이를 요구할 수 있다. [신설 2011.7.14] [[시행일 2011.10.15]]

④ 제1항에 따른 서류제출은 서면, 전자문서 또는 컴퓨터의 자기테이프·자기디스크, 그 밖에 이와 유사한 매체에 기록된 상태나 전산망에 입력된 상태로 제출할 것을 요구할 수 있다. [신설 2011.7.14] [[시행일 2011.10.15]]

제41조(행정사무 감사권 및 조사권) ① 지방의회는 매년 1회 그 지방자치단체의 사무에 대하여 시·도에서는 14일의 범위에서, 시·군 및 자치구에서는 9일의 범위에서 감사를 실시하고, 지방자치단체의 사무 중 특정 사안에 관하여 본회의 의결로 본회의나 위원회에서 조사하게 할 수 있다. [개정 2011.7.14] [[시행일 2011.10.15]]

② 제1항의 조사를 발의할 때에는 이유를 밝힌 서면으로 하여야 하며, 재적의원 3분의 1 이상의 연서가 있어야 한다.

③ 지방자치단체 및 그 장이 위임받아 처리하는 국가사무와 시 · 도의 사무에 대하여 국회와 시 · 도의회가 직접 감사하기로 한 사무 외에는 그 감사를 각각 해당 시 · 도의회와 시 · 군 및 자치구의 회가 할 수 있다. 이 경우 국회와 시 · 도의회는 그 감사결과에 대하여 그 지방의회에 필요한 자료를 요구할 수 있다.

④ 제1항의 감사 또는 조사와 제3항의 감사를 위하여 필요하면 현지확인을 하거나 서류제출을 요구할 수 있으며, 지방자치단체의 장 또는 관계 공무원이나 그 사무에 관계되는 자를 출석하게 하여 증인으로서 선서한 후 증언하게 하거나 참고인으로서 의견을 진술하도록 요구할 수 있다.

⑤ 제4항에 따른 증언에서 거짓증언을 한 자는 고발할 수 있으며, 제4항에 따라 서류제출을 요구받은 자가 정당한 사유 없이 서류를 정하여진 기한까지 제출하지 아니한 경우, 같은 항에 따라 출석요구를 받은 증인이 정당한 사유 없이 출석하지 아니하거나 선서 또는 증언을 거부한 경우에는 500만원 이하의 과태료를 부과할 수 있다. [개정 2011.7.14] [[시행일 2011.10.15]]

⑥ 제5항에 따른 과태료 부과절차는 제27조를 따른다.

⑦ 제1항의 감사 또는 조사와 제3항의 감사를 위하여 필요한 사항은 「국정감사 및 조사에 관한 법률」에 준하여 대통령령으로 정하고, 제4항과 제5항의 선서 · 증언 · 감정 등에 관한 절차는 「국회에서의 증언 · 감정 등에 관한 법률」에 준하여 대통령령으로 정한다.

제41조의2(행정사무 감사 또는 조사 보고에 대한 처리) ① 지방의회는 본회의의 의결로 감사 또는 조사 결과를 처리한다.

② 지방의회는 감사 또는 조사 결과 해당 지방자치단체나 기관의 시정을 필요로 하는 사유가 있을 때에는 그 시정을 요구하고, 그 지방자치단체나 기관에서 처리함이 타당하다고 인정되는 사항은 그 지방자치단체나 기관으로 이송한다.

③ 지방자치단체나 기관은 제2항에 따라 시정 요구를 받거나 이송받은 사항을 지체 없이 처리하고 그 결과를 지방의회에 보고하여야 한다.

[본조신설 2011.7.14] [[시행일 2011.10.15]]

제42조(행정사무처리상황의 보고와 질문응답) ① 지방자치단체의 장이나 관계 공무원은 지방의회나 그 위원회에 출석하여 행정사무의 처리상황을 보고하거나 의견을 진술하고 질문에 응답할 수 있다.

② 지방자치단체의 장이나 관계 공무원은 지방의회나 그 위원회가 요구하면 출석 · 답변하여야 한다. 다만, 특별한 이유가 있으면 지방자치단체의 장은 관계 공무원에게 출석 · 답변하게 할 수 있다.

③ 제1항이나 제2항에 따라 지방의회나 그 위원회에 출석하여 답변할 수 있는 관계 공무원은 조례로 정한다.

제43조(의회규칙) 지방의회는 내부운영에 관하여 이 법에서 정한 것 외에 필요한 사항을 규칙으로 정할 수 있다.

제4절 소집과 회기

제44조(정례회) ① 지방의회는 매년 2회 정례회를 개최한다.

② 정례회의 집회일, 그 밖에 정례회의 운영에 관하여 필요한 사항은 대통령령으로 정하는 바에 따라 해당 지방자치단체의 조례로 정한다.

제45조(임시회) ① 총선거 후 최초로 집회되는 임시회는 지방의회 사무처장 · 사무국장 · 사무과장이 지방의회의원 임기 개시일부터 25일 이내에 소집한다.

② 지방의회의장은 지방자치단체의 장이나 재적의원 3분의 1 이상의 의원이 요구하면 15일 이내에 임시회를 소집하여야 한다. 다만, 의장과 부의장이 사고로 임시회를 소집할 수 없으면 의원 중 최다선의원이, 최다선의원이 2명 이상인 경우에는 그 중 연장자의 순으로 소집할 수 있다. [개정 2011.7.14] [[시행일 2011.10.15]]

③ 임시회의 소집은 집회일 3일 전에 공고하여야 한다. 다만, 긴급할 때에는 그러하지 아니하다. [개정 2011.7.14] [[시행일 2011.10.15]]

제46조(부의안건의 공고) 지방자치단체의 장이 지

방의회에 부의할 안건은 지방자치단체의 장이 미리 공고하여야 한다. 다만, 회의 중 긴급한 안건을 부의할 때에는 그러하지 아니하다.

제47조(개회 · 휴회 · 폐회와 회의일수) ① 지방의회의 개회 · 휴회 · 폐회와 회기는 지방의회가 의결로 정한다.

② 연간 회의 총일수와 정례회 및 임시회의 회기는 해당 지방자치단체의 조례로 정한다.

제5절 의장과 부의장

제48조(의장 · 부의장의 선거와 임기) ① 지방의회는 의원 중에서 시 · 도의 경우 의장 1명과 부의장 2명을, 시 · 군 및 자치구의 경우 의장과 부의장 각 1명을 무기명투표로 선거하여야 한다.

② 지방의회의원 총선거 후 처음으로 선출하는 의장 · 부의장 선거는 최초집회일에 실시한다. [신설 2011.7.14] [[시행일 2011.10.15]]

③ 의장과 부의장의 임기는 2년으로 한다. [개정 2011.7.14] [[시행일 2011.10.15]]

제49조(의장의 직무) 지방의회의 의장은 의회를 대표하고 의사(議事)를 정리하며, 회의장 내의 질서를 유지하고 의회의 사무를 감독한다.

제50조(의장의 위원회 출석과 발언) 지방의회의 의장은 위원회에 출석하여 발언할 수 있다.

제51조(부의장의 의장 직무대리) 지방의회의 부의장은 의장이 사고가 있을 때에는 그 직무를 대리한다.

제52조(임시의장) 지방의회의 의장과 부의장이 모두 사고가 있을 때에는 임시의장을 선출하여 의장의 직무를 대행하게 한다.

제53조(보궐선거) ① 지방의회의 의장이나 부의장이 궐위(闕位)된 경우에는 보궐선거를 실시한다.

② 보궐선거로 당선된 의장이나 부의장의 임기는 전임자의 남은 임기로 한다.

제54조(의장 등을 선거할 때의 의장 직무 대행) 제48조제1항, 제52조 또는 제53조제1항에 따른 선거(이하 이 조에서 "의장등의 선거"라 한다)를 실시하는 경우에 의장의 직무를 수행할 자가 없으면 출석의원 중 최다선의원이, 최다선의원이 2명 이상인 경우에는 그 중 연장자가 그 직무를 대행한다. 이 경우 직무를 대행하는 의원이 정당한 사유 없이 의장등의 선거를 실시할 직무를 이행하지 아니할 때에는 다음 순위의 의원이 그 직무를 대행한다. [개정 2011.7.14] [[시행일 2011.10.15]]

제55조(의장불신임의 의결) ①지방의회의 의장이나 부의장이 법령을 위반하거나 정당한 사유 없이 직무를 수행하지 아니하면 지방의회는 불신임을 의결할 수 있다.

② 제1항의 불신임의결은 재적의원 4분의 1 이상의 발의와 재적의원 과반수의 찬성으로 행한다.

③ 제2항의 불신임의결이 있으면 의장이나 부의장은 그 직에서 해임된다.

제6절 위원회

제56조(위원회의 설치) ① 지방의회는 조례로 정하는 바에 따라 위원회를 둘 수 있다.

② 위원회의 종류는 소관 의안과 청원 등을 심사 · 처리하는 상임위원회와 특정한 안건을 일시적으로 심사 · 처리하기 위한 특별위원회 두 가지로 한다.

③ 위원회의 위원은 본회의에서 선임한다.

제57조(윤리특별위원회) 의원의 윤리심사 및 징계에 관한 사항을 심사하기 위하여 윤리특별위원회를 둘 수 있다.

제58조(위원회의 권한) 위원회는 그 소관에 속하는 의안과 청원 등 또는 지방의회가 위임한 특정한 안건을 심사한다.

제59조(전문위원) ① 위원회에는 위원장과 위원의 자치입법활동을 지원하기 위하여 의원이 아닌 전문지식을 가진 위원(이하 "전문위원"이라 한다)을 둔다.

② 전문위원은 위원회에서 의안과 청원 등의 심사, 행정사무감사 및 조사, 그 밖의 소관 사항과 관련하여 검토보고 및 관련 자료의 수집 · 조사 · 연구를 한다.

③ 위원회에 두는 전문위원의 직급과 정수 등에 관하여 필요한 사항은 대통령령으로 정한다.

제60조(위원회에서의 방청 등) ① 위원회에서는

해당 지방의회의원이 아닌 자는 위원장의 허가를 받아 방청할 수 있다.

② 위원장은 질서를 유지하기 위하여 필요할 때에는 방청인의 퇴장을 명할 수 있다.

제61조(위원회의 개회) ① 위원회는 본회의의 의결이 있거나 의장 또는 위원장이 필요하다고 인정할 때, 재적위원 3분의 1 이상의 요구가 있는 때에 개회한다.

② 폐회 중에는 지방자치단체의 장도 의장 또는 위원장에게 이유서를 붙여 위원회의 개회를 요구할 수 있다.

[전문개정 2011.7.14] [[시행일 2011.10.15]]

제62조(위원회에 관한 조례) 위원회에 관하여 이 법에서 정한 것 외에 필요한 사항은 조례로 정한다.

제7절 회의

제63조(의사정족수) ① 지방의회는 재적의원 3분의 1 이상의 출석으로 개의(開議)한다.

② 회의 중 제1항의 정족수에 미치지 못할 때에는 의장은 회의를 중지하거나 산회(散會)를 선포한다.

제64조(의결정족수) ① 의결 사항은 이 법에 특별히 규정된 경우 외에는 재적의원 과반수의 출석과 출석의원 과반수의 찬성으로 의결한다.

② 의장은 의결에서 표결권을 가지며, 찬성과 반대가 같으면 부결된 것으로 본다.

제64조의2(표결의 선포 등) ① 지방의회에서 표결할 때에는 의장이 표결할 안건의 제목을 의장석에서 선포하여야 하고, 의장이 표결을 선포한 때에는 누구든지 그 안건에 관하여 발언할 수 없다.

② 표결이 끝났을 때에는 의장은 그 결과를 의장석에서 선포하여야 한다.

[본조신설 2009.4.1]

제65조(회의의 공개 등) ① 지방의회의 회의는 공개한다. 다만, 의원 3명 이상이 발의하고 출석의원 3분의 2 이상이 찬성한 경우 또는 의장이 사회의 안녕질서 유지를 위하여 필요하다고 인정하는 경우에는 공개하지 아니할 수 있다. [개정 2011.7.14] [[시행일 2011.10.15]]

② 의장은 공개된 회의의 방청허가를 받은 장애인에게 정당한 편의를 제공하여야 한다. [신설 2011.7.14] [[시행일 2011.10.15]]

[본조제목개정 2011.7.14] [[시행일 2011.10.15]]

제66조(의안의 발의) ① 지방의회에서 의결할 의안은 지방자치단체의 장이나 재적의원 5분의 1 이상 또는 의원 10명 이상의 연서로 발의한다.

② 위원회는 그 직무에 속하는 사항에 관하여 의안을 제출할 수 있다.

③ 제1항 및 제2항의 의안은 그 안을 갖추어 의장에게 제출하여야 한다.

④ 제1항에 따라 의원이 조례안을 발의하는 때에는 발의의원과 찬성의원을 구분하되, 해당 조례안의 제명의 부제로 발의의원의 성명을 기재하여야 한다. 다만, 발의의원이 2명 이상인 경우에는 대표발의의원 1명을 명시하여야 한다. [신설 2011.7.14] [[시행일 2011.10.15]]

⑤ 의원이 발의한 제정조례안 또는 전부개정조례안 중 의회에서 의결된 조례안을 공표 또는 홍보하는 경우에는 해당 조례안의 부제를 함께 표기할 수 있다. [신설 2011.7.14] [[시행일 2011.10.15]]

제66조의2(조례안예고) ① 지방의회는 심사대상인 조례안에 대하여 5일 이상의 기간을 정하여 그 취지, 주요 내용, 전문을 공보나 인터넷 홈페이지 등에 게재하는 방법으로 예고할 수 있다.

② 조례안예고의 방법, 절차, 그 밖에 필요한 사항은 회의규칙으로 정한다.

[본조신설 2011.7.14] [[시행일 2011.10.15]]

제66조의3(의안에 대한 비용추계 자료 등의 제출) ① 지방자치단체의 장이 예산상 또는 기금상의 조치를 수반하는 의안을 발의할 경우에는 그 의안의 시행에 수반될 것으로 예상되는 비용에 대한 추계서와 이에 상응하는 재원조달방안에 관한 자료를 의안에 첨부하여야 한다.

② 제1항에 따른 비용에 대한 추계 및 재원조달방안에 대한 자료의 작성 및 제출절차 등에 관하여 필요한 사항은 해당 지방자치단체의 조례로 정한다.

[본조신설 2011.7.14] [[시행일 2011.10.15]]

제67조(회기계속의 원칙) 지방의회에 제출된 의안은 회기 중에 의결되지 못한 것 때문에 폐기되지

아니한다. 다만, 지방의회의원의 임기가 끝나는 경우에는 그러하지 아니하다.

제68조(일사부재의의 원칙) 지방의회에서 부결된 의안은 같은 회기 중에 다시 발의하거나 제출할 수 없다.

제69조(위원회에서 폐기된 의안) ① 위원회에서 본회의에 부칠 필요가 없다고 결정된 의안은 본회의에 부칠 수 없다. 다만, 위원회의 결정이 본회의에 보고된 날부터 폐회나 휴회 중의 기간을 제외한 7일 이내에 의장이나 재적의원 3분의 1 이상이 요구하면 그 의안을 본 회의에 부쳐야 한다.

② 제1항 단서의 요구가 없으면 그 의안은 폐기된다.

제70조(의장이나 의원의 제척) 지방의회의 의장이나 의원은 본인·배우자·직계존비속(直系尊卑屬) 또는 형제자매와 직접 이해관계가 있는 안건에 관하여는 그 의사에 참여할 수 없다. 다만, 의회의 동의가 있으면 의회에 출석하여 발언할 수 있다.

제71조(회의규칙) 지방의회는 회의의 운영에 관하여 이 법에서 정한 것 외에 필요한 사항은 회의규칙으로 정한다.

제72조(회의록) ① 지방의회는 회의록을 작성하고 회의의 진행내용 및 결과와 출석의원의 성명을 적어야 한다.

② 회의록에는 의장과 의회에서 선출한 의원 2명 이상이 서명하여야 한다.

③ 의장은 회의록의 사본을 첨부하여 회의의 결과를 그 지방자치단체의 장에게 통고하여야 한다.

④ 회의록은 의원에게 배부한다. 다만, 비밀로 할 필요가 있다고 의장이 인정하거나 지방의회에서 의결한 사항은 공개하지 아니한다.

제8절 청원

제73조(청원서의 제출) ① 지방의회에 청원을 하려는 자는 지방의회의원의 소개를 받아 청원서를 제출하여야 한다.

② 청원서에는 청원자의 성명(법인인 경우에는 그 명칭과 대표자의 성명) 및 주소를 적고 서명·날인하여야 한다.

제74조(청원의 불수리) 재판에 간섭하거나 법령에 위배되는 내용의 청원은 수리하지 아니한다.

제75조(청원의 심사·처리) ① 지방의회의 의장은 청원서를 접수하면 소관 위원회나 본회의에 회부하여 심사를 하게 한다.

② 청원을 소개한 의원은 소관 위원회나 본회의가 요구하면 청원의 취지를 설명하여야 한다.

③ 위원회가 청원을 심사하여 본회의에 부칠 필요가 없다고 결정하면 그 처리결과를 의장에게 보고하고, 의장은 청원한 자에게 알려야 한다.

제76조(청원의 이송과 처리보고) ① 지방의회가 채택한 청원으로서 그 지방자치단체의 장이 처리하는 것이 타당하다고 인정되는 청원은 의견서를 첨부하여 지방자치단체의 장에게 이송한다.

② 지방자치단체의 장은 제1항의 청원을 처리하고 그 처리결과를 지체 없이 지방의회에 보고하여야 한다.

제9절 의원의 사직·퇴직과 자격심사

제77조(의원의 사직) 지방의회는 그 의결로 소속 의원의 사직을 허가할 수 있다. 다만, 폐회 중에는 의장이 허가할 수 있다.

제78조(의원의 퇴직) 지방의회의 의원이 다음 각 호의 어느 하나에 해당될 때에는 의원의 직에서 퇴직된다.

1. 의원이 겸할 수 없는 직에 취임할 때
2. 피선거권이 없게 될 때(지방자치단체의 구역변경이나 없어지거나 합한 것 외의 다른 사유로 그 지방자치단체의 구역 밖으로 주민등록을 이전하였을 때를 포함한다)
3. 징계에 따라 제명될 때

제79조(의원의 자격심사) ① 지방의회의 의원은 다른 의원의 자격에 대하여 이의가 있으면 재적의원 4분의 1 이상의 연서로 의장에게 자격심사를 청구할 수 있다.

② 피심의원(被審議員)은 자기의 자격심사에 관한 회의에 출석하여 변명은 할 수 있으나, 의결에는 참가할 수 없다.

제80조(자격상실의결) ① 제79조제1항의 피심의원

에 대한 자격상실의결은 재적의원 3분의 2 이상의 찬성이 있어야 한다.

② 피심의원은 제1항에 따라 자격상실이 확정될 때까지는 그 직을 상실하지 아니한다.

제81조(궐원의 통지) 지방의회의 의원이 궐원(闕員)되면 의장은 15일 이내에 그 지방자치단체의 장과 관할 선거관리위원회에 알려야 한다.

제10절 질서

제82조(회의의 질서유지) ① 지방의회의 의원이 본회의나 위원회의 회의장에서 이 법이나 회의규칙에 위배되는 발언이나 행위를 하여 회의장의 질서를 어지럽히면 의장이나 위원장은 경고 또는 제지하거나 그 발언의 취소를 명할 수 있다.

② 제1항의 명에 따르지 아니한 의원이 있으면 의장이나 위원장은 그 의원에 대하여 당일의 회의에서 발언하는 것을 금지하거나 퇴장시킬 수 있다.

③ 의장이나 위원장은 회의장이 소란하여 질서를 유지하기 곤란하면 회의를 중지하거나 산회를 선포할 수 있다.

제83조(모욕 등 발언의 금지) ① 지방의회의 의원은 본회의나 위원회에서 타인을 모욕하거나 타인의 사생활에 대하여 발언하여서는 아니 된다.

② 본회의나 위원회에서 모욕을 당한 의원은 모욕을 한 의원에 대하여 지방의회에 징계를 요구할 수 있다.

제84조(발언방해 등의 금지) 지방의회의 의원은 회의 중에 폭력을 행사하거나 소란한 행위를 하여 타인의 발언을 방해할 수 없으며, 의장이나 위원장의 허가 없이 연단(演壇)이나 단상(壇上)에 올라가서는 아니 된다.

제85조(방청인에 대한 단속) ① 방청인은 의안에 대하여 찬성·반대를 표명하거나 소란한 행위를 하여서는 아니 된다.

② 의장은 회의장의 질서를 방해하는 방청인의 퇴장을 명할 수 있으며, 필요하면 경찰관서에 인도할 수 있다.

③ 방청석이 소란하면 의장은 모든 방청인을 퇴장시킬 수 있다.

④ 방청인에 대한 단속에 관하여 제1항부터 제3항까지에 규정된 것 외에 필요한 사항은 회의규칙으로 정한다.

제11절 징계

제86조(징계의 사유) 지방의회는 의원이 이 법이나 자치법규에 위배되는 행위를 하면 의결로써 징계할 수 있다.

제87조(징계의 요구) ① 지방의회의 의장은 제86조에 따른 징계대상 의원이 있어 징계요구가 있으면 윤리특별위원회나 본회의에 회부한다.

② 제83조제1항을 위반한 의원에 대하여 모욕을 당한 의원이 징계를 요구하려면 징계사유를 적은 요구서를 의장에게 제출하여야 한다.

③ 의장은 제2항의 징계요구가 있으면 윤리특별위원회나 본회의에 회부한다.

제88조(징계의 종류와 의결) ① 징계의 종류는 다음과 같다.

1. 공개회의에서의 경고
2. 공개회의에서의 사과
3. 30일 이내의 출석정지
4. 제명

② 제명에는 재적의원 3분의 2 이상의 찬성이 있어야 한다.

제89조(징계에 관한 회의규칙) 징계에 관하여 이 법에 규정된 것 외에 필요한 사항은 회의규칙으로 정한다.

제12절 사무기구와 직원

제90조(사무처 등의 설치) ① 시·도의회에는 사무를 처리하기 위하여 조례로 정하는 바에 따라 사무처를 둘 수 있으며, 사무처에는 사무처장과 직원을 둔다.

② 시·군 및 자치구의회에는 사무를 처리하기 위하여 조례로 정하는 바에 따라 사무국이나 사무과를 둘 수 있으며, 사무국·사무과에는 사무국장 또는 사무과장과 직원을 둘 수 있다.

③ 제1항과 제2항에 따른 사무처장·사무국장·사무과장 및 직원(이하 이 절에서 "사무직원"이라

한다)은 지방공무원으로 보한다.

제91조(사무직원의 정원과 임명) ① 지방의회에 두는 사무직원의 정수는 조례로 정한다.

② 사무직원은 지방의회의 의장의 추천에 따라 그 지방자치단체의 장이 임명한다. 다만, 지방자치단체의 장은 사무직원 중 다음 각 호의 어느 하나에 해당하는 공무원에 대한 임용권은 지방의회 사무처장 · 사무국장 · 사무과장에게 위임하여야 한다. [개정 2012.12.11 제11531호(지방공무원법), 2013.7.16] [[시행일 2013.12.12]]

1. 별정직공무원
2. 「지방공무원법」 제25조의5에 따른 임기제공무원
3. 대통령령으로 정하는 일반직공무원

제92조(사무직원의 직무와 신분보장 등) ① 사무처장 · 사무국장 또는 사무과장은 의장의 명을 받아 의회의 사무를 처리한다.

② 사무직원의 임용 · 보수 · 복무 · 신분보장 · 징계 등에 관하여는 이 법에서 정한 것 외에는 「지방공무원법」을 적용한다.

제6장 집행기관

제1절 지방자치단체의 장

제1관 지위

제93조(지방자치단체의 장) 특별시에 특별시장, 광역시에 광역시장, 특별자치시에 특별자치시장, 도와 특별자치도에 도지사를 두고, 시에 시장, 군에 군수, 자치구에 구청장을 둔다.[개정 2011.5.30][[시행일 2012.7.1]]

제94조(지방자치단체의 장의 선거) 지방자치단체의 장은 주민이 보통 · 평등 · 직접 · 비밀선거에 따라 선출한다.

제95조(지방자치단체의 장의 임기) 지방자치단체의 장의 임기는 4년으로 하며, 지방자치단체의 장의 계속 재임(在任)은 3기에 한한다.

제96조(겸임 등의 제한) ① 지방자치단체의 장은 다음 각 호의 어느 하나에 해당하는 직을 겸임할 수 없다. [개정 2009.4.1]

1. 대통령, 국회의원, 헌법재판소재판관, 각급 선거관리위원회 위원, 지방의회의원
2. 「국가공무원법」 제2조에 규정된 국가공무원과 「지방공무원법」 제2조에 규정된 지방공무원
3. 다른 법령의 규정에 따라 공무원의 신분을 가지는 직
4. 「공공기관의 운영에 관한 법률」 제4조에 따른 공공기관(한국방송공사, 한국교육방송공사 및 한국은행을 포함한다)의 임직원
5. 농업협동조합, 수산업협동조합, 산림조합, 엽연초생산협동조합, 신용협동조합 및 새마을금고(이들 조합 · 금고의 중앙회와 연합회를 포함한다)의 임직원
6. 교원
7. 「지방공기업법」 제2조에 규정된 지방공사와 지방공단의 임직원
8. 그 밖에 다른 법률이 겸임할 수 없도록 정하는 직

② 지방자치단체의 장은 재임(在任) 중 그 지방자치단체와 영리를 목적으로 하는 거래를 하거나 그 지방자치단체와 관계있는 영리사업에 종사할 수 없다.

제97조(지방자치단체의 폐치 · 분합과 지방자치단체의 장) 지방자치단체를 폐지하거나 설치하거나 나누거나 합쳐 새로 지방자치단체의 장을 선거하여야 하는 경우에는 그 지방자치단체의 장이 선거될 때까지 시 · 도지사는 행정자치부장관이, 시장 · 군수 및 자치구의 구청장은 시 · 도지사가 각각 그 직무를 대행할 자를 지정하여야 한다. 다만, 둘 이상의 동격의 지방자치단체를 통 · 폐합하여 새로운 지방자치단체를 설치하는 경우에는 종전의 지방자치단체의 장 중에서 해당 지방자치단체의 장의 직무를 대행할 자를 지정한다. [개정 2008.2.29 제8852호(정부조직법), 2013.3.23 제11690호(정부조직법), 2014.11.19 제12844호(정부조직법)]

제98조(지방자치단체의 장의 사임) ① 지방자치단체의 장은 그 직을 사임하려면 지방의회의 의장에게 미리 사임일을 적은 서면(이하 "사임통지서"라 한다)으로 알려야 한다.

② 지방자치단체의 장은 사임통지서에 적힌 사임일에 사임된다. 다만, 사임통지서에 적힌 사임일까지 지방의회의 의장에게 사임통지가 되지 아니하면 지방의회의 의장에게 사임통지가 된 날에 사임된다.

제99조(지방자치단체의 장의 퇴직) 지방자치단체의 장이 다음 각 호의 어느 하나에 해당될 때에는 그 직에서 퇴직된다.

1. 지방자치단체의 장이 겸임할 수 없는 직에 취임할 때
2. 피선거권이 없게 될 때(지방자치단체의 구역변경이나 없어지거나 합한 것 외의 다른 사유로 그 지방자치단체의 구역 밖으로 주민등록을 이전하였을 때를 포함한다)
3. 제97조에 따라 지방자치단체의 장의 직을 상실할 때

제100조(지방자치단체의 장의 체포 및 확정판결의 통지) ① 체포 또는 구금된 지방자치단체의 장이 있으면 관계 수사기관의 장은 지체 없이 영장의 사본을 첨부하여 해당 지방자치단체에 알려야 한다. 이 경우 통지를 받은 지방자치단체는 그 사실을 즉시 행정자치부장관에게 보고하여야 한다. 시·군 및 자치구가 행정자치부장관에게 보고하는 경우에는 시·도지사를 거쳐야 한다. [개정 2008.2.29 제8852호(정부조직법), 2013.3.23 제11690호(정부조직법), 2014.11.19 제12844호(정부조직법)]

② 지방자치단체의 장이 형사사건으로 공소가 제기되어 그 판결이 확정되면 각급 법원장은 지체 없이 해당 지방자치단체에 알려야 한다. 이 경우 통지를 받은 지방자치단체는 그 사실을 즉시 행정자치부장관에게 보고하여야 한다. 시·군 및 자치구가 행정자치부장관에게 보고하는 경우에는 시·도지사를 거쳐야 한다. [개정 2008.2.29 제8852호(정부조직법), 2013.3.23 제11690호(정부조직법), 2014.11.19 제12844호(정부조직법)]

제2관 권한

제101조(지방자치단체의 통할대표권) 지방자치단체의 장은 지방자치단체를 대표하고, 그 사무를 총괄한다.

제102조(국가사무의 위임) 시·도와 시·군 및 자치구에서 시행하는 국가사무는 법령에 다른 규정이 없으면 시·도지사와 시장·군수 및 자치구의 구청장에게 위임하여 행한다.

제103조(사무의 관리 및 집행권) 지방자치단체의 장은 그 지방자치단체의 사무와 법령에 따라 그 지방자치단체의 장에게 위임된 사무를 관리하고 집행한다.

제104조(사무의 위임 등) ① 지방자치단체의 장은 조례나 규칙으로 정하는 바에 따라 그 권한에 속하는 사무의 일부를 보조기관, 소속 행정기관 또는 하부행정기관에 위임할 수 있다.

② 지방자치단체의 장은 조례나 규칙으로 정하는 바에 따라 그 권한에 속하는 사무의 일부를 관할 지방자치단체나 공공단체 또는 그 기관(사업소·출장소를 포함한다)에 위임하거나 위탁할 수 있다.

③ 지방자치단체의 장은 조례나 규칙으로 정하는 바에 따라 그 권한에 속하는 사무 중 조사·검사·검정·관리업무 등 주민의 권리·의무와 직접 관련되지 아니하는 사무를 법인·단체 또는 그 기관이나 개인에게 위탁할 수 있다.

④ 지방자치단체의 장이 위임받거나 위탁받은 사무의 일부를 제1항부터 제3항까지의 규정에 따라 다시 위임하거나 위탁하려면 미리 그 사무를 위임하거나 위탁한 기관의 장의 승인을 받아야 한다.

제105조(직원에 대한 임면권 등) 지방자치단체의 장은 소속 직원을 지휘·감독하고 법령과 조례·규칙으로 정하는 바에 따라 그 임면·교육훈련·복무·징계 등에 관한 사항을 처리한다.

제106조(사무인계) 지방자치단체의 장이 퇴직할 때에는 그 소관 사무의 일체를 후임자에게 인계하여야 한다.

제3관 지방의회와의 관계

제107조(지방의회의 의결에 대한 재의요구와 제소) ① 지방자치단체의 장은 지방의회의 의결이 월권이거나 법령에 위반되거나 공익을 현저히 해친다고 인정되면 그 의결사항을 이송받은 날부터 20일

이내에 이유를 붙여 재의를 요구할 수 있다.

② 제1항의 요구에 대하여 재의한 결과 재적의원 과반수의 출석과 출석의원 3분의 2 이상의 찬성으로 전과 같은 의결을 하면 그 의결사항은 확정된다.

③ 지방자치단체의 장은 제2항에 따라 재의결된 사항이 법령에 위반된다고 인정되면 대법원에 소(訴)를 제기할 수 있다. 이 경우에는 제172조제3항을 준용한다.

제108조(예산상 집행 불가능한 의결의 재의요구) ① 지방자치단체의 장은 지방의회의 의결이 예산상 집행할 수 없는 경비를 포함하고 있다고 인정되면 그 의결사항을 이송받은 날부터 20일 이내에 이유를 붙여 재의를 요구할 수 있다.

② 지방의회가 다음 각 호의 어느 하나에 해당하는 경비를 줄이는 의결을 할 때에도 제1항과 같다.

1. 법령에 따라 지방자치단체에서 의무적으로 부담하여야 할 경비
2. 비상재해로 인한 시설의 응급 복구를 위하여 필요한 경비

③ 제1항과 제2항의 경우에는 제107조제2항을 준용한다.

제109조(지방자치단체의 장의 선결처분) ① 지방자치단체의 장은 지방의회가 성립되지 아니한 때(의원이 구속되는 등의 사유로 제64조에 따른 의결정족수에 미달하게 될 때를 말한다)와 지방의회의 의결사항 중 주민의 생명과 재산보호를 위하여 긴급하게 필요한 사항으로서 지방의회를 소집할 시간적 여유가 없거나 지방의회에서 의결이 지체되어 의결되지 아니할 때에는 선결처분(先決處分)을 할 수 있다.

② 제1항에 따른 선결처분은 지체 없이 지방의회에 보고하여 승인을 받아야 한다.

③ 지방의회에서 제2항의 승인을 받지 못하면 그 선결처분은 그때부터 효력을 상실한다.

④ 지방자치단체의 장은 제2항이나 제3항에 관한 사항을 지체 없이 공고하여야 한다.

제2절 보조기관

제110조(부지사 · 부시장 · 부군수 · 부구청장) ① 특별시 · 광역시 및 특별자치시에 부시장, 도와 특별자치도에 부지사, 시에 부시장, 군에 부군수, 자치구에 부구청장을 두며, 그 정수는 다음 각 호와 같다.[개정 2011.5.30][[시행일 2012.7.1]]

1. 특별시의 부시장의 정수 : 3명을 넘지 아니하는 범위에서 대통령령으로 정한다.
2. 광역시와 특별자치시의 부시장 및 도와 특별자치도의 부지사의 정수 : 2명(인구 800만 이상의 광역시나 도는 3명)을 초과하지 아니하는 범위에서 대통령령으로 정한다.
3. 시의 부시장, 군의 부군수 및 자치구의 부구청장의 정수 : 1명으로 한다.

② 특별시 · 광역시 및 특별자치시의 부시장, 도와 특별자치도의 부지사는 대통령령으로 정하는 바에 따라 정무직 또는 일반직 국가공무원으로 보한다. 다만, 제1항제1호와 제2호에 따라 특별시 · 광역시 및 특별자치시의 부시장, 도와 특별자치도의 부지사를 2명이나 3명 두는 경우에 1명은 대통령령으로 정하는 바에 따라 정무직 · 일반직 또는 별정직 지방공무원으로 보하되, 정무직과 별정직 지방공무원으로 보할 때의 자격기준은 해당 지방자치단체의 조례로 정한다. [개정 2009.4.1, 2011.5.30][[시행일 2012.7.1]]

③ 제2항의 정무직 또는 일반직 국가공무원으로 보하는 부시장 · 부지사는 시 · 도지사의 제청으로 행정자치부장관을 거쳐 대통령이 임명한다. 이 경우 제청된 자에게 법적 결격사유가 없으면 30일 이내에 그 임명절차를 마쳐야 한다. [개정 2008.2.29 제8852호(정부조직법), 2013.3.23 제11690호(정부조직법), 2014.11.19 제12844호(정부조직법)]

④ 시의 부시장, 군의 부군수, 자치구의 부구청장은 일반직 지방공무원으로 보하되, 그 직급은 대통령령으로 정하며 시장 · 군수 · 구청장이 임명한다.

⑤ 시 · 도의 부시장과 부지사, 시의 부시장 · 부군수 · 부구청장은 해당 지방자치단체의 장을 보좌하여 사무를 총괄하고, 소속직원을 지휘 · 감독한다.

⑥ 제1항제1호와 제2호에 따라 시 · 도의 부시장과 부지사를 2명이나 3명 두는 경우에 그 사무 분

장은 대통령령으로 정한다. 이 경우 부시장 · 부지사를 3명 두는 시 · 도에서는 그 중 1명에게 특정지역의 사무를 담당하게 할 수 있다.

제111조(지방자치단체의 장의 권한대행 등) ① 지방자치단체의 장이 다음 각 호의 어느 하나에 해당되면 부지사 · 부시장 · 부군수 · 부구청장(이하 이 조에서 "부단체장"이라 한다)이 그 권한을 대행한다.[개정 2011.5.30]

1. 궐위된 경우
2. 공소 제기된 후 구금상태에 있는 경우
3. 「의료법」에 따른 의료기관에 60일 이상 계속하여 입원한 경우

② 지방자치단체의 장이 그 직을 가지고 그 지방자치단체의 장 선거에 입후보하면 예비후보자 또는 후보자로 등록한 날부터 선거일까지 부단체장이 그 지방자치단체의 장의 권한을 대행한다.

③ 지방자치단체의 장이 출장 · 휴가 등 일시적 사유로 직무를 수행할 수 없으면 부단체장이 그 직무를 대리한다.

④ 제1항부터 제3항까지의 경우에 부지사나 부시장이 2명 이상인 시 · 도에서는 대통령령으로 정하는 순서에 따라 그 권한을 대행하거나 직무를 대리한다.

⑤ 제1항부터 제3항까지의 규정에 따라 권한을 대행하거나 직무를 대리할 부단체장이 부득이한 사유로 직무를 수행할 수 없으면 그 지방자치단체의 규칙에 정하여진 직제 순서에 따른 공무원이 그 권한을 대행하거나 직무를 대리한다.

제112조(행정기구와 공무원) ① 지방자치단체는 그 사무를 분장하기 위하여 필요한 행정기구와 지방공무원을 둔다.

② 제1항에 따른 행정기구의 설치와 지방공무원의 정원은 인건비 등 대통령령으로 정하는 기준에 따라 그 지방자치단체의 조례로 정한다.

③ 행정자치부장관은 지방자치단체의 행정기구와 지방공무원의 정원이 적정하게 운영되고 다른 지방자치단체와의 균형이 유지되도록 하기 위하여 필요한 사항을 권고할 수 있다. [개정 2008.2.29 제8852호(정부조직법), 2013.3.23 제11690호(정부조직법), 2014.11.19 제12844호(정부조직법)]

④ 지방공무원의 임용과 시험 · 자격 · 보수 · 복무 · 신분보장 · 징계 · 교육훈련 등에 관하여는 따로 법률로 정한다.

⑤ 지방자치단체에는 제1항에도 불구하고 법률로 정하는 바에 따라 국가공무원을 둘 수 있다.

⑥ 제5항에 규정된 국가공무원은 「국가공무원법」 제32조제1항부터 제3항까지에도 불구하고 5급 이상의 국가공무원이나 고위공무원단에 속하는 공무원은 해당 지방자치단체의 장의 제청으로 소속 장관을 거쳐 대통령이 임명하고, 6급 이하의 국가공무원은 그 지방자치단체의 장의 제청으로 소속 장관이 임명한다.

제3절 소속 행정기관

제113조(직속기관) 지방자치단체는 그 소관 사무의 범위 안에서 필요하면 대통령령이나 대통령령으로 정하는 바에 따라 지방자치단체의 조례로 자치경찰기관(제주특별자치도에 한한다), 소방기관, 교육훈련기관, 보건진료기관, 시험연구기관 및 중소기업지도기관 등을 직속기관으로 설치할 수 있다.

제114조(사업소) 지방자치단체는 특정 업무를 효율적으로 수행하기 위하여 필요하면 대통령령으로 정하는 바에 따라 그 지방자치단체의 조례로 사업소를 설치할 수 있다.

제115조(출장소) 지방자치단체는 원격지 주민의 편의와 특정지역의 개발 촉진을 위하여 필요하면 대통령령으로 정하는 바에 따라 그 지방자치단체의 조례로 출장소를 설치할 수 있다.

제116조(합의제행정기관) ① 지방자치단체는 그 소관 사무의 일부를 독립하여 수행할 필요가 있으면 법령이나 그 지방자치단체의 조례로 정하는 바에 따라 합의제행정기관을 설치할 수 있다.

② 제1항의 합의제행정기관의 설치 · 운영에 관하여 필요한 사항은 대통령령이나 그 지방자치단체의 조례로 정한다.

제116조의2(자문기관의 설치 등) ① 지방자치단체는 그 소관 사무의 범위에서 법령이나 그 지방자치단체의 조례로 정하는 바에 따라 심의회 · 위

원회 등의 자문기관을 설치 · 운영할 수 있다.

② 제1항에 따라 설치되는 자문기관은 해당 지방자치단체의 조례로 정하는 바에 따라 성격과 기능이 유사한 다른 자문기관의 기능을 포함하여 운영할 수 있다.

[본조신설 2009.4.1] [[시행일 2009.10.2]]

제4절 하부행정기관

제117조(하부행정기관의 장) 자치구가 아닌 구에 구청장, 읍에 읍장, 면에 면장, 동에 동장을 둔다. 이 경우 면 · 동은 제4조의2제3항 및 제4항에 따른 행정면 · 행정동을 말한다. [개정 2009.4.1]

제118조(하부행정기관의 장의 임명) ① 자치구가 아닌 구의 구청장은 일반직 지방공무원으로 보하되, 시장이 임명한다.

② 읍장 · 면장 · 동장은 일반직 지방공무원으로 보하되, 시장 · 군수 및 자치구의 구청장이 임명한다.

제119조(하부행정기관의 장의 직무권한) 자치구가 아닌 구의 구청장은 시장의, 읍장 · 면장은 시장이나 군수의, 동장은 시장(구가 없는 시의 시장을 말한다)이나 구청장(자치구의 구청장을 포함한다)의 지휘 · 감독을 받아 소관 국가사무와 지방자치단체의 사무를 맡아 처리하고 소속 직원을 지휘 · 감독한다.

제120조(하부행정기구) 지방자치단체는 조례로 정하는 바에 따라 자치구가 아닌 구와 읍 · 면 · 동에 그 소관 행정사무를 분장하기 위하여 필요한 행정기구를 둘 수 있다. 이 경우 면 · 동은 제4조의2제3항 및 제4항에 따른 행정면 · 행정동을 말한다. [개정 2009.4.1]

제5절 교육 · 과학 및 체육에 관한 기관

제121조(교육 · 과학 및 체육에 관한 기관) ① 지방자치단체의 교육 · 과학 및 체육에 관한 사무를 분장하기 위하여 별도의 기관을 둔다.

② 제1항에 따른 기관의 조직과 운영에 관하여 필요한 사항은 따로 법률로 정한다.

제7장 재무

제1절 재정운영의 기본원칙

제122조(건전재정의 운영) ① 지방자치단체는 그 재정을 수지균형의 원칙에 따라 건전하게 운영하여야 한다.

② 국가는 지방재정의 자주성과 건전한 운영을 조장하여야 하며, 국가의 부담을 지방자치단체에 넘겨서는 아니 된다.

③ 국가는 다음 각 호의 어느 하나에 해당하는 기관의 신설 · 확장 · 이전 · 운영과 관련된 비용을 지방자치단체에 부담시켜서는 아니 된다. [신설 2014.1.21]

1. 「정부조직법」과 다른 법률에 의하여 설치된 국가행정기관 및 그 소속 기관
2. 「공공기관의 운영에 관한 법률」 제4조에 따른 법인 · 단체 또는 기관
3. 국가가 출자 · 출연한 기관(재단법인, 사단법인 등을 포함한다)
4. 국가가 설립 · 조성 · 관리하는 시설 또는 단지 등을 지원하기 위하여 설치된 기관(재단법인, 사단법인 등을 포함한다)

④ 국가는 제3항의 기관을 신설 또는 확장하거나 이전하는 위치를 선정할 경우 지방자치단체의 재정적 부담을 조건으로 하거나 입지 적합성의 선정항목으로 이용하여서는 아니 된다. [신설 2014.1.21]

제123조(국가시책의 구현) ① 지방자치단체는 국가시책을 달성하기 위하여 노력하여야 한다.

② 제1항에 따라 국가시책을 달성하기 위하여 필요한 경비에 대한 국고보조율과 지방비부담률은 법령으로 정한다.

제124조(지방채무 및 지방채권의 관리) ① 지방자치단체의 장이나 지방자치단체조합은 따로 법률로 정하는 바에 따라 지방채를 발행할 수 있다.

② 지방자치단체의 장은 따로 법률로 정하는 바에 따라 지방자치단체의 채무부담의 원인이 될 계약의 체결이나 그 밖의 행위를 할 수 있다.

③ 지방자치단체의 장은 공익을 위하여 필요하다고 인정하면 미리 지방의회의 의결을 받아 보증채무부담행위를 할 수 있다.

④ 지방자치단체는 조례나 계약에 의하지 아니하고는 그 채무의 이행을 지체할 수 없다.

⑤ 지방자치단체는 법령이나 조례의 규정에 따르거나 지방의회의 의결을 받지 아니하고는 채권에 관하여 채무를 면제하거나 그 효력을 변경할 수 없다.

제2절 예산과 결산

제125조(회계연도) 지방자치단체의 회계연도는 매년 1월 1일에 시작하여 그 해 12월 31일에 끝난다.

제126조(회계의 구분) ① 지방자치단체의 회계는 일반회계와 특별회계로 구분한다.

② 특별회계는 법률이나 지방자치단체의 조례로 설치할 수 있다.

제127조(예산의 편성 및 의결) ① 지방자치단체의 장은 회계연도마다 예산안을 편성하여 시·도는 회계연도 시작 50일 전까지, 시·군 및 자치구는 회계연도 시작 40일 전까지 지방의회에 제출하여야 한다.

② 제1항의 예산안을 시·도의회에서는 회계연도 시작 15일 전까지, 시·군 및 자치구의회에서는 회계연도 시작 10일 전까지 의결하여야 한다.

③ 지방의회는 지방자치단체의 장의 동의 없이 지출예산 각 항의 금액을 증가하거나 새로운 비용항목을 설치할 수 없다.

④ 지방자치단체의 장은 제1항의 예산안을 제출한 후 부득이한 사유로 그 내용의 일부를 수정하려면 수정예산안을 작성하여 지방의회에 다시 제출할 수 있다.

제128조(계속비) 지방자치단체의 장은 한 회계연도를 넘어 계속하여 경비를 지출할 필요가 있으면 그 총액과 연도별 금액을 정하여 계속비로서 지방의회의 의결을 받아야 한다.

제129조(예비비) ① 지방자치단체는 예측할 수 없는 예산 외의 지출이나 예산초과지출에 충당하기 위하여 세입·세출예산에 예비비를 계상하여야 한다.

② 예비비의 지출은 다음 연도 지방의회의 승인을 받아야 한다.

제130조(추가경정예산) ① 지방자치단체의 장은 예산을 변경할 필요가 있으면 추가경정예산안을 편성하여 지방의회의 의결을 받아야 한다.

② 제1항에 관하여는 제127조제3항과 제4항을 준용한다.

제131조(예산이 성립하지 아니할 때의 예산집행) 지방의회에서 새로운 회계연도가 시작될 때까지 예산안이 의결되지 못하면 지방자치단체의 장은 지방의회에서 예산안이 의결될 때까지 다음의 목적을 위한 경비는 전년도 예산에 준하여 집행할 수 있다.

1. 법령이나 조례에 따라 설치된 기관이나 시설의 유지·운영
2. 법령상 또는 조례상 지출의무의 이행
3. 이미 예산으로 승인된 사업의 계속

제131조의2(지방자치단체를 신설하는 때의 예산) ① 지방자치단체를 폐지하거나 설치하거나 나누거나 합쳐 새로운 지방자치단체가 설치된 경우에는 지체 없이 그 지방자치단체의 예산을 편성하여야 한다.

② 제1항의 경우에 해당 지방자치단체의 장은 예산이 성립될 때까지 필요한 경상적 수입과 지출을 할 수 있다. 이 경우 수입과 지출은 새로 성립될 예산에 포함시켜야 한다.

[본조신설 2011.7.14] [[시행일 2011.10.15]]

제132조(재정부담을 수반하는 조례제정 등) 지방의회는 새로운 재정부담을 수반하는 조례나 안건을 의결하려면 미리 지방자치단체의 장의 의견을 들어야 한다.

제133조(예산의 이송·고시 등) ① 지방의회의 의장은 예산안이 의결되면 3일 이내에 지방자치단체의 장에게 이송하여야 한다.

② 지방자치단체의 장은 제1항에 따라 예산을 이송받으면 지체없이 시·도에서는 행정자치부장관에게, 시·군 및 자치구에서는 시·도지사에게 각각 보고하고, 그 내용을 고시하여야 한다.

다만, 제108조에 따른 재의요구를 할 때에는 그러하지 아니하다. [개정 2008.2.29 제8852호(정부조직법), 2013.3.23 제11690호(정부조직법), 2014.11.19 제12844호(정부조직법)]

제134조(결산) ① 지방자치단체의 장은 출납 폐쇄 후 80일 이내에 결산서와 증빙서류를 작성하고 지방의회가 선임한 검사위원의 검사의견서를 첨부하여 다음 연도 지방의회의 승인을 받아야 한다. 결산의 심사결과 위법 또는 부당한 사항이 있는 경우에 지방의회는 본회의 의결 후 지방자치단체 또는 해당 기관에 변상 및 징계 조치 등 그 시정을 요구하고, 지방자치단체 또는 해당 기관은 시정요구를 받은 사항을 지체 없이 처리하여 그 결과를 지방의회에 보고하여야 한다. [개정 2011.7.14] [[시행일 2011.10.15]]

② 지방자치단체의 장은 제1항에 따른 승인을 받으면 5일 이내에 시·도에서는 행정자치부장관에게, 시·군 및 자치구에서는 시·도지사에게 각각 보고하고 그 내용을 고시하여야 한다. [개정 2008.2.29 제8852호(정부조직법), 2013.3.23 제11690호(정부조직법), 2014.11.19 제12844호(정부조직법)]

③ 제1항의 검사위원의 선임과 운영에 관하여 필요한 사항은 대통령령으로 정한다.

제134조의2(지방자치단체가 없어진 때의 결산) ① 지방자치단체를 폐지하거나 설치하거나 나누거나 합쳐 없어진 지방자치단체의 수입과 지출은 없어진 날로써 마감하되, 그 지방자치단체의 장이었던 사람이 이를 결산하여야 한다.

② 제1항의 결산은 제134조제1항에 따라 사무를 인수한 지방자치단체의 의회의 승인을 받아야 한다. [본조신설 2011.7.14] [[시행일 2011.10.15]]

제3절 수입과 지출

제135조(지방세) 지방자치단체는 법률로 정하는 바에 따라 지방세를 부과·징수할 수 있다.

제136조(사용료) 지방자치단체는 공공시설의 이용 또는 재산의 사용에 대하여 사용료를 징수할 수 있다.

제137조(수수료) ① 지방자치단체는 그 지방자치단체의 사무가 특정인을 위한 것이면 그 사무에 대하여 수수료를 징수할 수 있다.

② 지방자치단체는 국가나 다른 지방자치단체의 위임사무가 특정인을 위한 것이면 그 사무에 대하여 수수료를 징수할 수 있다.

③ 제2항에 따른 수수료는 그 지방자치단체의 수입으로 한다. 다만, 법령에 달리 정하여진 경우에는 그러하지 아니하다.

제138조(분담금) 지방자치단체는 그 재산 또는 공공시설의 설치로 주민의 일부가 특히 이익을 받으면 이익을 받는 자로부터 그 이익의 범위에서 분담금을 징수할 수 있다.

제139조(사용료의 징수조례 등) ① 사용료·수수료 또는 분담금의 징수에 관한 사항은 조례로 정한다. 다만, 국가가 지방자치단체나 그 기관에 위임한 사무와 자치사무의 수수료 중 전국적으로 통일할 필요가 있는 수수료에 관한 사항은 다른 법령의 규정에도 불구하고 대통령령으로 정하는 표준금액으로 징수하되, 지방자치단체가 다른 금액으로 징수하고자 하는 경우에는 표준금액의 100분의 50의 범위에서 조례로 가감 조정하여 징수할 수 있다. [개정 2012.3.21] [[시행일 2012.9.22]]

② 사기나 그 밖의 부정한 방법으로 사용료·수수료 또는 분담금의 징수를 면한 자에 대하여는 그 징수를 면한 금액의 5배 이내의 과태료를, 공공시설을 부정사용한 자에 대하여는 50만원 이하의 과태료를 부과하는 규정을 조례로 정할 수 있다.

③ 제2항에 따른 과태료의 부과·징수, 재판 및 집행 등의 절차에 관한 사항은 「질서위반행위규제법」에 따른다. [개정 2009.4.1]

제140조(사용료 등의 부과·징수, 이의신청) ① 사용료·수수료 또는 분담금은 공평한 방법으로 부과하거나 징수하여야 한다.

② 사용료·수수료 또는 분담금의 징수는 지방세 징수의 예에 따른다.

③ 사용료·수수료 또는 분담금의 부과나 징수에 대하여 이의가 있는 자는 그 처분을 통지받은 날부터 90일 이내에 그 지방자치단체의 장에게 이의

신청할 수 있다.

④ 지방자치단체의 장은 제3항의 이의신청을 받은 날부터 60일 이내에 이를 결정하여 알려야 한다.

⑤ 사용료 · 수수료 또는 분담금의 부과나 징수에 대하여 행정소송을 제기하려면 제4항에 따른 결정을 통지받은 날부터 90일 이내에 처분청을 당사자로 하여 소를 제기하여야 한다.

⑥ 제4항에 따른 결정기간 내에 결정의 통지를 받지 못하면 제5항에도 불구하고 그 결정기간이 지난 날부터 90일 이내에 소를 제기할 수 있다.

⑦ 제3항과 제4항에 따른 이의신청의 방법과 절차 등에 관하여는 「지방세기본법」 제118조와 제121조부터 제127조까지의 규정을 준용한다. [개정 2010.3.31 제10219호(지방세기본법)] [[시행일 2011.1.1]]

제141조(경비의 지출) 지방자치단체는 그 자치사무의 수행에 필요한 경비와 위임된 사무에 관하여 필요한 경비를 지출할 의무를 진다. 다만, 국가사무나 지방자치단체사무를 위임할 때에는 이를 위임한 국가나 지방자치단체에서 그 경비를 부담하여야 한다.

제4절 재산 및 공공시설

제142조(재산과 기금의 설치) ① 지방자치단체는 행정목적을 달성하기 위한 경우나 공익상 필요한 경우에는 재산을 보유하거나 특정한 자금을 운용하기 위한 기금을 설치할 수 있다.

② 제1항의 재산의 보유, 기금의 설치 · 운용에 관하여 필요한 사항은 조례로 정한다.

③ 제1항에서 "재산"이란 현금 외의 모든 재산적 가치가 있는 물건과 권리를 말한다.

제143조(재산의 관리와 처분) 지방자치단체의 재산은 법령이나 조례에 따르지 아니하고는 교환 · 양여(讓與) · 대여하거나 출자 수단 또는 지급 수단으로 사용할 수 없다.

제144조(공공시설) ① 지방자치단체는 주민의 복지를 증진하기 위하여 공공시설을 설치할 수 있다.

② 제1항의 공공시설의 설치와 관리에 관하여 다른 법령에 규정이 없으면 조례로 정한다.

③ 제1항의 공공시설은 관계 지방자치단체의 동의를 받아 그 지방자치단체의 구역 밖에 설치할 수 있다.

제5절 보칙

제145조(지방재정운영에 관한 법률의 제정) 지방자치단체의 재정에 관하여 이 법에 정한 것 외에 필요한 사항은 따로 법률로 정한다.

제146조(지방공기업의 설치 · 운영) ① 지방자치단체는 주민의 복지증진과 사업의 효율적 수행을 위하여 지방공기업을 설치 · 운영할 수 있다.

② 지방공기업의 설치 · 운영에 관하여 필요한 사항은 따로 법률로 정한다.

제8장 지방자치단체 상호 간의 관계

제1절 지방자치단체 간의 협력과 분쟁조정

제147조(지방자치단체 상호 간의 협력) 지방자치단체는 다른 지방자치단체로부터 사무의 공동처리에 관한 요청이나 사무처리에 관한 협의 · 조정 · 승인 또는 지원의 요청을 받으면 법령의 범위에서 협력하여야 한다.

제148조(지방자치단체 상호 간의 분쟁조정) ① 지방자치단체 상호 간이나 지방자치단체의 장 상호 간 사무를 처리할 때 의견이 달라 다툼(이하 "분쟁"이라 한다)이 생기면 다른 법률에 특별한 규정이 없으면 행정자치부장관이나 시 · 도지사가 당사자의 신청에 따라 조정(調整)할 수 있다. 다만, 그 분쟁이 공익을 현저히 저해하여 조속한 조정이 필요하다고 인정되면 당사자의 신청이 없어도 직권으로 조정할 수 있다. [개정 2008.2.29 제8852호(정부조직법), 2013.3.23 제11690호(정부조직법), 2014.11.19 제12844호(정부조직법)]

② 제1항 단서에 따라 행정자치부장관이나 시 · 도지사가 분쟁을 조정하는 경우에는 그 취지를 미리 당사자에게 알려야 한다. [개정 2008.2.29 제8852호(정부조직법), 2013.3.23 제11690호(정부조직법), 2014.11.19 제12844호(정부조직법)]

③ 행정자치부장관이나 시·도지사가 제1항의 분쟁을 조정하고자 할 때에는 관계 중앙행정기관의 장과의 협의를 거쳐 제149조에 따른 지방자치단체중앙분쟁조정위원회나 지방자치단체지방분쟁조정위원회의 의결에 따라 조정하여야 한다. [개정 2008.2.29 제8852호(정부조직법), 2013.3.23 제11690호(정부조직법), 2014.11.19 제12844호(정부조직법)]

④ 행정자치부장관이나 시·도지사는 제1항의 조정에 대하여 결정을 하면 서면으로 지체 없이 관계 지방자치단체의 장에게 통보하여야 하며, 통보를 받은 지방자치단체의 장은 그 조정결정사항을 이행하여야 한다. [개정 2008.2.29 제8852호(정부조직법), 2013.3.23 제11690호(정부조직법), 2014.11.19 제12844호(정부조직법)]

⑤ 제4항의 조정결정사항 중 예산이 수반되는 사항에 대하여는 관계 지방자치단체는 필요한 예산을 우선적으로 편성하여야 한다. 이 경우 연차적으로 추진하여야 할 사항은 연도별 추진계획을 행정자치부장관이나 시·도지사에게 보고하여야 한다. [개정 2008.2.29 제8852호(정부조직법), 2013.3.23 제11690호(정부조직법), 2014.11.19 제12844호(정부조직법)]

⑥ 행정자치부장관이나 시·도지사는 제1항의 조정결정에 따른 시설의 설치 또는 역무의 제공으로 이익을 받거나 그 원인을 일으켰다고 인정되는 지방자치단체에 대하여는 그 시설비나 운영비 등의 전부나 일부를 행정자치부장관이 정하는 기준에 따라 부담하게 할 수 있다. [개정 2008.2.29 제8852호(정부조직법), 2013.3.23 제11690호(정부조직법), 2014.11.19 제12844호(정부조직법)]

⑦ 행정자치부장관이나 시·도지사는 제4항부터 제6항까지의 규정에 따른 조정결정사항이 성실히 이행되지 아니하면 그 지방자치단체에 대하여 제170조를 준용하여 이행하게 할 수 있다. [개정 2008.2.29 제8852호(정부조직법), 2013.3.23 제11690호(정부조직법), 2014.11.19 제12844호(정부조직법)]

제149조(지방자치단체중앙분쟁조정위원회 등의 설치와 구성 등) ① 제148조제1항에 따른 분쟁의 조정과 제156조제1항에 따른 협의사항의 조정에 필요한 사항을 심의·의결하기 위하여 행정자치부에 지방자치단체중앙분쟁조정위원회(이하 "중앙분쟁조정위원회"라 한다)와 시·도에 지방자치단체지방분쟁조정위원회(이하 "지방분쟁조정위원회"라 한다)를 둔다. [개정 2008.2.29 제8852호(정부조직법), 2013.3.23 제11690호(정부조직법), 2014.11.19 제12844호(정부조직법)]

② 중앙분쟁조정위원회는 다음 각 호의 분쟁을 심의·의결한다.

1. 시·도 간 또는 그 장 간의 분쟁
2. 시·도를 달리하는 시·군 및 자치구 간 또는 그 장 간의 분쟁
3. 시·도와 시·군 및 자치구 간 또는 그 장 간의 분쟁
4. 시·도와 지방자치단체조합 간 또는 그 장 간의 분쟁
5. 시·도를 달리하는 시·군 및 자치구와 지방자치단체조합 간 또는 그 장 간의 분쟁
6. 시·도를 달리하는 지방자치단체조합 간 또는 그 장 간의 분쟁

③ 지방분쟁조정위원회는 제2항 각 호에 해당하지 아니하는 지방자치단체·지방자치단체조합 간 또는 그 장 간의 분쟁을 심의·의결한다.

④ 중앙분쟁조정위원회와 지방분쟁조정위원회(이하 "분쟁조정위원회"라 한다)는 각각 위원장을 포함한 11명 이내의 위원으로 구성한다.

⑤ 중앙분쟁조정위원회의 위원장과 위원 중 5명은 다음 각 호에 해당하는 자 중에서 행정자치부장관의 제청으로 대통령이 임명하거나 위촉하고, 대통령령으로 정하는 중앙행정기관 소속 공무원은 당연직위원이 된다. [개정 2008.2.29 제8852호(정부조직법), 2013.3.23 제11690호(정부조직법), 2014.11.19 제12844호(정부조직법)]

1. 대학에서 부교수 이상으로 3년 이상 재직 중이거나 재직한 자
2. 판사·검사 또는 변호사의 직에 6년 이상 재직 중이거나 재직한 자

3. 그 밖에 지방자치사무에 관한 학식과 경험이 풍부한 자

⑥ 지방분쟁조정위원회의 위원장과 위원 중 5명은 제5항 각 호에 해당하는 자 중에서 시·도지사가 임명하거나 위촉하고, 조례로 정하는 해당 지방자치단체 소속 공무원은 당연직위원이 된다.

⑦ 공무원이 아닌 위원장 및 위원의 임기는 3년으로 하되, 연임할 수 있다. 다만, 보궐위원의 임기는 전임자의 남은 임기로 한다.

제150조(분쟁조정위원회의 운영 등) ① 분쟁조정위원회는 위원장을 포함한 위원 7명 이상의 출석으로 개의하고, 출석위원 3분의 2 이상의 찬성으로 의결한다.

② 분쟁조정위원회의 위원장은 분쟁의 조정과 관련하여 필요하다고 인정하면 관계 공무원, 지방자치단체조합의 직원 또는 관계 전문가를 출석시켜 의견을 듣거나 관계 기관이나 단체에 대하여 자료 및 의견 제출 등을 요구할 수 있다. 이 경우 분쟁의 당사자에게는 의견을 진술할 기회를 주어야 한다.

③ 이 법에서 정한 사항 외에 분쟁조정위원회의 구성과 운영 등에 관하여 필요한 사항은 대통령령으로 정한다.

제151조(사무의 위탁) ① 지방자치단체나 그 장은 소관 사무의 일부를 다른 지방자치단체나 그 장에게 위탁하여 처리하게 할 수 있다. 이 경우 지방자치단체의 장은 사무 위탁의 당사자가 시·도나 그 장이면 행정자치부장관과 관계 중앙행정기관의 장에게, 시·군 및 자치구나 그 장이면 시·도지사에게 이를 보고하여야 한다. [개정 2008.2.29 제8852호(정부조직법), 2013.3.23 제11690호(정부조직법), 2014.11.19 제12844호(정부조직법)]

② 지방자치단체나 그 장은 제1항에 따라 사무를 위탁하려면 관계 지방자치단체와의 협의에 따라 규약을 정하여 고시하여야 한다.

③ 제2항의 사무위탁에 관한 규약에는 다음 각 호의 사항이 포함되어야 한다.

1. 사무를 위탁하는 지방자치단체와 사무를 위탁받는 지방자치단체
2. 위탁사무의 내용과 범위
3. 위탁사무의 관리와 처리방법
4. 위탁사무의 관리와 처리에 드는 경비의 부담과 지출방법
5. 그 밖에 사무위탁에 관하여 필요한 사항

④ 지방자치단체나 그 장은 사무위탁을 변경하거나 해지하려면 관계 지방자치단체나 그 장과 협의하여 그 사실을 고시하고, 제1항의 예에 따라 행정자치부장관과 관계 중앙행정기관의 장 또는 시·도지사에게 보고하여야 한다. [개정 2008.2.29 제8852호(정부조직법), 2013.3.23 제11690호(정부조직법), 2014.11.19 제12844호(정부조직법)]

⑤ 사무가 위탁된 경우 위탁된 사무의 관리와 처리에 관한 조례나 규칙은 규약에 다르게 정하여진 경우 외에는 사무를 위탁받은 지방자치단체에 대하여도 적용한다.

제2절 행정협의회

제152조(행정협의회의 구성) ① 지방자치단체는 2개 이상의 지방자치단체에 관련된 사무의 일부를 공동으로 처리하기 위하여 관계 지방자치단체 간의 행정협의회(이하 "협의회"라 한다)를 구성할 수 있다. 이 경우 지방자치단체의 장은 시·도가 구성원이면 행정자치부장관과 관계 중앙행정기관의 장에게, 시·군 또는 자치구가 구성원이면 시·도지사에게 이를 보고하여야 한다. [개정 2008.2.29 제8852호(정부조직법), 2013.3.23 제11690호(정부조직법), 2014.11.19 제12844호(정부조직법)]

② 지방자치단체는 협의회를 구성하려면 관계 지방자치단체 간의 협의에 따라 규약을 정하여 관계 지방의회의 의결을 각각 거친 다음 고시하여야 한다.

③ 행정자치부장관이나 시·도지사는 공익상 필요하면 관계 지방자치단체에 대하여 협의회를 구성하도록 권고할 수 있다. [개정 2008.2.29 제8852호(정부조직법), 2013.3.23 제11690호(정부조직법), 2014.11.19 제12844호(정부조직법)]

제153조(협의회의 조직) ① 협의회는 회장과 위원으로 구성한다.

② 회장과 위원은 규약으로 정하는 바에 따라 관계 지방자치단체의 직원 중에서 선임한다.

③ 회장은 협의회를 대표하며 회의를 소집하고 협의회의 사무를 총괄한다.

제154조(협의회의 규약) 협의회의 규약에는 다음 각 호의 사항이 포함되어야 한다.

1. 협의회의 명칭
2. 협의회를 구성하는 지방자치단체
3. 협의회가 처리하는 사무
4. 협의회의 조직과 회장 및 위원의 선임방법
5. 협의회의 운영과 사무 처리에 필요한 경비의 부담이나 지출방법
6. 그 밖에 협의회의 구성과 운영에 관하여 필요한 사항

제155조(협의회의 자료제출요구 등) 협의회는 사무를 처리하기 위하여 필요하다고 인정하면 관계 지방자치단체의 장에게 자료 제출, 의견 개진, 그 밖에 필요한 협조를 요구할 수 있다.

제156조(협의사항의 조정) ① 협의회에서 합의가 이루어지지 아니한 사항에 대하여 관계 지방자치단체의 장이 조정(調整) 요청을 하면 시ㆍ도 간의 협의사항에 대하여는 행정자치부장관이, 시ㆍ군 및 자치구 간의 협의사항에 대하여는 시ㆍ도지사가 조정할 수 있다. 다만, 관계되는 시ㆍ군 및 자치구가 2개 이상의 시ㆍ도에 걸치는 경우에는 행정자치부장관이 조정할 수 있다. [개정 2008.2.29 제8852호(정부조직법), 2013.3.23 제11690호(정부조직법), 2014.11.19 제12844호(정부조직법)]

② 행정자치부장관이나 시ㆍ도지사가 제1항에 따라 조정을 하려면 관계 중앙행정기관의 장과의 협의를 거쳐 제149조에 따른 분쟁조정위원회의 의결에 따라 조정하여야 한다. [개정 2008.2.29 제8852호(정부조직법), 2013.3.23 제11690호(정부조직법), 2014.11.19 제12844호(정부조직법)]

제157조(협의회의 협의 및 사무처리의 효력) ① 협의회를 구성한 관계 지방자치단체는 협의회가 결정한 사항이 있으면 그 결정에 따라 사무를 처리하여야 한다.

② 제156조제1항에 따라 행정자치부장관이나 시ㆍ도지사가 조정한 사항에 관하여는 제148조제3항부터 제6항까지의 규정을 준용한다. [개정 2008.2.29 제8852호(정부조직법), 2013.3.23 제11690호(정부조직법), 2014.11.19 제12844호(정부조직법)]

③ 협의회가 관계 지방자치단체나 그 장의 명의로 한 사무의 처리는 관계 지방자치단체나 그 장이 한 것으로 본다.

제158조(협의회의 규약변경 및 폐지) 지방자치단체가 협의회의 규약을 변경하거나 협의회를 없애려는 경우에는 제152조제1항과 제2항을 준용한다.

제3절 지방자치단체조합

제159조(지방자치단체조합의 설립) ① 2개 이상의 지방자치단체가 하나 또는 둘 이상의 사무를 공동으로 처리할 필요가 있을 때에는 규약을 정하여 그 지방의회의 의결을 거쳐 시ㆍ도는 행정자치부장관의, 시ㆍ군 및 자치구는 시ㆍ도지사의 승인을 받아 지방자치단체조합을 설립할 수 있다. 다만, 지방자치단체조합의 구성원인 시ㆍ군 및 자치구가 2개 이상의 시ㆍ도에 걸치는 지방자치단체조합은 행정자치부장관의 승인을 받아야 한다. [개정 2008.2.29 제8852호(정부조직법), 2013.3.23 제11690호(정부조직법), 2014.11.19 제12844호(정부조직법)]

② 지방자치단체조합은 법인으로 한다.

제160조(지방자치단체조합의 조직) ① 지방자치단체조합에는 지방자치단체조합회의와 지방자치단체조합장 및 사무직원을 둔다.

② 지방자치단체조합회의의 위원과 지방자치단체조합장 및 사무직원은 지방자치단체조합규약으로 정하는 바에 따라 선임한다.

③ 관계 지방자치단체의 의회 의원과 그 지방자치단체의 장은 제35조제1항과 제96조제1항에도 불구하고 지방자치단체조합회의의 위원이나 지방자치단체조합장을 겸할 수 있다.

제161조(지방자치단체조합회의와 지방자치단체조합장의 권한) ① 지방자치단체조합회의는 지방자치단체조합의 규약으로 정하는 바에 따라 지

방자치단체조합의 중요 사무를 심의 · 의결한다.

② 지방자치단체조합회의는 지방자치단체조합이 제공하는 역무에 대한 사용료 · 수수료 또는 분담금을 제139조제1항에 따른 조례의 범위 안에서 정할 수 있다.

③ 지방자치단체조합장은 지방자치단체조합을 대표하며 지방자치단체조합의 사무를 총괄한다.

제162조(지방자치단체조합의 규약) 지방자치단체조합의 규약에는 다음 각 호의 사항이 포함되어야 한다.

1. 지방자치단체조합의 명칭
2. 지방자치단체조합을 구성하는 지방자치단체
3. 사무소의 위치
4. 지방자치단체조합의 사무
5. 지방자치단체조합회의의 조직과 위원의 선임방법
6. 집행기관의 조직과 선임방법
7. 지방자치단체조합의 운영 및 사무처리에 필요한 경비의 부담과 지출방법
8. 그 밖에 지방자치단체조합의 구성과 운영에 관한 사항

제163조(지방자치단체조합의 지도 · 감독) ① 시 · 도가 구성원인 지방자치단체조합은 행정자치부장관의, 시 · 군 및 자치구가 구성원인 지방자치단체조합은 1차로 시 · 도지사의, 2차로 행정자치부장관의 지도 · 감독을 받는다. 다만, 지방자치단체조합의 구성원인 시 · 군 및 자치구가 2개 이상의 시 · 도에 걸치는 지방자치단체조합은 행정자치부장관의 지도 · 감독을 받는다. [개정 2008.2.29 제8852호(정부조직법), 2013.3.23 제11690호(정부조직법), 2014.11.19 제12844호(정부조직법)]

② 행정자치부장관은 공익상 필요하면 지방자치단체조합의 설립이나 해산 또는 규약의 변경을 명할 수 있다. [개정 2008.2.29 제8852호(정부조직법), 2013.3.23 제11690호(정부조직법), 2014.11.19 제12844호(정부조직법)]

제164조(지방자치단체조합의 규약변경 및 해산) ① 지방자치단체조합의 규약을 변경하거나 지방자치단체조합을 해산하려는 경우에는 제159조제1항을 준용한다.

② 지방자치단체조합을 해산한 경우에 그 재산의 처분은 관계 지방자치단체의 협의에 따른다.

제4절 지방자치단체의 장 등의 협의체

제165조(지방자치단체의 장 등의 협의체) ① 지방자치단체의 장이나 지방의회의 의장은 상호 간의 교류와 협력을 증진하고, 공동의 문제를 협의하기 위하여 다음 각 호의 구분에 따라 각각 전국적 협의체를 설립할 수 있다.

1. 시 · 도지사
2. 시 · 도의회의 의장
3. 시장 · 군수 · 자치구의 구청장
4. 시 · 군 · 자치구의회의 의장

② 제1항 각 호의 전국적 협의체가 모두 참가하는 지방자치단체 연합체를 설립할 수 있다.

③ 제1항에 따른 협의체나 제2항에 따른 연합체를 설립한 때에는 그 협의체의 대표자는 지체 없이 행정자치부장관에게 신고하여야 한다. [개정 2008.2.29 제8852호(정부조직법), 2013.3.23 제11690호(정부조직법), 2014.11.19 제12844호(정부조직법)]

④ 제1항에 따른 협의체나 제2항에 따른 연합체는 지방자치에 직접적인 영향을 미치는 법령 등에 관한 의견을 행정자치부장관에게 제출할 수 있으며, 행정자치부장관은 제출된 의견을 관계 중앙행정기관의 장에게 통보하여야 한다. [개정 2008.2.29 제8852호(정부조직법), 2011.7.14, 2013.3.23 제11690호(정부조직법), 2014.11.19 제12844호(정부조직법)]

⑤ 관계 중앙행정기관의 장은 제4항에 따라 통보된 내용에 대하여 통보를 받은 날부터 2개월 이내에 타당성을 검토하여 행정자치부장관에게 그 결과를 통보하여야 하고, 행정자치부장관은 통보받은 검토 결과를 해당 협의체나 연합체에 지체 없이 통보하여야 한다. 이 경우 관계 중앙행정기관의 장은 검토 결과 타당성이 없다고 인정하면 구체적인 사유 및 내용을 명시하여 통보하여야 하며, 타당하다고 인정하면 관계 법령에 그 내용

이 반영될 수 있도록 적극 협력하여야 한다. [신설 2011.7.14, 2013.3.23 제11690호(정부조직법), 2014.11.19 제12844호(정부조직법)]

⑥ 제1항에 따른 협의체나 제2항에 따른 연합체는 지방자치와 관련된 법률의 제정 · 개정 또는 폐지가 필요하다고 인정하는 경우에는 국회에 서면으로 의견을 제출할 수 있다. [신설 2011.7.14] [[시행일 2011.10.15]]

⑦ 제1항에 따른 협의체나 제2항에 따른 연합체의 설립신고와 운영, 그 밖에 필요한 사항은 대통령령으로 정한다. [개정 2011.7.14] [[시행일 2011.10.15]]

제9장 국가의 지도 · 감독

제166조(지방자치단체의 사무에 대한 지도와 지원)
① 중앙행정기관의 장이나 시 · 도지사는 지방자치단체의 사무에 관하여 조언 또는 권고하거나 지도할 수 있으며, 이를 위하여 필요하면 지방자치단체에 자료의 제출을 요구할 수 있다.

② 국가나 시 · 도는 지방자치단체가 그 지방자치단체의 사무를 처리하는 데에 필요하다고 인정하면 재정지원이나 기술지원을 할 수 있다.

제167조(국가사무나 시 · 도사무 처리의 지도 · 감독)
① 지방자치단체나 그 장이 위임받아 처리하는 국가사무에 관하여 시 · 도에서는 주무부장관의, 시 · 군 및 자치구에서는 1차로 시 · 도지사의, 2차로 주무부장관의 지도 · 감독을 받는다.

② 시 · 군 및 자치구나 그 장이 위임받아 처리하는 시 · 도의 사무에 관하여는 시 · 도지사의 지도 · 감독을 받는다.

제168조(중앙행정기관과 지방자치단체 간 협의조정)
① 중앙행정기관의 장과 지방자치단체의 장이 사무를 처리할 때 의견을 달리하는 경우 이를 협의 · 조정하기 위하여 국무총리 소속으로 행정협의조정위원회를 둔다. [개정 2011.7.14] [[시행일 2011.10.15]]

② 행정협의조정위원회는 위원장 1명을 포함하여 13명 이내의 위원으로 구성한다. [개정 2011.7.14] [[시행일 2011.10.15]]

③ 행정협의조정위원회의 위원은 다음 각 호의 사람이 되고, 위원장은 제3호에 따른 위촉위원 중에서 국무총리가 위촉한다. [신설 2011.7.14, 2013.3.23 제11690호(정부조직법), 2014.11.19 제12844호(정부조직법)]

1. 기획재정부장관, 행정자치부장관, 국무조정실장 및 법제처장
2. 안건과 관련된 중앙행정기관의 장과 시 · 도지사 중 위원장이 지명하는 사람
3. 그 밖에 지방자치에 관한 학식과 경험이 풍부한 사람 중에서 국무총리가 위촉하는 사람 4명

④ 그 밖에 행정협의조정위원회의 구성과 운영 등에 필요한 사항은 대통령령으로 정한다. [신설 2011.7.14] [[시행일 2011.10.15]]

제169조(위법 · 부당한 명령 · 처분의 시정) ① 지방자치단체의 사무에 관한 그 장의 명령이나 처분이 법령에 위반되거나 현저히 부당하여 공익을 해친다고 인정되면 시 · 도에 대하여는 주무부장관이, 시 · 군 및 자치구에 대하여는 시 · 도지사가 기간을 정하여 서면으로 시정할 것을 명하고, 그 기간에 이행하지 아니하면 이를 취소하거나 정지할 수 있다. 이 경우 자치사무에 관한 명령이나 처분에 대하여는 법령을 위반하는 것에 한한다.

② 지방자치단체의 장은 제1항에 따른 자치사무에 관한 명령이나 처분의 취소 또는 정지에 대하여 이의가 있으면 그 취소처분 또는 정지처분을 통보받은 날부터 15일 이내에 대법원에 소(訴)를 제기할 수 있다.

제170조(지방자치단체의 장에 대한 직무이행명령)
① 지방자치단체의 장이 법령의 규정에 따라 그 의무에 속하는 국가위임사무나 시 · 도위임사무의 관리와 집행을 명백히 게을리하고 있다고 인정되면 시 · 도에 대하여는 주무부장관이, 시 · 군 및 자치구에 대하여는 시 · 도지사가 기간을 정하여 서면으로 이행할 사항을 명령할 수 있다.

② 주무부장관이나 시 · 도지사는 해당 지방자치단체의 장이 제1항의 기간에 이행명령을 이행하지 아니하면 그 지방자치단체의 비용부담으로 대

집행하거나 행정상 · 재정상 필요한 조치를 할 수 있다. 이 경우 행정대집행에 관하여는 「행정대집행법」을 준용한다.

③ 지방자치단체의 장은 제1항의 이행명령에 이의가 있으면 이행명령서를 접수한 날부터 15일 이내에 대법원에 소를 제기할 수 있다. 이 경우 지방자치단체의 장은 이행명령의 집행을 정지하게 하는 집행정지결정을 신청할 수 있다.

제171조(지방자치단체의 자치사무에 대한 감사) ① 행정자치부장관이나 시 · 도지사는 지방자치단체의 자치사무에 관하여 보고를 받거나 서류 · 장부 또는 회계를 감사할 수 있다. 이 경우 감사는 법령위반사항에 대하여만 실시한다. [개정 2008.2.29 제8852호(정부조직법),2010.6.8, 2013.3.23 제11690호(정부조직법), 2014.11.19 제12844호(정부조직법)]

② 행정자치부장관 또는 시 · 도지사는 제1항에 따라 감사를 실시하기 전에 해당 사무의 처리가 법령에 위반되는지 여부 등을 확인하여야 한다. [신설 2010.6.8, 2013.3.23 제11690호(정부조직법), 2014.11.19 제12844호(정부조직법)]

제171조의2(지방자치단체에 대한 감사 절차 등) ① 주무부장관, 행정자치부장관 또는 시 · 도지사는 이미 감사원 감사 등이 실시된 사안에 대하여는 새로운 사실이 발견되거나 중요한 사항이 누락된 경우 등 대통령령으로 정하는 경우를 제외하고는 감사대상에서 제외하고 종전의 감사결과를 활용하여야 한다. [개정 2013.3.23 제11690호(정부조직법), 2014.11.19 제12844호(정부조직법)]

② 주무부장관과 행정자치부장관은 다음 각 호의 어느 하나에 해당하는 감사를 실시하고자 하는 때에는 지방자치단체의 수감부담을 줄이고 감사의 효율성을 높이기 위하여 같은 기간 동안 함께 감사를 실시할 수 있다. [개정 2013.3.23 제11690호(정부조직법), 2014.11.19 제12844호(정부조직법)]

1. 제167조에 따른 주무부장관의 위임사무 감사
2. 제171조에 따른 행정자치부장관의 자치사무 감사

③ 제167조, 제171조 및 제2항에 따른 감사에 대한 절차 · 방법 등 필요한 사항은 대통령령으로 정한다.

[본조신설 2010.6.8]

제172조(지방의회 의결의 재의와 제소) ① 지방의회의 의결이 법령에 위반되거나 공익을 현저히 해친다고 판단되면 시 · 도에 대하여는 주무부장관이, 시 · 군 및 자치구에 대하여는 시 · 도지사가 재의를 요구하게 할 수 있고, 재의요구를 받은 지방자치단체의 장은 의결사항을 이송받은 날부터 20일 이내에 지방의회에 이유를 붙여 재의를 요구하여야 한다.

② 제1항의 요구에 대하여 재의의 결과 재적의원 과반수의 출석과 출석의원 3분의 2 이상의 찬성으로 전과 같은 의결을 하면 그 의결사항은 확정된다.

③ 지방자치단체의 장은 제2항에 따라 재의결된 사항이 법령에 위반된다고 판단되면 재의결된 날부터 20일 이내에 대법원에 소를 제기할 수 있다. 이 경우 필요하다고 인정되면 그 의결의 집행을 정지하게 하는 집행정지결정을 신청할 수 있다.

④ 주무부장관이나 시 · 도지사는 재의결된 사항이 법령에 위반된다고 판단됨에도 불구하고 해당 지방자치단체의 장이 소(訴)를 제기하지 아니하면 그 지방자치단체의 장에게 제소를 지시하거나 직접 제소 및 집행정지결정을 신청할 수 있다.

⑤ 제4항에 따른 제소의 지시는 제3항의 기간이 지난 날부터 7일 이내에 하고, 해당 지방자치단체의 장은 제소지시를 받은 날부터 7일 이내에 제소하여야 한다.

⑥ 주무부장관이나 시 · 도지사는 제5항의 기간이 지난 날부터 7일 이내에 직접 제소할 수 있다.

⑦ 제1항에 따라 지방의회의 의결이 법령에 위반된다고 판단되어 주무부장관이나 시 · 도지사로부터 재의요구지시를 받은 지방자치단체의 장이 재의를 요구하지 아니하는 경우(법령에 위반되는 지방의회의 의결사항이 조례안인 경우로서 재의요구지시를 받기 전에 그 조례안을 공포한 경우를 포함한다)에는 주무부장관이나 시 · 도지사는 제1항에 따른 기간이 지난 날부터 7일 이내에 대법원에 직접 제소 및 집행정지결정을 신청할 수 있다.

⑧ 제1항에 따른 지방의회의 의결이나 제2항에 따라 재의결된 사항이 둘 이상의 부처와 관련되거나 주무부장관이 불분명하면 행정자치부장관이 재의요구 또는 제소를 지시하거나 직접 제소 및 집행정지결정을 신청할 수 있다. [개정 2008.2.29 제8852호(정부조직법), 2013.3.23 제11690호(정부조직법), 2014.11.19 제12844호(정부조직법)]

제10장 서울특별시 등 대도시와 세종특별자치시 및 제주특별자치도의 행정특례[개정 2011.5.30] [[시행일 2012.7.1]]

제173조(자치구의 재원) 특별시장이나 광역시장은 「지방재정법」에서 정하는 바에 따라 해당 지방자치단체의 관할 구역 안의 자치구 상호 간의 재원을 조정하여야 한다. [개정 2014.5.28 제12687호(지방재정법)] [[시행일 2014.11.29]]

제174조(특례의 인정) ① 서울특별시의 지위 · 조직 및 운영에 대하여는 수도로서의 특수성을 고려하여 법률로 정하는 바에 따라 특례를 둘 수 있다.

② 세종특별자치시와 제주특별자치도의 지위 · 조직 및 행정 · 재정 등의 운영에 대하여는 행정체제의 특수성을 고려하여 법률로 정하는 바에 따라 특례를 둘 수 있다.[개정 2011.5.30][[시행일 2012.7.1]]

제175조(대도시에 대한 특례인정) 서울특별시 · 광역시 및 특별자치시를 제외한 인구 50만 이상 대도시의 행정, 재정운영 및 국가의 지도 · 감독에 대하여는 그 특성을 고려하여 관계 법률로 정하는 바에 따라 특례를 둘 수 있다.[개정 2011.5.30][[시행일 2012.7.1]]

부칙 [88 · 4 · 6]

제1조(시행일) 이 법은 1988년 5월 1일부터 시행한다.

제2조 삭제 [89 · 12 · 30]

제3조 삭제 [90 · 12 · 31]

제4조(지방의회의결사항에 관한 경과조치) 이 법에 의한 지방의회가 구성될 때까지 이 법중 지방의회의 의결을 요하는 사항은 시 · 도에 있어서는 내무부장관의, 시 · 군 및 자치구에 있어서는 시 · 도지사의 승인을 얻어 이를 시행한다.

제5조(지방자치단체의 장의 선거에 관한 경과조치) ① 지방자치단체의 장은 제86조제1항의 규정에 불구하고 따로 법률로 정할 때까지 정부에서 임명한다. 이 경우 제87조와 제89조 내지 제91조는 적용하지 아니한다.

② 제1항 전단의 규정에 의하여 지방자치단체의 장은 시 · 도지사의 경우 내무부장관의 제청으로 국무총리를 거쳐 대통령이, 시장 · 군수 및 자치구의 구청장의 경우 시 · 도지사의 추천으로 내무부장관의 제청에 의하여 국무총리를 거쳐 대통령이 각각 임명한다. 다만, 서울특별시에 있어서 시장은 국무총리의 제청에 의하여, 자치구의 구청장은 시장의 추천으로 국무총리의 제청에 의하여 대통령이 각각 임명한다.

③ 제2항의 시 · 도지사는 정무직으로, 시장 · 군수 및 자치구의 구청장은 대통령령이 정하는 바에 의하여 2급 내지 4급인 일반직국가공무원으로 보한다.

제6조(다른 법률의 폐지등) ① 지방자치에관한임시조치법은 이 법 시행과 동시에 이를 폐지한다.

② 서울특별시행정에관한특별조치법은 서울특별시의회의 구성과 동시에 이를 폐지한다.

③ 제161조의 규정에 의한 서울특별시의 지위, 조직 및 운영에 관한 특례는 서울특별시의회가 구성될 때까지 이를 정한다.

제7조(다른 법령과의 관계등) ① 이 법 시행후 서울특별시의회가 구성될 때까지 제161조의 규정에 의한 서울특별시의 지위, 조직 및 운영에 관한 특례는 서울특별시행정에관한특별조치법에 의한다.

② 이 법의 규정중 서울특별시 및 그 자치구에 있어서는 서울특별시의회가 구성될 때까지 제101조를 제외하고는 "내무부장관"을 "국무총리"로 보며, 제101조의 "내무부장관"은 "서울특별시장"으로 본다. 다만, 내무부장관이 관계중앙행정기관의 장과 협의하여 행하는 것으로 정하여진 사항은 국무총리가 관계중앙행정기관의 장의 의견을 들어 행하는 것으로 본다.

③ 이 법 시행당시의 다른 법령의 규정중 "시 · 군"은 "시 · 군 및 자치구"로 "시장 · 군수"는 "시

장·군수 및 자치구의 구청장"으로 본다. 다만, 그 법령에 특별한 규정이 있거나 대통령령으로 정하는 경우에는 그러하지 아니하다.

④ 이 법 시행당시 다른 법령의 규정중 "서울특별시·부산시·도"는 "특별시· 직할시·도"로 보며, "서울특별시장·부산시장·도지사"는 "특별시장·직할시장· 도지사"로 본다. 다만, 그 법령에 특별한 규정이 있는 경우에는 그러하지 아니하다.

⑤ 다른 법률중 지방자치에 관하여 이 법과 저촉되는 규정은 이 법에 의한다.

제8조(조례등의 효력) 이 법 시행당시의 지방자치단체의 조례 및 규칙은 이 법에 의하여 성립된 것으로 본다.

제9조(행정기구) 이 법 시행당시 종전의 법령, 조례 또는 규칙에 의하여 설치된 행정기구는 이 법에 의하여 설치된 것으로 본다.

제10조(공무원의 지위) 이 법에 의하여 임명방법이나 임명권자가 달라진 공무원은 이 법에 의하여 임명된 것으로 본다.

제11조(명칭변경) 이 법 시행당시 읍·면의 관할하에 있는 동은 이 법에 의하여 그 명칭이 변경될 때까지 이를 본칙 제3조제3항의 "리"로 보며, 이 법 시행일로부터 6월이내에 그 명칭을 변경하여야 한다.

부칙 [89·12·30]

제1조(시행일) 이 법은 1990년 1월 1일부터 시행한다.

제2조 및 제3조 삭제 [90·12·31]

제4조 삭제 [94·3·16]

부칙 [90·12·31]

제1조(시행일) 이 법은 공포한 날부터 시행한다.

제2조(지방선거의 실시시기) ① 이 법에 의한 최초의 시·도 및 시·군·자치구의 의회의원의 선거는 1991년 6월 30일이내에 실시한다.

② 삭제 [94·3·16]

제3조(최초의 지방의회의원 및 지방자치단체의 장의 임기개시) ① 이 법에 의한 최초의 시·도 및 시·군·자치구의 의회의원의 임기는 그 의회의 최초 집회일부터 개시된다.

② 이 법에 의한 최초의 시·도지사 및 시장·군수·자치구의 구청장의 임기는 당선일부터 개시된다.

부칙 [91·5·23]

이 법은 공포한 날부터 시행한다.

부칙 [91·12·31]

이 법은 공포한 날부터 시행한다.

부칙 [94·3·16]

제1조(시행일) 이 법은 공포한 날부터 시행한다. 다만, 제32조의 개정규정은 이 법 시행후 최초로 실시되는 임기만료에 의한 선거로 선출되는 각 지방의회의원의 임기개시일부터, 제101조제3항의 개정규정은 이 법 시행후 최초로 선출되는 각 지방자치단체의 장의 임기개시일부터, 제103조제4항의 개정규정은 1995년 1월 1일부터 시행한다.

제2조(최초의 지방자치단체의 장의 선거실시시기에 관한 경과조치) 이 법에 의한 최초의 지방자치단체의 장의 선거는 1995년 6월 30일이내에 실시하여야 한다.

제3조(최초의 지방자치단체의 장등의 임기에 관한 경과조치) 이 법에 의한 최초의 지방자치단체의 장과 시·군 및 자치구의회의원의 임기는 1995년 7월 1일부터 개시되며, 그 임기는 1998년 6월 30일로 만료된다.

제4조(이 법 시행후 최초로 실시되는 임기만료에 의한 선거로 선출되는 지방의회의원의 임기에 관한 경과조치) 이 법 시행후 최초로 실시되는 임기만료에 의한 선거로 선출되는 지방의회의원의 임기는 제31조의 규정에 불구하고 1998년 6월 30일로 만료된다.

제5조(부시장·부군수·부구청장의 임명에 관한 경과조치) ① 제101조제4항의 규정에 불구하고 이 법 시행후 최초로 선출된 시장·군수·구청장

의 임기만료일까지는부시장·부군수·부구청장은 일반직 국가공무원으로 보한다.

② 제1항의 규정에 의한 부시장·부군수·부구청장은 당해 시장·군수·구청장의 제청으로 내무부장관을 거쳐 대통령이 임명한다. 이 경우 제청된 자에게 법적 결격사유가 없는 한 30일이내에 그 임명절차를 종료하여야 한다.

제6조(읍장·면장·동장의 임명에 관한 경과조치) 이 법 시행당시의 재직중인 읍장·면장·동장은 제109조제2항의 규정에 불구하고 그 임기만료일(근무상한기간을 연장하는 임기는 포함되지 아니한다. 다만, 이 법 시행당시 근무상한기간을 연장한 경우에는 그 잔여임기를 말한다) 또는 퇴임일까지는 종전의 규정에 의한다.

부칙 [94·12·20]

제1조(시행일) 이 법은 공포한 날부터 시행한다. 다만, 제2조제1항제1호·제2항, 제3조제2항·제3항, 제5조제2항, 제85조, 제101조제1항·제2항의 개정규정 및 제160조제1항의 개정규정("직할시장"을 "광역시장"으로 하는 개정부분에 한한다)은 1995년 1월 1일부터 시행한다.

제2조(이 법 시행당시 재임중인 시·군 및 자치구 의회의원의 임기에 관한 특례) 이 법 시행당시 재임중인 시·군 및 자치구 의회의원의 임기는 제31조의 규정에 불구하고 1995년 6월 30일까지로 한다.

제3조(이 법 시행후 최초로 실시되는 임기만료에 의한 선거로 구성되는 지방의회의 의장과 부의장의 임기에 관한 특례) 이 법 시행후 최초로 실시되는 임기만료에 의한 선거로 구성되는 지방의회의 의장과 부의장의 임기는 제42조제2항의 규정에 불구하고 1년6월로 한다.

제4조(다른 법률의 개정) 서울특별시행정특례에 관한법률중 다음과 같이 개정한다. 제3조, 제4조제3항·제6항 및 제8항을 각각 삭제한다.

제5조(다른 법령과의 관계) 1995년 1월 1일 현재의 다른 법령중 "직할시"는 "광역시"로, "직할시장"은 "광역시장"으로 본다.

부칙 [95·1·5]

이 법은 공포한 날부터 시행한다.

부칙 [95·8·4]

①(시행일) 이 법은 공포한 날부터 시행한다.

②(다른 법률의 개정) 도농복합형태의시설치에따른행정특례등에관 한법률중 다음과 같이 개정한다. 제1조중 "시와 군을 통합하여 도농복합형태의 시를 설치하거나 인구 5만 이상의 도시형태를 갖춘 지역이 있는 군을 도농복합형태의 시로 하는 경우에"를 "도농복합형태의 시를 설치하는 경우에"로 한다.

부칙 [95·12·29]

제1조(시행일) 이 법은 1996년 3월 1일부터 시행한다.

제2조 내지 제4조 생략

부칙 [99·2·5]

제1조(시행일) 이 법은 2000년 1월 1일부터 시행한다.

제2조 내지 제18조 생략

부칙 [99·2·8]

제1조(시행일) 이 법은 공포후 6월이 경과한 날부터 시행한다.

제2조 내지 제6조 생략

부칙 [99·8·31]

①(시행일) 이 법은 공포한 날부터 시행한다. 다만, 제13조의3·제13조의4·제35조 ·제140조·제140조의2·제140조 의3·제146조·제154조의2·제156 조의2의 개정규정은 공포후 6월이 경과한 날부터 시행하고, 제32조·제38조·제41조·제125조 의 개정규정 및 부칙 제4항은 2000년 1월 1일부터 시행한다.

②(지방자치단체의 장의 사임 등에 관한 적용례) 제90조 및 제90조의2제2호의 개정규정은 이 법 시행당시 재임중인 지방자치단체의 장에 대하여도 이를 적용한다.

③(제소기간에 관한 적용례) 제131조제5항 및 제6항의 개정규정은 이 법 시행당시 제소기간이 경과되지 아니한 것부터 적용한다.
④(다른 법률의 개정) 지방재정법중 다음과 같이 개정한다. 제110조제3항중 "3월이내에"를 "80일 이내에"로 한다.

부칙 [2000.1.12]

이 법은 공포후 1월이 경과한 날부터 시행한다.

부칙 [2002.3.25]

이 법은 2002년 7월 1일부터 시행한다.

부칙 [2003.07.18]

이 법은 공포한 날부터 시행한다.

부칙 [2004.1.29 법률 제7124호(주민투표법)]

①(시행일) 이 법은 공포후 6월이 경과한 날부터 시행한다.
②(다른 법률의 개정) 지방자치법중 다음과 같이 개정한다.
제4조제2항 단서중 "제13조의2"를 "주민투표법 제8조"로 한다.
제13조의2제1항중 "지방자치단체의 폐치 · 분합 또는 주민에게 과도한 부담을 주거나"를 "주민에게 과도한 부담을 주거나"로 한다.

부칙 [2004.1.29]

이 법은 공포한 날부터 시행한다.

부칙 [2005.1.27 법률 제7362호]

①(시행일) 이 법은 공포한 날부터 시행한다. 다만, 제13조의4 내지 제13조의7의 개정규정은 2006년 1월 1일부터 시행한다.
②(주민소송에 관한 적용례) 제13조의5 내지 제13조의7의 규정에 의한 주민소송은 동조의 시행일 이후에 행하여진 감사청구분부터 이를 적용한다.
③(대법원 직접 제소에 관한 적용례) 제159조의 개정규정은 동조의 시행일 이후에 지방의회에서 의결된 분부터 이를 적용한다.

부칙 [2005.3.24 제7410호]

이 법은 공포 후 3월이 경과한 날부터 시행한다.

부칙 [2005.8.4 제7670호]

이 법은 2006년 1월 1일부터 시행한다.

부칙 [2005.12.29 제7796호(국가공무원법)]

제1조(시행일) 이 법은 2006년 7월 1일부터 시행한다.
제2조 내지 제5조 생략
제6조(다른 법률의 개정) ① 내지 ㊵ 생략
㊶ 지방자치법 일부를 다음과 같이 개정한다.
제103조제5항중 "5급 이상의 국가공무원"을 "5급 이상 국가공무원 또는 고위공무원단에 속하는 일반직공무원"으로 한다.
㊷ 내지 ㊸ 생략

부칙 [2005.1.11 제7846호]

①(시행일) 이 법은 공포한 날부터 시행한다. 다만, 제2조제1항제1호 · 제3조제2항 · 제4조제3항 · 제85조 · 제101조제1항 및 제2항 · 제130조제1항 · 제161조제2항의 개정규정은 2006년 7월 1일부터 시행한다.
②(조례의 제정 · 개폐 및 감사 청구에 관한 적용례) 제13조의3 및 제13조의4의 개정규정은 이 법 시행 후 최초로 행하는 조례의 제정 · 개폐 및 감사청구부터 적용한다.
③(이의신청에 관한 적용례) 제131조제3항의 개정규정은 이 법 시행 당시 사용료 · 수수료 또는 분담금의 부과 또는 징수처분의 통지를 받은 날부터 60일이 경과하지 아니한 이의신청부터 적용한다.
④(하부행정기구에 관한 경과조치) 이 법 시행 전에 종전의 제111조의 규정에 의하여 설치된 행정기구는 그 설치를 위한 조례가 새로 제정 · 시행될 때까지 유효한 것으로 본다.

부칙 [2006.2.21 제7849호(제주특별자치도 설치 및 국제자유도시 조성을 위한 특별법)]

제1조(시행일) 이 법은 2006년 7월 1일부터 시행한다.
제2조 내지 제39조 생략
제40조(다른 법령의 개정) ① 내지 ㉘ 생략
㉙ 지방자치법 일부를 다음과 같이 개정한다.
제104조제1항 중 "소방기관"을 "자치경찰기관(제주특별자치도에 한한다)·소방기관"으로 한다.
㉚ 내지 ㊼생략
제41조 생략

부칙 [2006.4.28 제7935호]

이 법은 공포한 날부터 시행한다. 다만, 제34조의3·제41조제3항·제50조제2항·제51조의2·제83조제2항 및 제102조제6항의 개정규정은 2006년 7월 1일부터 시행한다.

부칙 [2006.5.24 제7957호]

이 법은 공포한 날부터 시행한다.

부칙 [2006.12.20 제8069호(지방교육자치에 관한 법률)]

제1조(시행일) 이 법은 2007년 1월 1일부터 시행한다.
제2조 내지 제8조 생략
제9조(다른 법령과의 관계) ① 생략
② 지방자치법 일부를 다음과 같이 개정한다.
제33조제1항제2호를 다음과 같이 한다.
2. 헌법재판소재판관, 각급선거관리위원회위원
제88조제1항제1호를 다음과 같이 한다.
1. 대통령, 국회의원, 헌법재판소재판관, 각급선거관리위원회위원, 지방의회의원
③ 내지 ⑥ 생략

부칙 [2007.4.6 제8338호(하천법)]

제1조(시행일) 이 법은 공포 후 1년이 경과한 날부터 시행한다.
제2조 내지 제15조 생략
제16조(다른 법률의 개정) ① 내지 ㉘ 생략
㉙ 지방자치법 일부를 다음과 같이 개정한다.
제9조제2항제4호아목중 "지방1급하천, 지방2급하천"을 "지방하천"으로 한다.
㉚ 내지 ㊽ 생략
제17조 생략

부칙 [2007.5.11 제8423호]

제1조(시행일) 이 법은 공포한 날부터 시행한다. 다만, 부칙 제12조제27항의 개정규정은 2007년 7월 4일부터 시행한다.
제2조(종전 법률의 개정에 따른 주민소송에 관한 적용례) 법률 제7362호 지방자치법중개정법률의 개정에 따른 제13조의5부터 제13조의7까지의 개정규정에 따른 주민소송은 같은 조의 시행일인 2006년 1월 1일 이후에 행하여진 감사청구분부터 적용한다.
제3조(종전 법률의 개정에 따른 대법원 직접 제소에 관한 적용례) 법률 제7362호 지방자치법중개정법률의 개정에 따른 제159조의 개정규정은 같은 법의 시행일인 2005년 1월 27일 이후에 지방의회에서 의결된 분부터 적용한다.
제4조(종전 법률의 개정에 따른 조례의 제정·개폐 및 감사청구에 관한 적용례) 법률 제7846호 지방자치법 일부개정법률의 개정에 따른 제13조의3 및 제13조의4의 개정규정은 같은 법의 시행일인 2006년 1월 11일 이후 최초로 행하는 조례의 제정·개폐 및 감사청구부터 적용한다.
제5조(종전 법률의 개정에 따른 이의신청에 관한 적용례) 법률 제7846호 지방자치법 일부개정법률의 개정에 따른 제131조제3항의 개정규정은 같은 법 시행일인 2006년 1월 11일 당시 사용료·수수료 또는 분담금의 부과 또는 징수 처분의 통지를 받은 날부터 60일이 지나지 아니한 이의신청부터 적용한다.
제6조(종전 법률의 개정에 따른 조례 등의 효력에 관한 경과조치) 법률 제4004호 지방자치법개정법률의 개정에 따른 같은 법의 시행일인 1988년 5월 1일 당시의 지방자치단체의 조례 및 규칙은 같은 법에 따라 성립된 것으로 본다.

제7조(종전 법률의 개정에 따른 행정기관에 관한 경과조치) 법률 제4004호 지방자치법개정법률의 개정에 따른 같은 법의 시행일인 1988년 5월 1일 당시의 종전 법령, 조례 또는 규칙에 따라 설치된 행정기구는 같은 법에 따라 설치된 것으로 본다.

제8조(종전 법률의 개정에 따른 공무원의 지위에 관한 경과조치) 법률 제4004호 지방자치법개정법률의 개정에 따른 임명방법이나 임명권자가 달라진 공무원은 같은 법에 따라 임명된 것으로 본다.

제9조(종전 법률의 개정에 따른 하부행정기구에 대한 경과조치) 법률 제7846호 지방자치법 일부개정법률의 시행 전에 종전의 제111조에 따라 설치된 행정기구는 그 설치를 위한 조례가 새로 제정·시행될 때까지 유효한 것으로 본다.

제10조(처분 등에 관한 일반적 경과조치) 이 법 시행 당시 종전의 규정에 따른 행정기관의 행위나 행정기관에 대한 행위는 그에 해당하는 이 법에 따른행정기관의 행위나 행정기관에 대한 행위로 본다.

제11조(과태료에 관한 경과조치) 이 법 시행 전의 행위에 대하여 과태료 규정을 적용할 때에는 종전의 규정에 따른다.

제12조(다른 법률의 개정) ① 경제자유구역의지정및운영에관한법률 일부를 다음과 같이 개정한다.

제27조의2제3항 중 "지방자치법 제149조제1항"을 "「지방자치법」 제159조제1항"으로 한다.

② 공유재산 및 물품 관리법 일부를 다음과 같이 개정한다.

제10조제3항 중 "「지방자치법」 제35조제1항제6호"를 "「지방자치법」 제39조제1항제6호"로 한다.

③ 공직선거법 일부를 다음과 같이 개정한다.

제192조제4항 본문 중 "제70조(의원의 퇴직)"을 "제78조(의원의 퇴직)"으로 한다.

④ 국가공무원법 일부를 다음과 같이 개정한다.

제2조의2제2항제3호 중 "「지방자치법」 제101조제2항·제102조제5항"을 "「지방자치법」 제110조제2항·제112조제5항"으로 한다.

⑤ 국가균형발전 특별법 일부를 다음과 같이 개정한다.

제23조제3항제1호 중 "제154조의2"를 "제165조"로 한다.

⑥ 기반시설부담금에 관한 법률 일부를 다음과 같이 개정한다.

제8조제4항제1호 중 "「지방자치법」 제129조"를 "「지방자치법」 제138조"로 한다.

⑦ 농촌진흥법 일부를 다음과 같이 개정한다.

제3조 중 "지방자치법 제104조"를 "「지방자치법」 제113조"로 한다.

⑧ 도농복합형태의시설치에따른행정특례등에관한법률 일부를 다음과 같이 개정한다.

제5조제1항 전단 중 "지방자치법 제42조제1항"을 "「지방자치법」 제48조제1항"으로 한다.

⑨ 부담금관리기본법 일부를 다음 과 같이 개정한다.

별표 제14호 중 "지방자치법 제129조"를 "「지방자치법」 제138조"로 한다.

⑩ 부패방지법 일부를 다음과 같이 개정한다.

제40조제3항 중 "지방자치법 제13조의4"를 "「지방자치법」 제16조"로 한다.

⑪ 서울특별시행정특례에관한법률 일부를 다음과 같이 개정한다.

제1조 중 "지방자치법 제161조"를 "「지방자치법」 제174조"로 한다.

제4조제1항 중 "지방자치법 제115조제1항"을 "「지방자치법」 제124조제1항"으로 하고, 같은 조 제2항 중 "지방자치법 제158조"를 "「지방자치법」 제171조"로 한다.

⑫ 제주특별자치도 설치 및 국제자유도시 조성을 위한 특별법 일부를 다음과 같이 개정한다.

제14조제1항 중 "「지방자치법」 제82조제3항 및 제83조제2항(「지방공무원법」 제2조제2항제1호의 일반직공무원을 제외한다), 제101조제1항·제2항 단서(정수에 한한다)·제6항, 제102조제1항·제2항(직급기준을 제외한다), 제104조 내지 제106조"를 "「지방자치법」 제90조제3항 및 제91조제2항(「지방공무원법」 제2조제2항제1호의 일반직공무원은 제외한다), 제110조제1항·제2항 단서(정수에 한정한다) 및 제6항, 제112조제1항·제2항(직급기준은 제외한다), 제113조부터 제115조까지"

로 하고, 같은 조 제2항 중 "「지방자치법」 제101조제2항"을 "「지방자치법」 제110조제2항"으로 한다.
제24조 전단 중 "「지방자치법」 제13조의3제1항"을 "「지방자치법」 제15조제1항"으로 한다.
제35조제2항 전단 중 "「지방자치법」 제101조의2제4항"을 "「지방자치법」 제111조제4항"으로, "「지방자치법」 제101조의2제5항"을 "「지방자치법」 제111조제5항"으로 하고, 같은 항 후단 중 "「지방자치법」 제101조의2제4항 중" 대통령령이 정하는 순"은"을 "「지방자치법」 제111조제4항 중" 대통령령으로 정하는 순서"는"으로 한다.
제44조제1항 중 "「지방자치법」 제101조제2항"을 "「지방자치법」 제110조제2항"으로 한다.
제45조제1항 중 "「지방자치법」 제50조"를 "「지방자치법」 제56조"로 한다.
제46조제1항 중 "「지방자치법」 제32조"를 "「지방자치법」 제33조"로 한다.
제47조 중 "「지방자치법」 제41조제3항"을 "「지방자치법」 제47조제3항"으로 한다.
제52조제1항 중 "「지방자치법」 제102조제2항"을 "「지방자치법」 제112조제2항"으로 한다.
제65조제1항 본문 중 "「지방자치법」 제104조"를 "「지방자치법」 제113조"로 한다.
제66조제1항 중 "「지방자치법」 제158조"를 "「지방자치법」 제171조"로 한다.
제79조 중 "「지방자치법」 제50조"를 "「지방자치법」 제56조"로 한다.
제80조제1항 중 "「지방자치법」 제26조의2"를 "「지방자치법」 제31조"로 한다.
제83조제1항제1호 중 "「지방자치법」 제33조제1항제1호 · 제3호 내지 제6호"를 "「지방자치법」 제35조제1항제1호, 제3호부터 제6호까지"로 한다.
제85조제2항 중 "「지방자치법」 제58조제1항"을 "「지방자치법」 제66조제1항"으로 한다.
제86조제2항 중 "「지방자치법」 제19조제3항 내지 제7항"을 "「지방자치법」 제26조제3항부터 제7항까지"로 한다.
제87조 중 "「지방자치법」 제55조 및 제56조"를 "「지방자치법」 제63조 및 제64조"로 한다.
제94조 전단 중 "「지방자치법」 제91조"를 "「지방자치법」 제100조"로 한다.
제95조제1항 전단 중 "「지방자치법」 제13조의3, 제13조의4, 제97조 내지 제99조, 제140조 및 제141조"를 "「지방자치법」 제15조, 제16조, 제106조부터 제108조까지, 제148조 및 제151조"로 한다.
제103조 전단 중 "「지방자치법」 제115조제1항"을 "「지방자치법」 제124조제1항"으로 한다.
제104조 전단 중 "「지방자치법」 제115조"를 "「지방자치법」 제124조"로 한다.
제123조제1항 중 "「지방자치법」 제157조"를 "「지방자치법」 제169조"로 하고, 같은 조 제2항 중 "「지방자치법」 제159조"를 "「지방자치법」 제172조"로 한다.
제173조제3항 중 "「지방자치법」 제133조제2항"을 "「지방자치법」 제142조제2항"으로 한다.
제234조제5항 전단 중 "「지방자치법」 제35조제1항제6호"를 "「지방자치법」 제39조제1항제6호"로 한다.
제297조제2항 각 호 외의 부분 단서 중 "「지방자치법」 제115조"를 "「지방자치법」 제124조"로 한다.
⑬ 주민소환에 관한 법률 일부를 다음과 같이 개정한다.
제1조 중 "「지방자치법」 제13조의8"을 "「지방자치법」 제20조"로 한다.
제21조제2항 중 "「지방자치법」 제101조의2제4항"을 "「지방자치법」 제111조제4항"으로, "「지방자치법」 제101조의2제5항"을 "「지방자치법」 제111조제5항"으로 한다.
⑭ 주민투표법 일부를 다음과 같이 개정한다.
제1조 중 "지방자치법 제13조의2"를 "「지방자치법」 제14조"로 한다.
⑮ 지방공기업법 일부를 다음과 같이 개정한다.
제8조제4호 중 "지방자치법 제130조제2항"을 "「지방자치법」 제139조제2항"으로 한다.
제40조제2항 중 "지방사치법 제35조제1항제6호"를 "「지방자치법」 제39조제1항제6호"로 한다.
⑯ 지방공무원 교육훈련법 일부를 다음과 같이 개정한다.

제2조 중 "제85조"를 "제93조"로 한다.

제5조제1항 중 "제104조"를 "제113조"로 한다.

⑰ 지방공무원법 일부를 다음과 같이 개정한다.

제9조제2항 중 "지방자치법 제101조제6항"을 "「지방자치법」 제110조제6항"으로 한다.

⑱ 지방교부세법 일부를 다음과 같이 개정한다.

제2조제2호 중 "지방자치법 제149조제1항"를 "「지방자치법」 제159조제1항"으로 한다.

⑲ 지방교육자치에 관한 법률 일부를 다음과 같이 개정한다.

제9조제1항제1호 중 "「지방자치법」 제33조제1항 제1호 내지 제6호"를 "「지방자치법」 제35조제1항 제1호부터 제6호까지"로 한다.

제12조 전단 중 "「지방자치법」 제55조, 제56조"를 "「지방자치법」 제63조와 제64조"로 한다.

제14조제3항 중 "제19조제2항"을 "제26조제2항"으로 하고, 같은 조 제4항 전단 중 "「지방자치법」 제19조제3항 내지 제7항"을 "「지방자치법」 제26조제3항부터 제7항까지"로 한다.

제29조제1항제1호 중 "「지방자치법」 제56조"를 "「지방자치법」 제64조"로 한다.

제31조 전단 중 "「지방자치법」 제101조의2"를 "「지방자치법」 제111조"로 한다.

⑳ 지방분권특별법 일부를 다음과 같이 개정한다.

제16조제1항 중 "지방자치법 제154조의2"를 "「지방자치법」 제165조"로 한다.

제19조제2항제3호 중 "지방자치법 제154조의2"를 "「지방자치법」 제165조"로 한다.

㉑ 지방세법 일부를 다음과 같이 개정한다.

제1조제1항제14호 중 "제149조제1항"을 "제159조제1항"으로 한다.

㉒지방자치단체 기금관리기본법 일부를 다음과 같이 개정한다.

제2조 본문 중 "「지방자치법」 제133조"를 "「지방자치법」 제142조"로 한다.

제17조제2항 중 "「지방자치법」 제149조"를 "「지방자치법」 제159조"로 한다.

제18조제1호 중 "「지방자치법」 제115조"를 "「지방자치법」 제124조"로 한다.

㉓ 지방자치단체를 당사자로 하는 계약에 관한 법률 일부를 다음과 같이 개정한다.

제27조제1항제3호 중 "「지방자치법」 제149조"를 "「지방자치법」 제159조"로 한다.

㉔ 지방자치단체에 두는 국가공무원의 정원에 관한 법률 일부를 다음과 같이 개정한다.

제1조 중 "「지방자치법」 제103조제4항"을 "「지방자치법」 제112조제5항"으로 한다.

제2조제1호 중 "「지방자치법」 제101조"를 "「지방자치법」 제110조"로 한다.

㉕ 지방재정법 일부를 다음과 같이 개정한다.

제11조제4항 전단 중 "「지방자치법」 제149조"를 "「지방자치법」 제159조"로 한다.

제13조제1항 중 "「지방자치법」 제115조제3항"을 "「지방자치법」 제124조제3항"으로 한다.

제34조제3항 중 "「지방자치법」 제133조제1항"을 "「지방자치법」 제142조제1항"으로 한다.

제46조제1항 중 "「지방자치법」 제122조"를 "「지방자치법」 제131조"로 한다.

제53조제2항 중 "「지방자치법」 제125조제1항"을 "「지방자치법」 제134조제1항"으로 한다.

제88조 중 "「지방자치법」 제142조"를 "「지방자치법」 제152조"로 한다.

㉖ 지역보건법 일부를 다음과 같이 개정한다.

제11조 중 "지방자치법 제102조"를 "「지방자치법」제112조"로 한다.

㉗ 폐기물처리시설설치촉진및주변지역지원등에관한법률 일부를 다음과 같이 개정한다.

제8조 중 "「지방자치법」 제149조"를 각각 "「지방자치법」 제159조"로 한다.

제13조 (다른 법령과의 관계) 이 법 시행 당시 다른 법령에서 종전의 「지방자치법」 또는 그 규정을 인용한 경우에 이 법 가운데 그에 해당하는 규정이 있으면 종전의 규정을 갈음하여 이 법 또는 이 법의 해당 규정을 인용한 것으로 본다.

부칙 [2007.5.17 제8435호(가족관계의 등록 등에 관한 법률)]

제1조(시행일) 이 법은 2008년 1월 1일부터 시행한다.

제2조 내지 제7조 생략

제8조(다른 법률의 개정) ① 내지 ㉔ 생략

㉕ 지방자치법 일부를 다음과 같이 개정한다.

제9조제2항제1호차목 중 "호적"을 "가족관계등록"이라 한다.

㉖ 내지 ㊴ 생략

제9조 생략

부칙 [2008.2.29 제8852호(정부조직법)]

제1조(시행일) 이 법은 공포한 날부터 시행한다. 단서 생략

제2조부터 제5조까지 생략

제6조(다른 법률의 개정) ① 부터 ㉙까지 생략

㉚ 지방자치법 일부를 다음과 같이 개정한다.

제4조제3항 본문, 제5조제2항, 제28조, 제97조 본문, 제100조제1항 전단·후단 및 같은 조 제2항 전단·후단, 제110조제3항 전단, 제112조제3항, 제133조제2항 본문, 제134조제2항, 제148조제1항부터 제7항까지, 제149조제5항, 제151조제1항 후단 및 같은 조 제4항, 제152조제1항 후단 및 같은 조 제3항, 제156조제1항 본문·단서 및 같은 조 제2항, 제157조제2항, 제159조제1항 본문·단서, 제163조제1항 본문·단서 및 같은 조 제2항, 제165조제3항·제4항, 제171조 전단 및 제172조제8항 중 "행정자치부장관"을 각각 "행정안전부장관"으로 한다.

제149조제1항 중 "행정자치부"를 "행정안전부"로 한다.

㉛부터 ⑺까지 생략

제7조 생략

부 칙[2009.4.1 제9577호]

제1조(시행일) 이 법은 공포한 날부터 시행한다. 다만, 제15조, 제16조, 제35조제3항·제6항, 제110조 및 제116조의2의 개정규정은 공포 후 6개월이 경과한 날부터 시행한다.

제2조(적용례) ① 제4조제4항의 개정규정은 이 법 시행 전에 「공유수면매립법」 제25조에 따른 준공검사를 받은 매립지에 대하여 시장·군수·구청장이 이 법 시행 후에 지적공부에 등록하는 경우에도 적용한다.

② 제35조제1항제3호·제4호·제6호·제8호·제9호, 같은 조 제2항 및 제96조제1항제4호·제5호의 개정규정은 2010년 7월 1일부터 임기가 개시되는 지방의회의원 및 지방자치단체의 장부터 적용한다.

제3조(경과조치) ① 이 법 시행 당시 지방자치단체의 관할 구역에 관한 분쟁이 발생하여 헌법재판소의 권한쟁의 심판이 진행되고 있는 경우 시장·군수·구청장은 헌법재판소의 결정에 따라 지적공부에 등록한다.

② 이 법 시행 당시 종전의 규정에 따라 최초로 서명을 시작한 주민의 조례의 제정과 개폐 청구에 대하여는 종전의 규정을 적용한다.

제4조(다른 법률의 개정) ① 선거관리위원회법 일부를 다음과 같이 개정한다.

제2조제2항 본문 중 "읍·면·동{「지방자치법」 제4조(지방자치단체의 명칭과 구역)제5항의 행정동을 말한다. 이하 같다}"을 "읍·면(「지방자치법」 제4조의2제3항에 따른 행정면을 말한다. 이하 같다)·동(「지방자치법」 제4조의2제4항에 따른 행정동을 말한다. 이하 같다)"으로 한다.

② 제주특별자치도 설치 및 국제자유도시 조성을 위한 특별법 일부를 다음과 같이 개정한다.

제15조제3항 단서 중 "「지방자치법」 제4조제3항의 규정에 불구하고"를 "「지방자치법」 제4조의2제1항에도 불구하고"로 한다.

부 칙[2009.12.29 제9847호(감염병의 예방 및 관리에 관한 법률)]

제1조(시행일) 이 법은 공포 후 1년이 경과한 날부터 시행한다.

제2조부터 제20조까지 생략

제21조(다른 법률의 개정) ①부터 ㉒까지 생략

㉓ 지방자치법 일부를 다음과 같이 개정한다.

제9조제2항제2호바목 중 "전염병"을 "감염병"으로 한다.

㉔부터 ㉚까지 생략

제22조 생략

부 칙[2010.3.31 제10219호(지방세기본법)]

제1조(시행일) 이 법은 2011년 1월 1일부터 시행한다.

제2조부터 제10조까지 생략

제11조(다른 법률의 개정) ①부터 ㊷까지 생략

㊸ 지방자치법 일부를 다음과 같이 개정한다.

제140조제7항 중 "「지방세법」 제73조와 제75조부터 제79조까지의 규정을"을 "「지방세기본법」 제118조와 제121조부터 제127조까지의 규정을"로 한다.

㊹부터 ㉑까지 생략

제11조 생략

부 칙[2010.4.15 제10272호(공유수면 관리 및 매립에 관한 법률)]

제1조(시행일) 이 법은 공포 후 6개월이 경과한 날부터 시행한다.

제2조부터 제12조까지 생략

제13조(다른 법률의 개정) ①부터 ㊹까지 생략

㊺ 지방자치법 일부를 다음과 같이 개정한다.

제4조제3항제1호를 다음과 같이 한다.

1. 「공유수면 관리 및 매립에 관한 법률」에 따른 매립지

제4조제4항 중 "「공유수면매립법」 제9조"를 "「공유수면 관리 및 매립에 관한 법률」 제28조"로, "같은 법 제25조"를 "같은 법 제45조"로 한다

㊻부터 ㊿까지 생략

제14조 생략

부 칙[2010.6.8 제10344호]

이 법은 공포한 날부터 시행한다.

부 칙[2011.5.30 제10739호]

이 법은 2012년 7월 1일부터 시행한다. 다만, 제111조제1항의 개정규정은 공포한 날부터 시행한다.

부 칙[2011.7.14 제10827호]

제1조(시행일) 이 법은 공포 후 3개월이 경과한 날부터 시행한다.

제2조(조례안예고의 적용례) 제66조의2의 개정규정은 이 법 시행 후 최초로 발의된 조례안부터 적용한다.

부 칙[2012.3.21 제11399호]

이 법은 공포 후 6개월이 경과한 날부터 시행한다.

부 칙[2012.12.11 제11531호(지방공무원법)]

제1조(시행일) 이 법은 공포 후 1년이 경과한 날부터 시행한다.

제2조부터 제5조까지 생략

제6조(다른 법률의 개정) ①부터 ④까지 생략

⑤ 지방자치법 일부를 다음과 같이 개정한다.

제91조제2항 단서 중 "별정직 · 기능직 · 계약직 공무원"을 "별정직공무원, 「지방공무원법」 제25조의5에 따른 임기제공무원"으로 한다.

제7조 생략

부 칙[2013.3.23 제11690호(정부조직법)]

제1조(시행일) ① 이 법은 공포한 날부터 시행한다.

② 생략

제2조부터 제5조까지 생략

제6조(다른 법률의 개정) ①부터 ㉖까지 생략

㉗ 지방자치법 일부를 다음과 같이 개정한다.

제4조제3항 각 호 외의 부분, 같은 조 제4항 전단, 제5항 전단, 같은 조 제6항 · 제8항 · 제9항, 제4조의2제1항 본문, 제5조제2항, 제28조, 제97조 본문, 제100조제1항 후단, 같은 조 제2항 후단, 제110조제3항 전단, 제112조제3항, 제133조제2항 본문, 제134조제2항, 제148조제1항 본문, 같은 조 제2항부터 제4항까지, 같은 조 제5항 후단, 같은 조 제6항 · 제7항, 제149조제5항 각 호 외의 부분, 제151조제1항 후단, 같은 조 제4항, 제152조제1항 후단, 같은 조 제3항, 제156조제1항 본문 · 단서, 같은 조 제2항, 제157조제2항, 제159조제1항 본문 · 단

서, 제163조 제1항 본문 · 단서, 같은 조 제2항, 제165조제3항 · 제4항, 같은 조 제5항 전단, 제168조제3항제1호, 제171조제1항 전단, 같은 조 제2항, 제171조의2제1항, 같은 조 제2항 각호 외의 부분, 같은 항 제2호 및 제172조제8항 중 "행정안전부장관"을 각각 "안전행정부장관"으로 한다.

제149조제1항 중 "행정안전부"를 "안전행정부"로 한다.

제168조제3항제1호 중 "국무총리실장"을 "국무조정실장"으로 한다.

㉘부터 ㉚까지 생략

제7조 생략

부 칙[2013.7.16 제11899호]

이 법은 2013년 12월 12일부터 시행한다.

부 칙[2014.1.21 제12280호]

제1조(시행일) 이 법은 공포한 날부터 시행한다.

제2조(지방자치단체의 부담에 관한 적용례) 제122조제3항의 개정규정은 이 법 시행 전에 지방자치단체가 부담하고 있는 사항에 대하여는 이 법 시행일이 속한 회계연도의 다음 회계연도부터 적용한다.

부 칙[2014.5.28 제12687호(지방재정법)]

제1조(시행일) 이 법은 공포 후 6개월이 경과한 날부터 시행한다.

제2조부터 제21조까지 생략

제22조(다른 법률의 개정) ①부터 ⑨까지 생략

⑩ 지방자치법 일부를 다음과 같이 개정한다.

제173조 중 "시세(市稅) 수입 중의 일정액을 확보하여 조례로"를 "「지방재정법」에서"로 한다.

⑪부터 ⑬까지 생략

부 칙[2014.6.3 제12738호(공간정보의 구축 및 관리 등에 관한 법률)]

제1조(시행일) 이 법은 공포 후 1년이 경과한 날부터 시행한다.

제2조(다른 법률의 개정) ①부터 ㊼까지 생략

㊽ 지방자치법 일부를 다음과 같이 개정한다.

제4조제3항제2호 중 "「측량 · 수로조사 및 지적에 관한 법률」 제2조제19호"를 "「공간정보의 구축 및 관리 등에 관한 법률」 제2조제19호"로 하고, 같은 조 제4항 전단 중 "「측량 · 수로조사 및 지적에 관한 법률」"을 "「공간정보의 구축 및 관리 등에 관한 법률」"로 한다.

㊾부터 ㊿까지 생략

제3조 생략

부 칙[2014.11.19 제12844호(정부조직법)]

제1조(시행일) 이 법은 공포한 날부터 시행한다. 다만, 부칙 제6조에 따라 개정되는 법률 중 이 법 시행 전에 공포되었으나 시행일이 도래하지 아니한 법률을 개정한 부분은 각각 해당 법률의 시행일부터 시행한다.

제2조부터 제5조까지 생략

제6조(다른 법률의 개정) ①부터 ⑭까지 생략

⑮ 지방자치법 일부를 다음과 같이 개정한다.

제4조제3항 각 호 외의 부분, 같은 조 제4항 전단, 같은 조 제5항 전단, 같은 조 제6항 · 제8항 · 제9항, 제4조의2제1항 본문, 제5조제2항, 제28조, 제97조 본문, 제100조제1항 후단, 같은 조 제2항 후단, 제110조제3항 전단, 제112조제3항, 제133조제2항 본문, 제134조제2항, 제148조제1항 본문, 같은 조 제2항부터 제4항까지, 같은 조 제5항 후단, 같은 조 제6항 · 제7항, 제149조제5항 각 호 외의 부분, 제151조제1항 후단, 같은 조 제4항, 제152조제1항 후단, 같은 조 제3항, 제156조제1항 본문 · 단서, 같은 조 제2항, 제157조제2항, 제159조제1항 본문 · 단서, 제163조 제1항 본문 · 단서, 같은 조 제2항, 제165조제3항 · 제4항, 같은 조 제5항 전단, 제168조제3항제1호, 제171조제1항 전단, 같은 조 제2항, 제171조의2제1항, 같은 조 제2항 각 호 외의 부분, 같은 항 제2호 및 제172조제8항 중 "안전행정부장관"을 각각 "행정자치부장관"으로 한다.

제149조제1항 중 "안전행정부"를 "행정자치부"로

한다.

⑯부터 ㉘까지 생략

제7조 생략

부 칙[2016.5.29 제14197호(지방회계법)]

제1조(시행일) 이 법은 공포 후 6개월이 경과한 날부터 시행한다.

제2조 생략

제3조(다른 법률의 개정) ①부터 ⑤까지 생략

⑥ 지방자치법 일부를 다음과 같이 개정한다.

제17조제2항제4호 단서 중 "「지방재정법」 제94조나 「회계관계직원 등의 책임에 관한 법률」 제4조"를 "「회계관계직원 등의 책임에 관한 법률」 제4조"로 한다.

⑦부터 ⑩까지 생략

제4조 생략

참고문헌

◈ 국내문헌

감사원(2004), 「지방자치단체 감사백서」.

강용기(2008), 현대지방자치론 , 대영문화사.

강종규 외, "우리나라 지방세수입의 확충방안 : 경상북도를 중심으로", 「영남지역발전연구」, 37, 영남대학교 영남지역발전연구소.

거버넌스연구회(2002), 거버넌스의 정치학 , 법문사.

곽채기(1997), "중앙 · 지방정부간 재원배분체계의 재구조화 방안", 「한국행정연구」 제6권 제2호.

구민상(1998), 지방자치의 이론과 실천 , 한남대학교 출판부.

구병삭(1995), 지방자치법 , 박영사.

권기창(1997), "정보화사회의 진전과 중앙 · 지방정부의 역할", 「입법조사연구」 제247호, 국회사무처.

권영성(1992), 헌법학원론 , 법문사.

권형신 외(2006), 한국의 지방재정 이론과 실무 , 해남.

기획재정부(2008), 「예산개요」, 「조세개요」.

김규정(2002), 행정학원론 , 법문사.

김대영(2004), "지방소비세 도입에 관한 연구", 「한국지방재정논집」, 9(1).

김도창(1981), 일반 행정법 (상),(하), 청운사.

김동기(2008), 한국지방재정학 , 법문사.

김동훈(1997), 지방의회론」, 박영사.

김병섭 외(2000), 조직의 이해와 관리 , 대영문화사.

김병완 외(1994), 지방자치와 지역정책 , 한울아카데미.

김보현 · 김용래(1982), 지방자치의 이론과 실제, 법문사.

김석준(2000), "한국 국가재창조와 뉴거버넌스: 새로운 패러다임 모색", 「한국행정학보」 34권 2호.

김성호(1995), "조례의 법적지위 및 제정범위에 관한 입법정책방안", 한국지방행정연구원.

김성호(2005), "공직선거법개정, 전망과 재논의 과제", 「지방자치」 9월호, 미래한국재단.

김안제(1979), 국토와 환경, 박영사.

김안제(1989), 지역개발과 지방자치행정, 대명출판사.

김안제 외(1994), 지방자치의 발전전략, 박영사.

김영기(1999), 지방자치행정론 , 대영문화사.

김영수(1994), 「지방자치단체간 분쟁 조정 방안」, 한국지방행정연구원.

김영수(1995), 「중앙과 지방정부간 사무배분에 관한 입법화 방안」, 한국지방행정연구원 연구보고서, 94-6(제186권).

김영종 외(1995), 행정학, 법문사.

김영종(2000), 지방자치론, 형설출판사.

김용복(2010), 2010년 제5회 동시지방선거 결과의 평가와 전망, 「지방자치」, 7월호.

김 원(1988), 도시행정론, 박영사.

김일태(2000), "뉴밀레니엄시대의 지방자치단체 역할", 「지방행정 제555호」, 대한지방행정공제회.

김재환 역(1991), 지방의 논리, 민지사.

김정완(2009), 지방재정의 이론과 실제, 대영문화사.

김종순(1997), 지방재정론, 삼영사.

김종순(1997), 신지방행정론, 법문사.

김종표(1978), "현대지방자치구역의 재편성에 관한 연구", 단국대학교 대학원.

김종표(1991), 신지방행정론, 법문사.

김중규(1999), 행정학, 법문사.

김진현(1995), "21세기를 지향하는 한국의 세계화 지방화 전략", 「세계화시대의 지방화」, 여의도연구소.

김현근(2009), 지방자치론, 대영문화사.

김현조(2009), 지방자치론, 대영문화사.

김홍식(1993), 「지역이기주의 극복을 위한 정책연구」, 한국지방행정연구원.

내무부(1975), 지방행정장기발전계획 : 1976-1900, 박영사.

민 진(2004), 조직관리론, 대영문화사.

박수영 외(1995), 지방의 도약, 홍문사.

박수영 외(2001), 현대사회와 행정, 대영문화사.

박연호(2001), 행정학신론 , 박영사.

박완규(2004), "참여정부 지방재정세제 개혁의 평가와 과제", 「지방행정연구」, 18(4).

박우순(1996), 현대조직론, 법문사.

박응격(2002), 지방행정론, 신조사.

박응격(2002), 지방자치 성공시대, 백산자료원.

박호숙(1995), "중앙정부와 지방자치단체간의 갈등", 「지방행정」, 대한지방행정공제회.

박호숙(2000), "지방자치단체의 정책결정에 있어 지방의회와 집행기관의 상호작용 연구", 「한국지방자치학회보」, 12(3).

배용수(1995), 「제3섹터의 이해」, 지방자치경영협회.

배용수(1996), 지방경영론, 법문사.

백완기(1992), 행정학, 박영사.

법제처(1980), 「혁대헌법 및 외국헌법비교」.

부만근(2000), 한국지방자치론, 제주대학교출판부.

부만근(2005), 지방정치와 지방행정, 제주대학교 출판부.

북한연구소(2003), 북한총람.

손희준(1994), 「공공서비스의 공 · 사간 비용분석」, 한국지방행정연구원.

손희준 외(2008), 지방재정론(개정판), 대영문화사.

심정근 외(2000), 지방재정학, 박영사.

안성호(1991), "지방선거와 지방민주주의", 지방자치연구 제3권 제1호, 한국지방자치학회.

안성호(1992), "우리나라 지방분권화 수준", 「한국행정학보」, 26(4): 1303−1324.

안성호(1995), 한국지방자치론, 대영문화사.

안전행정부(2013), 「지방자치단체 행정구역 및 인구현황」

안용식 · 강동식 · 원구환(2006), 지방행정론, 대영문화사.

안태백(1979), “집권과 분권의 분석모형”, 「한국행정학보」 제13호.

오석홍(2008), 행정개혁론, 박영사.

오연천(1987), 한국지방재정론, 박영사.

이규환(1999), 한국지방행정론, 법문사.

이기우(1996), 지방자치행정법, 법문사.

이기우(1996), 지방자치이론, 학현사.

이상엽(1995), 「지방행정의 경영화 전략」, 미래연구소.

이상홍(1997), 지방자치론, 학성사.

이상희(1992), 지방재정론, 계명사.

이승종(2005), 지방자치론, 박영사.

이승종 · 서재호(2009), 지방행정체제개편론, 법문사.

이윤식(1990), “정보공개제도의 한국적 모형정립을 위한 시론”, 한국행정학회학술대회발표 논문.

이은구 외(2003), 로컬 거버넌스, 법문사.

이종수 외(2008), 새 행정학, 대영문화사.

장문학 외(2010), 지방행정론, 대영문화사.

장병구(2000), 지방자치행정론, 형설출판사.

장지호(1992), 지방행정론, 대왕사.

전상경(2003), 현대지방재정론, 박영사.

정문화 외(1995), 지방자치 이것을 아십니까?, 다산미디어.

정세욱(2000), 지방자치학, 법문사.

정요섭(1984), 선거론, 박영사.

정일섭(2006), 한국지방자치론, 대영문화사.

정재욱(2001), 한국지방자치의 기초이해, 도서출판 대명.

정재화(2002), 한국지방자치론, 대진대학교출판부.

정재화(2006), 지방자치의 이해, 세진사.

정재화(2007), 현대행정관리론, 세진사.

조창현(2005), 지방자치론, 박영사.

조창현(1995), 지방자치특강, 경향신문사.

지방행정연구소(2009), "지역에서 본 분권과 전략의 다양성, 잉글랜드의 지역거버넌스의 시도", 「월간자치행정」, 9월호.

차기벽(1980), 민주주의의 이념과 역사, 한길사.

차미숙 · 박형서 · 정윤희 외(2003), 「지역발전을 위한 거버넌스 체계 구축 및 운용 방안 연구」, 국토연구원.

채한수(2002), 인사행정론, 삼영사.

최 광(1990), "지방자치의 경제이론", 「고시행정」, 1990년 9월호.

최병대 외(1999), "시민평가제 도입방안에 관한 연구", 서울시정개발연구원보고서.

최봉기(2009), 한국지방자치론, 법문사.

최영출 외(2006), 지역경쟁력 강화와 로컬거버넌스, 대영문화사.

최창호(2010), 지방자치의 이해, 삼영사.

최창호(2001), 지방정부기능론, 삼영사.

최창호(2009), 지방자치학, 삼영사.

최창호 · 정세욱(1983), 행정학 , 법문사.

최홍석(1995), "지역정보통신 기반 구축을 위한 제도구성방식에 관한 연구", 「한국정책학회보」 제4권 제2호, 한국정책학회.

하미승(1994), "정부기능 민간이관의 논리와 추진전략", 「한국행정연구」 제3권 제2호, 한국행정연구원.

한국개발연구원(1994), 「지방의 국제화 추진전략」.

한국산업정보원(2003), 「2003 한국지방자치총람」.

한국전자통신연구소(1995), 「초고속정보통신 기반하의 지역정보화 정책:일본지역정보화」.

한국지방자치법학회(2004), 지방자치법주해, 박영사.

한국지방자치학회(1995), 한국지방자치론, 삼영사.

한국지방자치학회(2001), "지방자치발전방향", 2001년도 하계 학술세미나 자료집.

한국지방행정연구원(1986), 「외국의 지방자치제도 비교 연구」.

한국지방행정연구원(1993), 「지역이기주의 극복을 위한 정책연구」.

한국지방행정연구원(1994), 「지방자치단체 간 분쟁조정방안」.

한국지방행정연구원(1996), 「지방행정의 세계화 대응전략」, 「정책의 성과와 전개방향」.

한국지방행정연구원(1996), 「자치시대의 갈등사례」.

한원택(2000), 지방행정론, 법문사.

행정자치부(2003), 「2003 지방자치단체 예산개요」.

행정자치부(2007), 「지방재정연감」, 각 연도 「지방세외수입연감」.

행정자치부(2016), 「지방자치단체 행정구역 및 인구현황」.

행정안전부(2008), 「행정자치통계연보」.

행정안전부(2008), 「지방재정연감」, 각 연도.

행정안전부(2009), 「지방자치단체예산개요」.

행정학용어표준화연구회(1990), 행정학용어사전, 새정보미디어.

황명찬(1989), 지역개발론, 법문사.

◈ 동양문헌

日本地域政策研究會(2000), 最新地方公社總覽, 東京: ぎょうせい.

地方自治協會(1998), 自治體の財政經營化と診斷, 東京: 學陽書房.

石原信雄(1982), 地方財政制度, 東京: 第一法規

坂田期雄(1979), 危機の自治体財政, 東京: きょうせい

坂田期雄(2004), 地方自治の論点106 , 東京: 時事通信社.

機村英一(1976), 都市學, 東京: 良書普及會.

成田頼明(1974), 現代社會の自治制度の戀革, 東京: 學陽書房.

西房 勝(1999), 未完の分權改革, 岩波書店.

西尾 勝(2000), 行政學の基礎概念, 東京: 東京大學出版會.

西村弘一(1987), 地方議會, 學陽書房.

片岡寬光(1975), "集權化と分權化", 「政經雜誌」 第244號, 東京: 早稻田大學.

和田英夫(1965), 現代地方自治論, 東京: 評論社.

村松枝夫(1994), 日本の行政, 東京: 中央公論社.

竹中龍雄(1968), 公企業經營, 東京: 千倉書房.

村松岐夫(1994), 日本の行政, 中央公論社.

會田義克(1996), "21世紀都市, 仙台の實現に向けて", 「都市問題」 第87卷 第6號.

加藤勝美(1979), "胎動する廣域行政", 地方制度の構造と實態, 東京: きょせい.

磯村英一・星野光男(1986), 地方自治讀本, 東京: 東洋經濟新報.

磯村英一・小倉庫次(1955), 都市經營.

磯村英一外(1982), 地方自治讀本, 東洋經濟新報社.

村英一・星野光男(1957), 地方自治讀本, 東洋經濟新聞社.

山下 茂・谷 聖美・川村 毅(1992), 比較地方自治, 東京: 第一法規.

星野光男(1974), 地方自治の理論の構造, 新評論.

星野光男(1982), 地方自治論, 東京: ぎょうせい.

岩崎 忠夫(1984), 住民參與論: 住民參加の理論と實務, 東京: 第一法規.

鄭再和(2005) "韓国における特別地方自治団体の活性化を求めて", 「研究論集」 第81号, 関西外国語大学(大阪).

地方自治制度研究會(1980), 地方制度調査答申集, 東京 : ぎょうせい.

谷合 靖夫(1983), 「選擧制度論」, 第一法規.

久世公(1983), 「地方自治制度」, 第一法規.

久禮義一(1989), 現代地方自治論, 京都: 啓文社.

官本憲一(1992), 環境と開發, 岩波書店.

吉富重夫(1960), 地方自治, 勁草書房.

大原光憲(1975), 都市自治の革新, 中央大出版部.

岩崎忠夫(1994), 自治行政と企業, ぎょうせい.

自治省財政局(編)(1980), 地方財政のしみとその運營の實態, 東京: 地方財務協會.

田中宗孝(1983), 「新行政評價論」, 第一法規.

萩田 保(譯)(1970), 廣域行政, 痲島出版會.

秋山陽一郎(1976), 選擧, 東京: 第一法規.

竹下 讓(2002), 世界の地方自治, イマジン出版.

◈ 서양문헌

Adrian, Charles R. & Michael R. Fine (1991), State & Local Politics, Chicago: Nelson−Hall Inc.

Adrian, Charles R. (1976), State and Local Governments, New York: McGraw−Hill.

Albors, J. E. Sweeney, & A. Hidalgo (2005), Translational technology transfer networks for SMEs. Production Planning & Control, Vol. 16, No. 4, pp. 413-423.

Alderfer, Harold F (1964), Local Government in Developing Countries, New York: McGraw—Hillm.

Aleshire, Robert A (1972), "Power to the People: An Assessment of the Community Action and Model Cities Experience" in Public Administration Review, Vol. XXXII, Special Issue.

Almond, Gabriel A (1956), "Comparative Political System", The Journal of Politics, Vol. 18.

Alshuler, Alan (1980), A Community Control, New York: Pegasus.

Anderson, J. E. (1979), Public—Policy Making, New York: Holt Rinehart and Winston.

Anderson, W. (1970), The Units of Local Government in United States, Chicago, Public Administration Center.

André de Laubadére (1976), Traité de droit administratif, 7emé edition, Vol. I (Paris: Librairie générale de droltet de jurisprudence.

Arnstein, Sharry (1971), A Ladder of Citizen Participation, Journal of the Amenrcan Institute of Planners, Vol.35, No.4.

Arstein, Sherry R (1971), "Eight Rungs on the Ladder of Citizen Participation", Cahn, Edgar S, & passett, Barry A(eds), Citizen Participation: Effective Community Change, Praeger Publishers.

Arthur C. Millspaugh, (1936), Local Democracy and Crime Control, Washington D.C: Brooking Inc.

Bass, B. M. (1985), "Leadership: Good, Better, Best", Organizational Dynamics.

Byrne, Tony (1986), Local Government in Britain, Middlesex: England: Penguin Books.

Carl Vinson Institute of Government, Local Government in Georgia, Athens: University of Georgia.

Cohen, Harry (1995), The Demonics of Bureaucracy, Ames: Iowa State Univ. press.

Dunleavy, P (1981), "The Limits to Local Government" in M, Boddy and C. Fudge(eds), Local Socialism, London: Macmillan.

Dye, Thomas R (1985), Politics in State and Communities, N.J: Englewood Cliffs, Prenrice Hall.

Dye, Thomas R (1996), Economics and Public: Policy Outcomes in the American States,

Chicago: Rand Mcnally.

Elcock, Howard (1982), Local Government: Politicians, Professionals and the Public in Local Authorities, London: Methuen & Co.

Fesler, J. W. (1949), Area and Administration, Ala: University of Alabama Press.

Finer, Herman (1950), English Local Government, Methuen.

French, W. L. & C. H. Bell, Jr. (1990), Organization Development (New Jersey: Prentice-Hall), pp. 165-166.

Friedmann, W. (1954), The Public Corporation; A Comparative Symposium, Toronto: The Carewell Co,.

Frost-Kumpt et al (1993), "Strategic Action and Transformational Change", in Barry Bozeman(ed), Public Management: The State of the Art (California: Jossey-Bass) p. 137.

Gareth, Morgan (1986), Images of Organizations, Beverly Hills, CA, Sage Publications.

Gareth, Morgan (1986), Imagination of Organization (b), Beverly Hills, Calif: Sage Publications.

Gareth, Morgan (1986), Imagination: The Art of Creative Management (a), Beverly Hills, Calif: sage Publications.

Gargan J. John (1997), Handbook of Local Government Administration, New York: Marcel Dekker.

Goldsmish, Michael (ed) (1990), New Research in Center-Local Relations, England: Gower Publishing Company.

Goodman, J. S. (1980), The Dynamics of Urban Government and Politics, New York: Macmillan.

Goss, Sue (2001), Making Local Governance Work, N.Y.: Palgrave.

Hofer, C. W. and D. Schendel (1978), Strategy Formulation: Analytical Concepts, St. Paul, Minn. : West, p. 11.

Humes, Samuel and Eileen Martin (1961), The Structure of Local Governments throughout the World, The Hague: International Union of Local Authorities.

Jackman, R. (1988), "Local Government Finance and Microeconomic Policy" in S. J Bailey and R. Paddition ed, The Reform of Local Finance in Britain, London: Routledge.

Jackson, R. M. (1960), The Machinery of Local government, Cambridge University Press.

Jackson, R. M. (2000), Governance and Public Administration, in John Pierre(ed), Devating Governance and Accountability, Buckingham: Open University Press.

Jackson, W. E. (1963), Local Government in England and Wales, 3rd edition.

Jauch, L. R. and W. F. Glueck (1988), Strategic Management and Business Policy, 3rd ed.,(New York: McGraw–Hill), p. 11.

Jones, B. D. (1983), Governing Urban America: A Policy focus, Little, Brown and Company.

Jones, G. W. (1982), New Approaches to the Study of Central–Local Government Relationships, Aldershot: England, Gower.

Kingdom, John (1991), Local Government and Politics in Britain, London: Philip Allan.

Kingdon, J. (1991), Government and Politics in Britain: An Introduction, Cambridge University Press.

Langrod Georges (1953), Local Government and Democracy, in Public Administration, Vol. XXXI (spring).

Lansley, S. and S. Gross & C. Wolmar (1989), Councils in Conflict, The Rise and Fall of the Municipal Left, London: Macmillan.

Lasswell, Harold, Politics (1965), Who Gets, What, When and How (Cleveland: The World Publishing Co,).

Leach, Robert & Janie Percy–Smith (2001), Local Governance in Britain, Palgrave.

Leemans, A. F. (1970), Change Patterns of Local Government, Hague: I. U. L. A.

Lipman, V. D. (1949), Local Government Area, 1834–1945, Oxford: Basil Blackwell.

Mary A. Hepburn (1986), Local Government in Georgia, Athens: The University of Georgia.

McCaffery, J. L. (1989), "Making the Most of Strategic Planning and Management", in Robert E. Cleary, et al.(ed). Managing Public Programs (California: Jossey–Bass), p. 194.

Millspaugh, Arthur C. (1936), Local Democracy and Crime Control (Washington D.C:

Brooking Inc,).

Musgrave, Richard A, and Peggy B, Musgrave (1989), Public Finance in Theory and Practice, New York: McGraw−Hill.

Nagel, Jack H. (1987), Participation, New Jersey Englewood Cliffs: Prentice−Hill.

Pierre, John & B. Guy Peters (2000), Governance, Politics and the State, New York: St. Martin's Press.

Pierre, Jon(ed) (2000), Debating governance, Oxford University Press.

Rahim, M. Afzalur (1992), Managing Conflict in Organizations, Westport, CT. Praeger.

Rhodes, R. (1981), Control and Power in Central−Local Relation, Farnborough, Aldershot : Gower.

Rhodes, R. A. W. (1996), The New Governance Governing without Government, Political Studies, 44(4): 652−667.

Rhodes, R. A. W. (1997), Understanding Governance: Policy Networks, Governance and Rhodes, R. A. W. (2000), Governance and Public Administration in Jon Pierre(ed), Dabating Governance, Oxford: Oxford University Press.

Robinson, S. P. (1976), The Administration Process: Integrating Theory and Practice, Englewood Cliffs, N.J.: Prentice Hall.

Rosenau James (2000), Change, Complexity and Governance in a Globalization Space. In Jon Pierre(ed) Debating Governance, Oxford: Oxford University Press.

Rosenau, James (2001), Strong Demand, Huge Supply: Governance in an Emergent Epoch, In Paper of Conference entitled Multi−Level Governance: Interdisciplinary Perspectives, The University of Sheffield.

Russel W. Maddox and Rovert F. Fuquay (1965), State and Local Government, Princeton: D. Van Nostand.

Schick, Allen (1966), The Road to PPB : The Stages of Budget Reform, in Public administration Review, Vol.26, No.4.

Smith, Brian C. (1985), Decentralization: The Territorial Dimension of the State, London: George Allen & Urwin Publishers Ltd.

Stephens, W. B. (1989), Sources for English Local History, Cambridge University Press.

Stewart, John & Gerry Stoker(ed.) (1989), The Future of Local Government, London: Macmillan.

Stewart, John & Stoker, Gerry (1995), Local Government in the 1990s, London: Macmillan Press Ltd.

Stewart, John (1999), Modernizing Government Considered, Local Governance, 25(1): 3-12

Taylor, G. R. (1965), Satellite Cities; A Study of industrial Suburbs, New York: The Free Press.

Wilson, T. (1988), Local Government and Democracy: A Rejoinder, Selected Readings in Public Administration (II).

Wright, D. S. (1988), Understanding Intergovernmental Relations, Pacific Grove, Ca: Book/Cole Publishing Co,.

Wright, Daniel S. (1988), Understanding Intergovernmental Relation, (Pacific Grove, California: Brooks/Cole Publisher Company).

Zeigler, Harmon, Ellen Kehoe, and Jane Reisman(1985), City Managers and School Superintendents, New York: Praeger.

Zimmerman, Joseph F. (1965), State and Local Government, N.Y.: Reinhardt and Winston Inc.

Zimmerman, Joseph F. (1986), State-Local Relation, 2nd ed. Westport, Connecticut: Praeger Publishers.

Zimmerman, Joseph F. (1992), Contemporary American Federalism, New York: Praeger.

찾아보기

ㄱ

ㅂ

ㅅ

ㅇ

ㅈ

기타

저자 소개

정 재 화(鄭再和)

[약력]

명지대학교(행정학 박사)
일본 간사이외국어대학 조교수
대진대학교 법무행정대학원장,
경영대학원장, 지방정부정책연구소장 역임
대진대학교 행정학과 조교수, 부교수, 교수 역임
現) 대진대학교 행정학과 초빙교수
경기도 포천시지방재정계획심사위원회 위원장

[저서]

「행정학 이해」, 공저, 웅보출판사
「현대 행정의 이해」, 공저, 대진대학교출판부
「신 행정학」, 공저, 형설출판사
「한국지방자치론」, 대진대학교출판부
「지방자치의 이해」, 세진사
「현대 행정관리론」, 세진사
「지방자치행정론」, 청목출판사

허 훈(許 爋)

[약력]

現) 대진대학교 행정학과 교수
건국대학교 대학원 행정학박사
일본 요코하마국립대 객원연구원
한국정책과학학회 회장 역임
대진대학교 산학능력개발원장 역임
대통령자문 정부혁신지방분권위원회 전문위원 역임
대통령소속 지방자치발전위원회 자문위원 역임 등

[저서 및 논문]

「공기업론」(공저, 2015), 다산출판사
「한일지방자치비교」(공저, 2010), 대영문화사
「지방공기업개혁론」(공저, 2010), 대영문화사
「사이버생활양식에서의 공공성문제」(공저, 2005), 한국학술진흥재단
시민정치도구로서의 주민소환운동 경험과 평가(공저, 2016, 한국지방자치학회보 28권 3호)
군사시설로 인한 민군갈등의 원인과 해결방안(공저, 2015, 한국정책과학회보, 19권3호) 외 다수

신경향 지방자치행정론 값 25,000원

저 자 정 재 화 / 허 훈
발행인 문 형 진

2017년 3월 22일 제1판 제1쇄 발행
2019년 2월 20일 제1판 제2쇄 발행

발행처 세 진 사

㉾ 02859 서울특별시 성북구 보문로 38 세진빌딩
TEL : 02)922-6371~3, 923-3422 / FAX : 02)927-2462
Homepage : www.sejinbook.com
〈등록. 1976. 9. 21 / 서울 제307-2009-22호〉